中国资本市场：发展路径与风险管控

肖立见　著

中国财政经济出版社

图书在版编目（CIP）数据

中国资本市场：发展路径与风险管控 / 肖立见著 .—北京：中国财政经济出版社，2016.6

ISBN 978 - 7 - 5095 - 6759 - 3

Ⅰ.①中… Ⅱ.①肖… Ⅲ.①资本市场 - 研究 - 中国 Ⅳ.①F832.5

中国版本图书馆 CIP 数据核字（2016）第 114024 号

责任编辑：付克华　　　　责任校对：张　凡

封面设计：汪俊宇　　　　版式设计：董生萍

中国财政经济出版社 出版

URL：http：//ckfz. cfeph. cn

E - mail：ckfz @ cfeph. cn

社址：北京市海淀区阜成路甲 28 号　邮政编码：100142

发行处电话：010 - 88190406　财经书店电话：010 - 64033436

北京京华虎彩印刷有限公司印刷

787 × 1092 毫米　16 开　36 印张　643 000 字

2016 年 8 月第 1 版　2016 年 8 月北京第 1 次印刷

定价：198.00 元

ISBN 978 - 7 - 5095 - 6759 - 3/F · 5437

（图书出现印装问题，本社负责调换）

本社质量投诉电话：010 - 88190744

打击盗版举报热线：010 - 88190492、QQ：634579818

序

20 世纪 80 年代中国股份制的悄然兴起和后来的资本市场的迅速发展，不仅是中国几千年发展史上影响深远的重大事件，也是世界资本市场发展史上令人惊叹的奇迹。

与根植于市场经济土壤发展起来的股份经济和资本市场不同，新中国股份经济和资本市场是在计划经济体制下形成和发展起来的。资本市场是市场经济发展到一个较高阶段的产物，是市场经济体系中的高级形态。在计划经济体制下发展股份经济和资本市场，在世界经济发展史上没有先例，没有经验可循，是一项重大的制度创新。这种创新的原动力来自企业资金短缺所引起的强大的直接融资需求。当时，中国计划经济体制下的企业绝大多数是国有企业或集体企业，这些企业资金供给先是主要来源于政府财政拨款，后是主要来源于政府主导的银行贷款。

计划经济体制下的国有企业资金运用的低效与财政拨款或银行贷款的有限，造成绝大多数企业营运资金极为短缺，并成为企业生存、发展的重大瓶颈。创新融资方式，从依靠政府拨款或银行贷款，到从市场找资金，就成为一些企业解决资金短缺难题的必然选择，而企业股份制改造和发行股票融资就是破解这种难题的有效方式。在计划经济体制下，企业股份制改造和发行股票在政策上都是不被允许的。但是，进入 20 世纪 80 年代，在逐渐深入、扩大的改革开放的冲击下，计划经济体制已非铁板一块，一些试行股份制改造和发行股票的企业，通过变通的、悄然的方式或在地方政府的默认下开始了企业直接融资制度的创新。可以说，中国 20 世纪 80 年代股份制的兴起既是改革开放的产物，又推动着改革开放朝着市场经济的纵深方向发展。

如同商品一样，有了股票就必然会产生股票交易的需求。尽管这种股票交易需求不为计划经济体制所认可，但是计划经济体制也难以扼杀它，如同计划经济体制难以扼杀自由的农贸市场一样。20世纪80年代在中国出现的股票交易，起初是一种分散的、私下的、钱与票的交易。这种股票交易从一开始就存在着公司信息不透明、交易信息不对称、交易行为不规范、交易效率不高和交易欺诈、交易纠纷时有发生等问题。为了解决这些问题，建立集中的、公开的、规范的场内股票市场以取代分散的、私下的、混乱的场外股票市场就成为必然的选择。1990年沪深证券交易所的成立并运作，正式开启了中国资本市场形成与发展的序幕。截至2015年，在短短的25年的时间里，中国逐步构建了股票、期货、债券、基金、衍生品等资本市场产品体系，并构建了主板、中小板、创业板、新三板和区域性股权市场等资本市场层次体系。2015年，沪深证券交易所拥有上市公司2800多家，股票市值60万亿元，股票日成交额最多时超过2万亿元，中国沪深股票市值规模已仅次于美国而居世界第二位。25年来，沪深证券交易所累计为上市公司直接融资超过10万亿元，为中国实体经济发展注入了强大动力。在短短的25年时间里，中国资本市场发展之迅速，路径之独特，成绩之巨大，创造了世界资本市场发展史上的奇迹，为世人所惊叹。

尽管中国资本市场发展快，成绩大，但在计划经济体制环境中发展起来的中国资本市场，仍具有明显的“新兴+转轨”市场的特点。起初，中国资本市场在股权结构设置上是一个股权分置的市场，在发行制度上是一个行政审批或核准的市场，在市场功能上是一个重融资、轻投资的市场，在投资者结构上是一个以中小投资者为主的市场，在投资理念上是一个重投机、轻投资的市场。这些问题的存在，都不同程度地影响了中国资本市场的规范、健康和有序发展。随着中国改革开放的逐步深入，社会主义市场经济体制和体系的逐步建立，中国资本市场在发展过程中也开始了改革和自我完善。20世纪90年代，中国构建了全国统一的证券期货市场监管体系，制定和发布了《中华人民共和国证券法》，对证券期货市场进行了清理整顿。2005年，中国开启了股权分置改革，逐步建立了股票全流通市场。2015年，中国开启了发行制度改革，注册制将要取代核准制。随着这些重大制度的改革，一个开放的、与国际接轨的但又不乏中国特色的中国资本市场正出现在世人的面前。

资本市场是一个影响广阔的复杂性市场。在中国资本市场兴起、发展和改革过程中，研究工作始终扮演了重要角色，发挥了重要作用。在我时任中国证监会主席期间，为了研究中国资本市场发展的基础性、综合性、前瞻性、应急性等重大课题，深圳证券交易所（简称“深交所”）成立了综合研究所，面向海内外招收了一批高级研究人才，借鉴国际上一流研究所的成功运作经验，致力于中国资本市场发展与监管系列课题研究，取得了一批有价值的、在业界有广泛影响的研究成果。肖立见博士作为深交所综合研究所的资深研究员和负责人之一，承接或组织了深交所综合研究所一批重点课题的研究，取得了较多、较好的研究成果。本书收录的就是肖立见博士在深交所综合研究所工作期间所取得的部分研究成果。

本书分上、下两篇。上篇为理论研究篇，收录了肖立见博士独立或主持研究的十篇研究报告。研究内容涉及中国20世纪80年代股份经济的兴起、股权分置改革、全流通市场风险控制、限售股东持股成本与减持收益、A股投资者投资盈亏分析、中国证券投资咨询问题研究、股市市盈率中外比较、中国养老金融框架性研究等内容。下篇为市场研评篇，收录了肖立见博士在《中国证券报》《上海证券报》《证券时报》《中国金融》等报刊杂志上发表的几十篇资本市场评论性文章，内容涉及资本市场功能、资本市场发展、资本市场风险、资本市场监管等内容。综观全书，有以下特点。

一是现实性强。书中收录的研究报告或评论文章，都是当时中国资本市场发展中存在的、需要正确认识或需要加以解决的问题。

二是理论联系实际。无论是书中洋洋万言的研究报告，还是一二千字的研究评论，都有理有据，说服力强，具有较好的应用价值。

三是定性与定量分析相结合。书中收录的研究报告，有许多第一手资料，第一手数据，得出的结论既有数据支撑、事实依据，又符合定性判断的要求，具有较好的文献价值、学术价值。

四是注重建设性。本书的研究报告基本上都是建设性的，不仅对问题的认识比较到位，而且所提的政策建议都具有建设性和可操作性，对制定政策具有较好的参考价值。

此外，本书还有一个特点，就是把中国股份制的兴起与资本市场的发展有机地联在一起，不仅揭示了中国资本市场发展的逻辑起点，而且彰显了中国20世纪80年代悄然兴起的股份制改革的重大深远意义。这对如何看待中国股份制改革，如何看待中国资本市场发展，如何看待股份制改革、资本市场发展在中国计划经济体制向市场经济体制转轨过程中的地位和作用，具有重要的参考意义。

中国证监会前主席　周正庆

2015年12月6日

前言：股市是什么

作为证券交易所的一员，经常被人问起“股市是什么”这个一时讲不清、道不明的话题而倍感汗颜。闲暇时不时琢磨，觉得要全面认识、深刻理解、准确把握、完整回答这个话题还真不容易。

股市是投资者直接投资、公司直接融资的集结地；

股市是公司股票发行、募集资金并上市的公开场所；

股市是社会资源配置的优化器，公司资本形成的推动器，公司治理优化的驱动力；

股市是创业企业的孵化器，是上市公司发展的助推器，是上市公司宣传的广告牌。

股市是股份经济发展的必然产物，是发展股份经济的推动力；

股市是市场经济结构的重要组成部分，市场经济体系的最高层次；

股市是支持实体经济、服务国民经济的重要工具；

股市是国际或区域性金融中心得以形成的不可或缺的标志。

股市是证券市场的主体，交易所市场组织的实体，中介机构生存发展的载体；

股市是宏观经济运行的晴雨表，是国内外重大事件的反应仪；

股市是经济复苏的报春鸟，经济衰退的敲门钟，金融危机的催化剂；

股市是投资者关注的焦点，是政府调控、监管的目标，是社会监督的对象。

股市是上市公司股票持续上市、资本持续募集、信息持续披露的流水席；

股市是上市公司资本、资产、经营、管理的展示窗；

股市是上市公司业绩、成长性、投资价值的排行榜；

股市是资本所有者与资本经营者联系的纽带，沟通的桥梁，对话的窗口。

股市是大盘股、小盘股、蓝筹股、成长股、垃圾股等各类股票的集装箱；

股市是综合指数、成份股指数、行业指数、地域指数、题材指数、冠名指数等股指的交织体；

股市是股指期货、个股期权、认股权证、认沽权证等金融产品的衍生源；

股市是机构投资者、个人投资者、价值投资者、风险投资者等投资者的大本营。

股市是影响广阔并广受影响的复杂市、开放市；

股市是市场供给相对稳定和市场需求极不确定的非对称市；

股市是投资投机并存、陷阱馅饼难分、收益风险同在的矛盾统一体；

股市是对信息反应过度或反应不够、反应滞后或反应提前的不确定市。

股市是创业资本、风投资本市值创造、市值套现的路由器；

股市是金融资本与产业资本、投资资本与投机资本、大资本与中小资本的趋利池；

股市是上市公司、证券公司、基金公司、投资者等市场主体的利益博弈场；

股市是财富管理的大平台，闲散资金的蓄水池，投资风险的分散地。

股市是杠杆效应的速成机，财富效应的放大器；
股市是纸上富贵的发动机，经济泡沫的制造商；
股市可能是股灾、崩盘、金融危机、经济危机的发源地；
股市或是投资者越卖越跌的无底洞，深度套牢的大深渊，血本无归的绞肉机。

股市是股价剧烈波动、频繁波动的动感地带；
股市是高台跳水、平地腾飞、上蹿下跳的动画片；
股市是牛熊交锋、牛熊对峙、牛熊交替、牛熊皆非的连续剧；
股市是股价涨跌无常、投资盈亏不测、行情红绿变换的心跳加速器。

股市是买为了卖、卖为了套现、卖基于止损、卖为了再买的非实物市；
股市是买方不知卖方是谁、卖方不知买方在哪儿的非面对市；
股市是多空双方集合竞价、追涨杀跌、高抛低吸、诱多逼空的拼搏场；
股市是投机家的天堂，冒险家的地狱，无知者无畏的宠儿。

股市是资金的流动站，信息的集散地，谣言的飞播器；
股市是投机市、非理性市、非均衡市、高风险市的集大成；
股市是二八定律、马太定律、鳄鱼法则、零和游戏的挥发地；
股市是羊群效应、蝴蝶效应、黑天鹅效应、多米诺效应的扩散场。

股市是价值发现、题材炒作、透支未来的失乐园；
股市是市场操纵、内幕交易、财务造假、上市欺诈的操作箱；
股市是股评人士广泛联想、深度挖掘、刻意发挥、累评累错、累错累评的标的；
股市是传媒的永恒主题，大众的常新话题，投资者的共同话题，学者的研究课题。

肖立见

2015 年 12 月 18 日

目　　录

上篇　理论研究篇

上篇

理论研究篇

1

中国20世纪 80年代股份经济的兴起[①]

1.1　导　　言

20世纪90年代，中国股市发展极为迅速。1990～1999年，中国深沪股市上市公司从不足10家增至900多家，上市总股本从3.84亿股增至2966.70亿股，流通股本从2.61亿股增至952.28亿股，投资者开户数从几万户增加到4000多万户，股票日成交量从几十万元增至1999年6月25日800多亿元。可以说，中国深沪股市是世界股市历史上发展最快的股市，它们在短短的10年，走过了西方发达国家股市需要上百年才能走过的发展道路。

20世纪90年代中国深沪股市迅速崛起决不是偶然的，它是中国自1978年以来

① 2000年12月8日，深证综研字第0026号。

改革开放和计划经济体制逐步向市场经济体制转变的必然产物，是中国 20 世纪 80 年代股份经济蓄势发展在 90 年代延续、深化和加迅发展的必然结果。因此，我们在盛赞中国 90 年代股市发展辉煌的同时，决不能忽视 80 年代中国股份经济的发展。

中国 20 世纪 80 年代股份经济经历了一个较为艰难的发展过程。这一发展过程大致可分为 3 个阶段：

1980 ~ 1983 年，股份合作经济兴起阶段。20 世纪 70 年代末到 80 年代初，家庭联产承包责任制在中国农村普遍实施之后，由中国农民发起和农村基层组织推动的股份合作经济在中国广大农村地区先后大量兴起。随后，中国城镇一些中小企业也开始了集资入股、合作经营的股份合作经济的实践。这种以股份为形式，以合作为目的的股份合作经济，是中国 1978 年改革开放之后出现的股份经济的最初雏形。

1984 ~ 1986 年，股份经济初步试点阶段。在中国农村改革取得巨大成绩之后，1984 年中国加快了城市经济体制改革的步伐，以市场为导向的改革和制度创新在中国一些城市开始了实践性探索。北京、上海和广东、四川、辽宁、山东等部分省市的少数工商企业，在得到主管部门或地方政府的支持下，设立股份有限公司，实行所有权和经营权分开，建立董事会领导下的经理负责制。有的股份有限公司公开或半公开地发行了股票，上海还出现了股票公开转让。但是，中国在这一阶段的股份制试点中，中央政府未作出统一安排，更多地表现为部分企业和部分地方政府等初级行动团体的自发创新行为，设立的股份有限公司在制度上和运作机制上也不规范，发行的股票大都具有公司债券的性质而非真正意义上的股票。人们对股份经济尚缺乏应有的认识，股票发行和转让面临着较大困难，股份经济的发展受到正统的计划经济体制的强烈抵制。

1987 ~ 1989 年，股份经济试点扩大和深化阶段。1987 年，中共中央第十三次全国代表大会召开，会议作出了加快和深化改革开放的重要决定，肯定了股份经济试点的成绩，允许股份经济继续试点。从此，中央政府开始介入和主导了中国的股份经济试点，中国股份经济试点进入了扩大和深化阶段，试点的范围从少数地区和少数企业扩大到全国各个地区和多种类型企业。一部分国有企业也加入了股份经济试点的行列，改制成为股份有限公司。一些股份有限公司按国际惯例设立和运作，股票发行更多地采取公开规范的方式进行，具有真正意义的股票的发行数量日益增加。股票公开柜台交易从上海发展到深圳，沈阳、武汉、成都等城市也出现了股票公开或私下转让。一批从事股票发行、转让或交易相关业务的证券公司相继成立，弥补了股票柜台交易的不足或填补了股票不能公开交易的空白而产生的股票场外交易或私下交易日益盛行。这为 20 世纪 90 年代中国深沪股市的设立、运作和发展奠定了市场基础。

为了全面系统地再现中国20世纪80年代股份经济发展的基本轮廓、基本线索和基本事实，本书结合80年代中国政治、经济和社会背景，从股份合作经济兴起、股份制试点、股票发行和股票柜台交易等多个方面对中国80年代股份经济的发展进行回顾和总结。

1.2 股份合作制企业

20世纪80年代初，股份合作制企业在中国农村的普遍兴起，是继农村家庭联产承包责任制后中国改革开放的又一项重要成果，它对中国股份经济的试点和发展作了有益的前期性探索，积累了经验。从某种意义上来说，它是中国80年代股份经济发展的最初起点。[①]

1.2.1 股份合作经济的形成

改革开放后，中国股份合作制企业是在合作经济的基础上演变而成的。1979～1980年，家庭联产承包责任制在中国农村普遍实施之后，出现了两种合作经济形式（见图1－1）：一是农户之间的经济合作。家庭联产承包责任制宣告人民公社体制的瓦解，导致农村以户为生产单位居主体地位。与过去以生产队为单位的集体生产相比，家庭作为生产单位，其单位生产规模大为缩小，这就产生了农户之间互助合作的必要性：开始是农户之间的临时性互相帮助，接着是这种互助关系在参与者增加或减少中逐步稳定下来，构成了数个农户或农民之间的经济合作松散体。这种经济合作和中国20世纪50年代出现的互助社较为相似。二是合作兴办非农产业。家庭联产承包责任制之后，一部分具有专业特长或处于劳动力过剩状态的农村劳动力从农业特别是从种植业中游离出来，兴办农副产品加工、运输、建筑、装修、资源开

① 刘光第在1993年第3期《经济研究》发表“关于发展股票市场的几个问题”一文中指出：“我国的股份制是在改革开放以后，由农民创造的。先是以资带劳，集资入股。”

采等非农产业，农村基层组织在农民兴办非农产业的过程中发挥了积极的组织、管理和协调等推动作用，从而促进了当时农村的社队企业和个体工商企业的迅速发展。农村兴办非农产业具有劳动力资源优势，但是普遍缺乏资金。而当时具有计划经济典型特征并主要为国营企事业单位、政府机关服务的财政和银行等都不大可能为这些非国有企业提供资金。于是，一些农民自发地组织起来，或在农村基层组织的引导或协调下，共同出资合作兴办企业，或通过民间信用集资以解决企业资金不足的问题。

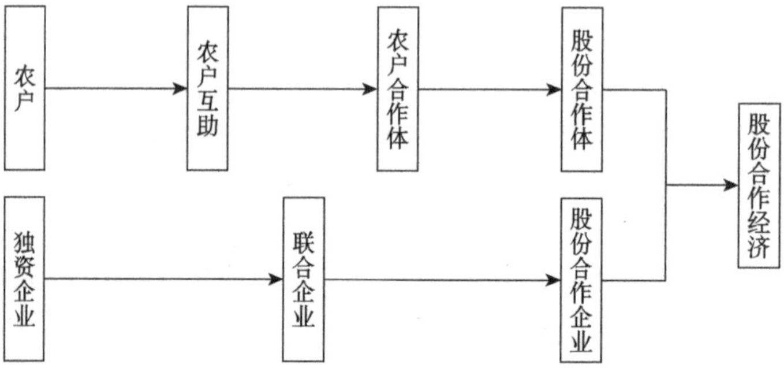

图 1－1　20 世纪 80 年代中国农村股份合作经济形成示意图

20 世纪 80 年代初，中国农村的股份合作制企业就是在这样的合作经济形式的基础上产生和发展起来的。这些合作经济体在发展过程中有的解体了，有的淘汰了，有的发展壮大了。为了使上述合作经济进一步发展，具有发展壮大可能的合作经济体有必要在初始投入的基础上追加投入。这种追加投入有的是原合作者的投入，有的是新合作者的投入，有的则是通过民间集资增加的资金投入。由于中国民间集资受金融管制的影响，不具有合法性因而不受法律保护，信用程度差，其筹资数额有限。于是，筹资方和出资方在实践中逐步自发地把这种民间集资在可能的情况下转化为股份合作集资。同时，由于各合作者投入的数量可能不一样，这就需要合作经济体对各合作者的投入数量差别予以确认并作为分配的依据。而类似于股份计量和按股份分配就逐渐成为合作者共同认可的方式。于是，以股份为形式，以合作为目的的股份合作制企业在中国农村就事实上出现了。它是改革开放后中国被计划经济体制禁锢了 20 多年的股份经济的最初形态。它一经出现，就表现出强大的生命力，从而不仅得到了地方政府的支持，而且也逐步得到了中央政府的肯定和鼓励[①]。

① 参见孔泾源："农村股份合作及其制度剖析"，载《经济研究》1995 年第 3 期。该文指出，山东省淄博市周村区是当时山东和全国股份合作经济搞得比较成功的农村地区之一。1987 年 6 月和 1988 年 4 月，周村区先后被山东省和国务院批准为山东省和全国农村改革试验区，该地区的股份合作试验迅速引起了社会的关注、模仿和移植。

1.2.2　股份合作制企业组建方式

中国20世纪80年代初兴起的股份合作制企业，组建方式较多，但大体可归纳为3种主要方式。

（1）集资联营。新兴的股份合作制企业大都采用这种方式。各合作方针对某一投资项目开发或某种产品生产，共同筹集资金，共同参与企业生产、经营、管理，各合作方根据出资多少和相同的股息率参与利润的分配。例如，1981年湖北武汉市郊区成立了武汉兹惠花木茶股份公司。它是由兹惠农场以近100亩土地的使用权作价7.5万元，武汉东西湖农工商企业总公司出资7.5万元和中国农业银行武汉分行兹惠营业部出资4万元共同组建起来的股份合作制企业。该企业按各方出资多少和相同的股息率支付股息①。

（2）以资带劳。一些意欲扩大生产经营规模，需要引进资金和增加职工的企业，大都采取这种方式在原企业的基础上组建股份合作制企业。新的合作者既提供资金，也提供劳动力，并且提供资金是成为企业职工的先决条件。在这种股份合作制企业中，出资人既当股东，又当职工；既领工资，又参与收益分配。但是，以资带劳的合作者因其出资份额小，对企业的经营管理表决权也较少，企业的经营管理权仍掌握在原企业发起人手中。以资带劳型股份合作制企业的组建，既解决了企业的资金困难，又有利于农村剩余劳动力就业。因此，地方政府普遍赞成这种做法并加以推广。后来股份公司所出现的内部职工股在很大程度上就是仿照这种集资方式②。但是，这种股份合作制企业在经营亏损或停产时，以资带劳的职工面临着既难以分红又可能失业的双重风险。

（3）企业改制。基于筹资的需要或企业改制的要求，一些独资企业如个体企业、私营企业或队办企业、社办企业等，意欲通过增资扩股组建股份合作制企业的方式吸引新的合作者参与。改制后的股份合作制企业实行出资人共同经营管理，并根据出资额或股份多少，划分经营管理权限，确定收益分配比例。这种改制型的股份合作制企业，在经营管理和收益分配方面已具有股份制企业的雏形。

---

① 叶青著：《证券史与证券税制研究》，武汉大学出版社1994年版，第181页。

② 隋玉劳："社会集资问题的探讨"，刊于1984年12月16日《光明日报》。

1.2.3 股份合作经济类型

这一时期中国农村兴起的股份合作制企业按照合作主体的不同，大致可以分为3个类型：

（1）民营型。是由农民自由发起，农民自愿参与的股份合作制企业。参与者大都是同一地域，彼此认识，相互信任，能够共同合作的劳动者。这种股份合作制企业一般没有经过农村基层组织或有关部门的批准，甚至没有工商登记。企业运作与管理由合作人推出负责人牵头，或由发起人负责。这种企业规模大都较小，经营较为单一，经营期限长短由项目周期及盈利状况或合作人之间的合作状况决定。一个项目完成了或经营不下去了，则自行解散。经营好了，再增加新的合作人，扩大规模，向规范化方向发展。例如，河南省密山县的农民于20世纪80年代初期成立了许多农户联合的股份合作制企业，像石灰厂、造纸厂、塑料厂、红砖厂、农副产品加工厂等，参与合作者以资金、实物、技术或劳务等折资入股，实行入股自愿，退股自由①。

（2）村队型。是生产队或大队即自然村或行政村发起，农民自愿或半自愿参与的股份合作制企业。参与者一般是本村的农民或外聘的具有专长的技术人才。行政村或自然村是这类股份合作制企业的发起者，其在这类企业中具有“控股”的地位和经营管理上的支配权。因此，行政村或自然村发起成立这类股份合作制企业，要么是基于对本地自然资源进行开发，如竹木加工厂、沙石厂；要么是基于劳动技术的利用，如建筑队、运输队、修理厂等，因而具有资源、资金和组织优势。由于行政村或自然村所动用的资金是村集体的财产或凭村集体的信誉引进来的，从而具有引导农民参股企业或参工企业的作用。

（3）乡镇型。是由乡镇发起，农民和村行政参与的股份合作制企业。乡镇在这类企业的设立、经营、管理和收益分配中居主导地位，因而其官方色彩较为浓厚。这类企业的经营规模相对较大，生产工艺机械化程度较高，管理也较为规范，生产的产品大都是为城市的国有企业相配套的产品，甚至原材料也由后者提供。以股东身份参与该企业的农民和行政村在乡镇主导的股份合作制企业中享有收益权，农民还享有优先就业权，但较少享有经营管理决策权。

改革开放后兴起的股份合作经济，是市场机制和市场经济规律作用发挥的体现，

---

① 王天义著：《中国股份合作经济——理论、实践与对策》，企业管理出版社1997年版，第9～10页。

它在一定程度上冲破了计划经济体制的种种限制，为中国非国有经济的迅速崛起作出了重要贡献。尽管这种股份合作经济在实践中发挥了重要作用，但它也有其局限性：①股份合作经济的本质是合作经营，要求出资人与生产者或经营者融为一体。当潜在的出资人认为没有必要或不可能充当“合作经营者”时，他们一般不会出资入股。这就影响了以合作经营为目的的股份集资。②尽管这种股份集资有的规定了资金使用期限和固定回报，但是这种承诺能否兑现取决于企业的现实盈利状况，一旦企业出现亏损或破产，出资人难以回避风险。③这种股份集资在使用期限内投资者没有随时变现的正常渠道，在规定期限内抽资较为困难，会挫伤投资者出资的积极性。④对股份合作制企业而言，规定资金使用期限，到期资金需要偿还，不利于企业长期发展，且如在经营不景气时清资偿债，对企业无疑是雪上加霜。因此，企业和出资人都不满足这种股份合作方式，希望有更好的方式代替股份合作方式。

1.3 股份制企业

20世纪80年代中国股份制企业是在股份合作制企业成功实践的基础上，通过制度创新和借鉴海外股份制企业运作的成功经验，逐步出现的一种企业组织形式。其最早出现和中国股份合作制企业一样，具有自发的性质，是市场机制作用的产物，是初级行动团体在中国市场化改革进程中的一项制度创新。

1.3.1 股份制企业的形成

由于股份合作经济的局限性，在20世纪80年代初股份合作经济实践的基础上，一些企业借鉴海外股份经济运作的经验开始了股份制的尝试：即设立股份有限公司，成立董事会，实行董事会领导下的经理负责制，把公司所有权和经营权分开，发行无限期和无固定回报的股票以筹集资金，投资回报根据公司业绩的变化而变化，股票变现通过专门的转让或交易渠道来实现。然而，这种股份制尝试面临着当时计划经济体制的强制抵制。因为中国的城市是计划经济体制的大本营，从宏观到微观，从生产到经营，从经济到社会，计划无处不包，无处不在。在20世纪80年代改革开放尚没有动摇计划经济的根基的情况下，具有市场经济典型特征和最高形态的股份制是没有生存和发展空间的。因此，企业及其主管部门或地方政府意欲作股份制尝试时，只能以改革开放的名义出现。中央政府对此持谨惧态度，强调股份制的试点性质，这既限制了股份制自发地盲目发展，也为股份经济的出现开辟了一个计划经济体制外的有限空间。由于80年代股份制试点取得了成功，而放权让利、利改税和承包制等改革的效果相对较差，弊端较多，中央政府转而逐步扩大和深化了股份制试点。于是股份制在80年代日益成为改革开放的重点，股份制实践更是表现出经久不衰、日益旺盛的生命力。中国80年代股份制企业的形成大体经历了两个主要阶段：

（1）小范围试点阶段。主要是指1980～1986年。这一阶段是中国股份制初步试点阶段。究竟怎样搞股份制，在当时的中国无论是企业，还是政府，都处在“摸着石头过河”的阶段，中央政府对此未作出明确的规定。因此，这一阶段设立的股份制企业数量较少。从20世纪80年代设立而在90年代陆续在深沪股市上市的股份制企业来看，1980～1986年全国共设立了20家这样的具有股份制性质的企业，如表1－1所示。这些80年代早期出现的股份制企业，其设立和运作都不规范，有的股份制企业与股份合作制企业差别不大。

表1－1　　20世纪80年代中国股份制企业情况表

成立时间	股份有限公司名称
1980年	成都市工业展销信托股份公司
1983年	深圳宝安县联合投资公司
1984年	上海飞乐音响股份有限公司、株州江南联营贸易公司、北京天桥百货股份有限公司、福建省福联股份有限公司、济南渤海贸易公司
1985年	上海爱使电子股份有限公司、上海延中实业股份有限公司、上海申华电工联合股份公司、成都工益冶金股份有限公司、北京旅行车股份有限公司
1986年	沈阳合金股份有限公司、武汉电缆股份有限公司、西安市解放百货股份有限公司、浙江绍兴市百货大楼股份有限公司、武汉商场股份有限公司、北京市天龙股份有限公司、辽源市茶叶经销股份有限公司、石家庄劝业场股份有限公司

资料来源：参见表内公司的上市资讯材料。

（2）扩大深化试点阶段，即1987～1990年。在前阶段股份制初步试点的基础上，一些地区，如广东、上海、四川等地已有了股份制设立与运作的初步经验，股份制试点在实践中也取得了一些成绩。中央对股份制试点在肯定的同时，提出了一些规范性意见。因此，这一阶段各地股份制试点的范围扩大了，内容深化了，各地通过多种形式设立了大量的股份制企业。既有新设立的，例如，20世纪90年代在深沪股市上市的股份制企业中，有86家是1987～1989年设立的股份制企业，它是1980～1986年设立的股份制企业数的4.3倍。其中，1988年中国设立的股份制最多，高达46家，如表1－2所示。

表1－2　　20世纪80年代中国股份制企业情况表

成立时间	股份有限公司名称
1987年	重庆中药股份有限公司、上海真空电子器件股份有限公司、浙江纺织股份有限公司、重庆东源钢业股份有限公司、四川长征机床股份有限公司、深圳发展银行、成都市水产股份有限公司、上海飞乐股份有限公司、重庆嘉陵工业股份有限公司、陕西长安信息产业股份有限公司、上海豫园商场股份有限公司、深圳原野实业股份有限公司、四川锦阳湖山电子股份有限公司、浙江中汇股份有限公司
1988年	深圳万科企业股份有限公司、山东烟台华联商厦股份有限公司、四川乐山电力股份有限公司、广西北海新力实业股份有限公司、江苏悦达股份有限公司、珠海中富实业股份有限公司、四川峨眉合金股份有限公司、沈阳金杯汽车股份有限公司、四川成都量具刃具股份有限公司、四川峨眉山盐化工业股份有限公司、四川长江企业股份有限公司、云南保山水泥股份有限公司、江苏江阴兴澄冶金股份有限公司、四川长虹电器股份有限公司、四川长城特殊钢股份有限公司、四川锦华纺织股份有限公司、四川第一纺织股份有限公司、山东烟台冷冻机总厂股份有限公司、大连龙泉股份有限公司、成都建业发展股份有限公司、四川美亚丝绸股份有限公司、成都动力配件股份有限公司、上海新世界股份有限公司、上海兴业房产股份有限公司、广东茂名实华股份有限公司、沈阳物资开发股份有限公司、四川自贡东新电碳股份有限公司、武汉石油股份有限公司、四川金顶股份有限公司、浙江凤凰化工股份有限公司、大连北大车行股份有限公司、四川宜宾纸业股份有限公司、山东烟台新潮实业股份有限公司、武汉塑料工业股份有限公司、浙江尖峰建材集团股份有限公司、吉林东北华联股份有限公司、四川电器股份有限公司、山东农药股份有限公司、四川银山化工股份有限公司、山东潍坊海龙股份有限公司、深圳金田实业股份有限公司、深圳赛格达声股份有限公司、深圳市华新股份有限公司、江苏南通机床股份有限公司、武汉石油股份有限公司、湖北东桥股份有限公司
1989年	四川自贡东方锅炉股份有限公司、衡阳飞龙实业股份有限公司、河南焦作碱业股份有限公司、宁波中元机械钢管股份有限公司、湖北兴化股份有限公司、珠海富华股份有限公司、杭州天目山药股份有限公司、昆明五华股份有限公司、成都联益股份有限公司、四川涪陵建筑陶瓷股份有限公司、黑龙江东方集团股份有限公司、山东淄博四砂股份有限公司、湖北荆州地区物资开发股份有限公司、山东华光陶瓷股份有限公司、四川金路股份有限公司、深圳振业股份有限公司、青岛海尔电冰箱股份有限公司、四川广华化纤股份有限公司、内蒙古宏峰实业股份有限公司、郑州百文股份有限公司、珠海格力电器股份有限公司、深圳蛇口安达实业股份有限公司、深圳锦兴开发服务股份有限公司、黑龙江伊春光明企业集团公司，四川西南化机股份有限公司、武汉六渡桥百货股份有限公司

资料来源：参见表内公司的上市资讯材料。

在上述设立的股份制企业中，其中，四川（包括重庆）有31家，居全国第一位。四川是当时全国股份制试点企业数量最多、试点范围最广的省份。作为一个内地省，四川股份制试点领先全国：一是地方政府重视。早在1980年，成都市政府就批准了四川成都工业展销信托股份公司的成立。二是四川的企业，包括"三线"企业和军转民企业，普遍面临着经营和发展上的资金困难，股份筹资较为迫切。因此，这一时期四川设立的股份创企业大都是在原国有企业的基础上改制而来的。三是民间集资较为发达。当时四川是我国人口最多的省份，且拥有重庆、成都这样的经济发达城市，社会闲散资金总量较大，股份集资较为容易①。

1.3.2 股份制企业设立审批

与股份合作制企业设立不同，在20世纪80年代中国设立股份制企业有着严格的限制要经过严格的审批。在股份制试点没有规范之前，审批股份制企业设立主要是企业的主管部门或地方政府，1985年之后，则逐步过渡到由负责经济体制改革的专门机构——省市自治区和计划单列市的经济体制改革委员会（简称"体改委"）负责股份制企业设立的审批，中央企业股份制改制则由国家经济体制改革委员会负责批准。

（1）地方政府。在各级体改委未成立之前，一些地方政府负责本地区股份制试点企业的审批工作。例如，1984年8月成立的北京天桥百货股份有限公司就是由所在地政府——北京市崇文区人民政府批准设立的。1980年6月和1982年成立的成都市工业展销信托股份公司和宝安县联合投资公司都是按股份制方式设立的，也分别由成都市和宝安县人民政府批准设立，如表1-3所示。

（2）主管部门。由主管部门审批股份制企业的设立，既发生在各级体改委成立之前，也出现在各级体改委成立之后。由主管部门负责审批设立的股份制企业，都是按隶属行业归口管理的企业。拥有审批权的部门大都是中央、省市自治区和计划单列市的行业管理部门。例如，上海飞乐音响股份有限公司是在原上海飞乐电声器总厂的基础上改制后设立的，而后者隶属于上海市仪表电讯工业局。因此，上海市仪表电讯工业局就负责了上海飞乐电声器总厂的股份制改制工作和上海飞乐音响股

---

① 杨晓维："产权、政府与经济市场化——成都自发股票交易市场的案例"，载《中国制度变迁的案例研究》，上海人民出版社1996年版。

表1－3　　20世纪80年代中国股份制企业设立地方政府审批情况表

公司名称	成立时间	审批机关
成都市工业展销信托股份公司	1980年6月15日	成都市人民政府
宝安县联合投资公司	1982年11月	宝安县人民政府
北京天桥百货股份有限公司	1984年8月23日	北京市崇文区人民政府
吉林辽源市茶叶经销股份有限公司	1986年12月27日	辽源市人民政府
北京市天龙股份有限公司	1987年11月	北京市崇文区人民政府
济南渤海贸易公司	1984年10月26日	济南市中区人民政府
北京旅行东股份有限公司	1985年12月25日	北京市大兴县人民政府

资料来源：参见表内公司的上市资讯材料。

份有限公司的设立审批工作。1984年8月和1985年5月分别成立的福建福联股份有限公司和成都工益冶金股份有限公司，也是分别由其主管部门——福建省轻工业和成都市冶金工业公司审批设立的，如表1－4所示。

表1－4　　20世纪80年代中国股份制企业设立主管部门审批情况表

公司名称	成立时间	审批机关
福建福联股份有限公司	1984年8月8日	福建省轻工业厅
上海飞乐音响股份有限公司	1984年11月18日	上海市仪表电讯工业局
成都工益冶金股份有限公司	1985年1月4日	成都市冶金工业公司
四川峨眉山盐化工业股份有限公司	1988年3月12日	国家轻工业部

资料来源：参见表内公司的上市资讯材料。

（3）体改部门，即体制改革管理部门。为了推动和协调经济体制改革，中国各级政府在20世纪80年代中期设立了经济体制改革委员会，简称体改委。由于股份制试点是中国经济体制改革的重点。因此，在各级体改委成立之后，各个地方和各个部门的股份制试点工作大都归到同级体改委管理，体改委逐步成了中国股份制试点企业审批的主要权力机构，80年代中后期各地设立的股份制企业大都是体改委负责审批的。例如，1986年12月成立的武汉商场股份有限公司就是武汉市体改委审批设立的，如表1－5所示。

表 1-5　　20 世纪 80 年代中国股份制企业设立体改部门审批情况表

公司名称	成立时间	审批机关
武汉商场股份有限公司	1986 年 12 月 25 日	武汉市体改委
金杯汽车股份有限公司	1988 年 5 月 3 日	沈阳市体改委
青岛海尔电冰箱股份有限公司	1989 年 3 月 24 日	青岛市体改委
东方集团股份有限公司	1989 年 4 月	黑龙江省体改委
内蒙古宏峰实业股份有限公司	1989 年 8 月 23 日	赤峰市体改委

资料来源：参见表内公司的上市资讯材料。

（4）其他部门。在当时，企业股份制试点究竟由谁审批，在全国各地没有统一的规定。除了上述部门之外，还有别的部门也曾充当过股份制企业设立的审批机关。例如，1988 年 9 月成立的沈阳物资开发股份有限公司，就是由当时的沈阳市大中型企业股份制试点联合办公室审批而设立的。1989 年 3 月 9 日成立的珠海经济特区富华集团股份有限公司则是由当时的珠海市证券委员会批准设立的，如表 1-6 所示。

表 1-6　　20 世纪 80 年代中国股份制企业设立其他部门审批情况表

公司名称	成立时间	审批机关
沈阳物资开发股份有限公司	1988 年 9 月	沈阳市股份制试点联合办公室
珠海经济特区富华集团股份有限公司	1989 年 3 月 9 日	珠海市证券委员会
珠海格力电器股份有限公司	1989 年 12 月	珠海市工业委员会

1.3.3 股份制企业类型

中国 20 世纪 80 年代设立的股份制企业，根据其设立的方式不同可分为 3 个主要类型：

（1）改制型。即在原有企业的基础上，改制成股份有限公司。具体做法是：对原企业的资产进行整体评估，再折成股份，对外或对职工发行股票募集资金，组建新的股份有限公司。例如，1986 年 12 月 27 日成立的辽源市茶叶经销股份有限公司，就是经辽源市人民政府批准在原辽源市茶叶经销公司的基础上股份制改制后设立的。像这种改制型的股份有限公司在 80 年代出现了不少。当时企业股份制改制的主要动机有三：一是缺乏资金，通过股份制改制以筹集资金；二是企业经营机制落后，不能适应改革开放的要求，通过股份制以转变企业经营机制；三是通过股份制改制达到资产分拆与重新组合的目的，如表1－7所示。

表1－7　　20世纪80年代改制型股份有限公司情况表

成立时间	改制型股份有限公司	原企业名称
1984年11月18日	上海飞乐音响股份有限公司	上海飞乐电声器总厂
1986年12月25日	武汉商场股份有限公司	武汉商场
1986年12月27日	辽源市茶叶经销股份有限公司	辽源市茶叶经销公司
1987年6月	上海豫园商场股份有限公司	上海豫园商场
1987年11月10日	上海真空电子器件股份有限公司	上海市仪表电讯工业局电真空工业公司
1987年9月3日	上海飞乐股份有限公司	上海无线电十一厂
1988年6月	深圳市金田实业股份有限公司	深圳纺织工业代销公司
1988年5月3日	沈阳金杯汽车股份有限公司	沈阳汽车工业公司
1988年7月18日	四川长虹电器股份有限公司	国营长虹机器厂
1988年9月10日	四川金顶股份有限公司	四川省峨眉水泥厂
1988年10月1日	浙江凤凰化工股份有限公司	浙江兰溪化工总厂
1989年6月6日	四川广华化纤股份有限公司	四川广汉涤纶总厂
1987年3月28日	四川长征机床股份有限公司	四川长征机床厂

资料来源：参见表内公司的上市资讯材料。

（2）联合型。为了发挥整合优势，相互关联的几家企业通过股份制方式组合新的股份有限公司。例如，1984年8月18日成立的福建福联股份公司，就是由福建省轻工业厅批准，由福建省纺织工业公司、中国纺织物资总公司和福建华兴信托投资公司发起，由78家具有法人资格的全民所有制企业法人参股而组建的新的股份有限公司。北京市旅行车股份有限公司、上海延中实业股份有限公司等都是按这种方式组建起来的股份有限公司，如表1－8所示。

表1－8　　联合型股份有限公司情况表

成立时间	联合型股份有限公司	联合的参股单位
1984年8月8日	福建福联股份有限公司	福建省纺织工业公司、中国纺织物资总公司等72家法人单位
1984年8月23日	北京天桥百货股份有限公司	北京市天桥商场、北京市前门百货商品等
1985年1月11日	上海延中实业股份有限公司	上海龙输包装企业有限公司、上海延中汉堡包有限公司、上海延中塑料模具厂等
1985年12月25日	北京市旅行车股份有限公司	北京市旅行车制造厂、中国汽车工业投资开发公司、北京市汽车投资开发公司等

续表

成立时间	联合型股份有限公司	联合的参股单位
1987 年 1 月	北京市天龙股份有限公司	北京市崇文区物资回收公司、北京市供销合作社、北京市崇文区网点开发公司等

资料来源：参见表内公司的上市资讯材料。

（3）重组型。为了发挥各自的资产、技术、资金等优势，发起人把各自的资产、技术、资金组合在一起，设立新的股份有限公司。1987 年 12 月 28 日成立的深圳发展银行，就是在原有 6 家相对独立的信用社的基础上，通过股份制改制整合在一起的股份制银行。它后来成了我国第一家上市的股份制商业银行。

1.4 股票发行

中国 20 世纪 80 年代最早出现的股票发行，是在民间集资和股份合作的基础上逐步演变而成的一种企业直接融资方式。它的最初出现带有自发的性质，是“计划外”的产物。80 年代初，中国的城市为了解决数百万上山下乡回城知识青年的就业问题，为了填补计划经济体制不足而留下的巨大市场供给短缺的空间，新创办了大量的集体所有制企业，这些企业从一开始就处于国家计划外的境地，因而其资金来源就有赖计划外解决。中国农村入股集资合作经营等股份合作方式的成功实践，对中国城市经济体制改革和企业直接融资产生了较大的示范效应，中国城市一些企业开展了向民间集资、向职工集资的活动。同时，一些想扩大生产规模的国营企业由于得不到计划内的资金供应，也开始了民间集资；还有一些企业出于变相提高职工福利的目的，亦发行了各种股金券。这样，各种各样的“股金券”、“内部股票”和“公司债券”等在中国一些城市先后出现了。这些完全自发的证券就成了中国股票发行的源头。出于保护投资者利益、维护金融秩序及探讨改革的目的，中国一些地方政府或主管部门对企业这种发行股票的行为采取了默认或规范的做法，并进而引导中国企业的股票发行。

1.4.1 股票发行审批

20世纪80年代，中国还没有专门的证券监管机构，但股票发行基本上都要经过有关部门的严格审批。负责股份公司股票发行审批机构有：

（1）中国人民银行。它是20世纪80年代中国各股份公司发行股票的主要审批机关，但具体行使权力则是中国人民银行驻各地的分支机构。如上海市、深圳市的股份公司发行股票，则分别由中国人民银行上海市分行、中国人民银行深圳经济特区分行审批。由于当时各地人民银行实行中国人民银行总行和当地政府双重领导，因此，中国人民银行各地分支机构在审批本地股份公司发行股票时，都照顾了地方的要求和利益，从而使得中国人民银行各地分支机构审批股票发行的标准有所不同。

（2）主管部门审批。即由股份公司的行业归口部门或地方政府审批股票发行。这种情况较为少见。一般出现在20世纪80年代早期，即1987年国务院颁发的《关于股票、债券管理的通知》之前。例如，1985年，成都市冶金工业公司以1985年8号文批复了下属企业——成都工益冶金股份有限公司发行股票550万元。1985年1月至1986年4月成都工益冶金股份有限公司完成了这次股票发行。1990年中国人民银行成都市分行下文对成都市冶金工业公司批准成都工益冶金股份有限公司发行股票予以确认。1982年宝安县联合投资公司发行股票则是由宝安县人民政府审批后发行的，1991年中国人民银行深圳分行对这次股票发行予以确认。

（3）公司自主决定。1983年西安市解放商场面向职工发行爱店券，每位职工认购200元，并允许认购爱店券的职工入股自愿，退股自由。这种带有集资性质的股票发行就是经解放商场职工代表大会讨论通过后决定发行的。到1986年，西安解放商场股份有限公司成立时，其已转为股票的爱店券发行总额已达9.67万元。

1.4.2 股票发行范围

20世纪80年代中国股份制企业股票发行的范围大致可分为4种：公开发行、内部发行、双向发行和特定发行。公司股票发行范围如何，是由公司提出申请并经有关部门批准后确定的。

（1）公开发行。即公司面向社会公开发行股票，不面向内部职工发行股票。公司面向社会公开发行股票，在20世纪80年代一般都要经过中国人民银行驻当地的分行批准。例如，1987年3月20日，上海申华电工联合公司面向社会公开发行1万股；1987年5月10日，深圳发展银行以自由认购方式向社会公开发行了79万股；1988年12月28日至1989年1月27日，深圳万科企业股份有限公司面向社会公开发行了2800万股；1989年12月23日至1990年2月28日，深圳蛇口安达实业股份有限公司面向社会公开发行了500万股。这些公司公开发行股票都通过了中国人民银行驻当地分行的批准。这些只面向社会公开发行股票而不面向内部职工发行股票的公司，可能是过去曾经对内发行过股票，也可能是企业职工认购股票的愿望或认购能力不足以满足公司股票发行，公司转而面向社会。

（2）内部发行。即公司面向本公司内部职工发行股票，而不面向社会发行股票。例如，1989年，深圳锦兴实业股份有限公司以内部发行方式面向企业职工发行100万股。1987年3月和1988年8月，北京旅行车股份有限公司两次面向职工共发行了233万股票。在当时，公司内部发行股票比面向社会发行股票更容易获得主管部门的批准。有的公司可能未经批准就内部发行了股票。

（3）双向发行。即公司同时面向社会公开发行和面向企业职工内部发行股票。公司面向社会公开发行基本上是既面向社会法人发行又面向社会个人发行，内部发行主要是面向职工个人发行。例如，1984年，上海飞乐音响股份有限公司经批准发行了1万股，筹资50万元。其中，面向社会法人发行了0.3万股，面向内部职工发行了0.7万股。又例如，1988年2月15日，武汉商场股份有限公司经批准发行股票590万元，其中，面向社会法人发行了383万元，面向社会个人发行了156万元，面向内部职工发行了50.79万元。公司这种股票双向发行的比例事先并没有严格的规定，基本上取决于内外各自的认购数量。社会认购踊跃，对内发行较少；反之，内部认购踊跃，对外发行较少。

（4）特定发行。即在原有股份合作制企业的基础上设立新的股份制公司，该公司向原股份合作制企业股东发行股票。例如，1987年成立的深圳发展银行是在原有6家信用社的基础上改制而成的股份制企业，而这6家信用社都是股份合作制企业。原信用社的股东可以凭信用社的入股社员证到深圳发展银行股票发售点兑换成股票。兑换比例是信用社股权换3股深圳发展银行的原始股票，每股面值20元，共计60元。具体手续是股票发售点根据信用社原股权记录名册，如果核对名册无误，就开出一张收据凭证，记载股东的姓名、股票数量和金额交给原信用社社员即深圳发展银行现股东作为股权证明。这种股票发行既不同于内部发行，又不是公开发行，而是一种特定发行。这种发行没有筹集到新的资金，但避免了退股可能减少的公司资本金。

1.4.3 股票发行方式

20世纪80年代中国股份公司股票发行的方式较多，主要有以下几种：

（1）自办发行。即股份公司自己直接面向投资者发行股票，不通过证券中介商。1988年10月，株洲庆云股份有限公司向社会发行1300万元股票，采取的就是自办发行，既没有编制也没有刊登招股说明书。1986年，四川成都工业展销信托股份公司向社会公开发行了3500万元，也是自办发行，没有委托承销机构。

（2）委托发行。即由发行股票的股份公司委托证券中介机构发行本公司的股票。1988年，中国人民银行批准成立了30多家证券公司，这为股份公司委托证券公司发行股票创造了条件。公司委托证券公司发行股票，对于证券中介机构而言，是代理发行，能否发行完毕与证券中介机构无关，证券中介机构无义务包销。1989年2月，辽宁物资开发股份有限公司向社会公开发行1000万元的股票，就是委托沈阳建设信托投资公司等代理发行的。1989年8月，深圳振业股份有限公司面向社会公开发行69万股，就是由深圳经济特区证券公司代理发行的。

（3）承销发行。即发行股票的股份公司委托证券中介机构发行股票，同时要求后者承销全部股票。一旦该股票不能全部发行出去，则由该证券中介机构包销余数。1989年12月，深圳蛇口安达实业股份有限公司发行的500万元股票，就是由中国银行深圳国际信托咨询公司承销发行的。1982年2月，深圳金田实业股份有限公司面向社会公开发行452万元股票，就是由深圳经济特区证券公司承销。1988年12月，深圳万科企业股份有限公司面向社会公开发行2800万元股票，则是深圳经济特区证券公司和中国银行深圳国际信托咨询公司承销的。

1.4.4 发行股票的性质

20世纪80年代中国的股份公司发行的股票，并非都是真正意义上的股票，有的具有公司债券的性质，却以股票的名义发行；有的兼有股票和公司债券的性质；有的才是完全意义上的股票。

（1）债券式股票。即以发行股票的名义发行公司债券，1983年，西安市解放商场为了筹措资金，采取“入股自愿，退股自由”的方法向本店职工发行了 96700 元的爱店券。当时解放商场绝大多数职工每人认购了 200 元，少部分由两安市百货公司系统的职工购买。由于当时没有股份制的法规，没有按爱店券分红，而是采取贡献股的形式，按贡献大小对职工实施了分配，共分配 3414.77 股，即 341477 元。

（2）债券兼股票。1982 年宝安联合投资公司采取“入股自愿，退股自由，保本保息分红”的方式面向社会发行股票，并以县财政出资 20% 为公开发行股票作担保。1985 年，北京天桥百货股份有限公司发行的股票就是定期定息又分红的股票。1987 年，四川长征机床股份有限公司发行的股票，则采取计息分红并举的方法，股息按面值 8% 计入成本按年发放，红利按面值 7% 发放，既定息又定（红）利。

（3）股票。真正具有股票性质的发行是 1984 年上海飞乐音响股份有限公司的股票发行，它发行的是只分红利、不发股息、不予退股的记名式股票。1987 年上海真空电子股份有限公司发行的股票、1988 年深圳万科企业股份有限公司发行的股票等都是真正意义的股票。1988 年中国扩大和深化股份制试点后，中国的企业股票发行渐趋规范，发行的股票大都是只分红利、不予退股的股票。

1.4.5 股票发行面值与发行价格

20 世纪 80 年代，中国的股份公司股票发行在发行面值和发行价格方面具有显著的特点：股票发行面值高，股票发行价格低。各公司股票发行面值没有统一的标准而很不一致，发行面值高的达 200 元，低的仅为 1 元。发行价格基本上是按面值发行，只有发展和真空电子有过溢价即高于面值发行。这主要是当时投资者对股票的投资价值缺乏应有的认识，公司发行时不承诺股票可以上市交易也影响了股票溢价发行。有关 80 年代中国股票发行面值和发行价格的例子如表 1-9 所示。

从表 1-9 可以看出，只有万科企业股份有限公司 1988 年发行的股票面值是以 1 元人民币为单位，其他都高于 1 元人民币。这种状况的形成与当时发行的大都是记名式实物股票有关。在发行金额一定的情况下，面值越大，印刷的股票张数越少，印刷成本越低。并且这种高面值股票也有利于投资者保管。但股票面值太大，又影响中小投资者的购买，故当时发行的股票面值最高也仅是 200 元。不同面值的股票在同一柜台挂牌交易时给投资者带来了较多的困难，故后来在柜台交易时一些高面值股票曾对股份作了拆细处理。例如，深圳发展银行就将面值 20 元的股票拆细为 1 元的股票，相应地原 1 股 20 元的股票拆细后成了面值为 1 元的 20 股。

表 1-9　　股票发行面值和发行价格情况表

公司名称	发行时间	发行每股面值	发行每股价格
上海延中实业股份有限公司	1985 年 11 月	50 元	50 元
上海飞乐音响股份有限公司	1984 年 11 月	50 元	50 元
上海申华实业股份有限公司	1987 年 3 月	100 元	100 元
深圳发展银行	1987 年 5 月	20 元	20 元
	1989 年 3 月	100 元（港币）	100 元（港币）
	1988 年 2 月	20 元	20 元
	1989 年 3 月	20 元	40 元
北京天龙股份有限公司	1987 年 6 月	100 元	100 元
山东渤海股份有限公司	1986 年 10 月	200 元	200 元
	1987 年 12 月	200 元	200 元
上海真空电子股份有限公司	1987 年	100 元	100 元
	1988 年 4 月	100 元	113 元
	1989 年 2 月	100 元	120 元
深圳万科企业股份有限公司	1988 年 12 月	1 元	1 元
深圳锦兴实业股份有限公司	1989 年	10 元	10 元
深圳金田实业股份有限公司	1989 年	10 元	10 元

资料来源：参见表内上市公司资讯材料和《中国证券市场（1991）》等。

1.4.6 股票发行数量

据统计，到 1990 年为止，中国共有 4750 家企业发行了各种形式的股票，共筹资 42.01 亿元，其中公开发行股票筹资 17.39 亿元，占 41.39%；非公开发行即内部发行筹资 24.62 亿元，占 58.61%。此外，以股票名义集资 22.33 亿元。发行股票筹资较多的依次是上海、广东、四川、山东和辽宁，分别为 11.44 亿元、7.55 亿元、6.12 亿元、2.69 亿元和 2.45 亿元。上述各省市股票发行筹资共计 30.34 亿元，占当时全国股票发行筹资总额（不含股票名义集资）的 72.24%。从时间上来看，20 世纪 80 年代初至 1987 年，共发行 10 亿元，1988 年、1989 年和 1990 年分别发行了 25 亿元、6.62 亿元和 4.28 亿元。1988 年是 80 年代股票发行筹资最多的一年。这与当时中央政府扩大和深化股份制试点有关。1989 年受“六·四”事件的影响，股份制试点工作一度有所停顿。

表 1－10　　　　至 1990 年底中国各省市股票发行情况统计表

	公开发行（万元）	非公开发行（万元）	合计（万元）
北京	258	2994	3252
上海	86882	27525	114407
河北	4749	2950	7699
山西	872	2179	3051
内蒙古	32	612	644
辽宁	11802	13607	25409
吉林	145	681	826
黑龙江	33	1804	1837
江苏	12031	490	12521
浙江	3032	19661	22693
安徽	1324	337	1661
江西	1167	2825	3992
福建	356	1116	1472
山东	3000	23917	26917
河南	2197	3348	5545
湖北	1441	14184	15625
湖南	625	3095	3720
广东	31731	43848	75579
广西	5600	—	5600
海南	—	9557	9557
四川	5865	55361	61226
贵州	63	3054	3117
云南	—	3963	3963
陕西	423	3453	3876
甘肃	42	3339	3381
新疆	269	3300	3569
合计	173939	246165	420104

资料来源：参见《中国证券市场（1991）》。

1984～1990 年，上海共有 11 家股份制企业发行了股票，共发行筹资（不含债券式股票集资）8.78 亿元，其中国家股 6.63 亿元，法人股 1.56 亿元，个人股仅

0.59亿元（见表1-11）。由于国家股大都是企业改制时以资产折股的，因此，真正通过发行股票筹集的资金较少。在上海发行股票的股份制企业中，最早发行股票的是1984年11月上海飞乐音响股份有限公司，首次发行了1万股，筹资50万元。发行最多的是上海真空电子股份有限公司，1987～1989年仅向个人发行就高达14910万元。上海延中实业股份有限公司、上海爱使电子股份有限公司、上海申华电工联合公司、上海飞乐股份有限公司和上海豫园商场股份有限公司等在这一时期都发行了股票。

表1-11　　1984～1990年上海股份制企业发行股票情况

	国家股（万股）	法人股（万股）	个人股（万股）	总股本（万股）
1984年	—	17.5	32.5	50
1985年	—	62.5	467.5	530
1986年	—	—	—	—
1987年	65650	11038	1867	78555
1988年	677	4426	1250	6353
1989年	—	17.5	2307.5	2325
1990年	—	225	675	900
合计	66327	15561.5	5924.5	87813

资料来源：参见《上海证券市场（1993）》，上海社会科学院出版社1993年版。

1982～1989年，深圳共有7家后来在深交所上市的公司发行了股票。共发行4949.7万股，筹资10142万元。其中一次性发行和筹资额最多的是万科企业股份有限公司，1988年12月28日至1989年1月27日共发行2800万股，筹资2800万元。1987～1989年，深圳发展银行先后4次发行了股票，共发行105.5万股，筹资3400万元。其他公司发行股票的情况如表1-12所示。

表1-12　　深圳股份有限公司80年代发行股票情况表

公司名称	发行时间	发行面值（元/股）	发行数量（万股）	筹资金额（万元）
宝安县联合投资公司	1982年	1.00	1300	1300
深圳发展银行	1987年5月10日起	20.00	39.65	793
	1988年2月	20.00	25.35	507
	1989年3月10日起	40.00	32.5	1300
	1989年3月20日起	100.00	8.00	800

续表

公司名称	发行时间	发行面值（元/股）	发行数量（万股）	筹资金额（万元）
万科企业股份有限公司	1988年12月28日起	1.00	2800	2800
深圳金田实业股份有限公司	1989年2月28日起	10.00	45.2	452
深圳振业股份有限公司	1989年8月	10.00	69.0	690
深圳蛇口安达实业股份有限公司	1989年12月23日	1.00	500	500
深圳锦兴开发服务股份有限公司	1989年12月25日止	10.00	100	1000
合计	—	—	4919.70	10142

资料来源：根据上述公司上市资讯资料整理而成。

由于20世纪80年代中国的股份公司发行股票，大都采取按面值发行而较少溢价发行，并且一些企业发行的股票既分红又付息，因此，大多数股份公司发行的股票基本上都最终发行出去了。但是，股票发行不出去或花了很长时间才勉强发行出去的事例却不少见。这与90年代中国投资者积极踊跃认购新股，造成新股认购是发行量的几十倍、数百倍形成了鲜明的对比。1987年3月和1988年8月，中国人民银行北京市分行两次批准北京旅行车股份有限公司共发行233万元内部职工股。但是截止到1990年底，该公司职工实际只认购198万元，仅完成发行任务的84.98%。1987年5月，深圳发展银行经批准面向社会公开发行79.5万股，在机关干部带领认购的情况下，实际认购39.65万股，仅完成发行任务的49.87%。1987年8月，深圳振业股份有限公司经批准发行69万股，首先在系统内进行招股宣传及认购摸底工作，系统内职工仅认购了1.1万股，占发行总额的1.59%。其余的后来不得不主要依靠社会认购。1988年10月，中国人民银行株洲市分行批准株洲庆云股份有限公司面向社会发行1300万元股票。直到1989年1月20日，该公司花了3个多月时间募股才勉强完成。

1.5 股票交易

股票发行是股票交易的基础，股票交易是对股票发行的现实要求。没有股票交易，股票发行就会十分困难。20世纪80年代，中国政府逐步扩大了股份制和股票发行的试点。但对股票交易，中国政府则采取了严格的控制措施，只允许在上海、深圳两地范围试点。因此，直到1990年，中国已有4000多家股份公司发行了股票，而允许股票柜台交易的仅有12家股份公司发行的股票。从某种意义上来讲，中国政府严格控制股票交易，是对20世纪80年代中国股份制试点和股票发行的最大行政限制。

20世纪80年代，中国经批准的柜台交易股票只有12只，但中国80年代现实的股票交易远不止这12只，股票交易的方式也不是中国政府批准并认可的柜台交易一种。80年代，中国先后或同时出现了股票私下交易、柜台交易和场外交易等3种不同的股票交易方式。

1.5.1 股票私下交易

股票私下交易，也叫股票非公开交易，是指在上海、深圳未设立证券交易柜台之前和上海、深圳以外没有设立证券交易柜台的地方出现的股票交易。尽管中国政府不认可这种股票私下交易，但20世纪80年代中国发行过股票的地方，比较普遍地出现了这种股票私下交易的现象。其出现的必然性在于：（1）股票是一种有价证券，它具有交换价值。对于具有交换价值的东西，必定会产生现实的交换行为。（2）股票交易具有充足的现实理由。拥有股票的人在需要货币资金时有变现要求，拥有闲置货币资金并认为股票具有投资价值时就会产生购买股票的动机。一旦股票买卖双方能相互沟通，股票交易也就实现了。（3）在没有股票交易柜台等公开的交易方式和其他正常的交易渠道的情况下，有股票交易要求的双方只能以私下交易的方式进行。

自1984年11月上海飞乐音响股份有限公司发行股票后，股票持有人就开始提出股票转让要求，并进行了一些自发的实际转让。可以说，这是中国改革开放以来最早出现的股票私下交易①。受20世纪80年代中国政府限制股票私下交易的影响，股票买卖双方都不能通过公开媒体刊登股票供需信息。因此，80年代中国出现的股票私下交易实质上是一种信息不对称的交易，需要出售股票的人很难找到买主，需要购买股票的人也很难找到卖主。因此，这种股票私下交易成功的可能性较小。为了实现股票交易，有的卖主愿意以低于股票面值出售股票，有的买主愿意以高于股

① 陈郁："制度变迁、市场演进与私人契约安排——1986～1990年上海股票交易的案例分析"，载《经济研究》1995年第7期。

票面值购进股票。这样，就出现了股票交易的意愿差价。这种差价的形成刺激了民间股票经纪人即股票掮客的自发产生。他们利用信息、资金和社会关系等资源优势，从事股票倒买倒卖或代买代卖，从中弁取买卖差价或经手费。股票掮客的出现，推动了中国20世纪80年代股票私下交易的发展，上海、深圳、成都等地一度出现了股票私下交易固定的场所，股票买卖双方会不约而同地到同一个地方参与股票交易。股票私下交易不再是一种单纯的买卖双方“变现”和“投资”的关系，而是增加了越来越多的投机甚至欺诈的成分，这种日益盛行的股票私下交易，在唤醒人们投资股票意识和促使中国政府尽快建立公开的股票市场以取代股票私下交易方面，发挥了积极的推动作用。

1.5.2 股票柜台交易

柜台交易，也称场内交易，是指股票经批准在证券交易柜台上公开交易。证券交易柜台是指经中国人民银行批准，由金融机构设置的专门经营证券交易业务的对外营业场所。在20世纪80年代，中国的证券公司、银行、信托投资公司和财务公司都可设立证券交易柜台。其主要业务是代理发行各种有价证券，自营和代理证券买卖，代理和代收证券的本息和红利，办理证券签证、登记和过户等。

（1）股票柜台交易的形成。20世纪80年代股票柜台交易起源于上海。1984年7月，中国人民银行上海市分行出台了《关于发行股票的暂行管理办法》，对股票转让作了规定：股票的持有者，如要出让股票，可委托银行信托部代为销售转让，但以现货交易为主；内部发行的股金券则在内部或定向范围内转让，由财务部门办理。这个规定为上海最早出现股票交易柜台提供了政策依据。1984年11月，上海飞乐音响股份有限公司发行股票后，一些持有人提出了转让要求。当时规定持有人转让股票需自找受让对象。在找到受让人后，到代理发行机构办理转让手续。1986年9月26日，经批准中国工商银行上海信托投资公司静安营业部开始接受委托办理由它们代理发行的飞乐音响和延中实业股票的代购代销业务，从而成为改革开放后中国第一个股票交易柜台。在静安营业部转让股票，其价格是经中国人民银行上海市分行规定的票面金额加上至成交时预测的股息和红利。至1986年，上海累计办理转让过户的股票共计11453股，约占当时上海股份公司向社会公开发行股票总额的10%①。

---

① 上海社科院课题组：“上海证券市场考察”，载《经济研究》1991年第7期。

为了规范股票柜台交易，1987年11月，中国人民银行上海市分行出台了《证券柜台交易管理暂行办法》，对股票的交易场所、可交易证券的范围、交易点自营或代理业务的内容和做法、交易点的法律责任、交易价格确定的原则、交易的收费标准、交易中的禁止事项、违反规定的处罚条款等，都作了详细规定。规定股票必须在经中国人民银行批准的证券柜台交易点进行转让或买卖，价格实行公开，随行就市，由买卖双方商定，证券柜台还可以直接自营证券的买卖。此后，上海市的股票交易柜台和各柜台交易的股票有所增多。到1990年，上海已有16个证券交易柜台和40多个证券交易代理点。其中上海申银证券公司设有静安、威海和虹口证券营业部，上海万国证券公司设有静安、黄浦和徐汇证券营业部。

深圳设立股票交易柜台始于1987年4月7日，深圳经济特区证券公司在这一天开始受理深圳发展银行股票转让业务。到1990年，深圳已有10个股票交易柜台，如表1－13所示。

表1－13　　1990年深圳证券交易柜台情况表

证券交易柜台名称	1990年	
	股票交易量（万元）	比重（%）
深圳经济特区证券公司	64851.03	38.53
中国银行深圳国际信托咨询公司	11558.34	6.87
深圳国际信托投资公司	24388.33	14.49
交通银行深圳分行	100.69.81	5.98
中国有色金属（深圳）财务公司	11366.11	6.75
广东信托投资公司深圳公司	13480.97	8.01
中国农业银行深圳信托投资公司	13820.03	8.21
中国工商银行深圳信托投资公司	13787.92	8.19
深圳经济特区发展财务公司	3160.12	1.88
深圳国际证券投资基金部	1838.69	1.09
合计	168321.36	100.00

资料来源：参见《中国证券市场（1991）》。

（2）柜台交易股票。从1986年9月26日飞乐音响和延中实业在中国工商银行上海分行信托投资公司静安营业部柜台交易开始，到1990年12月深圳证券交易所和上海证券交易所开业前为止，上海、深圳共有12只股票经批准进入了柜台交易，如表1－14所示。

表1－14　　20世纪80年代深沪柜台交易的股票情况表

时间	上海	深圳	当年新上市股票只数	累计上市股票只数
1986年	飞乐音响、延中实业	——	2	2
1987年	爱使电子、真空电子	发展	3	5
1988年	豫园商场、飞乐股份	万科	3	8
1989年	——	金田	1	9
1990年	申华电工	原野、安达	3	12

资料来源：参见《中国证券市场（1991）》、《上海证券市场（1993）》和表内上市公司资讯材料。

从表1－14中可以看出，在中国20世纪80年代长达5年的柜台交易中，最多只有12只股票在柜台进行交易，且全部是上海、深圳本地发行的股票，其他地区既没有设股票交易柜台，也没有股票到上海或深圳的交易柜台交易。即使是上海、深圳公开发行的股票，也没有都进入柜台交易。这说明当时股票柜台交易是严格控制的，这也是私下交易或场外交易屡禁不止的原因之一。

（3）股票柜台交易情况。从1986年股票柜台交易开始到1990年12月深交所和上交所开业为止，上海和深圳股票柜台交易可分为3个主要阶段：

①交易低迷阶段。这一阶段从1986年到1989年，持续了大约3年多的时间，不管是上海还是深圳，当时的股票柜台交易都是极不活跃。上海柜台交易的股票面值仅5000万元，1987～1989年分别成交262万元、445万元和777万元，年换手率分别为7%、14.98%和23.27%。深圳股票柜台交易在1987年基本上有行无市；其后的1988年和1989年分别成交400万元和2300万元，成交亦不活跃。

表1－15　　20世纪80年代深沪股票柜台交易情况表　　（单位：万元）

时间	上海	深圳	合计
1986年	58	—	58
1987年	262	—	262
1988年	445	400	845
1989年	777	2300	3077
1990年	4963	176000	180963
合计	6505	178700	185205

资料来源：参见《中国证券市场（1991）》、《上海证券市场（1993）》和《中国股市变奏曲》等。

②交易狂热阶段。1990年，深圳和上海的股票柜台交易先后出现过一次交投狂热。1990年初，深发展召开第二次股东大会，确定了每10股送5股和配5股的分配

方案，万科、金田等公司也公布了较好的经营业绩。这些公司股票的投资价值日益凸现出来，吸引了投资者踊跃入市。在先期入市获得巨大投资收益的示范效应影响下，许多公众的股票投资意识被唤醒而迅速增强。1990年5~6月，深圳股票柜台交易空前活跃，成交量迅速增加。例如，1990年5月深圳股票成交量高达2.2亿元，比1987年至1990年4月长达3年多的股票成交总量还要多。在深圳柜台交易的5只股票中成交量最大的是“发展”，1990年成交8.05亿元，占同期5只股票成交总量的45.74%。其次是“原野”和“万科”公司，分别成交3.81亿元和3.49亿元。受深圳股票柜台交易活跃的影响，也受1990年5月底深圳出台打压股市政策导致深圳的资金转移上海股市的影响，1990年8~9月，上海股票柜台交易出现空前活跃和狂热，股票成交量迅速增加，1990年股票成交量高达4963万元，是1989年成交量的6.39倍，股票年换手率几乎达到100%。但是，与同期深圳股票柜台交易相比，上海柜台交易的股票数量就显得很少，仅为同期深圳股票柜台交易量的2.82%。这说明尽管深圳股票柜台交易起步比上海晚，交易的股票只数也比上海少，但是深圳股票柜台交易发展却比上海快得多，影响要大得多。深圳成了当时中国大陆股票交易的真正中心（见表1-16）。

表1-16　　1990年深圳股票柜台交易情况表

	发展	万科	金田	安达	原野	合计
1	344.66	32.86	117.49			495.01
2	646.48	95.23	177.87			919.58
3	1260.27	645.35	191.53	90.78		2187.93
4	1993.09	394.63	147.56	17.09	28.99	2581.36
5	7984.97	1107.67	1261.89	140.62	977.76	11472.91
6	11694.33	4294.26	2729.74	1835.27	5688.54	26242.14
7	5321.04	2806.81	516.07	867.82	3563.59	13075.33
8	7407.72	4362.91	2767.61	490.96	5133.33	20162.53
9	2495.20	2093.35	549.77	50.66	1031.30	6220.28
10	6774.67	3980.51	614.43	304.23	584.35	12258.19
11	15859.47	12435.23	4157.03	1833.54	11114.04	45399.31
12	18733.84	2656.28	3344.80	390.26	9944.86	35070.04
合计	80515.74	34905.09	16575.79	6021.23	38066.76	176084.61

资料来源：《中国证券市场（1991）》，中国金融出版社1991年版。

③交易抑制阶段。面对狂热的股市和愈流愈烈的场外交易，1990年5月28日，深圳市政府发布了《关于取缔场外交易的通告》。1990年5月29日，中国人民银行

深圳分行出台了股票涨跌停板制度，规定“委托买卖的价格不得高于或低于上一个营业日收市价的10%”，之后进一步调低至涨不超过1%甚至0.5%，跌不超过5%。因此，深圳股票柜交易受到严重的抑制，市场狂热现象得到缓解。但是场外交易并没有被有效控制，场外交易以其更加隐蔽的方式进行。上海则在1990年6～7月股票交易迅速升温的时候，上海市政府或主管部门就出台了一系列打压股市的措施。1990年8月3日，中国人民银行上海市分行对股价涨跌作了限价规定，每天股价涨跌不得超过前一营业日的3%，并明令取消场外交易。结果，上海股票柜台交易一度出现了挂牌股票每天以3%顶板上涨，但是很少有人卖出，从而出现了有价无市的现象。1990年11～12月上海《新闻报》每周3次刊登的上海股票行情就证实了这一点。因为在这两个多月的时间内，“上海股票行情”栏中各种股票只有买入价数字，而没有卖出价数字。不过此时上海和深圳一样，股票场外交易却依然火爆。

（4）柜台交易的股票价格走势。1986～1989年，上海股市交投清淡，股价长期低位窄幅波动。从1987年11月2日为基日的静安股价指数来看，从股价指数发布基日起到1990年4月底，第一次上扬是1987年11月至1988年1月，此时正临近1987年度股息红利的发放，静安指数曾达到115点，其后又开始下降。第二次是1988年12月至1989年2月临近分红的时候，静安股价指数曾接近120点。除此之外，静安指数一直在很低的位置上徘徊。相反，还出现了两次明显的低谷，1989年9月24日和1989年11月9日，静安指数仅为83点。而且这样的低位股价指数一直持续了整整一年多，直到1990年5月才重新突破100点。1986年9月至1990年4月，面值50元的飞乐音响最高价86元；面值100元的飞乐股份最高价为134元，最低为89元。

直到1990年5月，上海股市才走出低谷，开始上升，并在1990年8～9月份出现暴涨，静安指数达到300点（见表1－17）。面值100元的豫园商场股票一度达到426元。

表1－17　　　　上海股票柜台交易静安股价指数变化表

时间	静安股份指数（点）	涨跌幅（%）
1987年11月2日	100.00	—
1989年4月7日	91.20	－8.80
1989年9月24日	83.00	－8.99
1990年7月26日	155.49	87.34
1990年7月30日	145.41	－6.48
1990年8月22日	210.30	44.63
1990年11月5日	300.00	42.65

资料来源：参见《中国证券市场（1991）》、《上海证券市场（1993）》和《中国股市风云录》等。

深圳股票柜台交易的价格变化和上海差不多。首只柜台交易的面值为20元的股票“发展”在1987年和1988年，价格在20～22元间波动，股价基本稳定。1988年深圳发展银行实现利润是1987年的3倍，高额的分红派息和送红股远超过同期银行利息，更超过人们的预期回报。因此，1989年初发展股票价格出现上扬。

表1－18　　　　1990年深圳柜台交易股票月平均价变化表

每股面值	原野	发展	万科	金田	安达
	1.00	1.00	20.00	1.00	10.00
1	10.72	1.09	22.13		
2	12.34	1.07	21.78		
3	15.60	1.27	20.70	1.30	
4	10.73	1.31	18.96	1.29	11.21
5	11.99	2.09	25.58	2.60	17.26
6	18.18	5.80	50.91	3.59	30.63
7	25.00	6.97	93.63	8.16	56.00
8	34.92	9.59	127.06	11.54	83.16
9	41.94	11.98	140.37	14.63	95.01
10	54.08	15.32	183.60	20.04	127.40
11	74.12	19.76	254.36	24.42	171.48
12	76.42	19.66	219.10	24.47	—
年增长幅%	612.87	1703.67	890.06	1782.31	1429.71

资料来源：《中国证券市场（1991）》，中国金融出版社1991年版。

从表1－18可以看出，深圳柜台交易的股票价格在1990年出现了巨幅上涨，万科、安达和原野股份公司分别上涨了17.03倍、17.82倍和14.30倍。发展和金田股份公司也分别上涨6.13倍和8.90倍。

1.5.3　股票场外交易

股票场外交易，也叫股票黑市交易，是指在证券交易柜台以外所进行的股票非公开交易。它是股票私下交易的一种，之所以把它叫做场外交易并不把它等同于私下交易，是相对于股票柜台交易而言的，并与股票柜台交易同时存在的一种股票交易，而股票私下交易则出现在股票柜台交易之前或没有股票柜台交易的地方。

20 世纪 80 年代，上海、深圳有了股票柜台交易后，其股票场外交易一直没有停止过。这是因为 80 年代的股票柜台交易存在着许多不足：（1）柜台交易网点少。到 1990 年，上海、深圳的交易柜台分别只有 16 个和 10 个。由于交易双方必须在柜台内进行交易，远离交易柜台的投资者到柜台交易极不方便，他们有可能就近选择方便的地方。（2）柜台交易成本高。交易柜台代理股票买卖要征收双方的交易佣金，增加了买卖成本。交易双方到交易柜台不仅费时，而且还要支付一笔交通费用。（3）柜台交易手续繁琐。例如，买卖双方要出示身份证件，交易双方要办理登记过户手续，要从交易柜台存入或取出现金等。（4）在交易柜台一度买不到股票。1990 年上半年，深圳当局为了打压股票狂涨，对柜台交易的股票设立了涨跌停板。结果柜台交易的股票一度以每天 1% 的上限顶板上涨，只有买单，没有卖单，从而无法实现股票交易，这就刺激了场外交易。1990 年 11 月 10 日，发展、万科、金田、安达和原野股份公司的柜台挂牌价分别为 68.16 元、18.80 元、235.48 元、22.85 元和 156.83 元，而同一天上述股票的黑市交易中位价分别为 120.83 元、36.25 元、324.50 元、45.50 元和 252.50 元，分别比柜台挂牌价高出 77%、92%、37%、99% 和 61%，平均高出 73%。这种巨大的场内交易和场外交易价格差（见图 1－2），是深圳市政府通过设置场内交易涨跌停板限制股价上扬，从而限制场内股票交易刺激了场外交易的表现。（5）同一种股票在不同的柜台交易，而各柜台自定报价，势必造成同一种股票同一天在不同的柜台有不同的价格，从而出现了价格差。例如，1989 年 12 月 28 日，真空电子、飞乐音响、延中实业和飞乐公司在静安营业部的价格是 101.10 元、50.50 元、50.80 元和 101.80 元，而在虹口营业部的价格是 98.80 元、49.80 元、50.00 元和 99.50 元，差价分别是 2.30 元、0.70 元、0.80 元和 2.30 元①。这种股票柜台交易差价也为场外倒买倒卖提供了交易机会。

因此，原本以替代股票私下交易而设立的柜台交易，由于其本身的缺陷，并没有达到替代私下交易的目的，分散的、非公开的股票私下交易在柜台交易出现之后逐步演变成有相对固定地点，较为集中的、半公开的场外交易。这种场外股票交易可大体归于 3 类：（1）股票、印鉴、身份证、息折卡俱全，此为上品，无过户麻烦，交易价格最高；（2）只有股票、印鉴或只有股票和身份证，此为次品，每股交易价比黑市价低 10 元；（3）只有股票，没有印鉴、身份证和息折卡，此为下品，交易价比次品再低 10 元②。这种场外交易在股票市场低迷时由于投机机会少而交投

---

① 参见 1989 年 12 月 29 日《新闻报》。

② 应健中、赵磊和刘正军：《中国股市走势》，上海三联书店 1992 年版，第 32、33 页。

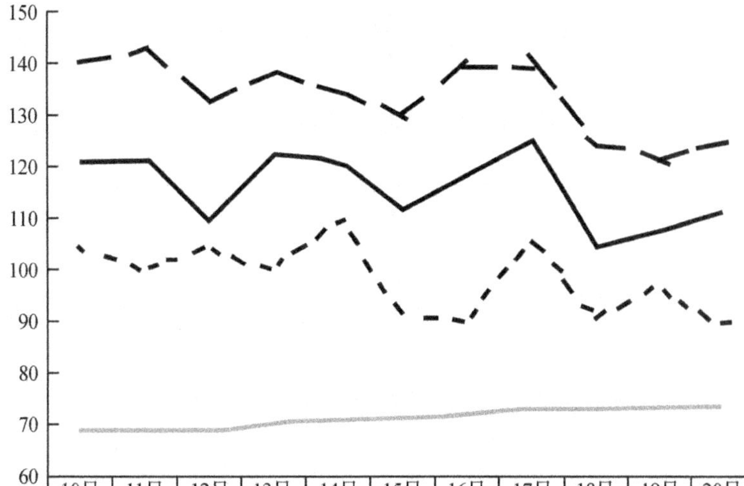

	10日	11日	12日	13日	14日	15日	16日	17日	18日	19日	20日
最高价	140	143	133	138	135	130	140	140	125	122	125
最低价	104	100	104	100	110	91	90	105	91	97	89
中位价	120.83	121	109.2	122.17	121	111.5	118.33	125.5	105	107.5	111.5
挂牌价	68.16	68.16	68.84	69.53	70.23	70.93	71.64	73.36	73.08	73.08	73.45

图 1－2　1990 年 11 月 10～20 日深发展股票场内外交易价格比较图

资料来源：王喜义主编：《中国股市变奏曲》，中国人民大学出版社 1994 年版，第 164－165 页。

清淡，有时甚至销声匿迹。但在股票市场旺盛时，由于投机机会多而交投活跃，场面甚为火爆。例如，1990 年 5～6 月份和 1990 年 7～8 月份，深圳和上海依次出现愈演愈烈的股票场外交易，一度成为当时股票市场的主流，而柜台交易则相形见绌。在上海，以深圳来上海的强龙和上海本地的“黄牛”为代表，相互合作，四处搜寻股票，上海各证券营业点门前门庭若市，高价收购股票的叫买声和讨价还价的叫喊声不绝于耳①。1990 年 8 月 22 日，中国人民银行上海市分行颁布了打击股票场外交易的新措施，规定凡是私下成交的股票，证券机构一律不准办理过户手续。但深沪两地的股票场外交易却屡禁不止。其原因就是“柜台交易各自订买入价和卖出价，难于体现证券交易一个时点一个竞争价的原则。信息不灵，流通不畅，价格难称公开”②。

深沪股票柜台交易的局限性和股票场外交易禁而不止要求股票交易制度的创新，那就是尽快建立公开集中的股票交易市场。1990 年 12 月 1 日和 12 月 19 日，深圳证券交易所和上海证券交易所先后开业，深沪股票柜台交易和场外交易逐步退出。中

① 应健中、赵磊和刘正军：《中国股市走势》，上海三联书店 1992 年版，第 32 页、33 页。

② 陈郁：“制度变迁、市场演进与私人契约安排——1986～1990 年上海股票交易的案例分析”，载《经济研究》1995 年第 7 期。

国证券市场从此揭开了新的一页。

1.6 20世纪80年代股份经济兴起的背景分析

在销声匿迹20多年后的20世纪80年代，股份经济在中国大陆的重新兴起，决不是偶然的。它的兴起在80年代有着现实的政治、经济和社会背景。

1.6.1 改革开放

可以说，20世纪80年代股份经济在中国大陆的兴起，是自1978年中共中央十一届三中全会以来改革开放的必然产物。1978年改革开放前，我国逐步形成并不断强化的计划经济体制，对商品经济、股份经济等具有严重的排斥性。在这种经济体制下，股份经济是不可能产生的，更谈不上发展。1978年，中共中央十一届三中全会的胜利召开，标志着改革开放时代的到来。尽管这种改革开放是分步骤的，循序渐进的，但改革开放的进程基本上是朝着市场化方向发展的。20世纪70年代末和80年代初，农村家庭联产承包责任制在中国广大农村普遍实施，宣告了人民公社制度的瓦解，极大地调动了亿万农民群众的生产积极性和自主性，为农村股份合作经济的兴起扫除了制度上的障碍，创造了有利的经济社会条件。

20世纪70年代末和80年代，中国城市经济体制改革大致先后经历了放权让利、利改税、经济承包责任制和股份制试点等几个主要阶段，尽管各个阶段改革的重心不同，但都是对传统计划经济体制的冲击，都是围绕着扩大企业自主权，调动企业和职工的积极性而展开的。这就为企业突破计划经济体制的种种限制，寻求自主经营创造了新的机遇和空间。与此同时，地方政府和各个部门在不断深化的改革过程中，也有了更大更多的经济管理权限，基于对本地区、本部门利益的考虑，或顺应本地区、本部门企业的要求，往往对有利于企业自主经营、自我发展的做法，包括股份制试点、股份筹资等予以支持，这就为股份经济的出现创造了许多条件。与此同时，对外开放增加了中国和外界的接触了解，为中国企业借鉴国外股份制运作的成功经验创造了有利条件。

1.6.2 政府作用

在计划经济体制下或在计划经济体制向市场经济体制转变的过程中，主导经济运行的是政府而不是市场。因此，在计划经济体制下或在计划经济体制向市场经济体制转变过程中，政府的肯定或支持是股份经济出现的政策前提。20世纪80年代中国股份经济，先是在民间自发兴起，后得到地方政府的支持，再获得中央政府肯定、支持，中央政府进而介入和主导了中国股份经济的试点，从而推动了股份经济的发展。

20世纪70年代末和80年代初，股份合作经济作为一项新生事物在中国一些农村地区出现，得到了中央政府的肯定、支持和鼓励。1979年7月3日，国务院作出了《关于发展社队企业若干问题的规定》。规定指出："在资金上，企业除了依靠本身自力更生，增加积累，允许从大队、生产队公积金中提出适当数量的入股资金"。这是改革开放后中央政府首次对农村集资入股兴办企业予以肯定，但是没有提到允许个人入股社队企业。由于集资入股必然存在分红的问题。1983年，中共中央在《当前农村经济政策的若干问题》中明确指出："不能一讲合作，就只限于按劳分配，不许有股金分红"。这表明中央政府在政策上已经允许了按股分红。1984年，中共中央1号文件指出："允许农民和集体的资金自由地或有组织地流动，不受地区限制。鼓励农民向各种企业投资入股"。这是中央政府正式肯定并鼓励个人参股企业的作法。1985年，中共中央1号文件指出："有些合作经济采用合股经营、股金分红的办法，资金可以入股，生产资料和投入基本建设的劳动力可以计价入股，经营所得一部分按股分红，这种股份式合作，不改变入股者的财产所有权，避免了讲合作就合并财产和平调劳动的弊端，却可以把分散的生产要素结合起来，较快地建立起新的经营规模，积累共有的财产。这种办法值得提倡。"这是中央政府对农村股份合作经济的全面肯定、支持与鼓励，对促进当时中国农村股份合作经济的发展起到了重要的作用。

关于股份经济的试点，中央政府开始持谨慎态度，后逐步转向特定情况下的肯定、支持和鼓励。1984年4月，国家经济体制改革委员会（简称体改委）在江苏常州召开了城市经济体制改革试点工作座谈会，会议提出了对城市集体企业和国营小企业进一步放开搞活的办法是："允许职工投资入股，年终分红。"1986年11月14日，邓小平在北京人民大会堂会见了美国纽约证券交易所代表团，邓小平向纽约证券交易所董事长约翰·范尔霖赠送了一张面值50元的上海飞乐音响股份有限公司的股票。这是中国政府向世界发出中国发展股份经济的明显信号。

1986年12月，国务院在《关于深化企业改革增强企业活力的若干规定》中指出："各地可以选择少数有条件的全民所有制大中型企业进行股份制试点"。1987年3月25日，国务院总理李鹏在《政府工作报告》中指出："要鼓励和支持地方、部门、企业之间实行生产要素的联合，相互投资和相互参股。"面对业已出现的股份制企业和股票发行，中央政府不再是禁止，而是加以引导和管理。1987年3月，国务院颁发了《关于股票、债券管理的通知》，通知指出："当前发行股票应当在严格的监督和控制之下，主要限于在少数经过批准的集体所有制企业试行"；"全民所有制企业不得向社会发行股票。对少数已经批准试点的全民所有制大中型企业，由各地人民政府负责认真检查清理，对其中确需发行股票，各地人民银行要从严审批。"1987年10月25日，中共中央十三大政治报告指出："改革中出现的股份制形式，包括国家控股和部门、地区、企业间参股以及个人入股，是社会主义企业财产的一种组织形式，可以继续试行。"1988年2月17日，国务院批准了《国家体改委关于1988年深化经济体制改革的总体方案》，该方案指出："在横向联合的企业群体、企业集团和新组建企业中应积极推行股份制。"1988年3月25日，国务院总理李鹏在《政府工作报告》中指出："在互愿互利的基础上，鼓励企业承包企业、企业租赁企业或相互参股，继续试行股份制"。1988年9月30日，中共中央十三届三中全会公报指出："要进行以公有制为主体的股份制试点和发展企业集团试点。"1989年3月4日，国务院批转《国家体改委关于1989年经济体制改革要点》，该要点指出："稳步试行以公有制为主的股份制；""1989年主要试行由企业内部职工购买股票和企业之间相互参股的股份制。选择少数符合产业政策要求、经营状况较好、内部管理较为健全的大中型企业进行公开发行股票的试点。"

各地对股份经济试点也持积极态度。1984年8月10日，上海市政府批准并转发了中国人民银行上海市分行制定的《关于发行股票的暂行管理办法》，这是改革开放以来中国有关股票方面的第一个地方性政府规章。上海飞乐音响股份有限公司就是在该管理办法出台后发行股票的。1986年10月，深圳经济特区人民政府制订并发布了《深圳经济特区国营企业股份化试点的暂行规定》，它既对深圳出现的带有自发性质的股份经济加以肯定和支持，又对股份经济试点提出了规范性意见。1987年11月，中国人民银行上海市分行发布了《证券柜台交易管理暂行办法》。1998年11月，深圳市成立了资本市场领导小组，以推动深圳市资本市场的筹建和发展。各部门也为股份经济的试点创造了有利条件。1985年9月，中国人民银行批准试办深圳经济特区证券公司。1988年中国人民银行共批准了30多家证券公司的成立，从而为企业通过证券中介机构发行股票提供了方便（见表1－19）。

表1－19 20世纪80年代证券公司成立情况表

成立时间	证券公司名称
1987年9月	深圳经济特区证券公司
1988年3月	武汉证券公司、广州证券公司
1988年4月	上海振兴证券公司、江门证券公司
1988年5月	沈阳证券公司、鞍山证券公司、吉林省证券公司、大同证券公司、福建华福证券公司、辽宁省证券公司
1988年6月	青岛证券公司、浙江省证券公司、西安证券公司、天津证券公司、惠州证券公司、黑龙江省证券公司、河北省证券公司、福建闽发证券公司、广西证券公司、湖北证券公司
1988年7月	上海万国证券公司、陕西省证券公司、湖南省证券公司、山西证券公司
1988年8月	北京证券公司、甘肃证券公司、厦门证券公司、贵州证券公司、四川省证券公司
1988年9月	云南省证券公司、上海海通证券公司
1988年10月	海南省证券公司

资料来源：《深圳证券交易所会员大全（Ⅰ、Ⅱ）》，中国经济出版社1993年版。

1.6.3 现实需要

尽管20世纪80年代的改革开放对传统的计划经济体制产生了一次次冲击，但在80年代，中国计划经济体制的根基并没有动摇，在整个国民经济中仍发挥主导作用。这种状况的存在促使一些企业在可能的情况下寻求股份经济的发展，以解决计划经济途径不能解决的企业融资和企业改制的现实需要。

1979年8月，中国开始试行的国有资产投资由财政无偿拨款改为银行贷款的改革，使国有企业资金来源发生了重大变化。“拨改贷”之前，银行只向国有企业提供流动资金贷款；“拨改贷”之后，国有企业固定资产投资、技术改造所需要的资金也主要依靠银行贷款。这样一来，中国的银行融资功能就得到了进一步强化，银行基本上成为国有企业唯一的外部资金来源。但是国有企业融资需要并没有随着“拨改贷”而更容易得到满足。国有企业的投资项目和银行贷款指标仍由国家的计划部门确定，银行根据有无列入国家计划的指令决定是否向国有企业发放贷款。至于非国有企业，特别是乡镇企业和改革开放后兴起的民营企业、个体企业等，由于它们是计划经济体制外“市场调节”的对象，更是无法通过计划从银行获得资金支持。因此，不管是国有企业还是非国有企业，在面临着企业经营和发展的资金困难而传统的计划筹资渠道即财政和银行又满足不了其要求的情况下，就会产生强烈的直接融资需要。发行股票集资并对企业进行股份改制就是企业和参股者都能认同的融投资方式，也是企业面对银行贷款壁垒而另辟蹊径的现实选择。这样发行股票集资作为一种筹资渠道就在改革开放的旗帜下和政策允许的情况下应运而生了。

对于国有企业而言，股份制试点并不仅仅基于筹资的需要，还有企业改制等更深层次的考虑。在计划经济体制下，国有企业政企不分十分严重，企业生产什么，生产多少，怎样生产，都没有自主权，也不承担自负盈亏的责任。尽管 20 世纪 80 年代中国国有企业先后经历了放权让利、利改税、承包制等改革，但国有企业的经营机制始终没有得到根本改变，并且放权让利、利改税和承包制等国有企业改革的弊端也日渐显现。因此，一些国有企业及其主管部门或地方政府意欲通过股份制改造来实现国有企业经营机制的根本转变，以扩大企业经营自主权，并让企业真正承担自负盈亏的责任，促使企业走出困境，获得发展。

1.6.4 投资能力

发展股份经济，首先就需要有投资者参股。而投资者是否参股投资，即取决于参股企业的盈利能力，更取决于投资者的投资能力。改革开放前的 1977 年，中国城乡居民储蓄存款年末余额共计 181.6 亿元，人均不足 20 元。此时，别说体制上不允许股份经济的出现，即使允许，中国居民也没有投资能力参股企业。改革开放后，这种情况逐步并且日益显著地发生了变化。随着居民收入水平的大幅度提高，中国居民储蓄存款大幅度增加。到 1990 年，中国居民储蓄存款余额已达 7034.2 亿元，比 1978 年增长了 32.40 倍，1978～1990 年年均增长 33.96%。与此同时，中国储蓄结构也发生了重大变化。1978 年，中国居民、企业和政府部门的储蓄结构分别是 14.9∶11.8∶73.2，政府部门是储蓄和资金供给的主体。1985 年，上述部门的储蓄结构分别是 40.1∶38.9∶21.0，居民成了储蓄和社会闲散资金的主体。因此，在 20 世纪 80 年代，中国居民已经有了日益增强的投资能力，这就为企业发行股票筹资创造了日益有利的资金供给条件（见表 1－20）。另一方面，由于政府部门作为资金供应方的供应能力相对减弱，对企业资金需求的满足日益困难，因此，企业资金需求对居民部门的依赖性日益增强。发展股份经济正好为居民日益增强的投资能力和企业资金需求对居民的日益依赖架设了一座桥梁。

1.6.5　投资意识

与中国居民投资能力大幅度提高相反，20世纪80年代中国居民股票投资的意识并没有显著的增强。在80年代，尽管改革开放的步伐很快，但由于人们受传统计划经济体制的长期影响，在思想深处形成了的计划经济思想定势一时难以改变。人们对商品经济认识仍处在启蒙阶段，对股份经济缺乏最起码的了解，不敢承担风险，更难以认识股票投资收益与风险的关系。这就决定了80年代中国股份经济发展特别是股票发行受到了很大的市场需求限制。中国80年代股票主要按面值发行，较少溢价发行，早期发行的股票具有债券性质从而具有保本付息的功能。股票发行困难甚至需要机关干部带头认购等，这在很大程度上与当时中国居民股票投资意识的现状是相关联的。这种状况直到"深发展"等一些股票盈利状况和分红较好，股票柜台交易价格大幅度上升之后，人们投资股票的意识才逐步得到唤醒和增强。

表1－20　　1978～1990年中国居民储蓄存款情况表

	居民储蓄余额（亿元）	其中：当年新增加额（亿元）	年增长率（%）
1978	210.6	29.0	15.97
1979	281.0	70.4	33.43
1980	399.5	118.5	42.17
1981	523.7	124.2	31.09
1982	675.4	151.7	28.97
1983	892.5	217.1	32.14
1984	1214.7	322.2	36.10
1985	1622.6	407.9	33.58
1986	2237.6	615.0	37.90
1987	3073.3	835.7	37.35
1988	3801.5	728.2	23.69
1989	5146.9	1345.4	35.39
1990	7034.2	1887.3	36.97

资料来源：参见《中国金融年鉴（1991）》，中国金融出版社1991年版。

1.6.6 理论与舆论导向

改革开放后，中国理论界和舆论界受党中央倡导的解放思想的影响，较为活跃。早在20世纪80年代初，厉以宁等经济学家就倡导在中国发展股份经济。面对股份合作经济和股份经济在中国一些地方的兴起和引起不同的争议，理论界展开了讨论，舆论界不仅对学术界的讨论予以及时的报导，而且对西方国家股份经济的作法也作了大量的介绍。严斯茂在1984年第12期《经济研究》上发表了“社会主义股份公司初探”。文章指出，我国现阶段仍然存在着商品货币关系，所有制存在结构上的多层次性，在我国发展股份制有其必然性和现实需要。盛慕杰在1985年第1期《经济研究》上发表了“论股票、债券的发行”。该文指出，社会主义社会存在着商品生产和流通，适应和发展商品生产和流通而发行股票是必要的，发行股票可以作为社会主义的融资工具。1986年8月18日，童大林在《人民日报》发表了“股份化是社会主义企业的一个新基点”的长篇文章，认为社会主义企业股份化有利于社会主义商品经济的高度发展，有利于进一步发掘闲置以及潜在的资金，更多地增加积累，更好地适应社会需求和市场竞争。1986年3月8日，廖季立在《经济日报》发表了“对城市经济体制改革的几点看法”，认为“企业职工购买本企业的一部分股票，有利于提高企业职工的主人翁感，调动他们的积极性。”刘诗白在《经济研究》1986年第12期发表了“试论社会主义股份制”一文。该文指出：“股份制是商品经济中的一种企业组织形式。这种企业组织形式是适应商品经济中大规模生产与经营对资金集中的需要而产生的。社会主义经济是一种发达的商品经济，也需要有资金集中，要求有资金联合，并会由此引起股份制的出现。”这些理论和舆论导向对于提高当时人们的股票投资意识，推动股份经济在中国的兴起，起到了一定的积极作用。

1.7 20世纪80年代中国股份经济发展大事记

1979年7月3日	国务院作出了《关于发展社队企业若干问题的规定》，对社队企业集资入股的方式予以肯定。
1980年6月15日	经成都市政府（1980年）69号文批准，成都市工业展销信托股份公司成立。
1982年5月28日	国务院批准深圳经济特区设立股份有限公司筹措资金，建设赤湾港。
1983年	中共中央在《当前农村经济政策的若干问题》中明确指出：不能“讲合作就只限于按劳分配，不许有股金分红”。
1983年7月	宝安县联合投资公司，实行“入股自愿，退股自由，保本、付息、分红”的方式向社会招股集资。在宝安县财政出资20%并担保的情况下，一些企业和个人投资入股。
1984年11月18日	上海飞乐音响股份有限公司成立。
1984年2月16日	《光明日报》刊登消息称，最近，中国金融学会和中国经济学团体联合会在北京联合召开了社会集资问题讨论会，会议指出，我国已出现股份集资、集资联营、以资带劳等集资形式。
1984年4月	国家体改委在江苏常州召开了城市经济体制改革试点工作座谈会，提出了对城市集体企业和国营小企业要进一步放开搞活的办法是“允许职工投资入股，年终分红”。
1984年5月12日	《人民日报》刊登了《国务院关于进一步扩大国营工业企业自主权的暂行规定》，规定指出：“企业暂时不用的生产发展资金，可以按自愿互利的原则，通过合营、联营、补偿贸易等方式向企业外投资，以利于把资金用活”。
1984年5月31日至6月7日	中国金融学会在安徽合肥市召开全国第二次年会。会上，中国人民银行金融研究所的部分研究人员联合发言，建议在我国大陆开放资本市场。
1984年6月21日	《人民日报》刊登了中共中央《关于1984年农村工作的通知》，通知指出：“允许农民和集体的资金自由地或有组织地流动，不受地区限制。鼓励农民向各种企业投资入股。鼓励集体和农民本着自愿互利的原则，将资金集中起来，联合举办各种企业，尤其要支持兴办开发性企业”。

续表

1984 年 6 月 28 日	经株洲市人民政府批准，江南联营贸易中心通过“集资入股、联合经营”的方式组建成功。
1984 年 7 月 14 日	北京市财贸办主持召开了研究成立北京天桥百货股份有限公司的会议。会议决定采用发行股票的方式向社会集资，成立北京天桥百货股份有限公司。
1984 年 8 月 8 日	福建省福联股份有限公司成立。
1984 年 8 月 10 日	上海市人民政府批准中国人民银行上海市分行发布《关于发行股票的暂行管理办法》。
1984 年 10 月 20 日	《中共中央关于经济体制改革的决定》指出：“要在自愿互利的基础上广泛发展全民、集体、个体经济相互之间灵活多样的合作经营和经济联合”。
1984 年 10 月 26 日	经济南市市中区政府批准，济南市市中区商业局、山东曲阜酒厂、济南市五金批发站、山东经济报社等单位出资入股成立济南渤海贸易公司。
1984 年 11 月 14 日	经中国人民银行上海市分行批准，上海飞乐音响股份有限公司向社会和本企业职工发行股票 1 万股，每股面值 50 元。
1984 年 11 月 26 日	经中国人民银行济南分行批准，济南渤海贸易公司向社会发行股票 800 万元。
1985 年 1 月 1 日	经批准，上海爱使电子股份有限公司成立，并于 1985 年 1 月首次公开发行面值 50 元的法人股 2500 股，个人股 3500 股。
1985 年 1 月 2 日	上海延中实业股份有限公司成立。1985 年 1 月 14 日，上海延中实业面向社会公开发行法人股 1 万股，个人股 9 万股，每股面值 50 元，每股发行价格 50 元。
1985 年 1 月 4 日	成都工益冶金股份有限公司在原成都无缝钢管厂基础上经股份制改造后成立。
1985 年 9 月	经中国人民银行批准，深圳经济特区证券公司试办。
1985 年 12 月 25 日	北京旅行车股份有限公司成立。
1986 年 8 月 18 日	《人民日报》发表了童大林《股份化是社会主义企业的一个新基点》一文。
1986 年 8 月 24 日	沈阳合金股份有限公司成立。1987 年 12 月面向社会和职工发行 1214.22 万股，其中 1200 万为法人股。
1986 年 9 月 26 日	上海飞乐音响股份有限公司和上海延中实业股份有限公司的股票被批准可以进行公开转让交易。中国工商银行上海分行信托投资公司静安业务部正式挂牌代理“飞乐音响”和“延中实业”两种股票现货买卖业务。
1986 年 10 月	深圳市政府制订了《深圳经济特区国营企业股份化试点的暂行规定》。

续表

1986年11月14日	邓小平在人民大会堂会见美国纽约证券交易所代表团。纽约证券交易所董事长约翰·范尔霖将一枚纽约证券交易所证章送给邓小平。邓小平向约翰·范尔霖回赠一张面值50元的上海飞乐音响股份有限公司股票。
1987年1月10日	上海市仪表电讯工业局电真空工业公司改制为上海真空电子器件股份有限公司。它在同年1月5日面向社会发行49.1万股，每股面值100元，每股发行价格100元。
1987年1月15日	中国人民银行上海市分行发布的《证券柜台交易暂行规定》开始实施。
1987年2月21日	经中国人民银行上海市分行批准，上海飞乐音响股份有限公司于3月8日首次采用无偿增资（红利、公积金转股）与有偿增资相结合的方式增发股票。
1987年3月2日	上海申华电工联合（股份）公司成立，同年3月发行面值100元股票1万股。
1987年3月25日	李鹏在《政府工作报告》中指出："要鼓励和支持地方、部门、企业之间实行生产要素的联合，相互投资和相互参股"。
1987年3月	国务院颁发了《关于股票、债券管理的通知》。
1987年5月10日	深圳发展银行以自由认购的方式首次向社会公开发售人民币普通股39.65万股，每股面值20元。
1987年9月	经中国人民银行批准，深圳经济特区证券公司正式挂牌营业。
1987年10月25日	中共十三大政治报告指出："改革中出现的股份制形式，包括国家控股和部门、地区、企业间参股以及个人入股，是社会主义企业财产的一种组织方式，可以继续试行"。
1987年11月2日	中国工商银行上海市分行信托投资公司静安业务部根据柜台交易的飞乐音响、延中实业、爱使电子、电真空器4种股票编制静安股份指数，基点为100点。
1988年2月17日	国务院批准《国家体改委关于1988年深化经济体制改革的总体方案》，该方案提出："在横向联合的企业群体、企业集团和新组建业企业中应积极推行股份制"。
1988年3月25日	李鹏在《政府工作报告》中指出："在互愿互利的基础上，鼓励企业承包企业、企业租赁企业或相互参股，继续试行股份制"。
1988年4月7日	深圳发展银行股票在深圳经济特区证券公司进行柜台交易。
1988年4月26日	中国人民银行上海市分行批准上海真空电子器件股份有限公司首次采用溢价方式增资发行股票，100元面值的股票发行价为113元。

续表

1988 年 7 月 31 日	沈阳证券公司、上海申银证券公司、武汉证券公司、哈尔滨证券公司、重庆有价证券公司、大同证券公司等在沈阳参加证券业务座谈会，发出“成立中华证券业务发展促进会”倡议书。
1988 年 8 月 6 日	国务院颁发了《中华人民共和国印花税暂行条例》，1988 年 10 月 1 日起施行。印花税的税目有 13 个，买卖股票属于第 11 目“产权转移书据”，税率为按所载金额万分之五税率贴花征收印花税。
1988 年 8 月 20 日至 23 日	“全国证券公司发展研讨会”在山西大原召开。会议决定成立“中国证券业公会”。
1988 年 9 月 30 日	中共十三届三中全会公报指出：“要进行以公有制为主体的股份制试点和发展企业集团试点”。
1988 年 12 月 28 日	经中国人民银行深圳分行批准，万科企业股份有限公司按国际惯例面向社会发售 2800 万股，每股面值 1 元，每股发行价 1 元。
1989 年 3 月 4 日	国务院批转《国家体改委关于 1989 年经济体制改革要点》，该要点提出：“稳步试行以公有制为主的股份制”；“1989 年主要试行由企业内部职工购买股票和企业之间相互参股的股份制。选择少数符合产业政策要求、经营状况较好、内部管理较为健全的大中型企业进行公开发行股票的试点”。
1989 年 3 月 5 日	在国家体改委、财政部、中国人民银行等主管部门的支持下，（中国）证券交易所研究设计联合办公室（简称“联办”），即后来的中国证券市场研究设计中心在北京正式成立。
1989 年 11 月 15 日	经有关部门和深圳市政府批准，深圳证券交易所开始筹建。

2

股权分置改革的回顾与总结[①]

股权分置作为一种限制国有股和法人股流通、允许公众股流通的差异性制度安排，是我国以公有制为主导的计划经济体制背景下以及相关法制环境下，资本市场设立初期的一种制度安排。随着我国改革开放、市场经济体制的建立和资本市场的发展，股权分置逐步演变成为制约我国资本市场发展的根本性制度问题。我国资本市场股权分置形成的特殊性、股权分置问题的复杂性、股权分置改革（或简称“股改”）的独创性，在世界资本市场发展史上都是史无前例的。在国有股配售、减持以及设立C板市场等试探性、局部性解决股权分置问题先后失败后，2005年4月29日我国开始了“上市公司一步到位、市场总体分步实施”的股改。经过一年半的时间，截至2006年10月，我国股改基本完成，达到预定目标，取得巨大成功。

对股权分置改革——这个在我国资本市场发展上有着巨大深远影响的、在世界资本市场发展史上极为经典的案例——进行全面、客观、系统、深入的回顾与总结，不仅具有重大的现实意义，而且具有深远的历史意义。本章的主要内容为：揭示我

---

① 2006年12月20日，深证综研字第0147号。本章分工情况如下：肖立见负责课题设计、总纂并撰写导言；吴林祥、才静涵、陈斌撰写股权分置改革背景分析；王霞撰写股权分置改革的总体规划；何基报撰写股权分置改革实施情况总结；陈炜撰写股权分置改革成效分析；阙紫康撰写股权分置改革经验总结；蔡奕撰写股改后我国资本市场发展面临的新问题。

国股权分置问题形成的根源，分析我国股权分置改革的背景，总结我国股权分置改革的情况，评价我国股权分置改革的成效，研究我国股权分置改革的经验，探究我国股权分置改革后存在的问题。

2.1 股权分置改革背景分析

2005年管理层审时度势，抓住有利时机，推出股权分置改革，不仅有着深刻的市场背景，而且具备了有利的市场条件。

2.1.1 股权分置的产生

股权分置导致股权分置问题的形成，股权分置问题构成了股权分置改革的前提。探讨我国资本市场股权分置改革，有必要从我国股权分置的产生开始谈起。

1990年深沪证券交易所设立时，管理层当时对上市公司股票是否全部流通并没有作出硬性的规定，上交所上市的“老八股”就有股份全流通的公司。其后，为适应计划经济体制的要求，基于不让国有资产流失的考虑，管理层对我国上市公司股份作了国有股、法人股、职工内部股、公众股的形式划分，并作出国有股、法人股不能上市流通和公众股上市流通的差异性制度安排。深沪证券交易所上市流通的是公众股，国有股、法人股作为非流通股则只能在场外市场协议转让，不能进入深沪证券交易所上市流通和交易。

改革开放后我国有关股票发行和上市的规定，最早出现在1987年3月28日国务院发布的《关于加强股票债券管理的通知》中。该通知规定：“当前发行股票，主要限于在少数经过批准的集体所有制企业试行”，“为推动横向经济联合，以互相投资、合股、参股方式新建的企业，合作各方可以试行采用股票形式，但不得向社会发行股票，未经中国人民银行批准，其股票不得上市”。

深圳是我国最早进行股份制试点的地区之一。1990年深圳市发布了《股票发行与交易管理暂行办法》，该办法规定：“股票发行可分为公募发行和私募发行（由5名以上、49名以下的发起人即法人全额认购），私募发行的股票只能在法人之间进行转让，不得上市交易”。1990 年 12 月，深沪证券交易所先后开业，可上市交易的股票主要限于公开发行的股票，私募发行的股票或发起人股份未能允许上市交易。

1991 年，为支持股份制试点，有关部门开始允许部分试点的股份制企业经批准后在深沪证券交易所公开发行新股融资。为了既解决试点股份制公司的资金困难，又不改变试点股份制企业的国有控股地位，有关部门作出了“股权分置”的制度安排：试点股份制公司经过批准面向社会公开发行的新增股票（称为社会公众股）可以通过证券交易所上市流通，而企业改为股份制时存量部分的股份（根据持有人类型，分为国有股、法人股和内部职工股等）暂时不能上市流通。此后，这种股权分置制度就一直沿袭下来。

2.1.2 股权分置制度安排的历史根源

股权分置极具中国特色，其产生有着深刻的历史根源。可以说，在当时的政治、经济、意识形态和法律环境下，股权分置是我国资本市场发展初期的一种选择性制度安排①。

（1）股权分置与我国当时的经济体制相适应。我国资本市场是在计划经济体制向市场经济体制改革的过程中建立起来的，当时我国公有制占统治地位，计划经济体制占主导地位，在此环境下，有关资本市场的制度安排不可能超越当时的经济体制。而以公有制为主体的计划经济体制强调的是维护国有经济的主导地位，为了避免国有股、法人股上市流通后可能落入非公有制经济主体手中，有必要限制其上市流通。

（2）股权分置与当时的资本市场发展状况相适应。在计划经济向市场经济转型的初期，人们对资本市场的认识存在着巨大分歧，不仅在我国是否设立资本市场方面有着重大分歧，而且在资本市场姓“资”、姓“社”方面争论不休。理论界和政府部门对国有股、法人股上市流通可能产生的问题缺乏全面认识和准确判断，我国资本市场作为改革开放的产物，当时仍处于“摸着石头过河”的探索阶段。为维护上市公司上市前的国有或集体的主导地位，管理层对当时股份的流通范围和投资范围进行了限制。

---

① 从国际经验来看，资本市场的兴起和发展是市场经济发展到高级阶段的产物，而我国资本市场是在计划经济体制下建立和发展起来的，创造了世界资本市场发展史上的奇迹，股权分置制度安排可谓功不可没。股权分置在我国资本市场发展的初期，仅仅是一种现象而非一个问题。

（3）股权分置与当时的投资环境相适应。在当时的深沪资本市场中，相对于股票的供给，需求非常有限，想买股票、敢买股票和有钱买股票的人都为少数，国有股、法人股的上市流通也存在着事实上的困难。如果允许占有总股本约2/3比例的国有股、法人股上市流通，必将造成上市流通的股票供过于求，影响我国资本市场的发展。

2.1.3 股权分置问题的形成

随着我国经济体制改革的深入、社会主义市场经济体制的确立和资本市场的发展，股权分置逐步演变成为制约我国资本市场发展的根本性制度问题。

（1）股权分置造成“股价分置”，扭曲了资本市场的定价机制。价格发现是资本市场的基础功能，是市场优化资源配置的前提。理论上股票价格由股票价值和供求关系决定。实际中股票的流动性、稀有性和交易的便利性对股票定价具有重要影响。国有股、法人股比例较大，不能在股票市场上公开流通，其稀有性、流动性和交易的便利性相对流通股而言较差，其协议转让价格一般都很低，大都按略高于每股净资产的价格转让，致使国有股、法人股的价值普遍严重低估。而影响流通股价格的因素正好与上述情况相反。流通股的流动性、稀有性和交易的便利性好于非流通股，并且流通股市场定价还包括对占总股本2/3比重的国有股、法人股暂不上市流通的预期，这在客观上导致流通股价格显著高估。股权分置造成“股价分置”，扭曲了资本市场定价机制，抑制了资本市场价格发现的功能，导致上市公司购并、重组等资本运营缺乏市场化操作的基础。

（2）股权分置造成“利益分置”，使上市公司治理缺乏共同的利益基础。“股价分置”直接导致流通股股东和非流通股股东的“利益分置”：一方面，上市公司的国有股、法人股不能流通，其股东的股价收益权无法实现，他们可能不关心或重视公司股票在二级市场上的价格表现（有利于高溢价发行股票、并购等例外），只能将利益关注点放在资产净值的增减上，为此将高溢价发行更多流通股作为增加其股份资产净值的首选；另一方面，流通股股东关注的是二级市场上的股价表现，欢迎上市公司送股、重大重组、资产置换，而不欢迎上市公司高溢价发行股票。这与公司国有股、法人股等非流通股股东的利益取向明显不同并产生矛盾，于是流通股股东和非流通股股东出现了利益分置，流通股股东和非流通股股东不可能在利益冲突的时候对公司治理结构调整和优化达成一致，上市公司治理难以形成共同的利益基础，资本市场对优化上市公司治理的促进作用无法体现。

（3）股权分置制约资本市场融资功能的有效发挥。融资是资本市场的重要功能，而股权分置极大地制约了资本市场融资功能的发挥：一方面，非流通股价值严重低估并且转让困难，影响了非流通股股东参与上市公司股权融资的积极性，上市公司股权融资主要靠不足1/3比重的流通股股东承担，影响了上市公司股权融资最大化；另一方面，流通股价值高估，上市公司在不能通过非流通股股东股权融资的前提下，增强了向流通股股东股权融资的预期，往往提出高溢价发行新流通股的预案，在多数情况下投资者对此持抵制态度，股价往往下跌，上市公司股权融资再次受到影响。

（4）股权分置难以形成市场化的激励和约束机制。资本市场的重要功能在于对上市公司及其管理层、大股东形成有效的、市场化的激励和约束机制，而股权分置则难以形成这种机制：一是国有股、法人股不能流通并且价值低估，其股东缺乏增持股份的积极性；二是上市公司流通股价格变化不体现非流通股股东的利益，流通股价格上涨对非流通股股东和不持有流通股的公司管理层形成不了有效的激励，他们一般不会重视公司流通股价格的稳定；三是由于流通股价格下跌不影响非流通股股东的利益，无法形成对其有效的利益约束，一些非流通股股东特别是大股东在参与公司决策时为了考虑自身利益最大化，往往凭借控股地位占用上市公司资金，或要求上市公司为其违规担保，以至掏空上市公司，使社会公众资本被侵占或无效率消耗。

（5）股权分置损害了流通股股东的权益。主要表现在两个方面：一是流通股股东资产所有权受损。股权分置所导致的流通股价值高估为公司高溢价发行流通股创造了前提条件，流通股股东高溢价认购上市公司发行的公众股，并不得不接受国有股、法人股、公众股按统一的股票面值平均计算单位股本资产价值，其高溢价认购的超过发行后每股净资产的部分就分摊到了非流通股股东的头上。二是流通股股东资产收益权受损。由于上市公司是按单位股本而不是按单位资产分配收益的，在流通股股东持股的单位成本数倍高于国有股、法人股股东的单位持股成本和单位股本的前提下，按照单位流通股本与单位非流通股本享有相同的分红派息权的分配方式，国有股、法人股股东的单位资产收益就会数倍高于公众股股东的单位资产收益，于是流通股股东资产收益权大量无偿地向非流通股股东转移。

（6）股权分置抑制了资本市场创新。制度创新、产品创新和技术创新是资本市场发展的动力，股权分置不仅影响了我国资本市场的制度创新，也在很大程度上影响了其产品创新：一是与股权分置制度相适应，我国资本市场的发行、上市、交易、监管制度都打上了股权分置的烙印，一系列制度改革、创新因为股权分置不可能有真正的突破；二是权证、期权等衍生产品是以股票市场定价为基础的，如果衍生产品建立在非全流通的基础产品之上，扭曲的基础产品定价将通过衍生品的杠杆作用进一步放大，不仅开发和交易衍生产品风险很大，而且这种风险有可能演变成为整个资本市场的系统性风险。基于这种考虑，多年来，我国资本市场产品创新一直停滞不前，致使我国资本市场长期以来产品结构单一。

（7）股权分置影响了我国资本市场的对外开放。主要表现在：一是股权分置制度独具中国特色，不符合国际惯例，阻碍了我国资本市场与国际资本市场的接轨，我国资本市场在国际资本市场体系中处于孤立和“边缘化”的地位。二是在股价分置的情况下，价值高估的流通股市场对外缺乏吸引力，价值低估的非流通股对外开放会造成国有资产流失，危及国家经济安全。我国有关部门为此设置了一系列市场壁垒，进而影响了市场开放。三是股权分置下我国规模较小的流通股市场开放难以抵御国际资本的冲击，管理层计划推出的大型企业境内外同时发行上市等对外开放的举措，也因担心股权分置可能产生的市场风险而一再耽搁。

（8）股权分置助长了市场投机。主要体现在：一是占总股本 2/3 的国有股、法人股不能上市流通在客观上导致上市公司流通股本规模相对较小，助长了深沪股市的投机性。1991～2005 年股改前，我国深沪股市波动幅度大，波动频率高，为同期国际资本市场所少见。二是股权分置造成我国资本市场发展前景不明朗，难以引导投资者建立长期投资的理念，投资者往往采取短期买卖博取差价的投机策略，进一步加剧了市场投机。三是流通股因股权分置而高估，难以反映公司股票的内在价值，我国深沪股市长期在高市盈率状况下运行，股市风险很大，为股市投机起到了推波助澜的作用。

总之，股权分置从各个方面直接或间接地对我国资本市场产生了广泛、深刻的负面影响，已成为我国资本市场规范、健康发展的根本性制度障碍。无论从增强资本市场的融资功能、投资功能和优化上市公司的治理结构来看，还是从资本市场的发展和对外开放来看，都日益凸现出我国股权分置改革的必要性和紧迫性。

2.1.4 股权分置改革的可行性分析

在股权分置问题日益积聚和扩散的同时，我国资本市场运行环境也发生了积极变化，股权分置改革具备了可行性。

（1）早期国有股配售、减持和试行 C 板的失败教训。1999 年 12 月“中国嘉陵”和“黔轮胎”试行按比例配售国有股，由于国有股配售价格高遭到市场抵制，并引发深沪股市大幅调整，其后有关部门停止了国有股的配售试点。2001 年 6 月 12 日，国务院出台了《减持国有股筹集社会保障资金管理暂行办法》。2001 年 6 月 14 日开始实施，先后有 17 家公司通过新发或增发减持部分国有股筹集社保基金 23.15 亿元，而同期深沪股市却下跌了 30% 以上，股票市值蒸发了 5400 多亿元。为此，中国证监会于 2001 年 10 月 22 日紧急叫停《减持国有股筹集社会保障资金暂行办法》的有关规定，国有股减持失败。

2004 年底，深沪证券交易所和中国证券登记结算公司相继公布了《上市公司非流通股股份转让业务办理规则》和《上市公司非流通股股份转让业务办理实施细则》，标志着 C 板启动。市场普遍认为其实质在于逐步使国有股、法人股等非流通股由“依法转让”走向“渐进流通”，深沪股市随之大跌，其后管理层停止了 C 板交易。上述旨在渐进、间接、不考虑流通股股东利益的“亚股权分置改革”的失败教训极为深刻。

（2）社会各界对股改的认识基本上取得一致。面对股权分置存在的大量问题并日益扩大化的事实和早期“亚股权分置改革”的失败，社会各界对股改逐步形成了基本共识：一是认识到股改的重要性和紧迫性，社会各界对解决股权分置问题的讨论越来越多，以至出现了众多“民间股改专家”；有识之士对股改的呼声日益强烈，态度逐渐从恐慌股改转向“期盼”股改。二是在如何推进股改的问题上分歧减少，共识增多。社会各界越来越认识到：股改的核心问题实质上是国有股、法人股流通问题和公众股东权益保护问题。国有股、法人股不流通造成了公众股高溢价发行，公众股东为获得股票流通权向国有股、法人股等非流通股东转移了大量的资产所有权和收益权。因此，解决股权分置问题，不是一个简单的国有股、法人股由非流通到流通的问题，而是一个涉及到公众股东权益保护的根本问题。国有股、法人股流通必须建立在国有股东、法人股东支付“溢价”和保护公众股东权益的基础上。

（3）相关部门对股改达成了更多共识。2003 年 11 月，中国证监会主席尚福林公开指出：“中国股市存在股权分置问题”。2004 年 3 月 2 日，国资委主任李荣融表示，“解决全流通的时机越来越成熟”。2004 年 7 月，根据国务院的有关指示，成立了由中国证监会、国资委、财政部、中国人民银行等多个部委组成的“解决股权分置问题工作小组”，其职责就是向决策者提出切实可行的股改实施方案。2004 年 9 月后，中国证监会广泛征求社会各界对股改的意见和建议，并会同有关部门和专家讨论起草股改方案。与此同时，中国证监会一方面就股改与国资委、财政部、中国人民银行等中央部委协调关系，形成股改的“行政合力”；另一方面，中国证监会积极向高层反映情况和问题，为国家领导层面作出股改决策提供依据。

（4）股改上升到党中央、国务院重大决策层面。2004 年 1 月 31 日国务院颁布了《关于推进资本市场改革开放和稳定发展的若干意见》（简称“国九条”），明确指出要“积极稳妥解决股权分置问题”。此后，相关部门出台的一系列有关资本市场和股改的政策，都是以此为核心和出发点的。2005 年 3 月，温家宝总理在十届全国人大三次会议答记者问时表示，要“妥善解决股市发展中积累的历史遗留问题”，再次明确了决策层解决股权分置问题的决心。此后，股改列入有关部门的办事日程，为 2005 年 4 月底启动股改奠定了基础。

（5）法制建设为股改提供了法律制度保障。2002 年以来，我国资本市场法制建设取得了重大进展，2002 年《中华人民共和国刑法》有关证券犯罪的修订工作，加大了惩治资本市场违法犯罪的力度；2004 年 12 月 8 日，中国证监会发布了《关于加强社会公众股股东权益保护的若干规定》，试行上市公司重大事项社会公众股股东表决制度，给予公众股东足够的话语权，在流通股股东与非流通股股东之间建立了一种对等的双重否决机制，为协商制定上市公司股改方案提供了制度依据。2005 年 10 月 27 日通过的《中华人民共和国公司法》、《中华人民共和国证券法》废止或修改了原先许多禁止性或限制性规定，为解决影响我国资本市场发展的制度性障碍和结构性矛盾创造了有利条件，客观上也为股改创造了宽松的法制环境。

2.2 股权分置改革的总体规划

为积极稳妥推进股改，中国证监会等职能部门按照“国九条”有关股改的要求，先后发布了《关于上市公司股权分置改革试点有关问题的通知》、《关于上市公司股权分置改革的指导意见》和《上市公司股权分置改革管理办法》等规范性文件，对股改进行了总体规划，对股改的指导思想、总体目标、总体原则、总体要求、制度安排、操作流程等作了具体规定。

2.2.1 指导思想

“国九条”是推动我国资本市场改革开放和稳定发展的纲领性文件，不仅明确提出了要“积极稳妥解决股权分置问题”，而且提出了“在解决这一问题时要尊重市场规律，有利于市场的稳定和发展，切实保护投资者特别是公众投资者的合法权益”的总体思路。

为贯彻落实“国九条”的指示精神，《关于上市公司股权分置改革的指导意见》明确了积极稳妥推进股权分置改革的指导思想，即坚持股改与维护市场稳定发展相结合，进一步明确改革预期，改进和加强协调指导，调动多种积极因素，抓紧落实“国九条”提出的各项任务，制定、修改和完善相关法规和政策措施，加强市场基础性制度建设，完善改革和发展的市场环境，实现资本市场发展的重要转折，促使资本市场进入良性发展的轨道。

2.2.2 总体目标

《关于上市公司股权分置改革的指导意见》指出，股改是一项完善市场基础制度和运行机制的改革，其意义不仅在于解决历史问题，更在于为资本市场其他各项改革和制度创新创造条件，是全面落实“国九条”的重要举措。因此，股改的总体目标是：

（1）要将股改、维护市场稳定、促进资本市场功能发挥和积极稳妥推进资本市场对外开放统筹考虑。

（2）股改要积极稳妥、循序渐进，成熟一家，推出一家，实现相关各方利益关系的合理调整。

（3）要以股改为契机，调动多种积极因素，维护市场稳定，提高上市公司质量，规范证券公司经营，配套推进各项基础性制度建设、完善市场体系和促进证券产品创新，形成资本市场良性循环、健康发展的新局面。

2.2.3 总体原则

为引导和规范股改，《关于上市公司股权分置改革试点有关问题的通知》、《关于上市公司股权分置改革的指导意见》、《上市公司股权分置改革管理办法》和《上市公司股权分置改革业务操作指引》等规范性文件对股改的基本原则进行了规定，即在有利于市场稳定和上市公司长远发展的前提下，坚持改革的市场化导向，实行统一组织、分散决策、循序渐进、新老划断。

（1）统一组织。一是中国证监会要制定上市公司股改管理办法，以“公开、公平、公正”的操作程序和监管要求，规范股改工作，保障投资者特别是公众投资者的合法权益；二是国务院有关部门要加强协调配合，按照有利于推进股改的原则，完善促进资本市场稳定发展的相关政策，调整和完善国有资产管理、企业考核、会计核算、信贷政策、外商投资等方面的规定，使股改相关政策衔接配套；三是地方政府要加强对本地区上市公司股改的组织领导，充分发挥本地区综合资源优势，把股改与优化上市公司结构、促进区域经济发展和维护社会稳定结合起来，统筹安排适合本地情况的改革工作。

（2）分散决策。一是上市公司非流通股股东依据现行法律、法规和股改的管理办法，广泛征求 A 股市场相关流通股股东意见，协商确定切合本公司实际情况的股改方案，参照股东大会的程序，由 A 股市场相关股东召开会议分类表决；二是非流通股股东与流通股股东之间以对价方式平衡股东利益，是股改的有益尝试，要在改革实践中不断加以完善。

（3）循序渐进。一是坚持股改与维护市场稳定发展相结合，妥善处理好改革的力度、发展的速度和市场可承受程度的关系，合理控制改革节奏；二是实行“试点先行、分步推进”。

（4）新老划断。一是在股改前所有的有非流通股的深沪上市公司都要参加股改，股改后原非流通股实行有条件的自由上市流通；二是股改后首次公开发行的公司，其股份不再区分流通股和非流通股，所有的股份实行有条件的全流通。

2.2.4 总体要求

为实现股改的总体目标，体现股改的基本原则，《关于上市公司股权分置改革的指导意见》和《上市公司股权分置改革管理办法》等对股改提出了总体要求。

（1）上市公司股改实行自主决策，但方案要在非流通股股东和流通股股东之间平等协商、诚信互谅的基础上达成一致方可实施。上市公司股改方案的制定要公平合理，要面向社会公开，要广泛征求、听取流通股股东的意见；要有利于市场稳定和上市公司的长远发展。鼓励公司或大股东采取稳定价格预期的相关措施；鼓励在股改方案中作出提高上市公司业绩和价值增长能力的组合安排。监管部门和证券交易所在不干预改革主体自主协商决定改革方案的前提下，加强对方案实现形式及相关配套安排的协调指导。

（2）坚持改革的市场化导向，注重营造有利于积极稳妥解决股权分置问题的市场机制。根据股改进程和市场整体情况，择机实行“新老划断”。完成股改的上市公司优先安排再融资，可以实施管理层股权激励，同时改革再融资监管方式，提高再融资效率。上市公司管理层股权激励的具体实施和考核办法，以及配套的监督制度由证券监管部门会同有关部门另行制定。

（3）妥善处理存在特殊情况的上市公司股改问题：一是涉及A股股权的拟境外上市公司，以及A股上市公司分拆下属企业拟境外上市的，应在完成股改后实施；二是对于同时存在H股或B股的A股上市公司，由A股市场相关股东协商解决股权分置问题；三是对于持有外商投资企业批准证书及含有外资股份的银行类A股上市公司，其股改方案在相关股东会议表决通过后，由国务院有关部门按照法律法规办理审批手续；四是对于绩差上市公司，鼓励以注入优质资产、承担债务等作为对价解决股权分置问题。

2.2.5 制度安排

为保障股改顺利实施，《上市公司股权分置改革管理办法》、《上市公司股权分置改革业务操作指引》等对制定股改方案、保护投资者权益、维护市场稳定和发展、遏制股改违法行为等作了具体的制度安排。

（1）股改方案制定与协商的制度安排。股改方案制定、协商和实施是股改的3个关键环节。股改方案的制定要兼顾全体股东的即期利益和长远利益，要有利于公司发展和市场稳定，在技术上和操作上具有可行性，有关制度安排具体见表2-1。

表2-1 股改方案制定与协商的制度安排

1	在具体方案设计中可采用控股股东增持股份、上市公司回购股份、预设原非流通股股份实际出售的条件、预设回售价格、认沽权等股价稳定措施。
2	非流通股股东在改革方案中做出的承诺，应当与证券交易所和证券登记结算公司实施监管的技术条件相适应，或者由承诺方提供履行承诺事项的担保措施。
3	公司股改动议，原则上应当由全体非流通股股东一致同意提出；未能达成一致意见的，也可以由单独或者合并持有公司2/3以上非流通股份的股东提出。
4	改革方案应当对表示反对或者未明确表示同意的非流通股股东所持有股份的处理，提出合法可行的解决办法并予以说明。

（2）保护投资者权益的制度安排。保护投资者特别是公众投资者合法权益，是股改的重要指导原则，也是改革能否得到公众投资者普遍拥护的关键。为此，有关文件对股改方案制定、股改程序、信息披露要求等，作出了相关制度安排，具体见表2–2。

表2–2　　股改保护投资者权益的制度安排

1	必须经参加表决的股东所持表决权的2/3以上通过，并经参加表决的流通股股东所持表决权的2/3以上通过。
2	建立严格科学的信息披露和停复牌制度，证券交易所在股改期间对市场异常情况实施专项监控，降低股改过程中内幕交易等违法行为的发生率。
3	建立非流通股东强制履约机制，明确违约责任，并规定非流通股股东未完全履行承诺前不得转让其持有的股份。
4	建立网上路演、热线电话等丰富的与流通股东进行充分交流和协商的平台。
5	搭建网上投票机制，并规定网上投资时间不少于3天，为广大流通股股东行使投票权提供制度保障。
6	发行B股、H股的A股市场上市公司，其非流通股的可上市交易问题由A股市场股东协商解决。
7	改革方案如果未能通过，非流通股股东在3个月后方可再次进行股改。

（3）维护市场稳定和发展的制度安排。为了保证股改的顺利进行，限制非流通股股东取得上市流通权后可能大量抛售股份情况的出现，《上市公司股权分置改革管理办法》对股改后公司原非流通股的出售进行了相关限制。具体见表2–3。

表2–3　　股改维护市场稳定和发展的制度安排

1	自改革方案实施之日起，原非流通股在12月内不得上市交易或者转让。
2	持有上市公司股份总数5%以上的原非流通股股东，在前项规定期满后，通过证券交易所挂牌交易出售原非流通股股份，出售数量占该公司股份总数的比例在12个月内不得超过5%，在24个月内不得超过10%。
3	原非流通股股东出售所持股份数额较大的，可以采用向特定投资者配售的方式。

（4）遏制股改过程中相关违法行为的制度安排。《上市公司股权分置改革管理办法》明确规定了股改过程中各参与者的法律义务、法律责任，并制定了相关处罚办法，具体见表2–4。

在股改期间，中国证监会要开展专项市场监控和案件稽查，以保障投资者充分享有知情权，防范利用改革试点之机进行内幕交易、操纵市场、虚假披露等违法犯罪活动。

表 2－4 遏制股改过程中相关违法行为的制度安排

1	上市公司董事会、非流通股股东、保荐机构及其保荐代表人、律师事务所及其经办律师，必须签订书面协议明确股改保密义务。
2	对股改过程中内幕交易、市场操纵和虚假信息等行为将追究刑事责任。
3	明确股改中股东履行承诺的法律责任和违规处罚措施。
4	明确保荐机构及其保荐代表人和律师事务所及其经办律师的法律义务和违规处罚措施。
5	明确如果相关当事人涉嫌利用公司股权分置改革信息进行内幕交易、公司股票交易涉嫌市场操纵或公司控股股东涉嫌侵占公司利益正在被立案调查的，在调查结束前不允许进行改革。
6	明确规定非流通股股东及相关中介机构履行承诺的法律责任、违约责任和处罚办法。

2.2.6 步骤流程

为规范上市公司股改的实施步骤和操作流程，《上市公司股权分置改革管理办法》等有关文件对此作了具体规定。

（1）股改实施步骤。为确保上市公司股改循序渐进，《上市公司股权分置改革管理办法》将上市公司股改程序分为动议、协商、表决实施 3 个阶段：

第一阶段：动议阶段。这一阶段的主要任务是非流通股东内部进行协商，确定股改初始方案。然后，征求保荐机构、律师事务所等中介机构意见并需后者出具相关法律文件，再征求证券交易所有关方案实施可行性等方面的意见后公告，在此期间其公司股票停牌。

第二阶段：协商阶段。非流通股股东通过投资者座谈会、媒体说明会、网上路演、走访机构投资者、发放征求意见函等多种方式，与流通股股东进行充分沟通和协商，并在 10 日内公告公司经与流通股股东协商后确定的股改方案，此方案公告后不得再次修改。

第三阶段：表决实施阶段。股改方案确定并公告后，召开股东大会，由流通股股东对股改方案进行投票。投票过程中上市公司必须为流通股股东提供网上投票平台，网上投票时间不少于 3 天。股改投票表决后，上市公司公告表决结果，股票复牌。如果股改方案获得 2/3 以上参加表决的股东和 2/3 参加表决的流通股股东通过，则可以安排股改方案的实施，否则 3 个月后重新申请进入股改程序。

（2）股改操作流程。《上市公司股权分置改革管理办法》对股改的操作程序进行了详细规定，如图 2－1 所示。

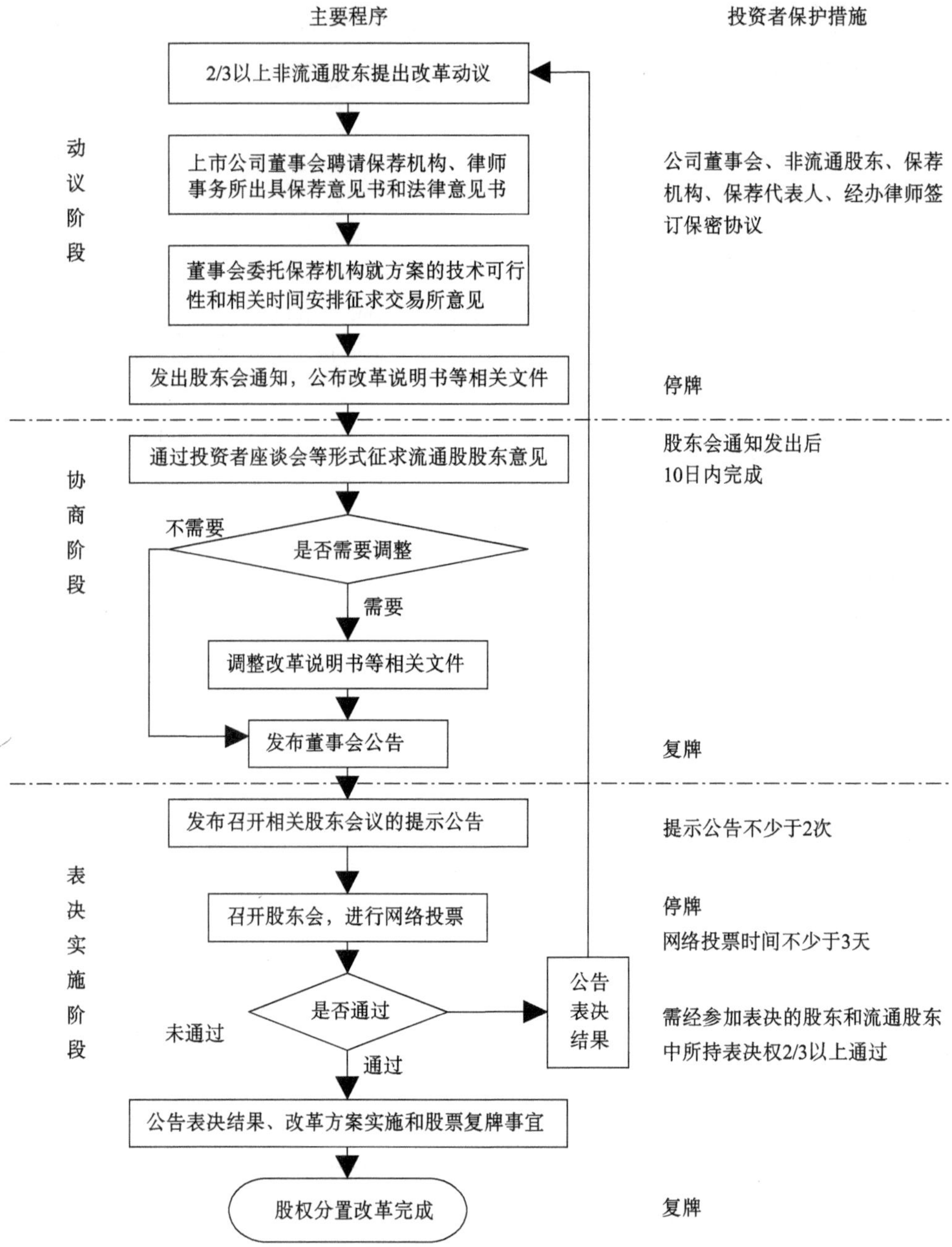

图 2－1　股权分置改革的操作程序和相关投资者保护措施

2.3 股权分置改革实施情况总结

为了全面揭示我国股改的情况，下面对我国股改的组织、实施过程和对价方式等进行系统的总结。

2.3.1 组织分工

股改涉及面广，难度大，时间紧，任务重，需要统一的组织领导，并在此基础上进行合理分工，协同作战。

（1）成立股权分置改革小组。为了体现“统一组织”的股改思路，2005 年 6 月，国务院统一领导下的股权分置改革小组正式成立，小组成员由中国证监会、国资委、财政部、中国人民银行、商务部等部门有关负责人组成。2005 年 9 月，深沪证券交易所分别成立股权分置改革领导小组；2005 年 9 月前后，有关国家部委、省市自治区也成立了相应的股权分置改革领导小组。

（2）明确分工。为各司其职，《上市公司股权分置改革管理办法》等有关文件对中国证监会等部门、证券交易所、上市公司和其他股改参与方的职责进行了明确的分工。主要分工如表 2－5 所示。

表 2－5　　各责任部门的主要职责

序号	责任部门	主要职责
1	国务院股权分置改革领导小组	组织、领导、协调全国性股权分置改革工作。
2	中国证监会	具体组织、指导、协调全国性股改，对股改过程实行监督管理。
3	国资委等部委	负责中央国有企业股改相关事宜，协助配合国务院股权分置改革领导小组工作。
4	地方政府	统筹安排、协调本地区股改工作。
5	证券交易所	制定上市公司股改业务操作流程，协调、指导上市公司股改工作，负责上市公司股改一线监管。

续表

序号	责任部门	主要职责
6	上市公司及其董事会	履行信息披露义务，在与流通股东进行充分沟通协商并征得流通股股东同意后实施本公司股改。
7	保荐机构及保荐人	联系核查义务，协助上市公司及其控股股东制定切合公司实际的股改方案，督促做好信息披露工作，督导相关当事人履行股改有关承诺。
8	律师事务所	对股改参与主体的合法性进行核查并签发合法性的意见。
9	机构投资者	积极参加股改，自觉维护投资者特别是公众投资者合法权益和市场稳定。
10	流通股个人投资者	积极参加股改，珍惜自己在公司股改中的投票权力，维护自己的合法权益。
11	证券登记结算机构	做好股改股份登记、过户等工作，会同证券交易所为上市公司股改方案创新及改革后的市场制度、产品创新提供技术支持。
12	新闻媒体	坚持正确的舆论导向，做好股改的宣传工作。

2.3.2 实施过程

根据股改的实施情况，其实施过程大致可分为试点阶段、全面启动阶段、攻坚阶段和基本完成阶段。

（1）试点阶段。2005 年 4 月 29 日，中国证监会发布《关于上市公司股权分置改革试点有关问题的通知》，正式启动上市公司股改试点工作。在试点期间，中国证监会、国资委连续出台相关政策，引导、规范和推进股改：中国证监发布《上市公司回购社会公众股份管理办法》、《关于上市公司控股股东增持流通股有关问题通知》等相关文件；中国证监会和国资委联合出台《关于股权分置改革试点工作的意见》；国资委发布《关于国有控股上市公司股权分置改革的指导意见》；深沪证券交易所和中国证券登记结算公司联合发布《上市公司股权分置改革试点业务操作指引》；深沪证券交易所出台《权证管理暂行办法》；中国证券登记结算公司发布《上市权证登记结算业务实施细则》。这些股改规范性文件的出台，为做好股改试点工作发挥了重要的促进作用。

截至 2005 年 8 月 22 日，共有 46 家上市公司进行了股改试点，试点分两批进行：2005 年 5 月 9 日，清华同方、三一重工、紫江企业、金牛能源 4 家公司开始股改第一批试点。2005 年 6 月 20 日，第二批 42 家上市公司股改试点启动，试点公司已经涵盖了大型中央企业、地方国有企业、民营企业和中小企业等不同类型和层面的企业，量大面广，股改试点方案呈现多样化，有的公司股改方式有所创新，为股改全面铺开积累了经验。到股改试点结束时，46 家股改公司中除清华同方之外，其他 45 家公司的股改方案获得股东大会通过，实施股改。

（2）全面启动阶段。2005 年 8 月 23 日，经国务院批准，中国证监会、国资委等五部委联合发布了《关于上市公司股权分置改革的指导意见》，对股改的意义、指导思想、总体要求等提出了方向性意见，标志着股改全面启动。为此，国务院成立了股权分置改革领导小组，中央有关部委、各地方政府、深沪证券交易所相继成立了股权分置改革领导小组。2005 年 9 月 4 日中国证监会发布了《上市公司股权分置改革办法》，2005 年 9 月 6 日深沪交易所分别发布了《上市公司股权分置改革业务操作指引》。2005 年 9 月 8 日和 17 日，国资委先后发布了《关于上市公司股权分置改革中国有股股权管理有关问题的通知》、《关于上市公司股权分置改革中国有股股权管理审核程序有关事项的通知》，为国有上市公司股改扫除了最后的政策阻碍。

在各方协同推进下，股改进展顺利。2005 年 9 月 12 日，上海汽车、民生银行等 40 家上市公司开始股改，标志着股改在经过为期 4 个月的试点后正式全面启动。2005 年 10 月 10 日上海永久和万科发布股改方案，成为最早进行股改的含 B 股上市公司；2005 年 10 月 17 日 ST 农化发布股改方案，成为首家启动股改的 ST 类公司；2005 年 10 月 17 日鞍钢新轧发布股改方案，成为首家启动股改的 A + H 股公司；2005 年 11 月 9 日 ST 吉纸公布股改方案，成为首家启动股改的暂停上市公司。2005 年 11 月 21 日，中小企业板最后一家股改公司黔源电力股改方案在股东大会上表决通过。至此，中小企业板 50 家上市公司股改全部完成，成为我国资本市场第一个与国际市场接轨的“全流通板块”。截止到 2005 年 11 月 21 日，深沪证券交易所先后有 10 批共 203 家公司进行了股改。

（3）攻坚阶段。尽管股改全面铺开进展较为顺利，但也存在一些问题：一是占市值较大的国有控股上市公司的股改相对缓慢，影响了整个股改工作的进程；二是随着股改的不断推进，未股改公司中存在亏损、担保、占用资金等问题的较多；三是一些地方或部门对股改采取观望态度，在推进本地区、本部门股改方面欠作为；四是一些公司非流通股控股股东与流通股股东在股改对价上难以协商达成共识，股改方案未获股东大会通过的现象增多。

为妥善解决上述问题，加快股改进程，2005 年 11 月 10 日中国证监会、国资委等五部委在北京召开“股权分置改革工作座谈会”。会议指出：股改进入关键时期，改革方向不能变、信心不能变、基本政策不能变，要“抓住重点，以点带面，推进改革”。在此次会议上，39 家央企控股上市公司和 11 个重点地区的 135 家地方国有控股上市公司被列为股改重点对象。与此同时，财政、税收、外资、股权激励等涉及多个部门与股改相关的配套政策陆续推出，有力地支持了股改。2006 年 4 月 24 日中国证监会召开进一步推进股改工作视频会议，中国证监会主席尚福林强调，目前股改已进入攻坚阶段，任务非常艰巨，要切实贯彻落实国务院领导的重要批示精神，认真总结经验，加强组织领导，明确工作职责，落实配套政策，巩固和扩大改革成果，确保实现年内基本完成股改的既定目标。这一阶段的配套政策和举措包括新股发行和上市公司再融资重新启动等。2005 年 11 月，国务院批转中国证监会《关于提高上市公司质量的意见》，中国证监会为落实国务院的批示，制定出清欠工作的具体要求，并要求逐项落实到位，以确保实现 2006 年完成清欠上市公司资金任务的目标。在各方努力下，相当多的 ST 公司和存在担保或关联交易等“问题”公司进入了股改程序。

截至 2006 年 2 月 14 日，深市主板进入股改公司总市值已占深市 A 股总市值的 53.79%，2006 年 2 月 28 日，沪市股改公司总市值亦达到 52.53%。截至 2006 年 4 月 23 日，深沪证券交易所在全面启动股改后有 30 批共计 878 家公司完成股改或进入股改程序，占应股改公司的 65.33%。至此，我国股改取得了实质性的突破和进展。

（4）基本完成阶段。这一阶段的主要工作是推进未股改公司股改、解决前期股改的后续问题和恢复资本市场的融资功能。

2006 年 5 月之后，未进入股改或股改程序的上市公司主要有两类：一是以中国石化为代表的大型国有企业，公司数量不多，但公司市值占市场份额较大。这些公司股改的主要问题在于高层需要通盘考虑。为此，国资委等部门会同有关部门按照国务院的有关指示精神，协商大型国有控股上市公司股改。二是一些“问题”上市公司，主要是业绩较差、资金被控股股东占用、违规担保、股份被冻结等公司。公司数量相对较多，但公司市值占市场份额较少；这些公司股改牵涉许多问题，仅仅依靠上市公司或控股股东推进股改较为困难。一些地方政府为此会同司法、国资管理、银行、控股股东和其他相关利益者协商解决“问题”上市公司的股改问题，取得了明显的成效。2006 年 10 月 9 日，G 股公司摘去“G”标记，恢复股改方案实施前的简称。同时，未进行股改的公司简称前加“S”标记。2006 年 10 月 10 日，中国石化完成股改后复牌，至此，我国证券市场市值排名前 10 的公司全部完成股改。

随着 90% 以上的上市公司完成股改，我国资本市场运行机制开始发生根本性变化。在推进未股改公司尽快实施股改的同时，按照“全流通”模式恢复市场融资功能已成为我国资本市场发展的重要任务。2006 年 5 月 17 日中国证监会发布了《首次公开发行股票并上市管理办法》，标志着因股改暂停近一年的新股发行重新启动。

2006年6月19日中工国际在深交所上市，成为全流通制度下第一家发行上市公司，“新老划断”迈出了关键步伐。

与此同时，前期股改的后续工作开始进入实施阶段。2006年6月19日“G三一”限售股份解除流通限制，进入二级市场流通，成为第一只“小非”解禁的个股，至此我国资本市场股份全流通正式开启，改变了我国资本市场过去16年非流通股不上市流通的格局。2006年8月24日G恒生发布公告，称公司第二大股东已通过上交所出售了公司股票。这是限售股上市流通以来，第一家就限售股解禁后减持发布公告的G股。2006年9月11日首家发布并通过对价股改方案的G农产品，在2006年9月5日至9月11日的履约期内，投资者预售要约股份数为零，标志着第一家零对价股改完成。2006年9月11日伟星股份部分股份限售期满，其控股股东伟星集团于9月11日至9月13日通过深圳证券交易所减持。这是股改后控股股东首次通过二级市场出售限售流通股。这些股改后续工作的顺利实施，进一步巩固了股改的成果。

截止到2006年11月9日，已经股改或者开始股改的公司有1204家，其中已经实施股改的有1096家，董事会发布预案的54家，股东大会通过的29家，开始股改的8家，股改方案未通过的17家。

2.3.3 对价方式

对价是股改的核心内容，根据上市公司的实际情况和非流通股股东与流通股股东协商的结果确定对价方式，是股改“分散决策”的具体体现。从股东大会通过股改方案或者已经实施股改的1100多家上市公司来看，对价方式主要有送股、派现、资产重组、权证、缩股、回购、注资、差价补偿、解决诉讼等方式。较多上市公司采取的是单一对价方式，也有不少上市公司采取组合对价方式。

（1）送股。送股就是股权分置中的一方（如非流通股股东）向另一方（如流通股股东）赠送一定数量的股份。从股改情况来看，大部分公司股改对价选择直接送股或者包含送股方式，在1125家已股改的上市公司中，采取直接送股方式的有954家，包含送股方式的公司有1086家，占1125家公司的96.5%。由于各公司情况不同，具体送股方式也不尽相同，主要有4种：一是非流通股东向流通股股东直接送股；二是上市公司和非流通股股东同时向流通股股东送股；三是上市公司向流通股股东送股；四是上市公司向全体股东转增、非流通股股东向流通股股东送股。在上述4种送股方式中，非流通股股东向流通股股东直接送股的公司最多，具体情况如表2－6所示。

（2）派现。派现是指用现金向流通股股东支付对价的方式。具体又分为两种：一是非流通股股东直接向流通股股东派现；二是上市公司向全体股东、非流通股股东向流通股股东派现。以派现作为对价方式实施情况见表2－7。

表2－6　上市公司送股对价实施情况

送股对价方式	公司数量	平均对价（股/每10股）	代表公司
非流通股股东向流通股股东送股	791	3.156	鲁银投资、轮胎橡胶、紫光股份
上市公司和非流通股股东同时向流通股股东送股	15	3.261	新湖创业、ST星源、亚泰集团
上市公司向流通股股东送股	119	2.768	吉电股份、*ST威达、名流置业
上市公司向全体股东、非流通股股东向流通股股东送股	29	2.755	梅雁水电、隆平高科、江淮汽车

表2－7　上市公司派现对价实施情况

派现对价方式	公司数量	平均派现（元/10股）	代表公司
非流通股股东直接向流通股股东派现	8	17.72	佛山照明、江铃汽车、承德露露、豫能控股、海螺水泥、上电股份、三精制药、上柴股份
上市公司向全体股东、非流通股股东向流通股股东派现	2	6.87	复星医药、南钢股份

（3）资产重组。这种方式是以资产重组作为非流通股股东向流通股股东支付对价的方式。以资产重组作为对价方案一般运用于ST股票和存在担保或关联交易等“问题”的公司，如ST泰格、靖远煤电、ST金岭、ST环球等公司都采用了资产重组的对价方式。以通化金马为例，大股东“永信投资”以现金和所持通化金马股份的30%收购东方资产拥有的通化金马全部债权本金及利息87510万元，而通化金马以账面净值为38157.7万元的资产抵偿所欠永信投资的等额债务，同时永信投资以其所持公司债权归还所欠公司欠款3223.2万元后，永信投资豁免通化金马其余全部欠款计46129万元。根据上述股改方案，通化金马净资产增加了46440.3万元。按照公司2006年5月31日前120日流通股交易均价1.79元测算，相当于流通股股东

每10股受益5.78股。

（4）权证对价。将权证运用于股改是一种创新。从已经实施股改的公司来看，权证对价有以下3种：①认购权证[①]。认购权证是非流通股股东支付给流通股股东的一种在一定时间内按一定价格买入股票的权利，可上市交易。截至2006年10月，共有13家公司采用了认购权证对价方式（见表2-8）。②认沽权证。认沽权证是非流通股股东支付给流通股股东的一种在一定时间内按一定价格卖出股票的权利，可上市交易。采用认沽权证对价方式的公司情况见表2-8。③认沽权利。认沽权利是非流通股股东支付给流通股股东的一种在一定时间期满时按一定价格卖出股票的权利，但不能上市交易。在已经实施股改的公司中，农产品和大冶特钢以认沽权利作为直接的对价方案。另外，新华百货等4家上市公司则包含了认沽权利方案。

（5）缩股。缩股是一种通过缩小非流通股股东股份以提高流通股股东股份的份额从而实现非流通股股东向流通股股东间接送股的对价方式。例如，在泰豪科技的股改对价方案中，非流通股股东按1∶0.65比例单向缩股。实施对价前，非流通股份为13958.5万股，实施对价后，这些股份变为9073万股。截至2006年10月，选择对价方案包含缩股的共有11家，其中泰豪科技、福星科技、广州浪奇等6家公司选择了直接缩股，而另5家公司的股改方案为包含缩股的组合方案。在6家缩股公司中，缩股比例最大的为1股缩为0.58股，最小的为1股缩为0.66股，平均为1股缩为0.633股。

表2-8　　上市公司权证对价实施情况

权证类型	认购权证	认沽权证	认购权证+认沽权证
欧式	鞍钢股份、邯郸钢铁、首创股份、宝钢股份、国电电力、伊利股份	新钢钒、上海机场、招商银行、原水股份、青岛海尔、贵州茅台、华菱管线	武钢股份、包钢股份、烟台万华、长江电力、雅戈尔
百慕大式	华侨城A	深能源A、盐湖钾肥、中集集团、万科A	五粮液
美式		白云机场	

（6）回购。回购是指公司出资购回其本身发行在外的股份，以达到减资或调整股本结构的目的。例如，在成发科技的股改方案中，公司非流通股股东以非流通股

① 认购权证分为欧式、百慕大式和美式3种。欧式权证是指只能到该权证存续期满时一次行权，美式权证是指在该权证存续期满内可以随时行权，百慕大式权证是指行权方式介于欧式权证和美式权证之间的权证，行权日为事先指定的存续期内的若干个交易日。

加现金的方式购买公司经营业绩不佳的燃气轮机修理业务相关资产，并将此部分非流通股予以注销。回购主要与其他方案一起被使用于股改方案中。截至2006年10月，共有9家公司使用了回购对价方式，漳州发展等7家公司以送股＋回购作为实施方案，天利高新、延边公路分别以缩股＋回购、缩股＋回购＋资产重组作为对价方案。

（7）注资。注资是指非流通股股东以向上市公司注入资金作为对价方式。注资一般与其他方式形成组合对价方式。例如，在ST中燕的资产重组＋注资对价方案中，非流通股股东宝群实业以现金2126.8万元收购中燕股份的应收款项。同时，宝群实业将其全资拥有的杭州口腔医院有限公司100%的股权及现金2550万元赠与中燕股份。截至2006年10月，共有6家公司采用了包括注资在内的组合方案：高新发展以送股＋资产重组＋注资作为对价方案。而渝开发等4家公司以送股＋注资作为对价方案。

（8）差价补偿。差价补偿属于“零对价”方案，即非流通股股东承诺在股改方案实施后的未来一定期限内，如果股价低于或高于一定标准，非流通股股东将向流通股股东补偿一定数量的差价。例如，丝绸股份的方案规定，股改方案实施后首个交易日起12个月内最后30个交易日，如果股票加权平均价格低于3.50元/股，流通股股东可以获得的现金差价按上述30个交易日公司每股加权平均价格与3.50元的差额计算。每股最高补差限额为1.7元。截至2006年10月，实施“零对价”方案的公司有农产品、深发展和丝绸股份，但深发展的方案没有通过。

（9）其他方式。除以上方式外还有一些其他方式。ST银广夏是典型案例。该公司由于存在虚假陈述而受到中小投资者起诉，该问题在股改前一直没有解决，后来公司非流通股股东代表公司与中小股民诉讼原告达成调解协议和撤诉安排，减少公司或有负债10403.2万元，中小投资者诉讼原告每10元诉讼请求金额获非流通股股东支付2.2股赔偿。

在股改中，许多公司运用以上多种方式形成组合对价方式。截至2006年10月，共有149家公司运用了组合对价方式，组合对价方式多达18种（见表2－9），其中送股＋派现、送股＋资产重组、送股＋权证等组合方式较多。

表2－9　　　　上市公司组合对价实施情况

序号	方式	家数	序号	方式	家数
1	派现＋认沽权利	1	10	送股＋注资	4
2	派现＋资产重组	2	11	送股＋资产重组	42

续表

序号	方式	家数	序号	方式	家数
3	送股 + 回购	6	12	送股 + 资产重组 + 认沽权利	1
4	送股 + 派现	53	13	送股 + 资产重组 + 注资	1
5	送股 + 认沽权利	1	14	缩股 + 回购	1
6	送股 + 派现 + 认沽权利	1	15	缩股 + 回购 + 资产重组	1
7	送股 + 权证	16	16	缩股 + 派现	1
8	送股 + 权证 + 派现	5	17	资产重组	10
9	送股 + 缩股 + 派现	2	18	资产重组 + 注资	1

2.4 股权分置改革成效分析

截止到2006年10月，我国股改达到了预期目标，取得明显成效，长期困扰我国资本市场发展的根本问题基本得到解决，这必将对我国资本市场健康、规范发展产生长期的、深刻的、广泛的影响。

2.4.1 股改夯实了我国资本市场发展的基石

股改后，我国深沪上市公司原国有股、法人股与公众股的“股价分置”、“利益分置”问题已不复存在，原国有股、法人股可以与公众股一样上市流通，原国有股、法人股股东也可以与公众股股东一样享有股价收益权。股票的二级市场价格成为两者共同的价值判断标准，原国有股、法人股股东与公众股股东有了共同的利益基础。大股东凭借控股地位占用上市公司资金或掏空上市公司从而造成二级市场股价大跌再不是“损人利己”的事情，而是“损人害己”的事情，取而代之的是大股东和上市公司的不良行为将受到自我约束。大股东关心、支持、帮助上市公司优化治理结构、提高公司质量、谋求长期发展，可以与公众股股东一样通过股价上涨获取更多的、合法的股权收益。股改时或股改后，许多上市公司主动通过注入优质资产、改善公司经营状况等方式提高上市公司质量，客观上形成了所有股东多赢的局面。通过与股改的组合操作，许多上市公司已经改善了公司资产状况和业绩持续增长能力，清理了资金占用和违规担保，提高了分红水平，保障了中小投资者的利益。因此，股改从根本上解决了我国资本市场股权分置、股价分置、利益分置问题，恢复了上市公司股票同股、同权、同利的本来属性，奠定了上市公司治理共同的利益基础，夯实了我国资本市场发展的基石，我国资本市场进入了全新的“后股权分置”时代。

2.4.2 股改为我国资本市场优化资源配置奠定了市场化基础

一方面，股权分置扭曲了市场定价机制，导致同一上市公司股价分置，形成了流通股和非流通股两种价格，流通股价格和非流通股价格信号都丧失了公信力。股改后，实现了原国有股、法人股、公众股的价格并轨，并统一按市场机制定价，这就为股票价格真实反映公司的价值创造了市场化条件。这对我国国有资产决策、考核、评价、监管等都会产生积极影响，从而有利于深化国有企业改革和优化国有资产管理。

另一方面，股改前，以流通股价格高估为基础的上市公司面向公众股东配股、增发不受公众股东欢迎，非流通股价格低估降低了非流通股股东增持公司股份的积极性，产业资本无法利用资本市场进行购并重组，资本运营缺乏市场化操作基础。股改后，上市公司按市场化定价机制增资扩股，有可能获得所有原股东的支持，还会吸引看好公司发展前景的新股东参与，这就大大扩大了公司直接融资的空间，强化了我国资本市场资源优化配置的功能。这对于促进我国社会资产（含国有资产）流动与配置、挖掘社会资产潜力、提高社会资产配置效率将产生直接的、巨大的、有效的促进作用。

2.4.3 股改恢复了市场信心和稳定了投资者预期

受股权分置、国有股配售及减持损害流通股股东利益和股改思路不明确的影响，2001 年下半年开始，沪深股市进入下跌通道，上证综合指数从 2001 年最高 2245 点跌至 2005 年最低 998 点，跌幅高达 55.5%。深证综合指数从 2001 年最高 664 点跌至 2005 年最低 235 点，跌幅高达 64.6%。2005 年 6 月沪深股市股票流通市值约为

14000亿元，剔除其间新股上市的影响，流通市值较2001年最高时缩水8000亿元，投资者损失惨重。

以促进资本市场发展为目标、以实现流通股股东和非流通股股东共赢为原则、以保护中小投资者为出发点的股改，解决了我国资本市场发展的根本性制度障碍问题，建立了我国资本市场健康、规范发展的长效机制，为恢复市场信心、稳定投资者预期奠定了坚实的基础。投资者逐步增加了证券市场投资，2006年1～11月，深沪证券市场新增投资者开户数300万多户；新发行基金3000亿元；QFII投资规模从2005年的50亿美元增加到2006年的120多亿美元，社保基金、保险基金更是加大了直接的或间接的投资规模。在大多数投资者共同看好我国资本市场股改后发展前景的情况下，沪深股市一改多年的调整低迷状态，出现交投旺盛、股指大幅度稳步上涨的走势。至2006年12月15日，上证综合指数、深证成份股指数分别创历史新高，较2005年最低点分别上涨了120%以上。沪深股票市值已突破8万亿元，较2005年增加了4万多亿元。我国股市财富效应得到了基本体现。

2.4.4 股改恢复和提升了我国资本市场融资功能

2002年以来，受股权分置问题的困扰，我国资本市场融资功能逐步萎缩。2002年沪深股市直接融资727.72亿元，2005年减少到324.51亿元，较2001年萎缩了69.58%；我国资本市场已上市公司股权融资得不到满足，影响上市公司的发展；一批未上市的公司选择了境外上市，造成我国上市资源大量流失。

2006年我国股改取得突破性进展后，为A股市场恢复融资功能奠定了市场基础。中国证监会及时出台了《首次公开发行股票并上市管理办法》和《上市公司再融资实施办法》，深沪资本市场融资功能迅速恢复，一批包括中国银行、工商银行、中国国航、大秦铁路等在内的公司得以在境内资本市场上市，符合条件并有融资需求的已上市公司通过深沪市场进行配股或增发融资，大量的原国有股、法人股股东在股改后积极参与上市公司股权融资，史无前例地提升了我国资本市场的融资功能。2006年6月恢复发行新股至2006年11月30日仅半年时间，我国深沪资本市场新股发行筹资金额累计已达到1188.72亿元，上市公司再融资高达732.52亿元，两者合计为1921.24亿元，达到我国资本市场年度直接融资的最高水平，超过2003～2005年我国沪深资本市场直接融资的总和，有力地促进了国有企业改制、中小企业发展，我国资本市场在国民经济发展中的作用和地位大幅提升。

2.4.5 股改推动了我国资本市场的创新

股改作为我国资本市场根本制度的变革，本身就是我国资本市场设立以来最大的、最重要的制度创新。我国股改创造了有效的组织形式，建立了流通股股东和非流通股股东的利益协商机制，成功实践了上市公司股东分类表决制度，根据上市公司、非流通股股东的情况和协商的结果创造出了众多的股改对价方式，将解决上市公司的历史遗留问题与股改结合起来以提高上市公司的质量，营造了浓厚的市场创新氛围。

与此同时，股改为我国资本市场创新扫除了制度障碍。在产品创新方面，股改直接推动了权证产品的创新，2005 年以来深沪资本市场权证的成功发行与部分权证顺利退出市场，为我国资本市场金融衍生产品的设计、监管、交易和投资积累了宝贵经验。股改建立了市场化的定价机制，为我国推出股指期货产品奠定了市场基础；在制度创新方面，股改直接催生了上市公司和管理层股权激励制度的建立、做空机制的形成、上市公司并购重组办法的出台；有关股票发行上市制度、上市公司监管制度等也有了重大创新。

2.4.6 股改促进了我国资本市场与国际接轨和对外开放

股权分置是我国资本市场对外开放的最大制度性障碍。股改后我国资本市场成为全流通的市场，所有股票在一定的条件下都可以流通，都可以按照相同的市场机制定价，股票价格有了统一的估值标准，有了与境外资本市场可比较的价格基准，上市公司各股东有了共同的利益基础，市场有了资源优化配置的市场化基础，我国资本市场对外开放的制度性障碍基本得以消除，对外开放的吸引力和抵御对外开放风险的能力大为提高。

股改后，在深沪股价指数大幅度上涨的前提下，QFII 投资深沪资本市场的积极性有增无减，参与深沪上市公司并购重组的境外资本虎视眈眈，境外证券机构在境内设立分支机构、成立合资证券或基金公司的愿望极为强烈。与此同时，境内上市资源流失明显减少，原境外上市的公司回流境内市场的意愿则大为增强。我国资本市场开始呈现出对外开放和对内开放良性互动的态势。

总之，股改产生了众多具体的和综合的巨大成效，从各个方面促进了我国资本市场的长期、规范、健康发展，提升了资本市场在国民经济发展中的作用和地位。我国股改的丰功伟绩将永久载入我国资本市场和世界资本市场改革、发展的史册。

2.5 股权分置改革经验总结

1999 年以来，我国资本市场先后进行了许多不同层面的改革，既有成功，也有失败。但最具重大意义的、带有根本性质的、取得巨大成功的改革则是股权分置改革，而且这种改革是在没有国际经验可以借鉴的情况下取得的，创造了世界资本市场发展史上的奇迹。我国股改成功所取得的经验，是我国资本市场乃至世界资本市场发展史上的宝贵财富。

2.5.1 党中央、国务院的坚强领导是股改成功的根本前提

股改制约因素之多、环节之复杂、影响范围之广泛，在我国资本市场改革历史上是空前的，在我国其他领域的改革实践中也不多见。如此重大的制度变革，党中央、国务院的高度重视、坚强领导，无疑是成功的根本前提。

（1）深化认识指明了改革方向。党中央、国务院与时俱进，不断深化“社会主义基本经济制度”、“社会主义市场经济体制”重大理论、实践问题的认识，指明了我国资本市场改革和发展的大方向，也引导不少同志走出了把“股权分置”与坚持“公有制主体地位”联系起来的认识误区。

（2）高度重视创造了有利的改革环境。2003 年中共十六届三中全会通过的《中共中央关于完善社会主义市场经济体制若干问题的决定》，把发展我国资本市场的重要性提到了一个新的高度。国务院 2004 年 1 月出台的“国九条”，首次系统地阐述了发展我国资本市场的基本路径，并提出要“积极稳妥解决股权分置问题”。党中央、国务院的高度重视和鲜明态度，扭转了当时资本市场“边缘化”等悲观情绪蔓延的局面，为实施股改创造了十分有利的政策环境和条件。

（3）统一领导保证了改革顺利推进。股改涉及的问题覆盖了资本市场的方方面

面，并且在很多方面超出了资本市场自身的范围，中央政府的统一领导是必须的。为此，国务院专门成立了包括中国证监会、国资委、财政部和中国人民银行在内的股权分置改革领导小组，以组织、协调、推进股改，为股改提供了组织保障。

2.5.2 对股改的科学认识为股改成功作了坚实的理论铺垫

2001 年国有股减持改革失败后，社会各界陆续提出了上千种股改方案。如果不能统一认识，作为一项“公共选择”性质的改革将会举步维艰。2003 年以来，中国证监会在广泛征求各界意见和建议的基础上，科学地统一了关于“股权分置性质”等重大问题的理论认识，为明确改革任务、设计改革方案、选择改革路径作了坚实的理论铺垫。

（1）以明确“股权分置”性质为前提，界定了股改的基本任务。“股权分置”问题被明确界定为：“A 股市场的上市公司股份按能否在证券交易所上市交易被区分为非流通股和流通股，是我国经济体制转轨过程中形成的特殊问题”。以此为基础，股改的任务被明确界定成：“为非流通股可上市交易作出的制度安排”，与“国有股配售”、“国有股减持”是不同范畴的概念。

（2）以法律和历史事实为依据，明确了“流通股含权”的性质。管理层科学地阐述了“流通股含权”及其含权的性质，指出非流通股股东所支付“对价”的基础是“流通权溢价”，消除了“让利论”和“赠与论”两种错误认识的影响，为此后以“对价”为核心内容的改革方案设计提供了理论依据。同时，对股改法理基础的科学认识使诸如改革导致“国有资产流失”的言论不攻自破，也将改革的范围有理有据地限定在了 A 股市场之内。

2.5.3 “尊重市场规律”为股改成功奠定了市场基础

“尊重市场规律”，这是我国在近 30 年的经济体制改革中获取的基本经验。“国九条”明确提出了改革与发展资本市场要“尊重市场规律”。为此，管理层始终将体现、落实“尊重市场规律”贯穿到了股改的各个方面，为股改赢得市场参与各方的普遍认可奠定了坚实的基础。

（1）深入、全面、细致的调研是“尊重市场规律”的基本前提。股改展开前，中国证监会开展了大规模的调研和多方面的沟通工作。深入的调研、卓有成效的沟通使改革者对于改革对象、改革难点、改革环节、改革中可能出现的问题等有了全面的认识和准确的判断。

（2）充分有效的制度供给是“尊重市场规律”的根本保障。股改建立健全了“市场协商机制”、“分类表决”、“分散决策”等制度，清晰界定了政府职能、市场机制各自的制度边界，为化解各种复杂的利益矛盾提供了弹性的、有效的制度框架。

（3）运用行政手段化解市场失灵是“尊重市场规律”的必要补充。“尊重市场规律”并不是放任自流。管理层灵活地利用了行政手段保证了市场“分散决策”的有序进行。除了通过试点树立榜样、否决显失公平的股改方案、密切关注并及时回应公众投资者的诉求等举措外，中国证监会还出台了一系列规定，在上市公司收购兼并、再融资、实施股权激励计划、认股权证发行等方面对已完成股改公司给予了适度的政策倾斜，从而改变了动态博弈过程中非流通股股东的效用预期，激励了非流通股股东参与股改，有效地促进了股改的进程。

2.5.4 实现“共赢”为股改成功构建了共同的利益基础

在传统认识中，股改被认为会以“非帕累托改进”方式展开，改革本身也会对市场带来巨大冲击。由于股改切实树立并落实了整体观，抓住了利益平衡这个关键点，在多个层面实现了“共赢”，为股改成功构建了广泛的共同利益基础，也成为股改本身取得成功的主要标志。

（1）在微观层面实现了非流通股股东和流通股股东的“共赢”。股改高度重视“提高上市公司质量”。以上市公司长远发展为共同利益基础，改革获得了非流通股东、流通股股东的一致支持，这是改革成功最重要的利益基础。为此，改革者对心存顾虑的非流通股股东在要不要股改和如何确定股改对价等方面进行了必要的引导，并切实履行了保护公众投资者合法权益的承诺。

（2）在中观层面实现了相关政府职能部门的“共赢”。一个强大的资本市场是国家利益所在，也是优化金融结构、提高国有资产配置效率的重要平台。随着认识的统一，相关职能政府部门开始以更为长远、广阔的视野对待股改，形成了股改政策供给的协同效应。

（3）在宏观层面实现了制度变革与市场发展的“共赢”。将股改纳入促进资本市场发展、对外开放这一更为宏大的背景下统筹考虑，通过实施一系列配套措施，在股改与上市公司质量提高、机构投资者培育、境外合格投资者引入、融资制度创新、产品创新、证券公司规范等之间形成了有机的联系和改革各环节的战略协同效应。股改不仅没有让我国资本市场承受巨大的代价，反而促成了我国资本市场发展历史性转折的出现。

2.5.5 稳步推进的路径选择为股改成功赢得了时间和空间

相对于有些人主张的“休克式疗法”股改，选择渐进式稳步推进的股改方式不是管理层改革信心不足的表现，而是管理层对改革高度负责、充分尊重市场规律的体现，它表明管理层充分考虑到了改革的复杂性、艰巨性。

（1）“由点到面”再次被证明是有效的改革方法。“由点到面”在我国的改革中多次成功实践。股改采用了由试点到推广再到全面铺开和由易到难的渐进过程，这为市场理解并接受改革提供了足够的空间，也为管理层及时发现新问题并解决问题创造了有利的时机。

（2）动态平衡“三度”以维护市场稳定。在改革的过程中，如果不能平衡“改革的力度”、“发展的速度”和“市场的可承受度”，即使是方向正确的改革也有可能功亏一篑。管理层一开始就强调要处理好“三度”的关系，“三度”的平衡为改革顺利推进创造了有利的市场环境。

（3）及时解决新问题引导改革向纵深发展。改革是解决老问题的过程，也是新问题产生的过程。为此，中国证监会针对股改后大股东在二级市场变现等新问题及时出台了规则，稳定了市场预期，证券交易所也针对全流通这一新的制度安排深化了信息披露、市场监管等方面的工作。

2.5.6 管理层卓越的执行力为股改成功发挥了关键作用

有了明确的改革目标，改革并不必然会取得成功。毕竟，设计蓝图和实现蓝图是完全不同的事情，后者是对改革执行力的全面考验。作为改革的主要执行者，中国证监会卓越的执行力是改革成功的关键因素。

（1）以出色的协调沟通工作确保改革获得各界支持。自20世纪90年代中期以来，我国的经济体制改革在执行环节逐步由“中央政府推动型”为主演变为“部门推动型”为主。转变本身有其必然性，但也在一定程度上出现了“各自为政”的负面后果。通过协调、沟通使“本部门”的改革主张得到其他部门的理解和支持，对于改革成败至关重要，这也是改革执行力的重要体现。作为股改的主要推动力和直接领导者，中国证监会在股改方面的出色工作得到了社会各界的广泛认可和高度赞扬，股改成功本身也为其出色工作做了最好的注脚。

（2）以高度的改革智慧很好地把握了改革节奏。股改后，中国证监会审时度势，根据“三度”对比的动态变化不断调整改革策略，有时如履薄冰慎重行事，有时大刀阔斧积极推进，很好地控制了改革推进的节奏，掌握了改革的主动权。

（3）以非凡的改革勇气引导社会舆论导向。股改前，“时机选择”并没有统一的认识，有的人提出股权分置问题30年后再解决。股改启动后，中国证监会及其领导人表现出了非凡的改革勇气，在做了大量铺垫性工作的基础上，引导并深化了各界对改革必要性、紧迫性的理解。其中，中国证监会尚福林主席在关键时刻“开弓没有回头箭”的名言，体现出了一个改革者的勇气和魄力，对于引导社会舆论导向、明确市场预期起到了重要作用。

2.5.7　交易所等自律组织的参与配合为股改成功发挥了重要的促进作用

在股改中，证券交易所充分发挥了作为自律组织贴近市场的灵活性，以及在组织市场和产品创新方面的优势，在市场组织、一线监管等方面为股改顺利实施提供了有力的保障。

（1）证券交易所发挥了贴近市场的优势，做了大量的基础性工作。股改试点阶段，深圳证券交易所就对每一家上市公司情况进行了摸底，根据公司提出的问题，进行汇总分析，拟订相应的政策建议，并与中国证监会和有关部门或地方政府进行了积极的沟通。

（2）证券交易所发挥了组织市场的功能优势。例如，深圳证券交易所多次组织了“深圳上市公司股权分置改革工作座谈会”，对上市公司的大股东进行了耐心的解释和说服工作，并对上市公司如何根据各自的情况进行股改方案设计进行了引导。

（3）证券交易所以完善“网络投票”等方式保证了股东大会运行顺利。在世界范围内“股东大会”都容易成为“没有观众的演出”。由于公司治理缺陷，我国较多上市公司的股东大会长期流于形式。股改中，证券交易所建立并完善起来的“网络投票”等项制度，为分类表决制度的实施提供了技术支持，在我国资本市场发展史上第一次将尊重中小投资者的话语权落到了实处，也为今后深化公司治理找到了一个新的方式。

（4）证券交易所发挥了产品创新的功能优势。将股改与产品创新融合起来，赋予新产品以明确的制度功能，深沪证券交易所分别开发的权证产品，保证了新产品开发、上线和交易的顺利。成为一些上市公司股改方案的核心内容，这是股改中的一个亮点。

（5）证券交易所发挥了一线监管的作用。股改过程也是内幕信息密集生成的过程，证券交易所有针对性地加大了一线监管的力度，并及时出台了上市公司股权分置改革业务操作指引，在操作流程上规范了改革的程序，有力保证了股改“公开、公平、公正”的操作程序和监管要求。

2.6 股改后我国资本市场发展面临的新问题

尽管股改已取得巨大成功，但是到 2006 年 11 月止，深沪证券交易所还有 100 多家公司因为这样或那样的原因未能实施股改，已经股改的公司也出现了这样或那样的新问题。认识并及时解决这些问题，既是巩固股改成果的需要，也是我国资本市场规范、健康发展的现实需要。

2.6.1 股改遗留问题

股改遗留问题包括少数公司未股改问题、股改承诺履行问题和股改后原非流通股上市问题等。

（1）未股改公司的股改问题。截至 2006 年 11 月底，深沪证券交易所仍有 159 家上市公司尚未股改。未股改公司问题复杂，如表 2－10 所示。

表 2－10 未股改公司的股改问题

1	亏损严重、濒临退市的ST公司，无力支付股改对价。
2	某些国有上市公司受国有资产管理股权“底线”制约，无法支付对价，难以实施股改。
3	因各种因素未能通过股改，如何再次股改。
4	因特殊原因（如多家上市公司整合）而不能如期股改。

上述问题不解决，“一个市场、两种制度”的问题就不能说真正解决了。如何完成未股改公司的股改，是我国股改最终需要解决的问题。

（2）股改承诺履行问题。股改承诺履行是股改的后续问题，对于保护投资者权益，检验公司和大股东诚信都具有重要意义。由于市场情况多变，股改后可能出现原非流通股股东违反股改承诺的可能情形，如表 2－11 所示。

表 2－11 股改承诺履行问题

1	超出最低持股比例，过度减持股票。
2	违反承诺，在禁售期内销售股票。
3	违反最低减持价承诺，在减持价之下出售股票。
4	违反增持承诺，拒不增持股份。
5	在符合追送条件的情况下拒不追送股份或现金。
6	不按承诺提出分红提案或在表决时投反对票等问题。

对于上述可能出现的问题，如何监管确保其承诺履行、如何认定其违约责任和追究违约责任等，既是巩固股改成果的问题，也是市场诚信建设问题。

（3）非流通股上市交易问题。我国股改的目标之一在于建立一个全流通的市场，原非流通股在股改后都可以有条件地上市流通。在原非流通股“锁一爬二”期限届满后，面临着“小非”（持股 5% 以下的非流通股）和“大非”（持股 5% 以上非流通股）上市流通的诸多问题，如表 2－12 所示。

表 2－12 非流通股上市交易问题

1	非流通股可能集中上市对市场供求关系产生的冲击①。
2	机构、个人持有的原非流通股在股改后转让所得税赋公平问题。

① 按照 2006 年 12 月 31 日的收盘价计算，各年度累计可减持的股票累计市值为 6.88 万亿元，分别占当前流通市值 275.03%、总市值的 76.92%。我国资本市场未来面临较大的、潜在的套现压力。

2.6.2 股改产生的新问题

股改从根本上改变了我国资本市场的金融生态环境，进而产生了许多新问题。这些问题并不一定是股改后的全新问题，但股改造成的市场金融环境改变，使这些问题发生了重大变化，具备了新的特征。

（1）违法违规行为变化问题。我国资本市场原有的违法违规行为与股改后市场的新特征相结合，将使后股改时代的违法违规行为出现新的动向，可能的情形为如表 2 – 13 所示。

表 2 – 13　违法违规行为可能情形

1	部分公司有可能利用并购重组与股改组合运作之机进行内幕交易。
2	股改后上市公司及其股东和高管人员，具备了利用信息不对称进行内幕交易的动机和条件。
3	股改后大股东利益与股价的密切联系增加了大股东利用粉饰报表、虚假披露、内幕交易等手段进行市场操纵的可能性，大股东与机构投资者合谋进行利益输送的可能性也在增加。
4	随着融资融券制度的实施和其他金融衍生产品的推出，内幕交易的手法可能更具多样性和隐蔽性。

（2）大股东行为变化问题。股改后上市公司大股东将作为新的投资者群体进入二级市场，大股东利益将更多地与股价拴在一起，由此可能引发一些新的问题。可能的情形如表 2 – 14 所示。

表 2 – 14　大股东行为可能情形

1	公司大股东出于违规动机非法购买或出售股份套现。
2	股权流通性质的改变并没有从根本上解决上市公司股权治理结构中普遍存在的“一股独大”问题，大股东的意志仍然凌驾于中小股东之上，中小股东的合法权益的有效保护问题依旧存在。
3	大股东通过操纵市场或虚假陈述等手段，在一定时期推高或打压二级市场股价。
4	大股东通过更为隐蔽的关联交易，侵占公司资产，损害公司利益和中小股东的权益。

（3）上市公司监管变化问题。随着我国资本市场改革和制度创新的推进，股改后上市公司监管面临着崭新的市场环境，相应产生了一些新问题，可能情形如表 2 – 15 所示。

表 2-15　　上市公司监管可能面临的问题

1	股改后公司并购将日益活跃，有可能为内幕交易提供土壤，并购中还可能出现收购人无实力、不诚信，原控股股东掏空上市公司后金蝉脱壳、反收购等突出问题。
2	股改后上市公司有可能出现选择性信息披露的新动向：在披露内容上，受大股东控制的上市公司管理层可能根据大股东的意图对上市公司资产、业绩和经营环境等情况进行倾向性披露。
3	部分公司治理较差的公司，可能无法摆脱控股股东的控制，不能及时向中小投资者披露股价敏感信息。
4	管理层股权激励的广泛应用，可能促使某些上市公司管理层产生通过操纵利润影响股价的道德风险。

（4）证券公司监管变化问题。证券公司风险处置已近尾声，但并不能因此断言股改后不会出现新的证券公司问题，资本市场的瞬息万变与证券公司“靠天吃饭”的粗放经营模式之间的矛盾依然是我国较多证券公司风险的主要来源。股改后证券公司监管的重点不再集中在化解存量风险上，而转为合规性监管和对增量风险的预防，主要体现如表 2-16 所示。

表 2-16　　证券公司监管可能面临的问题

1	证券公司准入标准的收严和业务分类监管体制的建立问题。
2	以净资本为核心的风险控制指标体系的建立问题。
3	证券公司股东资质的审查及对违法违规股东的惩戒问题。
4	证券公司内部控制制度的建立与健全问题。
5	证券公司行政处置和司法破产法律程序的构建问题。

（5）新旧监管体制与标准协调问题。股改后我国资本市场过渡到市场运行机制主导的市场化时代，相继会出台许多新法规、规则和标准，面临着新旧监管体制与标准的协调问题，突出体现如表 2-17 所示。

表 2-17　　新旧监管体制与标准的协调问题

1	既有的旧法律法规与股改后颁布的《证券法》、《公司法》等新法律法规体系的衔接问题。
2	资本市场发展的市场化进程与我国行政化监管理念的冲突与协调问题。
3	新旧财务会计制度的协调问题，例如，新旧会计制度通过公允价值重估资产所产生的利润调整问题。
4	原有的落后的监管模式与新的违规风险之间的冲突问题。

（6）市场估值体系变化问题。股改后我国资本市场是全流通和同股、同权、同价的时代，股改的各种对价方案不会改变上市公司的内在价值，而股改后公司治理

结构的完善，上市公司、大股东和中小股东之间的利益关系趋同将使我国资本市场的制度环境彻底改观并与国际接轨，相应地市场估值体系也面临着变革和转型。主要问题如表 2 - 18 所示。

股改解决了我国资本市场许多制度性问题，但还有一些股改未能涉及因而仍然存在的问题。例如，多层次资本市场建设问题、提高上市公司质量问题、证券市场对外开放问题、投资者保护问题、发展机构投资者问题和市场创新问题等，这些问题都是我国资本市场发展面临的并需要逐步解决的问题，我国资本市场规范、健康发展仍任重道远。

表 2 - 18　　市场估值体系变化问题

1	如何在市场化的原则下改革与完善一级市场公开发行股票询价制度的问题。
2	如何实现国内国际市场估值水平和估值原理的协调统一的问题。
3	如何评判日趋活跃的并购市场对估值体系的影响的问题。
4	如何实现市场估值体系从账面资产到盈利能力的转型的问题。
5	如何应对高市盈率或高溢价发行的市场风险的问题。

3

中国股份全流通市场风险控制研究[①]

股份全流通后，我国资本市场运行机制和市场主体行为发生了巨大变化，市场运行面临着新的风险，市场监管面临着新的挑战。加强和优化市场监管，防范、控制和化解市场风险，既是巩固股权分置改革成果的需要，更是我国资本市场长期、健康、规范发展的必然要求。本章通过广泛收集经验事实资料，运用“德尔菲法”对股份全流通后我国资本市场的重大变化、市场风险等进行了分析，在此基础上提出了股份全流通市场风险控制的对策建议。

3.1 股份全流通市场的重大变化

股权分置改革是我国资本市场的基础性制度变革。股份全流通作为股权分置改

① 2007 年 2 月 3 日，深证综内研字第 0030 号。本章分工如下：肖立见负责课题设计、研究报告总纂并撰写导论、股份全流通市场的重大变化；肖立见、阙紫康撰写股份全流通市场风险识别与评估；肖立见、阙紫康、陈斌撰写股份全流通市场风险控制对策建议。

革的重大成果，带给我国资本市场的变化是全面和深刻的，主要表现在市场运行的机制性变化、结构性变化和市场主体行为变化等方面。

3.1.1 市场机制性变化

股份全流通取代股权分置后，我国资本市场的运行机制在各个层面更为市场化。

（1）股份流通机制变化。股份全流通解决了“股份分置”问题，我国资本市场已经建立起了更为顺畅的市场化股份流通机制。原国有股、法人股在限售期满后，可以有条件地上市流通，“新老划断”后新上市的股票不再区分为“流通股”和“非流通股”，市场有可能出现交投更加旺盛的局面。

（2）股票估值机制变化。股份全流通解决了“股价分置”问题，在“同股、同价”的基础上为市场化的“一价定律”发挥作用创造了基础条件。股改前，国有股、法人股只能场外协议转让，转让价格主要是按每股净资产或略高于每股净资产来确定；股份全流通后，原国有股、法人股获得了与流通股一样的定价基准，这不仅解决了“股价分置”问题，也提高了原国有股、法人股的估值水平。

（3）股东利益机制变化。股份全流通解决了“利益分置”问题，不同股东之间的“利益相关”机制基本形成。股改前，国有股、法人股股东不能通过二级市场实现股价收益权，其利益主要体现在资产增值和分红派息上；股份全流通后，原国有股、法人股股东不仅可以获得股权利益，而且可以通过二级市场出售股份获得股价收益。

3.1.2 市场结构性变化

股份全流通改变了原国有股、法人股等非流通股的性质，市场直接产生和间接吸引了一些新类型的投资者，我国资本市场发生了一系列结构性变化。

（1）股份结构变化。主要表现为：①股权分置时流通股和非流通股的区分，在股份全流通后被已流通股份和限售流通股份的区分所代替；股权分置时流通股与非流通股的相对固定结构，在股份全流通后被已流通股份与限售流通股份的可变结构所代替。②股份集中度呈现两个不同方向的变化：一方面，受股改对价的影响，原国有股、法人股股东持股比例有所下降，二级市场投资者持股比例有所提高，上市公司股份结构有所分散；另一方面，随着机构投资者投资规模的大幅度扩大，机构投资者持股比例大幅度提高，中小投资者持股比例有所下降，上市公司股份有所集中。

（2）投资者结构变化。主要表现为：①随着原国有股、法人股的上市流通，原国有股、法人股股东成为二级市场新的投资者；②随着上市公司股权激励的实施，越来越多的上市公司高管也成为二级市场的投资者；③随着证券投资基金的发展，境外合格投资者的引入，保险资金、社保资金的直接入市，二级市场机构投资者的类别增加，比例上升，机构投资者持股比例更是大幅度增加，机构投资者对我国资本市场的影响力明显增强。

3.1.3 市场主体行为变化

股份全流通引起的市场机制性、市场结构性的巨大变化，必将引起大股东、上市公司及其高管、投资者、中介机构等市场主体行为发生重大变化，其中持有原非流通股的大股东或发起人股东的行为动机、方式变化最为显著。股份全流通格局下各类市场主体行为变化既有可能有利于优化上市公司治理、提高上市公司质量、增加上市公司股票价值、促进资本市场发展，也有可能直接导致市场操纵、利润操纵、内幕交易等违法、违规事件的发生，并在股票交易、分红派息、信息披露、关联交易、并购重组等方面出现不良行为。

3.2 股份全流通市场风险识别与评估

整体来看，股份全流通后我国资本市场的风险源和风险点增加了，风险传导机制变得更为复杂。从风险源来看，有些风险产生于股份全流通进程本身，有些产生于股份全流通的制度安排，有些产生于股份全流通条件下市场主体新的利益动机和行为方式；从性质来看，有些风险是股份全流通直接生成的，有些是股份全流通间接带来的，有些则是我国股票市场固有的风险在股份全流通条件下的变形；从后果来看，有些风险会严重威胁市场安全和股权分置改革的成果，需要重点防范和控制，有些风险可以在今后市场发展过程中逐步消除。根据“直接”、“重要”的风险识别原则，股份全流通市场主要存在以下3个层面的风险。

3.2.1 市场发展：限售期满股份上市流通压力是最直接、最大的风险

股权分置改革对原非流通股作出限售规定，有利于优化股权分置改革在时间维度上的风险分布；但是，这一安排也使限售股份上市流通的风险出现滞后效应。巨额限售股份的存在及其动向，在今后较长时期内是我国资本市场发展、运行面临的最直接、最大的风险源。巨额限售股份的存在及其动向将形成两方面的风险。

（1）市场预期方面，巨额限售股份的存在较长时期内是影响市场预期的不确定因素。按照2006年12月31日的收盘价计算，深沪两市限售股份存量市值为6.88万亿元（不包括“新老划断”后新上市公司的限售股份），相当于同期深沪两市流通市值的2.7倍。这批限售股份在2005年6月到2020年8月份间分批解禁，其中，2007年解禁限售股份的市值为6677亿元，2008年为6394亿元，2009年更是高达4.36万亿元，相当于2006年年底深沪市场股票流通市值的174.4%，总市值的48.77%。无论从绝对规模还是从相对规模来看，限售股份的动向足以决定市场运行的基本格局。从我国股票市场的发展经验来看，形成稳定的市场预期对于市场发展至关重要，而限售股份进入二级市场上市流通的规模、方式目前都还存在一些不确定性因素，这将导致市场预期的不确定。对比2000年国有股减持改革和股权分置改革，二者对“接盘”资金的要求是相同的，所不同的是股权分置改革中市场对限售股份减持形成了稳定的、积极的市场预期，而“国有股减持”改革则没有形成类似的预期，这也是目前已有的、少量的限售期满股份上市流通没有对市场总体运行产生冲击的重要原因。但是，需要清醒地看到，随着市场形势的变化，这种稳定的、积极的预期在一定条件下也有可能转变为消极的预期。

（2）市场资金供给方面，限售期满股份的现实抛售压力可能很大，将对二级市场形成直接冲击并分流二级市场资金。综合各方面的因素来看，限售期满股份的抛售不会形成“水库泄洪”之势。但是，相对于海外全流通市场限售股份出售的情况和经验，以下3方面原因可能导致我国资本市场限售股份的现实抛售压力很大：一是原国有股、法人股基本上是按每股净资产或略高于每股净资产折股的，经过多年的分红派息，原国有股、法人股股东现在的持股成本已经很低，甚至可能为负。因此，在二级市场抛售这些限售期满的股份，可以获得巨大的超额收益。二是我国较

多上市公司的质地不高，发展潜力不大，这些上市公司的股票较少长期投资价值，限售股股东更倾向于在市场高涨时或股价高企时抛售股票。三是现阶段我国社会资产的证券化程度还很低，大量的非上市企业的资产基本上是按资产净值定价的。按市场定价抛售可流通股票，再按净值定价重置非证券化资产，比继续持有上市公司的股份可以获得更多的收益。从目前已经出现的限售期满股份减持的情况看，限售股份的现实抛售压力是存在的。

3.2.2 市场运行：股价异常波动是最大的风险

股价暴涨暴跌对于普通投资者、股票市场本身、国民经济运行都是影响最为直接、危害最大的风险。此外，股价异常波动往往是市场各类风险集中释放的结果，同时也是其他风险发生的重要诱因。股权分置时代，相对于成熟市场我国股票市场即存在显著的股价异常波动现象；股份全流通后，导致我国股票市场暴涨暴跌的因素增加了，机制复杂了，影响范围扩大了。

（1）我国资本市场在短期面临股票市场定价基准演变的断层期。股份全流通解决了“股价分置”问题，但是新的市场定价基准形成和定价机制顺利运行需要一个市场学习和磨合的过程。在股权分置时期，我国 A 股市场长期存在的高市盈率现象在很大程度上是市场对“流通股含权”的反应。股份全流通后的初期阶段，市场在短期内仍然会延续“流通股含权”的习惯性思维并有可能导致一、二级市场出现股票定价的全面高估。从“新老划断”后的 IPO 情况来看，20 倍以上的发行市盈率已经被普遍接受，而“中国人寿”的发行市盈率更是创下了 97 倍的纪录；在二级市场，2007 年 1 月 A 股市场的平均市盈率已经接近 35 倍。从长远以及股份全流通内在的定价机制来看，这样的市盈率偏高，蕴含了市场泡沫化的风险。

（2）股份全流通进程中存在助涨助跌效应，可能导致二级市场股价异常波动。一般情况下，限售股份的存在及其上市流通压力会收敛二级市场股价波动，对“庄股”过度炒作也具有抑制作用。但是，在绝大多数可流通股份尚处于限售期时，更有可能放大二级市场股价波动：一方面，基于做高股价或未来高价出售股票的需要，目前较多上市公司及其大股东都采取“做多”上市公司的做法，例如，整体上市、资产注入、定向增发、资金清欠、高比例送转增股本等。上市公司大股东或上市公司积极“做多”，有的是长期发挥作用并可以促进上市公司质量提高的，有的仅仅具有短期“题材”炒作的意义，有的是合规并具有实质性内容的，有的则是违规并包含虚假成分的。无论是什么情况，“做多”都在一定时期形成了股票“助长”的局面，市场面临着较大的暴涨风险。股权分置改革基本完成后，深沪市场出现持续性、大幅上涨的局面，不能说与大股东、上市公司及其高管做多上市公司没有关系。另一方面，由于限售股东持有可上市流通的股份成本显著低于二级市场的投资者，在很低的价位上出售都有利可图，因此，一旦市场出现系统性风险时，限售股股东可能不计价格大幅下跌地抛售股票，从而形成“杀跌”局面，市场面临着较大的暴跌风险。

（3）国民经济运行的内生性风险源导致股价波动机制强化。随着限售期满股份不断上市流通以及因 IPO 提速带来的股票市场扩容，我国股票市场的总市值、流通市值将迅速增加，股票市场在我国金融市场体系中的地位日益重要，并会通过各种渠道显著加强与货币市场、外汇市场、信贷市场的联动机制和联动效应。基于以上变化，一方面货币市场、外汇市场和信贷市场的变化会从资金的跨市场流动方面诱发股票市场发生系统性风险；另一方面，随着股票市场的国民经济晴雨表功能的加强，股票市场因此有可能成为国家实施宏观调控的一个备择的着力点，源于宏观调控的系统性风险发生的可能性增加。

（4）导致股价异常波动的境外输入型风险源开始显现。股份全流通消除了我国资本市场对外开放重要的制度性障碍，我国资本市场已逐步开始在一个相对开放的环境下运行。随着我国经济快速发展以及人民币国际地位的上升，境外投资者将会对持有包括 A 股在内的人民币资产保持旺盛的热情，境外资金将会通过合法途径或地下渠道大量流入国内股票市场。国际金融市场频繁发生的资本流动的方向变化、汇率变动、利率变动对我国股票市场的影响有可能产生传导效应，从而诱发我国资本市场系统性风险的发生。

（5）非系统性风险源全面显性化，并会在个股层面导致股价波动加剧。股权分置对上市公司大股东存在“套牢”效应，在一定程度上可以抑制上市公司的产业风险、经营风险、信用风险、财务风险等充分暴露。在股份全流通后，随着股票自身所代表的上市公司控制权、收益权边界被清晰界定，各类非系统性风险源将显性化并导致二级市场股价表现分化。据统计，在我国股票市场的价格波动中，长期以来非系统性风险的比例低于 30%，股票价格波动表现出明显的“齐涨齐落”现象。随着非系统性风险源的显性化，以及股票价格对非系统性风险有了更为敏感的价格反应机制，市场总风险中的非系统性比例将会上升。在整体上，这种变化是市场趋于成熟的表现。但是，对于已经习惯了股票市场“齐涨齐跌”的中小投资者而言，因为处于信息劣势且投资理念不成熟，在股价分化的过程中有可能成为受损者。2006

年下半年以来，许多中小投资者就承受了“只赚指数不赚钱”的风险。在非系统性风险源全面显性化的同时，类似于上市公司破产的一些恶性非系统性风险事件出现的可能性增加，在股份全流通制度变革的特殊时期这些非系统性风险演化为系统性风险的可能性也会增加。

（6）市场微观结构潜在缺陷诱发股市暴涨暴跌的可能性上升。市场微观结构的潜在缺陷具备一定条件后，可以诱发股票市场发生系统性风险。1987 年 10 月 29 日美国股票市场发生的“黑色星期一”已充分证实了这一点，迅速发展的市场微观结构理论也在理论上证明了这一点。股份全流通后，我国股票市场运行在各个层面已发生显著变化，交易结构、交易方式日趋复杂，市场微观结构一些潜在的缺陷有可能暴露并诱发系统性风险。2007 年 2 月 27 日，在没有实质性“利空”出现的情况下，深沪两市出现暴跌，其中，上证综合指数下跌 8.84%，深证成分指数下跌 9.29%，两市近 900 只股票跌停，这种极端情况的出现在一定程度上可以从市场微观结构的潜在缺陷获得解释，也表明我国目前实施的涨跌停板制度作为一项重要的风险控制措施的有效性。

3.2.3 市场行为：违法违规等不良市场行为存在集中暴发的风险

股份全流通使各类市场主体的市场行为动机、行为方式发生了重大变化，有些变化是积极的，有些变化是消极的。其中那些消极变化会导致各种不良市场行为的出现。这些不良行为有些是违法、违规的，有些虽然没有违法、违规但却会对市场产生负面影响（如大股东过度套现）。可能出现的各种不良市场行为，就个案而言并不构成股份全流通的风险；但是，股份全流通在一定程度上已经为各类不良市场行为大面积出现提供了诱因，如果监管失败则有可能导致其泛滥成灾，并成为股份全流通的系统性风险，这实际上是一个由量变到质变的过程。股份全流通后，我国资本市场可能出现的不良市场行为多种多样，其中需要重点防范的有以下几类：

（1）市场操纵。股份全流通可能使市场操纵行为出现以下变化：一是市场操纵主体多样化，大股东、上市公司及其高管、机构投资者都有可能直接或间接地操纵市场；二是市场操纵的动机多样化，既有战略投资者因并购重组而操纵市场，也有大股东为出售股票、进行股权融资而操纵市场，还有上市公司高管为实施股权激励而操纵市场，机构投资者、基金公司为了提升投资业绩也有可能操纵市场；三是市场操纵方式多样化，上市公司、大股东和机构投资者可能会合谋操纵市场，不同机构投资者可能会交叉持股操纵市场，强势投资者可能会在一定时期采取一致行动操纵市场，以“分散持股、联合做庄”形式出现的“新庄股”可能产生；四是一些恶性市场操纵事件的出现已具备条件。大股东直接“坐庄”，在虚假陈述、利润操纵、信息披露等方面有更为便利的条件配合二级市场的股价操纵，这为实施时间跨度更长、手法更系统、隐蔽性更强、后果更严重的恶性市场操纵提供了可能性。在已有的案例中，国内的“银广厦”、美国的“安然”等事件已提供了可资参考的模式。

（2）内幕交易。股份全流通后大批上市公司将通过资产重组、资产注入、整体上市等方式提高公司质量，内幕信息在这一过程中将会密集生成，这在源头上为内幕交易大面积出现提供了条件。内幕交易会出现以下变化：一是内幕交易主体增多，如大股东、保荐人、会计师事务所、律师事务所、机构投资者、上市公司高管、独立董事、监管人员等都有可能发生内幕交易；二是内幕信息来源增多，突出表现在兼并收购、股权激励和利润分配等方面的信息来源可能大量增加；三是内幕交易的方式呈现多样化和隐蔽化；四是虚假陈述、操纵市场、非法关联交易等违规行为可能与内幕交易伴随发生。

（3）利润操纵和虚假信息披露的诱因增多。股权分置时代，上市公司的利润操纵和虚假信息披露更多地服务于配股和增发的需要；股份全流通后，这两类行为主要配合股价操纵。相对于配股和增发，操纵股价（无论是拉升还是打压）的诱因会长期经常性存在，这也会导致利润操纵和虚假信息披露更经常性地出现。20 世纪 90 年代中后期，我国上市公司群体曾经出现过净资产收益率集中分布在 10% 的反常现象，其背后的原因是当时配股和增发所要求的 10% 净资产收益率的标准。从 2007 年已披露的上市公司年报或业绩预测报告来看，净利润增长超过 50% 的上市公司大量出现，这和“10% 现象”一样是反常的，不排除一些上市公司进行了利润操纵的可能性，这也从一个侧面印证了目前大股东和上市公司自身正在积极“做多”。

（4）大股东过度套现并可能诱发上市公司“内部人控制”等风险。对于业绩差并且未来发展前景不好的公司来讲，股价继续上涨的可能性较少，长期持有分享上市公司的分红更是“杯水车薪”，大股东通过二级市场及时套现获得超额收益可能远远超过未来公司分红派息的收益和未来出售股票的收益。在此情况下，大股东有可能不惜放弃上市公司控制权而“过度套现”。与之对应，上市公司的公司治理问题将由传统上的“一股独大”转化为控制权“缺位”和突出的“内部人控制”风险。相对于欧美等国的成熟市场，我国股票市场在面对“内部人控制”方面缺乏监管经验，为此“内部人控制”有可能延伸出一系列新的问题。

（5）市价出售股份并按净值重置非上市公司资产。我国资本市场不发达，社会资产只有很小一部分为按市场价格估值的证券类资产，大部分则是按净值估值的非证券类资产。由于我国证券类资产估值高于数倍非证券类资产的估值，更由于我国非证券类资产有许多是优质资产，有一些是与相关上市公司存在竞争关系的资产，有一些是涉及国家经济安全的资产。因此，股份全流通后，一些上市公司大股东按市价出售股份并按净值重置非上市公司资产的可能性极大，这样他们将可能获得高于数倍原上市公司的资产，从而有可能加剧社会资产向少数人集中，也可能形成新的与相关上市公司竞争的对手，甚至有可能影响国家的经济安全。

（6）股份按市价估值可能诱发抵押担保的信用风险。股权分置时，国有股、法人股是不能上市流通的，其一般是按资产净值的一定比例作为抵押担保标的的，其抵押担保风险相对较少。股份全流通后，上市公司所有股份都可以按市价估值，而按市价估值的股票价值一般是相应的资产净值的数倍以上。由于股票市场价格波动较为剧烈，波动幅度大，即使按较高的折扣，按市价估值的股票作为抵押担保标的仍有可能产生较大的信用风险。

3.3 股份全流通市场风险控制对策建议

针对上文所述股份全流通后我国资本市场面临的三大风险，为防范、控制和化解股份全流通市场风险，巩固股权分置改革成果，实现股份全流通进程中市场运行的平稳过渡，促进我国资本市场规范、健康、稳定发展，建议采取以下3方面对策。

3.3.1 以多种方式防范、控制和化解限售期满股份集中上市流通的风险

如何防范、控制、化解限售期满股份集中上市流通的风险，已经成为我国股票市场向全流通市场平稳过渡的关键。建议从以下3个层面着手：

（1）市场供给方面：采取多方面措施减轻限售期满股份上市流通压力。股改后限售期满股份上市流通显著地增加了市场供给，对二级市场形成了潜在的或现实的冲击，并有可能导致上市公司治理“缺位”，有关对策建议为：

①对涉及国家经济安全的上市公司控股股份作出长期限售的规定。我国较多上

市公司都是涉及国家经济安全的国有控股上市公司，如银行、保险、石化、航空、军工、机械、机场、港口、资源类等，这些上市公司国有控股股份即使完全符合上市流通的条件，控股股东也不应更多地减持，最多只能在确保绝对控股的前提下择机减持少部分股份。这既是维护国家经济安全的需要，也是减轻限售期满股份大量上市流通对二级市场冲击的需要。有关涉及国家经济安全的上市公司控股股份长期限售的规定可由国务院国资委会同中国证监会作出，国家相关部门和地方政府参照执行。

②将部分国有股划拨为社保基金并相对长期锁定。国务院早就有减持国有股筹集社会保障资金的计划，2001 年 6 月 12 日，国务院出台了《减持国有股筹集社会保障资金管理暂行办法》。2001 年 6 月 14 日实施，先后有 17 家公司通过减持部分国有股筹集社保基金 23.15 亿元。由于这种减持国有股筹集社会保障资金的做法，在当时股权分置格局下属于国有股变相上市流通的行为，引起二级市场大幅下跌。中国证监会于 2001 年 10 月 22 日紧急叫停了《减持国有股筹集社会保障资金暂行办法》的有关规定，减持国有股筹集社会保障资金的目标未能实现。股改后，减持国有股筹集社会保障资金已具备市场条件，国务院可授权有关部门制定国有股划拨为社保基金的有关办法，对国有股划拨社保基金的比例、锁定时间、分批上市流通的比例、上市流通变现后的资金管理与使用等作出具体的规定。这样既可以充实社保基金，又可以缓冲国有股上市流通对二级市场的压力，降低限售期满股份集中上市流通所生产的市场风险。

③择机征收限售股份上市流通利得税。据统计，目前深沪市场限售股份接近 60%，实际流通股份占 40%。如果不对这些股份上市流通予以一定的限制，其相对集中上市流通对二级市场的冲击风险是不言而喻的。可考虑通过征收限售股份上市流通利得税的方式适当限制限售期满股份的上市流通。这样考虑的意义还在于：许多发起人股份都是按资产净值折股的，其持股成本只相当于高溢价认购公众股的二级市场投资者的几分之一，通过多年的送配后，一些限售股份股东的持股成本已经为零或负数，对这些股份上市流通可能获得的超额收益征收一定比例的利得税，既是社会公平的体现，也有利于增加国家税收，缓和社会财富向少数人或少数利益集团集中。有关征收限售股份上市流通利得税的规定可由财政部、国家税务总局等部门按照国务院的指示精神制定。

④建立鼓励大股东长期持股的制度。对于公司治理优化、业绩优良的上市公司来说，控股股份与股东的长期稳定既有利于上市公司的发展，也符合控股股东的长期利益。有的大股东减持股份，可能更多地基于博取短期差价，并非长期考虑，必

要时还会增持回来。对于此类大股东，只要管理层出台相关的鼓励大股东长期持股的规定，他们完全可能放弃短期减持而坚持长期持股。这对缓和限售期满股份上市流通对二级市场的冲击是大有裨益的。鼓励大股东长期持股的方式较多，例如，在上市公司再融资、大股东资产注入等方面，就可以对长期持股的大股东和上市公司进行适当的倾斜。

⑤加快资本市场发展，提高社会资产证券化率，降低按市价抛售股票所得资金并按净值重置非上市公司资产的可能性。如前所述，股份全流通后，我国存在着按市价抛售股票所得资金并按净值重置非上市公司资产的有利市场条件。这样做可能产生 3 个方面的问题：一是强化了发起人股东抛售限售期满股份的动机与行为，加大了二级市场的抛售压力和风险；二是重置非上市企业同类资产，增加了上市公司同业竞争的压力；三是重置非上市企业资产再上市，加剧了社会财富向少数人或少数利益集团集中，这会扩大贫富或地区差距。由于这种做法是一种市场行为，不宜通过行政手段加以干涉。可行的办法就是要抓住有利时机，加快资本市场发展，提高我国社会资产证券化率，降低按市价抛售股票所得资金并按净值重置非上市公司资产的可能性。

（2）市场需求方面：提高二级市场的“接盘”能力。过多地限制限售期满股份上市流通有违股权分置改革的初衷和市场化运作的原则，关键在于积极、有效地培养市场稳定的、长期的需求，有关对策建议为：

①根据市场潜在的或现实的限售股份上市流通压力，有效培养市场需求，确保市场供需相对平衡。2008～2009 年，深沪市场面临着很大的限售期满股份的上市流通压力，除前面谈到的适当限制其上市流通外，更多的是培养有效的市场需求。目前，我国市场需求表面上好像很旺盛，但仅仅是相当于现有市场流通规模而言的，并且“过江龙”的资金较多，以短期投资或投机的资金居多。2007 年 2 月上证综合指数从 2990 点跌至 2500 多点，开放型基金面临巨大的赎回压力就能说明问题。为此，有必要培养长期的、稳定的二级市场投资力量，例如，在提高上市公司质量、增强上市公司股票投资价值的同时，鼓励更多的保险资金、社保资金入市，促进私募基金规范发展等，确保二级市场相对的、动态的资金供需平衡。

②根据二级市场的承载能力，按照市场化的手段，合理安排新股发行上市节奏。境外成熟资本市场的运作机制和运作经验表明：符合条件并经有关部门审批的公司发行上市，是一种市场行为。按照什么价格发行，在什么时候发行和上市，应该由上市公司根据二级市场的情况决定。这是市场化运作和市场化监管发展的方向，我国资本市场在股份全流通后也应朝着这个方向发展。但是，在大量的限售期满股份

上市流通的过程中，在新的股份全流通市场规模没有基本稳定之前，在坚持市场化的原则下，为缓解限售期满股份上市流通对二级市场的压力，增强二级市场承接限售期满股份上市流通的能力，管理层在一定的时期合理安排新股发行上市节奏也是一种权宜之计。2009年是股改后限售期满股份上市流通的高峰期，对二级市场有可能产生较大的冲击。为此可在培养市场有效需求的同时，减少当年的新股发行和上市公司再融资以减少市场供给。其他年份或某一个特殊时期，一旦出现现实的限售期满股份抛售压力，管理层也应及时调整新股发行节奏。

（3）制度建设层面：完善限售股份上市流通规则。股权分置改革时推出的股份限售及其上市流通的有关规定存在着过于刚性、原则性和缺乏灵活性等问题，潜伏着一定的制度风险，有关对策建议为：

①针对现行规则过于刚性的问题，增强我国限售股份上市流通规则的灵活性。设定弹性锁定期，现行的一年锁定期可更改为“六个月至两年”的弹性锁定期。例如，对于上市公司治理紊乱或限售股股东违反股改承诺的情形，设定较长的锁定期或较为严格的上市流通要求。

②针对现行规定过于原则性的问题，细化既有限售股份上市流通规则。2006年5月深圳证券交易所发布的《中小板限售股份上市流通细则》是对规则细化的一次有益尝试，在实践中发挥了积极作用，可考虑将中小企业板限售股份上市流通监管的有益经验推广到主板中，细化和完善主板限售股份上市流通规则，增强其可操作性。

③针对缺乏个案的灵活处理机制的问题，预留“安全阀”，防范个案风险。目前我国限售股份上市流通规则没有类似“安全阀”的机制，可能出现在法定减持比例之内却数额巨大的减持行为。从稳定股市、维护市场信心的角度考虑，有必要在相关交易规则中预留“安全阀”，设定“备而不用”的预警或限制交易指标，并由证券交易所审慎适用。

④针对绩差上市公司限售期满股份可能的抛售风险，制定大股东限售期满股份预先披露上市流通计划的制度。从市场公平的角度来讲，所有持有限售期满股份的股东都可以在相同的规定下出售所持有的部分或全部股份。但是，从兼顾大股东与中小投资者的公平出发，基于防范和控制上市公司治理风险与市场风险的考虑，对业绩差的上市公司大股东出售限售期满股份作出特别的制度安排并不违背市场公平原则。因为在业绩差的上市公司改善无望或面临退市的潜在风险时，大股东凭借信息优势极有可能率先抛售所持有的股份，不明真相的中小投资者可能因此蒙受大股东套现的风险。因此，对于业绩差的上市公司，可规定其大股东减持限售期满股份，

需提前披露减持计划，以便二级市场的中小投资者在信息披露更透明时决定自己的投资行为。

3.3.2 防范市场暴涨暴跌风险

限售股份抛售压力在今后几年是导致股价异常波动的主要因素。如果能够通过上述措施有效控制住限售股份抛售风险并形成稳定的市场预期，股份全流通对二级市场的冲击完全可以控制在可以承受的范围内。此外，建议采取以下措施：

（1）推动机构投资者多元化发展，形成股价形成更为合理的博弈机制。我国资本市场实施的超常规发展机构投资者队伍的战略，长期以来其重心是发展公募证券投资基金。类型过于单一的机构投资者结构存在隐患，不利于形成良性的股市生态系统。目前有必要适度控制公募基金的发展，加快推动私募基金、社保基金、保险基金、QFII 等其他类型机构投资者的发展，以在推动投资者队伍机构化程度提高的同时优化机构投资者自身的结构，并通过不同类型机构投资者之间的制衡缓解股市异常波动风险。

（2）继续以多种手段开展中小投资者教育，保护中小投资者的合法权益。在成熟的投资理念和“买者自负”理念还未能在我国资本市场中完全形成的情况下，中小投资者是暴涨暴跌的主要受害者，也是市场风险转化为社会风险的主要载体。在这个意义上，可以说暴涨暴跌的风险最终会集中体现在中小投资者的投资风险上。加强投资者风险教育，建立中小投资者保护机制，在股份全流通市场建设中显得尤为重要。一是要健全投资者的风险提示制度。制定通过对异常交易行为或者不正常的波动进行风险提示的公开标准，在异常行为出现时限制相关主体交易的手段、程序，以充分提示投资者风险；二是可考虑借鉴 NASD 的经验，建立投资者权益保护的网站，专门用于投资者风险提示和教育；三是向市场相关利益方（如证券公司、基金公司、证券交易所、证券登记结算公司等）计提风险保证金，集中市场违法、违规罚没收入，并以此为基础，设立中小投资者保护基金，以弥补中小投资者被动承担其他市场主体违法、违规行为诱发的风险损失。

（3）管理层仍有必要保持对股市走势的影响力。从长远发展方向来看，管理层对股票市场价格形成的影响力应该淡化，改变“政策市”的形象。但是，股份全流通后多种风险因素集中出现，市场运行仍然面临“市场失灵”的现实威胁，在这个特殊的情况下，管理层仍有必要在坚持市场化的前提下保持对股市走势的相对影响力。

3.3.3 加强监管，防范不良市场行为集中暴发

面对股份全流通后各类不良市场行为集中暴发的可能性，监管工作面临“乱世用重典”的需求强化与法律法规等制度供给不足、监管任务繁重与各类监管资源仍然储备不足、监管工作的重要性增加与监管失败的可能性提高等突出矛盾。在这种情况下，建立以信息披露为核心、“买者自负”为原则的市场化导向的监管体系已经成为必然的发展方向。在完善的市场化导向的监管体系尚未完全建立起来之前，当前针对不良市场行为集中暴发的可能性，需重点做好以下市场主体行为的监管工作。

（1）加强对大股东行为的监管。一是加强对大股东操纵股价的监管。要强化上市公司大股东和最终实际控制人的信息披露义务，防范和打击大股东利用信息控制优势和持股优势进行违法、违规行为；针对上市公司可能出现的选择性信息披露的新动向，强化对股价异动与信息披露联动关系的调查与处罚。二是加强大股东关联交易的监管。要通过完善事后责任追究机制使独立董事能真正勤勉尽责地履行关联交易事前审查义务，发表客观公正的独立意见；要强化中介机构在关联交易中尽职调查的义务和事后责任的追究。三是加强大股东控制权争夺的监管。应加强对大股东一致行动人的界定与查证，明确大股东设置控制权保护性壁垒的监管边界和监管依据。四是加强大股东过度套现行为的事前信息披露制度。

（2）加强对上市公司高管的监管。一是加强对上市公司高管行为准则和法定义务的监管。应尽快制定上市公司高管行为准则，以细化上市公司高管勤勉尽责和诚信忠实等方面的法定义务；应引入不适当人选制度，完善对上市公司高管的非处罚性监管。二是加强对上市公司高管利润操纵、会计造假、内幕交易的监管。要锁定上市公司高管的个人责任，要求其对财务报告真实性、准确性和完整性负责，并加大对财务舞弊的行政、民事及刑事处罚力度；要健全内控制度，形成有效的制衡机制，防止上市公司高管“一手遮天”；要完善会计准则，堵住上市公司高管利用准则大肆进行盈余管理的漏洞；要充分发挥会计师的外部监督机制，通过提高会计师的独立性，促使其认真履行“公众守护人”的职责。三是加强对上市公司股权激励的监管。要加强对公司治理、内控制度的监管和评价；要制定股权激励要素的确定标准，对上市公司高管的考核应建立一套动态、科学的考核体系；应考虑引入类似

于美国的“报酬返还义务”：如果企业财务报表违反规定而被监管部门处罚时，其高管应将该财务报告公告起一年内所领取的红利、处置公司股票已实现的收益等返还给公司。

（3）加强市场中介监管。一是要求证券公司等机构切实建立内部控制系统，强化相关隔离措施，并成立内部专门监督机构。二是加强对证券公司等中介机构相关人员的监管，如对证券研究人员在研究报告中的非公开信息、内幕信息披露进行适当限制；对证券公司相关人员与投资者之间的合谋行为加大惩罚力度。三是建立证券公司等中介机构因怂恿、包庇或者诱导客户违法、违规行为的连带责任及其追究处罚机制，从而真正建立中介机构对其自身及客户行为的监督和约束。中国证监会和自律组织应加大对中介机构的检查力度，强化中介机构的外部监管。

4

限售股东持股成本与减持收益分析[①]

4.1 导 言

海外市场经济国家或地区的资本市场都为股份全流通市场，市盈率一般在20倍左右，上市公司新股发行市盈率、市净率普遍较低，发行溢价普遍不高，不少公司新股仅按略高于每股净资产的价格发行。在新股较低溢价发行的前提下，尽管新股认购者的持股成本可能比公司股票发行前原股东（本书定义为限售流通股股东，即我国股改前非流通股股东，下同）的持股成本高，但差别不大。因此，海外学界和实际工作部门很少专门研究限售流通股股东（以下简称“限售股东”）持股成本、

① 2008年4月，深证综内字第0043号。本章由肖立见和才静涵合作完成。

减持收益及其与流通股东（即二级市场投资者）的差别问题①。

我国资本市场设立初始是一个股份非全流通的市场，公司上市前的国有股、法人股被限制流通。受我国深沪市场市盈率水平总体偏高的影响，深沪市场公司发行的可上市流通新股的市净率、市盈率普遍较高，其中，发行市净率在二级市场低迷期平均为3~5倍，在二级市场高涨期平均为6~8倍，不少公司流通股发行市净率高达10倍以上。这就使得我国资本市场同一上市公司非流通股股东与流通股股东持股成本出现了较大或很大的差别。为了消除股份非全流通市场的制度弊端，2005年以来我国资本市场进行了股权分置改革（以下简称“股改”），原国有股、法人股在股改后可以有条件地上市流通（即转化为限售流通股），但是在之前须与流通股股东协商并向后者支付一定比例的对价，原国有股、法人股股东持股成本因此有所提高，与流通股股东的持股成本差别有所缩小。但是，股改后深沪上市公司限售股东与流通股股东持股成本仍存在很大差别。2006年以来深沪股市暴涨进一步加剧了高位入市的流通股股东（二级市场投资者）与限售股东的持股成本差别。

股份全流通后，我国深沪市场限售股东与流通股股东持股成本的较大差别，涉及限售股东减持动机、时机、行为、收益和对市场运行、二级市场投资者利益、上市公司发展的影响等一系列问题。因此，研究限售股东持股成本及其与股票市场价格的差异，分析限售股东减持收益及其对二级市场投资者利益的影响，对于揭示我国股改后市场运行风险、巩固股权分置改革成果、确保股权分置市场向全流通市场平稳过渡、加强投资者风险教育、保护投资者利益、完善限售期满流通股上市监管等都具有特别现实、深远的意义。

4.2 样本选择

截至2006年年底，深市包括主板、中小企业板在内的上市公司共579家。受条

① 在经典的文献中，很难找到直接关于非流通股股东持股成本的理论解释。目前，最接近的理论解释是从股票流动性折价的角度切入。在资产定价理论中，Longstaff（1995a，1995b，2001）建立了缺乏流动性的证券定价模型。他认为，缺乏流动性的资产可能比高流动性的资产折价90%。Amihud 和 Mendelson（1986），Vayanos 和 Vila（1999）用“寻找成本”、“议价成本”和“交易成本”对股票的非流动性折价建模。他们认为，非流动性折价的水平由未来所有上述成本的折现决定。

件的限制，我们难以对上述全部上市公司限售股东持股成本与减持收益进行全面的统计分析，因而采用抽样方法选择深市一部分样本上市公司研究其限售股东持股成本及减持收益问题。

4.2.1 样本选择的原则

根据分析研究的目的，选择样本上市公司的主要原则是：

第一，样本代表性。影响限售股东持股成本的因素很多，除公司上市前资产折股比例的高低外，还包括上市后到统计日为止上市公司分红派息（方式、水平、次数）、股改对价水平、限售股东是否参与上市公司配股或增发等影响限售股东持股成本的共同性因素。非流通股协议转让等因素也对少数上市公司限售股东持股成本有着重要影响。为了提高样本上市公司的代表性，上述影响限售股东持股成本的各种可能因素都尽可能在所选样本中予以充分考虑。

第二，数据可得性。本章选择的样本其限售股东持股成本的计算都有数据支持：各公司上市前非流通股股东持股成本和非流通股数量取自各公司的招股说明书（来自金融界网站）；所有的交易层面的数据，如收盘价、总市值、总股本数量、市盈率、市净率，限售流通股数量、市值、比例和配股、送转增股本、增发、股改等相关资料等如无特别说明，均来源于 Wind 数据库；协议转让数据（1995～2006 年）来自 CCER 数据库。受数据不可得的限制，下列影响限售股东持股成本的上市公司未列入研究样本：（1）资产重组的上市公司；（2）以股抵债解决大股东占款问题的上市公司；（3）发行可转债的上市公司；（4）以资产置换作为股改对价的上市公司。

第三，随机选择性。在考虑样本代表性、数据可得性并剔除数据不可得的上市公司后，我们按照随机原则和适当比例选择一定样本数量的上市公司作为研究限售股东持股成本与减持收益的对象。

4.2.2 样本分布情况

按照上述原则，我们共选择了 32 家上市公司作为本章的研究样本，占同期深市主板、中小企业板上市公司总家数的 5.52%。这 32 家样本上市公司的分布情况为：

（1）主板、中小企业板公司分别为28家、4家。

（2）股改公司30家，未股改（仅限于2006年年底及以前）公司2家。

（3）实施配股和未实施配股的公司分别为14家、18家，非流通股股东参与配股和未参与配股的公司分别为6家、26家。

（4）发生非流通股协议转让的公司11家，未发生非流通股协议转让的公司21家。

（5）增发股份的公司6家，未增发股份的公司26家。

（6）ST公司2家，非ST公司30家。

（7）含B股公司2家，纯A股公司30家。

（8）大盘股（2006年年底流通市值40亿元以上）、中小盘股公司分别为7家、25家。

（9）市盈率低（2006年年底20倍以下）、高和为负的公司分别为7家、23家、2家。

（10）高价股（2006年年底20元以上）、中低价股公司分别为7家、25家。

（11）2006年底限售流通股比例超过50%和不足50%的公司分别为14家、18家。

（12）样本上市公司涉及20个二级行业。

（13）截至2006年年底，上市时间超过5年的公司28家，不足5年的公司4家。

上述分布表明，这32家上市公司样本分布广泛，具有较好的代表性。各样本上市公司的具体特征描述如表4－1和表4－2所示。

表4－1　　样本公司特征描述

代码	公司简称	上市年份	中小企业板	股改	配股	非流股股东参与配股	增发	协议转让	ST	B股
000063	中兴通讯	1997	否	是	是	否	是	否	否	否
000088	盐田港	1997	否	是	是	否	否	否	否	否
000157	中联重科	2000	否	是	否	—	否	是	否	否
000550	江铃汽车	1993	否	是	否	—	否	是	否	是
000558	莱茵置业	1994	否	是	是	是	否	否	否	否
000568	泸州老窖	1994	否	是	是	是	否	否	否	否
000572	海马股份	1994	否	是	否	—	否	是	否	否
000603	*ST威达	1996	否	是	否	—	否	是	是	否
000617	石油济柴	1996	否	否	否	—	否	否	否	否

续表

代码	公司简称	上市年份	中小企业板	股改	配股	非流股股东参与配股	增发	协议转让	ST	B股
000751	锌业股份	1997	否	是	是	是	否	否	否	否
000758	中色股份	1997	否	是	是	否	否	否	否	否
000761	本钢板材	1998	否	是	否	—	是	否	否	是
000768	西飞国际	1997	否	是	是	否	是	否	否	否
000825	太钢不锈	1998	否	是	是	是	是	否	否	否
000829	天音控股	1997	否	是	是	否	否	是	否	否
000831	关铝股份	1998	否	是	是	是	否	否	否	否
000850	华茂股份	1998	否	是	是	否	否	否	否	否
000876	新希望	1998	否	是	是	否	否	否	否	否
000878	云南铜业	1998	否	是	是	是	是	是	否	否
000892	S*ST星美	1999	否	否	是	否	否	是	是	否
000908	S天一科	1999	否	否	否	—	否	是	否	否
000912	泸天化	1999	否	是	否	—	否	否	否	否
000916	华北高速	1999	否	是	否	—	否	否	否	否
000927	一汽夏利	1999	否	是	否	—	否	是	否	否
000951	中国重汽	1999	否	是	否	—	是	是	否	否
000968	煤气化	2000	否	是	否	—	否	否	否	否
000983	西山煤电	2000	否	是	否	—	否	否	否	否
000987	广州友谊	2000	否	是	否	—	否	否	否	否
002002	江苏琼花	2004	是	是	否	—	否	否	否	否
002007	华兰生物	2004	是	是	否	—	否	是	否	否
002024	苏宁电器	2004	是	是	否	—	否	否	否	否
002034	美欣达	2004	是	是	否	—	否	否	否	否

表4-2　样本股票的价格、市值、市盈率、市净率、行业分布

公司代码	公司简称	股票价格（元）	流通市值（亿元）	限售数量（百万股）	限售市值（亿元）	限售股比例（%）	市盈率（倍）	市净率（倍）	所属行业
000063	中兴通讯	39.10	190.46	311.00	121.00	32.41	31.41	3.71	通信及相关设备制造业
000088	盐田港	9.17	37.22	838.80	75.50	67.37	16.68	3.38	交通运输辅助业
000157	中联重科	22.23	49.59	425.90	63.00	56.00	36.30	6.51	普通机械制造业
000550	江铃汽车	12.40	14.58	401.60	48.90	46.48	21.61	3.73	交通运输设备制造业
000558	莱茵置业	4.90	2.97	56.56	2.77	50.14	198.95	3.68	房地产开发与经营业
000568	泸州老窖	25.34	84.37	508.40	128.00	58.35	478.14	14.35	饮料制造业
000572	海马股份	5.29	6.22	159.30	8.41	19.60	34.54	8.57	综合类

续表

公司代码	公司简称	股票价格（元）	流通市值（亿元）	限售数量（百万股）	限售市值（亿元）	限售股比例（%）	市盈率（倍）	市净率（倍）	所属行业
000603	*ST威达	2.43	1.38	83.36	2.03	59.39	-20.58	4.77	专用设备制造业
000617	石油济柴	16.99	12.72	143.80	19.10	60.00	32.8	8.73	普通机械制造业
000751	锌业股份	5.56	32.03	549.10	30.50	49.47	974.82	2.24	有色金属冶炼及压延加工业
000758	中色股份	8.25	28.21	238.80	19.60	41.11	26.77	3.95	土木工程建筑业
000761	本钢板材	5.40	8.68	2575.00	135.00	82.12	26.79	3.19	黑色金属冶炼及压延加工业
000768	西飞国际	11.70	41.39	272.40	31.70	43.49	183.39	3.70	交通运输设备制造业
000825	太钢不锈	13.06	102.38	659.80	65.80	19.07	44.73	6.43	黑色金属冶炼及压延加工业
000829	天音控股	21.00	26.26	253.80	26.60	48.07	78.25	11.86	农业
000831	关铝股份	5.82	11.40	167.00	9.72	46.01	124.46	1.99	有色金属冶炼及压延加工业
000850	华茂股份	5.11	17.21	291.90	14.80	46.40	59.63	3.15	纺织业
000876	新希望	8.72	23.53	360.20	31.30	57.13	30.40	3.09	食品加工业
000878	云南铜业	10.93	39.89	433.60	46.80	34.51	17.68	3.47	有色金属冶炼及压延加工业
000892	S*ST星美	2.30	2.76	—	—	—	-1.88	3.78	通信服务业
000908	S天一科	7.25	6.53	—	—	—	682.65	6.19	普通机械制造业
000912	泸天化	7.95	18.91	347.10	26.80	59.33	10.19	2.23	化学原料及制品制造业
000916	华北高速	3.55	14.60	678.60	23.70	62.26	16.02	1.24	交通运输辅助业
000927	一汽夏利	5.39	17.58	1269.00	68.00	79.55	33.05	2.90	交通运输设备制造业
000951	中国重汽	25.00	28.80	138.80	34.70	43.01	53.54	14.88	汽车制造业
000968	煤气化	4.79	9.57	195.40	9.26	49.45	10.16	1.30	煤炭采选业
000983	西山煤电	8.95	50.68	645.80	56.80	53.28	11.13	2.35	煤炭采选业
000987	广州友谊	17.05	19.55	124.20	21.00	51.89	42.75	5.44	零售业
002002	江苏琼花	5.17	2.64	56.91	2.09	44.33	23.61	1.51	塑料制造业
002007	华兰生物	23.00	23.18	71.96	13.80	33.15	65.99	6.59	生物制品业
002024	苏宁电器	45.40	133.57	790.70	179.00	54.85	93.32	27.99	零售业
002034	美欣达	7.04	3.33	33.79	2.33	41.66	18.65	1.33	纺织业

注：表4-2中的股票价格、流通市值、限售数量、限售市值、限售比例、市盈率、市净率均为2006年末数据；其中，限售市值是截止到2006年年末限售流通股按2006年年末流通股价格乘以限售数量，限售比例是2006年年末各股票限售流通股占总股本的比例。

4.3 数据处理

样本上市公司限售股东持股成本数据处理涉及两个问题：一是限售股东持股成本如何界定；二是界定后的限售股东持股成本如何计算。

4.3.1 限售股东持股成本界定

根据限售股东持股成本的形成及其变化，限售股东持股成本有两种界定方式：

（1）初始成本。怎样确定限售股东的初始成本，是一个很有争议的问题。在本章中，限售股东持股的初始成本被定义为该公司流通股发行前的每股净资产（上市后发生非流通股协议转让时按协议转让价格进行调整）。公司设立时至流通股发行前影响公司每股净资产变化即影响非流通股股东持股成本的因素未予考虑，这主要是基于后面将要进行的流通股股东与非流通股股东持股成本可比性考虑的需要。

（2）最新成本。即截止统计日上市公司经过分红、送转增股本、配股、增发、股改对价等事件调整后的限售股东持股成本。对于绝大多数非流通股股东而言，上述事件发生后，其持股成本都会有所改变。

4.3.2 限售股东持股成本计算方法

限售股东持股初始成本从公司公开发行前公布的招股说明书中可以直接获得。下面讨论的是限售股东最新持股成本的计算问题。

影响限售股东最新持股成本的因素有直接因素和间接因素。直接因素是指公司微观层面的独特性因素，包括公司派息、送转增股本、非流通股协议转让、公司配股或增发及非流通股股东参与情况、股改对价等直接影响限售股东持股成本变化等因素；间接因素是指利率水平、通胀等宏观层面因素。影响限售股东持股成本的各类因素、计算相关假设、计算公式和分析具体如表 4-3 所示。

表 4－3　　影响非流通股股东持股成本的因素及其计算方法

影响因子		计算方法		对持股成本的影响分析
		假设	计算公式	
直接因素	分红	分红前非流通股股东平均持股成本为 C_1 元，非流通股数量为 N_1 股，分红水平为每 10 股 d 元。	$C_2=C_1-\frac{d}{10}$	在本章中，所谓的分红仅指现金红利。分红会摊低非流通股股东的持股成本。
	送股/转增	送股/转增前非流通股股东持股成本为 C_1 元，非流通股数量为 N_1 股，设该股票针对所有股东每 10 股送（转增）x 股。	$C_2=\frac{C_1N_1}{N_1\left(1+\frac{x}{10}\right)}$	送股指发放股票作为红利，将利润转为股本。送股后，公司的资产、负债、股东权益的总额及结构不变，但总股本增大，同时每股净资产降低，客观上摊低了非流通股股东的持股成本；转增指公司将资本公积转化为股本，其未改变股东的权益，而增加了股本规模，客观结果与送红股相似。
	配股	配股前非流通股股东持股成本为 C_1 元，非流通股数量为 N_1 股，非流通股股东配股的总数为 N_2 股，配股价为 P 元。	$C_2=\frac{C_1N_1+PN_2}{N_1+N_2}$	配股是指公司按一定比例向现有股东发行新股，属于发行新股再筹资的手段。配股对非流通股成本的影响取决于配股价格。同时股东可以选择放弃配股。
直接因素	增发	增发前非流通股股东持股成本为 C_1 元，非流通股数量为 N_1 股，非流通股股东获增发的数量为 N_2 股，发行价为 P 元。	$C_2=\frac{C_1N_1+PN_2}{N_1+N_2}$	增发是指上市公司以向社会公开募集方式增资发行股份的行为。当新股增发对象含非流通股股东时，会影响非流通股股东的持股成本。
	协议转让	协议转让前非流通股股东持股成本为 C_1 元，非流通股数量为 N_1 股，数量为 N_2 的非流通股进行了协议转让，转让价为 P 元。	$C_2=\frac{C_1(N_1-N_2)+PN_2}{N_1}$	如果协议转让价格高于当时的个股非流通股持股成本，则协议转让会拉升平均持股成本；当协议转让价格低于当前的个股非流通股持股成本时，协议转让也会摊低平均持股成本。
	股改	股改前非流通股股东持股成本为 C_1 元，非流通股股东向流通股股东支付的对价为送股，且送出率为 x。	$C_2=\frac{C_1}{(1-x)}$	在股改中，非流通股股东对流通股股东支付对价最普遍的形式是送股。由于相对的非流通股数量降低，因此，股改一般会提升非流通股股东的持股成本。
间接因素	利率、通胀和其他因素等	设某股票在 2006 年年底未经调整的持股成本为 C_1，以股票上市年度为第 0 年，2006 年是该股票上市第 n 年，折现率为 r（r 分别取 5%、10%、15%、20%），计复利。	$C_2=C_1\ (1+r)^n$	微观因素并未考虑到资金的时间价值、通货膨胀、非流通股股东因持股而产生的机会成本等因素。直接比较非流通股股东在股票上市前的成本与现在的股价并不合理。本报告分别设定不同的折现率为对限售流通股股东持股成本进行逐年调整，以此估计考虑机会的限售流通股股东持股成本。

注：按照表 4－3 的计算方法，本书按时间顺序在发生每一个事件后对样本公司限售股东持股成本进行调整。调整的截止日期为 2006 年 12 月 31 日。本书中的限售股东最新持股成本即根据上述公式计算所得。这种计算结果并不是唯一的，随着未来影响事件的发生还会发生变化。

4.4 数据分析

下面对样本上市公司限售股东持股成本、减持收益进行分析。

4.4.1 样本公司限售股东持股成本分析

截至 2006 年 12 月 31 日，样本公司限售股东持股的初始成本、最新成本、考虑资金时间价值后的最新调整成本具体如表 4-4 所示。其中，单一公司限售股东持股成本为该公司所有限售股东持股成本加权平均的结果，全样本公司限售股东平均持股成本为各公司限售股东持股成本算术平均的结果。

表 4-4　　样本公司股价和限售股东持股成本比较　　（单位：元）

公司代码	公司简称	2006 年年底股价	2007 年 8 月底股价	原始成本	摊薄后成本	调整成本（PR1 ~ PR4）			
						1	2	3	4
000063	中兴通讯	38.99	57.85	1.35	-0.80	-1.24	-1.88	-2.81	-4.12
000088	盐田港	9.00	18.60	1.53	-1.70	-2.64	-4.01	-5.98	-8.78
000157	中联重科	14.80	47.10	1.73	1.60	2.14	2.83	3.69	4.77
000550	江铃汽车	12.18	20.39	1.04	-0.30	-0.57	-1.04	-1.85	-3.22
000558	莱茵置业	4.90	14.49	2.00	1.41	2.54	4.43	7.56	12.59
000568	泸州老窖	25.19	58.98	3.62	-1.04	-1.86	-3.26	-5.56	-9.26
000572	海马股份	5.28	32.85	2.57	0.66	1.12	1.87	3.05	4.87
000603	*ST 威达	2.43	7.12	1.89	0.92	1.37	1.98	2.83	3.97
000617	石油济柴	13.26	46.50	1.51	0.41	0.58	0.92	1.44	2.20
000751	锌业股份	5.56	25.14	2.01	0.78	1.10	1.52	2.08	2.80
000758	中色股份	8.22	38.60	1.51	-0.57	-0.88	-1.34	-1.99	-2.92
000761	本钢板材	5.26	14.38	1.54	1.48	2.19	3.18	4.53	6.37
000768	西飞国际	11.65	30.37	1.29	1.35	2.10	3.19	4.76	6.98
000825	太钢不锈	9.97	26.58	1.00	0.64	0.95	1.38	1.97	2.77
000829	天音控股	10.47	33.06	1.50	1.85	2.87	4.36	6.50	9.54

续表

公司代码	公司简称	2006年年底股价	2007年8月底股价	原始成本	摊薄后成本	调整成本（PR1~PR4）			
						1	2	3	4
000831	关铝股份	5.82	31.96	1.30	0.83	1.23	1.79	2.55	3.58
000850	华茂股份	5.08	18.04	1.47	0.16	0.24	0.35	0.50	0.71
000876	新希望	8.69	23.34	1.15	0.04	0.06	0.09	0.13	0.18
000878	云南铜业	10.79	69.80	1.37	0.04	0.07	0.09	0.13	0.19
000892	S*ST星美	2.30	5.33	1.64	0.75	0.91	1.10	1.31	1.56
000908	S天一科	7.25	31.47	1.34	1.01	1.29	1.63	2.03	2.51
000912	泸天化	7.72	20.89	1.31	-0.22	-0.31	-0.42	-0.58	-0.78
000916	华北高速	3.49	8.58	1.52	0.76	1.07	1.48	2.01	2.71
000927	一汽夏利	5.36	13.43	1.39	1.36	1.91	2.65	3.61	4.87
000951	中国重汽	25.00	80.00	1.66	3.68	4.38	6.07	8.28	11.16
000968	煤气化	4.74	22.07	1.72	1.43	1.92	2.54	3.31	4.27
000983	西山煤电	8.80	45.68	1.50	0.15	0.20	0.27	0.35	0.45
000987	广州友谊	16.92	39.50	1.86	1.44	1.94	2.56	3.34	4.31
002002	江苏琼花	3.68	8.68	1.91	1.86	2.05	2.25	2.46	2.68
002007	华兰生物	19.17	46.78	2.88	0.98	1.08	1.18	1.29	1.41
002024	苏宁电器	22.70	71.01	3.75	0.56	0.62	0.68	0.74	0.80
002034	美欣达	6.89	11.20	3.30	2.91	3.21	3.52	3.85	4.19
算术均值		10.67	31.87	1.79	0.76	0.99	1.31	1.74	2.29
中位数		8.46	28.48	1.53	0.77	1.09	1.50	2.02	2.70

注：本表中，2006年股价指2006年年底的各样本股票的收盘价。调整成本PR1~PR4分别表示按照5%、10%、15%和20%的折现率对限售股东持股成本进行调整的结果，计复利。

（1）初始成本。在32家样本公司中，限售股东持股初始成本平均为1.79元/每股，中位数为1.53元/每股。其中，持股成本1~2元、2~3元、3元以上/每股的公司分别为25家、4家、3家，分别占样本公司总数的78.13%、12.5%和9.38%。

（2）最新成本。样本公司在经过多年的分红派息、送转增股本和股改对价等成本调整后，限售股东的最新持股成本与初始成本相比发生了很大变化。截至2006年年底，32家样本公司最新成本：平均值为0.76元/每股，较初始成本下降了57.54%；中位数为0.77元/每股，较初始成本中位数下降了49.67%。其中，6家样本公司（中兴通讯、盐田港、江铃汽车、泸州老窖、泸天化、中色股份）的限售股东持股成本已经小于0，即限售股东已通过历年的分红派息等完全收回了成本；3家公司（中国重汽、西飞国际、天音控股）限售股东最新持股成本高于其上市前的初始成本。

（3）调整成本。上述最新成本未考虑到资金的时间价值、通胀、限售股东因持股而产生的机会成本等因素，因此，限售股东持股初始成本与最新成本不具有直接的可比性。我们分别设折现率为5%、10%、15%和20%，对限售股东持股成本进行逐年调整（计复利），以此来估计考虑资金的时间价值和通胀等因素之后的限售股东的持股成本，各项调整成本具体如表4-4所示。

①按折现率为5%、10%、15%调整，样本公司限售股东最新调整成本平均为0.99元、1.31元和1.74元/每股，分别比同期未调整的最新成本高30.26%、72.37%、128.95%，但比其初始成本仍分别低44.69%、26.81%和2.79%。

②按折现率20%调整，样本公司限售股东最新调整成本平均2.29元/每股，比同期未调整的最新成本高201.32%，比初始成本高27.93%。

4.4.2 样本公司限售股东持股成本变化与潜在收益总体分析

潜在收益是指限售股东按照市场价格减持股票时可能获得的收益，其受限售股东持股初始成本高低、最新成本变化和减持时股价高低的共同影响。设P为股票二级市场流通价格，C_2为限售股东持股最新成本，PR为潜在收益率，PR的计算公式为：$PR=(P-C_2)/C_2\times 100\%$。

表4-5　　样本公司限售股东持股成本摊薄率与潜在收益率计算表　　（单位:%）

代码	公司简称	成本摊薄率（CR）	潜在收益率（PR）	调整潜在收益率			
				PR1	PR2	PR3	PR4
000063	中兴通讯	159.15	+∞	+∞	+∞	+∞	+∞
000088	盐田港	211.16	+∞	+∞	+∞	+∞	+∞
000157	中联重科	7.68	826.62	591.46			
000550	江铃汽车	128.94	+∞	+∞	+∞	+∞	+∞
000558	莱茵置业	29.39	246.98	93.21	53.34	31.29	18.77
000568	泸州老窖	128.68	+∞	+∞	+∞	+∞	+∞
000572	海马股份	74.51	706.09	371.30	222.58	136.50	85.47
000603	*ST威达	51.12	163.01	78.02	53.77	37.68	26.81
000617	石油济柴	76.48	3634.21	2192.48	1376.90	882.78	576.79
000751	锌业股份	61.17	612.42	406.30	293.38	214.93	159.55

续表

代码	公司简称	成本摊薄率（CR）	潜在收益率（PR）	调整潜在收益率			
				PR1	PR2	PR3	PR4
000758	中色股份	137.50	+∞	+∞	+∞	+∞	+∞
000761	本钢板材	3.74	254.83	140.17	96.61	67.70	48.16
000768	西飞国际	-4.92	760.73	454.83	299.24	200.57	136.75
000825	太钢不锈	35.64	1449.14	948.52	653.76	458.12	325.92
000829	天音控股	-23.25	466.34	265.07	174.39	116.89	79.69
000831	关铝股份	35.87	598.05	372.47	256.72	179.89	127.98
000850	华茂股份	88.82	2990.39	1991.70	1372.77	961.96	684.37
000876	新希望	96.29	20289.79	13700.61	9443.06	6617.16	4707.65
000878	云南铜业	96.79	24412.88	16491.28	11366.51	7965.01	5666.55
000892	S*ST星美	54.18	206.10	151.83	126.05	105.52	89.00
000908	S天一科	24.60	617.56	462.23	366.30	293.30	237.08
000912	泸天化	116.57	+∞	+∞	+∞	+∞	+∞
000916	华北高速	50.18	360.83	227.50	164.27	120.34	89.34
000927	一汽夏利	2.30	294.67	180.48	130.32	95.47	70.88
000951	中国重汽	-87.54	703.02	470.69	339.87	248.99	184.84
000968	煤气化	16.80	231.21	147.15	111.31	85.26	66.04
000983	西山煤电	89.84	5676.79	4210.73	3185.21	2439.53	1889.76
000987	广州友谊	22.34	1071.36	774.09	585.56	448.48	347.41
002002	江苏琼花	2.57	97.75	79.37	72.31	66.16	60.76
002007	华兰生物	66.05	1860.83	1678.53	1529.40	1399.30	1285.12
002024	苏宁电器	85.12	3967.19	3589.06	3270.20	2992.02	2747.88
002034	美欣达	11.86	136.88	114.85	104.65	95.75	87.93
算术均值		57.16	1398.12	1079.52	814.01	615.09	465.59
中位数		52.65	793.68	531.08	406.86	317.99	251.26

注：CR为成本摊薄率，PR为按照不经折现调整计算的潜在收益率，PR1～PR4分别为按照5%、10%、15%和20%的折现率调整的潜在收益率。计算时间截至2006年年底。如果届时样本股票限售股东持股成本已经小于0，则不计算其潜在收益率和调整潜在收益率，但仍计算成本摊薄率以及表4－4中的原始成本和摊薄后成本。

表4－5显示，如果限售股东选择在2006年年末以市场价格减持股票：不考虑折现因素，样本公司限售股东潜在算术平均收益率可高达13.98倍；考虑折现因素，

其潜在收益率（PR1 ~ PR4）较未调整的潜在收益率（PR）有所降低，但即使以20%的折现率进行调整，其潜在算术平均收益率仍高达4.66倍。上述分析表明：按市场价格减持限售期满股份，对其持有者而言，可以获得巨额收益，其很低的持股成本相对于巨额的潜在收益几乎可以忽略不计。

4.4.3 不同样本公司限售股东持股成本变化与潜在收益比较分析

为了揭示不同样本公司限售股东持股成本与潜在收益的差异，下面将对不同类别的样本公司限售股东持股成本与潜在收益作进一步的比较分析。样本公司可以有许多种分类，下面主要对经济差距明显、统计上显著和经济差距明显、统计上不显著的类别进行分析，经济差距不明显的类别未列入下列的分析范围。

（1）不同股本规模公司分析。大盘股公司限售股东持股成本摊薄率（CR 67.60%）高于小盘股类（47.99%），潜在收益率（PR 29.10 倍、PR412.12 倍）显著高于小盘股类（6.22 倍、1.80 倍），具体如表 4－6 所示[①]。

表 4－6　不同股本规模公司限售股东持股成本摊薄与潜在收益率比较　（单位:%）

指标		大盘股公司	小盘股公司	t－值/z－值	p 值
成本摊薄率（CR）	均值	67.60	47.99	0.92	0.363
	中位数	75.59	43.02	1.02	0.309
潜在收益率（PR）	均值	2909.57	621.58	1.79 *	0.086
	中位数	2914.01	327.75	3.10 ***	0.001
调整收益率（PR_4）	均值	1212.15	180.15	2.28 **	0.032
	中位数	1587.44	88.47	2.91 ***	0.003

注：大盘股公司指 2006 年年末流通市值高于样本中位数的公司，包括中兴通讯、苏宁电器、太钢不锈、泸州老窖、西山煤电、中联重科、西飞国际、云南铜业、盐田港、锌业股份、中国重汽、中色股份、天音控股、新希望、华兰生物和广州友谊（共 16 家），小盘股公司指低于样本中位数的其他 16 家公司。

（2）不同股价公司分析。高价股公司限售股东持股成本摊薄率（68.03%）高于低价股类（47.57%），潜在收益率（31.06 倍、13.28 倍）显著高于低价股类（5.40 倍、1.56 倍），具体如表 4－7 所示。

---

① 表 4－6 至表 4－13 中的潜在收益率仅汇报了 PR 与 PR_4 的结果；表中的 t 值/z 值分别为非配对 t 值与 Wilconxon 秩和检验 z 值，分别对应均值与中位数检验；*，** 和 *** 分别表示 10%、5% 和 1% 的显著性水平。

表 4－7　不同股价公司限售股东持股成本摊薄与潜在收益率比较　（单位：%）

指标		高价股公司	低价股公司	t－值/z－值	p 值
成本摊薄率（CR）	均值	68.03	47.57	0.96	0.343
	中位数	80.80	43.02	1.09	0.274
潜在收益率（PR）	均值	3106.40	540.18	2.25**	0.034
	中位数	3800.70	327.75	3.48***	0.001
调整收益率（PR_4）	均值	1328.36	155.56	2.50**	0.020
	中位数	1587.44	88.47	3.14***	0.002

注：高价股公司指股价高于样本中位数的公司，包括中兴通讯、泸州老窖、中国重汽、苏宁电器、华兰生物、广州友谊、中联重科、石油济柴、江铃汽车、西飞国际、云南铜业、天音控股、太钢不锈、盐田港、西山煤电、新希望（共 16 家）；低价股公司指低于样本中位数的其他 16 家公司。

（3）不同上市时间公司分析。上市时间较长公司限售股东持股成本摊薄率（76.82%）显著高于上市时间较短类（38.78%），潜在平均收益率（37.62 倍、7.74 倍）显著高于上市时间较短类（8.59 倍、3.26 倍）。具体如表 4－8 所示。

表 4－8　不同时间上市公司限售股东持股成本摊薄与潜在收益率比较　（单位：%）

指标		上市时间较长公司	上市时间较短公司	t－值/z－值	p 值
成本摊薄率（CR）	均值	76.82	38.78	1.87*	0.072
	中位数	75.50	37.39	1.55	0.122
潜在收益率（PR）	均值	3761.83	859.24	1.34	0.193
	中位数	3312.30	660.29	1.80*	0.072
调整收益率（PR_4）	均值	774.03	325.55	0.68	0.504
	中位数	630.58	210.96	0.81	0.416

注：上市时间较长公司指上市时间长于样本中位数的公司，包括：江铃汽车、泸州老窖、莱茵置业、海马股份、石油济柴、西飞国际、中兴通讯、盐田港、中色股份、天音控股、新希望、本钢板材、华茂股份、关铝股份、云南铜业、太钢不锈（共 16 家）；上市时间较短公司指低于样本中位数的其他 16 家公司。

（4）不同分红水平公司分析。高分红公司限售股东持股成本摊薄率（80.93%）显著高于低分红类（34.67%），潜在收益率（40.94 倍、19.64 倍）显著高于低分红类（7.17 倍、2.14 倍），具体如表 4－9 所示。

（5）不同限售股比例公司分析。高限售股比例公司限售股东持股成本摊薄率（68.80%）高于低限售比例类（49.25%），潜在收益率（19.48 倍、5.66 倍）高于低限售比例类（12.56 倍、4.23 倍），具体如表 4－10 所示。

表 4-9　不同分红水平公司限售股东持股成本摊薄与潜在收益率比较　（单位:%）

指标		高分红公司	低分红公司	t-值/z-值	p 值
成本摊薄率（CR）	均值	80.93	34.67	2.33**	0.027
	中位数	79.81	27.00	2.04**	0.042
潜在收益率（PR）	均值	4094.25	716.88	0.51	0.618
	中位数	2425.61	479.43	2.36**	0.018
调整收益率（PR_4）	均值	1963.76	214.30	0.92	0.368
	中位数	984.74	108.66	2.40**	0.016

注：高分红公司是指累计分红水平高于样本中位数的公司（其中，累计分红是指历年来该股票所有分红的总和，如果该股票以送股或转增的形式进行，报告将其折算为相对的分红数量，并计入累计分红之中），包括泸州老窖、苏宁电器、盐田港、西飞国际、中兴通讯、华兰生物、海马股份、中色股份、中联重科、天音控股、Sincerely yours，*ST 星美、泸天化、华茂股份、云南铜业、锌业股份、太钢不锈（共 16 家）；低分红公司指低于样本中位数的其他 16 家公司。

表 4-10　不同限售股比例公司限售股东持股成本摊薄与潜在收益率比较　（单位:%）

指标		高限售比例公司	低限售比例公司	t-值/z-值	p 值
成本摊薄率（CR）	均值	68.80	49.25	0.86	0.395
	中位数	61.17	35.87	0.643	0.520
潜在收益率（PR）	均值	1948.41	1255.78	0.10	0.924
	中位数	1071.36	760.73	0.29	0.771
调整收益率（PR_4）	均值	565.94	422.83	0.29	0.777
	中位数	347.41	184.84	0.04	0.967

注：高限售比例公司是指限售流通股的比例高于样本中位数的公司，包括本钢板材、一汽夏利、盐田港、华北高速、石油济柴、*ST 威达、泸天化、泸州老窖、新希望、中联重科、苏宁电器、西山煤电、广州友谊、莱茵置业、锌业股份（共 16 家）；低限售比例公司指低于样本中位数的其他 16 家公司。

（6）有无配股公司分析。有配股公司限售股东持股成本摊薄率（79.03%）显著高于未配股类（41.29%），潜在收益率（46.54 倍、9.90 倍）显著高于未配股类（9.22 倍、3.21 倍），具体如表 4-11 所示。

（7）是否有协议转让公司分析。非流通股无协议转让公司限售股东持股成本摊薄率（69.25%）显著高于有协议转让类（35.94%），有协议转让公司限售股东潜在收益率（9.60 倍、2.76 倍）低于无协议转让类（19.10 倍、7.13 倍），具体如表 4-12 所示。

表 4-11　是否配股公司限售股东持股成本摊薄与潜在收益率比较　（单位：%）

指标		有配股公司	未配股公司	t-值/z-值	p 值
成本摊薄率（CR）	均值	79.03	41.29	1.83*	0.077
	中位数	74.99	37.39	1.63	0.102
潜在收益率（PR）	均值	4153.80	921.52	1.69	0.104
	中位数	2219.76	704.56	1.56	0.118
调整收益率（PR_4）	均值	989.78	321.32	1.20	0.243
	中位数	505.14	210.96	1.30	0.195

注：有配股公司包括中兴通讯、盐田港、莱茵置业、泸州老窖、锌业股份、中色股份、西飞国际、太钢不锈、天音控股、关铝股份、华茂股份、新希望、云南铜业和 S*ST 星美（共 14 家），未配股为其他 18 家公司。

表 4-12　非流通股有无协议转让限售股东持股成本摊薄与潜在收益率比较　（单位：%）

指标		有协议转让股东	无协议转让股东	t-值/z-值	p 值
成本摊薄率（CR）	均值	35.94	69.25	-1.52	0.138
	中位数	51.12	61.17	-1.17	0.242
潜在收益率（PR）	均值	960.30	1910.02	-0.15	0.879
	中位数	703.02	1449.13	-0.72	0.474
调整收益率（PR_4）	均值	276.40	713.25	-0.07	0.942
	中位数	184.84	347.41	-0.92	0.360

注：非流通股有协议转让公司包括中联重科、江铃汽车、海马股份、*ST 威达、天音控股、S*ST 星美、云南铜业、S 天一科、一汽夏利、中国重汽、华兰生物（共 11 家），非流通股无协议转让为其他 21 家公司。

（8）深市主板、中小企业板公司分析。深市主板公司限售股东持股成本摊薄率（60.14%）显著高于中小企业板（41.4%）；深市主板公司限售股东未调整的潜在收益率（16.49 倍）高于中小企业板（8.32 倍），而按折现率 20% 调整后的主板公司限售股东潜在收益率（4.50 倍）略低于中小企业板公司（5.78 倍），这说明主板与中小企业板公司限售股东潜在收益率的差别并不显著。具体如表 4-13 所示。

表 4-13　主板、中小企业板公司限售股东持股成本摊薄与潜在收益率比较　（单位：%）

指标		主板公司	中小企业板公司	t-值/z-值	p 值
成本摊薄率（CR）	均值	60.14	41.40	0.58	0.567
	中位数	52.65	38.96	0.68	0.494
潜在收益率（PR）	均值	1648.98	831.67	0.46	0.650
	中位数	1071.36	760.73	0.29	0.771

续表

指标		主板公司	中小企业板公司	t-值/z-值	p值
调整收益率（PR_4）	均值	449.65	577.55	-0.30	0.768
	中位数	347.41	184.84	0.04	0.967

注：中小企业板公司为江苏琼花、华兰生物、苏宁电器、美欣达（共4家），主板公司为其他28家公司。

4.4.4 样本公司限售股东实际减持及收益分析

上述限售股东减持的潜在收益是以限售股东2006年年底的持股成本和所持股份的收盘价为计算依据的。而限售股东实际减持的股票价格可能高于或低于2006年年底的收盘价，其减持的实际收益可能高于或低于按2006年年底收盘价计算的潜在收益。

为了分析样本公司限售股东的减持实际收益，我们对股改后到2007年11月30日为止的样本公司限售股东实际减持情况进行了统计分析，具体情况如表4-14所示。其中个股减持价格为多次减持的加权平均价格。统计发现：

表4-14　　样本公司限售股东实际减持收益情况表

代码	公司简称	收盘价（元）	减持价格（元）	价差率（%）	减持数量（万股）	减持比例（%）	减持收益率（倍）	调整减持收益率（倍）				年化收益率（%）
								R1	R2	R3	R4	
000063	中兴通讯	48.90	49.7	1.64	11082	19	+∞	+∞	+∞	+∞	+∞	—
000157	中联重科	46.48	47.03	1.18	8239	19.35	28.39	20.97	15.62	11.73	8.86	42.10
000550	江铃汽车	17.45	20.27	16.16	8493	21.15	+∞	+∞	+∞	+∞	+∞	—
000558	莱茵置业	11.78	14.14	20.03	976	17.25	9.03	4.58	2.19	0.87	0.12	8.64
000568	泸州老窖	62.02	57.50	-7.29	8414	15.65	+∞	+∞	+∞	+∞	+∞	—
000572	海马股份	13.38	13.66	2.09	670	1.68	19.70	11.19	6.31	3.48	1.81	16.53
000751	锌业股份	15.12	18.37	21.49	11029	20.65	22.55	15.73	11.08	7.85	5.57	31.90
000758	中色股份	33.61	39.22	16.69	2904	12.16	+∞	+∞	+∞	+∞	+∞	—
000768	西飞国际	32.88	29.95	-8.91	3132	11.49	21.19	13.26	8.38	5.29	3.29	22.57
000829	天音控股	20.90	22.51	7.70	12600	45.33	11.17	6.85	4.16	2.46	1.36	16.09
000831	关铝股份	27.10	31.20	15.13	4516	27.02	36.59	24.33	16.46	11.23	7.70	33.11
000876	新希望	16.24	17.84	9.85	3513	9.74	445.00	282.32	194.27	135.84	96.35	69.46

续表

代码	公司简称	收盘价（元）	减持价格（元）	价差率（%）	减持数量（万股）	减持比例（%）	减持收益率（倍）	调整减持收益率（倍）				年化收益率（%）
								R1	R2	R3	R4	
000912	泸天化	16.00	16.89	5.56	2925	8.43	+∞	+∞	+∞	+∞	+∞	—
000951	中国重汽	49.65	58.98	18.79	167	0.81	15.03	12.46	8.72	6.12	4.29	28.75
000968	煤气化	29.72	26.50	-10.83	478	2.39	17.53	12.82	9.45	7.01	5.20	34.09
000983	西山煤电	59.00	53.38	-9.53	1327	2.01	354.87	260.49	196.80	150.49	116.35	93.65
002002	江苏琼花	7.48	7.29	-2.54	755	15.66	2.92	2.55	2.24	1.96	1.72	34.16
002007	华兰生物	38.51	40.40	4.91	3346	40.10	40.22	36.48	33.15	30.25	27.70	141.74
002024	苏宁电器	56.87	63.00	10.78	43124	56.43	200.54	182.42	166.12	151.90	139.43	259.55
002034	美欣达	10.45	10.50	0.48	1784	38.90	2.61	2.27	1.98	1.73	1.51	31.39
算术均值		30.68	31.92	5.67	5.67	19.26	96.37	77.50	63.22	52.82	45.74	57.58
中位数		28.41	28.23	5.24	5.24	16.46	32.49	22.65	16.04	11.48	8.28	33.11

注：（1）苏宁电器在3次减持之间进行了10送10的转增，本表中的减持收益和减持比例已经据此进行了调整；（2）收盘价指2007年11月30日收盘价；（3）价差率的定义为：（减持价格 - 收盘价）/收盘价；（4）年化收益率为经复利调整的自公司上市以来至今的年均减持收益率，其计算方法为：设年化收益率为x，则年化收益率可通过方程 $(1+x)^n=1+r$ 解出，其中n为股票上市年限，r为减持收益率（此处系采用按10%的折现率进行调整后的减持收益率）。

（1）在所有截至2006年年底已经完成股改的30家样本公司中，已有20家公司的限售股东在限售期满后实施了减持，占股改样本公司的66.67%。未减持的主要是国有股限售股东的公司和限售股份未期满的公司。

（2）在减持的样本公司中，限售股东的平均减持比例（即累计减持的股份数量占股改完成后限售流通股总数的比例）为10.70%（中位数：8.99%）。减持比例较高的主要是中小企业板的上市公司和非国有控股的上市公司。

（3）在减持的样本公司中，2007年11月底之前减持的算术平均价格为31.92元/每股，比2007年11月底上述上市公司平均算术收盘价30.68元/每股高出5.67%。由于2007年11月底深沪股市处于相对高位，相对于2007年初有了很大幅度的上涨，这说明限售股东普遍选择了高价位减持。

（4）在减持的样本公司中，限售股东减持平均实际收益率（未调整）为96.37倍（中位数：32.49倍）；按10%的折现率进行调整，其减持平均实际收益率仍高达63.22倍（中位数：16.04倍），远远超过了按2006年年底收盘价所估计的潜在收益率。将按10%的折现率调整的减持平均实际总收益率换算为减持的样本公司上市以来的年化收益率，平均为57.58%。这进一步说明限售股东减持获得了很高的超额收益。

4.5 对实证结果的进一步分析

上述实证分析表明：样本公司限售股东持股的初始成本很低，持股最新成本较初始成本有了很大幅度的下降，持股的潜在收益和减持的现实收益都十分巨大。下面对这些实证结果作进一步分析。

（1）减持巨额收益的形成机理分析。表面来看，限售股东减持的巨额收益来自很低的持股成本和较高的市场价格。深入分析，我们发现，限售股东减持巨额收益有着更深层次的形成机理。第一，是资产定价机制的差别。上市资产一般按市场价格定价，受交易的便利性、信息的公开性和对称性等因素影响，上市资产交易的流动性强，市场定价一般较高。而影响非上市资产定价的因素正好相反，定价一般较低。原国有股、法人股在股改前是非流通股，交易只能通过场外协议转让的方式进行，转让价格普遍较低，其持有者转让收益相对较少。股改后，限售期满股份可以在二级市场按较高的市场价格减持，其持有者就可以获得较高的减持收益。第二，股本收益摊薄了持股成本，放大了减持收益。只要是股份公司，不管上市还是未上市，一般情况下股东都可以获得一定数量的、来自公司分红派息的股本收益。公司业绩较好、单次分红派息数量较多或股东持股时间较长，股东就可以获得公司多次分红派息。不考虑资金时间成本的话，股东持股成本会因此大幅度降低，甚至为负，这就大幅度提高了限售股东减持股份的相对收益。第三，股票市场估值水平的高低。在持股成本一定的前提下，限售股东减持收益取决于减持股票的市场价格。股改后尽管我国资本市场在制度上已是一个全流通的市场，但按照股改时确定的“锁一爬二”的规定和大股东的承诺，目前仍有超过60%的股份处于限售之中，真正流通的股份仍不足40%。我国深沪市场流通股的较小规模，上市公司及其大股东、高管在股改后积极“做多”所产生的良好市场预期，加上近年来较好的市场环境，致使我国股市自2006年以来处于高估值状态，限售股东在高估值时减持股份，可以获得超额减持收益。相反，限售股东在股票低估值时减持股份，减持实际收益就可能大幅度缩水。

（2）减持巨额收益的合理性分析。怎样看待限售股东如此高额的减持收益？我们认为要辩证地看：第一，股权投资是一种风险投资，股权投资的公司可能运作成功也可能运作失败，运作成功的公司可能上市也可能上不了市，上市的公司股价可能高也可能低。总之，股权投资的股本收益和股价收益都存在着很大的不确定性，有的甚至血本无归。正因为如此，限售股东减持的高额收益是建立在很高的投资风险之上的，其经济合理性是不容置疑的。第二，股改前，受当时计划经济体制的影响，我国许多公司上市不是一种完全意义上的市场行为，而是资源行政配置的结果。当时较多公司能否上市不是依据是否达到上市条件，而是基于是否得到行政配置的上市指标。不符合上市条件的企业可以在得到上市指标之后，再按照上市条件的要求对企业进行突击性改制或资产重组后上市，并且这种上市还是建立在原发起人股份被限制流通的基础之上的。随着我国市场化的改革和股权分置改革，这种靠行政配置获得的公司上市权和后来通过股改获得的股份流通权所带来的股份上市流通收益，具有行政垄断利润的性质，无论对于符合上市条件的、有上市要求的企业来说，还是从社会财富的公平分配来说，都存在不合理的因素。第三，我国资本市场退市机制不完善，较多上市后逐步失去上市条件的公司未能及时退市，股改后这些公司的限售股东照样可以减持限售期满股份获取超额收益，同样具有不合理的成分。

（3）限售股东减持动机分析。限售股东持股成本极低和减持收益极高，可能强化限售股东减持动机。但是，减持巨额收益并不是限售股东减持的唯一动机，限售股东基于公司控制权、成长性和股票市场估值合理性等考虑，即使到了限售期满，也往往不减持股份。海外全流通市场较大比例的限售期满股份长期未上市流通的经验就说明了这一点。但是，在下述情况下，限售股东减持动机会进一步强化：第一，对于战略投资者而言，套现是股权投资的目的，股价越高，套现收益越高，其减持的动机会越强烈。第二，对于绩差并且未来发展前景不好的公司来说，股价继续上涨的可能性较小，长期持有分享上市公司的分红更是“杯水车薪”，限售股东通过减持股份获得超额收益可能远远超过未来公司分红派息的收益和未来减持股份的收益。在此情况下，限售股东有可能凭着信息优势在较高价格减持股份。第三，我国目前资本市场仍不发达，社会资产证券化率很低，大量的非上市企业的资产基本上是按资产净值定价的，减持按市场定价的限售期满股份，重置那些按净值定价的非上市类资产，然后再运作相关公司上市，比继续持有现上市公司的股份可以获得更多的收益，也会加剧一些限售股东的减持动机。

（4）限售股东减持时机分析。限售股东的减持动机不一定会转化为减持行为，为追究减持收益的最大化，限售股东减持股份会选择适当的时机：一是股票高估值时期。在持股成本一定的情况下，股票市场高估值会显著提高限售股东持股的潜在收益，进而刺激其减持行为。2007 年深沪股市大幅度上涨以来，30 家股改的样本公司有 20 家公司的限售股东减持了股份，就能说明这一点。二是市场“牛转熊”时期。股价波动是股票市场的基本特征，在公司基本面没有发生重大变化的情况下，牛市和熊市的公司股价可能相差一倍或几倍。一旦限售股东认为市场会出现“牛转熊”的走势时，他们凭着持股成本的优势，有可能不计价格大幅下跌地减持股份。2007 年 10 月，深沪股市进入调整，有 49 家上市公司的限售股东减持了股份，减持家数与减持数量均超过 2007 年 9 月深沪股市上涨时期。三是上市公司业绩滑坡前。限售股东凭借直接参与上市公司治理的信息优势，对上市公司未来业绩滑坡的判断比二级市场的中小投资者更为准确。一旦他们认为上市公司的未来发展前景有问题时，就有可能采取大规模的减持行动。

（5）限售股东减持对市场的影响分析。由于二级市场的投资者是按市场价格买入股票的，在我国深沪股市市盈率、市净率较高或很高的情况下，其持股成本与限售股东存在着巨大差别。一旦市场出现系统性风险或个股出现非系统性风险时，限售股东可能会不计价格大幅减持股份，形成市场“杀跌”的动力，从而对二级市场的股价波动、中小投资者利益造成巨大的冲击。而部分或大部分二级市场的中小投资者因为持股成本高，投资差价收益低，有可能在限售股东低成本、大规模减持股份的过程中处于极其被动的局面而蒙受巨大的投资亏损风险。因此，为巩固股权分置改革成果、确保股权分置市场向全流通市场平稳过渡、保护中小投资者的利益，有必要在强化限售股东减持监管、规范限售股东减持行为、有效抑制限售股东大规模集中减持的同时，提高市场承接限售股东减持股份的能力，加强二级市场投资者风险教育。

5

2006～2008年深市A股投资者盈亏分析[①]

受各种因素影响，2006～2008年我国股市出现了历史上罕见的“大牛”、“大熊”。深证综合指数从2006年年初的283点涨至2007年年底的1447点，大涨411.31%；2008年年底，深证综合指数报收553点，较年初暴跌62.43%。2006～2008年，深证综合指数累计涨幅为95.41%。深市A股流通市值从2006年年初的3513亿元增加到2008年年底的12489亿元，增长了255.51%。在2006～2008年我国股市暴涨暴跌但总体涨幅较大、流通市值增幅更大的情况下，我国A股投资者在这一阶段盈亏情况怎样？不同投资者盈亏差异如何？这是社会各界关心的重要话题，也是管理层针对资本市场发展决策的重要参考。

为此，深交所综合研究所、信息管理部以2006～2008年深市A股投资者为研究对象，以其全部交易记录、持股数据为分析依据，从盈亏额、盈亏比、盈亏程度和盈亏效率等方面对各类A股投资者盈亏情况进行了分析。其中投资者交易记录、持股数据具体分4种情形：（1）2006～2008年买入并卖出；（2）2006～2008年买入

① 2009年8月10日，深证综内字第0054号。本章由深交所综合研究所与信息管理部联合完成。课题组成员：肖立见、叶国瑜、汪强。电脑工程部陈明忠和信息管理部王珏提供数据支持，综合研究所有关研究人员参与了该课题的立项讨论与成果评审，特此致谢。

未卖出；（3）2005年年底及以前买入，2006～2008年卖出；（4）2005年年底及以前买入，2006～2008年未卖出。其中，各类投资者具体分类、各分析指标具体计算方法等见附件。

5.1 2006～2008年深市A股投资者盈亏情况分析

2006～2008年，深市不同类型的机构投资者、不同类型的个人投资盈亏情况如下：

5.1.1 投资者总体盈亏情况分析

（1）在不考虑交易成本的情况下，2006～2008年深市A股投资者投资总体浮盈1200亿元，其中，2006～2007年总体浮盈21592亿元，2008年总体浮亏20392亿元。如果扣除交易成本，2006～2008年深市A股投资者总体实际亏损932.78亿元，与同期深综指大幅上涨、深市流通市值大幅上升形成鲜明对比（详见图5－1）。

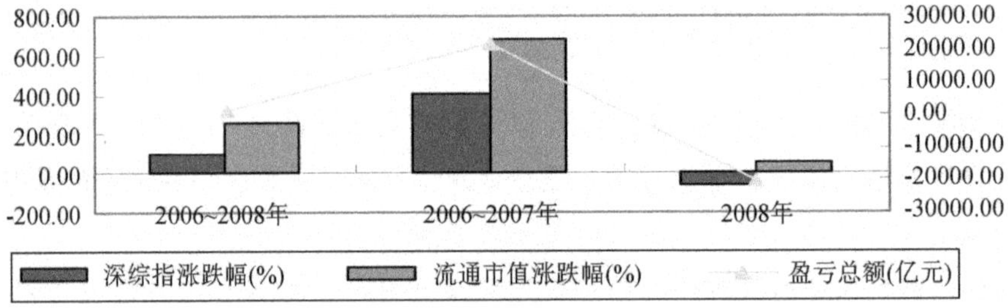

图5－1 2006～2008年深市A股投资者总体盈亏情况

（2）在不考虑交易成本的情况下[①]，2006～2008年深市A股机构投资者总体浮亏，个人投资者总体浮盈，但是机构投资者浮盈户账比高于个人投资者。2006～

① 本章分析2006～2008年深市A股投资者总体投资盈亏，考虑了扣除交易成本和不扣除交易成本两种情形；而在具体分析各个类别投资者盈亏时，由于不同投资者交易成本中实际支付的交易佣金率可能差异较大并且数据取得非常困难，则没有考虑交易成本因素，这在一定程度上夸大了各个类别投资者的浮盈程度。

2008年，参与深市A股交易的机构账户78133户，占机构开户总数的23.88%；个人账户3338万户，占个人投资者开户总数的52.38%。从盈亏额来看，2006~2008年，机构账户总体浮亏244亿元，个人账户总体浮盈1443亿元；从盈亏户占交易账户的比重（户账比）来看，2006~2008年，虽然机构投资者总体亏损，但是浮盈户账比超过七成；个人投资者总体浮盈，但个人浮盈户账比不到五成。2008年，机构和个人投资者账户都出现严重亏损，机构账户合计浮亏9411亿元，个人账户合计浮亏10981亿元（详见图5-1、图5-2、表5-1、表5-2）。

表5-1　　2006~2008年深市A股个人投资者盈亏结构

账户类别	浮动盈利总额（亿元）	浮盈户盈利总额（亿元）	浮亏户亏损总额（亿元）	交易金额所占比重（%）	2005年年底持股市值（亿元）	2008年年底持股市值（亿元）
机构合计	-243.5	4015.97	-4259.48	12.66	1036.78	5961.41
个人合计	1443.18	7937.52	-6494.34	87.34	2657.3	6779.43
2008年开户	-262.68	27.9	-290.59	1.45	0	348.64
2007年开户	-2028.05	486.42	-2514.48	16.41	0	1409.43
2006年开户	209.79	603.77	-393.98	7.35	0	367.31
2005年开户	134.64	205.51	-70.88	2.15	62.92	92.41
2004年开户	155.84	284.21	-128.37	2.56	101.73	172.87
2003年开户	106.33	170.26	-63.93	1.61	70.02	88.33
1997~2002年开户	1763.95	3778.88	-2014.92	34.62	1495.36	2614.11
1997年以前开户	1363.37	2380.56	-1017.19	21.2	927.31	1686.33

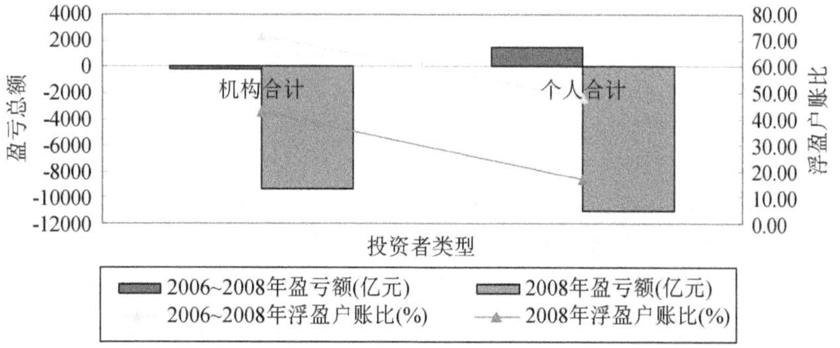

图5-2　深市A股投资者盈亏结构（机构与个人）

表 5-2　　2008 年深市 A 股投资者盈亏结构

账户类别	浮动盈利总额（亿元）	浮盈户盈利总额（亿元）	浮亏户亏损总额（亿元）	交易金额所占比重（%）	2007 年年底持股市值（亿元）	2008 年年底持股市值（亿元）
机构合计	-9410.85	162.53	-9573.38	13.69	16011.33	5961.41
个人合计	-10981.34	454.88	-11436.2	86.31	16564.08	6779.43
2008 年开户	-262.68	27.9	-290.59	4.56	2.46	348.64
2007 年开户	-2600.29	97.07	-2697.35	23.72	3378.14	1409.43
2006 年开户	-691.57	30.4	-721.97	5.74	1180.99	367.31
2005 年开户	-155.15	10.74	-165.89	1.54	276.41	92.41
2004 年开户	-268.28	12.01	-280.29	1.98	466.86	172.87
2003 年开户	-137.16	7.83	-144.99	1.28	234.01	88.33
1997~2002 年开户	-4195.56	165.86	-4361.42	29.34	6656.99	2614.11
1997 年以前开户	-2670.65	103.07	-2773.72	18.15	4368.22	1686.33

5.1.2　机构投资者盈亏情况分析

（1）一般机构浮亏较大，专业机构普遍浮盈，其中，社保基金盈利程度、盈利效率①较高。2006~2008 年，各类专业机构普遍浮盈，而一般机构则出现较大浮亏。从盈亏额来看，投资基金浮盈最多，达 355 亿元，占专业机构总体浮盈的 29.34%；其次为 QFII，浮盈 288 亿元，占专业机构总体浮盈的 23.81%。一般机构亏损严重，浮亏 1454 亿元。从盈利程度、盈利效率来看，社保基金较高，分别为 26.37%、13.99%；其次为 QFII（17.85%、9.85%）（详见图 5-3、表 5-3 的 A 栏）。

---

① 通常以投资收益率衡量单位资本实现的投资收益。由于本章以全部深市 A 股投资者账户为分析对象，计算量较大且部分数据无法取得，考虑时间价值的、严格意义上的投资收益率指标很难计算。出于可行性考虑，本章采用投资盈亏程度、投资盈亏效率指标度量投资者单位资本（或交易量）实现的投资收益，可能会导致一定程度的误差。但在实际计算过程中发现，无论使用投资盈亏程度还是投资盈亏效率，得到的结论基本一致，说明上述指标能够较为准确地反映投资者的盈利水平差异。由于二者并非严格的收益率指标，因此，盈亏程度与盈亏效率指标的相对意义大于绝对意义。

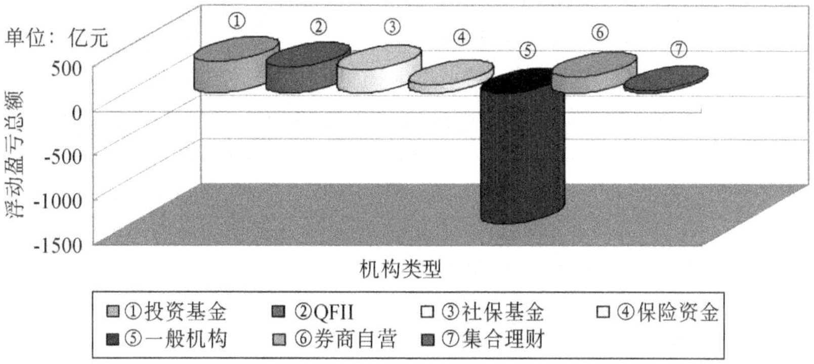

图5－3 2006～2008年深市A股机构投资者盈亏结构

（2）专业机构中投资基金盈亏大起大落，市场上涨时巨额浮盈，市场大跌时巨额浮亏。受股价大幅度上涨的影响，各类机构投资者在2006～2007年全部浮盈，而在股价大幅下跌的2008年则全部浮亏。从盈亏额来看，2006年、2007年投资基金在专业机构中浮盈最多，总体浮盈分别为1545亿元、3676亿元；2008年投资基金在专业机构中浮亏最多，总体浮亏4109亿元。从盈亏效率来看，2006年、2007年集合理财的机构投资者盈利效率最低，分别为7.82%、14.23%，但其2008年的亏损效率也最低，为－12.53%。其他机构呈现类似特点，即2006年、2007年浮盈较多的机构投资者在2008年浮亏也较多（详见图5－4、表5－3的B栏）。

表5－3 深市A股机构投资者盈亏结构

A栏：2006～2008年深市A股机构投资者盈亏结构						
账户类别	浮动盈亏总额（亿元）	浮盈账户所占比重（%）	盈亏程度（%）	盈亏效率（%）	2005年年底持股市值（亿元）	2008年年底持股市值（亿元）
机构合计	－243.5	71.82	－0.64	－0.35	1036.78	5961.41
投资基金	355.12	61.81	1.56	0.84	541.86	2898.63
QFII	288.22	79.31	17.85	9.85	64.68	210.17
社保基金	257.68	92.86	26.37	13.99	78.83	168.47
保险资金	91.52	73.81	7.17	5.28	30.42	187.06
一般机构	－1453.76	70.10	－14.75	－8.68	276.81	2422.62
券商自营	183.29	87.27	16.39	8.67	42.99	42.38
集合理财	34.43	76.47	5.24	3.34	1.19	32.09

续表

B栏：深市A股机构投资者分年度盈亏结构[①]						
户账类别	2008年		2007年		2006年	
	浮动盈亏总额（亿元）	盈亏效率（%）	浮动盈亏总额（亿元）	盈亏效率（%）	浮动盈亏总额（亿元）	盈亏效率（%）
机构合计	-9410.85	-39.91	7710.07	21.24	3170.19	31.87
投资基金	-4109.04	-28.20	3676.29	16.32	1544.98	30.02
QFII	-278.33	-26.06	447.09	31.13	253.37	52.70
社保基金	-131.65	-22.48	288.03	32.50	206.41	47.57
保险资金	-250.36	-32.30	265.5	37.77	147.36	34.27
一般机构	-4500.63	-81.39	2735.29	29.64	913.53	33.97
券商自营	-93.35	-14.26	219.61	22.46	89.72	15.53
集合理财	-47.5	-12.53	78.26	14.23	14.84	7.82

注：（1）盈亏程度=浮动盈亏总额/（期初持股市值+买入总金额）×100%。

（2）盈亏效率=浮动盈亏总额/交易金额×100%。

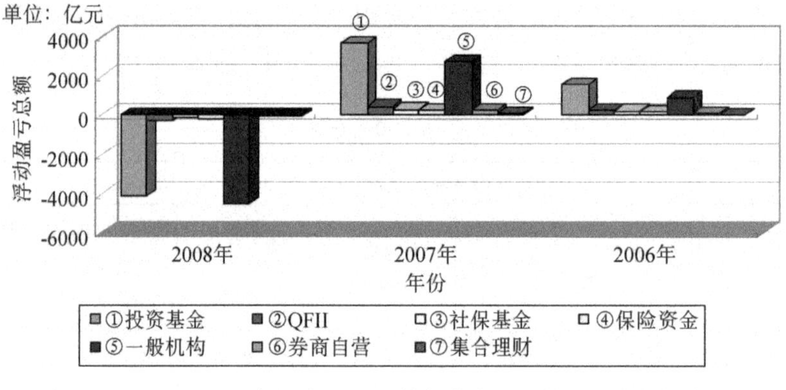

图5-4　2006～2008年深市A股机构投资者盈亏结构（按年份分组）

5.1.3　个人投资者盈亏情况分析

（1）开户6年以上的“老股民”浮盈户账比和浮盈总额较大。统计显示，2003

---

① 2006年、2007年数据主要来自深交所市场分析报告《2006年QFII投资行为》、《2007年深市A股投资者盈亏结构》。

年以后开户的个人投资者浮盈户账比为 33%，总体浮亏 1684 亿元；而 2003 年以前开户的浮盈户账比为 65%，总体浮盈 3127 亿元。但在 2008 年股市大幅下跌的情况下，该特点有所弱化（详见图 5－5、表 5－4、表 5－5）。

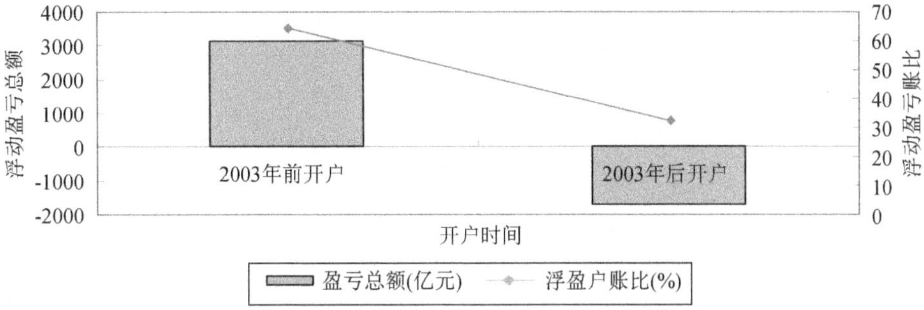

图 5－5　2006～2008 年深市 A 股个人投资者盈亏结构（按开户时间分组）

（2）个人投资者中持股市值较大的浮盈户账比较高。2006～2008 年，持股市值介于 1 万～5 万元的个人投资者，浮盈户账比为 34.29%，户均浮盈额 4.61 万元；持股市值介于 10 万～50 万元的，浮盈户账比为 37.99%，户均浮盈增加到 23.45 万元；而持股市值超过 1000 万元的，浮盈户账比和户均浮盈分别提高至 48.35% 和 2441.37 万元（详见表 5－6）。在 2008 年深圳股市下跌中，这一特点同样存在，只是浮盈户账比与户均浮盈额都大幅降低（详见表 5－6、表 5－7）。

表 5－4　　　　深市 A 股个人投资者盈亏结构（按开户时间分组）

A 栏：2006～2008 年深市 A 股个人投资者盈亏结构

账户类别	浮动盈亏总额（亿元）	浮盈账户所占比重（%）	交易金额所占比重（%）	2005 年年底持股市值（亿元）	2008 年年底持股市值（亿元）	盈亏程度（%）
个人合计	1443.18	48.11	87.34	2657.3	6779.43	30.59
2003 年前开户	3127.32	64.61	55.82	2422.67	4300.44	93.03
2003 年后开户	－1684.13	32.70	31.53	234.67	2478.99	－124.12

B 栏：2008 年深市 A 股个人投资者盈亏结构

账户类别	浮动盈亏总额（亿元）	浮盈账户所占比重（%）	交易金额所占比重（%）	2007 年年底持股市值（亿元）	2008 年年底持股市值（亿元）	盈亏程度（%）
个人合计	－10981.34	16.77	86.31	16564.08	6779.43	－94.08
2003 年前开户	－6866.21	14.45	47.49	11025.21	4300.44	－89.60
2003 年后开户	－4115.13	18.72	38.82	5538.87	2478.99	－102.65

注：盈亏程度＝浮动盈亏总额/平均持股市值×100%。

表 5-5　　2008 年深市个人投资者盈亏结构

账户类别（个人）	浮盈账户		浮亏账户		浮亏账户比重（%）
	账户数（户）	浮盈总额（亿元）	账户数（户）	浮盈总额（亿元）	
20 岁以下	7216	2.07	23115	-19.69	76.21
20~30 岁	754016	34	2869321	-657.96	79.19
30~40 岁	1571691	134.48	7278963	-2892.69	82.24
40~50 岁	1294685	151.68	6882069	-4257.33	84.17
50~60 岁	723378	76.16	4208825	-2346.97	85.33
60 岁以上	310663	56.49	1871949	-1261.58	85.77
合计	4661649	454.88	23134242	-11436.2	83.23

表 5-6 2006~2008 年深市个人投资者盈亏结构（按 2008 年年末持股市值分组）

2008 年年底持股市值	浮盈户数（户）	浮盈金额（亿元）	浮亏户数（户）	浮亏金额（亿元）	浮盈户数所占比重（%）	户均浮盈（万元）
未持有市值	9867776	3924.86	5683439	-1326.6	63.45	3.98
1 万元以下	3567208	747.5	6487450	-646.32	35.48	2.10
1 万元~5 万元	2100373	969.2	4025782	-1245.77	34.29	4.61
5 万元~10 万元	461993	471.44	831269	-663.68	35.72	10.20
10 万元~50 万元	384934	902.73	628209	-1243.44	37.99	23.45
50 万元~100 万元	37752	276.28	52493	-365.89	41.83	73.18
100 万元~500 万元	21238	398.8	27778	-505.12	43.33	187.78
500 万元~1000 万元	1386	82.64	1506	-104.09	47.93	596.25
1000 万元以上	672	164.06	718	-393.43	48.35	2441.37

表 5-7　　2008 年深市个人投资者盈亏结构（按 2008 年年末持股市值分组）

2008 年年底持股市值	浮盈户数（户）	浮盈金额（亿元）	浮亏户数（户）	浮亏金额（亿元）	浮盈户数所占比重（%）	户均浮盈（万元）
未持有市值	3470526	253.29	5824444	-1833.83	37.34	0.73
1 万元以下	718090	33.21	9229085	-976.29	7.22	0.46
1 万元~5 万元	718090	32.61	5778091	-2159.36	5.41	0.99
5 万元~10 万元	69626	16.78	1221162	-1262.42	5.39	2.41
10 万元~50 万元	60646	38.19	950448	-2565.76	6.00	6.30
50 万元~100 万元	6939	14.96	83092	-768.94	7.71	21.56
100 万元~500 万元	4581	28.66	44284	-1047.01	9.37	62.56
500 万元~1000 万元	380	7.77	2501	-213.2	13.19	204.47
1000 万元以上	252	29.41	1135	-609.42	18.17	1167.06

（3）个人投资者年龄较大的浮盈账户比相对较高，但40～50岁投资者的浮盈、浮亏总额最大。数据显示，个人投资者中30岁以上的中青年占大多数，他们在2006～2008年盈利最多。30～60岁的个人投资者总体浮盈6418亿元，占个人投资者浮盈总额的80.86%，户均浮盈4.91万元。其中，40～50岁投资者的浮盈、浮亏总额最大，该年龄层的投资者在浮盈账户中合计浮盈2837.60亿元，而在浮亏账户中则合计浮亏2356.28亿元，明显多于其他年龄层的投资者。2006～2008年个人投资者呈现年龄较大浮盈账户比较高的特点，浮盈账户比：20岁以下为32.02%，30～40岁为42.10%，40～50岁为50.33%，60岁以上为63.45%（详见图5－6、表5－8）。

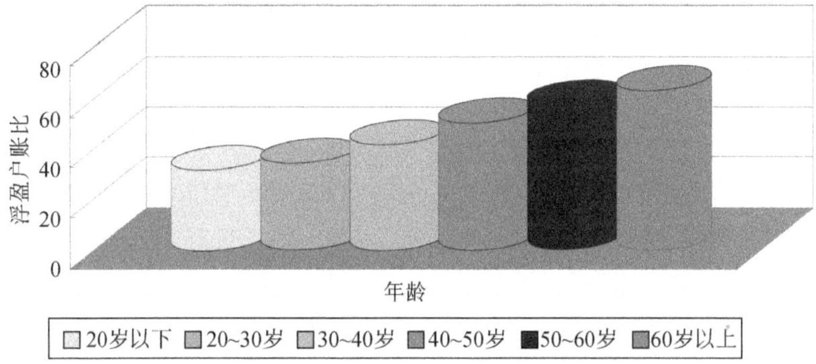

图5－6 2006～2008年深市A股个人投资者盈亏结构（按年龄分组）

表5－8 2006～2008年深市个人投资者盈亏结构（按年龄分组）

A栏：2006～2008年个人投资者盈亏结构					
账户类别（个人）	浮盈账户		浮亏账户		浮盈账户比重（%）
	账户数（户）	浮盈总额（亿元）	账户数（户）	浮亏总额（亿元）	
20岁以下	10590	10.16	22478	－16.37	32.02
20～30岁	1531892	376.45	2898373	－510.99	34.58
30～40岁	4507190	1858.51	6197669	－1938.94	42.10
30～40岁	5011776	2837.6	4946522	－2356.58	50.33
50～60岁	3547120	1722.22	2616601	－1127.04	57.55
60岁以上	1834764	1132.58	1057001	－544.41	63.45
合计	16443332	7937.52	17738644	－6494.34	48.11

5.1.4 大额盈亏账户盈亏结构分布

大额盈亏户中，机构投资者户账比约占八成，浮盈、浮亏总额超过九成。2006～

2008 年，浮盈总额前 1000 名账户中，机构账户为 825 户，合计浮盈 3103 亿元，占全部浮盈总额的 93.42%；个人账户为 175 户，合计浮盈 219 亿元；浮亏总额前 1000 名中，机构账户为 774 户，合计浮亏 3930 亿元，占全部浮亏总额的 90.39%；个人账户为 226 户，合计浮亏 418 亿元。机构账户中，投资基金和券商自营的总体浮盈、浮亏较大（详见表 5-9）。

表 5-9　2006~2008 年深市浮盈总额和浮亏总额前 1000 名账户盈亏分布

账户类别	浮盈总额前 1000 名账户			浮亏总额前 1000 名账户		
	账户数（户）	浮盈总额（亿元）	交易金额（亿元）	账户数（户）	浮亏总额（亿元）	交易金额（亿元）
机构合计	825	3103.41	33684.77	774	-3929.65	17756.97
投资基金	171	1529.45	24543.06	104	-1174.89	16007.18
QFII	39	298.41	2748.82	8	-10.59	122.21
社保基金	31	267.77	1795.96	3	-11.51	45.68
保险资金	40	119.11	1090.2	20	-34.92	424.79
一般机构	442	751.68	1965.38	618	-2657.72	966.48
券商自营	84	97.95	710.07	19	-35.61	131.91
集合理财	18	39.03	831.28	2	-4.41	58.73
个人合计	175	218.66	3109.53	226	-417.61	292.94
合计	1000	3322.07	36794.3	1000	-4347.26	18049.92

5.2　2006~2008 年深市投资基金盈亏情况分析

投资基金是 2006~2008 年我国发展最快、对市场影响最大的机构投资者，其盈亏情况一直备受社会各界关注，有必要进行专题深入分析。综合来看，深市投资基金的盈亏情况明显受到股市大盘走势的影响，在 2006~2008 年实现总体盈利，但是 2008 年则出现严重亏损。投资基金盈亏结构呈现如下特点：

5.2.1 投资基金总体盈亏情况分析

2006～2008 年，投资基金 62% 浮盈，总体浮盈 355 亿元。其中，2008 年投资基金巨额浮亏 4109 亿元，仅 11% 的基金小额浮盈。2006～2008 年，参与深市 A 股交易基金数为 362 只，合计浮盈 355 亿元。其中，浮盈基金 224 只，占基金总数的 61.88%，合计浮盈 1532 亿元；浮亏基金 138 只，占基金总数的 38.12%，合计浮亏 1177 亿元。2008 年，投资基金严重亏损，合计浮亏 4109 亿元。其中，浮亏基金所占比重高达 88.09%，合计浮亏 4111 亿元；浮盈基金数所占比重仅为 11.91%，合计浮盈 2.43 亿元（详见图 5－7）。

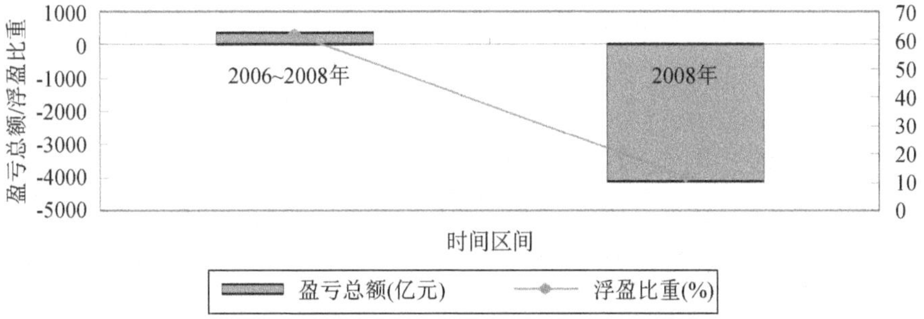

图 5－7 2006～2008 年深市投资基金总体盈亏情况

5.2.2 封闭式基金盈亏情况分析

3 年间封闭式基金总体浮盈，其中，传统型封闭式总体浮盈，创新型封闭式总体浮亏。2006～2008 年，参与深市 A 股交易的封闭式基金有 31 只，占全部基金总数的 8.56%，合计浮盈 385 亿元。其中，28 只传统型封闭式全部浮盈，合计浮盈 408 亿元；3 只创新型封闭式全部浮亏，合计浮亏 23 亿元。由于这些创新型封闭式基金分别成立于 2007 年 7 月、2008 年 2 月，因而这 3 只基金的总体亏损可能是由于在股价高位入市造成的。2008 年，封闭式基金全面浮亏，合计浮亏 242 亿元。其中，传统型封闭式合计浮亏 216 亿元，创新型封闭式合计浮亏 26 亿元（详见表 5－10）。

表 5-10　深市封闭式基金投资盈亏结构　（单位：亿元）

A栏：2006~2008年封闭式基金盈亏结构						
基金类别	浮动盈亏总额	浮盈基金盈利总额	浮亏基金亏损总额	交易金额	2005年年底持股市值	2008年年底持股市值
封闭式基金合计	385.06	407.84	-22.78	4036.36	159.83	145.42
传统封闭式	407.84	407.84	0	3890.65	159.83	125.72
创新封闭式	-22.78	0	-22.78	145.71	0	19.7
B栏：2008年封闭式基金盈亏结构						
基金类别	浮动盈亏总额	浮盈基金盈利总额	浮亏基金亏损总额	交易金额	2007年年底持股市值	2008年年底持股市值
封闭式基金合计	-242.4	0	-242.4	1115.18	532.46	145.42
传统封闭式	-216.31	0	-216.31	1031.31	498.04	125.72
创新封闭式	-26.08	0	-26.08	83.87	34.42	19.7

5.2.3 开放式基金盈亏情况分析

3年间开放式基金总体浮亏，其中，投资保守的基金普遍浮盈，投资激进的基金总体浮亏。2006~2008年，参与深市A股交易的开放式基金331只，占基金总数的91.44%，有四成开放式基金浮亏，合计浮亏30亿元。投资保守的混合型、保本型、债券型基金盈利，其中，混合型基金盈利最多，合计浮盈60亿元，浮盈基金数所占比重57.98%；投资激进的股票型基金总体亏损，合计浮亏134亿元，浮亏基金数所占比重为47.31%。2008年开放式基金出现大额亏损，合计浮亏3867亿元。其中，股票型基金亏损最多，债券型基金亏损最少（详见图5-8、表5-11）。

5.2.4 不同特征的投资基金盈亏情况分析

（1）对于2005年及以前成立的投资基金，成立时间较早的盈利比重、盈利程度较高。从盈亏额来看，成立于2002~2005年的投资基金合计浮亏48亿元，浮盈基金数所占比重66.91%；成立于2002年以前的投资基金合计浮盈391亿元，浮盈基金数所占比重96.30%。从盈亏程度来看，成立于2002~2005年的投资基金次

表 5－11　　深市开放式基金投资盈亏结构　　（单位：亿元）

A栏：2006～2008年开放式基金盈亏结构						
基金类别	浮动盈亏总额	浮盈基金盈利总额	浮亏基金亏损总额	交易金额	2005年年底持股市值	2008年年底持股市值
开放式基金合计	－29.94	1124.4	－1154.34	38126.58	382.02	2753.21
股票型基金	－133.84	639.2	－773.04	21395.55	175.01	1794.24
债券型基金	16.81	17.06	－0.25	107.97	2.51	9.51
混合型基金	59.65	439.88	－380.23	16473.48	198.52	946.69
保本型基金	27.44	28.26	－0.82	149.58	5.98	2.77
B栏：2008年开放式基金盈亏结构						
基金类别	浮动盈亏总额	浮盈基金盈利总额	浮亏基金亏损总额	交易金额	2007年年底持股市值	2008年年底持股市值
开放式基金合计	－3866.65	2.43	－3869.08	13460.2	6681.06	2753.21
股票型基金	－2407.08	1.03	－2408.12	7625.91	4169.71	1794.24
债券型基金	－1.24	1.18	－2.43	48.82	9.52	9.51
混合型基金	－1453.08	0.2	－1453.28	5736.82	2483.83	946.69
保本型基金	－5.24	0.02	－5.26	48.64	18	2.77

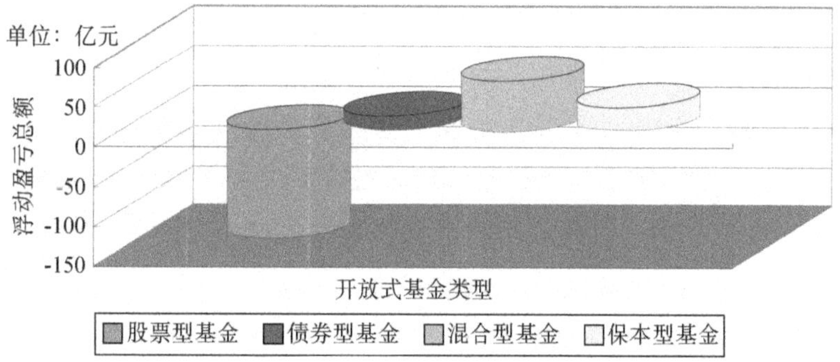

图 5－8　2006～2008年深市开放式基金盈亏结构

之，平均浮盈6.52%；成立于2002年以前的投资基金盈利最高，平均浮盈253.84%，浮盈总额、盈利比重及盈利程度显著高于前者。2008年呈现类似特点（详见表5－12）。

（2）相对于2006年、2007年成立的投资基金，2008年新成立的投资基金因在市场低位入市，亏损比重较小，亏损程度较低。数据显示，新成立的基金在2008年股价单边下跌过程中损失较少，浮亏总额、亏损比重显著小于其他基金。从盈亏总额来看，新成立的基金2008年浮亏总额为40亿元，浮亏基金数所占比重为54.93%，而2006年、2007年成立的基金2008年浮亏总额分别为1123亿元、1113

表 5-12　　深市投资基金盈亏结构（按成立时间分组）

A栏：2006~2008年投资基金盈亏结构						
成立时间	浮动盈亏总额（亿元）	浮盈基金数量比重（%）	盈亏程度（%）	交易金额（亿元）	持股市值（亿元）	
					2005年年底	2008年年底
2002~2005年	47.58	66.91	6.52	16943.17	339.03	1120.76
2002年以前	391.16	96.30	253.84	3812.43	153.88	154.32
合计	355.13	61.88	20.64	42162.94	541.86	2898.63
B栏：2008年投资基金盈亏结构						
成立时间	浮动盈亏总额（亿元）	浮盈基金数量比重（%）	盈亏程度（%）	交易金额（亿元）	持股市值（亿元）	
					2007年年底	2008年年底
2006~2008年	-2276.26	18.59	-81.53	7934.01	3960.31	1623.56
2002~2005年	-1587.57	4.44	-82.21	5656.75	2741.67	1120.76
2002年以前	-245.18	0.00	-73.64	984.63	511.54	154.32
合计	-4109.04	11.91	-81.27	14575.38	7213.52	2898.63

注：盈亏程度=浮动盈亏总额/平均持股市值×100%；由于2006~2008年成立的基金在该期间的投资期限不同，不宜与其他期间成立的基金进行比较，A栏中没有列出相应数据。

亿元，浮亏基金数所占比重高达95.83%、96.43%。从盈亏程度来看，新成立的基金2008年平均浮亏-66.08%，而2006年、2007年成立的基金2008年分别浮亏-82.24%、-81.50%。另外，新成立基金的亏损效率也明显低于其他基金。值得指出的是，上述特征可能不仅与入市时机有关，也与2008年入市基金规模较小有关。2008年成立的基金年底持股市值仅为775.29亿元，而2006年、2007年成立的基金2008年年底持股市值分别为786.32亿元、761.32亿元（详见图5-9、表5-13）。

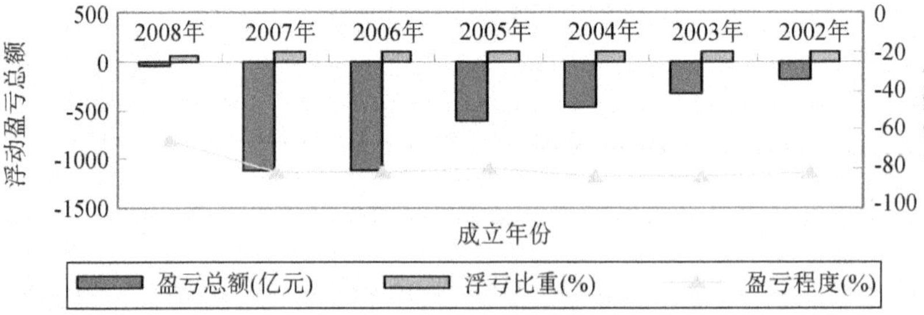

图5-9　2008年深市投资基金盈亏结构（按成立年份分组）

表5－13　　2008年投资基金盈亏结构（按成立时间分组）

成立时间	浮动盈亏总额（亿元）	浮亏基金数量比重（%）	盈亏程度（%）	盈亏效率（%）
2008年	－39.91	54.93	－66.08	－10.62
2007年	－1113.15	96.43	－81.50	－31.40
2006年	－1123.2	95.83	－82.24	－27.99
2005年	－610.58	97.62	－80.02	－29.53
2004年	－460.59	97.56	－84.27	－25.88
2003年	－324.13	91.18	－83.56	－31.74
2002年	－192.27	94.44	－82.26	－24.40

注：（1）盈亏程度＝浮动盈亏总额/平均持股市值×100%；（2）盈亏效率＝浮动盈亏总额/交易金额×100%。

表5－14　　深市投资基金盈亏结构（按2008年年底持股市值分组）

A栏：2006～2008年投资基金盈亏结构						
2008年年底持股市值	浮动盈亏总额（亿元）	盈亏效率（%）	浮盈基金数量比重（%）	交易金额（亿元）	持股市值（亿元）	
					2005年年底	2008年年底
1亿元以下	43.45	5.66	71.43	768.2	23.16	20.42
1亿元～10亿元	771.85	4.11	67.06	18793.36	343.39	823.09
10亿元以上	－460.18	－2.04	44.55	22601.38	175.3	2055.12
B栏：2008年投资基金盈亏结构						
2008年年底持股市值	浮动盈亏总额（亿元）	盈亏效率（%）	浮盈基金数量比重（%）	交易金额（亿元）	持股市值（亿元）	
					2007年年底	2008年年底
1亿元以下	－24.12	－10.29	42.22	234.44	57.6	20.42
1亿元～10亿元	－1238.36	－20.44	2.94	6058.36	2328.9	823.09
10亿元以上	－2846.58	－34.37	0.00	8282.58	4827.02	2055.12

注：盈亏效率＝浮动盈亏总额/交易金额×100%。

（3）3年间较大规模基金总体浮亏，中小规模基金盈利效率较高。从盈亏额来看，2006～2008年，大规模投资基金总体亏损，中小规模投资基金总体盈利。其中，持股市值大于10亿元的投资基金合计浮亏460亿元，浮亏基金数所占比重为55.45%；持股市值介于1亿～10亿元的投资基金盈利最多，合计浮盈772亿元，浮盈基金数所占比重为67.06%；持股市值在1亿元以下的投资基金合计浮盈43亿元，浮盈基金数所占比重为71.43%。从盈亏效率来看，小规模基金盈利效率最高，中等规模基金次之，大规模基金最差，三者相应指标分别为5.66%、4.11%、

-2.04%。2008年呈现类似特点，大规模基金亏损严重，中小规模基金亏损较少（详见表5-14）。

（4）3年间所属基金管理公司市值规模较大的投资基金，浮盈比例和盈利程度较高。2006~2008年，从盈亏额来看，持股市值在10亿元以下的基金公司所管理基金合计浮亏4.31亿元，浮盈基金数所占比重为50%；持股市值在10亿~100亿元、100亿元以上的基金公司所管理基金分别浮盈125亿元、234亿元，浮盈基金数所占比重分别为66.35%、61.93%。从盈亏程度来看，持股市值在10亿元以下的基金公司所管理基金平均浮亏8.65%，持股市值在10亿~100亿元、100亿元以上的基金公司所管理基金平均浮盈分别为13.76%、30.83%。2008年这一特点并不明显（详见表5-115）。

表5-15　　深市投资基金盈亏结构（按基金公司市值分组）

A栏：2006~2008年投资基金盈亏结构						
2008年年底持股市值	浮动盈亏总额（亿元）	浮盈基金数量比重（%）	盈亏程度（%）	交易金额（亿元）	2005年年底持股市值（亿元）	2008年年底持股市值（亿元）
10亿元以下	-4.31	50.00	-8.65	1896.69	22.13	77.58
10亿元~100亿元	125.41	61.93	13.76	23362.84	257.02	1565.2
100亿元以上	234.05	66.35	30.83	16903.4	262.71	1255.84
B栏：2008年投资基金盈亏结构						
2008年年底持股市值	浮动盈亏总额（亿元）	浮盈基金数量比重（%）	盈亏程度（%）	交易金额（亿元）	2007年年底持股市值（亿元）	2008年年底持股市值（亿元）
10亿元以下	-118.39	17.95	-85.48	727.96	199.41	77.58
10亿元~100亿元	-2182.04	10.55	-79.37	8068.52	3932.86	1565.2
100亿元以上	-1808.61	12.50	-83.40	5778.88	3081.25	1255.84

注：盈亏程度=浮动盈亏总额/平均持股市值×100%。

5.3　几点启示

基于上述分析，可以得到如下启示：

（1）市场暴涨暴跌对投资者盈亏影响巨大，但一定时期股指涨幅和流通市值增幅难以准确判断投资者的投资收益水平和投资风险程度。2006～2007年，深证综合指数从283点涨至1447点，暴涨411.31%，深市A股投资者总体盈利21592亿元；2008年年底，深证综合指数报收553点，较年初暴跌62.43%。深市A股投资者总体亏损20392亿元，几乎吞噬2006～2007年暴涨的所有盈利。这说明市场暴涨暴跌对投资者盈亏影响巨大。但是，2006～2008年，深证综合指数累计涨幅为95.41%，深市A股流通市值累计增长了255.51%，而同期深市投资者投资浮盈只有区区的1200亿元，远远低于同期深证成份股指数的涨幅和A股流通市值的增幅。如果扣除交易成本，同期深市投资者总体亏损932.78亿元。因此，根据一定时期股价指数涨幅和流通市值增幅判断投资者的投资收益，有可能夸大投资者收益，低估投资者风险。

（2）从2006～2008年深市投资者盈亏结构来看，一般机构投资者和新入市的投资者是投资者教育的重点。在2006～2008年专业机构投资者、个人投资者总体浮盈的情况下，一般机构投资者出现了较大浮亏。成立时间较早的投资基金和入市时间较长的个人投资者，在2006～2008年都表现出较好的投资盈利性和抗风险性。而除2008年以外的成立时间不长的投资基金、入市时间不长的个人投资者在2006～2008年的投资盈利差。这说明一般机构投资者、新入市投资者的投资能力和风险控制能力较差，他们是投资者教育的重点。加强对这类投资者的教育，有利于保护此类投资者，从而有利于巩固和培养市场投资力量。

（3）根据市场走势合理调控基金发行和入市节奏，有利于控制基金投资风险，维护市场稳定，保护基金持有人利益。深市投资基金投资盈亏结构分析表明，在2007年市场暴涨时入市的投资基金，亏损比重较大，亏损程度较高。在2008年市场暴跌后入市的投资基金，亏损比重较小，亏损程度较低。这说明在股市高涨时发行基金风险较大，在市场低迷时发行投资基金风险较小。因此，根据市场走势的阶段性特点调控基金发行、入市节奏，有利于控制基金投资风险，维护市场稳定，保护基金持有人利益。

（4）发展专业投资机构需要考虑一些配套性问题。专业投资机构投资业绩尽管在总体上高于一般机构投资者和个人投资者，但是并没有表现出明显的优势，这可能与我国避险投资工具较少有关，与专业投资机构资金大规模进出难度较大有关，也可能与专业投资机构的专业投资能力、风险控制能力有关。因此，发展我国专业投资机构还需要考虑风险控制、避险投资工具、投资流动性和投资能力提高等配套性问题。

5.4 附件：样本选择与指标计算说明

5.4.1 样本选择

为全面考察深市各类投资者的盈亏情况，本章选取了在深市能够取得盈亏记录的全部A股投资者账户作为分析样本。投资者盈亏相关数据来自深交所中心数据库。

由于投资基金常通过多个账户进行交易，以账户为单位进行分析无法反映投资基金的真实盈亏状况，因此，在投资基金盈亏分析部分，本章以“只”为单位计算投资基金的盈亏。投资基金的账户名称、代码及股票交易数据来自深交所中心数据库，其他数据来自Wind金融数据库，然后根据基金名称与代码将两部分数据进行匹配。数据中的异常情况及其处理如下：

（1）巨丰基金在深交所中心数据库中存在相应的代码，但经查询其在2006～2008年没有进行公开交易，相应数据缺失，故分析时予以剔除。

（2）基金兴业等封闭式基金，在2006～2008年退市并转为开放式基金重新上市，对于这种“封转开”并更名的情况，前后分别按两只基金计算其投资盈亏。

5.4.2 投资者分类

为分析各类投资者的盈亏情况，本章对投资者进行了各方面的分类。重点是将投资者分为个人投资者和机构投资者，然后对个人投资者和机构投资者再进行各种分类。

（1）个人投资者分类。根据入市时间、持股市值、年龄等对个人投资者进行分类。

（2）机构投资者分类。

①根据机构投资者的特点，将其分成投资基金、QFII、社保基金、保险资金、券商自营、集体理财、一般机构等7类。这里的一般机构是指除了上述前6类以外的其他机构投资者。

②按照是否可申购或赎回，将投资基金分为封闭式基金和开放式基金两大类。封闭式基金又进一步分为传统型封闭式基金、创新型封闭式基金；开放式基金进一步分为股票型开放式基金、债券型开放式基金、混合型开放式基金、保本型开放式基金。

③按照成立时间、市值规模、所属基金公司规模等对投资基金进行分类。

（3）有关投资基金分类的具体说明。

①封闭式基金分类。封闭式基金是指基金规模在发行前已确定，在发行完毕后和规定的期限内，基金规模固定不变的投资基金。由于传统的封闭式基金存在流动性不足、存续期过长等原因导致高折价，受到投资者的冷落，2003～2006年间没有一只封闭式基金在投资基金市场发行。2007～2008年发行的新封闭式基金在产品设计上有所突破，主要体现为：取消股票投资比例上限，允许基金在折价过高时转换为开放式基金，封闭期限较短。这些基金既保留了封闭式基金规模固定的特点，有利于中长期投资的优点；又一定程度上克服了传统型封闭式基金的缺点，得到市场的认可。为考察这两类封闭式基金是否在投资收益上有所差异，本章将前者划为传统型封闭式基金，而后者划为创新型封闭式基金。其中，创新型基金较少，包括建信优势、国投瑞银、大成优选3只基金。

②开放式基金分类。开放式基金的分类标准较多，并无公认的统一分类标准，国内目前主要从投资对象、投资目标、投资风格角度进行划分。中国证监会发布的《证券投资基金运作管理办法》根据投资股票、债券的资产比例，把开放式基金分成股票型、债券型和混合型，比较客观。但是，市场存在的“保本型基金”可能是混合型或者债券型基金，很难统一归入上述3种基金类别之一，因而单独作为一类。这样，开放式基金可分为股票型、债券型、混合型、保本型4类。市场上还存在专门投资于货币市场的货币型基金，由于本章主要分析股票投资的盈亏情况，这类基金没有包括在内。

③按照成立时间分类。投资基金的成立时间可能影响投资业绩。为了检验是否存在这种可能，本章还分别以2002年、2005年为界点将基金分成3类，即成立时间为2002年以前、2002～2005年、2006～2008年的基金。这种分类的依据是按照基金成立后所经历的牛、熊市的多寡。1998～2008年中国股市共经历3次熊市两次牛市，1998～1999年、2002～2005年、2008年为熊市，2000～2001年、2006～

2007 年为牛市。2002 年以前成立的基金经历了两个完整的牛、熊市周期，2002～2005 年成立的基金经历了一个完整的牛熊市周期。

④按照基金和基金管理公司规模分类。不同规模基金的投资业绩可能有所差异。为了对比不同规模基金、不同规模基金管理公司所属基金投资盈亏情况的差异，本章根据投资基金及基金管理公司 2008 年年末市值规模对其进行了分类。

5.4.3 分析指标与计算方法

投资盈亏包括浮动盈亏和实际盈亏。由于绝大多数投资者（包括个人投资者和机构投资者）都始终保持一定的交投，因此，考察浮动盈亏更有实际意义。本章的投资盈亏是指浮动盈亏。出于全面衡量样本期间深市投资者的盈亏情况的考虑，本章分别采用投资盈亏总额、投资盈亏效率、投资盈亏程度指标加以分析。上述指标的计算方法如下：

（1）投资盈亏总额。如前所述，投资盈亏指标采用浮动盈亏。具体计算公式如下：

浮动盈亏 =（期末市值 + 期间卖出金额 + 期间股息收入）-（期间买入金额 + 期间新股认购成本 + 期初市值） （5-1）

其中：

期末市值 = Σ（期末股价 × 期末持股数量） （5-2）

期间卖出金额 = Σ（期间各次卖出价格 × 期间各次卖出股数） （5-3）

期间股息收入 = Σ（期间各次现金股息收入） （5-4）

期间买入金额 = Σ（期间各次买入价格 × 期间各次买入股数） （5-5）

期间新股认购成本 = Σ（期间各次新股（IPO、增发配股）认购数量 × 认购价格） （5-6）

期初市值 = Σ（期初股价 × 期初持股数量） （5-7）

根据上述计算公式，本章对投资者 4 种买入、卖出情况的投资盈亏计算方法调整如下：

① 对于 2005 年年底及之前买入、2006～2008 年没有买入但有卖出的投资者账户，其 2006～2008 年浮动盈亏计算公式如下：

浮动盈亏 = Σ（卖出金额 + 股息收入）- 2005 年年底持股市值 （5-8）

②对于 2005 年年底及之前买入、2006～2008 年没有买入也没有卖出的投资者

账户，其 2006～2008 年浮动盈亏计算公式如下：

浮动盈亏 =（2008 年年底持股市值 + 期间股息收入）－2005 年年底持股市值 （5－9）

③对于 2006 年年初至 2008 年年底买入并卖出的投资者账户，其 2006～2008 年浮动盈亏计算公式如下：

浮动盈亏 =Σ（卖出金额 + 股息收入）－Σ（买入金额 + 新股认购成本） （5－10）

④对于 2006 年年初至 2008 年底买入，并且 2008 年年底前仍未卖出的投资者账户，其 2006～2008 年浮动盈亏计算公式如下：

浮动盈亏 =（2008 年年底持股市值 + 股息收入）－Σ（期间买入金额 + 新股认购成本） （5－11）

2008 年浮动盈亏的计算公式与 2006～2008 年类似。

（2）投资盈亏程度。投资盈亏总额只能反映投资者盈亏的绝对情况，无法反映单位投资成本产生的投资收益，因而很难比较不同类型投资者的赢利能力。为了弥补这一缺陷，本章引入投资盈亏程度指标来度量单位投资产生的浮动盈亏。投资盈亏程度指标计算公式如下：

投资盈亏程度（1）=（浮动盈亏总额/期间买入总金额）×100% （5－12）

其中，期间买入总金额表示样本期间该账户买入股票支付的现金总额。

另外，为了提高研究结论的可信性，本章还引入另一种投资盈亏程度指标，即浮动盈亏总额与月平均持股市值之比，具体计算公式如下：

投资盈亏程度（2）=（浮动盈亏总额/期间月平均持股市值）×100% （5－13）

其中，期间月平均持股市值是指研究期间各月末该类投资者账户持股市值的简单算术平均数，反映了实现一定浮动盈亏的平均投入资本。

（3）投资盈亏效率。本章度量投资盈利能力的另一指标是投资盈亏效率。投资盈亏效率是指单位交易金额实现的投资盈亏。投资盈亏效率指标值越大，单位交易金额产生的盈利数量越多，表明投入资本的赢利效率较高，反之则表明投入资本的赢利效率较低。投资盈亏效率指标具体计算公式如下：

投资盈亏效率 =（浮动盈亏总额/期间交易金额）×100% （5－14）

需要指出的是，通常的赢利能力度量指标为投资收益率。由于本章以全部深市 A 股投资者账户为分析对象，计算量较大且部分数据无法取得，考虑时间价值的严格的投资收益率指标很难计算。出于可行性考虑，采用上述投资盈亏程度指标、投资盈亏效率指标度量投资者赢利能力，可能会导致一定程度的误差，但在实际计算过程中发现，无论使用投资盈亏程度还是投资盈亏效率，得到的结论基本一致，说明上述指标能够较为准确地反映投资者的赢利能力差异。

5.4.4 交易成本估算

本章在评价 2006～2008 年深市投资者总体盈亏状况时，考虑了交易成本因素。投资者交易成本主要包括印花税和交易佣金。

（1）交易印花税。2006～2008 年，深市 A 股交易的印花税率经历了 3 次调整，包括：

①2007 年 5 月 30 日起，证券交易印花税率由 1‰调整为 3‰，双边征收。

②2008 年 4 月 24 日起，证券交易印花税率由 3‰调整为 1‰，双边征收。

③2008 年 9 月 19 日起，证券交易印花税由双边征收改为单边征收，税率保持 1‰。

由此，2006～2008 年深市 A 股交易适用的印花税率有 4 个时间区间，详见表 5－16。

表 5－16　　2006～2008 年深市 A 股交易适用的印花税率

时间	税率（‰）	征收方式
2006.1.1～2007.5.29	1.00	双边征收
2007.5.30～2008.4.23	3.00	双边征收
2008.4.24～2008.9.18	1.00	双边征收
2008.9.19～2008.12.31	1.00	单边征收

2006～2008 年深市 A 股投资者交易印花税的计算方法为：

首先，计算出上述 4 个时间区间的深市 A 股交易金额。

其次，用各区间交易金额乘以相应印花税率（2008 年 9 月 19 日～2008 年 12 月 31 日印花税单边征收，用成交额乘以印花税率）得到各区间的印花税金额。

最后，将各区间印花税金额相加得到 3 年间深市 A 股投资者缴纳的印花税总额。

通过上述计算，2006～2008 年深市 A 股投资者的交易印花税大致为 1049.13 亿元。

（2）交易佣金。自 2002 年 5 月 1 日以来，我国券商一直实行上限为 3‰的浮动佣金收费制，而具体适用费率视投资者类别和资金量而定。总体来看，2006～2008 年交易佣金费率大致在 1‰～3‰之间。因此，我们分别按 1‰、3‰来估算实际的交易佣金费率，并乘以 3 年间深市 A 股总交易金额，从而得到交易佣金总额区间。2006～2008 年深市 A 股投资者支付的交易佣金大致为 541.82 亿～1625.47 亿元，取平均数，大致为 1083.65 亿元。

（3）交易成本。交易印花税加上交易佣金，即为投资者交易成本。2006～2008 年深市投资者交易成本大致为 2132.78 亿元。

6

A 股二级市场投资者投资收益总体分析[①]

6.1 导　言

本章的研究对象是深沪 A 股投资者，研究内容是深沪 A 股投资者的交易成本和投资收益。由于投资收益与投资者的投资成本、红利收入、资本利得密不可分，本章的具体研究内容实际上包括了深沪 A 股投资者的交易成本、股权投资成本、红利收入、资本利得和投资收益。

深沪 A 股投资者可分为一级市场投资者和二级市场投资者。深沪 A 股一级市场投资者是指在一级市场获得股权并在二级市场卖出的投资者，包括内部职工股上市流通的投资者、股权投资的一级市场战略投资者、一级市场 A 股发行申购者、A 股权证行权投资者、可转债转股投资者、上市公司限售期满股份的减持和持有者等。

① 本章由肖立见、才静涵合作完成。

这些投资者是深沪 A 股市场的初始投资者。深沪 A 股二级市场投资者是指通过深沪交易所交易系统直接买进流通 A 股并持有或卖出的投资者。这些投资者是深沪 A 股市场的最终投资者。至于某些投资者可能先是深沪 A 股一级市场投资者后是二级市场投资者，或先是深沪 A 股二级市场投资者后是一级市场投资者，或同时既是深沪 A 股二级市场投资者又是一级市场投资者，本章只分析研究其作为深沪 A 股二级市场投资者，即“纯”二级市场投资者的交易成本和投资收益情况。本章下面将深沪 A 股市场二级市场投资者简称为深沪 A 股投资者。

同为深沪 A 股投资者，其个体交易成本和投资收益差异可能很大，本章不具体分析研究深沪 A 股投资者的个体差异，而是把深沪 A 股市场的所有投资者当作一个总体来分析研究其交易成本和投资收益情况。

本章研究对象和研究内容确定的依据为：一是 A 股投资者是我国股票市场乃至证券市场的投资主体，其状况如何直接影响着我国证券市场的发展状况；二是将 A 股投资者界定为“纯”二级市场投资者，是因为二级市场投资者是深沪 A 股市场的最终投资者、流动性提供者和股价波动风险的承担者，更是市场参与者最多的投资者群体，是我国证券市场需求的中坚力量，理应受到最重要的关注；三是交易成本和投资收益问题，是证券市场投资者、组织者、参与者和管理者共同关心的重大课题。较低的交易成本和较高的投资收益，是投资者参与市场的目标，是市场投资需求形成的动力，更是市场发展的基础。

为此，本章对我国深沪 A 股投资者 1992 年至 2008 年 5 月的交易成本和投资收益的总体状况进行了全面、系统、深入的分析，并基于实证分析的结果得出了几点重要启示。

6.2　深沪 A 股投资者交易成本分析

交易成本是一个外延广泛、统计口径不一的概念。不同统计口径的交易成本，成本构成不一样，数量统计可能相差很大。因此，本章有关交易成本的统计分析，是基于一定的交易成本口径而言的。

6.2.1 交易成本的界定

基于本章的研究目的并按照经典分类方法，本章将交易成本界定为证券市场各参与人在市场交易过程中支付的所有成本，可分为直接成本和间接成本。

（1）直接成本。它是指市场参与人以费用或其他形式直接支付的所有成本。对于投资者而言，直接成本包括交易佣金、印花税、转移费用、信息成本（搜寻成本）、基金管理费用等。直接成本又可以按照其与成交量之间的关系进一步细分为固定成本和可变成本。固定成本是指在一定范围内不随成交量变动而变动的成本，如开户费、查询费、挂失费等；可变成本是指在一定范围内随成交量变动而变动的成本，如交易佣金、印花税、过户费等。

（2）间接成本。它是指投资者不需直接支付，但隐含在交易价格和交易行为中的各类成本。如买卖价差、市场冲击、时间成本、其他机会成本等。其中，买卖价差（Bid - Ask Spread）是指投资者基于流动性的需要而付给做市商的成本，作为做市商提供流动性的补偿；市场冲击（Market impact）是指投资者由于执行指令而发生的任何价格变动所引起的成本；其他机会成本是指投资者由于证券投资而可能丧失的其他投资机会等。

投资者交易成本的分类参见图6-1。

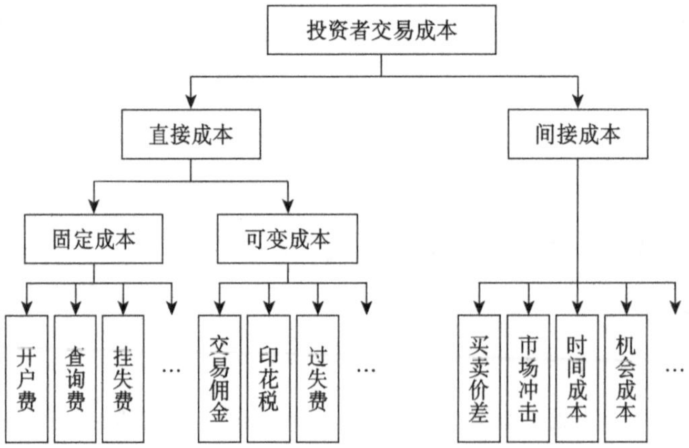

图6-1　投资者交易成本的分类

6.2.2 深沪A股投资者交易成本的构成及调整情况

在上述交易成本中，直接交易成本易于统计，统计意义显著；而间接交易成本难以统计，且统计意义不显著。在直接交易成本中，可变交易成本变化大，在直接交易成本中占很大比重，统计意义极为显著；固定交易成本变化小，在直接交易成本中占很小比重，统计意义不显著。因此，本章只统计分析深沪A股投资者可变交易成本，具体包括交易印花税、交易佣金、过户费、委托费等。

（1）深沪A股投资者交易成本的构成。

①交易印花税。证券交易印花税是专门针对股票交易发生额征收的税种，征税对象是企业股权转让书据和股份转让书据，纳税义务人是股份转让双方，并由证券交易所代扣代缴。计税依据是双方持有的成交过户交割单。我国交易印花税2008年4月23日调整为按A股成交金额的双向1‰征收，基金、债券交易等均无此项费用。交易印花税是我国政府增加税收收入的一个手段，也是政府调控股市的重要工具。

②交易佣金。它是指投资者在委托买卖证券成交之后按成交金额的一定比例支付给证券经营机构的费用。目前，我国行使双向不超过3‰的浮动交易佣金制。此项费用一般由券商的经纪佣金、交易所交易经手费（2008年为上交所按成交金额0.11‰、深交所按成交金额0.1475‰双向收取）和证管费（2008年为双向收取0.04‰，交易所代收交证监会）构成。

③过户费。它是指投资者委托买卖的股票、基金成交后买卖双方为变更股权登记所支付的费用，属于证券登记清算机构的收入，由券商在同投资者清算交割时代为扣收。过户费的收费标准为：上交所A股、基金交易的过户费为成交票面金额的1‰，起点为1元；深交所免收A股、基金、债券的交易过户费。

④委托费。一般情况下，投资者在上海本地买卖上交所的证券时，向券商缴纳每笔1元的委托费，异地缴纳每笔5元的委托费。但随着券商之间竞争的日趋激烈，一些券商为吸引投资者，降低甚至免收了投资者委托费。而深交所由于采用的是无形席位交易方式，大多数开通深交所证券交易的券商尤其是深圳本地的券商已不再收取委托费。

⑤其他费用（含固定成本）。其他费用是指投资者在委托买卖证券时，向券商缴纳的撤单费、查询费、开户费、磁卡费以及电话委托、自助委托的刷卡费、超时费等零星费用。这些费用主要用于通讯、设备、单证制作等方面的开支，由券商根

据需要酌情收取，一般没有明确的收费标准，只要其收费得到当地物价部门的批准即可。目前有相当多的券商出于竞争的考虑而减免此类部分或全部费用。相对而言，含固定成本在内的“其他费用”在投资者交易成本中只占很小的部分。

本章旨在对A股市场投资者的可变直接交易成本进行研究，这对于我国证券市场的现状而言更有意义。为方便起见，如无其他说明，后文中的“交易成本”均指投资者的可变直接交易成本。投资者交易A股产生的交易成本参见表6-1。

表6-1　　　　深沪A股投资者交易费用情况一览表

类别	定义	上交所	深交所	附注
交易印花税	根据国家税法规定，在股票（包括A股和B股）成交后，对买卖双方投资者按照规定的税率分别征收的税金	按成交额的1‰双向收取	按成交额的1‰双向收取	交易所代收交国家税务机关
交易佣金	投资者在委托买卖证券成交之后，按成交金额的一定比例支付给券商的费用	不超过成交额的3‰双向收取	按不超过成交额的3‰双向收取	含交易所交易经手费（上交所按成交金额0.11‰、深交所按0.1475‰双向收取）和证管费（双向0.04‰收取）
过户费	投资者委托买卖的股票、基金成交后，买卖双方为变更股权登记所支付的费用	按交易面额的1‰收取，最低5元	免收	交登记结算公司
委托费	投资者向券商支付的由于券商下委托指令产生的相关费用	按交易次数收取，本地券商每次1元，异地券商每次5元	免收	上交所部分席位仍是有形席位，投资者通过部分券商进行交易仍可能产生委托费，但大多数券商为吸引投资者，已降低甚至免收委托费；深交所由于采用无形席位交易方式，不收取委托费

（2）深沪A股市场交易印花税与佣金水平调整情况。自1992年以来，深沪A股市场交易印花税率和交易佣金率发生了多次变化，直接影响了投资者的交易成本。

①交易印花税调整。我国股市交易印花税1990年首先在深圳开征，由卖出股票者按成交金额的6‰缴纳。同年11月，深圳市对股票买方也开征6‰的印花税。从此，深圳开始了交易印花税的双向收征。1991年10月，深圳市将印花税率调整到

3‰；上海也开始对股票买卖印花税实行双向征收，税率为3‰。1991年6月，国家税务总局和国家体改委联合发文，明确规定股票交易双方按3‰缴纳印花税。1991年至2008年4月，深沪A股交易印花税出现了6次调整，具体情况见表6－2。

表6－2　　A股交易印花税率调整情况表

执行时间	交易印花税率
1991年10月前	单向6‰
1991年10月至1997年5月	双向3‰
1997年5月至1998年6月	双向5‰
1998年6月至2001年11月	双向4‰
2001年11月至2005年1月	双向2‰
2005年1月至2007年5月	双向1‰
2007年5月至2008年4月	双向3‰
2008年4月至今	双向1‰

②交易佣金调整。我国最早的证券交易佣金采用的是3.5‰的固定佣金率，其市场化程度较低，佣金水平也较高。2000年，部分证券公司出于竞争的考虑，开始或明或暗地进行“佣金打折”。2002年4月4日，中国证监会、国家发展计划委员会（简称国家计委）和国家税务总局共同发布了《关于调整证券交易佣金收取标准的通知》，对我国的证券交易佣金制度进行改革调整，该通知于2002年5月1日起正式执行。此后，我国开始实行浮动佣金制，券商向投资者收取双向不超过3‰的交易佣金。但实际上，券商向投资者收取的佣金率受多种因素的影响，不同券商、不同委托方式、不同投资者和不同市场状况（牛市和熊市）实际的交易佣金率都可能不同①。

6.2.3 深沪A股投资者交易成本估算方法

深沪A股投资者交易成本估算具体涉及交易印花税、交易佣金、过户费和委托费的估算问题。

---

① 如2005年实行的《上海地区股票、基金交易佣金标准规范》显示，各证券营业部会员对一般客户的佣金收费最低标准为：现场交易（含自助委托）佣金标准不低于2.8‰；电话委托佣金标准不低于2.2‰；网上交易佣金标准不低于1.6‰。

（1）交易印花税估算。根据是否调整印花税率，投资者缴纳交易印花税的数量有两种估算方法：①凡不涉及印花税率调整的年份，交易印花税可直接根据A股成交额和印花税率计算；②涉及印花税率调整的年份，可根据印花税率调整前后的A股成交额与相应的印花税率分别计算，然后加总年度投资者缴纳的交易印花税。

（2）交易佣金估算。根据交易佣金率是固定还是浮动分别估算：①2002年前我国实行固定交易佣金制，可直接根据交易佣金率和成交额估算投资者支付的交易佣金数量；②2002年实行浮动交易佣金制后，投资者实际支付的交易佣金可能差别较大，本章分别采纳上限（3‰）和下限（1‰）两个标准对投资者支付的交易佣金进行估算[①]。

（3）过户费估算。可根据A股成交量即交割量和过户费标准直接计算投资者支付的过户费数量。

（4）委托费估算。委托费可根据成交笔数和不同的委托费标准估算。考虑到只有上交所收取委托费，且收费标准较低、收费面较窄、对交易成本总体的影响很小，本章不考虑委托费因素。

上述各项交易成本的具体计算方法见表6-3。

表6-3　深沪A股投资者交易成本分类估算方法

费用类别	计算公式
交易印花税	1. 不涉及印花税率调整的年度： $Tax_i = Amount_i \times Rate_i \times 2$ 2. 涉及印花税率调整的年度： $Tax_i = \left(Amount_i \times Rate_{ipre} \times \frac{N_i}{365} + Amount_i \times Rate_{ipost} \times \frac{365 - N_i}{365}\right) \times 2$ 其中：Tax_i－第i年度印花税额；$Amount_i$－第i年度A股成交金额；$Rate_i$－第i年度适用的印花税率；$Rate_{ipre}$－第i年度调整前印花税率；$Rate_{ipost}$－第i年度调整后印花税率；N_i－第i年年初至印花税调整日的天数。

① 根据调查，券商的经纪业务成本包括证管费、交易所经手费、营业部人力成本、硬件设备等看得见的显性成本，还包括一系列隐性的成本，如证券公司研究所、技术部等后台支撑，都是为经纪业务服务的部门。如果这些成本加起来，收取佣金的“底线”应该在0.8‰左右。由此，券商佣金至少在1‰的水平时，经纪业务才有利可图（参见《券商佣金降价大血拼》，原文载2008年3月1日《中国证券报》）。考虑到只有部分机构及大户可能享受到最优惠的佣金，因此，本章将券商的平均佣金下限定在1.5‰；相应的，就市场平均而言，佣金上限被设定为2.5‰。

续表

费用类别	计算公式
交易佣金	1. 除2002年外的其他年份： $Commission_i = Amount_i \times Rate_i \times 2$ 2. 2002年： $Commission_i = \left(Amount_i \times Rate_{ipre} \times \frac{N_i}{365} + Amount_i \times Rate_{ipost} \times \frac{365 - N_i}{365}\right) \times 2$ 其中：$Commission_i$ – 第i年度佣金数额；$Amount_i$ – 第i年度A股成交金额；$Rate_i$ – 第i年度适用的佣金费率；$Rate_{ipre}$ – 第i年度调整前佣金费率；$Rate_{ipost}$ – 第i年度调整后佣金费率；N_i – 第i年年初至佣金调整日的天数。
过户费	$Fee_i = Amount_i \times 0.1\% \times 2$ 其中：Fee_i – 第i年度过户费数额；$Amount_i$ – 第i年度A股成交金额。
委托费	不考虑

6.2.4 深沪A股投资者交易成本总体估算分析

影响深沪A股投资者可变交易成本的主要因素是：一是交易印花税率、佣金率水平的高低；二是成交金额的大小。其中，一定时期内（年）影响投资者成交额的因素又具体分为：单笔成交量、每股成交价格和一年累计成交次数。单笔成交量越多，每股成交价格越高，一年成交次数越频繁（类似于换手率），则成交额越大，交易成本越高；反之越低。本章对深沪A股投资者交易成本的估算考虑了上述各种因素。

（1）深沪A股市场交易情况描述性统计。深沪A股市场历年成交量、成交额是估算其投资者交易成本的重要因素。为估算深沪A股市场投资者支付的交易印花税、交易佣金和过户费，需要对该市场历年的成交量、成交额进行准确地统计。1992年至2008年5月，深沪A股市场流通市值、成交情况见表6－4。

表6－4显示，1992年至2008年5月，随着我国资本市场的迅速发展，深沪A股市场股票流通市值、成交量、成交额在规模迅速增长的同时，呈现出波动剧烈的特征。2007年深沪A股市场流通市值、成交额分别为9.17万亿元和45.48万亿元，分别比1992年增长了465.2倍和696.8倍。与成交额迅速增加相适应，深沪A股投资者的交易成本也显著上升。

表 6-4　　1992 年至 2008 年 5 月深沪 A 股市场流通市值与交易情况表

年份	深圳 A 股			上海 A 股			深沪合计		
	成交金额（亿元）	成交量（亿股）	年末流通市值（亿元）	成交金额（亿元）	成交量（亿股）	年末流通市值（亿元）	成交金额（亿元）	成交量（亿股）	年末流通市值（亿元）
1992	417.44	17.66	157.26	234.27	15.21	38.99	651.71	32.87	196.25
1993	1260.87	75.49	386.83	2261.68	133.68	294.40	3522.55	209.17	681.23
1994	2376.35	353.70	343.51	5626.73	634.33	470.37	8003.08	988.03	813.88
1995	915.96	186.57	295.89	3042.63	494.50	495.05	3958.59	681.07	790.94
1996	12032.05	1390.93	1266.96	9020.24	1074.00	1247.06	21052.29	2464.93	2514.02
1997	16744.97	1305.29	2528.83	13550.24	1166.01	2327.86	30295.21	2471.3	4856.69
1998	11113.50	1007.08	2703.10	12770.81	1081.43	2716.00	23884.31	2088.51	5419.1
1999	14223.36	1321.50	3827.53	16826.20	1488.25	4109.94	31049.56	2809.75	7937.47
2000	29248.98	2247.14	7377.42	31029.69	2310.88	8146.79	60278.67	4558.02	15524.21
2001	13365.20	1033.72	5618.84	19876.84	1429.60	7726.06	33242.04	2463.32	13344.9
2002	10700.33	1165.96	4693.75	16441.71	1693.53	7025.00	27142.04	2859.49	11718.75
2003	10728.72	1359.65	4509.05	20541.24	2632.63	7796.87	31269.96	3992.28	12305.92
2004	15346.89	2122.03	3947.86	26229.30	3350.88	7050.61	41576.19	5472.91	10998.47
2005	12037.89	2543.98	3513.89	19061.49	3926.89	6514.55	31099.38	6470.87	10028.44
2006	31972.00	5684.34	7797.36	57245.11	10124.28	15933.90	89217.11	15808.62	23731.26
2007	152811.01	11752.53	28532.18	301960.29	23931.39	63190.57	454771.30	35683.92	91722.75
2008 年 1~5 月	49692.78	3136.86	21942.39	102450.88	6674.41	53131.32	152143.66	9811.27	75073.71
合计	384988.30	36704.43	—	658169.35	62161.90	—	1043157.65	98866.33	—

资料来源：深沪证券交易所。

（2）深沪 A 股投资者交易成本总体估算。按照表 6-3 的各类交易成本的估算方法和表 6-4 深沪 A 股市场成交量、成交额的数据，可估算出 1992 年至 2008 年 5 月深沪 A 股投资者的交易成本，相关结果见表 6-5。

表 6-5 显示，1992 年至 2008 年 5 月，深沪 A 股投资者的交易成本为：缴纳的交易印花税总计为 4810 亿元；支付的交易佣金，按下限估算为 4029 亿元，按上限估算为 5666 亿元，平均值 4848 亿元；支付的过户费为 124 亿元。上述 3 项合计，1992 年至 2008 年 5 月，深沪 A 股投资者的交易成本大致为 8963 亿 ~ 10599 亿元，平均值为 9782 亿元。其中，交易印花税占 49.17%，交易佣金占 49.56%，过户费占 1.27%。

表 6-5 深沪 A 股投资者交易成本分类估算情况表

年份	深市 A 股交易成本（亿元）			沪市 A 股交易成本（亿元）			交易成本合计（亿元）		
	交易佣金（上限）	交易佣金（下限）	交易印花税	交易佣金（上限）	交易佣金（下限）	交易所印花税	过户费	上限	下限
1992	2.92	2.92	2.50	1.64	1.64	1.41	0.03	8.50	8.50
1993	8.83	8.83	7.57	15.83	15.83	13.57	0.27	46.07	46.07
1994	16.63	16.63	14.25	39.39	39.39	33.76	1.27	105.30	105.30
1995	6.41	6.41	5.50	21.30	21.30	18.26	0.99	52.46	52.46
1996	84.22	84.22	72.19	63.14	63.14	54.12	2.15	275.83	275.83
1997	117.21	117.21	143.23	94.85	94.85	115.90	2.33	473.53	473.53
1998	77.79	77.79	98.83	89.40	89.40	113.57	2.16	381.75	381.75
1999	99.56	99.56	113.79	117.78	117.78	134.61	2.98	468.73	468.73
2000	204.74	204.74	233.99	217.21	217.21	248.24	4.62	908.80	908.80
2001	93.56	93.56	100.33	139.14	139.14	149.21	2.86	485.09	485.09
2002	60.60	46.29	42.80	93.11	71.13	65.77	3.39	265.67	229.38
2003	53.64	32.19	42.91	102.71	61.62	82.17	5.27	286.70	224.16
2004	76.73	46.04	61.39	131.15	78.69	104.92	6.70	380.89	297.74
2005	60.19	36.11	38.78	95.31	57.18	40.63	7.85	242.76	180.56
2006	159.86	95.92	63.94	286.23	171.74	114.49	20.25	644.77	466.33
2007	764.06	458.43	665.67	1509.80	905.88	1315.39	47.86	4302.78	3393.23
2008年1~5月	248.46	149.08	162.01	512.25	307.35	334.02	13.34	1270.09	965.80
合计	2135.43	1575.95	1869.68	3530.23	2453.27	2940.04	124.32	10599.70	8963.26

6.3 深沪A股投资者股权投资成本分析

如果说交易成本是投资者买卖股票的一种附加成本，那么股权投资成本则是投资者买卖股票的主体成本。股权投资成本（或称为股权成本）是计算投资者资本利得的基础。为了将 A 股投资者股权投资成本估算与其资本利得估算联系起来，在这里引入 A 股投资者初始投资成本概念。它是指 A 股投资者作为一个总体购买上市公司直接面对A股投资者发行的股票和购买一级市场投资者卖出的股份所发生的投资成本，不包括A股投资者在二级市场相互买卖所追加的差价投资成本。

6.3.1 深沪A股投资者股权来源及投资成本的价格因素

股权来源及投资股权的价格因素，是影响深沪A股投资者股权投资成本及资本利得的基本因素。

（1）深沪A股投资者股权来源。深沪A股投资者的股权主要来源于权益性新增股份和投资性新增股份。这种来源不同的新增股份，对投资者股权投资成本的影响完全不同。

①投资性新增股份是指投资者花钱买入的股份，买入的价格和数量直接构成了投资者的股权投资成本。深沪A股投资者投资性新增股份的来源主要有：上市公司IPO、增发、定向增发、配股、职工内部股上市、历史遗留公司存量股份上市、可转债转股、限售期满股份减持、权证行权、恢复上市、吸收合并等。

②权益性新增股份是指投资者在拥有存量股份的基础上通过上市公司送股、转增股份和股改对价获得的股份，此类股份的获得不需要投资即可获得，不存在追加股权投资成本问题。

（2）影响深沪A股投资者股权投资的价格因素分析。深沪A股投资者股权获得的股价因素较为复杂，直接影响投资者投资成本和资本利得。

①IPO。IPO有发行价和上市价之分。深沪A股市场在2004年前后一定时期曾实行过向二级市场投资者配售新股，在此情况下，IPO发行价即为A股投资者的投资成本。但在大多数情况下，深沪A股市场新股发行采取的是申购方式，我国存在着大量的一级市场新股申购并上市后即卖出的投资者。在此情况下，一级市场投资者卖出价格即为A股投资者的投资成本。

②增发。其发行方式既有向二级市场配售的，也有向一级市场发行的。向二级市场配售的按一级市场投资者卖出价格即为A股投资者的投资成本，向一级市场发行的股份按发行价计算A股投资者的投资成本。

③定向增发。上市公司向战略投资者或大股东发行的一定时期后才上市流通的股份，按战略投资者或大股东卖出价格计算A股投资者的投资成本。

④配股。大都为上市公司按照一定的比例直接向二级市场投资者发行的股份，可按配股价格计算A股投资者的投资成本。

⑤限售期满股份减持。按限售期满股份的股东减持价格估算A股投资者的投资成本。

⑥可转债转股。按可转债股份持有者卖出价格估算A股投资者的投资成本。

⑦内部职工股上市和历史遗留公司存量股份上市。按上市公司内部职工或其他股权投资者卖出价格估算A股投资者的投资成本。

⑧权证行权。按权证投资者卖出股份价格估算A股资者的投资成本。

⑨恢复上市和吸收合并。按此类上市公司上市股份的平均价估算A股投资者的投资成本。

6.3.2 深沪A股投资者股权投资成本估算方法

A股投资者初始投资成本为IPO、增发、定向增发股份解禁、配股、限售期满股份减持、可转债转股、内部职工股上市、权证行权等投资成本的代数和。各类事件对应的投资成本计算参见表6－6。

表6－6　各类股份变动对应的A股投资者初始投资成本计算方法表

股份变动方式	计算公式	计算依据
IPO（$Ipocost_t$）	$\sum_{i=1}^{n} p_i q_i$（n为第t年内IPO股票数量，p_i为第i只股票的IPO后3个交易日内的收盘价均值，q_i为第i只股票的流通股IPO数量）	当年内存在IPO时，由此产生的新增流通股部分单列计算。本章未计算投资者由于IPO中签获利。因此，用IPO后3个交易日收盘均价估计IPO部分成本。
增发（$Zfcost_t$）	$\sum_{i=1}^{n} p_i q_i$（n为第t年内增发股票数量，p_i为第i只股票的增发后3个交易日内收盘价均值，q_i为第i只股票的增发数量）	当年内存在增发时，由此产生的新增流通股部分单列计算。本章未计算投资者由于申购增发部分获利。因此，用增发流通股上市后3个交易日收盘均价估计增发部分成本。
定向增发（$Dxzfcost_t$）	$\sum_{i=1}^{n} p_i q_i$（n为股票第t年内解禁的定向增发股票数量，p_i为第i只股票的定向增发解禁后3个交易日内的收盘价均值，q_i为第i只股票的定向增发数量）	当年内存在定向增发股份解禁上市时，由此产生的新增流通股部分单列计算。本章用定向增发股份解禁流通后3个交易日收盘均价估计定向增发部分对应成本。

续表

股份变动方式	计算公式	计算依据
配股（$Pgcost_t$）	$\sum_{i=1}^{n} p_i q_i$（n为第t年内配股的股票数量，p_i为第i只股票的配股后3个交易日内的收盘价均值，q_i为第i只股票的配股数量）	当年内存在配股时，由此产生的新增流通股部分单列计算。本章未计算投资者由于按配股价配股部分获利。因此，用配股新增流通股上市后3个交易日收盘均价估计配股部分成本。
限售期满减持（$Ggcost_t$）	$\sum_{i=1}^{n} p_i q_i$（n为第t年内发生限售流通股减持的股票数量，p_i为第i只股票的限售股减持后3个交易日内的收盘价均值，q_i为第i只股票的限售流通股上市的股票数量）	限售流股限售期满减持成为二级市场上新增流通股份。同时，对于股改产生的限售股，本章认为已经解禁但未减持部分的账面收益不包含在A股市场上投资者的资本利得之中，该部分将在后文中进行调整。
可转债转股（$Convert_t$）	$\sum_{i=1}^{n} p_i q_i$（n为第t年内发生可转债转股的股票数量，p_i为第i只股票的转股后3个交易日内的收盘价均值，q_i为第i只股票的可转债转股数量）	当年内存在可转债转为流通股时，流通股数量会相应增加。由此产生的新增流通股部分单列计算。本章用可转债转流通股上市后3个交易日收盘人均产价估计可转债部分成本。
内部职工股上市（$Intcost_t$）	$\sum_{i=1}^{n} p_i q_i$（n为第t年内发生内部职工股上市的股票数量，p_i为第i只股票内部职工股3个交易日内的收盘价均值，q_i为第i只股票的内部职工股上市数量）	当年内存在内部职工股上市时，由此产生的新增流通股部分单列计算。本章用内部职工股上市而产生的新增流通股上市后3个交易日收盘均价估计本部分成本。
权证行权（$Warrant_t$）	$\sum_{i=1}^{n} p_i q_i$（n为第t年内发生权证行权的股票数量，p_i为第i只股票权证行权后3个交易日内的收盘价均值，q_i为第i只股票的由行权产生的股份数量）	我国资本市场上发行的权证来源包括：（1）股权分置改革对价，一般为备兑权证，其行权不会引起股份数变动，但会引起股份性质由非流通变为流通；（2）分离交易的可转换公司债，一般为股本权证，会引起股份性质的变化。因此两类权证均会引起流通市值的变化，需进行调整。
恢复上市（$Relist_t$）	$\sum_{i=1}^{n} p_i q_i$（n为第t年内发生恢复上市的股票数量，p_i为第i只股票恢复上市3个交易日内的收盘价均值，q_i为第i只股票恢复上市的流通股份数量）	股票在退市后如出现恢复上市行为，同样属于投资性股份变化范畴之内。因此，需要进行调整。

续表

股份变动方式	计算公式	计算依据
吸收合并（$Absorb_t$）	$\sum_{i=1}^{n} p_i q_i$（n 为第 t 年内发生吸收合并股票上市流通事件的股票数量，p_i 为第 i 只股票由于吸收合并产生股票上市 3 个交易日内的收盘价均值，q_i 为第 i 只股票由吸收合并行为新增的流通股份数量）	吸收合并是指是指两个或两个以上的公司合并后，其中一个公司吸收其他公司而继续存在，在吸收各公司主体资格同时消灭的公司合并。上市公司通过增发股票吸收合并其他公司的行为会引致新增投资性股份，因此需要进行调整。

注：表 6－7 所列示的各项因素中，“恢复上市”和“吸收合并”由于数据可得性原因，在本章中未计算其对应的成本。同时，现有数据无法区分 IPO 和增发中一级市场申购和二级市场配售之间的数量比例，因此，本章均采用事后 3 个交易日内的收盘均价来模拟。此外，定向增发、配股、限售期满股份减持、可转债转股、内部职工股上市、权证行权等事件对应的成本同样以事件后 3 个交易日内的收盘均价来模拟。由此可能引致的误差，本章将单列分析。

6.3.3 深沪 A 股投资者股权投资成本估算

根据表 6－6 的计算公式和有关资料，可估算出 1992 年至 2008 年 5 月深沪 A 股投资者股权投资初始成本。估算结果参见表 6－7。

表 6－7 显示，1992 年至 2008 年 5 月，深沪 A 股投资者股权投资初始成本累计为 26403 亿元，其中，购买上市公司 IPO 股份投资 15013 亿元，购买上市公司配股和增发股份投资 4658 亿元，购买上市公司限售期满股份股东减持股份投资 4252 亿元，购买上市公司内部职工或战略投资者套现股份投资 1145 亿元。购买可转债投资者转股套现投资 1068 亿元，购买权证投资者行权股份套现投资 265 亿元。

6.3.4 深沪 A 股投资者股权投资成本估算误差分析

按上述方法和假定估算深沪 A 股投资者的初始投资成本并估算投资者的资本利得可能会出现误差。

（1）可能引致估算误差的主要来源。

①对相关事件的记录不完整。表 6－7 详尽地总结了各项具体因素对资本利得的估算影响，然而由于现实情况的复杂性，几乎不可能整理出完整的数据库以真实记录所有权益性和投资性股份变化的情况。

表 6-7　　深沪 A 股投资者初始投资成本估算表　　（单位：亿元）

年份	IPO	增发	定向增发	配股	限售股减持	可转债转股	职工股上市	权证	投资性新增股份成本
1992	18.60	–	–	20.80	–	–	–	–	39.40
1993	367.00	–	–	75.50	–	–	–	–	442.50
1994	190.00	–	–	78.60	–	–	54.40	–	323.00
1995	31.00	–	–	44.20	–	–	20.80	–	96.00
1996	435.00	–	–	87.30	–	–	8.21	–	530.51
1997	981.00	–	–	203.00	–	–	28.00	–	1212.00
1998	576.00	23.50	–	252.00	–	–	70.80	–	922.30
1999	542.00	51.10	–	274.00	–	–	320.00	–	1187.10
2000	1160.00	124.00	–	557.00	–	25.90	311.00	–	2177.90
2001	741.00	63.20	–	460.00	–	9.77	104.00	–	1377.97
2002	547.00	87.70	–	55.60	–	0.14	106.00	–	796.44
2003	478.00	55.00	–	81.50	–	31.30	63.50	–	709.30
2004	487.00	41.60	–	124.00	–	59.00	21.70	–	733.30
2005	52.10	73.60	–	2.60	–	70.10	9.50	–	207.90
2006	898.00	34.00	–	3.54	86.52	159.00	5.29	26.80	1213.15
2007	6470.00	471.00	618.00	181.00	3262.54	666.00	22.60	137.00	11828.14
2008 年 1~5 月	1040.00	356.00	93.50	65.00	903.70	47.10	–	101.00	2606.30
合计	15013.70	1380.70	711.50	2565.64	4252.76	1068.31	1145.80	264.80	26403.21

注：IPO、增发、定向增发、内部职工股上市、权证行权、限售期满股份减持、可转债数据由天相公司提供；配股、配股数据由研究人员整理自万德数据库。其中，由于公开数据中只有公告的减持数量，而对于没有公告义务的减持数据无公开数据可循。因此，本章参照深交所金融创新实验室相关统计资料，有公告义务的减持股数约占总股数的 1/3，因此，本章也按照上述比例估计总的减持数量：首先计算出经公告的减持数量与时间，并按上述比例通过公告减持数量估计限售股份实际减持数量并估计出其对应的卖出金额，即本表中“限售股减持”对应市值。

②已有记录的相关事件具体情况可能不明晰。如上文所示，IPO、增发等既向二级市投资者配售，又向一级市场发行，各自的比例怎样难以准确界定。

③估算假设与事实可能不符。如部分一级市场的投资者（一级市场新股申购者、上市公司内部职工等）在一级市场获得股份后在二级市场长期持有而成为二级市场投资者，二级市场的投资者也可能转变为一级市场的投资者，这些都可能影响 A 股投资者初始投资成本的估算；此外，一级市场投资者卖出平均价格即 A 股投资者投资成本的假设也可能与事实不完全相符。

（2）估算误差的调整。误差来源的实质是已经整理的数据库不完整，体现在个股的年内实际新增流通股股份不能被表 6－7 中的事件所全部解释。针对这一情况，本章引入变量 $others_t$，来表示未记录的各类引起流通股份数量变动的因素所对应的 A 股投资者的投资成本。

设 cap_{it}为股票 i 在 t 年末的市值，$r_{i,t}$为股票 i 在第 t 年内的涨跌幅，$n_{i,t}$为股票 i 在 t 年末时流通 A 股的数量，$n_{i,t-1}$为股票 i 在 t 年初时流通 A 股的数量，$\Sigma n_{i,t}$为第 t 年内上述所有权益性和投资性新增股份事件在第 t 年内引起的所有流通 A 股变动总和①，则 $(n_{i,t} - n_{i,t-1} - \sum n_{i,t})/n_{i,t}$ 表示股票 i 在第 t 年内未被上述事件解释的新增流通 A 股数量占年末流通 A 股的比例。进一步来讲，假设所有事件发生的时间均匀地分布在一年内，则该未解释流通股部分的资本利得收益为股票 i 在年内涨跌幅的 1/2。设第 t 年股票 i 未解释的股份对应成本为 $x_{i,t}$，则有：

$$x_{i,t}(1 + r_{i,t}/2) = cap_{i,t}\frac{n_{i,t} - n_{i,t-1} - \sum n_{i,t}}{n_{i,t}}$$

针对每一只股票解出 $x_{i,t}$并求和，即有：

$$others_t = \sum_{i=1}^{n} cap_{i,t}\frac{n_{i,t} - n_{i,t-1} - \sum n_{i,t}}{n_{i,t}(1 + r_{i,t}/2)}$$

由此计算出的即为表 6－7 中因素未解释的流通股份变动对应的投资成本。而对于已有记录的相关事件具体情况不明晰的情况，本章通过加入调整项进行调整。

6.4　深沪 A 股投资者投资收益总体分析

在不考虑交易成本的前提下，证券市场投资者在交易有价证券时可以通过两个途径获利：一是通过持有该证券获得红利收入；二是通过资本利得，即通过低买高卖有价证券赚取差价。按照证券市场投资者的获利途经，下面对深沪 A 股投资者 1992 年至 2008 年 5 月的投资收益进行估算。

---

① 注：权益性新增股份因已经经过除权调整，无须对其市值进行估计来计算资本利得，参见表 6－7 的分析。然而，其对应的流通股数存在着现实的增加，因此，在估计未记录流通股份变动数量时必须将其考虑在内。因此，此处必须考虑权益性股份变动。

6.4.1 深沪A股投资者红利收入估算

为便于与A股投资者交易成本统计口径一致，并便于A股投资者投资收益与交易成本比较，本章将深沪A股市场投资者红利收入界定为A股流通股东通过上市公司红利分配直接获得的现金收入，不包括送股或转增股增加的股份（此类增加的股份可能获得的收益已在投资者的资本利得中予以体现）。

（1）影响A股投资者红利收入的因素分析。根据上述定义，影响深沪A股市场投资者红利收入的主要因素有：①上市公司的净利润；②上市公司净利润分配比例；③上市公司可供分配净利润的分配方式（分红或送股）；④流通股东与限售股东（股改前为流通股东与非流通股东）的比例。

（2）深沪A股投资者红利收入估算。根据《中国证券期货统计年鉴》的历年上市公司净利润数据、天相数据库的年度红利分配总额和有关深沪A股市场历年流通股份的数量，并考虑上市公司净利润会计年度与分配年度的时间差（上一年度与下一年度），1992年至2008年5月深沪A股投资者红利收入估算结果见表6-8。其中，红利分配年份分别按照会计年度和实际除息日对应年度与上市公司可分配的净利润进行对应处理[①]。

表6-8　　深沪A股投资者历年红利收入情况表

年份	上市公司净利润（亿元）	会计年度红利分配（亿元）		实际除息日红利分配（亿元）	
		流通股/流通股东	总股本/全体股东	流通股/流通股东	总股本/全体股东
1992	24.03	0.45	3.50	—	—
1993	137.00	6.87	40.54	0.53	2.99
1994	214.12	20.28	94.41	8.10	45.83
1995	211.00	16.40	79.51	19.40	94.24
1996	282.00	15.58	72.83	16.34	79.03
1997	467.76	25.34	107.35	15.13	68.58
1998	466.97	35.96	139.83	26.61	112.27
1999	628.88	55.79	192.68	42.49	149.12

① 其原因在于：会计年度对应可以比较出上市公司对净利润的分配情况。但由于第n个会计年度对应的红利分配实际除息日很可能发生在下一年度，它会反应在第n+1年的投资者收益中。因此，本章分别按照会计年度和实际除息日统计红利分配情况。

续表

年份	上市公司净利润（亿元）	会计年度红利分配（亿元）		实际除息日红利分配（亿元）	
		流通股/流通股东	总股本/全体股东	流通股/流通股东	总股本/全体股东
2000	769.22	98.21	325.48	49.91	185.31
2001	694.22	105.32	431.98	102.42	337.26
2002	826.95	111.53	463.63	101.57	436.15
2003	1256.83	131.81	575.16	116.34	486.08
2004	1757.06	182.29	759.53	131.44	579.54
2005	1674.82	233.72	882.82	188.04	776.40
2006	3400.76	358.19	1335.58	242.67	902.42
2007	9559.40	220.41	802.24	342.90	1328.90
2008年1~5月	—	—	—	214.25	722.96
合计	22346.99	1618.14	6303.57	1618.14	6303.57

表6－8显示，1992～2007年，深沪A股上市公司实现净利润总计为22346.99亿元，其中，面向全体股东分配的净利润为6303.57亿元，占上市公司净利润总额的28.21%；A股流通股东分配到的净利润即红利收入为1618.14亿元，占上市公司净利润总额的7.24%，占全体股东红利收入的25.67%。上述投资者红利收入估算未考虑投资者缴纳的红利税，如扣除按20%的比例缴纳的红利税，1992年至2008年5月，深沪A股投资者实际得到的红利收入大约为1294.51亿元，只相当于同期交易成本平均值（9782亿元）的13.23%。也就是说，同期深沪A股投资者的红利收入远远不能弥补投资者的交易成本，扣除同期投资者红利收入1294.51亿元，1992年至2008年5月深沪A股投资者的交易成本仍高达8488亿元。A股投资者要弥补这一部分的交易成本，只能靠潜在的资本利得收入。

6.4.2 深沪A股投资者资本利得估算

资本利得是指投资者在证券市场上买卖股票所获得的差价收入，又称资本损益。当卖出价大于买入成本价时为资本收益，即资本利得为正；当卖出价小于买入成本价时为资本损失，即资本利得为负。下面分析研究深沪A股投资者的资本利得：

（1）投资者资本利得基本估算方法。在一个没有股份增减的封闭市场中，一定时期内投资者资本利得完全由股票价格变动决定，期末、期初股票价格分别与股票数量相乘的差，即期末、期初股票市值之差即为投资者的资本利得。用公式表示：

资本利得 = 期末股票流通市值 - 期初股票流通市值 (6-1)

（2）深沪 A 股投资者资本利得估算需要考虑的因素。然而，从较长时期看，一个市场不可能没有股份增减变动，期末、期初股票市值之差既体现了股价变动，也包含了股份变动。此时，要估算一定时期投资者的资本利得，必须考虑一定时期内各种可能的股份增减和增减股份的初始价格（投资者投资成本）等因素。期末、期初股票市值之差加上或减去这些因素的影响后才是 A 股投资者的资本利得。影响深沪 A 股投资者资本利得估算的主要因素有：

①股价变动因素。在期初股票市值、期内增减股份的投资者投资成本一定的情况下，股价变动会使深沪 A 股市场期末流通市值发生增减变化，从而影响投资者的资本利得。

②股份变动因素。期末股票市值受股份变动因素的影响。与期初比较，深沪 A 股市场期内流通股份除前述增加性因素外，还有退市、私有化等股份减少性因素。在不考虑股价变动的前提下，这些股份增减会使深沪 A 股市场流通市值发生增减变化，从而影响投资者的资本利得。

③投资者投资成本因素。在股价一定的情况下，期内股份增加而增加的股票市值并非全是投资者的资本利得收益，因为投资者获得股份有的支付了投资成本；同时，期内股份减少而减少的股票市值并非全是投资者的资本利得亏损，因为上市公司私有化减少的市值投资者获得了相应的现金收入，上市公司退市减少的 A 股市场的流通市值已转化为场外市场的股票市值。因此，考虑投资者投资成本的因素估算深沪 A 股投资者期末资本利得较为复杂。

- 投资性新增股份。按高于 A 股投资者买入价格的价差估算其资本利得。

- 权益性新增股份。有两种处理方法：一是根据新增股份和年末收盘价直接估算投资者的资本利得（此部分新增股份为 A 股投资者零成本获得）；二是尽管送股、转增股、股改对价增加了流通市场的股份，但市场作了除权处理，期末除权后的流通市值等同于同期复权的存量股份流通市值。因此，根据上述基本方法估算投资者资本利得可以不考虑该因素。

- 权益性减少股份。如上市公司退市或私有化。流通市场减少的股份，按退市收盘价估算其对 A 股流通市值和投资者资本利得的影响。

- 限售期满股份未减持股份。已计入深沪 A 股市场的流通市值。但在估算 A 股投资者资本利得时，应从期末流通市值中扣除这一部分。

（3）深沪 A 股投资者资本利得具体估算方法。根据上述分析，在期内出现股份增减的情况下，深沪 A 股投资者期内资本利得估算公式调整为：

资本利得 = （期内存量股份期末流通市值 + 期内权益性新增股份期末流通市值 + 期内权益性减少股份流通市值 - 期初流通市值） + （期内投资性新增股份期末流通市值 - 期内投资性新增股份投资成本） （6 - 2）

其中，各项具体因素对资本利得的影响估算见表 6 - 9。

表 6 - 9　　各项具体因素对资本利得的影响及估算方法

<table>
<tr><th>指标</th><th colspan="2">股份变动</th><th>性质</th><th>期末流通市值</th><th>期内资本利得</th></tr>
<tr><td>期初流通市值</td><td colspan="2">-</td><td>-</td><td>-</td><td>-</td></tr>
<tr><td>期内存量股份期末流通市值</td><td colspan="2">-</td><td>-</td><td>存量股份×收盘价</td><td>存量股份×（上年收盘价-本年末收盘价）</td></tr>
<tr><td rowspan="3">期内权益性新增股份期末流通市值</td><td colspan="2">送股</td><td>增加</td><td colspan="2" rowspan="3">新增股份×收盘价</td></tr>
<tr><td colspan="2">转增股</td><td>增加</td></tr>
<tr><td colspan="2">股改对价股</td><td>增加</td></tr>
<tr><td rowspan="2">期内权益性减少股份流通市值</td><td colspan="2">退市</td><td>减少</td><td>-</td><td>退市股份×退市收盘价</td></tr>
<tr><td colspan="2">私有化</td><td>减少</td><td>-</td><td>私有化股份×收购价格</td></tr>
<tr><td rowspan="14">期内投资性新增股份期末流通市值</td><td rowspan="2">IPO</td><td>二级市场配售</td><td>增加</td><td>新增股份×收盘价</td><td>新增股份×（收盘价-发行价）</td></tr>
<tr><td>一级市场申购</td><td>增加</td><td>新增股份×收盘价</td><td>新增股份×（收盘价-一级市场投资者平均套现价）</td></tr>
<tr><td rowspan="2">增发</td><td>二级市场配售</td><td>增加</td><td>新增股份×收盘价</td><td>新增股份×（收盘价-发行价）</td></tr>
<tr><td>一级市场申购</td><td>增加</td><td>新增股份×收盘价</td><td>新增股份×（收盘价-一级市场投资者平均套现价）</td></tr>
<tr><td colspan="2">定向增发</td><td>增加</td><td>新增股份×收盘价</td><td>新增股份×（收盘价-一级市场投资者平均套现价）</td></tr>
<tr><td colspan="2">配股</td><td>增加</td><td>新增股份×收盘价</td><td>新增股份×（收盘价-配股价）</td></tr>
<tr><td colspan="2">限售期满股份减持</td><td>增加</td><td>新增股份×收盘价</td><td>新增股份×（收盘价-减持价）</td></tr>
<tr><td colspan="2">可转债转股</td><td>增加</td><td>新增股份×收盘价</td><td>新增股份×（收盘价-转股价）</td></tr>
<tr><td colspan="2">内部职工股上市（包括历史遗留公司存量股份上市）</td><td>增加</td><td>新增股份×收盘价</td><td>新增股份×（收盘价-内部职工平均套现价）</td></tr>
<tr><td colspan="2">权证行权</td><td>增加</td><td>新增股份×收盘价</td><td>新增股份×（收盘价-行权价）</td></tr>
<tr><td colspan="2">恢复上市</td><td>增加</td><td>新增股份×收盘价</td><td>新增股份×（收盘价-上市平均价）</td></tr>
<tr><td colspan="2">吸收合并</td><td>增加</td><td>换股后股份×收盘价</td><td>新增换股后股份×（收盘价-上市平均价）</td></tr>
<tr><td colspan="4">期末流通市值</td><td>期末股份×收盘价</td><td>计算公式见正文</td></tr>
</table>

表 6-10　　深沪 A 股投资者资本利得估算情况表　　（单位：亿元）

年份	总市值	期初市值	初始投资成本	退市（含私有化）	未解释市值	解禁未减持市值	资本利得	误差调整	
								利得上限	利得下限
1992	196.25	61.97	39.40	-	12.58	-	82.30	86.41	78.18
1993	681.23	196.25	442.50	-	13.31	-	29.17	30.63	27.71
1994	813.88	681.23	323.00	-	82.62	-	-272.97	-286.62	-259.32
1995	790.94	813.88	96.00	-	15.27	-	-134.21	-140.92	-127.50
1996	2514.02	790.94	530.51	-	5.51	-	1187.06	1246.41	1127.71
1997	4856.69	2514.02	1212.00	44.03	61.39	-	1113.31	1168.97	1057.64
1998	5419.10	4856.69	922.30	-	82.31	-	-442.20	-464.31	-420.09
1999	7937.47	5419.10	1187.10	-	79.72	-	1251.55	1314.13	1188.97
2000	15524.21	7937.47	2177.90	-	455.84	-	4953.00	5200.64	4705.35
2001	13344.90	15524.21	1377.97	5.55	416.55	-	-3968.28	-4166.69	-3769.87
2002	11718.75	13344.90	796.44	28.12	121.60	-	-2516.07	-2641.88	-2390.27
2003	12305.92	11718.75	709.30	14.10	206.63	-	-314.66	-330.39	-298.93
2004	10998.47	12305.92	733.30	52.59	153.20	-	-2141.36	-2248.43	-2034.29
2005	10028.44	10998.47	207.90	35.16	124.16	-	-1266.93	-1330.27	-1203.58
2006	23731.26	10028.44	1213.15	212.60	-344.39	709.77	12336.89	12953.73	11720.05
2007	91722.75	23731.26	11828.14	204.40	1918.36	7974.56	47184.60	49543.83	44825.37
2008 年 1~5 月	74208.29	91722.75	2606.30	105.40	804.06	7774.41	-20619.27	-21650.23	-19588.31
合计	-	-	26403.21	701.95	-	-	36461.92	38285.02	34638.83

注：表中“未解释市值”指由上述股份变动方式不能解释的市值变动，其计算方法参见误差分析部分。“解禁未减持市值”指截止到当年累计已经解禁但未减持的股份对应的期末市值。本章在估计资本利得的同时，按照5%的误差水平分别给出了资本利得的上下限，分别参见“资本利得”和“误差调整”两项。本表中的退市和私有化数据系由研究人员整理自 Bloomberg 及天相数据库。

由于期末股票流通市值包括期内上述所有股份增加、股价变化的因素，只有将上述影响期末股票流通市值变化的非资本利得性因素完全剔除，余下来的再扣除期初股票流通市值，才是期内 A 股投资者的资本利得。据此，一定时期深沪 A 股投资者资本利得具体估算方法可以将公式（6-2）进行移项调整为：

期内资本利得 = 期末流通市值 - 期末累计已解禁未减持市值 + 期内权益性减少股份流通市值 - 期初流通市值 + 期初累计已解禁未减持市值 - 期内投资性新增股份

投资成本[①] (6-3)

在这一计算过程中，关键在于：一是按来源统计各年度投资性新增股份的数量，并估计出A股投资者相应的初始投资成本；二是按去处统计各年度减少的股份和相应的流通市值。

（4）深沪A股市场投资者资本利得估算。根据上述对影响因素与误差水平的分析，可估算出1992年至2008年5月深沪A股投资者的资本利得，具体见表6-10。

从理论上讲，A股市场一定时期的股票流通市值，扣除限售期满股份未减持市值和其他一级市场投资者持有未在二级市场套现的股份市值，再扣除A股投资者获得A股流通股份的初始投资成本，加上已退市的市值，即为深沪A股投资者的资本利得。表6-10显示，在按照上述假定和不考虑估算误差的情况下，1992年至2008年5月，深沪A股投资者初始投资成本为26403亿元，获得的资本利得为36461亿元。相当于初始投资成本而言，资本利得率为138.09%。如按5%的水平考虑估算误差，1992年至2008年5月，深沪A股市场投资者获得的资本利得上限为38285亿元，下限为34638亿元，误差金额为1824亿元。

6.4.3 深沪A股投资者投资净盈亏估算分析

A股投资者投资净盈亏是指资本利得加上红利收入扣除交易成本的余额。该余额为正表示投资净收益，该余额为负表示投资净亏损。1992年至2008年5月深沪A股投资者交易成本、红利收入、资本利得与投资净盈亏情况具体见表6-11。

表6-11 深沪A股投资者投资净盈亏估算情况表 （单位：亿元）

年份	净利润总额	红利收入	资本利得	红利收入与资本利得合计	交易成本		投资净盈亏	
					上限	下限	上限	下限
1992	24.03	—	82.30	82.30	8.50	8.50	73.80	73.80
1993	137.00	0.53	29.17	29.70	46.07	46.07	-16.37	-16.37
1994	214.12	8.10	-272.97	-264.87	105.30	105.30	-370.17	-370.17
1995	211.00	19.40	-134.21	-114.81	52.46	52.46	-167.27	-167.27

① 市场的期末流通市值中包含了已经解禁但尚未减持股票的市值。由于上述股票的实际持有人为限售股东而非二级市场投资者，因此，本章计算的资本利得不应包含上述股票的账面资本利得，此部分股票市值需要在各年度期初和期末市值中剔除。2006～2008年累计已解禁但未减持限售股份对应市值分别为：710元、7975元和7774亿元。

续表

年份	净利润总额	红利收入	资本利得	红利收入与资本利得合计	交易成本		投资净盈亏	
					上限	下限	上限	下限
1996	282.00	16.34	1187.06	1203.40	275.83	275.83	927.57	927.57
1997	467.76	15.13	1113.31	1128.44	473.53	473.53	654.91	654.91
1998	466.97	26.61	-442.20	-415.59	381.75	381.75	-797.34	-797.34
1999	628.88	42.49	1251.55	1294.04	468.73	468.73	825.31	825.31
2000	769.22	49.91	4953.00	5002.91	908.80	908.80	4094.11	4094.11
2001	694.22	102.42	-3968.28	-3865.86	485.09	485.09	-4350.95	-4350.95
2002	826.95	101.57	-2516.07	-2414.50	265.67	229.38	-2643.88	-2680.17
2003	1256.83	116.34	-314.66	-198.32	286.70	224.16	-422.48	-485.02
2004	1757.06	131.44	-2141.36	-2009.92	380.89	297.74	-2307.66	-2390.81
2005	1674.82	188.04	-1266.93	-1078.89	242.76	180.56	-1259.45	-1321.65
2006	3400.76	242.67	12336.89	12579.56	644.77	466.33	12113.23	11934.79
2007	9559.40	342.90	47184.60	47527.50	4302.78	3393.23	44134.27	43224.72
2008年1~5月	—	214.25	-20619.27	-20405.02	1270.09	965.80	-21370.82	-21675.11
合计	22371.02	1618.14	36461.92	38080.06	10599.70	8963.26	29116.80	27480.36

综合表6-11及表6-5、表6-7、表6-8和表6-10的数据，可以估算深沪A股市场投资者1992年至2008年5月的投资收益情况，估算结果如下：

（1）1992年至2008年5月，深沪A股投资者股权初始投资成本累计约为26403亿元，交易成本大致为9782亿元，总投资成本大致为36185亿元。其中，股权投资成本占72.97%，交易成本占27.03%。

（2）1992年至2008年5月，深沪A股投资者红利收入累计为1618亿元，资本利得大致为36461亿元，总的毛投资收益大致为38080亿元。其中，资本利得收益占95.75%，红利收入占4.25%。按年度估算，在1992年至2008年5月这17年中，深沪A股市场投资者资本利得为负的有9年，占52.94%；资本利得为正的有8年，占47.06%。

（3）1992年至2008年5月，深沪A股投资者净投资收益（毛投资收益扣除交易成本）上限大致为29116亿元，下限大致为27480亿元，平均为28298亿元。按年度估算，在1992年至2008年5月这16年中，深沪A股投资者净投资盈利仅为7年，占41.18%；净投资亏损高达10年，占58.82%。

（4）按投资成本计算，1992年至2008年5月深沪A股投资者投资净收益率大致为78.20%，年化净收益率大致为3.69%。由于同期一年期银行存款利率平均为

5.23%，因此，考虑资金的无风险机会成本，1992年至2008年5月，深沪A股投资者整体上处于亏损状况。也就是说，如果同期A股投资者作为一个总体把钱存入银行，其年无风险收益（计复利）比投资A股的年风险收益要平均高出1.54个百分点。

6.5 基于实证分析结果的几点启示

基于深沪A股投资者上述交易成本、股权投资成本、红利收入、资本利得、投资收益的实证分析结果，启示如下：

（1）降低单次交易费用率，特别是减少不必要的股票短线频繁买卖，可能是降低A股投资者交易成本的重要途径。1992～2008年，A股投资者买卖股票一次，单向交易费用率在0.4%～0.95%之间，双向在0.8%～1.9%之间，似乎对投资者的投资收益影响不大。由于较多A股投资者主要表现为短期的投资行为，买卖频繁，致使其总的交易成本很高。1992年至2008年5月，A股投资者的交易成本高达9782亿元，占同期总投资成本的27.03%，使同期A股投资者净投资收益率下降了29.15个百分点。可以说，A股投资者交易成本过高，对其投资收益的影响较大。

（2）提高上市公司分红派息水平，可能是优化A股投资者投资收益结构、引导A股投资者长期投资行为的重要手段。1992年至2008年5月，A股投资者红利收入总计1618.14亿元，只相当于同期交易成本的16.54%，资本利得收益的4.43%，净投资收益的5.72%。由于红利收入偏低，不足以弥补投资者的交易成本，A股投资者主要依靠股票买卖差价获利，这可能会增加其投资风险，助长其短期投资行为。

（3）保持我国证券市场长期稳定健康的发展，减少证券市场波动幅度和波动频率，可能是降低A股投资者投资风险、稳定A股投资者投资预期的市场基础。1992年以来，A股投资者资本利得收益存在很大的不确定性，投资风险很大：一是投资盈利或亏损幅度很大。例如，2007年A股投资者资本利得收入大约为4.48万～4.95万亿元，而2008年1～5月，其资本利得亏损高达1.95万～2.17万亿元。二是投资盈利或亏损变化很大：1992年至2008年5月，A股投资者资本利得盈利的有8年，亏损的则达9年。这种投资盈利或亏损幅度很大和变化很大，有可能加剧了我国证券市场的波动性，影响我国证券市场的长期稳定发展，降低投资者的市场预期。

（4）提高上市公司质量，关心 A 股投资者利益，创造有利于提高 A 股投资者风险投资收益的市场环境，可能是增强 A 股市场吸引力、促进我国证券市场发展的市场原动力。在上证综合指数 3400 多点的 2008 年 5 月，A 股投资者 1992 年以来的投资年化净收益率比同期无风险收益率低 1.54 个百分点；在上证综合指数 2700 多点的 2008 年 6 月，A 股投资者 1992 年以来的投资年化净收益率比同期无风险收益率低 3.25 个百分点。这说明 A 股投资者作为一个总体在过去 16 年不仅未能获得投资风险溢价，反而蒙受了投资风险亏损。一般来讲，就长期而言，投资者的风险投资收益要高于同期无风险投资收益，海外成熟市场的实证结果也证明了这一点。A 股市场风险投资收益长期低于同期无风险投资收益，有可能会影响市场对 A 股投资者的吸引力，影响投资者的入市积极性，从而会影响我国证券市场的发展。

7

股市市盈率中外比较研究[①]

作为上市公司股价与其每股收益（或盈利）比较的市盈率（PE）指标，其本来含义是表示购买一定公司盈利水平下的一定价格的股票的投资回收年限，以用来测量股票的投资收益与风险的高低。在实践中，市盈率定价法演变成了一种股票估值模型，既用来测量或比较不同时期同一市场、同一行业、同一上市公司股票相对估值水平的高低，也用来测量或比较同一时期不同市场、同一市场不同行业、同一行业不同上市公司股票相对估值的差异。世界银行等许多国际组织、机构和广大投资者，都使用市盈率指标来分析研究股市或个股的相对估值状况及其相关情况。

为从全球视野分析研究我国深沪市场市盈率总体水平的高低及其变化情况，本章在分析海外主板样本市场、海外二板样本市场、我国深沪市场整体市盈率水平、行业市盈率水平、市盈率波动状况的基础上，将我国深沪市场市盈率状况与上述海外样本市场的市盈率状况进行了比较研究。

需要指出的是，影响市盈率即影响股票估值的因素很多，如公司因素、市场因素、环境因素等，并且这些因素处在不断地变化之中。受这些因素及其变化的共同

① 2007年7月30日，深证综字第0155号。本章研究分工情况如下：肖立见负责课题设计、总纂并撰写导言；张晓凌撰写海外主板市场市盈率状况分析；佘坚撰写我国深沪市场市盈率状况分析并协助总纂；王晓津撰写海外二板市场市盈率状况分析、股市市盈率状况中外比较研究。

影响，不同时期的同一市场或同一股票、同一时期的不同市场或不同股票，其市盈率都表现出明显的甚至巨大的差异性。对于这种差异性，人们的看法往往截然不同。有的人将市场或个股的高市盈率看作是其高风险的标志，认为高市盈率表明市场或个股价值高估；有的人将市场或个股的高市盈率看作是其高成长性的标志，表明投资者看重市场或上市公司的未来成长性。股票市场是一个差异性市场，这种截然不同的看法可能都有相应的理由支撑。本章并未介入这种看法的讨论，仅仅是用数据说话，客观、真实地揭示了我国深沪市场市盈率水平高低、波动状况及其与海外样本市场的比较情况，为全面认识我国深沪市场的市盈率或估值状况提供事实依据。

7.1 海外主板市场市盈率状况分析

基于市场规模性、交易活跃性、代表性、可比性和相关数据的易得性，本部分选择美国纽约证券交易所、韩国证券交易所、中国台湾证券交易所和中国香港联合交易所作为海外主板市盈率比较的样本市场。其中韩国和中国台湾代表新兴市场，美国和中国香港代表成熟市场。①

7.1.1 海外主板样本市场整体市盈率水平分析

表 7-1 给出了 1990~2006 年美国、韩国、中国台湾、中国香港主板样本市场的市盈率变化情况。其中，纽约为标普 500 成份股加权市盈率②，中国香港为恒生指数成份股加权市盈率，韩国为综合指数成份股加权市盈率，中国台湾为 TAIEX 成份股加权市盈率。

---

① 2005 年以来摩根斯坦利公司编制大摩指数（MSCI）时将中国香港市场由新兴市场划归到成熟市场行列。

② S&P500 为纽约交易所、纳斯达克、美国证券交易所 3 个市场的样本股指数，其中，纽约交易所股票市值的 80% 被归并在 S&P500 样本股总市值之中，道·琼斯工业指数成分股的 90% 也纳入到了 S&P500 样本股之中。因此，尽管 S&P500 指数不是纽约交易所一个市场的指数，但它却可以反映纽约交易所股票走势的总体状况，甚至比道·琼斯工业指数更具代表性。所以，本章用 S&P500 指数而不是用道·琼斯工业指数来反映纽约交易所的总体估值水平。

表 7－1 海外主板样本市场历年市盈率水平（1990 年至 2007 年 3 月）

年份	纽约	韩国	中国香港	中国台湾
1990	12.14	14.40	10.76	55.91
1991	15.08	13.30	9.92	31.11
1992	16.06	11.70	13.01	32.05
1993	16.15	11.40	13.15	22.85
1994	14.71	14.10	21.59	39.71
1995	13.89	17.90	11.44	21.31
1996	15.71	10.98	16.69	29.01
1997	18.58	10.12	12.10	27.04
1998	21.88	27.77	10.66	26.14
1999	25.13	34.63	26.73	47.73
2000	22.85	15.34	12.80	14.84
2001	31.06	29.29	12.18	41.57
2002	29.00	15.61	14.89	41.77
2003	27.88	10.06	18.96	24.76
2004	20.44	15.84	18.73	12.58
2005	18.85	10.98	15.57	17.55
2006	18.16	11.40	17.37	18.66
2007 年 3 月	17.66	11.62	15.97	18.71
均值	19.74	15.91	15.14	29.07

注：纽约以 S&P500 市盈率表示。

资料来源：中国台湾证券交易所。

海外主板样本市场市盈率状况具有以下特点：

第一，样本市场市盈率的均值存在差异。1990～2006 年的 17 年间，中国台湾的市盈率均值最高，将近 30 倍；中国香港的市盈率均值最低，略超过 15 倍；美国和韩国居中，分别为 19.74 倍和 15.91 倍。

第二，新兴市场市盈率均值的差异大于成熟市场。作为成熟市场的美国、中国香港之间的市盈率相差较小，而作为新兴市场的中国台湾、韩国之间的市盈率差异显著。

第三，成熟市场与新兴市场之间，美国、中国香港与韩国市场的市盈率差异较小，与中国台湾市场差异较大（超过 50% 以上）。

7.1.2 海外主板样本市场市盈率波动分析

海外主板样本市场市盈率波动主要有以下特点：

（1）波动范围。纽约和中国香港的市盈率波动范围较小，韩国和中国台湾的市盈率波动范围较大。同时这些市场市盈率的下限较为接近，都在10倍附近；但市盈率的上限则相差较大，分布在26~55倍的区间。从市盈率时间分布上看，1990~2006年的17年间，美国、韩国和中国台湾有10年的时间低于均值，而中国香港则有13年的时间低于均值（见表7-2和图7-1）。

表7-2　　1990~2006年主板样本市场市盈率描述性统计

指标	纽约	韩国	中国香港	中国台湾
均值	19.74	15.91	15.14	29.07
中值	18.37	13.70	14.02	26.59
最大值	31.06（2001）	34.63（1999）	26.73（1999）	55.91（1990）
最小值	12.14（1990）	10.06（2003）	9.92（1991）	12.58（2004）
波动系数	1.56	2.44	1.69	3.44

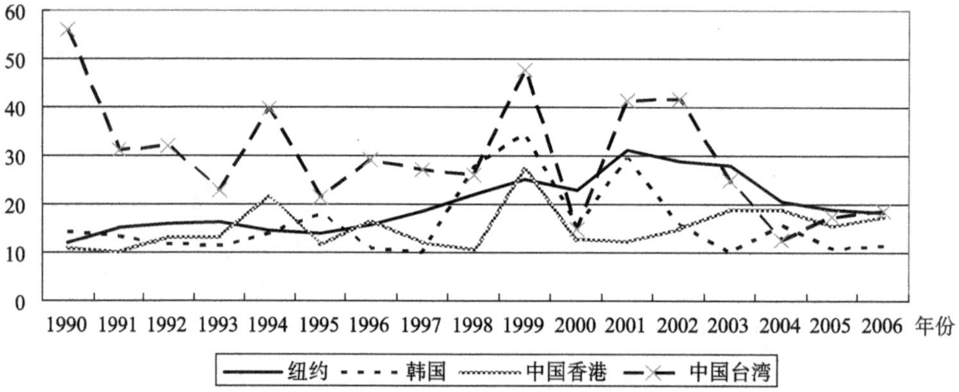

图7-1　海外主板样本市场市盈率波动变化

（2）波动系数（市盈率最大值与最小值之差与最小值之比）。纽约、中国香港股市市盈率波动明显小于韩国和中国台湾。其中，纽约的市盈率波动系数还不及中国台湾的一半。

（3）波动趋势。海外主板样本市场之间的市盈率走势并不完全一致，但部分市场的市盈率波动在某一时期呈现出较为明显的趋同性。主要表现在：样本市场市盈率的最高值和最低值出现的时间并不一样，纽约股市市盈率的最低值出现在1990年，而同年正是中国台湾股市市盈率的最高值；韩国股市的市盈率在1999年达到最高水平，然后在2003年出现了最低值。分析还表明，1993～2000年间中国香港和中国台湾股市的市盈率走势呈现出较强的趋同性，这种趋同性不仅表现在两个市场市盈率的波动方向上，而且还体现在其波动幅度上。此外，2003年以来，美国和中国香港股市的市盈率走势趋于一致，市场间PE值的差别也在缩小。

（4）波动频率。成熟市场之间较为一致，新兴市场之间存在差异。1990～2006年，美国和中国香港市场上升和下降的频率较为一致，都是上升的频率超过下降的频率；中国台湾市场是上升的频率与下降频率相当，韩国市场则是下降频率超过上升频率。

表7-3　海外主板样本市场市盈率上升和下降年份统计

市场	上涨的年份数	下降的年份数
纽约	9	7
韩国	7	9
中国香港	9	7
中国台湾	8	8

（5）波段长度。成熟市场市盈率的波段长度大于新兴市场，且相对平滑。图7-1表明美国股市市盈率的波段长度最长，最容易辨认，1990～2000年（共11年）为缓慢上升期，2001～2006年（共5年）为缓慢下降期；中国香港股市的市盈率波动大致分为3个阶段，即1990～1994年（共5年）的缓慢上升阶段、1994～1998年（共4年）的下降阶段和2000～2006年（共7年）的上升阶段；韩国和中国台湾股市的市盈率波动频繁，难以确定其波段长度，而且其上升和下降阶段呈现出明显的短而陡峭的特征。

7.1.3 海外主板样本市场的行业市盈率水平分析

在此，我们选择了各市场的有关成份股作为样本股进行行业市盈率的分析。选择样本股的标准是：第一，样本股具有较强的代表性；第二，各市场间样本股具有较强的可比性；第三，样本股具有较高的市值覆盖率和较强的流动性，可以较好地代表该市场的整体市盈率水平和投资者的认同程度。基于此，下面分别选择了

NYSE100、中国台湾50、KRX100和中国香港恒生指数的成份股作为样本股（见表7－4和表7－5）。

表7－4 样本市场上样本股基本描述

指标	NYSE U. S. 100	中国台湾50	KRX 100	中国香港恒生指数
样本股的数量	100	50	100	36
样本股市值比重（%）	48.97	50.56	53.61	27.02

表7－5 样本股的行业市盈率

行业	NYSE		中国香港		中国台湾		韩国	
	均值	中值	均值	中值	均值	中值	均值	中值
IT类	19.56	18.1	N/A	N/A	34.58	16.49	12.59	N/A
半导体或电子工业	18.65	18.65	12.28	12.28	12.73	12.99	10.77	N/A
医保和生物制药	26.25	23.05	N/A	N/A	N/A	N/A	21.01	N/A
制造业	17.11	17.20	N/A	N/A	17.38	15.05	12.14	N/A
能源或公用事业	13.64	10.95	13.10	12.28	14.53	14.53	10.97	N/A
电讯	25.22	18.6	20.73	22.82	11.64	11.21	10.02	N/A
贸易	17.85	18.7	30.37	25.74	N/A	N/A	N/A	N/A
传媒	17.5	16.3	N/A	N/A	N/A	N/A	N/A	N/A
旅游休闲	14.6	14.6	N/A	N/A	N/A	N/A	N/A	N/A
金融服务	12.52	12.1	27.11	19.44	36.66	17.58	9.99	N/A
综合	17.16	17.9	20.43	15.14	N/A	N/A	N/A	N/A
交通运输	17.47	17.8	20.18	19.32	N/A	N/A	14.60	N/A
地产	N/A	N/A	12.96	12.74	N/A	N/A	N/A	N/A
样本市场PE值（算术平均）	18.25	16.7	21.08	16.78	24.38	15.1	10.52	N/A

注：由于各样本市场对行业划分略有差异，我们在此进行了必要的合并和调整。将“消费品”、“工业品”和“基础材料”归于“制造业”，“其他类”归于“综合类”。“金融服务”则包括保险、证券和银行。“IT”类则包括电脑硬件、软件、互联网等IT细分产业。

样本市场行业市盈率的特征如下：

第一，纽约、中国香港市场的优势产业定价水平较高。研究表明，即使美国和中国香港市场样本股的市盈率差异并不显著，但特定行业两个市场的市盈率水平仍存在差异。而这种行业差异与两个地区产业结构的差异有着较为明显的关系。纽约市场的IT、生物制药和医疗保健、电讯等高科技行业以及化工、半导体等传统优势行业，其市盈率均值超过了其他市场，也超过了美国市场的整体水平。中国香港的电讯、贸易、金融服务和交通运输行业的市盈率较高，超过了20倍，高于该市场的整体水平，其中贸易和金融行业的市盈率高于美国。而这两类行业正是中国香港具有本土技术和规模领先的优势产业。

第二，韩国、中国台湾主板市场的消费升级类产业和政府重点支持的产业定价水平较高，这可能跟其产业政策的取向和产业结构的变动有关。中国台湾主板市场的IT和金融服务行业的市盈率不仅高于该市场的整体水平，而且是其他市场同行业市盈率的2~3倍。中国台湾的制造业估值虽然不及该市场的整体水平，但仍然在国际市场中居于较高水平。韩国主板市场的医疗保健、生物技术、制造业和IT类上市公司的市盈率较高，而这些行业有些是韩国政府重点支持行业。

第三，不同市场的行业市盈率波动差异明显。首先，成熟市场占有优势的行业，其市盈率波动范围有差异。例如，IT和金融行业：美国和中国香港市场的PE波动范围较小，多集中于10~20倍的区间，而中国台湾市场该行业的市盈率波动范围较大，有高于100倍的公司。电讯行业：美国和中国台湾的市盈率多集中于10~20倍的区间，而中国香港的市盈率则分布于1~30倍的区间。综合行业：美国的市盈率都集中于10~20倍的范围，而中国香港的市盈率波动区间较大，分布于1~100倍的区间。其次，在制造业，包括成熟市场和新兴市场的市盈率波动范围都较为集中。美国和中国台湾市场的样本股中，将近80%的公司市盈率分布在10~20倍的波动区间，而且没有市盈率高于50倍的公司。这表明，投资者对这一领域的上市公司估价较为一致和理性。

7.1.4 海外主板样本市场不同股本规模板块市盈率水平比较

海外主板样本市场不同股本规模板块市盈率水平具有以下特点：

第一，在所有的样本市场，样本股的市盈率算术平均值高于加权平均值。由于加权平均值是用股票的市值作为权重计算的，这一现象说明样本股普遍存在着大盘股折价现象。同时，中国台湾市场上样本股市盈率的加权平均值与算术平均值相差很大，这表明中国台湾样本股的规模效应显著，大盘样本股折价现象更为突出。而作为成熟市场的美国，其大盘样本股折价现象则不明显，这可能与该市场上的机构投资者主导指数投资有关。

表 7-6　　　　各市场样本股的基本描述

指标	NYSE U. S. 100	中国台湾 50	KRX 100	中国香港恒生指数
PE（加权平均）	17.97	22.58	10.52	19.71
PE（算术平均）	18.25	24.38	NA	21.08
PE（中值）	16.7	15.1	NA	16.78

注：数据统计区间为 2007 年 2 月 7 日至 13 日；加权平均是以市值为权重。

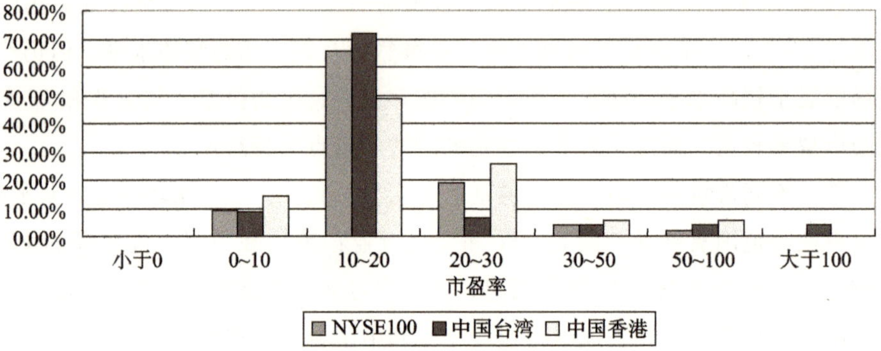

图 7-2　海外主板样本市场市盈率分布图

第二，在所有的样本市场，样本股市盈率的中值都低于其均值。中国台湾市场上的 PE 中值与均值相差最大，表明其样本股的市盈率分布不均。

第三，样本股市盈率分布状况的分析表明，美国、中国香港和中国台湾样本股的市盈率多集中于 10～20 倍这一区间。其中，美国、中国香港市场的市盈率分布更为集中；中国台湾市场市盈率分布较为分散，市盈率大于 50 的公司数量占比最多。

表 7-7　　海外主板样本市场历年利率水平与 EP 值比较（1990～2006 年）　　（单位:%）

年份	美国		中国香港		中国台湾		韩国	
	利率	EP	利率	EP	利率	EP	利率	EP
1990	7.00	8.24	N/A	-	N/A	N/A	N/A	N/A
1991	4.00	6.63	N/A	-	N/A	N/A	N/A	N/A
1992	3.00	6.23	4.00	7.69	N/A	N/A	N/A	N/A
1993	3.00	6.19	4.00	7.60	5.88	4.38	N/A	N/A
1994	5.50	6.80	5.75	4.63	6.00	2.52	N/A	N/A
1995	5.50	7.20	6.25	8.74	5.88	4.69	N/A	N/A
1996	5.25	6.37	6.00	5.99	5.38	3.45	N/A	N/A
1997	5.50	5.38	7.00	8.26	5.63	3.70	5.25	9.88
1998	4.75	4.57	6.25	9.38	5.13	3.83	3.50	3.60
1999	5.50	3.98	7.00	3.74	4.88	2.10	4.75	2.89

续表

年份	美国		中国香港		中国台湾		韩国	
	利率	EP	利率	EP	利率	EP	利率	EP
2000	6.24	4.38	8.00	7.81	5.00	6.74	5.25	6.52
2001	1.75	3.22	3.25	8.21	2.50	2.41	4.50	3.41
2002	1.25	3.45	2.75	6.72	2.00	2.39	4.25	6.41
2003	2.25	3.59	2.50	5.27	1.75	4.04	4.00	9.94
2004	1.35	4.89	3.75	5.34	2.13	7.95	3.50	6.31
2005	4.25	5.31	5.75	6.42	2.63	5.70	4.00	9.11
2006	5.25	5.51	6.75	5.76	3.13	5.36	4.75	8.77
均值	4.20	5.07	5.27	6.77	4.14	3.71	4.38	6.68

资料来源：利率水平来自各国或各地区中央银行官方网站，市盈率根据前面表格资料计算。表中为一国或地区的基准利率，作为无风险利率。

7.1.5 海外主板样本市场不同利率环境下的市盈率水平比较

市场利率代表了某一时点上金融市场的资金无风险回报水平。同一时期各国（或地区）的市场利率水平和走势不一致，将影响到各国（或地区）股市的投资回报水平。由于市盈率表示收回全部投资的年限，因此，市盈率倒数（EP）可以代表某市场的年投资总体回报率。一般认为，股市的投资回报来自于两方面：一是股息收入；二是股价波动带来的股本回报收入，也称资本利得收入。由于股价波动存在着不确定性，因此，股本回报收入中包含了投资者要求的风险报酬（Risk Premium）。基于此，投资总体回报率，即 EP，可以分解为两个部分：股息回报率和包含风险溢价的股本回报率。理论上来讲，投资总体回报率，应该高于一国（或地区）的无风险利率水平，而高出的这部分则被看作是投资的超额回报率。

表 7-8　　海外主板样本市场历年超额回报率（1990~2006 年）　　（单位:%）

年份	美国	中国香港	中国台湾	韩国
1990	1.24	N/A	N/A	N/A
1991	2.63	N/A	N/A	N/A
1992	3.23	3.69	N/A	N/A
1993	3.19	3.6	-1.5	N/A
1994	1.3	-1.12	-3.48	N/A

续表

年份	美国	中国香港	中国台湾	韩国
1995	1.7	2.49	-1.19	N/A
1996	1.12	-0.01	-1.93	N/A
1997	-0.12	1.26	-1.93	4.63
1998	-0.18	3.13	-1.3	0.10
1999	-1.52	-3.26	-2.78	-1.86
2000	-1.86	-0.19	1.74	1.27
2001	1.47	4.96	-0.09	-1.09
2002	2.2	3.97	0.39	2.16
2003	1.34	2.77	2.29	5.94
2004	3.54	1.59	5.82	2.81
2005	1.06	0.67	3.07	5.11
2006	0.26	-0.99	2.23	4.02
均值	0.87	1.50	-0.43	2.30

注：超额回报率等于EP减同期无风险利率。

就长期均值而言，所有主板样本市场的年投资总体回报率与对应的无风险利率水平都存在偏离，且多数市场的EP高于对应的无风险利率。1990~2006年间，美国、中国香港和韩国EP值高于本国的无风险利率水平，表明这些市场的投资者获得了高于平均水平的投资回报率；而中国台湾市场的EP值低于本地区无风险利率，表明其投资者获得的回报率偏低。一般而言，投资的超额回报率可以用年投资总体回报率与无风险利率的偏离值来表示。分析表明，1990~2006年间，美国、中国香港、中国台湾、韩国主板市场的超额回报率分别为0.87%、1.50%、-0.43%和2.30%，其中韩国的超额回报率最高，超额回报幅度达到该地区无风险利率的53%，即（6.68-4.38）/4.38。

7.2 海外二板市场市盈率状况分析

根据统计，目前全球共有36家二板市场，这些二板市场的成立时间、市值规模、流动性等均有所区别。在本部分，我们按照以下标准来选择样本市场：第一，有6年以上的运作历史；第二，现有上市公司超过或接近200家；第三，与我国资本市场具有密切的联系或可比性；第四，数据的可获得性。基于此，我们选择了美国NASDAQ、中国香港创业板市场、KOSDAQ和中国台湾柜台市场（指台湾柜台买卖中心，不含兴柜市场）等4家二板市场作为重点分析的样本市场（其中，纳斯达克为成熟二板市场，其他为新兴二板市场）和相应市场上的指数成份股作为成份股，收集了样本市场的历史市盈率数值，进行比较分析。

7.2.1 海外二板样本市场整体市盈率水平分析

1997~2007年纳斯达克综合指数成份股加权市盈率、中国香港标普创业板指数成份股加权市盈率、韩国KOSDAQ 50成份股加权市盈率、中国台湾OTC综合指数成份股加权市盈率的数据如表7-9所示。在所取的样本市场中，其整体市盈率状况的特征是：

第一，成熟二板市场的市盈率均值高于新兴二板市场。NASDAQ的市盈率均值为28.39倍，略高于中国香港创业板，明显高于中国台湾OTC和韩国KOSDAQ市场的水平。

第二，新兴二板市场的市盈率均值存在明显差异。中国台湾OTC的市盈率均值为20.99倍，低于韩国KOSDAQ的26.93倍的水平。

表7-9 NASDAQ、中国台湾OTC、KOSDAQ和中国香港创业板的市盈率走势（1997年至2007年3月）

年份	NASDAQ	中国台湾OTC	KOSDAQ	中国香港创业板
1997	25.3	15.77	-	NA
1998	41.8	27.57	6.9	NA
1999	61.5	27.81	26.6	NA
2000	33.2	9.16	16.6	NA
2001	27.5	16.51	34.1	31.27
2002	22.3	13.10	30.3	22.45
2003	24.2	35.47	19	38.79
2004	10.2	11.79	33.9	28.65
2005	18.3	27.81	17.4	22.94
2006	24.4	22.77	42.6	21.86

续表

年份	NASDAQ	中国台湾 OTC	KOSDAQ	中国香港创业板
2007	23.6	23.16	41.9	26.73
1997~2007 年 PE 均值	28.39	20.99	26.93	27.52
1997~2007 年主板 PE 均值	纽约	中国台湾	韩国	中国香港
	23.38	27.26	18.10	16.28

注：表中分别为 NASDAQ 综合指数、中国台湾 OTC 综合指数、KOSDAQ100 指数和中国香港创业板标普指数的 PE 值。

第三，同一地区的主板与二板市场的市盈率均值存在明显差异，且新兴市场主板与二板之间的市盈率均值差异更加显著。美国和韩国主板市场的市盈率均值明显低于对应的二板市场，幅度分别为 17.6% 和 32.79%；而中国台湾主板市场的市盈率均值则明显高于其主板市场的水平，幅度为 29.87%；中国香港创业板自 1999 年推出以来，尽管交投不够活跃，但其市盈率均值仍为 27.52 倍，大大高于同期中国香港主板市场 16.28 倍的市盈率均值。

7.2.2 海外二板样本市场市盈率波动分析

1997~2007 年海外二板样本市场的市盈率波动情况见表 7-10。由于中国香港创业板设立时间较短，与其他二板市场的可比性较差，在此将其省略。

表 7-10　　1997~2007 年二板样本市场市盈率描述性统计

指标	NASDAQ	台湾 OTC	KOSDAQ
均值	28.39	20.99	26.93
中值	24.4	22.77	28.45
最大值	61.5（1999 年）	35.47（2003 年）	42.6（2006 年）
最小值	10.2（2004 年）	9.16（2000 年）	6.9（1998 年）
波动系数	5.03	2.87	5.17

（1）波动范围。海外二板样本市场的市盈率波动范围较大，且大于主板市场市盈率的波动幅度。NASDAQ 市场的市盈率波动范围在 10~61 倍之间，多数年份在 20 倍以上，同时，11 年间有 9 年的时间低于均值；中国台湾 OTC 市场市盈率波动范围在 9~35 倍之间，11 年里有 5 年低于均值；KOSDAQ 在 7~43 倍的区间波动，有一半的年份低于均值。此外，如果与相应的主板市场比较，二板样本市场市盈率

的波动范围远大于同期主板市场。

（2）波动系数。海外二板样本市场之间存在明显的差异。其中，NASDAQ 和 KOSDAQ 的波动系数较大，超过 5；而中国台湾 OTC 市场的波动系数仅为 2.87。

（3）波动趋势。海外二板样本市场之间的市盈率波动方向并不完全一致，但同一地区的主板和二板市场表现出一定的趋同性。表 7－10 显示，3 个市场的最高值和最低值出现的时间并不一样，例如，NASDAQ 的市盈率最高值出现在 1999 年网络泡沫最盛的时期；中国台湾 OTC 市场市盈率的最高值出现在 2003 年；韩国 KOSDAQ 则是在 1998 年亚洲金融危机之后出现了市盈率的最低水平，然后在 2006 年达到了市盈率的最高值。此外，图 7－3 也显示，11 年来这 3 个样本市场的市盈率走势并没有呈现出明显的联动性。然而，分析表明，上述二板市场的市盈率都在 1999 年达到了一个相对高点，而在随后的一年里，这些市场的市盈率都较上年大幅下跌，其中中国台湾 OTC 市场市盈率下降幅度超过 60%。这表明，1999～2000 年的网络泡沫在这些市场都有所反映。如果再将海外样本二板市场和对应的主板市场进行比较，可以看出，同一地区主板和二板市场的市盈率走势具有一定的趋同性。例如，1999 年以来的大多数年份，中国台湾主板和二板市场的市盈率波动方向趋于一致。

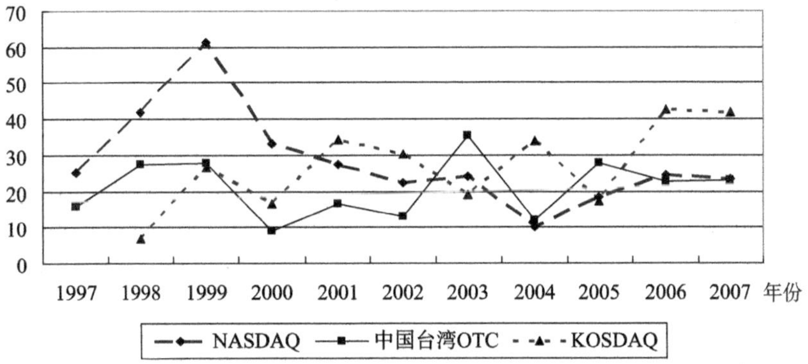

图 7－3　海外二板样本市场市盈率的波动变化

（4）波动频率。海外二板样本市场之间的差异较为明显。NASDAQ 市场上涨和下降的频率恰好各为 50%，中国台湾 OTC 市场上涨的频率略高，KOSDAQ 市场则与中国台湾相反（见表 7－11）。

（5）波段长度。3 个市场存在较大差别，NASDAQ 市场的市盈率波段长度较易辨认。图 7－3 显示，在样本区间，NASDAQ 市场存在 3 个较为明显的波段，分别是 1997～1999 年（上升）、1999～2004 年（下降）和 2004～2007 年（上升）。进一步分析表明，NASDAQ 的市盈率上升波段短而陡峭，下降波段则较长，呈先陡峭后平滑的态势。而中国台湾 OTC 市场和韩国 KOSDAQ 市场由于市盈率波动过于频繁而难以确认其波段的长度和数量，但可以粗略地观察到，这两个市场的市盈率在上升和下降阶段都较为陡峭，且持续时间较短（见表 7-11）。

表 7-11　　海外二板样本市场市盈率上升和下降年份统计

指标	上涨的年份数	下降的年份数
NASDAQ	5	5
台湾 OTC	6	4
KOSDAQ	4	5

7.2.3　海外二板样本市场的行业市盈率水平分析

尽管各国或地区的二板市场都定位为高成长性和高科技含量的中小企业服务，但对上市主体的具体定位和选择重点方面并不完全相同，而这种有差异的定位可能会导致这些市场行业分布的差异性和投资者的投资取向，从而影响其行业市盈率水平。与主板的分析相对应，我们按照前述标准选择了 NASDAQ100 指数①、中国台湾 OTC 综合指数、KOSDAQ50 指数和中国香港创业板标普指数中的成份股作为分析样本（见表 7-12）。

表 7-12　　样本市场基本情况描述

样本市场	NASDAQ	中国台湾 OTC	KOSDAQ	中国香港创业板
成立时间	1971 年	1994 年	1996 年	1999 年
上市公司数量	3133	531	963	198
样本公司数量	100	394	50	37
样本公司市值比重（%）	56.56	98.11	36.73	67.61

注：数据统计区间为 2007 年 2 月 7～12 日。以下同。

资料来源：各二板市场官方网站。

① NASDAQ 综合指数包括了 NASDAQ 所有行业的所有国内外股票，而 NASDAQ 100 指数则包括了 NASDAQ 最大的 100 家非财务类股票，涵盖了电脑硬件、软件、通讯、生物、批发和零售等行业的主要上市公司。考虑到 NASDAQ 100 成份股的市值在 NASDAQ 市场总市值中的比重长期超过 50%，具有一定的代表性，同时这 100 家上市公司更能反映 NASDAQ 的行业特色和地位，加之数据的可获得性，因此，在进行行业市盈率分析时，我们用 NASDAQ 100 来代替 NASDAQ 综合指数。

表 7-13　　各市场行业市盈率的中值和均值比较（2007 年 2 月）

行业分类	NASDAQ		中国台湾 OTC		KOSDAQ		中国香港创业板	
	均值	中值	均值	中值	均值	中值	均值	中值
IT 类	50.43	37.05	23.16	17.8	37.67	10.10	24.24	15.59
半导体或电子工业	25.65	24.80	28.42	14.82	8.78	7.40	N/A	N/A
通讯	63.42	53.40	15.39	13.38	10.66	10.66	N/A	N/A
医保和生物制药	74.11	14.25	22.47	16.49	N/A	N/A	121.48	63.64
制造业	19.70	19.60	15.10	11.40	10.45	5.83	16.28	12.37
能源或公用事业	6.40	6.40	N/A	N/A	N/A	N/A	140.08	12.51
交通运输	35.90	35.90	27.23	11.73	38.40	38.40	N/A	N/A
贸易	25.16	24.36	12.98	12.44	N/A	N/A	9.68	8.25
教育传媒	17.00	17.00	N/A	N/A	N/A	N/A	N/A	N/A
旅游休闲	31.10	31.10	38.49	34.37	N/A	N/A	N/A	N/A
金融服务	N/A	N/A	16.59	13.83	3.20	3.20	1.55	1.55
材料类	N/A	N/A	16.47	8.63	N/A	N/A	15.80	15.80
其他	N/A	N/A	59.20	18.34	36.37	36.37	N/A	N/A
样本市场 PE	45.92	29.45	27.50	14.40	30.31	8.52	43.26	12.51

注：中国香港的“消费类”归于“贸易”中；中国台湾的“建材营建”归于“材料类；市盈率均值为算术均值。

资料来源：Bloomberg。

分析显示海外二板样本市场行业市盈率具有以下特征：

第一，同一样本市场内的行业间市盈率差别较大。NASDAQ 市场，IT、通讯、医保类样本股的市盈率明显高于均值，如医保类的市盈率均值为 74.11 倍；制造业、半导体和能源类样本股的市盈率则显著低于均值，如能源类仅为 6.40 倍。中国香港创业板市场，能源和医保类样本股市盈率均值最高，都超过了 100 倍；但制造业、贸易和金融服务类样本股的市盈率却较低，分别只有 16.28 倍、9.68 倍和 1.55 倍。中国台湾 OTC 和韩国 KOSDAQ 市场也大致如此。

第二，在高科技领域，不同二板市场间的同行业市盈率差异较大。研究表明，在 IT、通讯、医保和生物等高科技领域，不同二板市场间的市盈率差别较大。例如，中国香港创业板市场样本股的市盈率均值还不到 NASDAQ 市场的一半；医保和制药行业中国香港创业板和中国台湾 OTC 市场的市盈率相差近 100 倍。通过对这些市场行业结构的进一步分析发现，每个二板市场的行业分布都或多或少地体现了本地区产业结构的特征，例如 NASDAQ 的 IT 行业、中国台湾 OTC 市场的电子工业、中国香港创业板市场的医保与生物制药行业，都是本国或地区具有优势的行业。

第三，不同二板市场之间以及同一地区的主板与二板市场之间的行业 PE 值存在着差异。首先，投资者对各二板市场上的制造业上市公司的认识较为一致，估值不高，市盈率超过 50 倍以上的公司数量很少。交通运输业和贸易行业的情况也是基本如此。但是，美国和韩国二板市场上的 IT 行业市盈率均值大大高于其主板市场。而中国台湾主板市场的 IT 行业市盈率均值则远超过二板市场。其次，各主板与对应的二板市场之间制造业的市盈率较为接近，除了 NASDAQ 市场略高于 NYSE 外，其余的二板市场都低于对应的主板市场（见表 7-14）。

表 7-14　二板市场之间的制造业、IT 行业市盈率比较（2007 年 2 月）

PE 均值	美国		中国台湾		韩国		中国香港	
	制造业	IT 业	制造业	IT 业	制造业	IT 业	制造业	IT 业
二板	19.70	50.43	15.10	19.27	10.45	37.67	16.28	24.24
主板	17.11	19.56	17.38	34.58	12.14	12.59	na	Na

7.2.4 海外二板样本市场不同股本规模板块市盈率水平比较

（1）多数二板样本市场均存在大盘股折价现象。除了 KOSDAQ 以外，其余 3 个样本市场市盈率的算术均值都要高于其加权均值，这表明 NASDAQ、中国台湾 OTC 和中国香港创业板都存在着大盘股折价现象，但程度不同。中国香港创业板市盈率的算术均值几乎是其加权均值的两倍，其大盘股折价最为明显。而 KOSDAQ 成为例外的原因则是其样本股中有 1 只权重为 23.75% 的股票市盈率为 649.75 倍（NHN 公司），远超出了正常数值范围（见表 7-15）。

表 7-15　各样本市场市盈率值的描述性统计

PE	NASDAQ	中国台湾 OTC	KOSDAQ	中国香港创业板
最小值	5.1	5.33	0	-266.2
最大值	303.9	820	649.75	448.43
加权均值	37.68	22.62	168.48	24.97
算术均值	45.92	27.5	30.31	43.26
中值	29.45	14.4	8.52	12.51

（2）不同二板市场之间的样本股市盈率分布状况存在很大差别（见图 7－4）。NASDAQ 和中国台湾 OTC 市场公司的市盈率分布相对集中。NASDAQ 多处于 10～50 倍之间，而中国台湾则处于 0～30 倍的区间；相比之下，中国香港创业板市场和 KOSDAQ 市场的市盈率分布在小于 0 到大于 100 的各个区间。究其原因，NASDAQ 市场经过多年发展，许多样本公司已经进入成熟发展时期甚至成为同行业的巨头，经营历史和受到股票市场评价的历史长，投资者对其估值较为平稳。中国香港创业板和 KOSDAQ 都出现于 20 世纪 90 年代中后期，时间较短，且上市标准较低，上市公司发展的不确定性使得投资者对其估值时分歧较大，这就表现为市盈率相对分散。

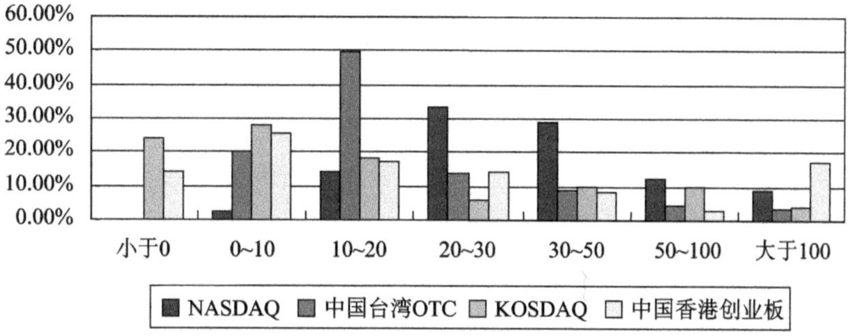

图 7－4　海外二板市场样本股市盈率分布图

7.2.5　海外二板样本市场不同利率环境下的市盈率水平比较

与海外主板样本市场相似，我们用市盈率倒数来表示各二板样本市场的投资总体回报率。表 7－16 是海外二板样本市场的市盈率倒数与相应的利率水平的比较情况。

表 7－16　海外二板样本市场历年利率水平与市盈率值比较（1997～2006 年）　（单位：%）

年份	美国		中国台湾		韩国		中国香港	
	利率水平	市盈率	利率水平	市盈率	利率水平	市盈率	利率水平	市盈率
1997	5.50	3.95	5.63	6.34	－	N/A	－	N/A
1998	4.75	2.39	5.13	3.63	－	－	－	N/A
1999	5.50	1.63	4.88	3.60	4.75	3.76	－	N/A
2000	6.24	3.01	5.00	10.92	5.25	6.02	－	N/A
2001	1.75	3.64	2.50	6.06	4.50	2.93	3.25	3.20

续表

年份	美国		中国台湾		韩国		中国香港	
	利率水平	市盈率	利率水平	市盈率	利率水平	市盈率	利率水平	市盈率
2002	1.25	4.48	2.00	7.63	4.25	3.30	2.75	4.45
2003	2.25	4.13	1.75	2.82	4.00	5.26	2.50	2.58
2004	1.35	9.80	2.13	8.48	3.50	2.95	3.75	3.49
2005	4.25	5.46	2.63	3.60	4.00	5.75	5.75	4.36
2006	5.25	4.10	3.13	4.39	4.75	2.35	6.75	4.57
均值	3.81	4.26	3.48	5.75	4.38	4.04	4.13	3.78

资料来源：利率水平来自各国或各地区中央银行官方网站，E/P 根据前面表格计算。我们选取的是一国的基准利率作为无风险利率。

就长期均值而言，所有二板样本市场的年投资总体回报率（市盈率）与对应的无风险利率水平存在偏离，其中，美国和中国台湾二板市场的市盈率高于其利率水平，而韩国和中国香港二板市场则相反。这种偏离表明，美国和中国台湾二板市场的投资者获得了高于市场平均水平的投资回报率，而韩国和中国香港二板市场则相反。以市盈率减去无风险利率作为二板市场的投资超额回报率进行计算，在 1997 ~ 2006 年间，美国、中国台湾、韩国、中国香港二板市场的超额回报率分别为 0.45%、2.27%、-0.34% 和 -0.35%。这种偏离表明，投资于中国台湾二板市场的超额回报率最高；而投资于中国香港二板市场的回报率最低，甚至低于对应市场的资金平均回报水平。表 7-17 显示，在样本期间，美国有一半的年份（10 年中的 5 年）、中国台湾有 80% 的年份（10 年中的 8 年）、韩国有将近一半的年份（8 年中的 3 年）、中国香港有 15% 的年份（6 年中的 1 年），其 EP 值，即投资的总体回报率高于无风险利率，这表明美国和中国台湾二板市场的投资者在多数年份获得了超额回报，而韩国和中国香港二板市场的投资者在多数年份的回报率尚未达到无风险利率的水平。

表 7-17　　海外二板样本市场历年超额回报率（1997 ~ 2006 年）　　（单位：%）

年份	美国	中国台湾	韩国	中国香港
1997	-1.55	0.71	N/A	N/A
1998	-2.36	-1.5	N/A	N/A
1999	-3.87	-1.28	-0.99	N/A
2000	-3.23	5.92	0.77	N/A
2001	1.89	3.56	-1.57	-0.05

续表

年份	美国	中国台湾	韩国	中国香港
2002	3.23	5.63	-0.95	1.7
2003	1.88	1.07	1.26	0.08
2004	8.45	6.35	-0.55	-0.26
2005	1.21	0.97	1.75	-1.39
2006	-1.15	1.26	-2.4	-2.18
均值	0.45	2.27	-0.34	-0.35
对应主板市场超额回报率均值	0.87	-0.43	2.30	1.50

值得注意的是，在样本期间，同一地区内二板与主板市场的超额回报率并不一致。例如，美国、韩国和中国香港二板市场的超额收益率低于其对应的主板市场，而中国台湾二板市场的超额收益率则高于其主板市场。这在一定程度上表明，投资于二板市场并不一定就能获得比主板市场更高的收益。

7.3 我国深沪市场股票市盈率状况分析

本部分从历年总体水平、波动区间、行业角度以及股本规模角度对深沪市场市盈率状况进行分析。

7.3.1 我国深沪市场总体市盈率水平分析

我国深沪市场的总体市盈率水平呈现以下特点：

第一，市场整体市盈率水平较高。1993～2006年，深市按深证成分指数成份股计算的市盈率均值为33.28倍，沪市按上证综合指数股计算的市盈率均值为33.46倍，均超过前面章节中海外样本主板市场的市盈率均值，其中高于中国香港主板市场市盈率均值一倍以上。2003年至2006年10月，深沪两市各主要指数的加权平均市盈率集中在20倍左右，处于全球市场各主要指数的市盈率区间较高水平，但差距不大。但进入2006年10月之后，随着深沪股价指数的迅速攀升，深沪两市各重要指数加权平均市盈率均出现快速上扬。至2007年8月31日，上证综合指数、深证成分指数加权平均市盈率均超过50倍，逼近或超过历史最高水平。但是，同期深沪指数涨幅更大，2007年8月31日与2006年8月31日比较，上证综合指数上涨了214%。

第二，深沪两地市场整体市盈率水平趋同性较强，但在某些时期也存在着差别。从深沪市场历年的市盈率水平比较来看，两地保持了很高的相关性，差距很小。不过值得关注的是，两地上市公司数量和质量的变化成为影响两地市盈率水平的一个重要因素。如在1994~1995年，深圳上市公司家数明显少于上海家数，两地市盈率水平出现明显差距；1996~2000年，随着深沪上市公司家数差距迅速缩小，两地的市盈率水平也出现明显趋同；而2001~2003年，深圳市场暂停新股发行，而上海则发行了中国石化这样的大型蓝筹股，两地市盈率水平差距再次变大（见表7-18）。

表7-18　　沪深两市历年上市公司家数和市盈率数据

	1993年	1994年	1995年	1996年	1997年	1998年	1999年	2000年
沪市A股家数	106	169	184	287	372	425	471	559
深市A股家数	77	118	127	227	348	400	452	501
上证综指	42.48	23.45	15.7	32.65	39.86	34.38	38.13	59.14
深证成份指数	44.21	10.67	9.8	38.88	42.66	32.31	37.56	58.75
	2001年	2002年	2003年	2004年	2005年	2006年	2007年8月	历年市盈率均值
沪市A股家数	636	705	770	827	824	832	842	-
深市A股家数	500	495	493	526	531	566	639	-
上证综指	37.59	34.51	36.64	24.23	16.33	33.3	59.25	33.46
深证成份指数	40.76	38.22	37.43	25.64	16.36	32.72	58.4	33.28

资料来源：1993~2006年数据来着中国证券期货统计年鉴，2007年8月数据采用静态加权平均计算法，即将指数成分股2007年8月31日总市值之和除以指数成份股2006年净利润之和。

第三，2007年上半年，随着市场市盈率高企，其市盈率结构出现了高市盈率公司大幅增加、低市盈率公司大幅减少的变化特征。从深沪市场市盈率结构变化可以发现，2006年行情中更多的是价值低估股票的重估过程，而进入2007年则是高市盈率公司大幅增加的过程。以上证综指为例，按照静态市盈率的计算方法，2005年底10倍以下市盈率的上市公司股票数为40家，市盈率处于10~30倍区间的上市公司股票占比为46.5%；2006年底市盈率10倍以下的公司已经减少为10家，而30~50倍市盈率的上市公司股票占比高达20%；2007年8月31日市盈率10倍以下的上市公司已经消失，而50~100倍区间和100倍以上区间市盈率的上市公司股票大幅增加，两者合计占比为 82.3%。

第四，至 2007 年 8 月底，尽管深沪市场静态市盈率高达 50 多倍，但受上市公司整体业绩大幅度提升的影响，其动态市盈率仍大幅低于深沪市场市盈率的历史最高水平。上市公司业绩增长使得市场平均动态市盈率处于 40 倍左右的水平。据 2007 年半年报显示，在具有可比数据的 1366 家公司中，上市公司实现净利润 3007.92 亿元，同比增长 70.29%。以 2007 年半年报业绩估算，至 2007 年 8 月底，沪深 300、上证综合指数加权动态市盈率的分别为 36.39 倍和 40.71 倍。

7.3.2 我国深沪市场市盈率波动分析

（1）波动范围。1993～2006 年，深沪市场市盈率的波动区间分别为 9.8～58.75 倍和 15.7～59.14 倍，波动区间不仅高于一般的成熟市场，而且高于中国台湾、韩国等新兴市场。特别是深沪市场从 2005 年以来的一年半时间里市盈率从 16 倍上升至 40 多倍，短期内上升迅速，大幅高于全球其他资本市场（见表 7－19）。

表 7－19　　1993～2006 年深沪市场市盈率描述性统计

指标	深市	沪市
均值	33.28	33.46
中值	37.56	34.51
最大值	58.75（2000 年）	59.14（2000 年）
最小值	9.8（1995 年）	15.7（1995 年）
波动系数	4.99	2.77

（2）波动系数。深沪两市存在明显差异，这主要是由于深市曾经在 1995 年出现 9.8 的最小值，而其最大值与沪市接近，均出现在 2000 年，因此其市盈率波动系数较高为 4.99，而沪市则为 2.77。

（3）波动趋势。深沪市场之间的市盈率波动趋同性强。图 7－5 显示两市市盈率的最高值和最低值出现的时间相同，两市估值水平呈现出明显的联动性。

（4）波动频率。深沪市场没有大的差别。在 1993～2006 年的 14 年中，有 8 年出现市盈率下降的现象，其余 6 年则上升，下降频率为 57%，而上升频率为 43%。两市市盈率上升和下降阶段呈现出明显的短而陡峭的特征，说明沪深市场估值水平波动较为频繁。其中，上升的波段长度最多为两年，而下降过程中，深市曾经在

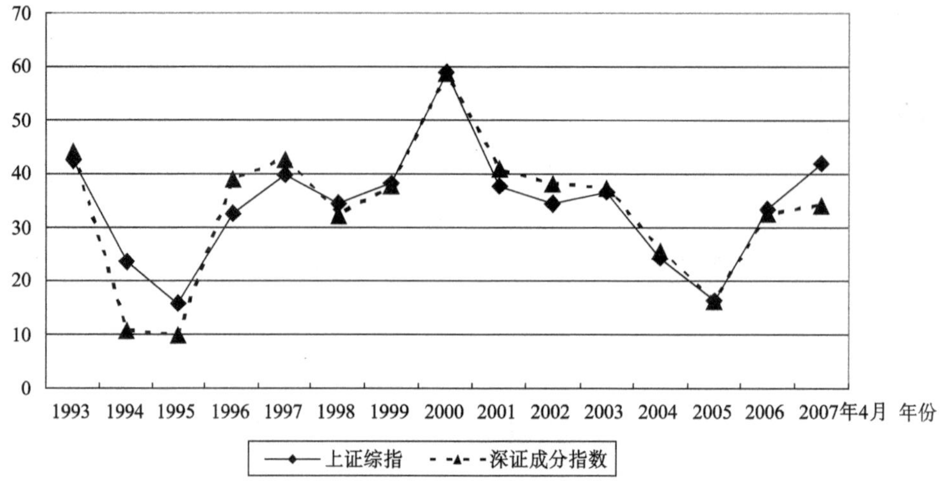

图 7-5 深沪市场市盈率波动变化图

2000~2005 年期间出现了连续 5 年的市盈率水平下降的波动长度。这些均与我国股票市场指数的走势大体一致。

（5）波段幅度。在 1993~2000 年期间，无论是上升还是下降波动区间，深市市盈率的波动幅度均大于沪市，这从一个层面说明深市较沪市波动性更大，交易更为活跃。

7.3.3 我国深沪市场行业市盈率水平分析

按照 GICS 三级行业分类标准，2006 年底和 2007 年 4 月 30 日，深沪市场各行业的市盈率水平迅速攀升。考虑到 2006 年和 2007 年上市公司的盈利预期，经过动态调整的市盈率水平显示，股票估值呈现出显著的结构性差异特征：部分行业估值虽然处于高位，但低于历史顶部；但较多行业的市盈率已经明显偏高（见表 7-20）。

表 7-20　　深沪股市各行业市盈率水平

指标	半导体	电力	电脑与外部设备	电气设备	电子设备与仪器	零售业	房地产	服装纺织
2006 年底市盈率	46.69	18.84	42.91	26.01	55.75	51.63	40.63	29.60
2007 年 4 月市盈率	91.47	39.53	104.61	49.36	117.50	92.80	70.85	74.11
历年平均水平	59.6	27.45	68.63	101.86	448.58	66.67	104.22	129.75
历史最高水平	91.47	39.53	116.48	274.08	608.13	114.78	169.90	285.39

续表

指标	复合型公用事业	高速机场港口	铁路物流	海运	航空	航天	化工	机械
2006年底市盈率	45.87	26.09	51.46	16.18	157.31	54.80	35.02	29.18
2007年4月市盈率	128.24	46.15	87.86	28.33	297.08	100.12	76.70	56.18
历年平均水平	69.24	36.49	51.74	33.06	167.35	60.59	63.19	69.86
历史最高水平	128.24	50.25	87.86	59.52	297.08	100.12	111.77	130.99
指标	家庭耐用消费品	建材	建筑产品	建筑与工程	金属非金属	酒店餐馆旅游	贸易公司	媒体
2006年底市盈率	22.83	43.54	36.81	35.34	12.12	55.98	20.23	45.00
2007年4月市盈率	50.15	80.83	76.47	76.38	24.43	91.26	47.27	64.14
历年平均水平	41.85	121.84	139.26	128.87	19.92	85.02	58.4	105.43
历史最高水平	96.57	316.25	264.22	389.05	31.65	152.64	91.66	238.62
指标	能源	汽车	汽车零配件	软件	商业银行	生物制药	食品	水务
2006年底市盈率	16.40	35.54	32.47	42.48	36.65	43.39	44.18	25.46
2007年4月市盈率	21.70	68.74	63.98	71.04	36.87	81.42	77.11	54.57
历年平均水平	29.16	127.28	72.82	87.26	36.9	60.26	90	39.94
历史最高水平	68.54	433.08	104.48	126.43	57.06	81.42	131.85	59.26
指标	通讯设备	信息技术服务	医疗保健设备	制药	饮料	纸业	资本市场	综合类
2006年底市盈率	56.00	37.55	27.99	41.02	63.53	56.00	40.79	47.26
2007年4月市盈率	91.54	69.25	78.90	85.98	85.67	91.54	81.03	101.88
历年平均水平	73.3	183.3	64.03	65.94	106.32	57.11	131.77	127.71
历史最高水平	92.33	474.81	153.61	96.44	287.39	91.54	260.26	255.87

注：在计算各行业历史水平时，采用动态市盈率加权平均计算方式，即将当年年底各行业股票总市值之和除以当年年报各行业股票总利润之和。数据选择为2000～2006年的动态加权平均市盈率。为了保持数据的一致性，对因各种原因出现巨亏的股票数据进行调整剔除。另外，行业股票家数偏少的几个行业（如保险、多元电信服务和互联网等）数据不在计算之列。

以2007年4月30日数据为准，在分析的40个GICS三级行业中，深沪股市电气设备、电子设备与仪器、房地产、服装纺织、海运、机械、建材、建筑产品、建筑与工程、贸易公司、媒体、能源、汽车、汽车零配件、软件、商业银行、食品、信息技术服务、饮料、资本市场和综合类等21个行业的市盈率水平低于历年平均水平；半导体、电力、铁路物流、航空、航天、生物制药、纸业等7个行业的市盈率已超过历史最高水平；而高速公路、机场、港口等13个行业的市盈率处于历年平均水平和历史最高水平之间。从具体数值来看，2006年底，行业加权平均动态市盈率处于10~20倍的有电力、海运、金属非金属3个行业，处于20~30倍的有电气设备、服装纺织、高速公路、机场、港口、机械、家庭耐用消费品、贸易公司、水务等行业。而2007年4月30日，市盈率处于10~20倍的行业已经消失，处于20~30倍的也仅有海运、金属、非金属和能源行业。从2006年底到2007年4月底的时间段分析，商业银行和能源两个行业的市盈率变化最小，这与2007年前4个月二级市场的行业热点相吻合。

根据2007年半年报的数据，2007年8月31日深沪股市电子、通信设备、航天、酒店旅游、饮料、铁路物流等行业公司市盈率偏高，市盈率均超过50倍，部分行业超出了历史最高水平；钢铁、有色金属、电力、能源等行业公司市盈率较低，市盈率不足30倍。在具有可比数据的1366家公司中，市盈率低于20倍的股票为30家，其中有11家来自钢铁行业。

7.3.4 我国深沪市场不同股本规模板块市盈率水平比较

数据显示，深沪市场不同股本规模板块的市盈率存在较大差距（见表7-21）。2007年8月底，以大盘蓝筹股为成份股的上证50和上证180指数的市盈率分别为52.31倍和54.71倍，均低于市场平均水平。同期中小企业板指数加权平均市盈率为76.33倍，高于市场平均水平。如果对巨潮大、中、小盘股指数市盈率水平进行分析，也可以发现小盘股相对于大盘股而言拥有较高的估值溢价。

表7-21　　不同股本规模板块的估值水平比较

样本指数	2006年底PE	2007年4月底PE	PEG指标（2007年）
上证50	25.26	52.31	1.56
上证180	24.86	54.71	1.43
中小企业板指数	34.43	76.33	1.4
巨潮大盘股指数	20.27	55.74	1.55
巨潮中盘股指数	35.03	120.87	1.96
巨潮小盘股指数	40.83	140.75	1.78

注：PEG指标是市盈率相对盈利增长比率，即上市公司的市盈率除以公司的盈利增长速度。

从不同股本规模板块市盈率分布看，上证50样本股票中没有亏损公司，市盈率处于30~50倍区间的比例最高为20%，50~100倍区间的次之为48%，两者合计比例达到68%，表明大盘蓝筹股的估值水平比较集中；上证180样本股票中则有两家企业亏损，市盈率处于50~100倍区间的比例最高为35%，30~50倍区间的次之为23.3%，100倍以上的比例也高达36.1%；中小企业板股票中有一家亏损，市盈率处于50~100倍区间的比例最高为50.3%，30~50倍区间的次之为22.4%，两者合计比例高达72.7%，中小企业板的估值水平高度集中。比较显示，不同股本规模板块的市盈率分布差距不大，30~50倍和50~100倍区间占比均为最高（见图7-6）。

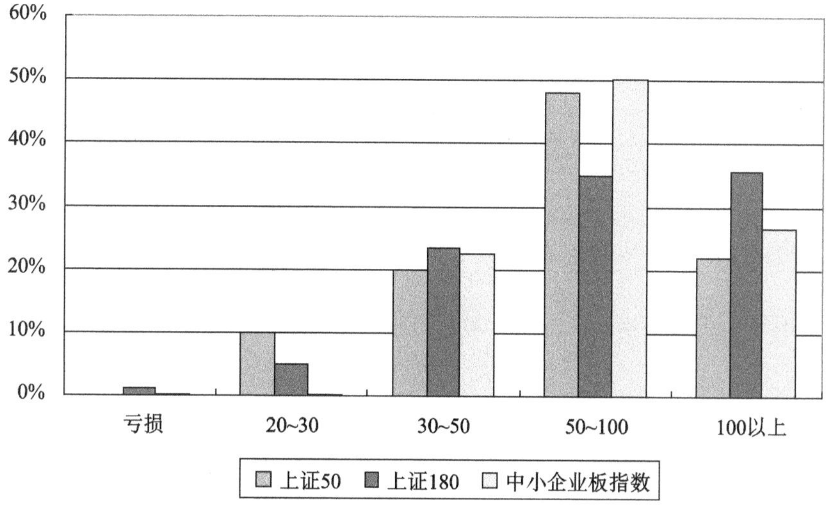

图7-6 不同股本规模股票市盈率分布比较

7.3.5 我国深沪市场不同利率环境下的市盈率水平比较

下面我们将对不同利率环境下我国深沪市场市盈率水平进行比较分析，深沪市场EP与相应的利率水平比较情况见表7-22。

表7-22 深沪市场投资总体回报率与历年利率水平的比较（1993~2007年4月）

时间	上证综指PE值	深圳成分指数PE值	沪市投资总体回报率	深市投资总体回报率	1年期存款利率（%）	超额回报率	
						沪市	深市
1993年	42.48	44.21	2.35	2.26	8.02	-5.76	-5.67
1994年	23.45	10.67	4.26	9.37	10.98	-1.61	-6.72
1995年	15.7	9.8	6.37	10.20	10.98	-0.78	-4.61
1996年	32.65	38.88	3.06	2.57	7.47	-4.90	-4.41
1997年	39.86	42.66	2.51	2.34	5.67	-3.33	-3.16
1998年	34.28	32.31	2.92	3.10	3.78	-0.68	-0.86

续表

时间	上证综指PE值	深圳成分指数PE值	沪市投资总体回报率	深市投资总体回报率	1年期存款利率（%）	超额回报率	
						沪市	深市
1999年	38.13	37.56	2.62	2.66	2.25	0.41	0.37
2000年	59.14	58.75	1.69	1.70	2.25	0.55	-0.56
2001年	37.59	40.76	2.66	2.45	2.25	-0.20	0.41
2002年	34.51	38.22	2.90	2.62	1.98	0.64	0.92
2003年	36.64	37.43	2.73	2.67	1.98	0.69	0.75
2004年	24.23	25.64	4.13	3.90	2.25	1.65	1.88
2005年	16.33	16.36	6.12	6.11	2.25	3.86	3.87
2006年	33.3	32.72	3.00	3.06	2.52	0.54	0.48
2007年4月	42.06	34.25	2.38	2.92	2.79	0.13	-0.41
均值	34.02	33.35	3.31	3.86	4.49	-0.63	-1.18

资料来源：利率水平取1年期存款利率，投资总体回报率根据前面表格计算。

从长期均值来看，1993年至2007年4月，深沪市场投资总体回报率（深市3.86%、沪市3.31%）低于我国一年期存款利率均值（4.49%），这表明我国深沪股市总体估值长期偏高，深沪市场投资者获得的平均投资回报率相对偏低。但分年份来看并非完全如此：1993年至2007年4月，深沪市场有7年投资总体回报率大于我国同期一年期存款利率，投资者获得了超额回报；而有8年投资总体回报率小于我国一年期存款利率，投资者没有获得超额回报。值得注意的，在1995年和2005年深沪市场投资总体回报率出现较大值时，由于两次所处的利率背景不同，所表明的含义也相差很大，1995年无超额回报可言，2005年超额回报较大。

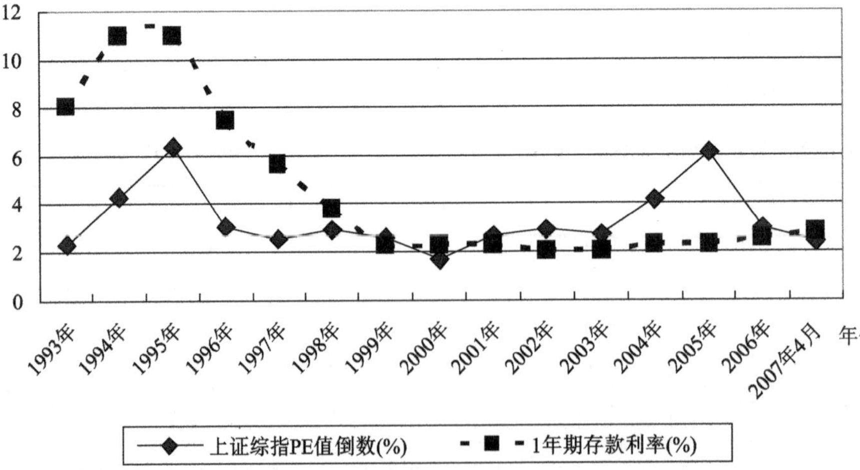

图7-7　我国1年期存款利率与沪市投资总体回报率走势

从具体年份来看，当深沪市场投资总体回报率与利率水平出现明显偏离时，深沪市场出现估值水平明显改变的机率也显著增大（见图7-7）。在1993~1998年我国相对高利率时期，深沪市场投资总体回报率低于我国一年期存款利率，1995年深沪市场超额回报率达到最低值，随着利率水平的下降，深沪市场估值水平明显回升。数据表明此阶段我国深沪股市估值偏高，股票投资回报率相对偏低；在2001~2005年我国相对低利率时期，深沪市场投资总体回报率高于我国一年期存款利率，表明我国深沪股市估值偏低，股票投资回报率相对偏高。2007年，我国再次出现了深沪市场投资总体回报率减少与一年期存款利率提高相背离的现象，我国深沪股市估值高估趋势明显。

7.4 股市市盈率中外比较研究

为了更好地分析和判断国内市场目前的估值水平，本部分将对中外股市的市盈率状况进行比较研究。

7.4.1 股市总体市盈率水平中外比较分析

将国内深沪股市与海外股市1997年至2007年3月的整体市盈率水平进行历史比较，从表7-23可以看出：

表7-23 各地区股市市盈率（1997年至2007年3月）

年份	纽约	伦敦	韩国	中国香港	上海	深圳	中国台湾
1997年底	18.58	19.15	10.12	12.10	39.86	38.74	27.04
1998年底	21.88	23.02	27.77	10.66	34.38	30.59	26.14
1999年底	25.13	30.45	34.63	26.73	38.13	36.30	47.73
2000年底	22.85	23.31	15.34	12.80	58.22	56.04	14.84
2001年底	31.06	20.29	29.29	12.18	37.71	39.79	41.57
2002年底	29.00	17.73	15.61	14.89	34.43	36.96	41.77
2003年底	27.88	18.29	10.06	18.96	36.54	36.19	24.76

续表

年份	纽约	伦敦	韩国	中国香港	上海	深圳	中国台湾
2004 年底	20.44	14.69	15.84	18.73	24.23	24.63	12.58
2005 年底	18.85	13.97	10.98	15.57	16.33	16.36	17.55
2006 年底	17.46	13.37	11.35	17.37	33.30	32.72	18.98
2007 年 3 月	17.66	12.51	11.62	15.97	44.26	41.53	18.71
均值	22.80	18.80	17.51	16.00	36.13	35.44	26.52

第一，沪深股市的市盈率均值超过了 35 倍，不仅高于美国、伦敦等成熟市场，也高于韩国、中国台湾等新兴市场。其中，上海股市的市盈率均值约为中国台湾股市的 1.36 倍、纽约股市的 1.58 倍、伦敦股市的 1.92 倍和中国香港股市的 2.21 倍。

第二，在 1997 年以来的多数年份，我国股市的市盈率高于其他市场，在 2000 年末和 2007 年 3 月底的市盈率更是遥遥领先。例如，在 2000 年末，沪市的市盈率为 58.22 倍，超过了当时中国香港股市市盈率的 300%。

7.4.2 股市总体市盈率波动中外比较分析

（1）波动范围。沪深股市波动范围与韩国、中国台湾等新兴市场较为接近，明显大于纽约、伦敦等成熟市场。同时，沪深股市市盈率波动的上限在所有样本市场中处于最高水平，而下限则高于除了纽约以外的其他市场。

（2）波动系数。沪深股市的市盈率波动系数均超过 2，与其他新兴市场较为接近，远远大于纽约、伦敦和中国香港等成熟市场。

（3）波动趋势。沪深股市和其他市场并未表现出一致性。例如，上海股市市盈率在 2000 年达到 58.22 倍的最大值，而纽约、韩国和中国香港股市的市盈率却处于一个相对低点。当上海股市市盈率在 2005 年以后急剧上升时，其他市场的市盈率却较为平稳甚至有所下降。

（4）波动频率。上海股市市盈率的波动频率与中国台湾类似，上涨与下跌各为 50%；深圳股市则与纽约类似，上涨频率小于下跌频率。

表 7-24　　各地区股市市盈率描述性统计（1997 年至 2007 年 3 月）

年份	纽约	伦敦	韩国	中国香港	上海	深圳	中国台湾
均值	22.80	18.80	17.51	16.00	36.13	35.44	26.52

续表

年份	纽约	伦敦	韩国	中国香港	上海	深圳	中国台湾
中值	22.34	18.54	15.48	15.77	36.33	36.25	25.45
最大值	31.06	30.45	34.63	26.73	58.22	56.04	47.73
最小值	17.46	12.51	10.06	10.66	16.33	16.36	12.58
波动系数	0.78	1.43	2.44	1.51	2.57	2.43	2.79

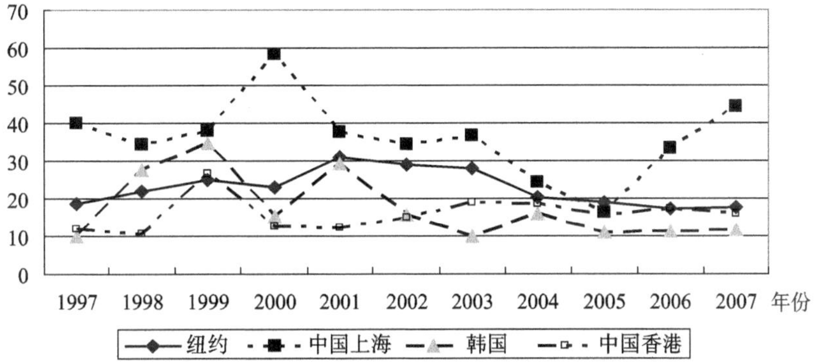

图 7-8 不同市场市盈率波动区间比较

表 7-25 海内外不同市场市盈率上升和下降年份统计

市场	上涨的年份数	下降的年份数
纽约	4	6
伦敦	3	7
香港	4	6
韩国	6	4
台湾	5	5
上海	5	5
深圳	4	6

（5）波段长度。上海股市市盈率存在 3 个较为明显的波段：1998～2000 年、2000～2005 年和 2005 年至今。其中，上升波段较为陡峭，而下降波段则呈现陡峭→平稳→再陡峭的态势。值得注意的是，下降波段与其他新兴市场有类似之处，即市盈率往往会在达到高峰后有一个较为剧烈的下跌，如 1999 年的中国台湾和韩国。但这种下跌过程持续的时间长短不一，如中国台湾和韩国仅持续了 1 年时间，但深沪股市持续了 5 年时间。

7.4.3 股市行业市盈率水平中外比较分析

将我国深沪股市行业市盈率水平与S&P500指数行业市盈率进行比较可以发现，到2006年年底，与S&P500同行业样本相比，深沪股市行业市盈率普遍偏高。从市盈率结构来看，S&P500指数行业市盈率主要集中在10～30倍区间，占整体样本的83%，而我国深沪市场处于此区间的行业只占整体样本的26.7%。其中，A股市场半导体、零售业、运输、汽车和商业银行市盈率已经两倍于S&P500指数同行业市盈率。下面将通过对金融服务、金属与非金属（如冶金类、煤炭类）、高科技（如软件类）的具体分析，来进一步比较深沪市场行业的市盈率水平与海外市场之间的差异。

（1）金融服务类市盈率比较分析。2006年深沪市场商业银行类股票的市盈率均值为36.87倍，而同期中国台湾50成分股中的金融类股票市盈率均值为36倍，市场估值水平相当。但同时分析表明，美国NYSE100的金融类股票市盈率均值为12.5倍，中国香港为27倍，因此，可以认为，深沪市场金融类行业的平均市盈率已经高于国际成熟市场平均水平。

（2）金属与非金属类市盈率比较分析。截至2007年4月30日，深沪市场冶金类股票加权平均静态市盈率为25.75倍，远远高于国际市场平均估值15倍水平。

（3）软件类市盈率比较分析。国际经验表明，软件类企业以其较高成长性一直具有较高估值。在美国市场，S&P500软件类股票指数的市盈率在2003～2004年间的波动区间为30～40倍，2005年的波动区间为25～30倍。自2004年以来该项指数的市盈率一直是S&P500整体指数的1.5倍左右。在IT类股票集中的NASDAQ市场，其目前的软件类股票市盈率为49倍，高于其市场整体市盈率大约10%的水平。目前我国软件类股票加权平均市盈率为71.04倍，为上证综指平均市盈率的1.68倍，所处市场估值地位高于美国NASDAQ市场的水平。而深沪市场软件类股票大多数市值较小，与微软和甲骨文等世界一流软件企业相比差距大，即便与印度软件企业相比差距也不小。

7.4.4 中外股市不同股本规模板块市盈率水平比较

与前面部分相对应，我们选择了沪深300成分股的市盈率与海外市场进行对比

（见表 7-26）。

表 7-26 沪深 300 成分股与海外市场成分股的市盈率比较（2007 年 2 月）

	NYSE U. S. 100	中国香港恒生指数	中国台湾 50	NASDAQ100	中国台湾 OTC	沪深 300
样本股的数量	100	36	50	100	394	300
样本股市值比重	48. 97	27. 02	50. 56	56. 56	98. 11	78. 95
PE（加权平均）	17. 97	19. 71	22. 58	37. 68	22. 62	46. 73
PE（算术平均）	18. 25	21. 08	24. 38	45. 92	27. 5	72. 53
PE（中值）	16. 7	16. 78	15. 1	29. 45	14. 4	33. 49

分析表明，当前沪深 300 的市盈率水平（无论加权值、算术平均值还是中值）不仅高于海外主板市场，而且高于海外二板市场。同时，海外市场上按市值加权法计算的市盈率与算术平均法计算的市盈率有所差别，但我国深沪股市的这一差别很大，将近 50%，这说明目前在我国深沪股市规模效应显著，大盘股折价现象更为严重。

为了进一步说明中外股市估值水平的差异，我们再对中外股市市盈率结构的分布状况进行比较（见表 7-27）。

表 7-27 各主板和二板市场市盈率分布状况比较（2007 年 2 月）

市盈率	NYSE100	中国台湾	中国香港	NASDAQ	中国台湾 OTC	KOSDAQ	沪深 300
小于 0	0. 00	0. 00	0. 00	0. 00	0	24. 00	1. 68
0～10	9. 09	8. 70	14. 29	2. 22	20. 05	28. 00	1. 01
10～20	65. 66	71. 74	48. 57	14. 44	49. 75	18. 00	20. 20
20～30	19. 19	6. 52	25. 71	33. 33	13. 71	6. 00	20. 20
30～50	4. 04	4. 35	5. 71	28. 89	8. 63	10. 00	28. 62
50～100	2. 02	4. 35	5. 71	12. 22	4. 57	10. 00	18. 18
大于 100	0	4. 35	0	8. 89	3. 30	4. 00	10. 10
均值	18. 25	24. 38	21. 08	45. 92	27. 5	30. 31	72. 53
中值	16. 70	15. 10	16. 78	29. 45	14. 4	8. 52	33. 49

表 7-27 显示，在 2007 年 2 月，沪深 300 成分股的市盈率小于 0 和大于 50 的比例都明显高于其他主板和二板市场（KOSDAQ 市场除外），而且市盈率高于 100 的比例占了沪深 300 成分股的 10%。这表明，我国指数成分股的市盈率分布较海外市场更为不均。如果再以 2007 年 4 月 30 日的数据来分析，就会发现，S&P500 成分

股中，市盈率处于10～20倍区间的股票占比为52%，20～30倍的股票占比为31%；而同期沪深300成分股中，市盈率处于10～20倍的股票占比仅为3.3%，20～30倍的股票占比也仅为16%，而超过100倍的已经达到16%（见图7-9）。

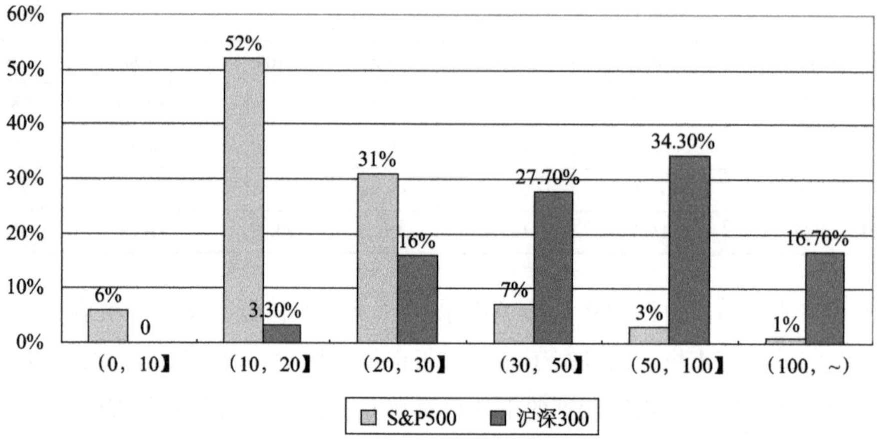

图7-9　S&P500与沪深300市盈率结构分布比较

7.4.5　股票市盈率与股价指数的关系分析

从市盈率的计算公式看，在每股收益不变的情况下，股价指数与市盈率呈正相关关系；但在每股收益提高的情况下，股价指数的上涨并不必然反映市盈率的上升。这在一定程度上可以解释2005年以来美国、伦敦等市场股价指数与市盈率并不同步上升的现象。

另有研究表明，美国主板市场就是一个典型的盈利推动型股市。以纽约市场为例，有关统计资料显示，在1926～1996年的70年间，平均市盈率最低的为1948年的6.6倍，平均市盈率最高的为1991年的25.8倍。在这70年中，股价指数增长了52倍，年均增长率为5.83%，但平均市盈率仅增长0.9倍，年均增长率只有0.93%。由此可见，股价指数上涨的主要原因是公司盈利的不断增长。70年间平均市盈率在20倍以上的仅有7年，只占10%，而平均市盈率在20倍以下的时间则多达63年，比重高达90%。但是，与作为主板市场的纽约市场相比，NASDAQ市场的总体市盈率并没有随股价的变动而同步变化。尽管NASDAQ100股指在2000年3月见顶后出现高台跳水般的大幅调整，全年跌幅近4成，但NASDAQ100股指的整体市盈率并未降低，这意味着NASDAQ上市公司盈利能力的下降。

表 7－28　　各市场股价指数的历史走势（1997 年至 2007 年 3 月）

年份	纽约	伦敦	韩国	中国香港	上海	深圳	中国台湾
1997 年底	7908.25	5135.50	376.31	10722.76	1194.10	381.29	8187.27
1998 年底	9181.43	5882.60	562.46	10048.58	1146.70	343.85	6418.43
1999 年底	11497.12	6930.20	1028.07	16962.10	1366.58	402.18	8448.84
2000 年底	10786.85	6222.50	504.62	15095.53	2073.48	635.73	4739.09
2001 年底	10021.50	5217.40	693.70	11397.21	1645.97	475.94	5551.24
2002 年底	8341.63	3940.40	627.55	9321.29	1357.65	388.76	4452.45
2003 年底	10453.92	4476.90	810.71	12575.94	1497.04	378.63	5890.69
2004 年底	10783.01	4814.30	895.92	14230.14	1266.50	315.81	6139.69
2005 年底	10717.50	5618.80	1379.37	14876.43	1161.06	278.74	6548.34
2006 年底	12463.15	6220.80	1434.46	19964.72	2675.47	550.59	7823.72
2007 年 3 月	12354.35	6308.00	1452.55	19800.93	3183.98	825.79	7884.41

资料来源：路透社；纽约为道·琼斯工业指数，伦敦为金融时报指数，韩国为综合指数，中国香港为恒生指数，上海为综合指数，深圳为综合指数，中国台湾为综合指数。

表 7－29　　各市场股指增幅与市盈率增幅比较（1997 年至 2007 年 3 月）

指标	纽约	伦敦	韩国	中国香港	上海	深圳	中国台湾
股指涨幅（%）	56.22	22.83	286.00	84.66	166.64	116.58	-3.70
PE 值涨幅（%）	-4.95	-34.67	14.82	31.98	7.32	4.19	-30.81

从表 7－29 可以看出，道·琼斯指数在 1997 年底为 7908 点，到 2007 年 3 月末已达 12354 点，增幅超过 50%，但市盈率不升反降。而在我国，上证指数从 1997 年底的 1194 点涨至 2007 年 3 月份的 3183 点，增幅超过 150%，但市盈率仅增长了 7%。表 7－30 还显示，包括伦敦和中国香港在内的成熟市场以及中国台湾和韩国在内的新兴市场，都出现了市盈率增幅小于股价增幅的现象。这表明，在过去的十年里，各地区资本市场的上市公司盈利水平均有所提高，因此降低了市盈率的总体增幅。

表 7－30　　各主板样本市场利率与 EP 的比较（1993～2006 年）　　（单位:%）

时间	美国		中国台湾		韩国		中国香港		中国上海	
	利率	EP	利率	EP	利率	EP	利率	EP	利率	EP
1993	3.00	6.19	5.88	4.38	N/A	N/A	4.00	7.60	8.02	2.35
1994	5.50	6.80	6.00	2.52	N/A	N/A	5.75	4.63	10.98	4.26
1995	5.50	7.20	5.88	4.69	N/A	N/A	6.25	8.74	10.98	6.37

续表

时间	美国		中国台湾		韩国		中国香港		中国上海	
	利率	EP	利率	EP	利率	EP	利率	EP	利率	EP
1996	5.25	6.37	5.38	3.45	N/A	N/A	6.00	5.99	7.47	3.06
1997	5.50	5.38	5.63	3.70	5.25	9.88	7.00	8.26	5.67	2.51
1998	4.75	4.57	5.13	3.83	3.50	3.60	6.25	9.38	3.78	2.91
1999	5.50	3.98	4.88	2.10	4.75	2.89	7.00	3.74	2.25	2.62
2000	6.24	4.38	5.00	6.74	5.25	6.52	8.00	7.81	2.25	1.72
2001	1.75	3.22	2.50	2.41	4.50	3.41	3.25	8.21	2.25	2.65
2002	1.25	3.45	2.00	2.39	4.25	6.41	2.75	6.72	1.98	2.90
2003	2.25	3.59	1.75	4.04	4.00	9.94	2.50	5.27	1.98	2.74
2004	1.35	4.89	2.13	7.95	3.50	6.31	3.75	5.34	2.25	4.13
2005	4.25	5.31	2.63	5.70	4.00	9.11	5.75	6.42	2.25	6.12
2006	5.25	5.51	3.13	5.36	4.75	8.77	6.75	5.76	2.52	3.00
均值	4.10	5.06	4.14	4.23	4.38	6.68	5.36	6.71	4.49	3.31
超额收益率	0.96		0.10		2.30		1.35		-1.18	

资料来源：利率水平来自各国或地区中央银行官方网站，EP 根据前面表格计算或来自于中国台湾证交所网站。本表选取一国的基准利率作为无风险利率。

7.4.6 股市市盈率与利率水平的关系分析

第一，长期而言，除我国上海股市外，无论是成熟市场还是新兴市场，股票投资回报率都高于对应的利率水平，投资者都能获得超额回报率。而我国上海股市偏低的投资回报率在一定程度上反映了我国股市估值水平相对较高。

第二，长期而言，投资于不同市场获得的超额收益率有所差别，而且这种差别与市场成熟程度之间的关系并不明显。例如，投资于韩国和中国香港市场获得的超额收益率较高，而投资于美国、中国台湾和中国市场获得的超额收益率较低。此外，在中国，由于尚未实现利率市场化，因此其超额收益率与其他市场的可比性相对较差。

第三，在不同的市场间，利率与投资总体回报率的变动趋势并不一致。以美国和中国为例，不论两国利率水平如何变动，深沪股市的投资回报率长期低于美国（2005 年除外）。图 7-10 显示，1997 年，中美利率水平相近，但时逢牛市的中国股市总体回报率远低于同期的美国；2001～2003年间，美国利率先降后升，低于中国同期利率水平，但期间的总体回报率一直高于中国。

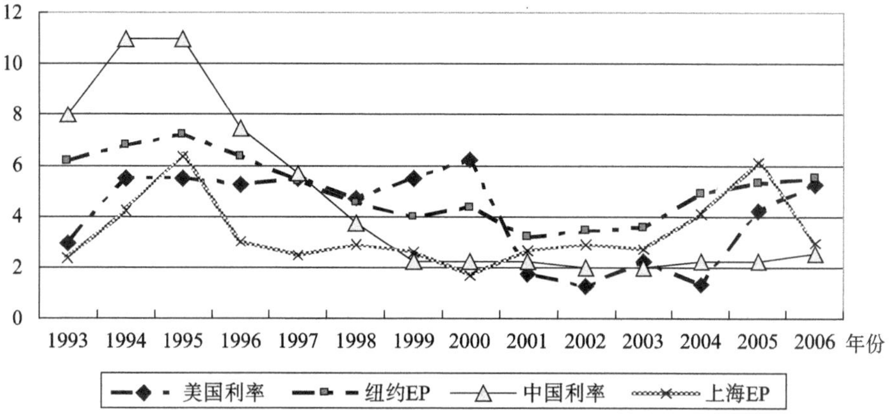

图7-10 中美市场EP与两国基准利率走势比较

8

中国证券投资咨询问题研究[①]

我国证券投资咨询的参与者之众、内容之丰富、表现形式之多样、影响之广泛，为世界资本市场所罕见。广大中小投资者既对证券投资咨询信息存在较大程度的依赖性，又对其可信性持怀疑态度。许多证券分析师既热衷于证券投资咨询这一影响力很大的行业，又为这一行业的公信力社会评价很低而沮丧。上市公司既为证券分析师经常推荐本公司的股票、发表对本公司的正面评论所产生的免费广告效应而欣慰，又为其对本公司发展前景、业绩及其股利分配方式肆意猜测、妄加判断而无奈。主力投资者既为所串通的证券分析师发表有利于自己操纵市场的股评文章而自喜，又为其他证券分析师常常发表不利于自己操纵市场的股评文章而烦恼。管理层既希望通过发展证券投资咨询业以引导投资者的理性投资行为，又对证券投资咨询机构及其从业人员在较多方面误导投资者而不满。如何看待我国证券投资咨询业，怎样正视其存在的众多问题，如何解决这些问题，对于规范我国证券投资咨询行为、促进我国资本市场健康规范发展、保护投资者利益，都具有重要意义。

本章在比较中外证券投资咨询制度安排的基础上，剖析我国证券投资咨询

① 2007 年 9 月 26 日，深证综研字第 0156 号。本章分工情况如下：肖立见负责课题设计、总纂并撰写导言；舒细麟撰写中外证券投资咨询制度比较并协助总纂；徐亮撰写我国证券投资咨询的历史、现状与问题及其原因；徐洪涛和徐亮撰写规范我国证券投资咨询的若干建议。

的历史、现状、现存问题及其成因，结合我国资本市场运作的制度安排和投资者特点，借鉴海外成熟资本市场证券投资咨询的监管经验，提出加强我国证券投资咨询的监管建议。

8.1 中外证券投资咨询制度比较

证券投资咨询对投资者的投资决策具有重大影响，海内外证券市场都通过立法和自律等制度安排来规范证券投资咨询行为。本节以美国为主线，旁及英国、日本、中国台湾等国家和地区，对其证券投资咨询的立法和实践进行系统梳理，总结其共性和经验，并与我国内地证券投资咨询制度进行比较研究。

8.1.1 海外证券投资咨询制度安排

为了规范证券投资咨询行为，海外市场多制定专门立法，如美国的《投资顾问法》（1940 年）、日本的《有价证券投资顾问法》（1986 年制定，1998 年修正）、中国台湾的《证券投资信托及顾问法》（2004 年）等，并辅以其他多层次的规范，形成以专门立法为核心的规范群，其所确立的制度安排概括如下：

（1）咨询主体。为投资者提供证券投资分析意见并指导投资的主体，在成熟市场有投资顾问（美国、日本和中国台湾）、财务顾问（英国）等不同称谓。投资顾问一般包含咨询报酬、业务、内容三要素：咨询报酬为直接或间接从委托人或第三人取得利益，来源不限于咨询相对人，名称不一定称为顾问费；咨询业务无须作为行为人唯一或主要的业务；咨询内容为提供与证券有关的投资价值分析和买卖建议。境外投资顾问职业内部一般划分为不同的层次。

（2）市场准入。为防止缺乏专门知识与经验的主体进入投资咨询行业，成熟市场普遍建立了投资顾问机构、人员的市场准入制度。

①顾问机构的市场准入，主要有 3 种形式：一是许可制（中国台湾），主管机关对投资顾问的市场准入享有较大的裁量权，监管重点放在事前防范。许可制虽有利于保障投资者利益，但有限制营业自由之虞。二是登记制（美国），凡符合法律

规定条件的主体，证券监管机关即允许其准入市场，监管重点放在事后取缔。登记制虽有利于促进营业自由，但可能影响投资者利益。三是双轨制（日本），根据投资顾问的业务类型，采取差别化市场准入要求，单纯提供投资咨询的投资顾问采取登记制，从事全权委托业务的投资顾问采取许可制。

②顾问人员的市场准入，不同市场的宽严程度不同，一般包括专门的资格考试外加一定期限的实习。资格考试通常划分为若干等级，覆盖内容逐渐扩大，深浅程度逐级加深。通过考试后的人员须经一定期限的实习，合格后方可执业。除市场准入的积极资格规定外，一些国家或地区还有市场禁入的“消极”资格规定。为提高顾问人员的素质，还有对其进行后续职业培训的严格规定。

（3）业务范围。海外市场投资顾问的业务大致分为4个类型：一是通过合同或契约，以发送投资分析报告等形式，向特定客户提供证券投资咨询建议；二是通过公开发表投资分析报告、出版报刊及书籍、开办证券投资讲座等形式，向公众提供某些特定证券投资价值的判断和建议；三是通过合同或者契约，代表特定客户对有价证券的投资组合进行管理；四是提供并购重组等财务或金融顾问服务。其中，前两项为投资顾问业务，第三项为全权委托业务，第四项为财务顾问业务。随着金融自由化、经营综合化及业务网络化的发展，原来禁止全权委托的国家或地区（如中国台湾）逐渐开禁了该项业务，以前奉行分业管理的国家或地区（如美国、英国）相继允许金融机构兼营彼此的业务，传统“面对面”的咨询方式逐渐发展为网上非接触式咨询。

（4）基本义务。在投资咨询法律关系中，投资者往往处于弱势地位。为了保护投资者的合法权益，海外投资顾问立法都规定了咨询主体的基本义务。

①诚信义务。咨询主体与客户之间构成信赖关系。作为受托人，投资顾问承担最大诚信义务，独立作出专业判断，让客户利益优先于自身利益。诚信义务内在包含基本信息披露义务、避免利益冲突义务、适合性义务和最佳执行义务。遏制投资顾问潜在利益冲突，规范投资顾问的行为，有利于保护投资者并确保市场公平、有效和透明的目标。

②信息披露义务。海外成熟市场奉行“充分披露哲学”，投资顾问的信息披露义务和其市场准入条件之间存在互补关系。信息披露的对象不限于监管机构，更重视对投资者的信息披露。信息披露的内容包括：申请批准或注册时，向监管机构披露市场准入要求的信息；与客户签约前或签约时，向客户披露其需要了解的信息；合同存续期间，向客户披露利益冲突等信息；签约后一定期限内，允许客户解除顾问合同而不承担法律责任（“冷却期”制度），以便让投资者有足够的时间充分理解

投资顾问披露的信息。

③适合性义务。包括“合理基础适合性义务”和“特定客户适合性义务”，要求投资顾问向客户提供投资建议或推荐投资产品须有合理依据，适合客户的经济情况、投资知识、投资经验、投资目的、风险承受能力等。投资顾问不但应“了解产品”、而且应“了解客户”，对所推荐投资产品和特定客户负有调查义务，定期更新资料并据此调整投资建议，如实披露信息缺失（如有）及由此可能产生的风险。随着互联网的发展，在线咨询的出现并不改变投资顾问“合理基础适合性义务”，至于是否承担“特定客户适合性义务”，则取决于其是否知悉客户的相关情况。

（5）法律监管。投资者对投资顾问的信赖或信任很容易被滥用从事欺诈、误导、操纵市场等违法行为，故成熟市场强调对投资咨询行为的监管。

①广告。对投资顾问广告行为的规范包括两个方面：一是明确界定投资顾问广告的内涵，即借助多种公共传播途径，向不特定多数人发布招揽信息，旨在吸引潜在客户并挽留现存客户；二是详尽列举禁止性投资顾问广告，包括使用他人获利的证词或感谢信、仅提及过去获利的推荐、不说明投资决策工具的局限性及困难、未披露的重要事实、作免费或保证获利的表示，以及其他不真实、错误或误导性陈述等。

②欺诈。违背前述诚信义务及其项下的具体义务很大程度上构成欺诈。反欺诈是成熟市场投资顾问立法的重要内容，禁止投资顾问对客户或潜在客户有虚伪、隐匿、欺诈行为或其他足以致他人误信的行为，包括利益冲突、投机行为、内幕交易等，并要求建立“防火墙”等制度防控投资顾问的欺诈行为。认定欺诈只需投资顾问有欺诈行为，至于其是否有主观意图，是否产生了客观损害，则不予考虑。如果投资顾问按要求履行了信息披露义务，即可排除某些行为（如投机）的欺诈性。

（6）责任追究。成熟市场投资顾问的责任形式包括行政责任、刑事责任和民事责任，建立了包括监管机关、司法机关、自律组织、合规执行官等在内的多层次监督体制和责任追究机制。近年来，成熟市场有提高投资顾问法律责任的倾向，如美国提高了违法投资顾问的最高刑期，中国台湾有惩罚性民事责任的规定，并集中对在线咨询、高风险咨询机构等开展专项执法检查。此外，成熟市场还规定了投资顾问对第三人的民事侵权责任，甚至将因错误投资建议给投资者造成的损失纳入投资者保护计划的补偿范围（如英国），同时强调通过加强投资者教育对投资者进行保护。

8.1.2 我国证券投资咨询制度安排

随着我国证券投资咨询业的发展，有关证券投资咨询的规范（包括法律规范和自律规范）经历了从无到有、逐步完善的过程[①]，确立了如下制度安排：

（1）咨询主体。我国证券、期货投资咨询机构及其从业人员是指取得监管部门颁发的相关资格，为投资人或者客户提供证券或期货投资分析、预测或建议等直接或间接有偿咨询服务的机构和个人。

（2）市场准入。我国投资咨询机构以单纯的投资咨询为主，禁止全权委托业务，其市场准入采取严格的许可制，准入门槛明显高于成熟市场。虽然市场从业人员准入需通过证券从业资格考试，但是考试针对所有证券、期货、基金从业人员，未实行专业分类和等级划分，缺乏应有的针对性和区分度。

（3）业务范围。我国证券投资咨询服务的内容分为5种：①为机构投资者提供投资咨询服务；②为上市公司提供财务顾问业务；③为投资者提供一对一投资顾问和理财咨询服务；④为市场各参与者提供证券信息和数据服务；⑤面对广大中小投资者提供会员制投资咨询服务。此外，投资咨询机构经证券监督管理机构和有关主管部门批准还可以经营证券服务业务。

（4）基本义务。我国有关证券投资咨询规范对证券投资咨询主体的基本义务规定如下：

①诚信义务。我国相关规范对投资咨询主体的诚信义务作了较为详尽的规定，要求其恪守独立诚信、谨慎客观、勤勉尽职、公正公平的原则，并通过执行执业回避、执业披露和执业隔离制度来确保投资顾问履行诚信义务。

②信息披露义务。申请从业资格的机构须按规定向监管机构提交章程、营业执

---

① 从1997年开始，我国先后颁布了《证券、期货投资咨询管理暂行办法》（1997年）、《关于加强证券期货信息传播管理的若干规定》（1997年）、《关于加强证券期货信息传播管理的若干规定》（1997年）、《证券、期货投资咨询管理暂行办法实施细则》（1998年）、《证券投资咨询机构检查制度》（1999年）、《关于证券投资咨询机构申请咨询从业资格及证券投资咨询人员申请咨询执业资格的通知》（1999年）、《关于加强证券投资咨询机构变更与咨询人员流动管理的通知》（2000年）、《关于规范面向公众开展的证券投资咨询业务行为若干问题的通知》（2001年）、《证券业从业人员资格管理办法》（2002年）、《证券法》（2005年修订）、《会员制证券投资咨询业务管理暂行规定》（2005年）、《关于发布〈会员制证券投资咨询业务管理暂行规定〉的通知》（2005年）、《关于规范证券投资咨询机构和广播电视证券节目的通知》（2006年）等与证券投资咨询有关的法律法规。中国证券业协会制定了《中国证券业协会章程》、《中国证券业协会证券分析师职业道德守则》和《关于加强会员制证券投资咨询业务自律管理的通知》等规范，从自律角度规范证券投资咨询行为。

照、人员从业资格证明、验资报告等文件；拟开展会员制业务的机构要求报备的资料更为详细；个人申请投资咨询从业资格及执业资格须向监管机构提交学历证书、资格考试成绩单、以往行为说明材料等文件；开展业务或发表文章、报告或者意见应公示（公告）相关机构全称及业务资格证书号码、参与节目的执业人员姓名及执业证书号码。

③适合性义务。我国要求投资咨询主体预测证券市场、证券品种的走势或者就投资证券的可行性进行建议时需有充分的理由和依据。咨询主体可以依据客户具体的财务状况、投资经验和投资目的提出适合不同客户需要的特定建议。上述规范中显然包含了“合理基础适合性义务”、“特定客户适合性义务”的内容。

（5）法律监管。总体而言，我国证券投资咨询监管层次比较单一，过于倚重行政监管，尚未形成有效的多层次监管体系。行政监管倾向于事后介入，对执业过程监管明显不足。

①广告。我国禁止以夸大、虚报荐股业绩、免费赠股、黑马推荐等方式进行不实、诱导性的广告宣传及营销活动。未取得业务资格的机构或个人不得在广告中以股评家和分析师的身份出现，媒体也不得发布此类主体的咨询广告。要求广告中必须以醒目的方式标注风险提示用语。但对导向性证词、感谢信等仅突出客户有利经历的材料，选择性列举使客户获利的推荐，推荐选股软件、工具或方法而不说明可能出现的困难和风险等禁止性广告缺乏相应的具体规定。

②欺诈。我国相关规范中有大量的禁止性条款：禁止咨询主体为自己或代理投资人从事证券、期货买卖；禁止承诺投资收益、约定收益或分担损失；禁止为自己买卖股票型证券及期货；禁止利用传播媒介或者通过其他方式提供、传播虚假或者误导投资者的信息；禁止合谋操纵市场或内幕交易；禁止做出有损其他客户和投资者利益的推荐；法律、行政法规禁止的其他行为等。这些禁止性条款，旨在防止投资顾问的欺诈行为，保护投资者的合法权益。

（6）责任追究。我国规定了投资顾问的刑事责任、民事责任、行政责任，但其中有关民事责任的规定较为薄弱且缺乏可操作性，不承认惩罚性赔偿。没有确立集团诉讼（仲裁）制度，投资者救济渠道有限，面临举证困难、诉讼成本高昂等难题。

8.1.3　中外证券投资咨询制度比较

相对于以美国为代表的海外市场，我国证券投资咨询的制度差异主要体现在：

（1）有关证券投资咨询的规范散见于有关法律、行政法规、部门规章和自律规范之中，缺乏位阶更高的专门立法，未能形成完整、协调的规则体系。

（2）证券分析师的定位不清晰，职业内部呈现平面化结构，缺乏必要的层次区分，监管机构难以据此进行差异化监管。

（3）证券投资咨询机构市场准入门槛相对偏高，但是从业人员资格考试缺乏针对性和区分度，忽视后续职业训练，缺乏严格的淘汰机制，不利于鉴别和提高咨询主体的业务素质和执业能力。

（4）对证券咨询业务缺乏有效的分类和清晰的定位，禁止开展全权委托业务和兼营其他金融机构的业务，经批准可经营其他证券服务业务的规定没有落实，投资咨询业务拓展空间有限。

（5）注重证券投资咨询主体对监管机构的披露义务，相对忽视其对投资者的披露义务，缺乏有关“冷却期”的规定；缺乏证券投资咨询主体对投资产品和特定客户的调查义务，以及更新资料并据以调整投资建议的规定。有关“特定客户适合性义务”的不同规范之间存在相互抵触的情况。

（6）对证券投资顾问广告缺乏具体的法律界定，对禁止性投资顾问广告的规定和列举不够全面。证券投资顾问广告监管缺位，缺乏有效的机制来查处和制裁虚假证券投资广告行为。对咨询主体自己或代理投资人买卖证券、期货的禁止性规定严格彻底，但是缺乏预先披露可解除禁止的灵活例外规定。

（7）对投资咨询违法违规行为的处罚偏轻，操作性和执行力较弱。投资者保护有待加强，民事赔偿的实现机制薄弱。

8.2 我国证券投资咨询的历史、现状、问题及成因

本节在回顾我国证券投资咨询发展历程的基础上，对我国证券投资咨询的现状、问题及其成因进行分析。

8.2.1 我国证券投资咨询的发展历程

我国证券投资咨询业与证券市场相伴而生，随着我国证券市场发展日益壮大。截至2006年，我国证券投资咨询业拥有100多家专业咨询机构、1万多名专业咨询人员。我国证券投资咨询业的发展大致可分为萌芽、形成、成长和逐步规范4个阶段：

（1）萌芽阶段。在我国证券市场发展的初期，公众对于证券和证券市场缺乏基本认识，既没有投资经验，又缺乏证券信息资讯，更谈不上系统的投资策略。证券投资咨询业应运而生，为投资者提供有关个股的资讯，以及买卖股票的建议。证券投资咨询最初以民间自发的方式存在，很多咨询人员出自个人投资者，经过多年的艰苦摸索，逐渐从普通股民变成职业投资者，从业余咨询人员演变为职业股评人士。有的筹集资金、招揽人才，成立专门的投资研究咨询机构。

（2）形成阶段。深沪证券交易所的成立，为投资咨询业的发展提供了良好的机遇。与此同时，深沪两地开始出现投资咨询公司，深圳新兰德证券投资咨询有限公司便是最早成立的专业投资咨询机构之一。咨询人员通过整理个股资讯信息，依据技术分析提供投资咨询，被称为“股评家”。专业咨询公司和专业股评人士的出现，标志着我国证券投资咨询成为一个独立的行业。

（3）成长阶段。作为贴近市场和投资者的行业，证券投资咨询业伴随着证券市场的发展成长壮大。从20世纪90年代中期开始，陆续有券商设立专门研究部门，从事宏观经济、行业及上市公司研究。前君安证券首开公司调研先河，并以此实现了商业价值。部分咨询机构开始进入一级市场，辅导企业股份制改制，探索从事财务顾问工作。咨询业务逐渐从简单的报价和证券买卖操作咨询，发展到以证券投资组合分析、市场研究与开发等高端服务，专业性、技术性大幅提升。组织形式从单兵作战发展为以机构为主。

（4）逐步规范阶段。随着我国证券市场的规范发展和证券投资咨询规范制度的建立，投资咨询行业逐步成熟，经营理念、方法和规范程度都在逐步提高。市场化程度的提高促使行业更加重视核心能力的培育和品牌的经营。随着行业分工的细化，在财务顾问、行业研究、信息资讯等方面都出现了一些优秀的、有重要市场影响的证券投资咨询机构。

8.2.2 我国证券投资咨询的现状与问题

我国证券投资咨询主体包括专业性证券投资咨询机构、券商基金等其他金融机构中的咨询业务部门。根据所涉利益关系的差异，证券分析师分为买方分析师、卖方分析师和独立第三方分析师。买方分析师为投资者服务，供职于基金或券商自营或经纪部门；卖方分析师为融资者服务，供职于券商投行部门、创投公司和其他股权投资基金机构；独立第三方分析师一般来自专门的研究机构和高等院校等独立性较强的单位。从整体上来说，我国证券投资咨询业外部的繁荣表象和内部的质量低下间、日益强劲的市场需求与行业发展的差强人意间存在着不容忽视的反差，但不同咨询主体出现的问题具有较大的差异性。

（1）主体现状及其存在的问题。从我国投资咨询主体来看，一是主体构成呈现多层性。专业证券投资咨询由于有市场准入制度，证券投资咨询主体有一定的专业水准和资质保证，问题相对较少；券商基金的研究部门由于经常面临利益冲突，问题相对较多。二是主体利益取向具有复杂性。股价和股指走势直接地影响相关利益集团的利益，而投资咨询通常直接或间接地影响股价和股指。行为主体的利益取向往往决定其咨询行为的立场，不同利益基础会产生不同甚至相互对立的证券投资咨询意见。

投资咨询主体存在的主要问题为：第一，证券投资咨询机构注册资本偏少，公司治理不善，内控机制不严，盈利与抗风险力不强；第二，证券投资咨询人才任职期短，流动频繁，缺乏从事深层次业务的高端人才①；第三，要求服务于不同对象的证券分析师遵守相同的行为规则，既没有从法律上对分析师的类型做出区分，也没有制定差别化的行为规则；第四，咨询主体的独立性、公正性不足。证券分析师很大程度上承受着雇用机构和所评价的上市公司的双重压力。当投资者利益、证券分析师自身利益、其所供职的证券公司利益、作为证券公司客户的上市公司利益之间发生冲突时，缺乏职业操守的券商分析师往往牺牲投资者的利益。

---

① 在美国，财经证券类媒体上的股评，基本为成篇的国际、国内有关经济状况分析，以及对于具体行为、公司的研究报告。由于证券市场的整体范围太广，证券分析师还必须进行进一步的专业分工，每人都有各自的研究领域，如果问一名机械制造业证券分析师关于电子公司及其股票方面的问题，他就只能回答“对不起，我不清楚了”。反观国内的股评家大多广为涉猎，1000 多家公司，涉及几大产业上百种行业类别，上至国内外经济形势与财政金融，下到行业及上市公司，A 股、B 股、H 股，通通在他们的“研究”范围。

（2）受众现状及其存在的问题[①]。为了最大限度减少和规避风险，确保盈利目标最大化，各类投资者甚至融资者客观上都有证券咨询服务的需求。因此，我国证券投资咨询的受众结构呈现多元化的特征。但不同类型、不同性质的投资者对证券投资咨询信息的需求程度具有明显的差异性。

机构投资者拥有明显的信息和专业优势。他们拥有较多的投资分析师，收集信息的渠道更加宽广，对信息的分析、加工和处理更为专业。因其对信息和资源的掌握程度（丰富程度或占有数量）明显优于个人投资者，故机构投资者在市场信息发掘和信息传播中作用显著。我国证券市场以个人投资者为主，虽然人多势众但是高度分散，资金规模有限，专业知识匮乏，信息获取迟滞。作为非职业投资者，他们没有能力和激励（基于成本考虑）全面收集、整理、分析和研判各种投资信息。在实践中，个人投资者的投资决策信息主要来自公众媒体的“股评推荐”、“亲友引荐”、“权威言论”甚至“小道消息”，因此，对相关证券投资信息极为依赖。

我国证券投资咨询受众方面存在的问题为：第一，拥有信息和专业优势的机构投资者常常制造证券投资信息噪音，操纵证券投资咨询信息，影响和左右中小个人投资者的投资决策。第二，因为专业研究报告价格昂贵，或者由于没有渠道获取时效性强、内容全面的专业研究报告，中小个人投资者对相关证券投资信息或股评信息存在较大程度的依赖（但不一定是信赖）和盲从，容易受其影响和左右。

（3）投资咨询内容及其存在的问题。证券投资咨询作为专业性服务行为，其研究报告的内容日趋专业化，一般包括事实部分和分析部分：事实部分及时介绍股市动态及国家经济政策，时效性强；分析部分往往使用基本分析、技术分析等专业手段，运用特定术语分析股市情况、市场形势、投资机会、股价走势等，其技术含量、可信性和吸引力有所提高。

与投资咨询内容相关的问题主要表现为：第一，就内容而言，证券投资咨询针对性较差、质量不高、独立性不强、公正性不足；其所传递的信息或原始、重复的居多，或来源不明、闪烁其词，或模棱两可、左右逢源，或夸大其实，有的甚至含有虚假成分[②]。第二，就立场而言，证券投资咨询的观点正面性居多，中立和负面

---

① 一些证券公司的研究机构开始向以基金为代表的外部机构客户提供服务，标志性的事件是当时的华夏证券公司出资成立的华夏证券研究所有限责任公司。独立的证券投资咨询机构也在竞争中进行客户和业务细分，呈现了多样性的特点，但从投资咨询这项业务来看，基本延续了为散户投资者提供咨询服务的业务模式。

② 许多股评说得似乎头头是道，有理有据。但细细品味就会发现，大部分都是翻来覆去地拿几个股评术语来糊弄股民，其实质不是空话就是套话。如“低吸高抛”或“逢低吸纳、逢高出货”、“牛市久盘必涨，熊市久盘必跌”、“顺势而为”、“久涨必跌、久跌必涨”等，这些听起来是没错，但关键什么是“低”、“高”、“牛市”、“熊市”、“势”、“久”等，却是模糊不清、任由解释的。

性的观点相对较少，很少有专门的看空分析。第三，就效果而言，证券投资咨询准确性低，部分含有欺诈性成分，较多个人投资者都有过盲从、上当受骗而承受风险的经历。中国证券网的统计分析①和理论界的实证研究②表明，我国股评所荐股票的有效性较差。在现实中，股评的处境颇为尴尬，许多人关注股评并受股评影响，但又不信任股评。

（4）投资咨询表现形式、传播途径及其存在的问题。我国投资咨询的形式多样：受投资人或者客户委托提供证券投资咨询服务；举办证券投资咨询的讲座、报告会、分析会等；在报刊上发表证券投资咨询的文章、评论、报告，以及通过电台、电视台等公众传播媒体提供证券投资咨询服务；通过电话、传真、网络等，提供证券投资咨询服务等。投资咨询既有封闭性的小范围言论，也有公开的大范围传播。广播电视传媒即时传播，速度快捷，覆盖面广；电视更是兼具声音、图像和文字，成为最方便有效的传媒。近年来，网上证券信息传播（如 BBS、博客、留言板等）方兴未艾。与传统纸质媒体相比，这种开放性、扁平化、互动的媒介平台信息容量更大，表现方式更为生动，传播更为方便、快捷，触角更为深入广泛，互动性更强，信息交流更为充分。

我国证券投资咨询表现形式和传播存在的问题是：第一，我国证券投资咨询业务面窄，同质化严重，多集中于投资咨询和财经资讯。服务方式和手段单一，以个性化差别服务取胜的竞争格局还没有形成。第二，部分媒体由于缺乏社会责任或者受经济利益驱使，过分注重信息的新闻性、及时性而忽视其可靠性，在传播违规投

---

① 中国证券网曾对三大证券报自 2000 年 9 月 7 日至 11 月 14 日所发表的各种形式的股评和荐股文章进行过统计，并按荐股在有效期内的涨跌幅度给出评分。按所列入的股评家人数计，304 人中 152 人得了负分，正好占 50%，胜负相抵，股评的有效性几乎为 0；304 人总共得了 60.32 分（每人满分应为 100 分），平均得 0.1980 分，接近 0 分。也就是说，即使只允许由他们来包揽胜场，能够赢利的也寥寥无几；按所荐股票的数量计算，在 43 个交易日中股评家总共推荐股票 4937 只（次），平均每只（次）得分为 0.0122 分，勉强没有全军覆没。

② 我国理论界对股评效果做过不少有价值的实证研究。如马春林等（2002）通过对股市信息供应量的影响因素分析，发现在选择所关注的股票时，股评家倾向于关注股价较低、每股净资产较高、规模偏大并且经营效益较好的股票，从而导致具有这些特征的个股具有较高的信息供应量。徐谡等（2005）基于行为金融理论的股评研究表明，大多数股评是有偏差的，股评背后的陷阱部分是人为因素造成的，而部分是因股评家的不完全理性行为引起的。宋军等（2003）对中国股评家的羊群行为进行研究得出结论：股评家对舆论有明显的羊群行为；当历史收益率增加、市场乐观情绪高涨、股评家预测的一致程度增加、股评家的能力降低、股评家的初始声誉增大时，股评家参与羊群行为的动机增加。当舆论被事后的收益率证明为错误时，羊群行为反而增加，因此股评家的羊群行为很可能是一种非理性行为。宋军等（2001）对中国股评家预测行为的实证研究发现，股评家的短期预测平均而言是一个未来大盘收益率的反向指标。宏观的经济面信息、前一天的公众舆论和前 3 天的大盘平均收益率都对于股评家的预测有显著影响，其中，以公众舆论的影响作用最大。在这些因素中，宏观的经济面信息有助于提高股评家预测的准确性，而其他因素则降低了股评家预测的准确性。徐谡等（2005）研究表明，我国股评家具有明显的“信息驱动型”特征，发布的股评建议及时性较差；此外，熊市行情下，股价在建议发布之后呈显著的下降趋势，所推荐的股票没有投资价值，牛市行情下股价没有显著变化。

资咨询信息方面助纣为虐。

（5）投资咨询对市场的影响及问题。随着我国证券市场发展，证券投资咨询的社会影响力日益凸显：对证券市场而言，有利于扩大市场信息供给，增进市场定价效率，提高市场信息质量，促进市场资讯流通，增加市场的有效性和透明度；对上市公司而言，有助于加强对上市公司的市场约束，监督和促进上市公司规范运作，促进“三公”原则的实现。对投资者而言，在一定程度上可满足部分投资者（特别是中小投资者）获取证券资讯的内在需求，既能增进其投资知识和投资技能，也能提供投资决策及分析判断市场的信息，并在一定程度上发挥投资者教育功能，促进其理性投资。

但是，不能忽视的是，不规范或者非法证券投资咨询往往损害投资者利益，导致市场剧烈波动。此类咨询评论极富诱惑力和煽动性，是鼓动散户盲目入市的强大工具，它们不但很难让投资者获得预期的收益，而且可能误导甚至直接损害投资者的利益①。低质量的信息泛滥，让个人投资者难辨真假，不但对其投资参考价值不大，反而混淆视听，增加投资决策的成本和不确定性。研究机构推介品种与观点高度趋同，直接影响到主力资金的流向，容易成为市场助长助跌的影响因素。众多夸张不实的评论信息造势性强、渲染性高，往往营造非理性普遍乐观或过度恐慌的舆论氛围，对股市的波动产生推波助澜的效果，进而影响市场的稳定性。

（6）投资咨询违法违规问题。部分投资咨询机构和从业人员法律意识和道德操守缺失，知法犯法，有法不依，蔑视法律的尊严，扰乱咨询市场秩序，主要表现为：

①违反市场准入规定。部分不具备从业资格的主体，或租用、借用、受让从业资格证书，或盗用境内外基金券商的名义，或依托在证券营业部设立的“咨询工作室”、“理财工作室”、“研发中心”等从事非法咨询活动，或者直接从事非法咨询活动。

②为招揽客户做虚假广告。以免费咨询、免费荐股、明示或暗示投资收益等方式引诱客户，夸大或选择性宣传荐股业绩，利用培训班或股民学校、股票分析软件等产品推介和销售机会从事违规咨询，蒙骗不明真相的投资者。

③违反适合性义务。运用现有真实信息（包括上市公司提供的信息）进行不合常理的预测，或捏造事实进行虚假预测，或以市场传闻、主观臆测作为提供投资建议的依据，不调查客户（如家庭主妇、退休人员等）的具体情况即推荐与其风险承受力不匹配的投资产品。

---

① 据相关的调查访问，参照股评进行投资赚赔差不多的人占到65.7%，赚钱者和赔钱者的比例则分别为16.7%和17.6%，基本上没有什么差别，很大部分的投资者都曾有过听从劣质股评而蒙受亏损的经历。例如，在银广厦案件中，由于股评家推荐而上套的股民占到了29%。

④内幕交易、操纵市场，违反市场公平原则。运用上市公司不公平信息披露直接进行内幕交易，或提供给第三人进行内幕交易。通过虚假预测影响股价，在不同时段为不同级别的会员提供研究报告，事先推荐利益相关者购买后再撰写研究报告，为主力打压吸筹、拉高出货服务，或者不公平地优先考虑一些客户利益而损害另一些客户或者公众投资者的利益。掌握巨额私募基金的投资顾问利用聚集的资金"坐庄"，在获取巨额非法利益的同时，以荐股"业绩"为诱饵招揽会员。

⑤媒体违规。一些媒体聘用无执业资格人员发表股评，出售电视节目时段播出股评节目，对证券信息把关不严，使相关节目成为咨询机构的营销工具，或者被利用来散布市场传闻或未经证实的信息，扰乱市场秩序。

8.2.3 我国证券投资咨询问题成因分析

探讨我国证券投资咨询现存诸多问题的成因，不能脱离我国证券市场发展的历史背景和客观实际。我国资本市场仍处于"新兴加转轨"阶段，基础制度、先天体制和后天机制的缺失和不足是我国证券投资咨询现存问题形成的根本原因。

（1）投资者结构不均衡。投资者结构多元化是调节证券市场内部机制、缓解证券市场非理性波动的有效手段。众多以获取长期稳定收益为目的的机构投资者的存在，是抑制股市过度投机、重塑理性投资理念的基础。尽管近年来机构投资者发展迅速，投资者结构日趋多元化，但是我国证券市场以散户为主的格局并未发生根本改变，机构投资者内部发展不均衡问题也较为突出。部分机构没有发挥应有的投资示范作用，迫于市场压力频繁改变投资策略，导致股市换手率和市盈率过高、股价波动过大、市场起伏剧烈。

中小投资者证券知识和投资技能不足，缺乏入市经验和风险意识，信息来源渠道不畅，没有能力去关注上市公司的运作情况，没有能力和精力从事技术或市场分析，最简便和最适宜的选择就是听股评人士的股评分析，因此，客观上存在一个巨大的证券投资咨询信息的需求市场。个人投资者追求短线超额收益，其行为具有羊群效应特点，他们倾向于关注短期预测信息，更容易受市场波动的影响。

（2）信息披露机制不完备。证券市场本质上是信息市场，其有效性依赖充分的信息披露。只有获得足够的信息，市场参与者才能做出理智的投资决策从而维护自身的利益，分析师才能充分发挥其专业分析优势从而赢得市场的信任。我国证券市场信息披露制度不完善，信息传递渠道不顺畅，信息不对称严重，上市公司及大股东存在着信息披露完整性、准确性、及时性、公平性较差的问题，一方面助长投资者非理性的投资行为；另一方面容易滋生市场欺诈和内幕交易，使得证券投资咨询成为竞相追逐内幕信息和欺诈横行的温床。

我国证券市场的改革与发展是政府推动型的，市场发育不甚成熟，受政策影响较大，政策调控的权重大致为50%，仍属比较明显的政策市①。长期以来，我国证券市场具有“庄市”特征，股价主要由资金供求关系决定。在这样的市场中，投资者必须考虑政策与市场双重因素，难以预见政策调控何时会干预证券市场，投资决策受不确定性因素影响较大。这种体制和机制上的缺陷减损了传统分析方法的有效性，使投资者对所谓“重大消息”的关心甚于对市场和公司基本面的关注，市场人为的不确定性必然促使投资者偏好短期投机。在这种情势之下，证券投资咨询为迎合市场畸形需求而与行业宗旨背道而驰就不足为怪。

（3）行业发展空间受到挤压。我国专门的证券投资咨询机构往往规模小，行业集中度低，资金实力弱，机构设置和内部分工简单，人员少且素质不高，缺乏在行业内深入发展的基础和条件。许多券商研究部门虽然资金实力雄厚，并在市场调查、信息分析和研究等方面做了大量工作，但是受本位利益制约，其研究很大程度上服务于本公司的自营业务，长此以往可能失去行业内的发展空间。概而言之，有资金的机构，业务空间受限制；有业务发展空间的机构，缺乏资金实力。

现行立法禁止证券咨询机构从事全权委托业务，证券投资咨询行业缺少法定业务空间和盈利模式。多数咨询机构主要针对二级市场的个人投资者提供顾问服务，针对机构投资者的特色化服务相对薄弱。业务空间严重受挤压的现状，无法适应部分客户多样化的需求，既与成熟市场的立法相左，也与金融自由化、综合化趋势相悖。行业内部业务同质化严重且与券商等外部机构研究部门业务重叠，导致行业内部和外部盲目恶性竞争，无法进行合理的功能定位和市场分工。在内外交困的情况下，整个行业利润来源单一，主业盈利能力偏低，缺乏核心盈利模式②。部分咨询主体“绕着红灯走”，客观上助长了灰色业务地下泛滥，甚至使合法业务沦为其附属，对投资者造成更大危害。尽管提高证券投资咨询水平是咨询机构长期发展的根本所在，但是如果业务开展艰难，单纯要求这些机构提高水平似乎无助于问题的解决。

（4）缺乏做空机制和经纪人制度。中国证券市场做空机制不完善，只有被动性

---

① 欧美成熟的证券市场，政策调控和监管所占的权重不超20%，而证券市场本身调节的权重在80%以上。

② 据有关机构2002年抽样调查显示，平均每个营业部用于外购咨询产品的支出只占其佣金收入的1%～2%左右；独立经营的证券投资咨询公司中，透过证券投资咨询业务获得的收入只占总收入的1/3左右。

做空避险机制，缺乏信用交易卖空和股指期货做空获利的机制，因此，投资咨询很少有中性、负面或专门的看空分析。媒体将重点放在对投资的乐观主义的推动上，众多股评家或证券分析师，对股市进行并非出自严密理论分析和判断的“非理性”鼓噪与宣传，引导投资者做多，助长非理性投机，引发市场风险。部分机构出于自身利益考虑，利用和夸大这种噪音，促使个体投资者为增加交易频次而进行非理性投资。

在美国等成熟市场，有完善的证券经纪人制度。尽管目前网上交易越来越普遍，但是多数美国人（超过60%）的投资还是通过经纪人完成，或者在咨询投资顾问后进行。证券分析师的投资咨询产品通过经纪人向客户实行“点对点”的传输和销售，经纪人根据分析师的报告为客户提供服务。尽管国内证券经纪人在实践中已经存在多年，但是制度并不完善，效果也不理想，且在目前的法律体制中无合法地位。在缺乏类似国外的证券经纪人制度的背景下，证券投资咨询难以按照“点对点”为投资者提供私下服务的方式进行，而只能采取“点对面”的公开发布投资咨询信息的方式进行，也为我国证券投资咨询信息广为公开传播所引发的问题埋下了隐患。

（5）证券市场整体文化和个体心理不成熟。证券价格由理性的投资需求和非理性的投资需求共同决定，即同时由投资者的功利因素（利益和经济效用）和非功利因素（个体心理）决定。投资者的行为不仅受制度和经济因素的影响，而且受社会文化、个体特质及心理因素的交互影响。我国个人投资者在投资行为上存在许多认知偏差[①]，这些认知偏差交互作用于投资者的行为，常使其行为呈现对政策和市场过度反应的倾向，既在相当程度上加剧了市场震荡，也容易被别有用心的庄家、机构投资者和市场中介机构利用来牟取暴利。

社会文化因素包括社会历史、意识形态、传统文化、社会心理、风俗习惯等，通过影响投资者的价值观、意识、性格、态度，决定投资者的需求结构、动机水平，或者通过影响投资者的需要满足程度以及对正式制度的满意程度和评价，进而影响投资者的行为方式选择。首先，我国投资者的投资观念、理财方式、投资目的等趋同性较强，主要是养老与子女教育，多注重投资的稳健性，理财方式相对保守，倾向短线操作。其次，在经济转轨和社会转型时期，社会信用文化和诚信缺失，投资者道德与价值判断标准失衡。体现为投资行为选择趋向非理性化，追求利益不择手段，回避道德与制度约束，散户罔顾风险，中介机构和机构投资者缺乏诚信和社会责任感。最后，在比较注重社会舆论和亲缘文化的社会环境中，投资者作出某种选择

---

① 我国个人投资者在投资行为上的认知偏差主要有：“确定性心理”、“损失厌恶心理”、“后见之明”、“过度自信”、“过度恐惧”、“政策依赖性心理”、“暴富心理”、“赌博心理”、“从众心理”、“代表性偏差”、“可得性偏差”、“情感依托”、“锚定心理”、“选择性偏差”、“保守性偏差”和“框架效应”等。

和决定往往会面临群体一致性的压力，为平衡个人与群体之间的冲突、增强安全感，投资者往往采取从众行为。目前市场上各种各样的“消息”、“传言”之所以能够通过各种“关系”渠道进入投资者的个人决策，正是利用了投资者个体的从众心理。

（6）外在制度约束粗略和软化。法律与监管是证券市场最有力的约束，但是我国这种外在制度约束较为粗略软化，主要体现在：①我国投资咨询法律规范层级效力较低，威慑力还不够大，可操作性不强。②法律规范规制范围狭窄，存在许多空白和模糊之处，对于咨询主体的义务缺乏细致规定，一些咨询业务的界限不够明确，对投资者权益的救济没有配套的规定。③现有法律规范对各种传播媒体缺乏统一管理，对媒体的责任缺乏明确的要求，对媒体在刊登证券资讯信息的真实性、可靠性上未提出明确的要求。④隔离制度不完善。证券公司的证券投资咨询业务与证券承销业务、证券自营业务和证券资产管理业务之间在业务、财务和人员等方面缺乏有效的“防火墙”，既影响了证券分析师的独立性、公正性，也增加了其利用证券投资咨询信息操纵市场的可能性。⑤监管不到位。无论是行政监管还是行业自律监管，均不同程度地存在着监管机构不完善、监管人员不足、监管手段单一、监管辐射面狭窄等问题。⑥投资咨询违法违规行为被发现的概率仍然较小，违规成本与违规收益严重不相称，客观上刺激了某些机构和个人铤而走险。

以个人投资者为主的投资者结构和信息披露机制的不完善，实际上形成了对证券投资咨询的巨大市场需求，为投资咨询业提供了生存和发展的土壤。上述两方面的不成熟，加上做空机制和经纪人制度的缺乏，限制了投资咨询行业的发展空间。整个社会市场文化与个体心理的不成熟、外在制度约束的粗略和软化使投资咨询行为缺乏必要的引导和规范。上述因素相互影响（参见图8－1）进一步恶化了证券投资咨询行为的外在生态环境，导致了证券投资咨询领域出现诸多问题。

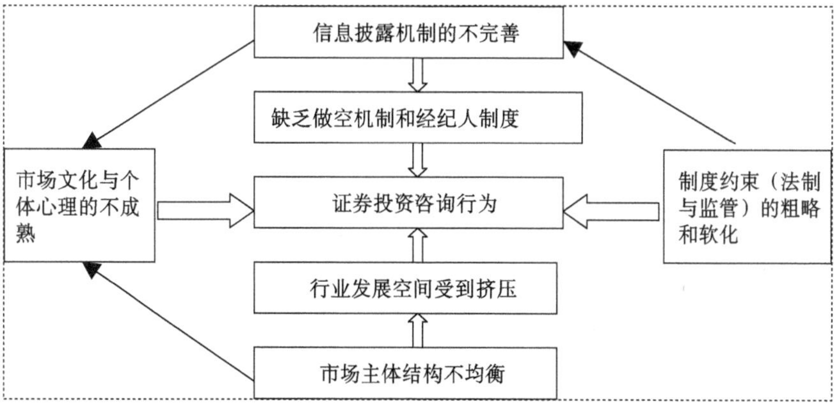

图8－1 证券投资咨询行为影响因素

8.3 规范我国证券投资咨询的若干建议

针对我国证券投资咨询的现存问题，借鉴成熟市场的制度安排和监管经验，现提出规范我国证券投资咨询的对策建议。

8.3.1 制度层面：完善证券投资咨询相关法律和制度

完善证券投资咨询制度包括完善证券投资咨询法律法规和监管制度，建立做空机制和证券经纪人制度等其他配套制度。

（1）完善证券投资咨询相关法律制度。以制定《证券投资咨询业务管理办法》为契机，修改、完善现有证券投资咨询相关法律制度，构建以其为核心的、相互协调的证券投资咨询规范群。第一，补充现有立法空白。确立签约后“冷却期”制度，增加不具备业务资格擅自从事赢利性证券投资咨询的处罚规则，以及证券投资咨询机构“引进来”与“走出去”等方面的规定。第二，扩充证券投资咨询机构的业务范围。尽快制定投资咨询机构从事证券服务业务的审批管理办法，进一步明确证券投资咨询机构的业务范围和业务类型，逐步有条件地开放全权委托业务。第三，细化现存法律中粗疏的规定。明确要求证券投资咨询主体履行“合理基础适合性义务”和“特定客户适合性义务”，调查并定期更新客户信息，说明信息缺失及由此产生风险，增加欺诈性顾问广告类型限制的规定等。第四，消除现有规范中矛盾、过时的规定。如消除行政法规和自律规范对特定客户适合性义务规定的不一致性，删除关于声讯台的规定等。第五，增加某些条文的可操作性。例如，有关投资咨询机构民事责任的规定等。

（2）建立做空机制和证券经纪人制度。股票市场的平稳运行取决于做多与做空机制的协调发展。我国应择机、适时推出包括信用交易卖空和股指期货主动做空的机制，使投资者在市场或个股下跌时也有获利途径，减少证券投资咨询“一边倒”的现象，增加证券投资咨询中“卖”的声音。

证券经纪人制度有利于形成证券投资咨询产品“点对点”的分销渠道，帮助投资者判断和选择合适的证券投资咨询产品。如果证券分析师违反法律或自律规范，也可以因此顺藤摸瓜找到责任主体。借鉴海外成熟市场的经验，我国可考虑通过立法逐步完善证券经纪人制度，确立其适当的职能定位，充分考虑引入该制度可能出现的问题，构建包括经纪人资格认证制度、市场准入制度、监管制度、业务制度、处罚规则等在内的制度体系，促进证券投资咨询业务与证券经纪业务之间形成分工明确、相互支持、互相促进的良性互动关系。

（3）健全证券投资咨询业务“隔离墙”制度。为增强证券分析师的独立性、公正性，应建立证券投资咨询业务“隔离墙”制度，确保证券投资咨询在业务、人员、信息、薪酬等方面的适当隔离。一是禁止投资银行机构审批证券分析师的研究报告或监管其业务，证券分析师不得参与投资银行机构的业务推介。二是建立证券公司内部买方和卖方分析师的信息隔离制度。三是证券公司分析师的报酬与投资银行、经纪业务或资产管理业务脱钩。四是健全证券分析师利益冲突披露制度，必要时遵守在一定期限内“噤声”制度或执业回避制度。

8.3.2 监管层面：分类监管、突出重点、加强协作

对证券投资咨询的监管，应提倡“功能性”监管的理念，坚持分类监管的原则，突出信息披露监管，加强公共媒体监管，强化部门协作。

（1）区分行为性质，实行分类监管。针对复杂多样的投资咨询行为，应根据行为的“职能、功能”实施监管，实现从“机构监管”到“业务监管”的转变，施以宽严相济的规制。将证券分析师划分为买方分析师、买方分析师和独立分析师，根据不同行为主体、不同咨询行为的性质和不同的服务对象确立不同的行为规则，建立具有针对性、差异性、相互协调的多层次监管体系。

既应重视专业证券投资咨询机构的监管，也应重视其他兼营咨询业务机构的监管；既要对有业务资格主体的咨询行为实施监管，也要将无业务资格主体的违规咨询行为纳入监管范围。对以营利为目的的投资咨询监管从严，对非营利性股评监管从宽。对于证券公司，应重点防范咨询业务和其他业务之间的利益冲突或利益融合，其中业务隔离是核心；对于独立咨询机构，应重点防范咨询欺诈行为。对咨询中的事实部分监管从严，主观评论和价值判断部分监管从宽；对面向公众投资者的咨询监管从严，面向机构投资者的咨询监管从宽。

（2）强化信息披露，增加证券市场透明度。公开、透明的信息披露制度和完

整、准确、及时的信息披露机制，是规范证券投资咨询行为的基础。

首先，确保上市公司及大股东信息披露真实、准确、完整、及时、公平。后股权分置时代，特别应注意严厉打击虚假信息披露和选择性信息披露行为，防止上市公司在同一信息向一般公众披露之前向证券分析师、机构投资者等特定当事人泄露。

其次，证券投资咨询主体应主动、充分、便捷地对投资者披露信息。一是证券业协会的"证券投资咨询公司信息公示专栏"应成为一种永久性制度，咨询主体应在公司网站、营业场所、印刷物等地方，在开展证券投资咨询业务时，以投资者方便阅览和查询的方式，公示并定期更新咨询主体的相关信息资料。二是强化咨询主体在签订投资咨询合同前和履行合同的过程中对投资者的信息披露，如利益冲突、重大事项变更等。三是为让投资者有足够的时间充分地理解咨询主体披露的信息和合同条款，应允许投资者有在一定期限内解除合同而不承担责任的权利。

（3）加强媒体监管，规范证券投资咨询的传播形式。证券咨询评论通过媒体向投资者传播，媒体应在规范和发展证券投资咨询方面同时承担法律责任和社会责任。一方面，基于法律规定，媒体有义务审查并确保证券投资咨询广告和证券投资信息符合法定形式。如果媒体与信息发布者合谋，或者在履行审查职责时严重疏忽，导致欺诈性的投资咨询损害投资者的利益，则媒体和咨询主体应共同承担相应责任。另一方面，出于社会责任，媒体应坚决杜绝有偿新闻，充分贯彻新闻自由原则，公平对待各咨询主体，为各种观点和言论提供自由表达的渠道和平台，对不规范的咨询内容进行过滤，对公开披露的信息提出合理的质疑，以此促进客观报道，提高市场透明度，保护投资者合法权益。鉴于大众媒体的公信力强，社会影响大，对媒体监管的重点应放在大众传媒上。

（4）强化行政执法检查和执法协作，增进执法效率。首先，应强化行政执法检查。证券监管机关应敦促证券投资咨询机构保存详细的咨询信息记录，通过非现场检查与现场检查相结合的方式，及时发现、纠正、打击和取缔不规范和非法证券投资咨询行为，提高违法者的违规成本。重点打击与欺诈性投资咨询相联系的市场操纵行为，斩断欺诈性投资咨询行为的利益链条。警惕和重视无照的机构和人员（包括某些境外无照机构）开展非法投资咨询业务。加强"证券投资咨询机构"的名称管理，严格规范使用投资顾问或投资咨询机构的名称，或以该词形容其业务，从而避免从名称上误导投资者。

其次，应强化行政执法协作，形成监管合力。监管部门应建立与工商、司法、公安、媒体监管部门的信息沟通和监管协作机制。司法机关可向工商等相关部门发送司法建议，要求工商部门对有工商登记但无证券投资咨询业务资格的违法经营机构给予惩处。证券监管部门可与公安网警合作调查网上欺骗性赢利咨询活动。中国证监会及其派出机构应建立与各级广电管理部门的协调沟通机制，加强对播出的证券节目和咨询广告的管理。

8.3.3 自律层面：严格市场准入，强化自律机制建设

为克服“成文法”的局限性和滞后性，减少监管者作为“经济人”面临的利益冲突，弥补政府监管资源的不足，应充分发挥自律组织贴近市场的自律监管优势，将监管权限在证券监管机构和自律组织之间进行合理配置。

（1）完善行业准入制度。我国应在从严监管的基础上，提高证券分析师的从业门槛。首先，对于证券投资咨询机构，应提高注册资本的数额，提高具有证券投资咨询执业资格的人员的数量要求，以适应证券投资咨询机构业务多元化和提高风险承受能力的需求。其次，对于投资咨询人员，应设置专门的咨询从业人员资格考试，加强考试内容的针对性和区分度，通过不同等级的资格考试的人员，发给不同等级的从业资格证书。取得资格证书经实习两年并考核合格（有相应年限证券从业经验者可豁免实习）后，方可申领执业证书。通过严格的市场准入，控制从业人员数量，提高资格证书和执业证书的含金量和稀缺性。

（2）提升专业人员的综合素质。首先，努力提高咨询人员的业务素质和执业能力。自律组织应引导咨询机构内部实行知识型管理，学习国外咨询机构的运作经验，建立科学的咨询程序，采用现代咨询、诊断以及决策方法，拓宽投资咨询机构的信息资源，加强执业人员的后续职业培训和持续监管。其次，提高证券分析师的职业道德。自律组织应敦促咨询机构设立合规性部门，倡导“合规文化”、“诚信文化”、“绿色咨询”、“阳光咨询”，发挥其在声誉约束方面的独特优势，引导证券分析师遵守行业准则和职业道德。

（3）强化自律组织的监管作用。首先，证券公司、基金公司要加强对自己的证券投资咨询部门和人员的监管，独立的证券投资咨询监管要加强自律机制建设，强化咨询人员执业监管。其次，证券业协会应将证券公司的投资咨询纳入自律监管的范围，证券交易所应将证券公司的投资咨询纳入会员监管的视野。

8.3.4 投资者保护层面：加强投资者教育和司法保护

为防止证券投资咨询主体损害投资者合法权益，监管部门应在协同自律组织和新闻媒体加强对投资者教育的同时，加强对投资者的司法保护。

（1）加强投资者教育，提高投资者的自我保护能力。在积极发展多元化的机构投资者的同时，应加强对其市场行为的监管和约束。对个人投资者（特别是非成熟个人投资者），应多从技能、策略、知识上予以必要的引导和教育，在法律保护上予以倾斜。

第一，引导投资者正确认识证券投资咨询的本质、作用和局限，提高独立决策能力。由于证券价格的波动特性和证券分析的局限性，分析师不可能准确预测未来股票的价格，或提出稳赚不赔的投资建议。特别是网络虚拟空间的炒股论坛、炒股社区、证券博客等大多是未取得咨询从业资格的主体开设，甚至可能是“庄家”操纵市场的工具。我国证券市场处于发展的初期阶段，证券分析的局限性表现更为明显。因此，对于证券分析、评论和预测，投资者只能参考，不能迷信和盲从，应努力提高对各种证券信息的鉴别能力，基于独立判断慎重决策，自行承担投资损益。

第二，投资者教育的形式应灵活、有效，内容应充分、具体。首先，应动员包括监管机构、证券交易所、自律组织、中介机构、教育机构、新闻媒体、街道社区组织等多方社会力量，采用多种方式开展投资者教育活动。其次，投资者教育的起点应当前移，从中小学开始学习金融证券基本知识，从小培养理财观念和理财技能。进入证券市场以后，应培养投资者科学、正确的财产观、价值观与投资观，提高投资意识、风险意识与信用意识，加强尊重市场游戏规则的法治观念，树立理性投资和价值投资的现代投资理念。最后，证券投资咨询机构的风险提示不能简单重复“股市有风险，入市须谨慎”，而应说明具体投资建议或具体投资产品的具体风险及其理由，让投资者真正明白风险所在。

第三，引导投资者“买者自慎”，提高自我保护能力。“个人是其自身利益的最佳判断者”。投资者应理解分析师所面临的利益冲突，通过正规渠道获取投资信息，增强抵御欺诈性咨询及其广告的能力。在选择接受咨询前，投资者应通过正规途径了解核实咨询主体的相关信息，应仔细阅读、理解入会细则、相关合同条款，不轻信保底分成承诺。在接受咨询的过程中，投资者应保留相关证据，作为发生纠纷时主张权利的依据。如因自身疏忽或懈怠参与非法证券投资咨询，或通过最低限度的勤勉本应发现违法行为而实际未能发现，投资者应承担相应的损失。

（2）强化投资者司法保护，降低投资者诉讼成本。完善的司法体制便于投资者追究违规者的法律责任，弥补投资者的经济损失，并对咨询主体形成市场化的约束机制。证券分析师的民事责任主要有两种：一是因违反对特定投资者的合同产生的违约责任；二是因破坏不特定公众投资者对其信赖形成的侵权责任。投资者诉讼能够在一定程度上克服我国行政执法效率较低、行业自律机制作用不强、媒体社会责任缺失等方面的缺陷。强化对投资者的司法保护，应取消民事赔偿诉讼前置程序，引入证券集团诉讼（或集团仲裁），采取举证责任倒置原则等，提高司法程序的效率，降低司法保护成本。

为了弥补投资者因证券投资咨询遭受的损失，应要求所有证券投资咨询机构都提取风险准备金，或者适当扩大投资者保护基金的保护范围，将证券投资咨询主体因违法、欺诈给签约客户造成的损失纳入其保护范围。投资者保护基金补偿投资者损失以后取得代位权，向依法应承担责任的咨询主体追偿，从而为投资者提供一条方便快捷的救济途径。

9

中国养老金融框架性研究①

——基于中国人口老龄化、养老保障的视角

养老金融是指养老保障与金融的融合，它既依赖于养老保障的发展，又为养老保障服务。人口老龄化对养老保障影响巨大，因而对养老金融也会产生间接的却又巨大的影响。基于人口老龄化、养老保障与养老金融的这种密切的相互关系，本章主要研究与中国人口老龄化、养老保障相关的养老金融问题。

9.1 中国人口及老龄化的一般分析

人口老龄化与养老保障、养老金融密切相关，本章研究中国养老保障和养老金

① 2013年9月2日，深证综研字第0191号。养老金融课题组由肖立见、黄少军、陈建瑜、汪强、李湛、戴益文等人员组成。本课题在调研、讨论、修改过程中，得到了全国社保基金会党组书记戴相龙、国家人力资源和社会保障部养老保险司副司长尹志远、深圳市社会保险基金管理局综合处处长黄险峰，中国证监会研究中心主任祁斌、辽宁证监局局长潘学先，中国老龄事业发展基金会刘小兵、国家开发银行徐雨云，深交所首席研究员金立扬、综合研究所所长何杰、首席研究员波涛、副所长阙紫康等的大力支持帮助，在此表示衷心感谢。

融，首先从研究中国人口老龄化入手。

9.1.1 中国人口及老龄化的现状

（1）中国人口基数巨大。2012 年，中国总人口为 13.54 亿人，占全球人口总数的 19.34%，是同期美国人口的 4.29 倍，日本人口的 10.75 倍，德国人口的 16.51 倍；是美国、日本、德国、法国、英国、意大利、加拿大、澳大利亚这 8 个市场经济发达国家人口总数的 1.76 倍。

（2）在计划生育和社会经济发展的共同推动下，中国人口从高出生率、高死亡率、高自然增长率迅速向低出生率、低死亡率、低自然增长率转变。中国人口出生率、死亡率和自然增长率 1952 年分别是 37‰、17‰和 20‰，2012 年分别降至 12.1‰、7.15‰和 4.95‰（见图 9－1）。

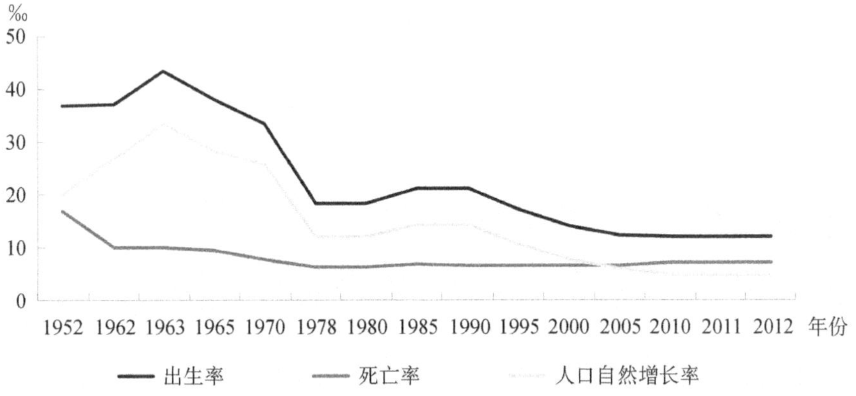

图 9－1 中国人口出生率、死亡率及自然增长率情况

（3）伴随着出生率、死亡率、自然增长率的降低和人口平均寿命的提高，中国人口年龄结构迅速从年轻型向中、老年型转变。1964 年，我国 0～14 岁人口占比高达 40.69%，65 岁及以上人口占比仅为 3.56%，属于典型的年轻型人口年龄结构类型。2012 年，中国 0～14 岁占比降至 16.5%，65 岁及以上人口占比上升至 9.4%，中国已进入典型的老年型社会（见图 9－2）。

（4）中国人口平均预期寿命迅速并且大幅度提高。1950～1955 年中国人口平均预期寿命为 40.8 岁，2010 年中国人口平均预期寿命达到 74.83 岁，比 1950～1955 年延长了 34 岁左右（见图 9－3）。

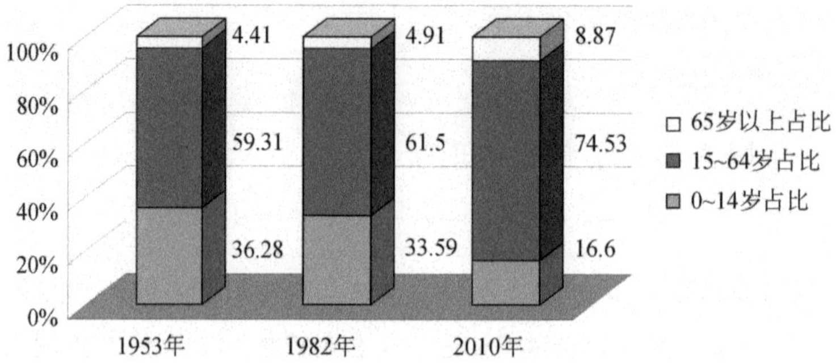

图 9-2　中国人口年龄结构变化情况

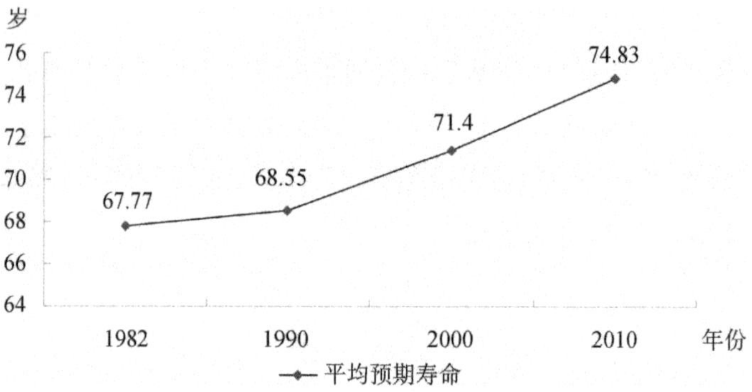

图 9-3　中国人口平均预期寿命变化情况

（5）中国适龄劳动人口在经历了50年持续大幅增长后，开始出现回落。中国15～64岁适龄劳动人口，1953年为34554万人，占比为59.31%。2010年为99849万人，比1953年增长188.96%，比同期中国人口总数增长加快了59个百分点，占比为59.31%，较1953年提高了15.22个百分点。但是，中国适龄劳动人口增长态势自2012年起出现回落。2012年，中国15～59岁的适龄劳动人口数量为93700万人，比2011年减少了345万人，这是中国自1961年以来首次出现的适龄劳动人口绝对数量的减少（见图9-4）。

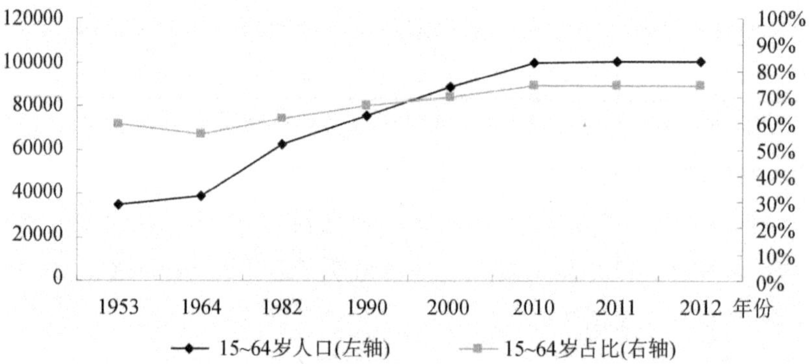

图 9-4　中国适龄劳动人口变化情况

（6）1964～2010 年，中国出现了少年抚养比、总抚养比迅速降低和老年抚养比缓慢上升的情况。中国少年抚养比从 1964 年的 72.98% 迅速降至 2010 年的 22.27%，老年抚养比从 1964 年的 6.39% 缓慢上升到 2010 年的 11.9%。总抚养比从 1964 年的 79.37% 迅速降至 2010 年的 34.17%（见图 9－5）。

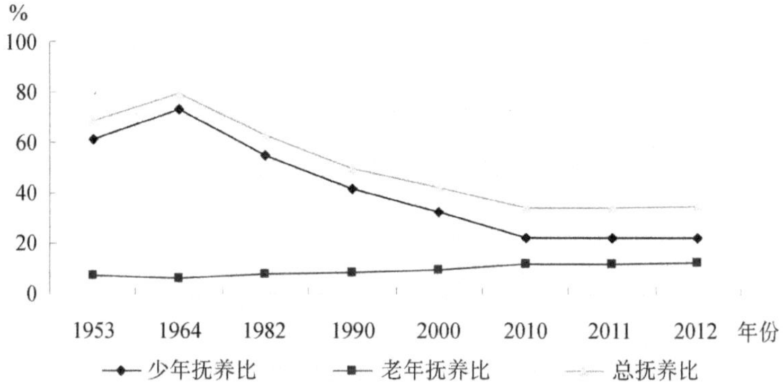

图 9－5　中国人口中少年抚养比、老年抚养比及总抚养比变化情况

（7）1952～2010 年，中国就业人数增长快于同期人口增长。2012 年，中国就业人员总数为 7.61 亿人，比 1952 年增长了 2.67 倍，比同期人口多增长了 1.34 倍。

（8）受计划生育政策的影响，截至 2010 年，中国大约有 1.45 亿人为独生子女，他们将先后成为家庭养老的承载主体和社会及家庭养老的特有对象。

9.1.2　中国人口及老龄化预测

（1）中国人口总数预测。联合国、中国发展研究基金会和北京大学等权威机构对中国未来人口进行了预测：

①联合国人口开发署预测中国人口，中方案为：2025 年将出现 13.95 亿人的人口峰值，2050 年降至 12.96 亿人；低方案为：2020 年将出现 13.56 亿人的人口峰值，2050 年降至 11.3 亿人。

②中国发展研究基金会预测，在人口政策不变的前提下，中国 2022 年出现人口峰值 13.81 亿人，2050 年中国总人口降至 11.95 亿人。

③北京大学人口研究所预测，中方案为：2030 年中国将出现 14.86 亿人的人口峰值，2050 年降至 14.27 亿人。低方案为：2020 年中国将出现 14.21 亿人的人口峰值，2050 年降至 12.7 亿人。

（2）中国老年人口数预测。①联合国预测 2050 年中国老年人口，中方案、低方案分别为3.32亿人和3.31亿人；②北京大学预测2050年中国老年人口，中方案、低方案都约为3.39亿人。联合国和北京大学的预测结果非常接近，相差800万人左右，相差率为不足3%。

（3）中国人口老龄系数预测。①联合国中方案、低方案预测，中国老龄系数将从2010年的8.2%，分别提高到2050年的25.6%、29.3%；②北京大学预测中国老龄系数，中方案将从2010年的8.4%逐步提高到2050年的23.8%，低方案预测将从2010年的8.5%逐步提高到2050年的26.7%。不管哪种方案预测都表明，中国2000年进入老龄化社会后，2020年前后将进入老龄社会，2040年前后将迈入超老龄社会的行列。

（4）中国老年人口抚养比预测。预测表明，2050年中国老年抚养比可能不低于38%，甚至可能高于47%。这意味着，2050年中国将出现2.5个左右的适龄劳动人口可能要负担1个退休人员的养老的情况。而2010年这一比例为8:1左右。

9.1.3 对中国人口老龄化的基本认识

（1）人口老龄化日益成为一种世界性现象。1865年，法国65岁及以上老年人口比例超过了7%，是世界上最早进入老龄化社会的国家。1890年瑞典老龄系数达到7%，1930年英国和德国进入老龄化，1945年美国进入老龄化，1970年日本进入老龄化。至此，当时几乎所有经济发达国家人口年龄结构都达到或超过老龄化标准。目前，这些国家老龄化程度仍在继续提高，其中，2011年日本老龄系数已高达23.3%，高居全球第一。同期，德国、意大利的老龄系数也分别上升到20.6%和20.3%。即使是实行较为宽松的移民政策和生育政策的美国，2010年的老龄系数仍高达17.4%。在经济发达国家人口老龄化日益提高的同时，世界一些发展中国家也开始出现人口老化的现象，2000年中国作为世界最大的发展中国家出现人口老龄化。据联合国估计，随着经济发展和社会进步，世界越来越多的国家都出现了生育率水平下降和人口寿命提高的现象，与此相对应，是少年人口比例下降和老年人口比例上升，人口老龄化已成为一种必然的、不可逆转的、更具普遍性的现象。

（2）中国人口老龄化极具个性化特征。主要体现在：①老龄人口基数巨大。2010年，中国65岁及以上人口已突破1亿人，是世界上老龄人口最多的国家。2050年，中国老龄人口将突破3亿人，比绝大多数国家的总人口还要多。②人口老龄化进程迅速。世界许多发达国家人口老龄化都经历了一个相对缓慢的演变过程。

例如，1865 年法国人口老龄系数达到 7%，140 年后的 2006 年，法国老龄系数仅为 16%。而中国 2000 年人口老龄化达到 7% 后，2012 年迅速上升到 9.39%，2030 年前将超过 16%。中国 30 年的人口老龄化进程超过法国 140 年的人口老龄化进程。③中国将进入超老龄社会。世界卫生组织根据人口老龄程度将人口社会划分为 3 个等级：65 岁及以上人口占总人口的比例达到 7% 时，为老龄化社会（ageing society），达到 14% 为老龄社会（aged society），达到 20% 时为超老龄社会（hyper-aged society）。根据这一划分标准，中国 2000 年进入老龄化社会后，2020 年前后将进入老龄社会，2040 年前后将迈入超老龄社会的行列。④中国人口老龄化的形成受生育政策的重大影响。很多国家人口老龄化都是随着社会经济发展“自然”形成的，而中国人口老龄化加速形成在很大程度上与中国长期实行严格的计划生育政策高度相关。

（3）中国将面临巨大的、错综复杂的人口老龄化压力。其主要体现在：①人口老龄化总体压力巨大。中国人口老龄化基数巨大，老龄化进程迅速，老龄化程度将达到超严重的水平，这将对中国养老事业和社会经济发展构成日益巨大的压力。②“未富先老”的巨大压力。发达国家人口老龄化是在“先富后老”的背景下出现的，发达国家具有较好的养老社会经济基础。而中国是在没有富裕的背景下、不具备雄厚社会经济基础的情况下，就出现了老龄化，并且老龄化程度将日益严重。③农村养老的巨大压力。中国是一个典型的“二元”结构国家，农村社会和家庭养老的条件都远不如城市。可是，受人口城市化的影响，大量的农村青壮年人口流向城市，老年人口则大量留守农村，从而在中国出现人口老龄化“城乡倒置”的现象。据 2010 年中国第六次人口普查统计，中国农村老年人口为 8557 万人，占老年人口总数的 65.82%，农村的老龄系数高于城镇 1.24 个百分点。中国人口城市化的进程仍在进行中，中国人口老龄化这种城乡倒置的现象仍将存在，甚至可能继续强化。这对养老社会和家庭条件都不如城市的农村来说，压力无疑是巨大的。④独生子女养老的巨大压力。据估算，自 1971 年特别是 1980 年实现严格的计划生育政策以来，中国已形成了超过 1 亿人的独生子女（无兄弟姐妹）人群。如果结婚双方都是独生子女并继续只生一个孩子，他们有可能面临 4 个需要抚养的老人，这就是所谓的“421”现象。这种现象意味着越来越多的独生子女将面临巨大的、难以承载的家庭养老压力。

（4）人口老龄化既是挑战也是机遇。人口老龄化对社会、经济和人口发展的影响是极为宽广而又深刻的。有人甚至将全球老龄化对社会经济的重大影响与经济全球化对社会经济的重大影响相提并论。

首先，人口老龄化对社会经济发展和适龄劳动人口是巨大的挑战：①老龄人口主要体现为抚养人口，日益庞大的老龄人口需要日益增加的养老费用支撑。中国政府、社会、家庭面临着巨大的、日益增长的养老费用支付的挑战。②一般来讲，人口老龄化与适龄劳动人口减少是同步进行的，日益严重的老龄化意味着更高的抚养比，中国适龄劳动人口与老年人口将从8:1降至2.5:1，日益减少的适龄劳动人口面临着抚养日益增加的老年人口的巨大挑战。

其次，人口老龄化也是社会经济发展的重大机遇：①人口老龄化有利于缓解就业压力，有利于降低投资拉动就业增长的需求，这不仅有利于经济增长方式的转变，而且有利于缓解经济发展对资源、环境的压力。②就人口结构对经济的影响而言，人口老龄化经济有利于消费型经济的形成与发展，而消费型经济是一种内需型经济和更替型经济，这不仅有利于提升中国消费型经济的发展，降低中国经济增长对投资和出口拉动的依赖，而且可以增强中国经济运行的稳定性，提高中国经济发展的质量。③随着中国人口老龄化的演变，中国养老产业将日益成为一个产业群宽、产业链条长、产业规模巨大的产业，老年健康、老年食品、老年医疗、老年休闲、老年娱乐、老年陪护产业和养老金融产业等将会得到长足发展。这些涉老产业的发展，不仅有利于经济转型，而且蕴含着巨大的商机，养老产业有望成为中国经久不衰的经济增长点。

9.2 中国养老保障总体情况与问题

养老保障是为保障劳动者在达到国家规定的解除劳动义务的年龄界限或因年老丧失劳动能力退出劳动岗位后的基本生活而建立的一种社会保障制度。它是社会保障的重要组成部分。

9.2.1 中国养老保障体系

经过改革和制度演变，中国已基本形成社会基本养老保险、企业补充养老保险和个人储蓄性养老保险的多层次养老保障体系，类似于世界银行对养老保障分类中的三大支柱。

（1）第一支柱是社会基本养老保障。包括职工养老保障（分为城镇企业职工和机关事业单位人员保障）和居民养老保障（分为城镇居民和农村居民保障）。其中，机关事业单位人员养老保障细分为企业化经营事业单位养老保险、机关事业单位职工养老保障和机关事业单位财政赡养人员（如公务员）养老保障等。社会基本养老保障是按照国家统一政策规定强制实施的、为保障广大离退休人员基本生活需要的一种养老保险制度，具有强制性、广覆盖和保障基本生活等特点。

在中国现行条件下，职工之间、职工与居民之间的社会基本养老保障并非统一，而是存在众多差异。首先，是城镇职工中的企业职工与机关事业单位的财政赡养人员的养老保障制度明显不同：企业职工退休后领取的养老金主要来自在职时单位和个人的缴纳，由社保机构统一发放，养老金替代率相对较低①。机关事业单位的财政赡养人员退休后领取的养老金主要来自于财政拨付，由原单位或财政渠道支付，养老金替代率相对较高②。其次，是城镇企业职工和居民养老保障在资金来源、缴付比例、养老金待遇等方面也存在差异。职工养老保障依法强制实施，用人单位和个人共同缴费，领取养老金待遇相对较高。居民养老保障实行自愿原则，个人（家庭）少量缴费，政府或集体给予补贴，领取养老金待遇相对较低。

（2）第二支柱是企业补充养老保险。是在强制性社会基本养老保险制度外，以自愿性、市场化运作为基本原则的养老保险制度安排，其中，企业年金是主要体现形式。

（3）第三支柱为个人储蓄性养老保险。是由居民根据个人收入状况，自愿参加、自愿选择经办机构的一种补充养老保险形式，包括商业养老保险（人寿保险）和家庭储蓄，人寿保险即寿险是其主要形式③。

9.2.2 中国养老保障的总体状况分析

（1）中国参加基本养老保障人员情况。2012 年，中国参加基本养老保险人数 8.34 亿人，占总人口的 61.6%，占劳动人口的 89%。其中，城镇职工基本养老保险参保人数 3.04 亿人，占比 36.4%；机关事业单位职工基本养老保险参保人数

① 企业职工又分为单位职工和私营部门职工，两者因工资水平、缴交率不同而养老保障待遇有所差异。

② 机关事业单位职工与企业职工养老制度相同。

③ 中国暂没有强制性个人养老储蓄计划。

3328 万人，占比 3.87%；城乡居民基本养老保险参保人数 4.84 亿人，占比 58.01%；财政赡养人数约 1400 万人，占比 1.68%。

（2）中国养老保险基金收入情况。2012 年，中国各类养老保险基金收入 2.59 万亿元。其中，城镇职工基本养老保险基金收入 1.97 万亿元，占 75.92%；机关事业单位职工基本养老保险基金收入 1650 亿元，占 6.36%；企业年金收入 1256.35 亿元，占 4.84%；城乡居民基本养老保险基金收入 1829 亿元，占 7.05%；人寿保险收入 1513.4 亿元，占 5.83%。

（3）中国养老保险基金支出情况。2012 年，中国各类养老保险基金支出 1.99 万亿元。其中，城镇职工基本养老保险基金 1.55 万亿元，占 77.88%；机关事业单位职工基本养老保险基金支出 1600 亿元，占 8.04%；企业年金支出 148.5 亿元，占 0.75%；城乡居民基本养老保险基金支出 1150 亿元，占 5.78%；人寿保险支出 1505 亿元，占 7.56%。

（4）中国养老保险基金结余情况。截至 2012 年，中国各类养老保险基金结余 4.93 万亿元，占 GDP 约 9.48%。其中，城镇职工基本养老保险基金结余 2.30 万亿元，占 46.70%；机关事业单位职工基本养老保险基金结余 960 亿元，占 1.95%；企业年金结余 4821 亿元，占 9.79%；城乡居民基本养老保险基金结余 2302 亿元，占 4.68%；全国社保基金权益 1.08 万亿元，占 21.84%；人寿保险结余 7403 亿元，占 15.04%。

9.2.3 中国养老保障面临或存在的主要问题

尽管中国养老保障体系自建立以来发展较快，但仍面临或存在不少问题：

（1）巨大的、错综复杂的人口老龄化压力对中国养老保障是一项重大挑战。研究表明，中国 65 岁及以上老龄人口将从目前的不足 1 亿人增加到 3 亿人以上，老龄系数将从 2010 年的 8.4% 提高到 24% 以上，老年人口抚养比将从 2010 年的 11.9% 上升到 38% 以上，中国将在 2030 年前后进入超老龄社会。中国养老保障将面临人口老龄化的巨大挑战。

（2）中国现有老年保障总体能力偏弱。截至 2012 年，中国各类养老保险基金结余 4.93 万亿元，占同期中国 GDP 的 9.48%。而同期美国、英国养老金余额却超过 GDP 的规模。2011 年底，英国有资金支持的养老金资产达到 2.04 万亿英镑，相当于同期英国 GDP 的 1.34 倍；2011 年，美国养老基金资产规模达 17.56 万亿美元，相当于同期美国 GDP 的 1.16 倍。

（3）尽管中国已建立了基本养老保障、企业补充养老保障和居民个人养老保障体系，但是中国企业补充养老保障和居民个人养老保障发展明显滞后。截至 2012 年，中国企业年金结余 4821 亿元，人寿保险结余 7403 亿元，分别占同期中国养老基金结余的 9.8% 和 15%，合计占 24.8%。而同期补充养老基金和居民个人养老储备基金余额占整个养老基金余额的比例，美国高达 89.4%，英国高达 70.5%。

（4）基本养老保险存在较大缴费缺口。一是受基金积累型养老保障制度改革与养老金支付不同步的影响，缴费年限不足就退休的缴费缺口按当年缴费标准计算多达 2456.7 亿元；二是女职工提前 5 年退休的制度安排，截至 2012 年的缴费缺口更是多达 12690.3 亿元；三是 20 世纪 90 年代为配合国有企业改革，减轻国有企业的负担，一大批国有企业过剩职工被分流、内退、下岗或提前退休，也形成了养老金缴费缺口。

（5）养老金投资收益偏低，结余基金"缩水"严重。截至 2012 年，中国基本养老保险基金累计结余 23700 亿元，累计投资收益为 710 亿元，累计投资收益率为 3.64%。与 1989 ~2012 年的 CPI 相比，截止到 2012 年，中国累计结余的 23700 亿元养老保险基金，共贬值 2103.3 亿元，累计贬值率为 10.79%。

（6）按照现有基本养老金缴费和支付水平，随着老年人口抚养比的提高，中国将会出现越来越大的养老金支付缺口。2012 年，中国基本养老金当年结余 4200 亿元。按照当年的支付水平，只要增加退休人员 2005 万人即在原有基础上增加 27.1% 的退休人员，2012 年就会出现基本养老金收支平衡。按照 2012 年的基本养老金缴费和支付水平，当养老金缴费人员与领取人员的比例上升到 2.44∶1 时，中国基本养老金就会出现收支平衡，不足这个比例将出现支付缺口。1989 ~2012 年，中国参加城镇基本养老保障职工人数年均增长 7%，领取养老金的城镇退休人员年均增长 9.6%。按照这种差别增长率，大约 10 年后即 2022 年后中国就会出现基本养老金支付缺口。据本研究估算，2050 年中国基本养老金支付缺口以当年价计将高达 96 万亿元。

（7）中国养老保险基金保值增值的运营体系未能有效建立。出于对养老资金安全的考虑，国家对养老金投资作出了十分严格的限制性规定，基本养老金余额只能用于购买国债或以专户形式存入银行。据国家审计署对 2011 年全国社保基金的审计显示，城镇职工基本养老保险基金结余中活期存款占 31.37%，定期存款占 63.65%。这种管理模式虽然保障了养老金的安全，但却无法避免通货膨胀时期养老金的的贬值，更不能实现养老金资源的有效利用和养老金的保值增值。

9.3 美国、英国和日本养老金融的实践与启示

养老金融，即养老保障事业与金融的相互融合，是指促进养老保障事业发展的一系列金融工具、金融制度、金融政策与金融服务的系统性、创新性安排，是政府、企业、个人、社会中介机构等各种主体为养老保障事业提供各种内容和形式的金融产品或服务活动所组成的一个体系，是发展养老保障事业的金融整体解决方案。养老金融是随着养老保障事业的兴起而发展起来的，它既是养老保障发展的必然需要，又是充分、合理、有效利用养老保障资源的主要方式。

9.3.1 英国养老保障与养老金融

（1）英国养老保障体系。英国是养老社会保障最早发展起来的国家，现已形成现收现付制的第一支柱国家养老金、基金制的第二支柱职业养老金、第三支柱私人养老金及寿险的“三大支柱”养老金体系。

截至2011年底，英国有资金支持的养老金资产达2.04万亿英镑，相当于同期英国GDP的1.34倍。其中，职业养老金资产约为1.52万亿英镑，占比74.50%，是养老金资产最主要的组成部分；处于积累阶段的由保险公司管理的个人养老金资产约为3030亿英镑，占比14.85%；年金产品及无担保养老金资产约为2172亿英镑，占比10.64%。

（2）英国养老金投资的有关规定：①国家养老金的结余资金只能投资于国债或者存入银行。②职业养老金按照审慎原则进行运营管理，确定投资品种、投资比例、投资区域范围。监管要点为养老金计划应明确表述投资原则，养老金计划资产自我投资的比例不得超过资产总值的5%。③个人养老金的受益人可在一组投资基金范围内选择合适的产品进行投资。

（3）英国职业养老金投资配置的主要特点：

①在职业养老金计划中，自主管理的养老基金是最主要的组成部分。

②职业养老金的投资以长期资产为主，长期资产占比长期保持在90%以上。长

期资产包括公司证券、英国公共部门证券以及其他长期资产（包括建筑物、土地、机器、保险公司管理基金中的份额，以及海外政府证券）。

③在长期资产中，公司证券，包括公司发行的股票与各类债券、共同基金份额等，一直是最重要的组成部分。20 世纪 90 年代，养老基金投资的公司证券资产占比一直在 70% 以上。

④养老基金偏重于投资境内资产，在持有的公司证券中，境内资产占比近 75%。

⑤在投资于境内的公司证券资产中，股票曾经长期是最主要的投资标的。但自 1999 年以后，养老基金大幅降低股票资产的比重，转而更多地投资于共同基金与公司债券。

（4）英国职业养老基金投资收益状况：

①英国自主管理的养老基金管理资产市值 1984 年为 1416 亿英镑，至 2011 年累计资金净流入仅 2743 亿英镑，而 2011 年英国自主管理的养老基金管理资产市值实际高达 14440 亿英镑，较 1984 年增长 13204 亿英镑，远超期间资金净流入。

②按年度统计，1985～2011 年共 27 个年度中，除 1990 年、1994 年、2000～2002 年、2008 年 6 个年度外，在其他 21 个年度中，英国自主管理的养老基金持有的资产均取得正收益，其中有 5 个年度的投资收益率超过 20%，有 12 个年度的投资收益率超过 10%。

③在 1985～2011 年的 27 个年度中，英国自主管理的养老基金投资复合收益率为 8.7%，超过同期消费价格指数（CPI）2.9% 的年均增长率以及零售价格指数（RPI）3.7% 的年均增长率。

9.3.2　美国养老保障与养老金融

（1）美国养老保障体系。美国养老保障由三支柱组成：第一支柱是政府强制执行的社会保障计划，第二支柱是由政府或者雇主出资、带有福利性质的养老金计划，第三支柱是个人退休账户。美国的养老金体系发展快，资产规模巨大。据经合组织统计，2011 年美国养老基金资产规模达 17.56 万亿美元，相当于同期美国 GDP 的 1.16 倍。其中，美国企业雇主养老金 10.56 万亿美元，个人养老基金 1.83 万亿美元，分别占同期美国养老金总资产规模的 60.1% 和 10.4%。

（2）美国 401K 计划。401K 计划是美国雇主养老金计划中的主要体现方式，现已成为美国私人公司最主要的员工退休计划。401K 计划是一种缴费确定型计划，由雇员和雇主共同缴费，实行个人账户积累制，缴费和投资收益免税，只在领取时征收个人所得税。401K 计划资金可以投资于股票、基金、年金保险、债券、专项定期存款等金融产品，雇员可以自主选择投资方式。

（3）美国养老金融的发展。美国政策层面非常支持养老金体系的发展，为雇主养老金等提供税收优惠，建立了一系列规范、支持养老金金融发展的法律法规，从融资、投资、管理、领取养老金等方面规范养老金体系的发展，为养老金融的发展提供了政策支持。

美国养老体系积累了大量的养老金，既为发展养老金融创造了有利条件，也为发展养老金融提出了巨大需求。20 世纪 80 年代，美国确立了“长期资本发展战略”，其核心是以长期资本发展为主题，构建以华尔街为中心的全球直接融资体系，该战略的基础和起点是以养老金、保险资金为代表的长期资本的大发展。这为美国养老金融的发展提供了国家战略上的重大机遇。美国资本市场发展历史悠久，投资工具种类丰富，资产管理业务管理规范，市场监管体系相对完善，这为养老金融的发展提供了市场和技术上的支持。

（4）美国养老金投资资产配置。美国养老金资产配置的主要原则是：

①第一支柱的社会养老保险基金坚持“安全第一”的稳健投资策略，其持有的资产全部投资于联邦政府债券或者特种国债。

②第二支柱雇主计划养老基金大多投资于股票市场，第三支柱个人储蓄养老金计划的养老基金大多用来购买共同基金，其中，主要是股票型基金。美国第二、三支柱养老基金已成为美国资本市场最大的机构投资者。

（5）美国养老基金投资收益状况。20 世纪 90 年代，美国养老基金收益率长期保持在 10% 以上。1997 年和 2008 年的金融危机对美国养老金投资收益影响很大。由于美国第一支柱的社会养老基金全部投资于国债，其相对稳定的收益率在一定程度上能够缓解股市对养老金收益率的冲击。

（6）美国养老金融与股票市场的关系。美国养老基金与美国股票市场的繁荣息息相关，二者相关性很大。20 世纪 90 年代以前，美国养老基金债券资产配置比例较高。20 世纪 90 年代以来，随着美国股票市场的繁荣，以及 DB、DC 类型的雇主型养老金及个人养老计划的发展，此类养老基金偏重于投资股票市场或共同基金，目前美国养老基金股票或共同基金资产配置已经超过其在债券市场的投资比例。

（7）美国养老金融监管。由于美国养老金的资产规模已超过美国股票市场的市值以及美国的 GDP 总量，其在美国金融市场以及经济体系中越来越重要，其监管也越来越受到重视。美国通过制定相关法律以实现对养老金的监管。《社会保障法案》对于不可投资股市的联邦社保基金的资金来源、责任机构、投资范围进行严格限制，以确保实现社保基金的保值增值。《信托法》《统一审慎投资者法》《雇员退休收入保障法案》《税收法》等对可以投资股市的私人养老金作出规定，通过税收优惠和加强投资监管来保证私人养老基金的健康发展。各金融监管机构、国内税务局和劳工部则根据法律法规对于养老金运作进行监管。

9.3.3 日本养老保障与养老金融

（1）日本养老保障体系。现行日本养老金体系包含三层：第一层是覆盖所有公民的国民年金（又称为基础年金）。第二层是与收入相关的雇员年金，包括厚生年金（即以企业劳动者为参保对象）及共济年金（即以公务员等为参保对象）。第一、二层通称为“公的年金”。第三层是企业年金、国民年金基金等“私的年金”，作为公共养老金的补充。此外，还有各种个人购买的商业养老保险和养老储蓄等。截止到2012年3月末，国民年金参保人数为6778万人，雇员年金参保人数3892万人。企业年金参保人数1663万人，个人养老计划参加人数135万人。据日本银行统计，2011年，日本养老金资产规模为117.39万亿日元，折合1.47万亿美元，相当于同期日本GDP的25.1%。

（2）日本养老金投资运营的有关制度：

①日本年金资金运用的主管机构是厚生劳动省。

②不同类型养老金的投资运作是有差异的。第一、二层属于公共养老金，专门成立的年金机构负责公共养老金的收缴和支付，年金积立金运用基金（GPIF）负责投资管理。第三层企业年金和个人养老计划，由企业或者个人自主投资管理。

③日本政府对养老金的投资管理，制定统一的政策、制度和管理方法，并对投资的最低收益率和信息披露机制都作了具体的规定。日本原先严格规定养老基金的投资领域，限制资产配置比例：债券不低于50%、股票不超过30%、房地产不超过20%、外国资产不超过30%、单一公司的资产不超过10%。

④日本企业年金投资管理采用信托模式，委托信托银行、人寿保险公司和投资顾问等来实施全面服务。信托方式可以量身定做，满足不同企业对年金管理的个性化需求。

（3）年金积立金运用基金（GPIF）的投资策略与资产配置：

①投资策略。一是分散投资，包括多种资产类别、国内外证券和委托具有不同投资风格的外部投资管理人；二是被动投资，以期获得市场的平均收益。

②资产配置。截至 2013 年 3 月末，GPIF 的资产规模为 120.5 万亿日元，指数化被动投资占比为 76.9%，主动投资占比仅为 12.7%。在资产组合中，国内债券占比 52.9%；国内股市投资为 17.6 万亿日元，占比 14.6%；国外股票为 14.9%，占比 12.4%。GPIF 近期将投资范围扩大到新兴股票市场，并开始研究进行另类投资。

（4）日本养老金投资股市情况。日本养老金，包括公共养老金和企业年金等私人养老金，都可以参与股票市场，购买股票或者投资股票基金。自 20 世纪 90 年代初开始，日本企业年金对国内股票的投资比例经历了先增后减的过程，1999 年投资比例最高达 36.5%，至 2011 年减少至 17.4%。截至 2012 年度末，养老金持股市值占日本股市总市值的比重为 7.4%，其中，GPIF 为 4.9%，企业年金为 2.5%。

（5）日本养老金投资收益情况。20 世纪 90 年代日本房地产和股市泡沫破裂后，造成了日本养老金投资的很大损失。第二次世界大战后日本推动“财投计划”，通过把邮政储蓄、公共年金、简易生命保险等不同渠道筹措的公共性有偿使用的资金作为原始资金，按照国家的决策导向和政策目标，投向经济和社会发展的各个领域。20 世纪 90 年代日本房地产和股市泡沫破裂，宣告“财投计划”资金运作和投资的失败。据测算，截至 2000 年末，呆坏账占“财投计划”总资产的比重高达 75%，约为 78 万亿日元。其中，粗略估算公共年金的投资损失在 20 万亿日元。日本股市泡沫破裂后，公共年金投资股市 15 年间累计亏损达 2.3 万亿日元。

9.3.4 基于美国、英国、日本养老金融实践的主要启示

基于美国、英国、日本等国家发展养老金融的实践，本研究有以下几点启示：

（1）养老金融是养老保障事业发展的必然要求。养老保障事业关系到国计民生、社会安定，需要健康成熟的配套机制以保证其发展。养老金融是养老保障事业与金融的相互融合，是发展养老保障事业的金融整体解决方案。养老金具有金额巨大、高度关注本金安全、流动性要求较高、在本金安全的基础上追求尽可能高的长期收益等特点。为满足这些要求，发展相应的养老金融十分必要。可以说，发展养老金融是市场的需要，财富管理的需要，人口老龄化的需要。

（2）养老金融是充分利用养老保障资源的主要方式。随着人口老龄化和养老保障事业的发展，以养老基金为主要体现形式的养老保障资源日益增大或已达到相当

规模，如美国、英国的养老金余额已超过一个财经年度的 GDP 规模。因此，怎样用好养老保障这笔巨大的资源，意义十分重大。美国、英国、日本的实践证明，发展养老金融是充分利用养老保障资源的主要方式。养老金融是为养老保障资源量身定做的投资管理模式，它在有效利用养老保障资源的同时，可以满足养老保障基金的安全性、流动性和收益性的要求。

（3）在一定条件下养老保障与养老金融良性互动可望实现双赢。养老保障事业的发展为养老金融的发展提供了充足的市场资源和市场需求，促进了养老金融的发展。同时，养老金融的发展也进一步推动了养老保障事业的发展，为养老保障资源的充分、有效的利用提供了市场化基础和投资工具。美国养老基金成为美国资本市场最大的机构投资者，并通过投资资本市场实现了超过银行存款利率的收益，说明养老保障与养老金融的良性互动，是可以实现双赢的。

（4）资本市场是发展养老金融的主要载体。养老保障资源的利用，既有保值、增值的要求，更有安全性、流动性的要求。能同时满足这些要求的，养老金投资于资本市场是最好的选择。因为资本市场投资工具多，流动性好，选择性强。

（5）发展养老金融要满足养老基金的安全性、收益性和流动性的基本要求。养老基金是为了满足退休人员的老年生活而存在的，对资金的安全性、收益性和流动性要求极高。为满足养老基金的要求，仅仅依靠投资国债、银行定期存款，或者全部投资股票、基金，肯定都不能同时满足养老基金的上述要求。只有从资源优化配置的角度，对养老保障资源的充分、合理、有效利用提出一揽子的整体的金融解决方案，才是发展养老金融的立足点和方向。

（6）重视和强化养老金融监管是发展养老金融面临的新课题。健全的监管制度是养老保障市场健康发展的基础。随着养老金融的发展，监管的重要性日益凸显。市场机制资源配置效率更高，应在养老金融产业具体运作中发挥主导作用。但是，完全放任养老金融市场自行发展，有可能导致过度承担风险，损害养老资金安全并形成系统性风险。例如，美国的次贷危机就曾给美国的众多企业年金造成重大的投资亏损。因此，重视和强化养老金融监管，既是养老金融发展的需要，更是养老保障事业发展的需要。

9.4 发展中国养老金融的政策建议

发展养老金融既是促进养老保障事业发展的需要，也是充分有效利用养老保障资源的需要，还是应对中国人口老龄化的需要。中国发展养老金融现实意义重大，战略意义长远。根据中国人口老龄化的演变趋势，从有利于中国养老保障事业发展出发，借鉴海外发展养老金融的经验，中国需要进一步完善多层次养老保障体系，构建养老基金保值增值的运营体系和养老金融服务体系，为需求不断扩大的养老产业提供金融支持，同时要重视和强化养老金融的监管。具体政策建议如下：

9.4.1 增加政府对基本养老保障的投入

增加政府对基本养老保障的投入是非常必要的。首先，基本养老保障是政府层面的养老保障，目前中国政府对基本养老保障的投入偏低。据统计，2012 年，中央财政下拨企业职工基本养老保险补助资金 2170 亿元，下拨新型农村和城镇居民社会养老保险补助资金 654 亿元，加上当年财政包干的机关事业单位基本养老保险支出近 2000 亿元，共计 4824 亿元，占同期中央公共财政支出总数的 7.5%。而 2010 年美国联邦、州和地方三级政府财政用于养老保障的支出为 15%。其次，受基本养老保障制度改革、国有企业减负和男女职工年龄差异性退休制度的影响，中国基本养老保障基金存在数以万亿的缴费缺口。这些需要政府补足。最后，基本养老保障是一种公共保障，政府对基本养老保障负有“兜底”的责任。据统计，中国已有部分地区出现了基本养老保障入不敷出的情况，2022 年前后中国将在总体上出现基本养老保障支付缺口。为了解决现实问题或防患于未然，也有必要增加政府对基本养老保障的投入。增加政府对基本养老保障投入的可能途径为：

（1）在财政预决算中逐步提高基本养老保险财政补助在财政支出中的比重。国家要根据人口老龄化、基本养老保障需要制定具有约束性的考核指标，如财政用于基本养老保障支出的最低比例和历年递增率指标等。

（2）完善相关法规，建立划拨国有股到中央或地方战略储备性养老基金制度。

在不影响控股地位的前提下，逐步划拨部分中央国资控股企业国有股或地方国资控股企业国有股至相应的养老战略储备基金，将划拨比例从目前的10%提高到15%，再逐步提高到30%左右，并由相应的养老基金机构管理。

（3）根据经济社会发展状况，适度提高城乡居民基本养老保险缴存水平和相应的政府配套力度。稳步提高城乡居民养老金领取水平，保障老年居民的基本生活。

9.4.2 提高私营部门职工基本养老保险的缴交率

中国私营部门企业多数为中小微企业，经营不稳定，基本养老保险缴交率较低，将影响基本养老保险制度的可持续性。按照国家规定工资总额28%的缴纳水平推算，2011年统计资料中的城镇职工基本养老保险收入几乎全部来自单位就业人员。而从领取养老金的离退休人数来看，假定城镇单位就业人员赡养率为30%，2011年城镇单位离退休人数约为3900万人，与实际领取养老金的人数相差2900万人，这部分差额属于缴费较少却领取足额退休金的私营部门企业退休职工。城镇单位职工缴纳的基本养老金收入，支付了约占其数量23%的私营部门未缴费人员的养老金支出，这不仅增加了养老金支付压力，而且对城镇单位退休人员也是不公平的。中国私营部门将是吸纳劳动力的主要领域，其基本养老保险缴费率过低将会导致未来巨大的支付缺口。为提高私营部门基本养老保险的缴交率，建议如下：

（1）做实个人账户，提高个人账户养老金缴存比例。社会保障基金统筹部分属于公共产品，目前国家对个人缴存激励不够。可考虑建立缴存养老保险金的激励机制，提高个人账户缴存比例。

（2）理顺征缴关系，统一征缴机构为社会保险经办机构，发挥其征缴积极性。

（3）提高基本养老金缴纳税收优惠力度。目前政策对超出规定比例缴存的基本养老保险，要求并入工资薪酬中征收个人所得税；可考虑提高企业、个人所缴纳基本养老保险费在企业所得税、个人所得税税前扣除的比例，以税收优惠形式适当增加国家在基本养老保险筹资中的支持力度。

（4）建立工资与养老保险征缴征信系统。将雇员人数在10人以上的小微企业纳入养老保险征缴系统中，提高征缴信息覆盖面。

（5）增强对不交、迟交、缓交基本养老保险的企业和个人的约束力度。

9.4.3 引导和促进企业年金发展，发挥企业年金在职工养老保障的主导作用

美英等国发展养老保障的实践表明，第一支柱养老保障是一种“普惠制”养老保障，但不是一种“高标准”的养老保障。“高标准”的养老保障主要依靠第二支柱的养老保障。因此，美英等国家重点是发展第二支柱的养老保障，其养老金是养老金总资产的最主要部分。据统计，2011 年英国职业养老金资产占其养老金总资产的 74.50%，美国企业雇主养老金占其养老金总资产的 60.1%。而 2012 年中国企业年金余额只占其养老金结余总数的 9.79%。这一方面说明中国企业年金发展严重不足，起不到“补充养老”的作用；另一方面也说明中国企业年金发展的空间十分巨大。中国养老保障的发展，要吸取美国经验和欧洲的教训，改变基本养老保险“一支独大”的发展思路，大力发展补充养老保险，完善企业补充养老保险体系。

（1）适当降低企业基本养老保险缴纳比例。减少部分可通过提高政府财政补贴的方式予以弥补，减轻企业基本养老保险缴纳负担，使企业有能力建立企业年金。按照现有企业年金缴费规定，企业年金由企业和职工共同缴费，是继基本养老保障缴费后的一种追加缴费，这无疑会增加企业的负担，许多企业基于控制成本的考虑对建立企业年金制度积极性不高。

（2）确定税收优惠模式、落实税收优惠政策。目前缴纳企业年金的税收政策是：职工个人是薪金收入税后缴纳，政府对职工个人缴纳企业年金没有税收优惠；单位缴纳企业年金分为两部分：一是计入职工个人账户的 6%，由职工单独缴税；二是计入企业年金共同账户的 2.33%，职工不缴相应的税。但来年在分配这一部分进入职工个人账户的时候，职工个人要补缴相应的税。这说明，中国对发展企业年金基本上是没有税收优惠的。这不仅影响了企业发展企业年金的积极性，也会影响一部分职工缴纳企业年金的积极性。既然基本养老保障起不到“足够”的养老保障的作用，那么政府就应该鼓励企业和职工建立企业年金这种“补充”养老制度。美国 401k 计划成功主要因税收优惠政策的吸引。因此，要发展中国企业年金，应全面检视税收政策、制定完整税收政策和确定税优模式。鉴于中国企业年金发展不足，可以参考智利模式，采取 EEE 全面免税制度，其中包括 3 个方面：

①扩大年金缴纳的所得税优惠范围到个人。扩大企业补充养老保险所得税免税额比例到工资总额的 10%，同时个人缴纳部分可在企业所得税税前列支，并允许递

延缴纳个人所得税；

②明确年金投资所得税收优惠。企业年金投资收益所得税税率适当降低或允许递延缴纳或减免；

③明确年金提取税收标准。对职工所得企业年金降低个人所得税税率，在初期可考虑免征所得税。

（3）推进中小企业建立企业年金。中国中小企业占企业的主体，但绝大部分没有建立企业年金制度。目前建立企业年金的企业90%以上为大型国有企业，中小企业占比不到1%。由于中小企业经营不稳定，雇员收入低，复杂的年金计划对它们来说成本也较高，需要建立专门的年金制度安排：

①加快资产管理人的培养和行政审批，推进企业年金集合计划的实施。2011年人社部发布《关于企业年金集合计划试点有关问题的通知》，规范了企业年金集合计划产品的设立、运行和监督，到2012年底共建立了48项集合计划、180个组合，参加企业15815家，职工192.2万人，基金余额为445亿元，占年金余额总数的10%，发展较为理想。但其中最大的长江金色晚晴计划就有155亿余额，发展过于集中。

②简化中小微企业年金计划设立、运作、监管的程序，适度减低有关企业缴纳的企业年金账户等费用，减免中小微企业年金托管、资产运营机构的各项税费。

（4）可考虑改选择性企业年金制度为半强制性企业年金制度。目前，中国企业是否实行企业年金制度，选择权在企业，国家没有强制性规定。这也是目前中国企业年金发展严重滞后的原因之一。为了引导和促进更多的企业实施企业年金制度，可制定一个企业标准，凡企业销售利润率、资产收益率、劳动生产率达到或超过一定标准的，这些企业都应该建立企业年金制度；凡低于一定标准的可自愿选择建立企业年金制度或暂时中止企业层面的年金缴纳。

9.4.4 鼓励建立个人养老储蓄账户

长期以来，家庭养老一直是中国绝大多数居民的主要养老方式。但是，中国至今未能建立政府引导的、社会统一的、具有个人养老储蓄性质的专门账户，中国个人（家庭）养老仍是一种分散的、自发的、个性化的储蓄行为，无“社会计划”可言。美国的个人退休账户（IRA）计划值得借鉴。建立中国个人养老储蓄账户制度的主要思路包括：

（1）所有65岁以下且有收入来源的中国居民都可以到指定的银行开设个人养老储蓄账户。

（2）开设个人养老储蓄账户的个人可根据自身情况定期向个人养老储蓄账户存入一定数额的资金。

（3）国家制定税收优惠政策，鼓励个人开设个人养老储蓄账户并存入资金。除参加企业年金的职工外，其他以薪金或经营收入向个人养老储蓄账户缴存资金的，在规定的标准以内实行免税或递延。

（4）个人养老储蓄账户的基金，在退休或丧失劳动能力之前一般不得提前支取。在强制缴存数量之外的缴存额由个人自愿决定。如因特殊情况需要支取的，需补交所免交的优惠税额。

（5）建立个人养老储蓄基金集合投资计划，委托专营机构对个人养老储蓄基金实行投资管理。

9.4.5 提高基本养老保险统筹层次，整合基本养老保险资源

目前中国基本养老保险在资金筹集、管理、支付等方面实行省、市、县三级管理，全国有2000多个社保统筹单位，多数是县级统筹。分散的管理模式不利用资金的集中管理和使用，地区间退休待遇差别较大，劳动力转移时资金拨转也不方便，与养老保险的共济原则也不相配，不仅有损于了基本养老保险均等的公平原则，也不利用建立高效的资金运用体系。应采取措施加快基本养老保险的统筹层次，为公平高效使用养老资源建立基础。

（1）统一部署，以行业规划的形式建立逐级提高统筹层次时间表。提高统筹层次的主要障碍是地方利益格局的形成，且这种格局随时间的推移越来越巩固。为此，应统一制定市级到省级、省级到全国基本养老保险统筹的时间表，明确新老划断时间点。同时要强调资金统筹的实质。

（2）建立恰当的制度，在提高统筹层次的同时，保持地方征缴激励。作为一种公共产品以及为提高基金运营效率，需要提高基本养老保险基金的统筹层次，但同时也因此削弱了次级地方政府征缴的积极性。可考虑采用类似分税制的安排进行基本养老金统筹。这也有利于加快统筹层次的提高步伐。

（3）建立基本养老保险基金统一的全国托管机构。实现基本养老保险全国统筹后，需要建立全国基本养老保险基金集中托管体系，方便养老金的缴交、支付和转

移，更利于劳动力的转移。

（4）根据统筹缴纳规模制定恰当的差异化养老金领取额。地区间经济发展水平的较大差异是客观存在的，而且将较长时期都存在，这将导致地区间较大的工资差别。基本养老金的全国统筹有利于适当减少这种差别，但不能完全均等化，在提高统筹层次的同时，根据各地区缴纳规模，制定恰当的地区间差异化领取额。

（5）在完成全国统筹后，基本养老保险应纳入国家财政预决算体系，增强风险抵御能力。

9.4.6 构建中国养老金融服务体系

养老金融不是简单的养老金缴存、支付问题，而是涉及养老保障、养老消费、养老投资等多方面的金融服务体系。目前，中国养老金融尚处于初级阶段，养老金融服务“碎片化”特征明显，未来须强化养老金融服务，构建养老金融服务体系。

（1）建立以养老资产托管运营为主的中后台服务体系。中后台服务包括托管、清算、交收、会计、信息披露、风险控制和证券融资等，随着养老基金规模的扩大，与居民生活关系日益密切，高效的中后台服务体系的建立十分迫切，并呈现专业化的趋势。

①支持银行、保险等金融机构建立养老金中后台服务的专门分支机构或部门，大量培养专业化的养老资产托管、运营机构。企业年金和个人养老储蓄账户建立需要托管、账户管理等服务，应当构建以方便、快捷为目标，以企业年金、个人养老储蓄的缴存、支付、转移为主要内容的托管运营服务体系，为养老保障提供全方位的服务。

②加强培训，培养专业化养老精算师等专业人才。

③开拓资产托管延伸增值服务，如证券融资等，提高养老资产使用效率。

（2）创新养老金融产品，提高养老金投资营运水平。

①向基本养老保险金定向发行特种国债。为提高基本养老金的投资收益，可以由财政部向基本养老金运营机构定向发行特种国债，其特点是期限长、利率高，财政部可以用这笔资金进行基础设施（特别是与国家或地方重要支柱产业升级发展配套的基础设施建设，比如，海洋产业、循环经济和产业金融创新）投资等。

②建立国家级住宅融资机构，发展住宅养老制度。以特定住宅融资机构为老人住宅进行抵押贷款，确保老人稳定的生活和居住条件。与此同时，借鉴引进国际专业机构及其成熟经验，发展中国特色的健康护理地产信托基金（HEALTH CARE REITS，主要是养老公寓、疗养院、老龄专科医院等。中国在没有推出 REITS 产品

相关政策之前，可以鼓励将健康护理地产信托产品引入金融资产交易所平台，并提供相应税收优惠等）。

③发展企业债券和资产证券化等固定收益产品，为养老金提供风险低、收益稳定的投资品种。特别是养老公寓、疗养院、老龄专科医院等健康护理地产及相关养老服务和老龄健康科技等产业的企业债券和资产证券化等固定收益产品。

（3）为养老金投资创造有利的投资环境和条件。拟增资改制上市的国有大型企业可优先考虑养老金入股意向。股票市场一方面可优先向养老金配售一部分拟发行的股份，另一方面可放宽养老金持股比例的限制，对养老金长期持有股份实现投资收益和分红的税收优惠。具有政府主导的、投资风险较小、投资收益较为稳定的重大投资项目，如中心城区更新项目、关键公路桥梁项目、高品位的矿山开采项目和国有大型企业财务公司等金融服务项目，可优先考虑养老金的投资意向。

（4）发展养老产业融资服务，推动养老产业企业上市融资。随着中国人口老龄化的演变，中国养老产业将日益成为一个产业群宽、产业链条长、产业规模巨大的产业，老年健康、老年食品、老年医疗、老年休闲、老年娱乐、老年护理产业等将会得到长足发展。这些涉老消费产业特别是近来发展迅速的老年旅游和健康产业的发展，需要相应的金融服务。以此为出发点构建养老消费金融服务体系，是中国金融服务创新和发展消费金融的重点。

（5）发展养老资产管理，推动保险服务金融创新。目前中国在租赁和保险等金融服务领域的创新潜力巨大。随着大量地产企业、上市公司和保险公司进入城市和新农村建设保障房、养老公寓、疗养院、老龄专科医院等健康护理地产及相关养老服务和老龄健康科技等产业。相应的经营租赁和融资租赁业务如果能够与养老资产管理进行结合创新，进一步推动保险资产管理业务的创新，使具有后发优势的中国养老产业与养老金融互动发展，相得益彰。中国太保集团太平洋资产管理公司通过参股长江养老保险股份有限公司，取得了资产管理模式上的新进展，实现了保险资产管理机构直接参与股权投资的重要突破，是太平洋资产管理公司积极参与综合经营竞争的有益探索，为保险年金管理提供了合作竞争发展的新思路。目前中国仅有 5 家养老保险公司、12 家保险资产管理公司，养老保险资产管理公司和专业的养老资产管理公司几乎为零。

9.4.7 建立中国养老基金保值增值的运营体系

在通货膨胀成为常态的情况下，将养老金余额存入银行或购买国债，不仅难以保值增值，还可能蒙受贬值的损失，更谈不上养老保障资源的有效利用。海外发展养老金融的实践表明，只要根据养老金的规模性、可长期使用的特点，满足养老金安全性、流动性的需求，养老金是可以有条件地投资于较高收益、较低风险的项目的。

（1）建立统筹账户基本养老金保值增值的运营体系。目前统筹账户基本养老保险基金结余规模约2.6万亿元，占全部养老金结余的53%，在投资渠道狭窄的情况下，其贬值损失较大，需要建立相应的投资运营体系。

①修改相关法律规章，拓宽基本养老金的投资渠道。

②建立资产风险分级体系，规定基本养老金对不同风险级别资产的投资比例。应解除国家制度层面对基本养老金投资于债券市场、股票市场、基金市场的限制，但需对不同资产进行风险分级并规定投资比例。

③设立基本养老金专营机构。设立国务院直属基本养老金专营机构，明确基本养老金运营管理的监管部门。

（2）建立个人账户养老金保值增值的运营体系。目前统筹账户和个人账户分立，但征缴、投资、支出混并的格局存在风险隐患：一方面使统筹账户容易侵蚀个人账户，损害个人账户的合法权益，另一方面也不利于调动个人参与养老保险的积极性。主要政策建议是：

①做实个人账户。

②将基本养老保险个人账户与个人储蓄账户合并成为个人养老储蓄账户，其中，基本养老部分从工资中强制扣减，储蓄部分除强制缴存部分外由个人自愿缴存。

③交由有资格托管机构进行管理，托管机构可设计多种投资组合，由账户所有者个人决定组合选择。

④延续前面所述各项优惠政策。

9.4.8 重视和强化养老金融的监管

重视和强化养老金融监管，既是养老金融发展的需要，更是养老保障事业发展的需要。如何在养老保障充分享受金融服务的同时，降低金融风险对养老保障、养老消费、养老投资的传导，是养老金融监管的首要原则。美国次贷危机造成美国众多企业年金投资的重大亏损，日本“财投计划”让日本年金遭受重大损失，教训极为深刻。

（1）理顺养老金融多头监管与监管盲区并存的混乱格局，建立社保机构与银监会、证监会、保监会的联合监管机制。其中，社保机构重点是对基本养老保障、企业年金、个人储蓄保障的缴存、支付、转移等进行监管，并作为养老金管理人对养老金实行风险、权益监管。银监会、证监会和保监会分别对监管业务范围内的养老金营运和养老金融服务进行监管。

（2）制定国家层面的养老金融监管法规。美国为了加强养老金融监管，制定了《社会保障法案》《雇员退休收入保障法案》，修改了《信托法》《统一审慎投资者法》《税收法》，这些专门或相关法规构成了美国养老金融监管法规体系。中国可根据本国的实际情况，借鉴美国养老金融监管的经验，修改《社会保险法》《劳动保障法》《银行法》《证券法》《保险法》《信托法》等相关法规；在完善各项制度的基础上推出《养老保险基金管理办法》，建立中国的养老金融法规监管体系。

（3）完善养老保险监管机制和基础设施。主要政策建议是：

①改变养老金征收、监管、支付的横向管理模式为纵向管理模式。当前我国养老保险基金实行的是区域性分级管理，容易造成职责不清、缺乏有效的风险分担和易于掺杂地方利益。可考虑明确人力资源与社会保障部与各级社保经办机构的纵向管理职能，统一进行养老金征缴、托管、支付和信息披露等系列活动的监管，减少地方政府的干预。

②完善社会保障信息管理系统，建立和完善工资征信系统和养老保险信息系统，及时更新和扩充，实现社会保障服务信息化、周到化、智能化，最大限度降低逃、漏缴交和冒领的可能性。

③制定投资原则、风险控制标准和企业年金受托人、管理人资格审定标准。审定资产风险评级和评级机构资格，制定风险控制规范。

④建立基本养老保险、补充养老保险和个人养老储蓄于一体的信息披露机制和共享平台，完善信息披露规范。

10

海外股灾若干问题研究[①]

10.1 导　言

股灾就如同瘟疫和地震一样，谁都不愿意发生，谁都无法准确预测，但又防不胜防和不得不防。因此，为了提高对股灾的认识，增强驾驭股市和防范股市风险的能力，促进股票市场健康稳定地发展，尽可能避免股灾的发生或减少不可避免的股灾发生所造成的损失，有必要对股灾进行全面、系统、深入的分析研究。为此，本章将在真实反映世界历次重大股灾发生和演变的基础上，全面分析各种股灾形成的主要原因和严重后果，系统总结股灾发生后采取的补救措施及其效果，积极探讨防范股灾的有效对策。

① 2007年5月8日，深证综字第0153号。

10.1.1 股灾的界定

股灾（The Stock Market Disaster）亦称股市灾害或股市灾难，是指股市大量日常风险没有得到及时有效释放并经过一定时期累积到极大的程度时，或股市日常风险累积到较大程度但股市运作的社会经济条件发生急剧变化时，在某个偶然因素的影响下突然爆发的股价暴跌及其引起社会经济巨大动荡并造成社会经济巨大损失的异常现象。股灾如同强烈地震一样，地应力的长期积累使地层受到巨大的外胀压力，这种压力膨胀到某些地层无法承受的程度就会使地层发生裂变，产生巨大震动并造成严重破坏。

10.1.2 股灾的特点

股灾不同于一般的股市波动，也有别于一般的股市风险，它集现实的股市巨大波动和巨大风险于一体，并对正常的社会经济活动产生巨大破坏。综合考察各次股灾发生、演变及其结果，可以看出股灾具有以下特点：

（1）突发性。并不是所有的股价大幅度下跌都是股灾，那些单日下跌幅度较少但下跌时间较长而出现的股票价格累积跌幅较大的阴跌现象，通常不称为股灾。就如同绵绵细雨不会产生洪灾一样。只有突然爆发的股价巨幅下挫，才称得上股灾。从世界第一次股灾——密西西比股灾算起，世界各国出现的股灾多达几十起，几乎每次股灾都有一个突发性的暴跌阶段。

（2）破坏性。较小幅度的股价下跌的破坏性较小，因为这种股价下跌的风险在投资者的意料之中，而且能被投资者所承受。较长时期的股价阴跌，尽管其累积跌幅可能较大，但破坏性也较小，因为这种阴跌的风险已被市场日常交易分散到各个投资者的身上而逐步消化掉了。而股灾则不同，其突发性的股价暴跌风险高度集中，破坏性极大，它毁灭的不是一个亿万富翁、一家证券公司和一家银行，而是一个国家乃至世界的经济，甚至使股市丧失所有的功能而变得毫无意义。一次股灾给人类造成的经济损失远超过火灾、洪灾或强烈地震的经济损失，甚至不亚于一次世界大战的经济损失。

（3）联动性。股灾的联动性主要表现在两个方面：一是经济链条上的联动性。

股灾会引起金融危机和经济危机，金融危机和经济危机也是股灾发生的前提条件之一。例如，1929 年的股灾就引发了世界性经济危机，1994 年墨西哥金融危机导致了墨西哥股灾的发生。因此，股灾和社会经济活动具有联动性。二是区域上的联动性。在现代资本市场中，由于国际经济一体化和国际金融一体化，一些主要资本市场发生股灾，将会引起世界性或区域性股灾的发生。例如，1987 年美国股灾发生后，世界许多国家和地区也跟着发生了股灾。1997 年，泰国、韩国、印度尼西亚发生金融危机和股灾后，不仅波及了整个东南亚，而且世界其他国家和地区的股市也受影响。

（4）不确定性。每次股灾发生后，人们都能从中总结出一系列导致股灾发生的各种原因，以说明股灾发生的客观必然性。但是，在股灾发生之前，人们很难准确地预测或判断股灾会在什么时候发生，股价暴跌的幅度有多大和持续时间有多长，股价暴跌对金融和经济乃至人们的社会心理的负面影响有多大。因此，股灾不确性因素很强，就如同地震难以准确预测一样。股灾之所以表现出这样的特征，是由股市是差异性市场的特征所决定的。在任何时候和任何价位，不同的投资者都同时存在看多和看空的心理预期以及买进或卖出的交易行为。股灾常常发生在看空和抛盘占绝对优势的时候。然而，这种占绝对优势的投资预期和投资行为是难以及时、准确把握的。

10.1.3 股灾的类型

股灾的类型可按股灾的波及范围大小划分，亦可按形成的原因划分。由于任何一次股灾都不是单一原因造成的，因此，按股灾波及的范围大小划分股灾的类型较为合适。并且，股灾波及范围的大小，也是衡量股灾严重程度的主要指标。

（1）世界性股灾。是指世界主要股票市场先后或同时发生的股灾。例如，1929 年和 1987 年的股灾就是世界性股灾，它几乎波及了世界所有的主要股票市场，对世界经济产生了广泛、深刻的负面影响。这两次世界性股灾的发源地都在美国，而美国又是世界上经济实力最强、股市规模最大的国家，并且是与世界各市场经济国家联系最为密切的国家。因此，美国的股灾甚至较大的股市波动，都会直接或间接影响世界其他与其紧密相连的国家或地区的股市和经济运行，从而爆发世界性股灾和经济危机。

（2）世界区域性股灾。是指世界某一区域具有相同特点或相互联系的国家和地区先后或同时发生的股灾。1997 年泰国、马来西亚、印度尼西亚、韩国等东南亚国家和地区发生的股灾，就是世界区域性股灾。世界区域性股灾一般发生在世界经济次中心地域，这些国家或地区的股票市场在世界股市中不占首要的主导地位。因此，世界区域性股灾发生后，对该区域以外的国家和地区的股市也会产生程度不同的影响，但该区域以外的国家和地区的股市和经济受影响的程度远不及区域性股灾的国家和地区严重。例如，1997 年世界其他国家和地区的股市和经济都受到了东南亚股灾的影响，并且这种影响已延续到了 1998 年，但受害最深的仍是东南亚国家和地区的重灾区，如泰国、印度尼西亚和韩国等。

（3）国家或地区性股灾。是指在某一个国家或地区发生的股灾但未引起周边区域性国家或地区发生股灾的现象。例如，1720 年法国密西西比股灾和英国南海股灾，1994 年墨西哥股灾等就属于这一类。只是在某一个国家或地区发生并较少波及其他国家和地区的股灾，要么发生在股票市场早期，当时国与国之间的经济联系还不密切，缺乏国与国之间股灾的链条联系；要么发生在当代世界非主要股市或股市国际化程度低的国家和地区，并由个别特殊的原因引起，因而对整个世界或某一区域的股市影响较小。

10.2 世界重大股灾的基本概况

从 1720 年世界第一次股灾发生算起，200 多年来，几乎每一个拥有股市的国家和地区都发生过股灾，有的还不止一次。全面概述世界各个国家和地区发生的每一次股灾，尽管有可能，但是没有多大必要，因此，本章择其中的重大股灾进行概述。

10.2.1 股灾的起源

1720 年法国密西西比股灾和英国南海股灾，是自世界股市建立以来发生的最早股灾。

（1）法国密西西比股灾。1720 年，法国爆发了世界股市史上第一次重大股灾。由于这次股灾是由市场过度投机爆炒密西西比公司股票并最终导致密西西比公司股票暴跌引起的，故称法国密西西比股灾，详见专栏 10－1。

专栏10-1 法国密西西比股灾

1710年，法国财政赤字接近1亿锂，国债已近30亿锂。到1715年，法国国债已有1/3到期，而连年的农业灾荒导致税收极度减少，当年财政收入只有6900万锂，开支则为14700万锂。财政入不敷出，法国政府和各部门几乎陷入瘫痪之中。为了摆脱国家财政危机，法国政府授权约翰·劳（John Law）创办一家资本约600万锂的私人银行。他采用一些优待措施吸引人们使用纸币。1717年，法国政府准许以约翰·劳的私人银行发行的纸币纳税。1718年，法国政府将约翰·劳的私人银行改为国家银行并授予它发行钞票的权力，且特许约翰·劳建立密西西比公司和包税总所。这样法国的独家纸币发行权、北美贸易垄断权和代理间接税权以及与此相配合的3家垄断机构——国家银行、密西西比公司和包税所都控制在约翰·劳的手中。

1718年，密西西比公司以筹措1亿锂资金开发路易斯安那金矿为由，计划发行1亿锂共20万股股票，每股发行价为500锂。约翰·劳采取各种促销方法和贿买政府官员授予密西西比公司更多特权等手段，大肆营造社会购买该公司股票的热烈气氛，并允许持有政府债券的人用债券购买股票。由于债券在市场上的价格还不及面值的一半，绝大多数债券持有人都迫切想用手中的债券去购买该公司股票，于是出现了抢购股票的风潮①。市场投机愈演愈烈，整个法国甚至欧洲热衷于投机、赌博的人们和资金像潮水般地涌入股市，购买密西西比公司股票。1719年，密西西比公司股票500锂一股在7月份达到5000锂，8月份上升到10000锂，10月份升至21000锂，最高涨至31000锂②，涨幅为发行价的62倍，创造了世界股市当时及以后相当长一段时间内世界股市暴涨的最高纪录。

1720年7月，投机狂潮终于接近尾声。密西西比公司为了替政府偿还债务，背上了沉重的包袱。同时，当被派出去的人回来报道，人们所期望的从路易斯安那滚滚涌向法国的财富也只不过是一个泡影。许多股民开始为过高的股价担忧，赚了钱的人都想把股票换成纸币，再将纸币拿到银行去兑换硬通币，以求万无一失。市场上开始出现大量抛售密西西比公司股票的现象，股价迅速下跌。为了支撑股价，约翰·劳不惜通过大批量发行纸币来吸收投资者卖出的股票，结果适得其反。人们由怀疑密西西比公司股价转到怀疑国家银行是否有能力兑换无数的纸

① 徐吉贵著：《世界近代中期经济史》，中国国际广播出版社1997年版，第57页。

② 洪晓斌著：《世界股市风云鉴》，经济管理出版社1997年版，第29页。

币，抛售股票的狂潮迅速演变为挤兑狂潮。密西西比公司股价一泻千里，创造了至今仍保持的跌幅一次达99%的世界股市最高纪录①。挤兑狂潮导致了法国银行的倒闭，无数纸币顷刻变成废纸。法国经济随之陷入长期大萧条。

（2）英国南海股灾事件。英国南海股灾，是继1720年法国密西西比股灾后世界股市史上爆发的重大股灾，其影响比法国密西西比股灾更为深远，详见专栏10-2。

专栏10-2　英国南海股灾

1711年，英国南海公司成立。该公司为了显示其雄厚的经济实力，不惜以巨资认购了政府1000万英镑的债券，从而获得了政府和社会公众的信用。英国政府把它作为发行巨额债券的渠道。作为回报，英国政府保证对已转换债券支付6%的利息并免征间接税。此外，南海公司还获得了英国与美洲大陆东海岸之间的贸易特权和英国与美洲大陆西海岸的所有贸易权。

然而，南海公司的董事毫无商品贸易和经营管理方面的经验，经营极不理想，实际贸易利润极微。为了改变这种状况，南海公司大量向政府官员行贿以加速官商化进程，英国公众和投机商也希望南海公司成为阻止大批资金流入法国密西西比公司并与之抗衡的公司。1720年，南海公司决定采取对高达3100万英镑的全部国债提供资金的方式以提高其声誉。此举不仅深受英国政府欢迎，也迎合了众多投机者。1720年1月1日，南海股票指数为128点。之后，南海公司股价立即从每股130英镑上涨到300英镑。之后，南海公司采取欺诈的手段制造公司的虚假繁荣。1720年4月12日，南海公司以每股300英镑的价格发行新股。1720年5月，南海公司又发行了每股400英镑的新股。1720年6月15日，南海公司更是以现付10%的方式再次发行新股。此时，南海公司股价已升至800英镑。1720年7月1日，南海股票指数升至950点，并摸高1050点，较首次发行价130英镑上涨了7.08倍。南海公司股票的暴涨产生了巨大的示范效应。一些企业的发起人也开始创办公司并向股市投放大量新股，以实现公司的“圈钱”企图，同时也满足市场投资的渴望。于是，大量新公司像“吹气泡”一样迅速出现。

1720年7月，英国政府为了保护南海公司的利益，维护其垄断地位，颁布了“禁止气泡公司法案”，中止了一些“气泡公司”股票上市并解散了一部分公司。

① 洪晓斌著：《世界股市风云鉴》，经济管理出版社1997年版，第32页。

1720年8月，南海公司一些董事和高级职员认识到南海公司股价暴涨和公司毫无起色的经营业绩完全脱钩，于是便大量抛售持有的股票。投资者识破南海公司真相后，更疯狂地抛出所持股票。南海公司股票一路狂泻，价格指数从1720年9月1日的775点跌至10月14日的170点，跌幅达78.04%。英格兰银行股票从9月1日的227点跌至10月14日的135点，东印度公司股票在同期由345点跌至145点，非洲公司股票由130点跌至40点①。整个英国股市完全崩溃，为数众多的银行倒闭，公司破产，无数家庭倾家荡产。从此，刚刚兴起的股份公司在社会上被视为金融欺诈团体而被宣布为非法。在以后长达一个多世纪的时间里，英国市场上的股票几乎销声匿迹。

10.2.2 世界性股灾

世界性重大股灾先后有两次，即1929年和1987年世界范围的股灾。这两次股灾是迄今为止波及范围最广、破坏性最大的股灾，详见专栏10－3和专栏10－4。

专栏10－3 1929年世界性股灾

1929年世界性股灾起源于美国。1920～1921年，美国发生了经济危机。之后，美国经济走出谷底，开始回升。1923年，美国股市开始启动，稳步攀升到1928年。美国股票市值从270亿美元增至480亿美元，共增长78%，年均增长13%。这一期间，美国股市基本上处于慢牛走势之中，股市和美国经济持续增长大致吻合。

然而，1928年和1929年，美国经济“持续繁荣”被过分渲染，新当选的美国总统赫伯特·胡佛（Hebert Hoover）甚至扬言：“美国今天比任何地方历史上的以往时期更接近于取得消灭贫困的最后胜利。”美国著名经济学家欧文·费雪（Owen Fisher）提出了一个著名的观点：“股市已经达到像永久性高原那样的平稳时期。”美国到处都充满着欢乐祥和的情绪，整个股市和投资者都沉浸在兴奋、

① 徐吉贵著：《世界近代中期经济史》，中国国际广播出版社1997年版，第43页。

狂热之中。这极大地激发了华尔街投机商的野心，他们将原先繁荣的股票交易演变成一种疯狂的投机活动。众多投资者在股市赚钱的示范效应下和股票推销商的煽动下，纷纷进入股市，美国出现了空前的全民股票热。大量资金从银行流入股市，证券机构也大量透支给投机商炒股。一些投机商和上市公司相互勾结，私下传播内幕信息，公开则喧染公司的虚假繁荣。在此情况下，美国股市一反过去的慢牛走势，股价扶摇直上。道·琼斯指数在1929年9月初摸高452点，比年初暴涨了1倍多，比1921年最低时上涨了5.95倍。美国股价被炒高到极不现实的地步，远远超过了其实际价值，股市风险日益增大到一触即发的地步。

在美国股市暴涨的同时，持续增长7年的美国经济在1929年的下半年开始显露疲态，工业产量出现萎缩。1929年9月5日，美国金融家罗杰·巴布森（Rodger Babson）预言“一场市场崩溃迟早要来临”，然而却遭到股评人士和投机商的无情谴责。但当罗杰·巴布森的话在道·琼斯金融消息自动记录器上被引用的时候，市场真的发生了突然变化，昔日股票指数狂涨已被大幅下挫所代替，整个9月，美国股市价格时起时落，“永久性高原那样的平稳时期”已经过去。1929年10月21日，人称“黑色星期一”，美国股市一开盘就像溃堤的洪流急剧下泄，人们纷纷抛出股票。纽约证券交易所当天共有1600万张以上的股票易手，是该所有史以来最大成交额。10月24日，尽管美国总统发布了“经济形势平稳”的新闻讲话，但纽约股市仍被1300万股抛单压得直线下泄；10月28日，面临崩溃的纽约股市来不及喘息，再次以空前的幅度狂跌，当天跌幅高达12.82%，股票持有者急于抛股已到了不计价格高低的地步。从此，美国股市步入长达5年的漫长熊市，到1932年7月，道·琼斯指数已跌至58点①，较1929年9月最高点452点已跌去89%；股票市值也从1929年9月的897亿美元跌至1930年的156亿美元，市值损失了82.3%共741亿美元。著名的美国通用电气公司股票价格从396美元跌到最低只剩下8美元，跌幅高达91.9%。受1929年美国股市大崩溃的影响，不仅美国经济陷入瘫痪，而且引发了长达4年的世界性经济危机。直到1954年，在事过25年后，道·琼斯指数才重返1929年的峰位452点。

---

① 林文俏著：《股市风险透视与防范》，广东经济出版社1997年版，第8页。

专栏 10-4 1987 年世界性股灾

1987 年世界性股灾也起源于美国。1980 年，罗纳德·里根（Rondld Reagen）当选美国总统。1982 年美国经济出现复苏，通货膨胀率下降，美国以至整个西方经济进入了一个持续的增长期。在美国提高利率和美国经济持续增长的双重引导下，国际游资大量流入美国。据美国官方统计，1982～1986 年外国资金流入美国高达 3037 亿美元。这些游资大量涌入股市，促使股价大幅上升。道·琼斯指数从 1982 年的 776.92 点上升到 1986 年的 1955.57 点，1987 年 8 月 25 日更是升至 2722.40 点，较 1982 年最低点上涨了 2.5 倍。在 1982 年 8 月至 1986 年底，意大利、西德和日本的股价指数也分别上涨了 3.56 倍、3.51 倍和 1.6 倍。整个西方国家的股市进入了前所未有的全面牛市之中。

美国经济虽然持续增长，但是也存在不少隐患。1986 年，美国财政赤字高达 2210 亿美元，外贸赤字高达 1562 亿美元，外债达 2636 亿美元，美国已沦为世界最大债务国。为了吸引外来资金，以弥补国内资金的不足，美国保持着较高的利率水平。这些因素都不支持股价持续上涨，反而是股价下跌的动力。1987 年 10 月 15 日和 18 日，美国财政部长公开对西德提高央行重购回贷款利率表示不满，并扬言重新调整当年西方七国财政部长已达成的稳定汇率的协议。受此影响，已经出现较大波动的纽约股市终于在 1987 年 10 月 19 日出现了狂跌。这一天，道·琼斯指数暴跌 508.32 点，跌幅达 22.62%[①]，超过了触发经济危机的 1929 年 10 月 28 日暴跌 12.82% 的记录。当日，纽约股票交易量达到 6.043 亿股，比 10 月 16 日创纪录的 3.385 亿股又增加了 78.52%。据统计，10 月 19 日上市的所有股票，在一天之中就损失了 5000 亿美元，受害的股票持有者达 4700 万户。10 月 26 日，美国道·琼斯指数再次下跌 157 点，跌幅为 7.9%。

1987 年 10 月 19 日美国股市暴跌，触发了世界性股灾的爆发。10 月 19 日，伦敦《金融时报》指数下跌 183.70 点，跌 10.8%，创伦敦股市历史上日最大跌幅；日本日经指数 10 月 19 日跌 620 点，跌幅为 2.35%，10 月 20 日再跌 3800 点，跌幅 14.76%；澳大利亚股价指数 10 月 19 日跌 3.74%，10 月 20 日又跌 24.90%；中国香港恒生指数 10 月 19 日跌 420 点，跌幅为 11.2%。停市 4 天后，10 月 26 日中国香港恒生指数再暴跌 1121 点，日跌幅高达 33.33%，创世界股市历史上日最高跌幅纪录。此外，在 10 月 19 日或 20 日，法国、荷兰、比利时、新

① 李永杰著：《国外股份经济 100 年》，广州出版社 1997 年版，第 111 页。

加坡股市分别跌 9.7%、11.8%、10.5% 和 12.15%，巴西、墨西哥股市更是日跌 20% 以上。10 月 26 日，美国股市再次暴跌，整个西方股市又一次陷入恐慌的跌幅之中。整个 10 月，股灾造成世界重要股市市值损失了 17920 亿美元，相当于第一次世界大战中直接和间接经济损失 3380 亿美元的 5.30 倍①。

10.2.3 世界区域性股灾

1997 年发生在东南亚的金融危机和股灾，是世界区域性股灾的典型例子。1997 年前，东南亚国家和地区是 20 年来世界经济增长最快的地区之一，先是韩国、新加坡、中国香港、中国台湾经济快速增长和持续发展，后是泰国、印度尼西亚、马来西亚、菲律宾等东盟国家的迅速崛起。东南亚经济迅速发展是许多因素共同促成的结果，其中，通过经济改革和金融创新，充分利用本地的优势，抓住世界经济结构和布局变化的机遇发展外向型经济，鼓励和吸引大量外国投资，并加入国际经济、金融一体化等，是这些国家和地区经济快速发展的重要原因。这些国家和地区在经济快速增长的同时或之后，也出现了银行放贷过于松动，不良资产日益膨胀、外债加重、金融过分自由化等问题。这都为这次东南亚金融危机和股灾埋下了祸根。一旦这些国家或地区竞争力下降，对外出口增长放慢，业已存在的问题就会日益显性化和扩大化，就会使外国投资者丧失应有的信心。东南亚金融危机和股灾就是在这种情况下爆发的。从东南亚金融危机和股灾的发生和演变的过程上看，可分为 4 个波段，详见表 10－1。

表 10－1　东南亚金融危机和股灾演变

波段	具体情况
泰国泰铢暴贬触发	1997 年 2 月，由于泰国房地产市场呆滞，累积了太多未偿还的房地产债务，泰国金融机构出现了严重的现金周转问题，泰铢汇率发生波动；5 月，泰国出现投资者纷纷抛售泰铢买进美元的风波。泰国央行为了稳定汇率，抛出 40 亿美元买进泰铢，但无济于事。7 月 2 日，泰国政府被迫宣布泰铢与美元脱钩，实行浮动汇率制度。东南亚金融危机由此爆发，当天泰铢汇率下跌 20%②。和泰国具有相同经济问题的菲律宾、印度尼西亚和马来西亚等国迅速受到泰铢贬值的巨大冲击。7 月 11 日，菲律宾宣布允许比索在更大范围内与美元兑换，当天比索贬值 11.5%；同一天，马来西亚则通过提高银行利率阻止本币进一步贬值。7 月 14 日，印度尼西亚宣布放弃维持其货币与美元比价的努力，印尼盾 7 月 2 日至 14 日贬值了 14%。

① 林文俏著：《股市风险透视与防范》，广东经济出版社 1997 年版，第 66 页。
② 李罗力著：《金融风暴：东南亚金融危机透视》，贵州人民出版社 1997 年版，第 14 页。

续表

波段	具体情况
台币贬值，股市下跌	1997 年，中国台湾外汇储备高达 900 亿美元，居当时世界第三位，且经济增长强劲，其经济背景与其他东南亚国家和地区的情况完全不同，所以第一波段的东南亚金融危机未对台湾形成冲击。但是，中国台湾当局为了构筑抵御危机冲击的堡垒，在 10 月 17 日采取了台币贬值的措施，台币贬值 0.98 元，创下了 1 美元兑换 29.5 台币元的近 10 年来的新低，当天中国台湾股市大幅下挫 165.66 点。10 月 22 日，台币贬至 30.45 元兑 1 美元，中国台湾加权指数跌至 7316.78 点收市，跌了 301.67 点①。东南亚金融危机的进一步扩散，不仅使东南亚金融危机原发地陷入进一步的动荡之中，而且引起包括美国股市在内的全球其他股市大幅下挫。10 月 27 日，美国道・琼斯指数暴跌 554.26 点，成为美国股市历史上最大的日跌点数，暴跌迫使纽约证券交易所 9 年来首次使用暂停交易制度。受此影响，东南亚股市再续跌势。10 月 28 日，日本日经指数跌 4.3%，新加坡海峡时报指数跌 7.6%，韩国首尔综合指数跌 6.6%，马来西亚吉隆坡综合指数跌 6.6%，泰国曼谷综合指数跌 6.3%。特别是中国香港恒生指数更是跌幅惊人，10 月 21 日跌 765.33 点，22 日又跌 1200 点，28 日再跌 1400 点，创中国香港股市历史上日最大下跌点数。这 3 次累计跌幅已超过 25%。
危机重点转到韩国和日本	1997 年 11 月，韩元汇价持续下挫，数家大企业资不抵债，陆续倒闭，与上半年比较，韩元兑美元汇价已下跌了 30%。其中，11 月 20 日韩国汇市开市半小时，韩元就狂跌 10%，创下了 1139 韩元兑 1 美元的新低②。与此同时，日本金融危机进一步加深。11 月，日本先后有三洋证券公司、北海道拓殖银行、山一证券公司等破产或倒闭，日元兑美元跌破 130 元大关，较年初下跌 17.03%。受韩国和日本金融危机的影响，东南亚国家和地区的汇市和股市再次大幅波动。
印度尼西亚货币再次巨幅贬值	1998 年 1 月，东南亚金融危机的重心又转移到印度尼西亚。1 月 8 日，印尼盾对美元的汇价暴跌 26%。1 月 12 日，在印度尼西亚从事巨额投资业务的中国香港百富勤投资公司宣告清盘；同日，中国香港恒生指数暴跌 773.58 点，新加坡指数跌 102.88 点，台湾加权指数跌 362 点，日经指数跌 330.66 点。1 月 15 日中国香港恒生指数暴跌 647.57 点，跌幅为 7.71%③，周边市场的股市也应声下跌。直到 1 月底，东南亚金融危机和股灾恶化的势头才得以初步止住。

从 1997 年 7 月到 1998 年 1 月，东南亚金融危机和股灾经历了 8 个多月。货币贬值引起金融动荡是这次东南亚股灾爆发的直接导火线，股灾又加剧了货币进一步贬值，从而把东南亚金融危机推向深渊。这次东南亚危机除港元外，其他几乎所有的金融市场开放的国家和地区的货币都程度不同地贬了值。印尼盾贬值 70% 以上，

① 参见《证券时报》，1997 年 10 月 20 ~ 23 日有关新闻和信息报道。

② 参见《证券时报》，1997 年 11 月 21 ~ 24 日新闻报道。

③ 参见中国香港《信报・财务新闻》，1998 年 1 月 9 日至 21 日有关汇市、股市行情信息资料。

泰铢贬值50%以上，韩元、马来西亚林吉特、菲律宾比索贬值30%～40%，日元较1997年初贬值17%。这些东南亚国家和地区股市下跌的程度也不亚于货币贬值的幅度。到1997年12月31日止，几乎所有的东南亚国家和地区的股市都遭受了这次金融危机的重创，跌幅都在20%～60%左右，1998年1月，中国香港恒生指数、新加坡海峡时报指数又较1997年分别下跌了20%以上，其股灾的严重程度并不比韩国、泰国、印度尼西亚等重灾区轻多少（见表10－2）。

表10－2　　　　东南亚国家和地区1997年股灾情况表

	1996年底	1997年底	下跌点数	下跌幅度（%）
中国香港恒生指数	13451.45	10722.76	－2728.69	－20.29
东京日经225指数	19361.35	15258.74	－4102.61	－21.19
新加坡海峡时报指数	2216.79	1529.84	－686.95	－30.99
雅加达JSX综合指数	637.43	401.71	－235.72	－36.98
马尼拉PES综合指数	3170.56	1869.23	－1301.33	－41.04
首尔综合指数	651.22	376.31	－274.91	－42.21
吉隆坡综合指数	1237.96	594.44	－643.52	－51.98
曼谷SET指数	831.57	372.69	－458.88	－55.18

注：参见1997年和1998年1～2月《证券时报》、《上海证券报》和中国香港《信报》世界股市行情资料。

10.2.4　国家或地区性股灾

世界性或世界区域性股灾本身就包括国家或地区性股灾，法国密西西比股灾和英国南海股灾也属于国家性股灾。这里所论述的是不包括上述股灾在内的国家性或地区性股灾。几乎每一个有股市的国家或地区都发生过股灾，有的还发生过多次股灾。我们很难论及每一个国家发生的每次股灾，本节只选择具有代表性或具有突出特点的国家或地区性股灾进行论述。

（1）日本股灾。日本是世界上股灾发生次数最多、最频繁的国家之一。日本股市建立于1878年，直到1890年之后，随着股份公司的创立和股市投资的兴起，日本股市才趋于活跃。但在整个第二次世界大战之前，日本股市发展都不及美国、英国、法国等西方国家迅速。第二次世界大战后，日本创造了经济奇迹，经济增长率高居发达国家榜首，成为仅次于美国的超级经济大国，日本股市也成了世界最大的股票市场之一。但这丝毫不能掩盖日本经济发展脆弱的一面，日本股灾频繁发生就是最明显不过的例子。从第二次世界大战后到1997年，在近50年时间里，日本先后发生了7次股灾[①]，其中，20世纪80年代以来就发生了3次股灾，最严重的要算1991～1992年的泡沫经济型股灾，详见专栏10－5。

专栏10－5　日本股灾

日本人把1986年12月开始的不同寻常的经济繁荣称为“平成景气”。经过这次繁荣，日本当时的人均GNP超过了美国、德国、法国和英国，日本的GNP占世界的比例也由1970年的6.4%上升到1990年的13.7%，对外纯资产额在1991年达到3830亿美元，居世界首位。在“经济繁荣”的支持下，1986～1987年，日本股市几乎呈单边上扬，日经指数从1985年12月的13113点上升到1987年9月的26000点，上涨了近1倍。1987年10月爆发世界性股灾，日本不仅未能从美国股市崩溃中吸取教训，反而立即恢复元气，股价探底回升。1988年日本股市继续上涨，年底时日经指数已突破30000点。1989年日本日经指数再创新高，并在1989年12月19日达到38915点[②]，较1985年最低点上涨了3倍多。1989年日本股票市值高达630兆日元，为当年GNP的1.6倍，而1985年它仅占日本GNP的60%。面对日本经济繁荣和股市狂涨，日本国民如痴如醉，完全失去了应有的理智，纷纷投身股市。

然而，日本的经济繁荣却隐含着巨大的泡沫经济成分。20世纪80年代初日本推行金融自由化政策并实施宽松的超低利率政策。在经济景气、收入增加的情况下，日本较多人将银行存款转投股市和房地产，并毫不犹豫地向银行借贷进行投机。银行为了扩大业务份额和市场占有率，积极推动人们进行土地、房产和股票投机，从而使土地、房产和股票价格大幅上扬到惊人的高度。20世纪80年代后期，日本国内所有的经济主体都不同程度地为泡沫经济的膨胀火上浇油。收入增加的人们在发现房地产和股票投机收益丰厚时也不甘落后纷纷加入。但是，泡沫经济是不可能持久的，一有风吹草动，泡沫就会破灭。1989年，日本政府先后5次提高官方利率，日本股市开始出现高位大幅波动。1990年，海湾战争爆发，完全依赖石油进口的日本陷入极度恐慌之中，股价大幅下挫。随着海湾战争结束，

① 康焕军著：《日本股份经济》，东方出版社1995年版，第56～78页。
② 洪晓斌著：《世界股市风云鉴》，经济管理出版社1997年版，第114～115页。

日本股市又强劲反弹，但已无法达到原来的高度。但是，人们对经济泡沫式繁荣还抱有幻想，希望利率提高、海湾战争对股价的影响会尽快消除，股价波动在短期内会趋向平稳。然而，几乎绝大多数的股票投资者和投机者的预期都落空了，日本股市从此一路狂泻，跌至1992年8月18日的14304点（2003年4月最低跌至7607点）。累计跌幅高达63.24%，创造了日本股市历史上最大的下跌幅度。从此，日本经济陷入深度的经济危机之中，10多年后仍无法复苏。

（2）墨西哥股灾。20世纪80年代以来，墨西哥先后出现两次重大股灾，详见专栏10-6。

专栏10-6　墨西哥股灾

第一次发生在20世纪80年代初。国际市场石油价格下调，作为产油国的墨西哥比索贬值，造成资本外逃和经济衰退，股票价格随之大幅下挫。为了抑制比索贬值，墨西哥采取了外汇管制和银行国有化措施，使流入股市的资金大幅减少，股市再次下跌，交易额降到几乎为零。这次股灾把墨西哥股市推向崩溃的边缘。从1983年起，墨西哥经济出现转机。在此之前，政府颁布了一系列刺激股市发展的措施，墨西哥股市连续几年猛涨，仅1987年1~10月，墨西哥股价指数就上涨了6.29倍，为世界股市所罕见。这次股价暴涨，既是股灾后的一次报复性上涨，也为第二次股灾埋下了祸根。

1988年，墨西哥进一步推行了鼓励外资流入的政策，并成为拉美地区吸引外资最多的国家。正是以这些流入的外资为支撑，墨西哥经济实现了极大的繁荣，一度成为新兴工业化国家发展的“样板”和众多发展中国家仰慕的对象。但是，墨西哥经济繁荣的背后潜伏着一系列不稳定的因素。高利率吸引了大量的外资涌入并采取稳定汇率的政策，每年外资流入高达250~350亿美元，而外贸出口并未显著增长，造成国际收支经常项目的赤字每年增加230亿美元左右。这就使得整个墨西哥经济过分依赖外资。一旦外资流入减缓或外资外流，就会引发金融危机和股市危机。1994年，墨西哥外贸出口赤字恶化，且农民发动起义，政局极不稳定。外国投资者对墨西哥经济前景的信心发生动摇，挟持大量资本外流。1994年12月19日，墨西哥突然宣布本国货币贬值15%[①]，这一消息引起社会极大恐慌，

① 参见《证券时报》，1994年12月25日新闻报道。

人们纷纷抢购美元，比索汇率急剧下降，12月20日狂跌13%，从最初的3.47比索兑换1美元跌至3.925比索兑换1美元。21日再跌15.3%，跌至5比索兑换1美元。外汇储备大幅度减少。最后，墨西哥政府不得不宣布让新比索汇价自由浮动，但墨西哥货币跌势未变。到1995年3月9日，墨西哥货币新比索兑换美元已跌至8.00:1，较危机前累跌下跌了56.63%①。墨西哥整个金融市场墨西哥吸引的外资70%左右是投机性的证券投资。例如，墨西哥证券投资吸收外资中的比重，1992年为71.6%，1993年上升到76.8%。因此，金融危机导致资本外流对于墨西哥股市如同釜底抽薪，墨西哥股市应声下跌。1994年12月30日，墨西哥股市下跌6.26%，1995年1月10日大跌11%，创1987年西方股市暴跌以来至当时最大日跌幅；2月16日，墨西哥股市在15日跌了6.4%的基础上再跌3.51%；2月23日又跌去5.89%。到3月3日，墨西哥股市ZPC指数已跌至1519.52点，比1994年危机前2881.17点已累计下跌了47.94%②。这次金融危机和股灾给墨西哥经济以沉重的打击。直到以美国为主的500亿美元的国际资本援助，才使墨西哥基本上摆脱这场危机。

（3）中国台湾股灾。中国台湾股市运作始于1962年，发展一直缓慢。1979年，美国与中国台湾中止所谓的“外交关系”，导致了中国台湾第一次股灾。由于当时市场规模不大，尽管股市跌幅较大，但市值损失并不多。1985年，中国台湾经济开始起飞，巨额游资在市场开放的前提下涌入中国台湾股市，中国台湾股价指数开始不断上升。1986年10月，中国台湾加权股价指数突破1000点，中国台湾股市空前狂热。到1987年10月1日，中国台湾加权股价指数已升至4673点，较1986年底上涨了3.39倍。受1987年10月美国股市暴跌的影响，中国台湾股市在1987年底一度跌至2298点，跌幅高达50.82%。这是中国台湾第二次股灾。

中国台湾最严重的股灾，即第三次股灾发生在1990年。1988年，中国台湾股市未能吸取1987年世界性股灾的教训，稍作调整再次以更加疯狂的速度向上攀升。1988年9月24日涨至8789点。1988年9月底，中国台湾当局宣布开征证券交易所得税，股市又暴跌至5000点以下。由于市场充裕的资金和民众投机热潮高涨，中国台湾股市在探底之后以更具爆炸性的速度飞涨，1989年6月19日突破10000点，

① 参见《证券时报》，1995年3月6日新闻报道。
② 参见《证券时报》，1995年3月13日新闻报道。

1990年2月12日升至12682.41点的高位，比1986年已上涨了11倍。[①] 随着股价的成倍上涨，中国台湾股票市盈率也不断上升，从1986年的15.3倍升至1989年的92倍。然而，脱离内在价值的高昂股价是没有根基的。1990年2月后，随着资金外流、外贸萎缩和政治斗争不断，中国台湾股市开始狂泻，仅仅8个月，中国台湾加权股价指数就从1990年2月份的12000多点跌至10月初的2485点，跌幅高达81.41%，居20世纪90年代以来世界股市跌幅之首。这次股灾导致广大投资者损失极其惨重，工商业和金融业危机四伏，一片萧条。

（4）中国香港股灾。中国香港股票交易始于1866年。在20世纪50年代以前，由于战乱，中国香港股市同经济一样，发展极为缓慢。20世纪50年代末以来，中国香港以劳动密集型的成衣业和纺织业为主导，开始了工业化进程。中国香港充分利用内地资源，积极向外拓展市场，并及时根据市场调整经济结构，取得了很大成就。20世纪60年代，中国香港工业化进程非常迅速，对外贸易和海外运输也有了长足的发展，由此带动了海外投资的涌入和金融业的发展，中国香港已成为国际金融中心、贸易中心、信息中心。随着中国香港经济金融的迅速发展，中国香港股市发展也极为迅速。但是，中国香港股市自20世纪60年代以来发展并非一帆风顺，而是在大起大落中表现出整体向上的趋势。迄今为止，中国香港股市先后发生了3次严重的股灾，详见表10-3。

表10-3　　　　中国香港股灾

类别	中国香港股灾情况
1973~1974年股灾	20世纪60年代末和70年代初，中国香港经济迅速发展对股市提出了新的要求。1969~1971年，香港远东交易所、金融证券交易所和九龙证券交易所先后开业。在此期间，香港上市公司、股本规模和成交量迅速增加，股价指数大幅上涨。1970年底香港恒生指数为211.9点，1971年11月达到285点，1972年上涨到843.40点。连续3年的股价大幅上扬，大大滋生了人们的投机心理，助长了投资者非理性盲目乐观和入市炒作。香港恒生指数一路狂涨，1973年3月9日升至1774.96点②，比1970年底上涨了7.4倍。这时，股票价格已严重偏离公司业绩，股市下跌已成必然。从1973年3月12日起到1974年10月12日止，受一些公司伪造股票被发现，香港税务局开征股票交易税和中东战争爆发引起世界性石油危机并导致全球经济衰退的多重影响，香港股市出现大崩溃，香港恒生指数一路狂跌，陆续跌至1973年3月的1301点、4月734.8点、12月300点，并在1974年10月12日下探150.11点，和前期高位1774.96点相比，跌幅高达91.54%。不仅投资者损失极为惨重，而且香港经济和香港股市在此后长达4年时间内一跌不起。

① 洪晓斌著：《世界股市风云鉴》，经济管理出版社1997年版，第279页。

② 胡坚著：《欣欣向荣的国际金融中心：香港》，北京大学出版社1997年版，第161页。

续表

类别	中国香港股灾情况
1982 年股灾	1976 年香港经济复苏。1978 年，中国大陆改革开放为香港的发展注入了新的活力，香港股市在长期低迷后大幅回升，并持续了 4 年的上升行情。1981 年 7 月，香港恒生指数升至 1810.2 点历史最高点，较 1977 年底上涨了 3.5 倍。1982 年，香港经济受世界性经济衰退的影响，GNP 年增长下降至 1.1%；同时，中英关于香港问题谈判进展缓慢。这都影响了香港股市。结果，香港恒生指数再次大跌，1982 年 12 月 12 日跌至 676.30 点，较 1981 年最高点下跌了 62.64%①。从此，香港股市又连续低迷了 3 年时间。
1987 年股灾	1984 年，随着中英香港谈判顺利进行并签署了中英关于香港问题的联合声明，香港前途问题逐步明朗化，香港经济再次步入快速发展阶段。1985 年，香港股市结束调整，开始新一轮上升行情。11 月香港恒生指数报收 1763 点，1986 年 10 月 28 日创 2355.93 点新纪录，1987 年 10 月 1 日再创 3949.73 点新高，比 1983 年底上涨了 3.51 倍，较 1986 年 10 月 1 日上涨了 89%。面对香港恒生指数迭创新高，投资者群情振奋，参与股市炒作有增无减，成交量屡创天量。香港传媒和银行对股市过热相继发出了警告，指出股市国际化使市场更加复杂，走势节奏更难以捉摸，潜在风险令人忧虑。1987 年 10 月 16 日，美国道·琼斯指数大跌 108 点，消息传到香港，香港股市随之大幅下跌 420.8 点，跌幅高达 11.12%。10 月 19 日，美国道·琼斯指数再次暴跌 508 点，跌幅高达 22.6%，为香港上一日跌幅的 2 倍。这意味着香港股市还有补跌。10 月 20 日，香港联交所和期货交易所决定停市 4 天。10 月 26 日，香港股市恢复交易，积压数日的抛单如排山倒海之势汹涌而出，市场根本没有买盘，开盘仅 15 分钟，香港恒生指数已跌去 650 点，到下午收市时共跌去 1120.7 点，以 2241.69 点收市，日跌幅达 33.33%，创造了世界股市日最大跌幅②。10 月 29 日，香港恒生指数继续下跌至 2204.52 点才止跌。和 10 月 1 日 3949.73 点相比，香港股市已累计跌去 44.19%，市值损失 300 亿美元。由此，香港整个经济金融秩序极其混乱。

10.3　股灾的社会经济后果分析

股灾之所以叫股灾，是因为它的破坏性大，造成了社会经济巨大损失，引起了社会经济的巨大震荡，因此，股灾的后果是极其严重的。考察世界各个国家和地区

① 胡坚著：《欣欣向荣的国际金融中心：香港》，北京大学出版社 1997 年版，第 162 页。

② 陈共等著：《海外证券市场》，中国人民大学出版社 1996 年版，第 288 页。

发生的股灾，不难发现，尽管各次股灾发生的时间、时机和地点不同，导致股灾的主要原因也不尽相同，但是各次股灾的经济后果则存在惊人的相似。股灾的经济后果主要有以下几个方面：

10.3.1 破坏股市自身的发展

一旦发生股灾，股市自身就遭受了严重的破坏，任何一个发生股灾的股市都没有例外。1720 年法国密西西比股灾后，法国人视股票投资为畏途，导致法国股市和股份公司长期发展缓慢。同年，英国南海股灾事件发生后，投资者的投资信心受到极大的打击。面对股灾的惨重教训，英国国会在 1720 年通过了著名的《取缔投机行为和诈骗团体法》，禁止公司自行发售股票，由此，刚刚兴起的股份公司在社会上被视为金融欺诈团体而被宣布为非法，陷入极其艰难的境地。在以后长达一个多世纪，英国市场上的股票几乎销声匿迹，英国股份经济发展也因此停滞了 100 多年。1929 年美国股灾对市场的破坏力也大得惊人，人们谈股色变，视股市如虎穴，人人畏而远之，宁愿把资金投向利息 2.5 厘的债券，也不碰利息可达 7 厘的工业股票。这次股灾对美国投资者信心的打击，用了 20 多年才得以恢复，道·琼斯指数也是在 25 年后才重返 1929 年的峰位。1992 年日本股灾后，投资者入市信心严重受挫，外资纷纷撤离东京市场，股份公司新股发行也另寻他径。直到 10 多年后，日本股市还低迷不振。

股灾之所以会对股市造成如此大的破坏，这是由股市的本质特征和运行机制决定的。从本质上来讲，股市是一个信用市场。投资者的信心是支持股市发展的动力。股灾打击了投资者信心，导致股灾的欺诈、违规、内幕交易、操纵市场等过度投机行为使投资者有受骗上当的感觉而不敢入市。投资者不入市，市场就缺少需求，没有需求的股市就不可能发展壮大，股市的筹资功能、资源配置功能就会受阻。因此，股灾是对股市积极意义的否定，是股市发展的大敌。

10.3.2 股市经济损失严重

股市经济损失多少，是衡量股灾破坏力大小的一个非常直观的指标。能称得上股灾的，首先表现为股市经济损失严重。股市经济损失可从两个方面来反映：一是股价指数跌幅大小。跌幅越大，经济损失越大。例如，1929 年美国股灾，道·琼斯指数累计跌幅高达 82.30%，这意味投资者在这次股灾中平均损失了 82.30% 的股票市值，或者说，股灾前 100 元的股票市值，在股灾后已跌至 17.70 元。二是股票市值损失多少。股票市值损失受股价指数跌幅和市场规模大小的共同影响。跌幅大，市场规模大，股市经济损失也大。由于现代股市规模普遍较大，因此，现代股灾远比过去股灾的市值损失大。例如，1929 年美国道·琼斯指数跌幅为 82.30%，纽约股票市值损失只有 741 亿美元。而 1987 年美国道·琼斯指数跌幅为 33.7%，但纽约股票市值损失则达到 8000 亿美元，为 1929 年的 10.79 倍。此外，股灾导致的股市经济损失多少还与股灾波及的范围大小有关。世界性股灾或世界区域性股灾所造成的股市经济损失，远超过一个国家或地区股灾所造成的股市经济损失。例如，1987 年 10 年世界性股灾的股票市值损失就高达 17920 亿美元①。详见表 10－4。

表 10－4　　1987 年世界性股灾股市经济损失情况表

主要股市	股价指数跌幅（%）	股票市值损失（亿美元）
美国纽约	33.70	8000
日本东京	28.00	6000
英国伦敦	31.00	1400
澳大利亚悉尼	37.40	400
西德	24.00	750
新加坡	42.00	750
中国台湾	39.50	320
中国香港	50.00	300
合计	——	17920

10.3.3 引发或加剧金融危机

证券市场和金融市场存在着千丝万缕的联系，银证合一的国家如此，银证分离的国家也是这样。这不仅因为证券市场的资金来自社会进而减少了银行资金来源，而且因为证券市场的许多资金是直接或间接地来自银行。股灾导致股票市值重大损失，必然使从银行流入股市的资金无法按原有数量流回银行；股灾导致经济衰退使

① 林文俏著：《股市风险透视与防范》，广东经济出版社 1997 年版，第 64～66 页。

工商企业倒闭破产也间接波及银行，使银行不良资产增加；在股市国际化的国家或地区，股灾导致股市投资机会减少，会促使资金外流，引发货币贬值，也冲击着银行和汇市。总之，股灾会引发金融危机。对于金融危机直接导致股灾的国家和地区，股灾的发生则会加剧金融危机。

1929 年美国股灾首先遭受冲击的就是金融业。相当一部分银行长期贷款资金成为呆账。与此同时，客户又大量从银行提取存款，挤兑现象到处可见，许多银行纷纷倒闭破产①。美国倒闭、破产的银行，从 1929 年的 659 家增至 1931 年的 2294 家，最高比例达银行总数的 10.6%。到 1933 年，美国破产和行业整顿、改组的银行高达 4004 家，占美国银行总数的 28.2%。由于银行业推波助澜是日本 20 世纪 80 年代末和 90 年代初股市过度投机的主要原因，因此，1992 年日本股灾直接导致了日本深度金融危机。日本银行呆账、坏账迅速增加，据日本大藏省公布的数据就高达 50 万亿日元。股灾后，日本银行普遍出现亏损甚至巨额亏损，一些银行破产或倒闭。1992 年日本股灾对金融业的冲击多年后仍未完全消除，1997 年就有阪和银行、京都共荣银行和北海道拓殖银行倒闭。由此，日本金融业在国际上信誉和声望大大降低。

1994 年墨西哥金融危机和 1997 年东南亚金融危机分别引发了墨西哥股灾和东南亚股灾的发生，后者反过来又把前者推向深渊，从而形成了汇市与股市轮番下跌的悲惨局面。1997 年 7 月至 1998 年 1 月，除港元外，其他几乎所有金融开放的国家和地区货币都贬值，印尼盾贬值 70% 以上，泰铢、马来西亚林吉特和韩元贬值幅度也高达 30% ~50%，新加坡元、新台币和日元贬值 10% ~20%。整个金融业陷入极度混乱状态和剧烈动荡之中。仅为了缓和或阻止货币贬值一项，墨西哥和一些东南亚国家和地区就几乎耗尽了多年节余下来的外汇储备，结果仍然无济于事，留下来的是银行坏账、呆账和不良资产日益增多，银行信用降低，货币贬值，通胀加剧。

10.3.4 加剧经济衰退或经济危机

股市是国民经济的“晴雨表”，股市与经济共兴衰，这已成了人们的一种共识。不管股灾的起因如何，已有的经济衰退迹象或投资者对经济衰退预期的普遍认同则是股灾发生的根本原因。由于股灾的发生是对经济衰退所作的一种过分夸大的反应，不仅破坏了股市自身正常的发展，而且引起或加剧金融危机，这都将对经济发展产

① 刘永生著：《世界现代后期经济史》，中国国际广播出版社 1997 年版，第 3 ~9 页。

生很大的消极影响，从而加剧经济衰退，严重时还会导致经济危机。

1992 年世界性股灾导致全球经济危机是一个典型的例子。股灾引起人们对经济前景的极度悲观，导致投资锐减。美国私人投资由 1929 年的 160 亿美元减至 1933 年的 3.4 亿美元，美国经济因此失去发展的动力。需求减少导致生产下降，美国工业生产 1933 年比 1929 年下降了 50%，农场总收入由 1929 年的 120 亿美元降至 53 亿美元，下降了 55.84%；国民收入由 1929 年的 878 亿美元降至 1933 年的 402 亿美元，下降了 54.22%。生产下降导致工人收入减少和失业增加。1929 年，美国人均收入为 681 美元，1933 年降至 495 美元，减少了 21.32%；失业率从 1929 年的 5% 上升到 1931 年的 25%。受美国经济危机的影响，又爆发了世界性经济危机，英国、法国、德国等经济发达国家无一不陷入严重的经济困境之中，整个西方世界经济倒退了几十年，直到 20 多年后才得以恢复①。

1991～1992 年日本股灾对经济的消极影响也是触目惊心的。20 世纪 80 年代日本经济发展迅速，是整个西方国家经济增长率最高的国家，人均 GNP 先后超过了法国、英国、德国和美国。1991～1992 年日本股灾后，日本经济进入长期的衰退之中，资金外流严重，国内投资锐减，经济增速明显放慢，并从高于西方其他国家演变到低于西方其他国家。例如，1990 年、1991 年、1992 年和 1993 年，日本 GNP 年增长率依次为 4.8%、4.3%、1.1% 和 -0.2%②。股灾前后经济增长反差极为明显。与此相反，同期以美国为首的西方国家经济却出现了明显的回升。1994 年墨西哥金融危机后，尽管有以美国为首的国际金融机构大力援助，但较长时期仍未摆脱经济困境。1997 年东南亚金融危机和股灾不仅对东南亚国家和地区的经济打击是空前沉重的，而且对整个世界经济增长都产生了一定的影响。

10.3.5 引起社会动荡

股灾及其所产生的严重经济后果最终都会转移到人们生活上来，这是社会动荡的根源之一。首先，每一次股灾都会加剧贫富分化。这是因为股灾的市值损失并不是平均分摊到每一个投资者身上，只有在高位跟进且在股市暴跌中无法出逃的才是最大的受害者。而在高位卖出反而因祸得福而成为股灾的受益者，在股市暴跌最初

① 刘永生著：《世界现代后期经济史》，中国国际广播出版社 1997 年版，第 4～11 页。

② 张塞著：《国际经济统计年鉴》，中国统计出版社 1996 年版，第 92 页。

出逃的损失也较小。这就大大加剧了投资者受损的两极分化，有的成为百万、千万甚至亿万富翁，更多的则血本无归，倾家荡产。

其次，股灾加剧经济衰退的一个直接后果就是失业上升，收入减少，生活水平下降，这也会引起社会动荡。此外，股灾加剧金融危机，造成货币贬值，引发通货膨胀，都将直接或间接导致人们社会生活秩序混乱，社会动荡加剧。1997 年至 1998 年 1 月印度尼西亚金融危机后，国内一些地区出现了商品抢购、游行甚至暴动的现象，亦能说明这一点。

10.4 股灾的基本成因分析

纵观世界各个国家和地区发生的历次股灾，可以看出，尽管每次股灾形成的主要原因不尽相同，但几乎每次股灾的爆发都不是单一因素造成的，而是众多因素共同作用的结果。在这众多因素中，既有市场因素，如市场违规和过度投机等造成股价暴涨暴跌；也有社会经济因素，如利率、汇率变化，经济周期运行，货币与财政政策调整，战争爆发，经济和政治体制变革等。可以说，一切引起股市波动的各种因素都可能成为股灾形成的原因之一。但是，股灾爆发的基本因素主要是指以下几个方面：

10.4.1 市场违规：股灾的催化剂

市场违规，包括欺诈、内幕交易、操纵市场、提供和散布虚假信息、买空卖空、恶性透支等，不仅在世界早期股市屡见不鲜，而且在世界现代股市也时有发行，它导致了世界多次重大股灾的爆发和无数次个股股灾的发生。

1719～1720 年，英国南海公司股票之所以从暴涨到暴跌，一个重要的原因是南海公司采取欺诈的手段制造公司虚假繁荣，以掩盖公司极不理想的经营状况，并骗取社会公众的信任。一旦人们发现南海公司股票暴涨与公司业绩和经营前景毫无关系时，就纷纷大量抛出股票，从而导致了股票大跌。1929 年美国股灾后，美国国会进行了调查，发现引起股市失控的一个重要原因，就是许多上市公司和券商在股市交易和信息披露中存在着欺诈和滥用职权行为。他们相互串通，从事内幕交易或违规操作，控制市场。一个典型的例子就是利用“联合投资”的方式在成员之间买卖，造成交投活跃、股价上涨的表象，吸引不知内情的投资者盲目入市，为“联合投资”的成员在一定时期抛出股票并获利创造市场条件。这也为后来股灾的发生埋下了隐患。

在现代股市，特别在新兴市场，市场违规导致股市暴涨并最终导致股市暴跌仍不绝于耳。详见表 10 –5。

表 10 –5　　市场违规导致股灾的案例

市场	市场违规情况及后果
中国台湾	在 1990 年中国台湾发生最严重股灾之前的 1989 年，中国台湾各种形式的地下投资公司近 200 家，吸收的资金在 300 亿新台币以上。而给这些地下投资公司融资的是“金元”等地下金融机构及一些银行。这些地下投资公司在从金融机构获得巨额资金后，即成为主宰股市的中坚力量，他们和上市公司、券商相互勾结，违规炒作，操纵市场走势，造成股市暴涨。一旦股市暴涨到无法维持，他们就拼命地打压股市，造成股市暴跌。中国台湾未能从 1990 年的股灾中吸取教训，1994 年又发生了违约交割曝光的“洪福事件”，再次引起股市暴跌 1000 多点。该事件所涉及的华国饭店股票更是从 10 月 4 日的 338 元跌至 10 月 27 日的 156 元，跌幅达 53.85%。
俄罗斯	1994 年初，俄罗斯马夫罗季三兄弟宣布组建一个名为 MMM 的投资基金，他们利用电视、广播、报纸等新闻媒体大做广告，宣称并承诺只要向 MMM 公司投资 100 美元，就可在半年内收回 500 美元，此外，还有高达 400% 的年终回报率。人们纷纷抢购 MMM 公司的股票，先后有 1500 万人购买，股票价格由最初的每股 1 美元狂涨到 54 美元。MMM 公司对投资者的欺诈被揭穿后，股价狂跌，仅 7 月 27 日就暴跌 50%①。
中国香港	1973 年 8 月 20 日，中国香港股市发现伪造股票事件，投资者信心受到重大打击，股市大跌，从而触发了 1973 ~ 1974 年的香港股灾。
印度	1992 年，印度股票经纪人迈赫塔一手导致的伪造银行间交易借据和从事债券假交易骗取巨额资金并流入股市炒作股票一事披露后，印度孟买股价指数一路狂泻，从 4500 多点跌至 2500 点，跌幅达 44.45%，有的股票在两天之中就跌去 50% 以上。
加拿大	1997 年，加拿大莱克斯矿业公司欺诈投资者，宣称该公司在印度尼西亚发现并开采了世界第一大金矿——布桑金矿，造成股票狂涨。事实证明这是欺诈后，该公司股票从最高每股 28.6 加元跌至 5 月 6 日的 0.06 加元，跌幅达 99.79%②。

市场违规之所以会造成股票暴跌引起股灾，是因为：首先，市场违规的当事人为了获取暴利，大肆炒作使股票暴涨。由于这种暴涨不是建立在价值发现的基础上，

① 洪晓斌著：《世界股市风云鉴》，经济管理出版社 1997 年版，第 233 ~ 237 页。

② 参见 1997 年 5 月 8 日《香港经济报》。

而是建立在价格严重偏离价值的基础上，因此，这种暴涨构成了日后暴跌的前提。其次，市场违规从动机到目的都有违股市作为一个信用市场的本质特征，它愚弄了广大不知内情的投资者。一旦投资者识破市场违规的假象后，投资信心就会受到无情的沉重打击。在投资者失去信心的情况下，股市就失去了赖以生存和发展的市场基础，作为信用市场的股市必跌无疑。

10.4.2　过度投机：股灾的必然成因

股市既是一个投资的市场，也是一个投机的市场。可以说，世界上没有一个不投机的股票市场，投机是股票市场的本质特征。投机有适度投机和过度投机之分。适度投机是建立在理性的、合法的和价值发现的基础之上的，是有利于股市发展的。一般来说，适度投机的股市，涨跌有序，是很难发生股灾的。在适度投机的情况下，即使支撑股市的社会经济条件发生突变，股票涨跌也是理性的，股票涨跌幅度与其社会经济条件变化也是相适应的。

过度投机则不同，容易导致股灾。首先，过度投机在行为上表现为盲目性和狂热性。1719 年，在英国南海公司股票狂涨中，英国国王和半数以上的参议员、众议员都参与了投机狂潮，使股市风险急剧扩大，最终导致股灾的发生。1929 年股灾前，美国出现了全民炒股的热潮。当时，美国从城市到农村，从街道巷尾到车站码头，无论是家庭团圆，还是朋友聚会，手中看的是股市行情，见面谈的是股市升跌，整个股市和投资者都沉浸在兴奋、狂热之中。中小投资者盲目入市跟风，从而激发了投机者的野心，他们凭借资金、信息优势，把正常的股票交易演变成疯狂的投机活动。在市场过度投机的狂热中，市场容易失去控制，股市风险越积越大，随时都有狂跌的可能。一有风吹草动，这种股市风险就会急剧地、强制性地喷发出来，股灾也就发生了。

其次，过度投机的目的在于追求投机暴利，这更容易导致股灾。因为股市投机暴利是通过市场炒作得到的，其暴利的多少取决于股价的涨幅或振幅，股价狂涨或市场震荡剧烈，是获取巨额炒作差价和投机暴利的基础。由于这种过度投机性的股价狂涨在很大程度上是对公司业绩、社会经济变化的一种极为夸大和超前的反应，公司业绩的少量提高，利率的小幅下调，国民经济增长稍有加快，都会成为过度投机者大幅炒高股价的借口。伴随着这种过度投机性的股价狂涨，市盈率也会急剧升高。例如，日本股灾前的 1987 年，东京股市平均市盈率已高达 90 多倍。1990 年，印度尼西亚雅加达股市平均市盈率高达80倍。1990年9月，中国台湾股市市盈率最高升至92倍。这时的上述股市在总体上已无任何投资价值。一旦股价上升无力失去仅有的投机价值时，无法满足获取暴利的投机者就会采取大量抛售股票、减少损失的炒作思路。如果此时支撑股市发展的公司业绩和社会经济条件发生逆转，哪怕是小幅的，股市就会作出夸大的巨幅下跌，从而引发股灾。1929年的美国股灾、1992年的日本股灾、1990年的中国台湾股灾都是在过度投机导致股市狂涨后无法再涨出现暴跌时发生的。

10.4.3 经济衰退：股灾的根源

经济运行具有周期性特点，复苏、高涨、衰退、萧条、复苏，周而复始。股市波动受众多因素的影响，但对股市波动影响最大、最持久、最深刻的则是经济周期变化。股市上涨或下跌总有其经济基础，只不过是股市对经济周期运行容易作出夸大的、超前的反应。当经济走出低谷复苏时，股市提前并夸大地作出了反应，股价上涨；当经济周期运行发生逆转从高涨走向衰退时，股市也会提前并夸大地下跌。

综合考察历次股灾发生的时机，除因欺诈引起股市狂涨并在欺诈披露后导致股市大跌从而引起股灾外，世界各个国家和地区的大多数股灾都发生在经济周期从高涨到衰退转变的前后，股灾既是经济衰退的反应，更是加剧经济衰退的导火线。1929年美国股灾发生前，美国经济运行已显露疲态、工业生产出现萎缩，这意味着自1922年以来持续7年的经济增长的态势正在发生逆转①，股市下跌已成必然，结果爆发了股灾。1987年美国股灾发生前，世界经济实力格局发生了一些变化，美国经济实力有下降的趋势，美国财政赤字和外贸逆差居高不下，并已成为世界头号债务国。在世界贸易中，西德已超过了美国成为世界第一出口大国，美国还面临着被日本赶上的危险。因此，美国的经济现状不支持美国股市继续上涨，反而是美国股市下跌的动力，于是美国股市在10月19日出现了狂跌。自1990年开始，日本经济开始衰退，经济动向指标逐月下降。到1991年，日本经济需求进一步萎缩，生产继续下降，固定资产投资几乎陷入停顿状态。日本经济增长率由1988年的6.2%降至1990年的4.8%，1991年的4.3%。于是，日本股市出现了大跌，并最终导致了一场股灾。

1997～1998年东南亚金融危机和股灾更是经济形势恶化的结果。这次东南亚金

① 刘永生著：《世界现代后期经济史》，中国国际广播出版社1997年版，第4页。

融危机和股灾的重灾区是泰国、韩国、印度尼西亚。这些国家都存在着严重的经济问题，详见表10-6。

表10-6　东南亚金融危机前经济状况

类别	主要经济表现
市场竞争优势下降	以出口为导向的劳动密集型工业发展的优势随着劳动力成本的提高和市场竞争的加剧正在下降。上述东南亚国家经济增长方式和经济结构未作适时有效的调整，致使竞争力下降，对外出口增长缓慢，造成经常项目赤字居高不下。1996年，泰国国际收支经常项目赤字为230亿美元，韩国高达237亿美元。1996年，国际收支经常项目赤字占GDP的比重，泰国为8.2%，印度尼西亚为5%，均达到或超过国际警戒线5%的水平。
外债压力	经济增长过分依赖外资，大量引进外资并导致外债加重。泰国外债1992年为200亿美元，1995年为659亿美元，1997年货币贬值前已达860亿美元。1997年，韩国外债更是超过1500亿美元。据统计，外债占GDP的比重，泰国为47%，印度尼西亚为48%①。
汇率制度僵化	在1997年前美元对国际主要货币有较大升值的情况下，东南亚国家和地区的汇率未作调整从而出现高估的现象，加剧了产品价格上涨和出口锐减。因此，这些国家和地区货币贬值势在必行。而货币贬值又导致了偿还外债的能力进一步下降，通胀压力加剧，从而促使股市下跌。
银行不良资产日益膨胀	银行贷款过分松动，房地产投资偏大，商品房空量率上升，银行呆账、坏账等不良资产日益膨胀。泰国金融机构出现了严重的现金周转问题，韩国数家大型企业资不抵债宣告破产，日本几家金融机构倒闭，印度尼西亚更是信用危机加剧。以上这些经济因素从各个方面打击了股市，股市下跌反过来又促使货币进一步贬值和金融危机的加剧，股市再次大幅下跌。

10.4.4　追逐泡沫：股灾的前奏

追逐泡沫是泡沫经济形成的前提，它是指人们在投资和投机过程中追逐价格严重背离和超越价值所形成的虚涨现象。追逐泡沫在人类的悠久历史可追溯到1636年的荷兰郁金香球茎的炒作狂潮。当时荷兰全国的正常行业都被唾弃，人人都投入郁金香球茎的投机活动，使小小的郁金香球茎达到一辆马车、两匹马和整套马具的地步。股市出现后，由于股票具有虚拟资本的本性和股市具有投机性的特点，股市经常成为追逐泡沫的一块沃土。1720年，法国密西西比公司股票较发行价上涨了62倍，其股票市值曾一度虚抬到法国金银储备值的80多倍。同年，英国受南海公司发行股票成功和股票价格狂涨的影响，掀起了一股“吹气泡”狂潮，一大批各种各样

① 李罗力著：《金融风暴：东南亚金融危机透视》，贵州人民出版社1997年版，第81~93页。

的股票公司发行股票并上市炒作，整个伦敦成了泡沫的海洋。20 世纪 80 年代开始到 90 年代初，追逐泡沫在日本愈演愈烈，不仅股市而且房地产都成了人们追逐泡沫的场所。人们把银行存款投入股市和房地产业，金融机构向各种皮包银行和房地产公司大量融资，后者则大肆参与股票和房地产炒作，从而推动股价、地价和房价一路狂涨。1989 年，日本东京日经指数最高升至 38957 点，比 1985 年上涨了近 2 倍，股票市值高达 630 兆日元，为当年日本 GNP 的 1.6 倍①。这不仅使股价与其价值严重背离，产生了大量泡沫，而且使股价、房价与其他商品比价极不合理，从而带动其他商品价格上扬，使日本整个国民经济都产生了泡沫。

追逐泡沫导致的股市虚涨，是一种虚假的繁荣，这种虚涨不可能持久。首先，这种股价虚涨不是建立在公司业绩基础上，它已远离了股票的投资价值。股价越高，泡沫成分越多，风险越大。此时股市出现暴跌是股市强制性、突出性自我调整和股价向价值回归的需要，因而具有内在必然性。其次，随着股价虚涨，市场供求关系必定会发生急剧变化。股价涨得越多，对资金的需求量就越大。然而，股市资金供给量始终是有限的，当股市虚涨需要的资金量日益增加到接近或超过资金供给量时，股价上涨就会失去需求的源泉。此时，股价下跌是供求关系调整的需要。由于虚涨后的股价已远离公司价值，这种供求关系变化所引起的股价调整也可能是非理性的、大幅度的。最后，股价虚涨造成了股价与其他商品比价极不合理，从而引起资金过多流入股市，使其他各行业的正常生产经营受到影响，这反过来必会影响公司业绩和降低股票的投资价值，从而促使股价下跌。因此，从各个方面来看，追逐泡沫促使股票价格虚涨，最终都会出现股价暴跌，从而引发股灾。经验亦表明，追逐泡沫形成的股市繁荣，仅仅是股灾的前奏，股市虚涨得越高，泡沫成分越大，股市就会跌得越惨，股灾就会越严重。如表 10－7。

表 10－7　　有关股市暴涨暴跌情况

股灾名称	最大涨幅（倍）	最大跌幅（%）
1720 年法国密西西比股灾	62.00	99.00
1720 年英国南海股灾	7.08	78.04
1929 年美国股灾	5.95	89.00
1973～1974 年香港股灾	7.40	91.54
1987 年中国香港股灾	3.51	44.19
1990 年中国台湾股灾	11.00	81.41
1993～1994 墨西哥股灾	7.30	47.94

① 根据张塞主编的《国际统计年鉴》（1996 年版）有关资料计算而得。

10.4.5 国际游资：股灾发生的助长剂

游资，即短期资本，也叫热钱，包括现金、银行活期和短期存款、短期政府债券、商业票据、各种金融衍生品、共同基金等。由于现代通信技术已把全球的金融市场通过电话、电传、电脑连成一起，金融市场尤其是证券市场运作的超高效率，使游资得以在各国之间迅速进出。无论何时何地，拨一个电话或按几个电脑键盘，就可以把巨额游资从一个国家转到另一个国家。因此，现代通信技术为游资在国际上进出提供了极为便利的技术条件。此外，一些国家和地区金融、股市对外开放，实现了国际金融一体化和股市一体化，也为国际游资在世界各市场游荡打破了国与国之间的壁垒，股市和汇市成了国际游资的首选目标和兴风作浪的主要场所。

20 世纪 80 年代，由于石油价格下调使西方国家生产成本降低，西方各国金融市场利率也降至较低水平，国际金融市场上的闲置资本急剧膨胀。1987 年前后，仅石油美元和欧洲美元就多达 5000 亿，这些游资大量进入美国市场。据美国官方统计，1982～1986 年外国资本流入美国总额为 3037 亿美元，其中，1986 年就有 1174 亿美元。1987 年 1～9 月，仅日本购买美国股票的新增投资就超过 150 亿美元。由于大量的国际游资流入美国，助长了股市狂涨，美国出现了长达 60 多个月的持续牛市。然而，当 1987 年美国出现巨额财政赤字和外贸赤字不支持股市继续上涨时，这些游资纷纷撤资离场，越跌越抛，造成股市暴跌。可以说，没有大量的国际游资冲击美国股市，当时美国股市既不可能涨得那么高，后来也不可能跌得那么惨。因此，国际游资对 1987 年美国股灾的形成和发生起到了火上浇油的作用。

20 世纪 90 年代，国际游资有增无减。据国际货币基金组织统计，当时世界上至少有 7.2 万亿美元以银行短期存款或其他短期存放方式在全球资本市场流动。这个数额相当于全球每年生产总值的 20%。现在每天都有上万亿美元的游资在世界金融市场寻求归宿，发展中国家和新兴市场是国际游资进出的主要对象，其中，流入拉美、亚洲和非洲等发展中国家新兴市场的游资每年都以数百亿美元的速度递增。据统计，流入发展中国家的资本，1990 年为 400 亿美元，1993 年为 1550 亿美元，1996 年流入新兴市场的私人资本就高达 3360 亿美元。1989～1994 年，墨西哥共吸收外资 500 多亿美元。在东南亚危机前，泰国吸纳的外国资本高达 860 亿美元，韩国外国资本更是高达 1500 亿美元。这些游资有很大一部分进入股票、债券、外汇和黄金市场，追逐投机利润。以墨西哥为例，1992 年，证券投资在当年吸收外资中的比重为71.64%，1993年上升到76.8%。这些游资流到哪里，哪里的股市就上涨。当大量游资流入墨西哥股市时，其股市在1990～1993年上涨了436%。1997年前几年，大量游资流入东南亚国家和地区，这些国家和地区的股市也迭创新高。一旦觉得该国和地区由于经济上的原因有可能出现股市下跌或货币贬值时，这些游资则会大量抽离外逃。例如，1994年墨西哥被抽走的外资达180亿美元；1997年在泰铢贬值后，外资撤离东南亚国家和地区高达400多亿美元。由于这些游资主要投资于墨西哥和东南亚的股市、汇市、债券，外资一旦撤离，无异于釜底抽薪，从而造成汇市、股市大幅下跌。包括索罗斯在内的国际投机者对此也不隐讳，承认参与了东南亚货币和股市的投机炒作。以美国避险基金为首的巨额国际游资在1997年10月动用巨资狙击中国香港港币，并减持港股，造成中国香港股市狂泻。因此，不管是1994年的墨西哥金融危机，还是1997年以来的东南亚金融危机，国际游资都有不可推卸的责任。

10.4.6 监管乏力：股灾的纵容剂

世界各个国家和地区发生的股灾，都可以从市场监管上找到原因。1720年发生在法国的密西西比股灾和英国的南海股灾，都是在缺乏市场监管的情况下发生的。当时既缺乏对股市正确和全面的认识，也缺乏市场监管的措施和手段。人们对股市涨跌不得其解，不知所措，任凭市场失去控制。1929年美国发生股灾并诱发了世界性经济危机。当时，市场已经有了一些监管措施，但面对股市出现的新情况和新问题，特别是面对全民炒股的热潮，已有的市场监管措施和手段显得苍白无力，既无法阻击股市狂涨，亦无法控制股市暴跌。

经历1929年世界性股灾之后，世界一些国家和地区开始认识到市场监管的重要性，纷纷通过立法和设立机构等建立市场监管制度、监管体系和监管手段，从此，在发达国家的股市基本上改变了市场监管无法可依的状况。但是，有法不依、执法不严的现象仍时有发生，这在很大程度上影响了股市监管的有效性。1987年世界性股灾发生之前，美国股市过度投机盛行，日本银行资金大量流入股市，为股市泡沫膨胀推波助澜，这就加大了股市风险，为股灾的发生积聚了破坏性能量。而后来发展起来的新兴市场，尽管借鉴了一些发达国家股市发展经验，吸取了发达国家股市发展的教训，高起点地建立市场监管制度体系，促进了股市的发展。但是这些新兴市场仍无法避免违规、欺诈、内幕交易、操纵市场等有法不依的现象，更不能遏制过度投机、追逐泡沫现象的发生。特别是当大量国际游资冲击市场时，市场监管更显得束手无策。1994 年墨西哥股灾和 1997 年东南亚股灾的演变过程，也是国际游资投机炒作的过程。只有中国香港成功地打击了国际炒家动摇联系汇率的做法，其他国家纷纷发出了追悔莫及的感叹。

10.5 股灾的善后措施综述

股灾，后果是严重的，教训是深刻的。面对股灾，各个国家和地区并不是撒手不管，也不是无能为力，而是积极反思，寻找股灾的原因，检讨股市运作的问题，研究制订防范股灾再次发生和减少股灾损失的措施。

10.5.1 采取应急措施，防范或减少股灾风险

不管是政府还是投资者，都不希望股灾发生。防范股灾或减少股灾风险的应急措施也应运而生，其主要应急措施详见表 10-8。

表 10-8　股灾采取应急措施情况表

应急措施	实施情况
实行“断路器”	1997 年 10 月 28 日，美国道·琼斯指数一天狂泻 700 多点，纽约交易所启用了“断路器”，两次停止股票交易。第一次是在道·琼斯指数跌 350 点时，停市 30 分钟；第二次是在累积跌 550 点时，再次停市 60 分钟。这样以引起投资者的高度警戒。
回购本公司股票	1997 年 10 月出现股市下跌后，美国 IBM 公司和中国香港的国泰航空、太古、信和、九仓、长实、中信泰富等上市公司或这些上市公司的主要股东发起了一场股票回购计划，以抑制股票价格进一步下跌，增强投资者的信心。
启动股市平准基金	启动股市平准基金，以平抑和调节股市巨幅震荡。当股市暴跌时，平准基金大量入市，以抑制股价继续下跌。
及时进行正面宣传	1997 年 10 月世界性股市大跌时，美国、德国、法国等政府政要都及时出来发表讲话，强调本国经济状况不支持股市暴跌，希望投资者保持冷静、理智。这对于消除或减少投资者的恐慌心理具有积极意义。

10.5.2 建立和健全证券法规，加强市场监管

世界各个国家和地区发生的每次股灾，都可以从市场监管上找到原因。于是，许多国家在吸取股灾教训的同时，加强和加快了证券法规建设，以实施有效的市场监管详见表10－9。

表10－9　股灾后证券法规制度建设情况表

国家或地区	证券法规制度建设
英国	早在1720年7月，面对一大批股份公司像气泡一样冒了出来，英国政府颁布了《禁止气泡公司法案》。1720年南海股灾事件发生后，英国政府加强了股市监管，1734年英国制定了《禁止进行股票投机买卖的可耻行为》《禁止一切有关证券现货和期货价格的赌博、抛盘和优先权》等法规。1890年，英国政府成立了证券市场协会，着手对英国证券交易市场进行全面整顿与监管。可以说，英国是世界上最早运用法律手段监管股市的国家之一。
美国	1929年美国股灾后，美国国会成立了证券市场调查委员会。该调查委员会通过调查研究认为，证券法规不健全、市场监管不力是股市欺诈、内幕交易、操纵市场和过度投机的重要原因。于是，美国国会抓紧制订和实施了一整套证券法律法规：如1933年《证券法》、1934年《证券交易法》、1935年《公共事业持股公司法》、1939年《信托契约法》、1940年《投资公司法》等。这些证券法规后来又作了大量的修改、补充和完善，从而构成了一个完整的证券市场依法严格监管的体系，主要内容包括：确定证券市场的公开原则，实行分业制，禁止从事证券操纵和欺诈活动，严厉制裁违法的个人和组织等。这些证券法规体系对于美国证券市场的健康发展起到了极为重要的作用。时至今日，美国再也没有发生过1929年那样严重的股灾。
中国香港	1973年中国香港发生了历史上第一次重大股灾，中国香港政府立即把证券市场法规建设放在发展证券市场的首位，相继制订和颁布了《证券条例》《保障投资人士条例》《收购和合并守则》《印花税条例》等重要法规，并成立了内幕交易制裁处，重点打击内幕交易。之后，又先后通过了《证券交易所上市规则》《证券交易所合并条例》等重要法规。1987年香港股灾后，香港政府专门成立了以戴维森为首的6人证券业检讨委员会，于1988年完成了《戴维森报告书》。该报告对香港证券业存在的诸多问题提出了严厉的批评，并提出了多项改革建设。根据该报告的建议，香港政府对证券市场监管体系进行了大刀阔斧的整顿与改革，并修改补充和健全了以往的证券法律法规体系。这对香港证券市场的发展意义重大。

可以说，每次股灾的发生，都促使了证券法规建设，加强了市场监管的力度，从而对预防未来股灾发生产生了积极的作用。

10.5.3 实行银证分业，限制银行从事证券业务

相对于银行业而言，证券业起步要晚得多。因此，在证券市场发展初期，证券业和银行业几乎合在一起。1720年法国密西西比股灾发生前，约翰·劳就同时垄断着法国一家银行和一家股份公司。此时银行资金流入股市，则是极为正常的事情。实践证明，这种银证合业，不仅助长了股市过度投机，而且股市风险容易传导到银行业。从而不可避免地出现“经济状况恶化——投资者抛售股票——股市暴跌——银行危机——经济危机”这种经济上的恶性链条联系。1929年美国股灾后，美国国会调查研究后也认为，这次经济危机的直接原因是大量银行倒闭破产，而银行倒闭破产的重要原因是银行大量从事高风险证券业务。因此，美国国会于1933年通过了《格拉斯—斯提格尔法案》，把商业银行业务与投资银行业务隔离开来。1956年，美国通过了《银行持股公司法》，限制银行与非银行企业之间的联属关系。这对减少银行资金违规流入股市，限制商业银行直接从事证券业务，从而为实现银证分离奠定了基础。

但是，目前世界上又存在着银证融合的发展趋势，原先实现银证分离的日本和英国纷纷走上银证融合的道路，德国则长期实行综合银行制度，一些发展中国家和地区也允许银行有条件地参与证券业务。近年来，美国、法国、加拿大则出现了银证业务交叉的趋势。这是否意味着银证分离不可取呢？从防范金融风险和股市风险、加强市场监管来看，银证分离的积极意义是非常明显的。日本之所以是世界股灾频繁发生的国家，重要的原因之一就是银行直接或间接参与股市，大量银行资金流入股市。但是，银证分离对证券市场需求有抑制作用，在某种程度上影响了股市的发展。而在发展中国家，股市发展是主旋律。在发达国家，则存在大量闲置资金寻找投资出路，这都提出了银证融合的要求，加速了一些国家和地区银证融合的进程。在银证融合的新形势下怎样减少或避免银证融合对股市和银行可能带来的风险，是当前世界各国面临的一项艰巨任务。

10.5.4 抑制经济恶化，促进经济复苏

已经出现的经济恶化现象或经济恶化的共同预期，都是股灾发生的原因之一。

股灾发生后，又会加剧经济恶化，从而进一步导致股灾更加严重化。因此，抑制经济恶化，促进经济复苏，是抑制股灾进一步恶化、减少股灾损失的根本举措。在全球经济一体化的今天，这种举措不仅是必要的，而且是可能的。1994～1995 年墨西哥金融危机后，为了稳定墨西哥金融和证券市场，墨西哥政府经过多方协商，推出了紧急经济拯救计划。内容包括：尽快将经常项目赤字压缩到可以正常支付的水平，迅速恢复正常的经济活动和就业，将通货膨胀减少到尽可能小的程度，向国际金融机构申请紧急贷款援助等。为了帮助墨西哥政府渡过难关，同时也为了减少墨西哥金融危机对其他国家和地区的消极影响，美国和国际货币基金组织等国际金融机构决定提供 500 亿美元巨额援助贷款，以支持墨西哥经济拯救计划，接着，墨西哥金融危机也就基本上遏制住了。

1997 年东南亚金融危机和股灾爆发后，遏制经济衰退和促进经济复苏的计划与行动更是史无前例。首先，东盟各国协调行动，提出摆脱危机的办法，内容包括：从内部金融管理入手，采取一些金融改革措施，加强金融机构监管，控制回报率低的贷款，规定房地产贷款不得超过银行业务总量的 20%；限制商业银行与外国机构的外汇交易；扩大本国货币与美元的浮动范围；调整产业结构，放慢经济增长速度；与此同时，欢迎和接受国际金融机构贷款援助等。韩国政府则宣布调整经济发展指标，主动实行紧缩政策，压缩财政开支，降低发展速度等缓和金融危机的措施。其次，国际金融机构有条件地对东南亚一些国家和地区给予经济援助。东南亚金融危机后，国际货币基金组织、世界银行、亚洲开发银行等分别向韩国、泰国、印度尼西亚贷款 550 亿美元、172 亿美元和 230 亿美元，以支持这些国家摆脱困境。这种援助在实践中产生了一定的效果。

10.6 股灾的若干启示

防范股灾发生，减少股灾的破坏性，尽快摆脱股灾危机，走出股灾困境，是股市发展的永恒课题，研究股灾的目的也正在于此。

10.6.1 发展与监管应齐头并进

通过对各种股灾发生过程的考察和形成原因的分析，不难发现，在世界股市发展初期和现代的新兴市场，普遍存在重发展、轻监管，先发展后监管，出了问题才监管的现象。一些股市过分注重市场规模发展壮大和市场筹资能力的提高，为此怂恿市场投机、刺激资金入市，甚至默认市场违规操作。从表面上来看，这时股市规模扩张迅速，筹资能力明显提高，股价指数也迭创新高，似乎市场发展很快。实际上这种股市发展隐含着越来越大的风险，最终不得不通过暴跌甚至股灾的方式强制市场调整。取而代之的是投资者损失惨重被迫撤离股市，股市停滞、萎缩甚至崩溃。此时，股市根本无发展可言，股市过去的发展成果也几乎全部丧失。如果在股市发展初期就注重股市监管，减少过度投机，保证规范运作，避免违规操纵，市场可能在单位时间内发展慢一点，但是这种发展持久，较少风险。从长期来看，这种发展不是慢，而是快，并且更有效。因此，在股市运作过程中，始终要注重发展与监管齐头并进。在卓有成效地促进股市发展的同时，应重视和加强市场监管，做到有章可循，有法可依，执法必严，避免股市大起大落，暴涨暴跌，保证市场平稳、健康、有序地发展。

10.6.2 经济优化是避免股灾的基本保证

任何一次股灾的发生，都可以从经济上找到原因。1929 年的美国经济衰退，1987 年美国债务沉重和外贸赤字增加，1990 年前后日本经济泡沫化，1997 年东南亚一些国家和地区银行不良资产日益增多，经济增长方式未能实现由粗放型向集约型转变，经济结构不合理等，都是股灾或金融危机发生或加剧的重要原因。这是因为经济是股市发展的基础，股市是经济发展的体现。股市涨跌有可能夸大或缩小、超前或滞后于经济发展，但不可能完全背离和长期脱离经济发展这一根基。有效的经济运行机制、良好的经济发展态势和合理的经济结构，是不可能构成股市暴跌和股灾发生的动因的。即使受其他因素影响，股市在某个时期出现了大跌，只要经济不出问题，股市也会重新回到正常的运行态势上来的。因此，为了股市稳定发展，更为了经济本身的健康发展，任何一个国家和地区都应当建立有效的经济运行机制，保证良好的经济发展态势和建立合理的经济结构，以促进经济优化。

10.6.3 金融和资本市场对外开放应极其慎重

随着国家之间货币的自由兑换，国际资本的跨国流动和现代信息传输技术的广泛应用，金融和资本市场对外开放已成为世界发展不可逆转的趋势。但是，金融和资本市场对外开放并非有利无弊。实践证明，不顾条件和不加限制的金融和资本市场对外开放有可能产生严重的后果。1994 年墨西哥金融危机和 1997 年东南亚金融危机就足以说明：金融和资本市场对外开放搞得不好，就会带来灾难。这是因为金融和资本市场对外开放在引进外资、增强资源配置功能和提高收益率的同时，其市场运作的不确定因素和风险也大大增加了。正是由于这种相辅相成的关系，每一个国家和地区对于金融和资本市场对外开放都要采取极其慎重的态度。金融和资本市场对外开放的进程要与一个国家市场经济发展水平、宏观调控经济的能力、驾驭市场与防范金融风险的能力相适应。

10.6.4 发展长期投资基金，有效调节市场需求

共同投资基金被誉为股市的“稳定器”。发达国家的成熟股市无不把发展共同投资基金作为抑制股市过度投机、调节市场需求、减少股市波动、促进股市平稳发展的重大举措。以美国为例，目前投资基金有 5000 多家，资产总额达 6 万多亿美元。近几年发达国家成熟股市之所以比较稳定，就是因为共同投资基金发挥了中流砥柱的作用。反之，那些较少发展共同投资基金，主要依赖个人投资者入市或吸引外资入市的股市，波动幅度大，防范和化解风险能力差，1994 年墨西哥股市随着外资大量撤离而出现暴跌就是一个典型的例子。因此，新兴市场在追求市场规模扩张的同时，一定要立足国内，注重发展长期投资基金，以培养稳定的、长期的市场投资需求。

10.6.5 有备无患，防范、控制和化解股市风险

股市是高风险市场，股市在运作过程中始终存在着风险。因此，我们应当在发

展股市的同时，始终把防范和化解股市风险当作日常工作来抓，在制度上、运作机制上建立健全防范和化解股市风险的措施和技术手段，做到有备无患。防范和化解股市风险的重要任务之一就是抑制市场过度投机，减少股市剧烈动荡，规范股市运作行为，促进市场稳定发展。万一发生了股灾，应及时采取行之有效的措施，遏制股灾进一步恶化和蔓延，以最大限度地减少股灾损失。

下篇

市场研评篇

11

市场功能研评

11.1 提高对资本市场重要性的认识[①]

经过20年的发展，我国资本市场从无到有、从小到大、从单一市场到多层次市场，现已成为全球第二大资本市场和世界最大新兴市场。我国资本市场的功能、作用、地位都有了显著的提升。然而，仍有人对我国资本市场存在模糊、片面的认识，对我国资本市场的地位、作用作出不适当的评价。因此，如何看待资本市场的重要性，怎样提高对资本市场重要性的认识，不仅仅是一个认识问题，而是一个能否积极促进资本市场发展、充分发挥资本市场作用的重大问题。资本市场的重要性是多方面的，突出表现为其功能的独特性、作用的不可替代性和总体中的不可或缺性。

---

① 2011年“资本市场论坛”演讲稿，与林志平合作。

11.1.1　资本市场的基本功能具有独特性

直接投融资和市场化资源配置是资本市场的基本功能和特有功能，资本市场许多重要、独特作用都由此演变而来。

第一，资本市场具有高效、强大的直接投资功能。资本市场强大、高效的直接投资功能的形成来自3个方面：一是资本市场建立了信息公开制度，解决了交易双方信息不对称问题，显著地促进了市场交易；二是资本市场建立了无纸化交易结算制度，极大地方便了投资者市场交易，提高了证券市场的流动性；三是现代电子技术突破了资本市场的地域限制，可以把市场边界扩大到全国甚至全世界各个地方。

我国资本市场发展20年，投资者开户数高达1.7亿户，我国大约有1/3以上的城市居民直接或间接参与了市场投资，投入资金按照直接融资累计额和解禁股份减持金额计算超过了8万亿元。资本市场的投资规模之大、交易效率之高、投资功能之强，是其他所有市场所不具有的。

第二，资本市场具有独特的直接融资功能。首先，在整个金融服务体系中，资本市场是唯一通过社会渠道直接为企业筹集资本金的场所。这些直接融资构成了上市公司的资本金，可留在企业长期使用，不需企业还本付息，对企业改善资金结构、降低负债率、提高间接融资能力、做强做大都具有重大作用。

其次，直接融资方式的多样性和灵活性，显著增强了资本市场的融资功能。资金是间接融资的唯一对象。而除资金之外，资产、股权、债权、债务等都可以成为资本市场直接融资的对象，上市公司之间、上市公司与非上市公司之间的并购重组等就是通过资产、债权、债务折股转让、或股权转让、或换股等直接融资的另类方式来实现的。资本市场大量的并购重组，已成为企业做优、做强、做大的主要手段。

第三，资本市场具有资源优化配置功能。计划、财政、税收、货币信贷政策都具有资源配置功能，但是资本市场资源配置具有明显功能优势。

一是资本市场形成了资产市场定价机制，会根据不同产业的发展差异或同一产业的发展趋势，形成不同的“市场化价格信息”并随时作出市场调整，从而起到动态的调节市场供需关系的作用，弥补行政化产业政策僵化或政策执行滞后的不足，提高了资源配置的效率和质量。

二是资本市场形成了优胜劣汰的市场选择机制，有利于支持新兴产业发展，促进优势企业、产业做优、做强、做大。

三是资本市场资源配置路径是从微观到宏观，有利于弥补行政化产业政策从宏观到微观在衔接性、协调性、精细化方面的不足。

11.1.2 资本市场的重要作用具有不可替代性

资本市场在资本形成、优化公司治理、促进技术创新、转变发展方式、吸纳社会资金、化解投资风险、管理社会财富、提高资产定价权等方面，都具有不可替代的重要作用。

第一，促进资本形成。现代经济运行有两个显著的特点——高度发达的市场经济和社会化大生产。这就决定了大量货币资本的市场化配置，是现代经济运行的必要条件。资本市场的直接融资过程，也就是上市公司资本的市场形成过程，大量的投资资金不断转化为企业的资本金，加快了企业资本的积累、集中，为大规模的社会化生产创造了极为有利的资金条件。马克思曾就19世纪德国铁路工业的发展有过精辟的论述："假如必须等待积累去使某些单个资本增长到能够修铁路的程度，那么恐怕直到今天世界上还没有铁路。但是，集中通过股份公司转瞬之间就把这件事完成了"。

20世纪90年代，我国许多国有企业经营了几十年，自我积累非常有限，企业发展面临着很大的资金困难，最后不得不依靠资本市场"解困"。我国资本市场20年来，仅股权融资就达3.7万亿元，这些资金不仅直接增加了企业资本金，而且为企业发展、企业资本自我积累奠定了更为厚实的基础。

第二，优化公司治理。首先，股份制是建立现代企业制度、优化公司治理的股权基础，也是上市的必要条件。因此，资本市场推动了企业股份制改制或按股份制形式设立，在客观上起到了促进公司治理优化的作用。我国一些大型国有企业，上市的主要目的不是为了直接融资，而是为了促进企业股份制改制、建立现代企业制度。这也是相关资产管理部门推动企业改制上市的初衷。

其次，资本市场建立了信息公开披露制度，有利于形成上市公司的社会监督机制，增强上市公司的自我约束力。一些民营企业，更是为了打破家族管理、引进职业经理人，主动进行企业改制上市，将企业置于社会监督之下。

第三，推动技术创新。新兴产业发展不确定性强，高风险、高成长并存，银行难以对其提供融资支持。资本市场则不同：一方面，资本市场投资偏好高风险、高收益产业，"乐于"对高风险、高成长并存的新兴产业提供融资支持；另一方面，资本市场为创业资本、风险投资建立了有效的退出机制，形成了巨大的市场示范效应，有利于引导社会资金流入高新兴产业，从而促进了新兴产业的发展。

美国、韩国、中国台湾的成功案例就能说明问题。20 世纪 70 年代，德国、日本等西方发达国家陷入“滞胀”或经济衰退。美国则通过发展电子信息等高新产业，实现了经济转型，率先走出经济困境。在此过程中，美国资本市场特别是纳斯达克发挥了重要的促进作用。20 世纪 80 年代以来韩国和中国台湾高新技术产业发展和产业成功转型，其本土新兴资本市场都发挥了重要的促进作用。

第四，提高资产或商品定价权。资本市场具有价值发现和市场定价功能，资本市场越发达，影响力越大，其市场定价能力越强。例如，全球最大的美国证券市场，具有影响全球资产定价的能力。全球影响力最大的英美期货市场，拥有全球主要大宗商品的定价权。

以往，我国企业在国际经济活动中较少定价主动权。2005 年中石油在香港上市，发行价只有 1.27 港币，发行市盈率不到 10 倍。2009 年以来，随着我国资本市场体系渐趋完善，市场化定价机制逐步形成，我国资本市场的影响力显著提高，“A 股”市场价值逐渐成为并购、出资、合作、交易的基础，不少境外公司希望在我国资本市场上市，我国资本市场有望成为我国参与全球合作的重要平台。

第五，吸纳社会闲散资金。民间投资是一股重要的投资力量，许多国家都把引导、扩大民间投资作为扩大社会投资的重要手段。在吸纳民间投资中，资本市场具有独特的作用。

一是资本市场可以吸纳大量的、分散的民间资金，形成集中的、规模化的社会投资资源，为经济发展提供更多的直接融资支持。

二是资本市场作为直接投资平台，不仅为居民提供了储蓄以外的闲散资金出口，而且可以缓解大量闲散资金存入银行对银行资金运用的压力。我国资本市场发展 20 年，吸纳的各类投资资金超过十万亿元，发挥了极为重要的扩大社会投资、缓解银行资金运用压力的作用。

第六，分散投资风险。银行信贷风险有可能转化为国家层面风险，我国早几年国有商业银行大量不良资产的“国家财政买单”，就是例证。资本市场则不同，直接融资的资金来源于投资者，投资风险由投资者本人承担。不仅如此，由于资本市场具有分散风险的功能，市场投资风险可以通过风险分散机制“化整为零”、“化大为小”，因而对资本市场正常运作的影响不大。

资本市场也可能出现系统性风险，并有可能引发更大的社会、经济、金融风险，但是这种系统性风险出现的机率较低，并且不一定是由资本市场自身造成的，资本市场可能还是更高层面的金融或经济系统性风险的“缓冲池”。

第七，管理社会财富。首先，资本市场具有积累、传承财富的功能和管理社会财富的比较优势。据统计，具有同样资产内容和质量的股份，上市的估值一般比非上市的估值高 1 ~3 倍左右。有研究表明，美国证券长期投资年化收益率一直高于同期储蓄基准利率。

其次，资本市场已成为社会财富管理的重要平台。截至 2010 年 5 月，我国资本市场股票总市值超过 20 万亿元，股票流通市值高达 12 万亿元。我国资本市场管理着全国 1/4 ~1/3 的流动性社会财产。

更为重要的是，我国需要资本市场管理社会财富。一方面，我国出现了明显的流动性充裕，在低利率政策和高通胀预期下，越来越多的人或机构希望通过资本市场消化部分“闲散”资金，获取较高的投资收益，或实现保值增值。另一方面，资本市场具有体现经济发展成果的作用，资本市场投资能分享经济增长成果，从而有利于提高居民财产性收入。

11.1.3 资本市场在总体中具有不可或缺性

资本市场作为金融体系、市场经济体系、国民经济体系的重要组成部分，都具有不可或缺性。

从金融体系上看，金融体系包括银行、证券、保险等组成部分，其中，资本市场是金融市场体系中最活跃、影响面最大的市场，居于金融市场体系中最核心的地位。世界著名的金融中心，如纽约、伦敦、东京、中国香港等，都拥有很大或较大规模的资本市场。到目前为止，世界上还没有一个没有资本市场的国际金融中心的先例。

从市场经济体系上看，资本市场是市场经济发展到一定阶段的必然产物，资本市场一旦形成，就对一个国家的市场经济体制、体系的建立、健全、完善等产生重大的促进作用，并迅速上升到一个国家市场经济体系中的最高层次。到现在为止，所有具有规模经济的市场经济国家，都拥有规模相当的资本市场。

从国民经济体系上看，资本市场已成为国民经济体系的重要组成部分。世界经济最发达、经济规模总量居前的国家，如美国、英国、日本、德国、法国等，都拥有规模很大或较大的资本市场。到现在为止，世界上还没有一个没有资本市场的经济大国或经济强国。

经验教训表明，一个经济大国没有资本市场风险更大：居民闲散资金和企业融资仅仅依靠银行存贷款会加剧银行风险，银行不对企业提供融资会加剧企业和整个实体经济发展的风险。本国没有资本市场而别的国家有资本市场，本国会失去资产或大宗商品定价权，会导致本国上市资源外流的风险，甚至会引发本国经济安全的风险。因此，对于一个市场经济、规模经济和对外开放的国家来说，资本市场不是一个可有可无的问题，而是一个如何促进发展与规范、健康、稳定发展的问题。党的十六大以来，党中央、国务院先后提出了全面实现小康社会目标、实施国家创新战略、转变经济发展方式、增加居民财产性收入等社会经济发展战略。从上述资本市场的众多作用和重要性来看，我国许多社会经济发展战略都离不开资本市场的支持。我们要按照党中央、国务院的要求，大力发展资本市场，充分发挥资本市场的作用。

11.2 直接融资促进产业发展优势分析①

现代产业发展需要金融支持。以银行信贷为主的间接融资和以资本市场股权融资为主的直接融资，是金融支持产业发展的两种主要手段。现代产业发展逐步形成和强化了投资规模大、投资周期长、投资风险大等特点，对金融支持提出了新的要求。资本市场直接融资作为一种市场化、社会化的融资机制，与银行间接融资比，在促进产业发展、适应产业发展要求方面具有明显优势。

11.2.1 资源配置优势

间接融资也具有资源配置功能。但是，与资本市场直接融资所具有的资源配置功能比，间接融资资源配置的优势就不明显了。

首先，资金是间接融资资源配置的唯一对象。而除资金外，资产、股权、债权、债务等都可以成为资本市场直接融资的对象，上市公司之间、上市公司与非上市公

① 来源于《特区经济》，2011 年第 4 期，与林志平合作。

司之间的并购重组等主要就是通过资产、债权、债务折股转让和股权转让等直接融资的另类表现形式来配置市场资源。大量的上市公司之间、上市公司与非上市公司之间的并购重组，不仅促进了同一产业的优化整合，而且促进了相关产业之间的融合优化。因此，资本市场直接融资配置资源的作用空间比银行间接融资要宽广得多。

其次，风险投资优势。银行担负着清算和支付功能，资金运用有内在的稳健性要求，其资金难以贷给高风险项目，因而对高风险产业难以提供融资支持。而新兴产业发展的一个显著特点就是不确定性强，即高风险性与高成长性并存。资本市场注重未来，对成长性较好的产业估值较高，有利于引导资金等社会资源流入高成长性产业，从而促进新兴产业的发展。例如，从 20 世纪 70 年代开始，西方发达国家在经历了长达 20 多年的战后经济快速繁荣之后纷纷陷入“滞胀”，德国、日本等出现了持续性经济衰退。而美国则通过发展高新技术产业，率先走出经济困境，并成功实现了经济转型。在此过程中，资本市场发挥了重要作用，特别是纳斯达克在促进高新技术产业发展方面贡献巨大。20 世纪 70 年代末以来韩国的产业转型、高新技术产业的发展，20 世纪 80 年代中期以来中国台湾的经济转型、电子信息等高新技术产业的发展，其本土新兴资本市场都发挥了重大促进作用。

11.2.2 融资规模优势

现代产业发展具有投资规模大的特点，对融资规模提出了越来越高的要求。资本市场直接融资具有融资规模优势：

一是长期的融资规模优势。衡量银行间接融资与资本市场直接融资的规模，主要是进行两类指标的比较，一是一定时点各项贷款余额与直接融资累计额之比；二是一定时期新增贷款与新增直接融资额之比。从新增直接融资额来看，2009 年，我国资本市场直接融资 5711 亿元，同期银行新增贷款 9.6 万亿元，新增直接融资占新增贷款的比例大约为 5.9%。从累计直接融资来看，截至 2010 年 3 月，我国资本市场直接融资累计额为 5.7 万亿元，同期我国银行贷款余额接近 40 万亿元，直接融资占间接融资的比例大约为 14.25%。由于我国资本市场建立只有短短的 20 年，目前并不具有直接融资规模上的优势。但是，西方发达国家资本市场已建立一百多年，可能某一年新增直接融资不如同期银行新增贷款多，但一百多年累计的直接融资肯定会超过银行贷款余额。因此，从长期来看，资本市场是具有直接融资的规模优势的。资本市场之所以比银行具有长期的融资规模优势，根本原因在于：资本市场的股权融资不需要企业还本付息，直接融资累计额可以越滚越大。银行信贷融资需要企业还本付息，扣除一定时期的还本付息额，一定时点的贷款余额可能增加不多甚至还减少。

二是单项融资规模优势。单个银行吸收存款资金是有限的，并且为分散风险，某一个银行在某一个时点不可能把所有资金贷给一个企业或项目，因而难以满足某一个产业发展的规模化融资要求。资本市场是一个全国性乃至全球性的市场，可以组织全国乃至全球范围内的融资资源，满足一个或多个产业、企业、项目的巨大融资需求。例如，2007 年 9 月，“中国神华”通过国内资本市场发行 A 股一次性就筹集了 650 多亿元的资金。马克思曾就 19 世纪德国铁路工业的发展有过非常精辟的论述，指出“假如必须等待积累去使某些单个资本增长到能够修铁路的程度，那么恐怕直到今天世界上还没有铁路。但是，集中通过股份公司转瞬之间就把这件事完成了①”。

11.2.3 融资长期效应优势

现代产业发展具有投资周期长的特点，只有稳定的、长期的金融资金支持才能有利于现代产业发展。

银行间接融资的资金主要来源于储户的银行存款。据统计，储户的银行存款，绝大多数为活期存款和中短期定期存款。银行存款这种存期的中短期性，决定了银行贷款主要仅限于中短期贷款，如企业流动资金、中短期固定资产投资贷款等，因而难以满足企业长期发展的资金需要。

而直接融资则不同，在整个金融服务体系中，资本市场是唯一通过社会渠道直接为企业筹集资本金的场所。资本市场对企业的股权融资，构成了上市公司资本金，属于自有支配资金，可以留在企业长期使用，并且不需还本付息，从而解决了企业长期发展的资金来源问题。只要该企业具备持续上市和再融资条件，资本市场还可以源源不断地为上市公司提供新的长期发展资金支持。

---

① 《马克思恩格斯全集》，人民出版社 1972 年版。

11.2.4 融资带动作用优势

首先，股权融资对上市公司而言可以增加资本金，降低负债率，公司上市对大股东而言提高了上市股份的市场“含金量”。因此，资本市场股权融资显著提高了上市公司及其股东的间接融资能力，这是银行间接融资不能比的。据统计，资本市场股权融资可带动上市公司及其股东3～6倍的间接融资。1991～2009年，我国资本市场股权融资累计高达3万多亿元，按照股权融资平均可带动4.6倍间接融资计算，可带动17万余亿元的间接融资。可见，资本市场对产业发展的支持作用特别是间接支持作用巨大。

其次，资本市场直接融资显著增强了银行服务产业发展的能力。2006年以来，中国工商银行、中国银行、中国建设银行、交通银行等一批大型国有控股银行先后在我国资本市场上市，募集股本金近2000亿元，显著增加了自有资本金，大幅降低了资产负债率，增强了抗风险能力，提高了吸存能力和贷款能力，从而提升了服务产业发展的间接融资能力。在这次全球性金融危机中，我国“中资银行”大都能独善其身，这与资本市场巨大的直接融资支持是分不开的。

11.2.5 吸纳民间投资优势

在市场经济条件下，一个国家的产业发展的投资力量主要有两种：一是政府直接投资或政府引导投资，二是民间投资。一般来讲，一个国家市场化程度越高，民间投资力量对产业发展的影响越大，政府直接投资对产业发展的影响越小。至于国家引导投资对产业发展的影响，主要取决于政府引导投资的力度和银行信贷、社会或民间投资的跟进程度。经验表明，民间投资是一股重要的投资力量，对政府来说是一种无风险或较少风险的社会投资力量，许多国家都把引导、扩大民间投资作为扩大社会投资的重要手段，市场经济国家尤其如此。

在吸纳民间投资中，资本市场具有独特的作用。一是资本市场可以吸纳大量的、分散的民间投资资金，形成集中的、规模化的社会投资资源，从而为产业发展提供更多的金融融资支持。二是就总体而言，居民储蓄和投资意愿并存。资本市场不仅为企业构建了一个直接融资的平台，实际上也为居民投资者构建了一个直接投资的平台。资本市场这个直接投资平台，不仅为居民提供了除储蓄以外的闲散资金出口，而且可以缓解大量闲散资金主要以储蓄存入银行对银行资金运用的压力。

11.2.6 风险化解优势

银行贷款的资金来源于储户的存款，按照商业银行法的规定，储户是不承担商业银行信贷风险的。商业银行一旦出现信贷风险从而影响银行的正常运作时，商业银行信贷风险就有可能转化为国家层面的风险。我国早几年国有商业银行大量不良资产的“国家买单”，2008 年全球金融危机欧美一些国家对商业银行的大量注资，就是例证。

资本市场则不同，直接融资的资金来源于投资者。按照证券法有关投资风险自负的规定，资本市场直接融资的风险由投资者本人承担，政府或市场组织者不承担投资者的投资风险。不仅如此，由于资本市场具有分散投资风险的功能，资本市场投资者的投资风险还可以通过风险分散机制“化整为零”、“化大为小”，因而对资本市场正常运作的影响相对不大。至于资本市场的系统性风险，有可能引发更大的社会经济风险或金融风险，从而需要政府“救市”。但是这种系统性风险出现的概率较低，并且不仅仅由资本市场自身造成。

11.2.7 融资成本优势

间接融资的持续性成本较高，而且是刚性的。银行间接融资需要还本付息。作为企业间接融资的成本——贷款利息，从短期看并不高，例如，年息率可能只有百分之几。但是，企业贷款利息是每年都要付的，多年下来就是一个很大的数，甚至可能超过本金。更为主要的，间接融资成本是刚性的，不管企业经营如何都必须按照契约付息。

直接融资则不同，尽管直接融资的一次性成本可能较高，但持续性成本较低，并且是弹性的。直接融资成本可分为两种：一是一次性的，如 IPO、再融资承销费用，可能较高，如承销费用可能相当于直接融资的百分之几甚至百分之十以上。二是持续性的，如每年的上市费用和信息披露费用，就很少，每年只有几十万元，对于一个较大的上市公司可能微不足道。上市公司分红也是直接融资的成本，但它是弹性的，可多分或少分，没有盈利时也可以不分，因此，不构成融资刚性成本。这在上市公司出现资金困难时显得特别重要。

以上分析表明，资本市场直接融资促进产业发展具有多方面的、明显的、独特的优势。为此，我们要充分利用资本市场的优势推动我国产业发展。

首先，要大力发展我国的多层次资本市场。2004 年 2 月，国务院发布的《关于推进资本市场改革开放和稳定发展的若干意见》（简称“国九条”）明确指出：大力发展资本市场是一项重要的战略任务，充分发挥资本市场在促进资本形成、优化资源配置、推动经济结构调整、完善公司治理结构等方面的作用。“国九条”不仅把发展资本市场上升到国家战略层面，而且把优化资源配置、推动经济结构调整等作为发展资本市场的重要目标。“国九条”实际上指明了利用资本市场促进产业发展的方向。

其次，要扩大直接融资在融资结构中的比重。党的“十七大”报告明确指出，“优化资本市场结构，多渠道提高直接融资比重。”扩大资本市场直接融资规模，提高直接融资比重，最重要的就是要大力发展中小企业板、创业板、代办股份转让系统等低端市场，逐步建立一个低端市场规模相对大、高端市场规模相对小的“金字塔”市场结构，并完善、优化与之相适应的发行制度，为更多中小企业、创新企业、民营企业等创造更有利的发行上市条件和直接融资的条件。与此同时，要改革发行制度，减少发行审批环节，缩短发行审批周期，提高发行审批效率。可考虑将 IPO 审批与上市公司再融资核准分开，IPO 审批集中在中国证监会，再融资核准下放到证券交易所。对于上市公司小额再融资，可建立快捷通道制度。

最后，要优化资本市场的融资结构。如何优化资本市场的融资结构，关键在于实行“三优先”。

一是实体经济优先。资本市场融资的主要对象是实体经济的企业，而不是银行、证券、保险类上市公司。资本市场融资产品主要是上市公司的股票或债券，而不是权证、股指期货等衍生产品。

二是产业优化升级优先。从资源优化配置上讲，资本市场融资要有利于产业结构调整、优化和产业升级，有利于国民经济瓶颈产业发展，有利于资源节约型、环境友好型产业发展。对于那些产能过剩项目、重复建设项目、浪费资源项目、破坏环境项目，即使其投资回报率可能较高，融资审批机构对这类项目的融资也要严加限制。

三是技术创新优先。我国传统经济增长方式难以为继，迫切需要转变传统经济发展方式。新的经济发展方式应体现可持续、节约资源、优化环境等要求，经济发展的推动力主要来自技术创新，资本市场要优先考虑我国创新型企业的融资需要。建立有利于创新型企业发展的融资制度，提高创新型企业融资效率，满足更多创新型企业的融资要求，是充分利用资本市场促进我国产业发展的重要方面。

11.3 有效提升和利用资本市场激励功能[①]

公司上市除具备一定条件外，还有许多约束条件并要付出一定的代价。例如，公司上市需引进外部董事形成权力制衡以优化公司治理，需公开信息披露并接受社会监督，需每年支付上市费用和信息披露费用等。然而，还是有许多公司争着上市，这是为什么呢？这是因为资本市场具有激励功能，对上市公司及其高管、大股东等市场主体能发挥很大的、独特的、众多的激励作用，主要体现在以下6个方面：

一是股权激励。公司上市使公司股权具备了可流通的条件，持股人不仅可以获得股权变现的便利，而且可以通过市场交易获得股权买卖的差价收入。这就为上市公司向公司高管实施股权激励创造了有利条件。上市公司高管收入不仅取决于工资收入，更与公司成长性从而与公司股价变动联在一起。表面来看，股权激励的是上市公司高管，实际上建立的是上市公司的激励机制，构建的是上市公司与公司高管风险共担的机制。公司成长性越好，股权激励的作用越明显。

二是融资激励。资金是企业发展面临的基础性问题。银行贷款等间接融资能解决企业短期资金困难，但因银行贷款需要还本付息而不能满足企业长期发展的资金需要。资本市场给上市公司的直接融资，构成了上市公司资本金，不仅可留在企业长期使用，而且可改善企业资金结构，降低企业负债率，提高企业间接融资能力，对企业做强、做大具有重大的促进作用。公司业绩越稳定，给予股东的回报率越高，资本市场越能满足公司直接融资的需要。

三是估值激励。资本市场构建了股份流通的平台和公开信息披露的机制，从而显著提高了上市公司股份的市场流动性。上市公司信息公开性和股份高流动性促进了上市公司股份的市场高估值性。据统计，具有同样资产内容和质量的股份，上市的估值一般比非上市的估值高1~3倍左右。许多企业家在公司上市后，身价往往骤增几倍甚至十几倍。公司治理经营的越好，成长性越好，股份溢价估值就越高，估值激励的作用就越明显。

---

① 来源于《证券市场导报》，2010年1月号卷首语。

四是并购激励。一方面，上市公司具有估值优势和再融资的优势，这为其参照市场价格并购非上市公司资产从而做大、做强创造了非常有利的条件。另一方面，上市公司具有“壳资源”优势，往往成为被并购的对象，这对改变公司基本面、提升公司价值从而降低市场投资风险等具有积极意义。

五是变现激励。非上市资产由于存在交易双方的信息不对称，变现较为困难。上市股份则不同，在解禁后和满足市场监管条件下，一般都能通过市场卖出从而实现部分或全部变现，兑现创业收益或创业投资收益。许多企业家之所以创业并在创业成功后促进企业上市，许多风险投资机构之所以敢于在一些企业发展最缺乏资金并且发展前景存在不确定性的情况下予以投资，都是基于公司可能上市和上市后股份可以便利、高价变现的考虑。与其说这是股份变现激励，不如说这是创业激励和风险投资激励。

六是声誉激励。如果说上述 5 个方面的激励是有形的和有限的话，那么资本市场对公司及其高管的声誉激励则是无形的和无限的。公司上市后，成了社会关注的焦点，各种媒体通过各种方式直接或间接地对公司作了许多“免费”的广告宣传，公司知名度迅速提高。上市公司定期公开信息披露，许多潜在客户通过公开信息增强了对公司的了解，降低了公司营销成本，扩大了客户资源。公司上市后，寄于管理层、市场、社会和媒体监督之下，对公司声誉具有双重激励作用，既增强了公司声誉自我维护意识，又提升了公司声誉社会认知程度。

作为资本市场资源优化配置基础功能的深化和延伸，资本市场激励功能的发挥和作用的提升不是无条件的，而是有条件的。只有当上市公司具有成长性并规范运作，公司大股东信守承诺，公司高管履行责任，资本市场才有可能对这些激励对象发挥激励作用。否则，资本市场激励功能会与资源配置优化功能一样，一同丧失。

11.4 充分利用资本市场促进我国产业发展[①]

资源优化配置是资本市场的基本功能，也是产业升级、产业调整、产业优化等产业发展的重大影响因素。如何利用资本市场促进产业发展，既是产业发展的重大

① 2010 年“资本市场论坛”演讲稿。

问题，也是资本市场发展的重大问题。

（1）在市场经济体制下，市场手段是资源配置的最主要的方式。

行政手段和市场手段，是社会资源配置的两种基本手段。在计划经济体制下，行政手段是资源配置的最主要方式。在市场经济体制下，市场手段日益成为资源配置的最主要方式，其中，资本市场在市场化配置资源方面表现得最为充分，并且在促进产业发展方面与行政手段完全不同：

一是资本市场形成了资产市场定价和定价即时调整机制，会根据同一时间不同产业的发展差异或不同时期同一产业的发展趋势，形成相应的产业发展“市场化价格信息”并及时进行市场化调整，从而起到动态的调节市场供需关系的作用，有利于弥补行政化产业政策僵化或政策执行滞后的不足。

二是资本市场形成了优胜劣汰的市场选择机制，不支持落后产业和劣势产业的发展，有利于支持新兴产业发展，促进优势产业和优势企业做优、做强、做大。

三是资本市场对产业发展的影响是从微观到宏观，有利于弥补行政化产业政策从宏观到微观在衔接性、协调性、精细化方面存在的不足，中小企业板、创业板在这方面对产业发展的影响尤为重要。

四是资本市场注重未来，对成长性较好的产业估值较高，有利于引导资金等社会资源流入高成长性产业，从而促进新兴产业的发展。

（2）与间接融资相比，直接融资促进产业发展具有明显优势。

产业发展需要金融支持，间接融资和直接融资是金融支持产业发展的两种不同的手段。

与商业信用相比，以商业银行信贷为主的间接融资的兴起，大大提高了融资和资源配置的效率，但是它在促进产业发展方面具有明显的局限性：一是银行对企业的间接融资需要企业还本付息，主要限于企业流动资金和中短期固定资产投资贷款，不能满足企业长期发展的资金需要，不利于支持产业长期发展。二是单个银行吸收资金有限，并且为分散风险不可能把所有资金贷给一个企业或项目，难以满足产业发展的规模化融资要求。三是银行担负着清算和支付功能，资金运用有内在的稳健性要求，其资金难以贷给高风险项目，因而对高风险产业难以提供融资支持。四是银行信贷风险有可能转化为国家层面风险。我国早几年国有商业银行大量不良资产的“国家买单”，2008 年全球金融危机欧美一些国家对商业银行的大量注资，就是例证。与间接融资相比，资本市场直接融资在促进产业发展方面则具有明显优势。

第一，在整个金融服务体系中，资本市场是唯一通过社会渠道直接为企业筹集资本金的场所。资本市场对企业的直接融资，不需还本付息，可以留在企业长期使用，从而解决了企业长期发展的资金问题，尤其是新兴产业发展初期的融资问题。

第二，资本市场是一个全国性乃至全球性的市场，可以组织全国乃至全球范围内投资者的投资资源，满足一个或多个产业、企业、项目的巨大融资需求。例如，2007 年，“中国石油”通过国内资本市场一次性筹集资金高达 400 多亿元以上。

第三，资本市场直接融资可以显著提高上市公司及其股东的间接融资能力，这是银行间接融资不能比的。据统计，我国资本市场直接融资可带动上市公司及其股东 3 ~6 倍的间接融资。1991 ~2009 年，我国资本市场为上市公司仅股权融资就累计超过 3 万亿元，按照直接融资平均可带动 4.6 倍间接融资计算，就可带动 14 万余亿元的间接融资。可见，资本市场对产业发展的支持作用巨大。

第四，资本市场直接融资显著增强了银行服务产业发展的能力。2006 年以来，中国工商银行、中国银行、中国建设银行、交通银行等一批大型国有控股银行先后在我国证券市场上市，募集股本金近 2000 亿元，显著增加了自有资本金，大幅降低了资产负债率，增强了抗风险能力，提高了吸存能力和贷款能力，从而提升了服务产业发展的能力。在这次全球性金融危机中，中资银行大都能独善其身，与资本市场巨大的直接融资支持是分不开的。

第五，资本市场可以吸纳大量的民间投资，并且引导民间资本进入新兴产业。经验表明，民间投资是一股重要的投资力量，对政府来说是一种无风险或较少风险的社会投资力量，许多国家都把引导、扩大民间投资作为扩大社会投资的重要手段，市场经济国家尤其如此。

第六，资本市场具有分散风险的功能，其非系统性风险可以通过风险分散机制“化整为零”，因而对市场正常运作影响不大。况且，资本市场非系统性风险的承载主体是投资者而不是政府。至于资本市场的系统性风险，有可能引发更大的社会经济风险或金融风险，从而需要政府“救市”。但是这种系统性风险出现的概率较低，并且不仅仅由资本市场自身造成。

第七，资本市场可以较小成本实现产业组织优化。资本市场通过其特殊功能不仅有效地进行企业的购并与资产的重组，而且也可以通过其作用对企业组织变动的边界给予有效的市场化约束。

11.4.1 现代产业发展更有赖于资本市场支持

产业革命后，世界产业发展大体经历了 3 个阶段：以轻纺工业为代表的消费品产业、以基础设施和重化工业为代表的资本品产业、以电子信息产业为代表的高新技术产业，依次成为经济中的主导产业。现代产业发展逐步形成和强化了投资规模大、投资周期长、投资风险大等特点。与之相适应，银行间接融资逐步让位于筹资效率高、风险承受能力强的资本市场直接融资。资本市场作为一种社会化的融资机制，与现代产业发展具有密切的同步联动性。

首先，投资规模大、投资周期长的资本品产业发展更有赖于资本市场的支持。马克思曾就19世纪德国铁路工业的发展有过非常精辟的论述，指出："假如必须等待积累去使某些单个资本增长到能够修铁路的程度，那么恐怕直到今天世界上还没有铁路。但是，集中通过股份公司转瞬之间就把这件事完成了[①]"。美国铁路产业的发展更是印证了马克思的论断，资本市场的融资和股份制的普遍采用，推动了美国铁路业的繁荣；而铁路股的出现也使得资本市场交易日渐活跃，大众化程度不断提高。1884年，美国道·琼斯公司首次发布了道·琼斯指数，在其选定的11只成分股中，铁路股就多达9只，其他行业股票仅有两只。

其次，产业转型、新兴产业特别是投资风险大的产业发展，更有赖于资本市场的支持。例如，从20世纪70年代开始，西方发达国家在经历了长达20多年的战后经济快速繁荣之后纷纷陷入"滞胀"，德国、日本等国出现了持续性经济衰退。而美国则通过发展高新技术产业，率先走出经济困境，并成功实现了经济转型。在此过程中，资本市场发挥了重要作用，特别是纳斯达克在促进高新技术产业发展方面贡献巨大。以TMT产业（广义的信息、互联网和通讯产业）为例，尽管21世纪初由"新经济类"股票引发的"非理性繁荣"仍是人们诟病纳斯达克的主要原因，但不得不承认的是，在泡沫破裂之后，一批具有强大生命力的龙头企业脱颖而出。在1990年之前，纳斯达克仅有微软、甲骨文等50家TMT企业，而在随后的近20年里，纳斯达克共上市了580家TMT企业，其中，不乏Google这样一批新锐公司。即便在传统制造业，企业也纷纷开始利用互联网技术实施流程再造，降低成本，开拓新的商业模式。与此同时，在美国宏观经济体系中，TMT产业占GDP的比例由1985年的8.3%上升为1999年的30%；在1990~1999年期间，美国几乎所有净就业机会中的75%都是由TMT类公司创造的；2000年，美国最大的前25个公司（按市场价值排列）中，TMT类公司占了14家，其中，11家在纳斯达克上市。20世纪70年代末以来韩国的产业转型、高新技术产业的发展，20世纪80年代中期以来中国台湾的经济转型、电子信息等高新技术产业的发展，资本市场都发挥了重大促进

---

① 《马克思恩格斯全集》，人民出版社1972年版。

作用。

11.4.2 我国资本市场促进产业发展的能力显著增强

资本市场能否促进产业发展，不仅取决于产业发展的需求，更取决于资本市场的发展状况。随着我国资本积累的大幅度提升和2006年以来资本市场的迅速发展，我国资本市场促进产业发展的能力大为增强。

第一，资本市场投资能力显著增强。在经历改革开放30年来的高速经济增长后，我国整个社会的资本积累有了本质的提升。据统计，目前我国拥有各类社会闲散资金估计超过60万亿元，是目前深沪股市流通市值的4倍以上。随着社会闲散资金的增加和资本市场的发展，越来越多的社会闲散资金倾向于资本市场直接投资而非银行储蓄，大量的商业、社会保险资金也希望通过资本市场获得投资机会。截至2010年3月底，深沪投资者开户数累计高达1.7万户，基金投资者超过1亿人。可以说，我国已具备了雄厚的促进产业发展的资本市场投资条件。

第二，资本市场筹资能力显著增强。不到20年，我国已建成了世界较大规模的资本市场。截至2010年3月，深沪股市上市公司超过1800家，上市公司直接融资超过3万亿元，股票总市值高达24万亿元，流通市值超过15万亿元。更为重要的是，我国资本市场的筹资潜力还很大。从新股发行申购来看，深沪投资者申购新股经常是新股发行量的几十倍或上百倍。从市盈率来看，我国深沪主板市盈率一般高于海外成熟市场50%以上，中小板、创业板市盈率一般高于海外同类市场一倍以上。这都说明我国资本市场具有强大的融资能力，对促进产业发展非常有利。

第三，多层次资本市场建设增强了促进产业发展的针对性和多样性。近年来，我国多层次资本市场建设取得重大突破。我国已经形成主板、中小企业板、创业板、代办股份转让系统等多层次股票市场体系和股票、基金、债券、期货等多品种资本市场投资产品体系，不仅可以根据不同产业发展的需要提供有针对性的资本市场支持，而且可以为产业发展提供多样性的资本市场服务。

第四，资本市场为产业优化整合创造了极为有利的市场平台。资本市场是一个公开、信息对称的市场，有利于提高企业之间并购重组的效率和概率。上市公司具有直接融资、资产定价等优势，不仅具有并购重组非上市企业的有利条件，而且也成为非上市企业并购重组的对象。大量的上市公司与上市公司之间、上市公司与非上市公司之间的并购重组，不仅促进了同一产业的优化整合，而且促进了相关产业之间的融合优化。

11.4.3 充分利用资本市场促进我国产业发展

2004年2月，国务院发布的《关于推进资本市场改革开放和稳定发展的若干意见》（简称“国九条”）明确指出：大力发展资本市场是一项重要的战略任务，充分发挥资本市场在促进资本形成、优化资源配置、推动经济结构调整、完善公司治理结构等方面的作用。“国九条”不仅把发展资本市场上升到国家战略层面，而且把优化资源配置、推动经济结构调整等作为发展资本市场的重要目标。“国九条”实际上指明了利用资本市场促进产业发展的方向。如何利用资本市场促进产业发展，目前最重要的是两个方面：

首先，要扩大直接融资在融资结构中的比重。目前，我国还是一个以银行间接融资为主的融资结构，直接融资在整个融资结构中比重还很低，资本市场对产业发展的作用还有限。这种状况形成的重要原因，一是我国的资本市场结构不太合理，是一个主板等高端市场规模大，中小企业板、创业板、代办股份转让系统等低端市场规模小的“倒金字塔”市场结构。要扩大资本市场直接融资规模，提高直接融资比重，最重要的是就是要大力发展中小企业板、创业板、代办股份转让系统等低端市场，逐步建立一个低端市场规模相对大、高端市场规模相对小的“金字塔”市场结构。并完善、优化与之相适应的发行制度，为更多中小企业、创新企业、民营企业等创造更有利的发行上市条件和直接融资的条件。二是公司直接融资核准或审批环节多、周期长，降低了资本市场直接融资的效率。要改革发行制度，减少发行审批环节，缩短发行审批周期，提高发行审批效率。为此，可考虑将IPO审批与上市公司再融资核准分开，IPO审批集中在证监会，再融资核准下放到交易所。

其次，要优化资本市场的融资结构。如何优化资本市场的融资结构，关键在于实行“三优先”。一是实体经济优先。资本市场融资的主要对象是实体经济的企业，而不是银行、证券、保险类上市公司；资本市场融资产品主要是上市公司的股票或债券，而不是权证、股指期货等衍生产品。二是产业优化升级优先。从资源优化配置来讲，资本市场融资要有利于产业结构调整、优化和产业升级，有利于国民经济瓶颈产业发展，有利于资源节约型、环境友好型产业发展。对于那些产能过剩项目、重复建设项目、浪费资源项目、破坏环境项目，即使其投资回报率可能较高，融资审批机构对这类项目的融资也要严加限制。三是技术创新优先。我国传统经济增长方式难以为继，迫切需要转变传统经济发展方式。新的经济发展方式应体现可持续、节约资源、优化环境等要求，经济发展的推动力主要来自技术创新，资本市场要优先考虑我国创新型企业的融资需要。建立有利于创新型企业发展的融资制度，提高创新型企业融资效率，满足更多创新型企业的融资要求，是充分利用资本市场促进我国产业发展的重要方面。

11.5 充分利用资本市场促进文化产业发展①

文化产业发展如何借力资本市场，资本市场发展如何注入文化产业发展的新活力，是目前文化产业界和证券界共同关注的重要课题，并且这个重要课题已上升到国家战略层面。

11.5.1 中国文化产业有望成为世界最大的文化产业群

中国文化产业正在成为推动我国经济结构调整、转变经济发展方式的重要着力点，中国文化产业有望成为世界最大的文化产业群。

第一，中国拥有世界最大文化产业本土受众。文化事业要成为文化产业的一个先决条件是规模效应，没有一定的规模，文化事业是成为不了文化产业的。而影响文化产业规模的主要客观因素是受众群体。没有庞大的受众群体，是不可能形成文化产业的规模效应。中国拥有13亿人口，是世界上人口最多的国家，中国文字语言以汉语为主，中国汉语人口占中国总人口的比例高达95%以上。此外，还有分布在世界各地的数千万华人汉语人口。可以说，汉语人口是世界最多语言人口，超过排名第二的英语人口1倍以上。如此多的人口，哪怕其受众只有中国总人口或汉语总人口的百分之一、千分之一或万分之一，都是一个十分庞大的受众群体。这是中国文化产业可能做大做强的独特优势，任何一个国家，任何一种语言人口，都不具有中国这样的优势。我国的互联网业已成为世界互联网业中最具成长性、最大规模、

① 2011年粤港澳文化合作高峰论坛演讲稿。

最大产业群的产业，由此催生了许多不同商业模式、不同主营业务、不同盈利模式的互联网企业，如百度、腾讯、阿里巴巴、新浪等各具特色的互联网企业。重要原因之一，就是我国拥有世界最多的汉语人口和世界最多的汉语网民人口。

第二，中国是世界上历史文化最悠久的国家之一。中国拥有几千年源远流长的历史文化，文化底蕴、文化内涵、文化题材极为丰厚。这既为我国发展文化产业提供了取之不尽、用之不竭的素材，也促进了我国文化表现方式的多样化。这也是我国文化产业发展的显著优势。随着中国的进一步对外开放和国际地位的上升，这种"中国色彩"的文化题材和文化表现形式将走出"国门"，成为世界文化产业的重要组成部分。目前，世界范围内的"汉语热"、"孔子热"就是中国文化产业走出国门的开始。

第三，我国居民收入、消费水平的提高有利于文化产业发展。2010 年，我国 GDP 总量按美元计算已居世界第二位；人均 GDP 已达到 4000 美元，已接近或达到中等收入国家的水平。根据消费的一般规律，居民收入水平越高，用于文化消费方面的支出越多，对文化产业的发展越有利。目前，我国居民收入水平及其增长的态势越来越有利于文化产业的发展。据统计，2004～2010 年，我国文化产业年增长率在 17% 以上，比同期 GDP 增速高出 6～8 个百分点。其中，北京、上海、湖南等地文化产业增加值超过了 GDP 比重的 5%。可以预见，在未来十年内，我国人均 GDP 可望达到或超过 1 万美元，居民收入水平提高对我国文化产业发展的促进作用将更加明显。

第四，我国文化产业细分市场发展空间广阔。我国巨大的人口规模和汉语人口规模，不仅有利于中国文化产业规模做大，而且有利于文化产业细分市场的发展。细分市场按地域可分为全国性市场和地方性市场。目前，"中央电视台"的市场规模已经做了很大，但并不影响一些地方电视产业的发展。例如，湖南的地方电视产业就做得很"红火"。细分市场按表现形式或载体可分为书、报、刊、音像及电子出版物出版、发行及版权服务，广播、电视、电影，文化艺术服务，文化休闲娱乐服务等。这些细分文化市场在我国也可以做得很大。例如，一个 2000 万人口、400 万辆车的北京，由于受众大，交通信息对安全、快捷行车极为重要，北京交通广播电台已成为"高收费"广告的重要载体，一年的广告收入高达几个亿，从而为其产业化运作创造了极为有利的市场条件。

第五，文化管理体制改革为我国文化产业发展创造了宽松、有利条件。长期以来，我国把文化当作"事业"来做，而不是当作"产业"来做；从事文化活动的组织是"事业单位"而不是"企业"，文化事业单位发展要么靠"财政拨款"，要么靠不以盈利为目的的量“入”为“出”。受这种行政化、非市场化管理体制的束缚，我国文化事业发展长期停滞不前。“十六大”以来，党中央、国务院高度重视文化产业发展，采取了一系列政策措施，深入推进文化管理体制改革，加快推动文化产业发展。其中，改革最核心的内容就是对能够产业化的文化单位逐步实行市场化引导和企业化运作。市场化引导引入了竞争机制，企业化运作引入了自负盈亏机制，这是文化产业化的必要条件，也是文化企业做优、做强、做大的必要条件。我国文化管理体制改革以来，我国文化产业呈现出健康向上、蓬勃发展的态势，正在成为推动我国文化发展繁荣的重要引擎和经济发展新的增长点，涌现出了一批具有较强实力和竞争力的文化企业和企业集团，文化产业规模逐步壮大，以公有制为主体、多种所有制共同发展的文化产业格局初步形成。

11.5.2 国家政策层面支持资本市场促进文化产业发展

文化产业是国民经济、社会发展和人民生活的重要组成部分。加大金融业支持文化产业的力度，推动文化产业与金融业的对接，是培育新的经济增长点的需要，是促进文化大发展大繁荣的需要，是提高国家文化软实力和维护国家文化安全的需要。

（1）国务院出台文化产业振兴规划。2009 年 9 月 26 日，国务院《关于印发文化产业振兴规划的通知》明确指出：“支持有条件的文化企业进入主板、创业板上市融资，鼓励已上市文化企业通过公开增发、定向增发等再融资方式进行并购和重组，迅速做大做强。支持符合条件的文化企业发行企业债券。”

（2）九部委发布金融支持文化产业振兴指导意见。为贯彻落实国务院关于文化产业振兴规划的精神，2010 年 3 月 26 日，中宣部、中国人民银行、财政部、文化部、广电总局、新闻出版总署、银监会、证监会、保监会 9 部委联合发布了《关于金融支持文化产业振兴和发展繁荣的指导意见》。该指导意见明确提出，要“大力发展多层次资本市场，扩大文化企业的直接融资规模”。具体措施为：

第一，推动符合条件的文化企业上市融资。支持处于成熟期、经营较为稳定的文化企业在主板市场上市。鼓励已上市的文化企业通过公开增发、定向增发等再融资方式进行并购和重组。探索建立宣传文化部门与证券监管部门的项目信息合作机制，加强适合于创业板市场的中小文化企业项目的筛选和储备，支持其中符合条件的企业上市。

第二，支持文化企业通过债券市场融资。支持符合条件的文化企业通过发行企业债、集合债和公司债等方式融资。积极发挥中债信用增进投资股份有限公司等专业机构的作用，为中小文化企业通过发行短期融资券、中期票据、集合票据等方式融资提供便利。对符合国家政策规定的中小文化企业发行直接债务融资工具的，鼓励中介机构适当降低收费，减轻文化企业的融资成本负担。对于运作比较成熟、未来现金流比较稳定的文化产业项目，可以以优质文化资产的未来现金流、收益权等为基础，探索开展文化产业项目的资产证券化试点。

（3）证监会支持符合条件的文化企业发行上市。为贯彻落实上述文化产业振兴规划的精神和金融支持文化产业振兴的指导意见，中国证监会有关负责人表示，文化企业发行上市不仅可以推动文化企业转变经营机制，建立现代企业制度，而且为文化企业搭建了融资平台，有利于文化企业做优做强。多年来，对于符合条件的文化企业的首次发行上市及再融资申请，证监监管部门一直持积极态度，支持其在主板、创业板发行上市及再融资。

11.5.3 适应文化企业的特点，创新发行上市制度

目前，深沪上市公司2100多家，但是文化产业类上市公司不足20家。其中，在上交所上市的主要有歌华有线（600037）、出版传媒（601999）、新华传媒（600825）、中视传媒（600088）、博瑞传媒（600880）、中卫国脉（600640）。在深交所上市的主要有电广传媒（000917）、赛迪传媒（000504）、天威视讯（002238）、粤传媒（002181）等。这说明我国资本市场支持文化产业发展的力度不够。另一方面，我国一些文化传媒企业，特别是互联网企业，大量到海外资本市场上市。形成这种状况的根本原因在于我国过去的发行上市制度注重有形资产评价，弱化无形资产评价。一些有形资产规模相对较小，无形资产比例相对较大的“轻资产”企业，不太符合我国发行上市的要求，从而排除在主板、中小板之外。海外资本市场如纽约证券交易所、纳斯达克等正是看中了这一点，乘空而入，它们根据企业的盈利模式、行业地位、成长性、专业团队的稳定性等灵活的发行上市评价标准，允许我国这些新兴行业的“轻资产”企业到它们那里发行上市，从而实现了上市公司发展与资本市场发展“双赢”的市场效果。而我国资本市场则多年遭受新兴行业上市资源严重流失之痛，这种状况直到2009年10月我国创业板市场推出才有所改变。

较多文化企业具有“轻资产”的特点。“轻资产”是一个相对的概念。企业资产可分为有形资产和无形资产。盈利主要靠有形资产的企业属于“重资产”企业，如采矿企业、冶炼企业、纺织企业等。盈利主要靠无形资产的企业可视为“轻资

产”企业。我国一些新兴行业的较多创新型企业，如互联网企业、文化传媒企业等，大都属于“轻资产”企业。这些“轻资产”企业，盈利主要靠技术、设计、策划、创造、创意、品牌、商业模式等，甚至主要靠创业企业家本人或专业团队，与公司有形资产诸如厂房、办公室、大型设备等资产的多少关系不大。例如，我国《读者》杂志，核心工作人员只有十几人，一年的盈利高达几千万元。一些地方性交通广播电台，核心工作人员只有几十人，一年的广告经营收入多达几个亿。一些地方性报纸，一年的广告经营收入超过20亿元。

为进一步发挥资本市场对我国文化产业的支持服务作用，有必要进一步改革我国的发行上市制度，优化发行上市标准，提高发行上市审批的灵活性。对于文化产业等“轻资产”企业，只要它们在细分行业地位、市场份额、盈利规模、成长性、竞争力、公司治理等方面具有比较优势，并且技术、管理、经营团队相对稳定，可适当放宽这些企业有形资产的发行上市的最低数量要求，灵活地“核准”它们发行上市。可喜的是，我国中小板、创业板市场推出以来，已有多家“轻资产”文化企业发行上市，并且受到市场和投资者的欢迎，市场表现较好。可以预见，我国中小板、创业板有望成为我国“轻资产”文化企业发行上市的“近水楼台”。

11.6 做好资本市场文章，扩大投资促进内需①

为应对金融危机，当前我国中央和地方政府正在利用政府资源扩大投资，拉动内需。然而，仅从资本市场直接融资显著带动间接融资来看，我国资本市场则具有集聚民间投资力量、增加社会投资、扩大内需的巨大作用。

直接融资对上市公司间接融资的带动。许多公司上市前因资产规模小或负债率高，不具备初始或继续间接融资的条件。上市后，因从资本市场直接融资，充实了资本金，扩大了资产规模，降低了负债率，具备了较好的间接融资条件。例如，上市前某公司总股本1.2亿股，净资产1.5亿元，每股净资产1.25元。该公司IPO发行3000万股，每股发行价7元，上市直接融资2.1亿元。扣除融资成本，该公司资本金增加2亿元，净资产增至3.5亿元。上市公司按该公司净资产7折从银行贷款，

① 来源于《证券时报》，2009年2月14日。

可带动上市公司间接融资2.45亿元。

直接融资对大股东间接融资的带动。上市前公司股权抵押贷款一般是比较困难的。上市后由于资本市场的溢价发行，上市公司原股东每股净资产显著提高，并且上市后原股东持有的股份解禁后可按市场价格估值。因此，上市后公司股权抵押贷款不仅为银行所认可，而且可以按上市后每股净资产或股票市场价格的一定比例获得更多贷款。例如，前述某公司IPO后每股净资产增至2.33元（3.5/1.5），按每股净资产7折，该上市公司大股东可利用股权抵押贷款1.957亿元。如该股份解禁后市场价格为10元，按市场价格7折，该上市公司大股东可利用解禁股份抵押贷款8.4亿元（1.2亿×10×70%）。

直接融资对流通股东间接融资的带动。上市公司可流通股份是直接可以按市场价格的一定比例抵押贷款的。前述该公司3000万流通股份按市场价格10元的7折（与该公司发行价持平）可抵押贷款2.1亿元。

直接融资对间接融资的综合带动。上述3项合计，上市公司和其股东可间接融资最低为6.507亿元，为上市公司直接融资的3.1倍；高则可达到12.95亿元，为上市公司直接融资的6.2倍。因此，资本市场直接融资可带动3~6倍的间接融资，取平均数可带动4.6倍左右的间接融资。如果上市公司溢价发行越高，新发流通股数量越多，二级市场股价越高，直接融资带动间接融资的倍数将会更大。据估算，中小企业板有的上市公司直接融资可带动高达10倍以上的间接融资。

1991~2008年，我国资本市场为上市公司直接融资，仅股权融资就累计高达2.3万亿元，按照直接融资带动4.6倍间接融资计算，可带动10.58万亿元的间接融资，可见资本市场对实体经济的支持作用巨大。因此，充分发挥资本市场直接融资的功能，充分利用直接融资显著带动间接融资的效应，可望成为我国集聚民间投资力量、增加社会投资、扩大内需的另一条重要途径。

11.7 资本市场助推全球并购浪潮迭起[①]

并购是一种企业之间的兼并、收购行为。自19世纪下半叶以来，并购在世界上

① 来源于《证券市场导报》，2013年并购专刊卷首语。

是此起彼伏，风起云涌。到目前为止，世界上已出现了6次并购浪潮。19世纪下半叶，世界上出现了以横向并购为特征的第一次并购浪潮，铁路、冶金、石化、机械等行业的许多企业通过资本集中组成了规模巨大的垄断公司。20世纪20年代发生了以纵向并购为典型特征的第二次并购浪潮，一些企业把一个部门的各个生产环节统一在一个企业联合体内，形成纵向托拉斯组织，钢铁、石油、化工等行业结构从分散竞争转向寡头垄断。20世纪50年代前后，各主要工业国出现了以混合并购为特征的第三次并购浪潮。这次并购的规模超过了前两次并购浪潮。20世纪80年代，以金融杠杆并购为特征的第四次并购浪潮兴起。这次并购浪潮的显著特点是以融资并购为主，交易规模空前。第五次并购浪潮始于20世纪90年代，其显著特征是全球跨国并购。自此，跨国并购作为对外直接投资的方式逐渐替代跨国创建而成为跨国直接投资的主导方式。21世纪初，第六次并购浪潮兴起。在这次并购浪潮中，石油、天然气、煤炭、金属等资源型企业成为并购的主流；与此同时，新兴市场的并购也日趋活跃。

一百多年来，企业并购浪潮是一浪高过一浪。时至今日，世界已进入并购时代，各种并购方式层出不穷，并购参与主体越来越多，并购发生率越来越高，并购规模越来越大。据不完全统计，目前全球范围内每年公司并购重组市场交易额高达3万多亿美元，涉及交易数目3万多次。许多公司通过并购实现了做大做强，一些做大做强的企业进一步推动了企业并购。1992年以来，微软重大并购就有15起，涉案金额100多亿美元。1996年12月，美国波音公司宣布以133亿美元兼并美国麦道公司。这起并购使世界航空制造业由原来波音、空中客车和麦道3家共同垄断的局面，变为波音公司和空中客车公司两家之间的超级竞争，全球航空市场因此进行了一次彻底的产业整合。1998年谷歌公司成立以来，十多年时间就并购130多家公司，涉案金额高达220亿美元，其中，2012年谷歌收购摩托罗拉移动就耗资125亿美元。2002年以来，苹果公司重大并购案例就多达14起，其中，大多数并购都涉及技术专利，这些并购为苹果公司从个人电脑业务转向智能手机业务发挥了极为重要的作用。20世纪90年代以来，中国企业并购重组异军突起，中国现已成为全球并购的重要来源地。据统计，2011年全球并购交易总额是2.28万亿美元，而中国的交易金额占了全球总量的7.5%，占了亚洲地区并购总额的33%。中国已成为仅次于美国的全球第二大并购市场。

并购之所以经久不衰，企业乐此不疲，是因为并购具有独特的、非常重要的作用。从宏观层面来讲，并购是一种资源优化配置的方式。并购有利于行业整合，提高行业集中度，优化产业结构，淘汰落后产能；有利于发展先进生产力，培育新的经济增长点。从企业层面来讲，企业并购最基本的动机是寻求企业更好、更快、更有利的发展。并购可以发展控制权市场，改善公司法人治理；并购有利于扩大企业生产经营规模、降低成本费用；并购有利于取得充足廉价的生产原料和劳动力，增强企业的竞争力；并购有利于实施品牌经营战略，提高企业的知名度，以获取超额利润；并购有利于取得先进的生产技术、管理经验、经营网络、专业人才等各类资源；并购有利于跨入新的行业，实施多元化战略，分散投资风险。由于并购具有上述众多作用，许多企业都把并购作为企业发展的重要战略和主要手段。1982年获得诺贝尔经济学奖的乔治·斯蒂格勒（George Joseph Stigler）曾经说过："纵观美国著名大企业，几乎没有哪一家不是以某种方式或在某种程度上应用了兼并、收购发展起来的，几乎没有一家大公司能够主要依靠内部扩张成长起来。"

并购浪潮一浪高过一浪，还得益于资本市场的支持。资本市场市场化程度高，可以为企业构建一个并购重组的市场化平台，为企业并购重组提供众多的市场化产品和工具，有利于提高企业的并购效率。资本市场具有直接融资功能，有利于解决企业并购的资金来源问题；资本市场信息透明性强，有利于企业相互寻找、选择并购的对象，有利于并购双方确定并购对价，有利于形成并购市场监督机制。资本市场价格信号灵敏，有利于提高并购决策的科学性，降低企业并购成本。基于资本市场股本类支付手段，可以构建并购双方利益共享、风险共担的协调机制，为并购双方融合、并购成功奠定共同的利益基础。可以说，并购是资本市场的基础性功能，资本市场非常有利于企业并购。1895~1904年期间，美国第一次并购浪潮的涌起主要归功于股票市场的建立。当时纽约证券交易所、波士顿股票交易所、费城股票交易所都为企业并购大开方便之门，其间有60%的并购案发生在股票交易所。始于20世纪20年代的第二次并购浪潮以及50年代前后兴起的第三次并购浪潮也主要归功于资本市场。第四次以金融杠杆为特征的并购和之后出现的跨国并购、资源类企业并购，更是离不开资本市场的鼎力支持。

鉴于资本市场对于促进企业并购的重大意义和并购对于企业发展乃至国民经济发展的重大意义。中国政府及其有关部门、中国证监会和交易所都非常重视发挥资本市场并购功能的作用。中国证监会先后出台了《上市公司收购管理办法》《上市公司重大资产重组管理办法》等规章制度，并成立了上市公司并购重组审核委员会，以促进、支持上市公司的并购重组，规范其并购重组行为。深交所是一个主板、中小板、创业板并行的多层次市场，中小企业、创业企业、民营企业类上市公司多，上市公司并购需求多，空间大，前景广阔。为此，深交所前总经理宋丽萍最近明确指出，深交所将并购作为重点工作，争取优化政策环境，简化程序，提高并购效率，让优势企业利用资本市场平台做强、做大，推动行业整合，淘汰落后产能，为市场发展再造一条存量优化的新路。

11.8 提升资本市场服务国民经济的作用①

为应对金融危机，“保增长、扩内需、调结构”，我国采取了一系列积极的、宽松的货币政策。这些政策有效地扩大了商业银行的贷款规模，降低了企业借贷成本，在实践中发挥了积极作用。但是，这种银行服务体系的作用是相对有限的：一是银行贷款主要局限于企业流动资金和中短期固定资产投资贷款，不能解决企业长期发展所需要的资金问题；二是银行体系难以发挥扩大民间投资的作用；三是单一的银行体系潜伏着风险并有可能转化为国家风险。与银行体系比，资本市场服务国民经济的作用具有多样性、重大性和独特性：

第一，资本市场显著增强了银行服务国民经济发展的能力。2006 年以来，中国工商银行、中国银行、中国建设银行、交通银行等一批大型国有控股银行先后在证券市场上市，募集股本金超过 3000 亿元，显著增加了自有资本金，大幅降低了资产负债率，增强了抗风险能力，提高了吸存能力和贷款能力，从而提升了服务国民经济发展的能力。在这次全球金融危机中，中资银行大都能够独善其身，这与证券市场巨大的直接融资支持是分不开的。银行离不开证券市场的支持，银行发挥服务国民经济发展的作用有证券市场的一份功劳。

第二，资本市场显著提高了上市公司及其股东的间接融资能力。一方面，许多公司上市前因资产规模小或负债率高，不具备初始或继续间接融资的条件。公司上市后，因从资本市场直接融资，充实了资本金，扩大了资产规模，降低了资产负债率，具备了较好的间接融资条件。较多上市公司成了银行争夺优质贷款客户资源的重点对象。另一方面，上市前公司股东通过股权抵押向银行贷款一般是比较困难的，或贷款比例是非常低的。公司上市后，由于公司新增股份的溢价发行，上市公司原股东每股净资产的显著提高，并且上市后原股东持有的股份解禁后可按市场价格估值，因此，上市后公司股权抵押贷款不仅为银行所认可，而且可以按上市后每股净

① 来源于《证券市场导报》，2009 年 4 月号卷首语。

资产或股票市场价格的较高比例获得更多贷款。据统计，直接融资可带动上市公司及其股东3~6倍的间接融资。1991~2008年，我国资本市场为上市公司仅股权融资就累计高达2.3万亿元，按照直接融资平均可带动4.6倍间接融资计算，可带动10.58万亿元的间接融资。可见，资本市场对实体经济的支持作用巨大。

第三，资本市场服务国民经济发展具有银行不能替代的独特作用。首先，证券市场直接融资解决的是公司长期发展所需要的资本金问题，资本市场是企业成长和发展所必须的资本金服务平台，比银行短期间接融资对企业发展的影响要重要得多。其次，资本市场是社会投资的最公开、最便捷、最有效的平台，它可以吸纳大量的社会投资。我国证券市场发展不到20年，就吸引了上亿的投资者参加，吸纳的投资资金高达数万亿元，为近1600家上市公司募集了2万多亿元资本金，发挥了极为重要的扩大社会投资的作用。最后，资本市场是一个高风险市场，但非系统性风险的承载主体是投资者，而不是政府。并且这种非系统性风险不是完全集中在某一个投资者的身上，资本市场具有分散风险的功能，资本市场的非系统性高风险，可以通过风险分散机制“化整为零”，对资本市场本身的运作影响不大。至于资本市场的系统性风险，有可能引发更大的社会经济风险或金融风险，从而需要政府“救市”。但是，资本市场这种系统性风险出现的几率较低，并且不仅仅是由资本市场自身造成的。

因此，我们要根据国民经济发展的需要和特点、企业的融资条件和融资需求、投资者的投资需求和投资能力，构建功能互补、作用共增的金融服务体系，全面发挥整个金融体系对国民经济发展的总体支撑作用。为此，要进一步提升资本市场对国民经济发展的促进作用。

11.9 以金融体系合力服务国民经济[①]

目前，世界存在两种不同的金融体系：一是以德、日为代表的银行导向型体系，银行起决定性作用；二是以英、美为代表的市场导向型体系，市场机制成为完成金融体系职能的主要机制，资本市场的作用更为突出。然而，这两种不同的金融体系在服务国民经济发展方面既有不同的优势，也有各自的局限。因此，从服务国民经济发展

① 来源于《中国证券报》，2009年4月15日。

的需要来看，关键在于整合银行、证券等金融体系的合力，提高整个金融体系对国民经济发展的整体服务能力。在目前世界各个国家或地区应对全球性的金融危机中，在我国为应对金融危机而实施的“保增长、扩内需、调结构”的战略部署中，尤其应该如此。

11.9.1 单一银行体系服务国民经济发展受到众多限制

为应对金融危机，我国采取了一系列积极的、宽松的货币政策，中央银行大幅度降低了银行存贷款利率，大幅度降低了银行存款保证金率；商业银行放宽了贷款标准，提高了贷款额度；各级政府加大了企业特别是中小企业借贷、发债的担保力度。这些“组合拳”有效地扩大了商业银行的贷款规模，降低了企业借贷成本，在实践中发挥了积极的、重要的作用。但是，这种银行服务体系的作用是相对有限的：

第一，银行贷款主要局限于企业流动资金和中短期固定资产投资贷款，不能解决企业长期发展所需要的资金问题。正如深交所前理事长陈东征所说的那样，“这些短期资金只能解决企业流动资金不足的燃眉之急”，只能解决企业短期生存问题，不能解决企业长期发展问题，仅仅依靠这些银行贷款企业是做不大、做不强的。

第二，银行体系难以发挥扩大民间投资的作用。经验表明，民间投资是一股重要的投资力量，对政府来说是一种无风险或较少风险的社会投资力量。许多国家或地区都把引导、扩大民间投资作为扩大社会投资的重要手段，市场经济国家或地区尤其如此。而社会投资是出资人的一种直接投资，无需通过银行中介。

第三，单一的银行体系潜伏着风险并有可能转化为国家风险。受道德风险和逆向选择问题的影响，银行贷款是有风险的。存款保证金率越低，贷款条件越宽松，存贷利差越少，贷款相对规模越大，银行体系潜伏的风险可能越大。银行始终存在着新的不良资产并且随着经济周期的波动而变化，就是例证。由于银行贷款主要依靠居民和企事业单位存款，而存款者是不承担风险的，一旦银行出现自身不能承担的风险时，只能靠政府买单。我国早几年银行大量不良资产的处置以及次贷危机后一些国家对银行的大量注资就说明了这一点。

11.9.2 资本市场服务国民经济发展的作用重大而独特

与银行体系比，资本市场服务国民经济的作用具有多样性、重大性和独特性：

第一，资本市场显著增强了银行服务国民经济发展的能力。2006 年以来，中国工商银行、中国银行、中国建设银行、交通银行等一批大型国有控股银行先后在我国证券市场上市，募集股本金近 2000 亿元，显著增加了自有资本金，大幅降低了资产负债率，增强了抗风险能力，提高了吸存能力和贷款能力，从而提升了服务国民经济发展的能力。在这次全球性的金融危机中，中资银行大都能独善其身，这与证券市场巨大的直接融资支持是分不开的。银行离不开证券市场的支持，银行发挥服务国民经济发展的作用有证券市场的一份功劳。

第二，资本市场显著提高了上市公司及其股东的间接融资能力。一方面，许多公司上市前因资产规模小或负债率高，不具备初始或继续间接融资的条件。公司上市后，因从资本市场直接融资，充实了资本金，扩大了资产规模，降低了资产负债率，具备了较好的间接融资条件。较多上市公司成了银行争夺优质贷款客户资源的重点对象。另一方面，上市前公司股东通过股权抵押向银行贷款一般是比较困难的或贷款比例是非常低的。公司上市后，由于公司新增股份的溢价发行，上市公司原股东每股净资产的显著提高，并且上市后原股东持有的股份解禁后可按市场价格估值。因此，上市后公司股权抵押贷款不仅为银行所认可，而且可以按上市后每股净资产或股票市场价格的较高比例获得更多贷款。据统计，直接融资可带动上市公司及其股东 3~6 倍的间接融资。1991~2008 年，我国资本市场为上市公司仅股权融资累计高达 2.3 万亿元，按照直接融资平均可带动 4.6 倍间接融资计算，可带动 10.58 万亿元的间接融资。可见，资本市场对实体经济的支持作用巨大。

第三，资本市场服务国民经济发展具有银行所不具有的独特作用。首先，证券市场直接融资解决的是公司长期发展所需要的资本金问题，资本市场是企业成长和发展所必须的资本金服务平台，比银行短期间接融资对企业发展的影响要重要得多。其次，资本市场是社会投资的最公开、最便捷、最有效的平台，它可以吸纳大量的社会投资。我国证券市场发展不到 20 年，就吸引了上亿的投资者参加，吸纳的投资资金高达数万亿元，为近 1600 家上市公司募集了 2 万多亿元资本金，发挥了极为重要的扩大社会投资的作用。最后，资本市场是一个高风险市场，但非系统性风险的承载主体是投资者，而不是政府。并且这种非系统性风险不是完全集中在某一个投资者的身上，资本市场具有分散风险的功能，资本市场的非系统性高风险，可以通过风险分散机制“化整为零”，对资本市场本身的运作影响不大。至于资本市场的系统性风险，有可能引发更大的社会经济风险或金融风险，从而需要政府“救市”。但是，资本市场这种系统性风险出现的几率较低，并且不仅仅是由资本市场自身造成的。

11.9.3 国民经济发展需要进一步提升资本市场的作用

由于银行体系和资本市场的功能不同，服务国民经济发展的立足点、作用不同，银行体系和资本市场不存在相互替代的问题。重视银行轻视资本市场，或重视资本市场轻视银行，都不利于发挥银行或资本市场服务国民经济发展的作用，更形成不了整个金融体系服务国民经济发展的合力。因此，我们要根据国民经济发展的需要和特点、企业的融资条件和融资需求、投资者的投资需求和投资能力，构建功能互补、作用共增的金融服务体系，形成更强、更大的金融体系服务国民经济发展的合力，全面发挥整个金融体系对国民经济发展的总体支撑作用。

为应对国际金融危机的冲击，贯彻落实党中央、国务院关于进一步扩大内需、促进经济增长的措施，认真执行积极的财政政策和适度宽松的货币政策，加大金融支持力度，促进经济平稳较快发展，2008 年 12 月 15 日，国务院办公厅发布了《关于当前金融促进经济发展的若干意见》（简称“金融三十条”）。“金融三十条”对如何发挥银行、证券、保险等金融体系促进我国经济发展，提出了全面、系统的指导意见。其中，有关资本市场促进经济发展的指导思想为“加快建设多层次资本市场体系，发挥市场的资源配置功能”。具体措施为：一是采取有效措施，稳定股票市场运行，发挥资源配置功能；二是推动期货市场稳步发展，探索农产品期货服务“三农”的运作模式，尽快推出适应国民经济发展需要的商品期货新品种；三是扩大债券发行规模，积极发展企业债、公司债、短期融资券和中期票据等债务融资工具。

“加快建设多层次资本市场体系，发挥市场的资源配置功能”的核心是股票市场。因为在资本市场体系中，股票市场的规模最大，功能及其作用对国民经济发展的影响最大，并且我国股票市场的发展潜力也最大。因此，构建我国全方位金融体系，形成整个金融体系服务国民经济发展的合力，需要进一步发展股票市场：一是强化市场稳定机制，优化市场调节机制，促进股票市场投融资功能长期、稳定发挥；二是根据社会投融资需要，构建多层次资本市场体系，积极发展壮大中小企业板，适时推出创业板，做大做强我国股票市场，进一步发挥股票市场对国民经济发展的支撑作用；三是优化上市公司治理，提高上市公司质量，增强上市公司竞争力，进一步夯实我国股票市场发展的基石，提升我国资本市场资源优化配置的效应，发挥上市公司在我国经济发展中的领头羊作用。

12

市场发展研评

12.1 多层次资本市场建设的战略意义[①]

深交所前理事长陈东征反复强调，要从全局的高度认识多层次资本市场建设的战略意义，这是我们增强历史使命感、社会责任感的根源所在。本书认为，所谓多层次资本市场建设，就是根据社会投融资需求，促进主板、中小企业板、创业板和代办股份转让系统共同建设与协调发展。所谓从全局的高度认识多层次资本市场建设的战略意义，就是全面、深刻认识多层次资本市场对国民经济发展的支持、服务与促进作用。

·小康全面建设。党和国家提出了全面建设小康社会的目标。目前，我国沿海发达地区早已实现了小康目标。但是，我国中西部地区、“老少边穷”地区、广大

① 来源于《证券市场导报》，2008年9月号卷首语。

农村地区离小康目标还有较大差距。所谓全面建设小康，就是让这些地区也小康起来。这些地区最大的弱点就是没有大企业，最大的优势就是中小企业多，劳动力、自然资源丰富。中小企业板、创业板支持这些地区的中小企业发展，促进这些地区劳动力、自然资源优势转化为经济优势，就有利于这些地区尽快实现小康建设目标。

· 创新型国家建设。党和国家提出了创新型国家建设的目标。在全球经济一体化的今天，创新是增强国家竞争力、提高国家持续发展能力的根本所在。创新既有赖于国家政策的支持，更有赖于市场机制发挥作用。充分利用资本市场的优化资源配置功能和服务功能，引导、支持具有创新能力、持续发展能力的中小企业上市，既是培育我国新的创新主体的需要，也是我国创新型国家建设的重要途径。

· 产业发展。产业升级、产业结构调整与优化，是国民经济发展的重要方面。一个国家的产业发展有两条路径：一是以国家产业政策为导向的行政化路径，国家发展与改革委员会在这方面发挥了重要作用；二是以市场机制为导向的市场化路径，资本市场在这方面扮演了重要角色。资本市场形成了优胜劣汰的选择机制，有利于优势产业和优势企业做优、做强、做大；资本市场形成了及时调整机制，会根据产业发展和产业演变及时作出反应和调整，有利于弥补行政化产业政策执行滞后的不足；资本市场对产业发展的影响是从微观到宏观，有利于弥补行政化产业政策从宏观到微观在衔接性、精细化方面存在的不足，中小企业板、创业板在这方面对产业发展的影响特别重要。

· 地方经济发展。我国存在着区域经济发展不平衡的问题，主板市场的偏重发展促进了大城市和发达地区大企业的上市，进一步加剧了我国区域经济发展的不平衡。中小企业主要集中在地、县、乡、镇，充分发挥中小企业板、创业板对这些地区中小企业发展的支持、服务与促进作用，不仅有利于这些地区的经济发展，而且有利于我国区域经济平衡协调发展。

· 节能减排。长期以来，我国经济增长方式主要表现为粗放经营型、资源消耗型、环境污染型，我国在经济迅速增长的同时，面临着日益严重的资源浪费和环境污染问题，可持续发展受到严重挑战。为此，党和国家提出了转变经济增长方式和节能减排的明确目标。在这一转型过程中，一大批科技型、服务型、资源节约型、环境保护型中小企业迅速崛起。支持、服务和促进这些中小企业的发展，既是节能减排、促进经济增长方式转变的需要，也是多层次资本市场自身建设的需要。

· 劳动就业。我国仍处于劳动力资源增长期，就业压力大。充分就业既是全面小康社会建设的需要，更是和谐社会建设的现实要求。我国中小企业的发展，具有吸纳更多劳动力就业的强大功能，特别在中小城市或地县级区域中，中小企业对于劳动力就业具有独特的优势。多层次资本市场建设，中小企业板、创业板发展，对于促进创业、带动就业，意义特别重大。

12.2 中国证券市场发展的若干瓶颈问题[①]

随着1990年深沪证券交易所的设立和运作，新中国证券市场宣告成立。整个20世纪90年代，中国证券市场发展极为迅速，10来年取得的发展成就超过了西方成熟证券市场早期100多年发展所取得的成绩，创造了世界证券市场发展史上的奇迹。然而，进入21世纪的3年以来，中国证券市场的迅速发展的势头开始慢了下来，多年积累的众多深层次问题开始凸现和放大，并日益成为中国证券市场发展的瓶颈，致使中国证券市场面临着前所未有的证券融资需求巨大与现实证券融资能力不足、证券投资需求巨大与现实证券投资能力不足的双重矛盾，巨大的潜在投融资需求资源难以通过深沪证券市场实现有效的、最大化的配置，这严重制约了深沪证券市场的发展及其在国民经济发展中作用的发挥和地位的提升。

影响和制约中国证券市场发展的问题很多，本节仅就中国证券市场发展的若干重大瓶颈问题展开分析。

12.2.1 股份非全流通

我国上市公司股份按照投资主体不同大体可分为国有股、法人股和社会公众股。其中，国有股、法人股是非流通股，公众股是可流通股。平均而言，我国上市公司非流通股超过60%，流通股不足40%。我国上市公司股票超过60%不能流通这一现状，产生的问题是多方面的，对证券市场发展的制约是巨大的：

一是国有股、法人股不能流通，限制了国有股、法人股股东股价收益权的实现。股权投资收益表现在3个方面：上市公司分红派息、股权增值和股票交易差价收入。股票交易是股价收益权实现的前提，差价收入是股价收益权的体现。在公司分红派

---

① 来源于《中国经济时报》，2003年8月18日。

息、股权增值相同的条件下，投资者偏好上市的股份有限公司的股权投资而不是有限责任公司的股权投资，就是基于股权流通和交易差价收入的考虑。上市公司的国有股、法人股不能流通，其股东的股价收益权就无法实现，这实际上等于剥夺了国有股、法人股股东的股价收益权。

二是国有股、法人股转受让困难，制约了上市公司治理优化和资本运作。由于国有股、法人股不能在股票市场上公开流通，这类股票供需信息严重不对称，需要转让的难以找到理想的买主，有意受让的找不到合适的卖主。因此，上市公司股东结构处于非意愿性超稳定状况，上市公司治理结构陷入僵化状况，上市公司高管人员结构缺乏合理流动的市场机制，上市公司意欲通过股权结构调整实现资产重组、并购受到制约。

三是相对于股票价值，非流通股转让价格与流通股市场交易价格严重失真。由于国有股、法人股不能在股票市场上公开流通，其协议转让价格很低，大都是按略高于每股净资产的价格转让的，国有股、法人股的转让价值被严重低估。而同一公司的流通股的市场交易价格却很高，2002 年深沪股市大幅下跌后股票平均市盈率仍高达 30 多倍、市净率高达 4 ~5 倍，就足以说明我国深沪股市流通股的价值被严重高估。

四是抑制了国有股、法人股股东增加股份投资的积极性，限制了上市公司再融资。由于国有股、法人股转让困难，转让价格低，国有股、法人股股东通过投资增持上市公司股份的可能性大为降低。多年来，中国上市公司增资扩股，国有股、法人股股东基本上都放弃了配股权，上市公司筹资主要面对占较少比例的流动股股东，这就大大限制了上市公司再融资、资本扩张和经营发展。

12.2.2 流通股高溢价发行

溢价发行是指股票发行价格高于公司新股发行前每股净资产的现象。由于获准发行上市的公司已度过高风险期，进入稳定成长期。不管是投资者基于投资回报的预期，还是公司创业者基于直接融资成本的考虑，股票溢价发行都是投融资双方能够共同接受的事项。正因为如此，海内外证券市场几乎所有的新股都采用溢价发行，很少有折价发行情况出现。但是，新股发行价格成倍高于发行前每股净资产的高溢价发行，就是一种不正常的股票发行定价方式，我国流通股高溢价发行就属于这种情况。

据统计，海外成熟证券市场股票发行市净率（发行价格与每股净资产的比率，市净率减 1 即为发行溢价率）平均 1～3 倍，不少仅按略高于每股净资产的价格发行。而我国深沪证券市场新股（流通股）发行市净率，在二级市场低迷期平均为 3～5 倍，在二级市场高涨期平均为 6～8 倍，不少公司流通股发行市净率高达 10 倍以上。

流通股高溢价发行是股份非全流通导致流通股价值严重高估的必然产物，由此产生了一系列严重问题：一是造成流通股股东持股成本数倍高于非流通股股东的持股成本。二是加剧了流通股价格居高难下。三是引发较大的市场风险。在中国深沪股市，因流通股高溢价发行造成发不出去，而由承销商包销或发出去，但上市后跌破发行价的现象时常出现，这加剧了券商的承销风险和投资者的投资风险，挫伤了券商承销和投资者投资的积极性，从而抑制了证券市场的发展。

12.2.3　流通股东资产所有权和收益权被大量无偿转移

尽管中国深沪股市流通股发行价格数倍高于非流通股，但是同一公司的流通股和非流通股却是按照相同的股票面值计算股票资产价值的。结果，高溢价发行的流通股的资产价值被大量地摊薄，转移到非流通股中，非流通股的资产价值在高溢价发行流通股后大幅度提高。此外，这种流通股资产价值的转移给非流通股东、非流通股资产价值的提高，随着流通股发行数量的增加和溢价的提高，愈益严重。

流通股东资产所有权大量无偿转移给非流通股东，除严重损害了流通股东的利益外，由此还产生了下述严重问题：一是大幅度降低了流通股的投资价值。二是助长了非流通股东争公司上市而不注重上市后公司发展。结果，在中国深沪股市上市公司中，出现了一大批上市后业绩随即大幅度滑坡甚至亏损的公司，给中国证券市场的发展带来了很大冲击。由于深沪上市公司是按股本分红派息的，单位流通股本与单位非流通股本享有相同的分红派息权，因此，与流通股东资产所有权大量无偿转移给非流通股东相适应，流通股东资产收益权也大量无偿地向非流通股东转移。

流通股东资产收益权大量无偿转移给非流通股东，除严重损害了流通股东的利益之外，由此还产生了下述严重的问题：一是大幅度加大了流通股的投资风险。二是严重违背了市场的公正性。公正性是证券市场运作的核心原则。为什么流通股东总是把市场扩容和公司再融资视为利空，是因为每增加一次市场融资，就意味着流通股东有更多的资产所有权和资产收益权被转移给了非流通股东。

12.2.4 一股独大

一股独大是指上市公司控股股东持股占绝对控股地位的现象。1996 年以来，我国管理层强调证券市场要为国有企业改革服务，一大批由国有股股东独家发起的股份有限公司设立并上市，这些上市公司第一大股东持股比例高达 50% 以上。据统计，我国深沪股市 1300 多家上市公司中，“一股独大”的上市公司超过 40% 。

《中华人民共和国公司法》第一百零六条规定，股份有限公司“股东大会作出决议，必须经出席的股东所持表决权的半数以上通过。股东大会对公司合并、分立或者解散作出决议，必须经出席的股东所持表决权的 2/3 以上通过。”《中华人民共和国公司法》第一百一十七条规定，“股份有限公司董事会会议应由 1/2 以上的董事出席方可举行，董事会作出决议，必须经全体董事的过半数通过。”按照《中华人民共和国公司法》的规定，只要控股股东同意，在其他所有股东的一致反对下，“一股独大”的上市公司的股东大会都可以作出决议，并且这种股东大会的决议是合法的。只要代表控股股东的董事同意，在代表其他所有股东的董事的一致反对下，“一股独大”的上市公司的董事会都可以作出决议，并且这种董事会的决议是合法的。因此，“一股独大”的上市公司的控股股东是可以合法地操纵和左右股东大会的，代表控股股东的董事是可以合法地操纵和左右董事会的，这实际上等于间接地剥夺了中小股东和代表中小股东的董事的表决权。其结果，是控股股东或代表控股股东董事整个地控制了上市公司。一些控股股东凭借对上市公司的绝对控制权，通过资产置换操纵上市公司利润，把上市公司当作其融资的窗口；通过关联交易，肆意掏空上市公司；通过上市公司担保从银行贷款，引发上市公司的担保风险。近年来，中国证监会和深沪证券交易所加大了对上市公司的监管力度，但由于较多上市公司“一股独大”的股权结构没有改变，控股股东操纵上市公司的现象依然存在，中小股东的权益在制度上仍未能得到有效保护。

12.2.5 内部人控制

内部人控制是指上市公司的决策权为少数股东、经营权为公司内部人员所控制的现象。上市公司内部人控制不仅限于“一股独大”、股份非全流通问题的延伸、转化和扩大，其问题的性质早已超过原发性问题的范畴。我国上市公司内部人控制具体表现为：一是上市公司流通股比例较少，流通股股东持股极为分散，持股时间普遍较短，参与上市公司监管的力量有限，动力不足，积极性不高，在行使股东权力方面基本上缺位，从而加剧了持股集中、持股比例大、被动持股时间较长的少数非流通股东对上市公司的控制。二是一些上市公司国有股所有者或所有者行使权缺位，较多上市公司的董事、监事和经营管理者都是改制前独资公司的经管人员，外部董事比例少，职业经理人比例少，上市公司的决策权、经营权、监督权基本上为前独资公司的经管人员所控制。三是控股股东高管人员兼任上市公司的董事、上市公司董事兼任本公司经营管理人员、上市公司高管人员兼任控股子公司法人或总经理的现象普遍存在，一些身兼数职的上市公司高管人员几乎揽括了公司的决策权、监督权和经营权，实际上交叉担当了“教练”“运动员”和“裁判”的角色，从而使上市公司进一步为少数人所控制。上市公司内部人控制要么导致公司所有权与经营权难以分离或分而不离，要么导致公司所有权弱化和经营权强化，其结果都是公司决策权缺乏制衡，经营权较少监督，少数人可以滥用决策权或经营权，公司决策或经营失误难以及时发现、纠正，公司经营管理的问题和矛盾容易被掩盖，业绩操纵、内幕交易等公司违规运作行为更有可能发生，由此加剧了投资风险和市场风险。

12.2.6 中小企业上市门槛高

据原国家经济贸易委员会（简称国家经贸委）《2001 年中国中小企业发展报告》的统计，中国目前全部中小企业达3980 万户，约占全国全部工商注册企业总数的99%，实现的总产值占全国工业总产值的60%，实现的利税约占全部工商企业总数的43%，实现的出口占全部出口的60%。特别在20 世纪90 年代以来的经济快速增长中，工业新增产值的76%来自中小企业，中小企业还提供了75%的城镇就业机会。可见，中小企业在中国的经济发展和经济增长中发挥着日益重要的作用，支持中小企业的发展已成为促进中国经济发展的重要途径。

为此，2002 年中国颁布了《中华人民共和国中小企业促进法》，该法第十六条明确规定：“国家采取措施拓宽中小企业的直接融资渠道，通过法律、行政法规允许的各种方式直接融资。”但是，《中华人民共和国公司法》第一百五十二条却规定：“股份有限公司申请其股票上市必须符合下列条件：……（二）公司股本总额不少于人民币5千万元；（三）开业时间在3年以上，最近3年连续盈利……。”根据这一规定，我国能够进入证券市场融资的只能是资产规模较大的公司，而大量的具有成长性但资产规模较少的中小企业，特别是创业的高新技术企业，因达不到资产规模要求而无法获得直接融资。

这种对中小企业上市设置较高门槛，在限制证券市场促进中小企业发展的同时，也限制了证券市场自身的发展：一是限制了我国多层次证券市场体系的建立。没有中小企业的上市，就不可能建立多层次的证券市场体系。海外成熟证券市场的发展经验表明，多层次证券市场既是证券市场发展的结果，更是证券市场长期发展的基础。目前中国只有深沪主板市场，没有面向中小型企业的次级市场，证券市场结构单一，投融资主体单一，严重地制约了中国证券市场的发展。二是限制了证券市场资源配置功能的发挥。资源配置既是证券市场的核心功能，又是衡量证券市场发展的基本标志。目前能够进入深沪证券市场融资的多数是国有企业改制而来的规模较大的公司，很少有中小企业获准上市，中国证券市场资源配置功能远未能正常释放，严重地影响了证券市场的发展。

12.2.7 部分证券账户匿名制

证券账户匿名制是相对于证券账户实名制而言的。证券账户实名制是指合法的出资人、收益人与证券账户人完全相符，证券账户匿名制则是指出资人、收益人与证券账户人完全或部分不相符的情况。同一出资人将资金分散到多个证券账户，投资操作人集中多个证券账户的资金买卖同一只股票，都会出现证券账户匿名制的情况。中国大多数农民法律意识淡薄、其身份证使用价值低、愿意出让身份证使用权，是中国部分证券账户匿名制形成的社会基础。利用匿名证券账户操纵市场、洗钱、转移投资收益等是中国部分证券账户匿名制形成的经济基础。

市场操纵者之所以要利用匿名账户操纵市场，是因为这样做可以规避市场监管。《中华人民共和国证券法》第六十二条规定：“持有公司5%以上股份的股东，其持有股份情况发生较大变化的，上市公司应当立即将有关该重大事件的情况向国务院证券监督管理机构和证券交易所提交临时报告，并予公告，说明事件的实质。”如果同一出资人或同一投资操作人利用多个账户购买同一只股票，每个账户的持股数量都不超过5%。但多个账户持有同一只股票的总持股量超过5%甚至50%以上，就可以规避信息披露，实行市场操纵。在中国证监会已查处的20余起市场操纵案件中，市场操纵者无一例外地运用了多个账户进行了市场操纵。

部分证券账户匿名制给市场操纵带来了极大便利，而市场操纵的本质是违背股票定价的公平竞争和供需关系原则，对股票价格进行人为控制，其目的是谋取市场操纵利润或转嫁投资风险，其后果是损害合法投资者特别是中小投资者的利益，加剧了市场风险，助长了内幕交易，妨碍了证券市场的健康规范发展。因此，部分证券账户匿名制给证券市场监管和规范发展带来了很大困难。

上述问题既是制约中国证券市场发展的瓶颈问题，更是引发中国证券市场其他一系列问题的源头。只有积极、稳妥、有效地解决上述问题，中国证券市场才有可能获得更大规模、更加规范、更有效率的发展，中国证券市场才有可能在国民经济发展中扮演更加重要的角色。

12.3 找准三个切入点，建设强大A股市场[①]

我国A股市场自1991年建立以来，发展极为迅速，十多年发展取得的成就超过西方发达国家股市100多年发展的所取得的成就。但是，我们应该清醒地看到，目前我国A股市场的发展现状与我国对A股市场发展的需求和要求相比，仍存在着4个不相适应：一是A股市场直接融资功能的发挥与大量的、符合条件的企业的巨大融资需求不相适应；二是A股市场单一的市场层次、很少的市场产品、较少的市场规模与社会巨大的投资需求不相适应；三是A股市场的较大波动、频繁波动、较高风险与理性投资者、长期投资者的投资回报不相适应；四是A股市场的规模、作用、地位与我国经济总量、国民经济发展对A股市场发展的要求不相适应。

我国具备建设强大A股市场的6个有利条件：一是我国资产证券化程度还很低，上市资源极为丰富，A股市场发展空间和发展前景极为广阔；二是我国企业存款、居民储蓄余额高达40万亿元，投资渠道相对有限，A股市场投资潜力极为巨大；三是股改后制约我国A股市场发展的根本性制度障碍已经破除，市场消化部分存量“大、小非”减持压力只是一个时间问题；四是以深沪证券交易所为中心覆盖全国各个地区的电子化交易网络、交易网点已经形成，并拥有上亿的投资者队伍；

① 来源于《证券时报》，2009年2月3日。

五是我国国民经济仍具有长期快速发展的有利条件，经济总量有望位居世界前列，国际经济地位有望进一步提升；六是我国中小企业整体素质的提高、创新型企业的迅速崛起和一大批企业在制度、技术层面的创新，将为A股市场注入新的、源源不断的活力。

如何利用我国A股市场发展的“六个有利条件”解决我国A股市场存在的“四个不相适应”的问题，是一个涉及面很广的课题。就市场层面而言，关键在于找准“三个切入点”：

第一，建设多层次资本市场。我国资本市场较少的层次性，既不能满足不同企业多样化的直接融资需求，特别是不能满足中小企业、创业企业的直接融资需求，也不能满足不同的投资者多样化的投资需求，从而影响了A股市场做强做大。多层次资本市场建设，就是根据国民经济发展的需要和社会多元化的投融资需求，促进主板、中小企业板、创业板和代办股份转让系统共同建设与协调发展。多层次资本市场建设不仅是建设强大A股市场的需要，更是进一步发挥A股市场对国民经济的支持、促进与服务作用的需要。无论是我国小康社会的全面建设、创新型国家的建设，还是经济转型、产业升级、产业结构调整与优化，或是地方经济发展、节能减排、劳动就业，无一不与多层次资本市场建设紧密相连。多层次资本市场建设的核心，就是在稳步发展主板市场的同时，加快中小企业板的发展壮大和创业板市场的尽快推出。与此相适应，要强化中小企业板、创业板交易制度、监管制度、发审制度的改革与创新。

第二，提高上市公司质量。上市公司是证券市场发展的基石。没有大量的上市公司，A股市场做不大；没有高质量的上市公司，A股市场做不强。可以说，大量的、高质量的上市公司是我国建设强大A股市场的微观基础。同时，提高上市公司质量，也是稳定投资者预期、培养投资者长期投资理念的市场基础。做大做强A股市场，就是要在增加上市公司数量的同时，努力提高上市公司的整体质量。提高上市公司质量，不是简单的经营业绩提高的问题，更为重要的是上市公司治理质量、规范运作质量、信息披露质量、资产状况质量等全面提高的问题。具体来说，一是上市公司治理要尽可能优化，运作要尽可能规范；二是上市公司信息披露要充分体现真实性、全面性、及时性的要求；三是上市公司经营要有核心竞争力、持续性、成长性；四是上市公司在处理与大股东的关系中要体现公开、公平、公正的原则，确保中小投资者的权益不受损害；五是上市公司要树立积极回报投资者的理念，分红派息要与经营业绩挂钩并以现金分红为主。为了鼓励、督促上市公司提高质量和现金分红，中国证监会或深沪证券交易所有必要建立上市公司质量评价机制和评价体系，特别要优先建立上市公司现金分红评价机制和评价体系。

第三，形成市场的内在稳定机制。我国A股市场在迅速发展的同时，也表现出股市波动剧烈、市场交投极不稳定、市场融资大起大落、市场风险较大等市场稳定性较差的问题。这说明我国A股市场还缺乏内在调节机制和内在稳定机制，直接影响了社会投融资需求的有效满足，间接制约了A股市场做强做大。因此，形成A股市场的内在稳定机制，提高A股市场内在调节机制，是强大我国A股市场的必要条件。建立和优化A股市场的内在稳定机制，是一个系统工程，是一项长期任务，社会各界、管理层和市场各参与主体都责无旁贷：一是要营造良好的市场运行环境，为A股市场稳定运行创造有利的市场条件；二是要建立供需平衡的市场机制，目前迫切需要建立一支日益庞大的长期投资者队伍，优化投资者结构，引导更多的、长期的、稳定的投资资金入市，增强市场投资需求的稳定性；三是加强市场自律和市场监管，尽量避免虚假信息披露、内幕交易、市场操纵等影响市场稳定的违法违规现象的出现，确保A股市场规范有序运作；四是优化市场调控手段，提高市场的自我调节能力，以降低市场波动和市场风险。

12.4 与“市”俱进，壮大资本市场①

就指数涨跌而谈调控，这种争论本身就反映出争论者的思维还停留在行政干预市场的习惯上，缺乏更具发展的眼光。当前，我国资本市场发展到一个新的阶段，需要我们用新的眼光，以更高更宽的视野来看待和分析。因此，我们最需要做的，是如何以市场化方式来适应市场发展，而不是以行政手段限制市场发展。

当前资本市场的最大矛盾是供需问题。相对于人们日益增加的理财需求，我国资本市场提供的投资渠道太少，市场层次过于简单。这是股市“热”的原因之一。同时，我国经济正在迅速发展，正在以一个“大国崛起”的姿态面向世界，然而，我国目前的资本市场无论是规模还是影响力，都远不能与之相匹配。在新形势下如何把握机遇，做大做强资本市场？我们期待业界能就此问题进行深入探讨。

目前，资本市场成为全社会关注的热点，在市场经济高速发展的今天，单纯靠

① 来源于《证券时报》，2007年5月28日。

行政指令来调控股指已显得不合时宜，市场的事情还是应该用市场化的手段加以解决。

我们先来看看 2006 ~ 2007 年牛市的深层次背景。股权分置改革基本完成之后，长期困扰我国资本市场发展的根本性制度问题基本得到解决，为我国资本市场长期健康、规范发展奠定了基础；上市公司、大股东、投资者等市场各方参与市场的积极性空前高涨；我国社会政治稳定，经济快速发展，人民币升值与流动性过剩、低利率并存等，都有利于直接或间接地增强股市的吸引力。这些因素的客观存在，为我国资本市场迎来了前所未有的交投旺盛的局面。这也是市场即便出现大幅震荡，或有超级大盘股发行，投资者依然信心不减的重要原因。

反观 2002 ~ 2005 年，我国资本市场逢发行新股或上市公司再融资，投资者往往视为利空，市场往往作出调整的反应，我国资本市场发展因此多年受阻。但自 2006 年下半年以来，投资者对上市公司发行新股或再融资普遍持欢迎态度，市场对上市公司 IPO 或再融资普遍作出正面反应。2006 年 5 月我国资本市场恢复融资功能以来，先后有 100 多家上市公司通过深沪市场实现了 IPO，深沪市场有数十家上市公司实现了再融资，累计融资金额超过 3000 亿元，比过去 4 年融资金额的总和还要多。

不过，我们应当清醒地看到，尽管我国资本市场规模有所扩大，但是我国的资本市场还是一个小规模的市场。与成熟市场国家或地区相比，我国资本市场的上市公司家数、股票市值的规模还比较少，社会资产证券化还不高。从宏观面来看，我们国家因为初级消费的渐趋饱和使得经济发展速度在放缓，迫切需要建立一个强大的资本市场来推动产业升级和经济转型。20 世纪 70 年代，美、日等国不约而同地进入低增长的经济“滞胀”期，随后美国成功走出了阴影，进入“新经济”时代，依靠的是产业升级和经济转型，而后者是通过资本市场实现的。期间，日本牛市延续了 17 年，累计涨幅高达 19 倍，一大批中小企业借助创业投资机构的力量进入资本市场，顺利实现做大做强。

鉴于此，当我们充分揭示资本市场潜存风险的时候，也应该更加注重其发展问题。“好风凭借力”，当前资本市场正面临难得的发展机遇，投资者信心十足，市场存量资金过万亿，因此，我们必须与“市”俱进，壮大资本市场。

在目前市场需求旺盛的情况下，有效增加市场供给是现阶段我国发展资本市场的一条有效的途径，也是切实可行的市场化调节手段之一。按照供给层次，目前可以推进我国资本市场多层次全面发展。主板市场方面，应加快大型国有企业的改制上市和 H 股、红筹股回归；已上市的公司，具备整体上市、资产注入、定向增发条件的，应加快审批和市场运作节奏。中小企业板方面，我国上市资源极为丰富，市场承接能力很强，应加快发展壮大，必要时可实行分组与集中审批相结合、捆绑发行与集中上市相结合的方式，加快中小企业板发行上市进程。创业板方面，满足不同企业的融资需求和不同投资者的投资需求，是多层次资本市场建设的目标，也是海外成熟市场运作的成功经验。我国自2000年提出设立创业板以来，社会各界对创业板市场的认识在很多方面已取得共识，管理层和交易所为此作了大量的准备。更为重要的是，我国拥有大量的创业板上市资源，中小企业板的成功运作为创业板设立与运作积累了经验。因此，尽快推出创业板，不仅可以改变目前我国资本市场单一层次的状况，而且对于促进我国中小企业、民营企业、科技型企业、创新型企业的发展，引导民间实业投资、分散资本市场集中投资等都具有现实意义。

与“市”俱进，壮大资本市场，不是一个简单的市场扩容问题。在确保市场公开、公平、公正的原则下，全面提高上市公司质量，加强和优化市场监管，促进市场平稳运行，才是发展我国资本市场的本质要求。越是市场旺盛的时候，大股东、上市公司及其高管越要规范运作，证券公司、基金公司和其他市场参与方越要自律，投资者越要理性。只有这样，我国资本市场才能走上规范、持续、健康发展之路，我国资本市场才能在发展的进程中显示出更强的生命力。

12.5 破解A股大市场与小资金的矛盾[①]

近年来，我国股市走出了严重背离国际市场、背离国内宏观基本面、背离上市公司基本面的行情，出乎许多市场参与者和广大投资者的意料，其症结在于日益突出的大市场与小资金的矛盾。破解这一矛盾重在提升沪深股市投资价值，发展、壮大和稳定大资金投资者。

12.5.1 问题：股市三大背离走势并存

2010年以来，中国沪深股市出现了历史上罕见的三大背离走势并存的情况。

---

① 来源于《中国证券报》，2012年2月17日。

一是与国际主要股市走势严重背离。2008 年全球金融危机后，美欧等发达国家都陷入了经济衰退，欧洲一些国家还发生了一波又一波的主权债务危机，日本发生了强震、海啸、核泄漏等重大灾害。然而，美、欧、日股市的走势并不怎么糟糕。2011 年，道·琼斯涨 6.13%，纳斯达克指数跌 1.49%，英国富时指数跌 5.83%，法国 CAC40 指数跌 17.8%，德国 DAX 指数跌 15.47%，日经指数跌 17.34%。然而，我国上证综合指数跌 21.68%，中小板指数跌 34.08%，创业板指数跌 35.88%。中国股市跌幅远远超过同期欧、美、日股市。至 2012 年 8 月，美国股市道·琼斯指数已创 5 年来新高。而同期我国上证综合指数在 2011 年下跌的基础上再跌 6.5%。

二是与国内基本面严重背离。2010～2011 年，中国 GDP 增长率分别为 10.4%、9.2%，是同期世界各国 GDP 增长率最高的国家之一，数倍于同期欧美发达国家 GDP 的增长率。然而，中国沪深股市的走势与其宏观经济基本面的走势完全背离，2010 年，上证综合指数跌 14.31%，2011 年在此基础上再跌 21.68%，2010～2011 年，上证综合指数累计下跌 32.89%，而同期中国 GDP 累计增长率高达 20.5%，两者之间最大背离 50 多个百分点。

三是与上市公司总体盈利能力严重背离。据统计，2010 年，沪深 2176 家上市公司实现净利润 16654 亿元，比 2009 年整体业绩增长 3 成以上。2011 年前三季度，沪深 2304 家上市公司实现净利润 14870.59 亿元，同比增长 18.76%。由于业绩提升，股价下跌，沪深股市市盈率累创新低。2009～2011 年年底，上海股市平均市盈率分别为 28.7、21.6、13.4 倍，2010 年比 2009 年下降了 24.74%，2011 年又比 2010 年下降了 37.96%，2010～2011 年上海股市平均市盈率累计下降了 53.31%，远远超过同期上证综合指数 32.89% 的累计跌幅。这说明 2010 年以来上海股市大幅度下降是严重背离同期上市公司总体盈利能力上升这一基本面的。

12.5.2 症结：日益突出的大市场与小资金的矛盾

沪深股市的这种背离走势，出乎许多市场参与者和广大投资者的意料，很多投资者蒙受了巨大投资风险和投资损失，严重动摇了市场信心，市场发展也因此受到很大影响。是什么原因造成我国股市严重的背离走势？有人把原因归咎到我国股市运行机制上，比如，市场重融资轻投资、不重视中小投资者的利益，上市公司质量不高、较少分红等。这些无疑是原因之一。但是，这些制约我国股市发展的因素早就有之，而且从 2005 年股改以来有的已有所改变。那什么是造成我国股市走势严重背离基本面的根本原因。我认为是大市场与小资金矛盾越来越尖锐的必然反映，小资金已越来越难以支撑日益增大的市场发展的需求，最终只能以股价下跌、估值下降来强制市场低位“平衡”。

一方面，随着我国资本市场的发展，我国沪深股市在迅速扩大，在多个方面表现出“大市场”的特征。一是上市公司规模迅速扩大。2007年，沪深上市公司共计1530家。2012年2月底，沪深上市公司共计2352家，比2007年净增822家，增长了53.73%。二是股本规模迅速扩大。2007年，沪深上市总股本共计16954亿股。2012年2月底，沪深上市总股本共计29800亿股，净增12846亿股，增加了75.77%。三是流通市值规模迅速扩大。2007年年底，沪深股票总市值32.71万亿元，但流通市值仅为9.3万亿元，流通市值占总市值的比重为28.43%。2008年股市暴跌后，至年底沪深股票总市值跌至12.14万亿元，流通市值减少到4.52万亿元，但流通市值占总市值的比重提高到37.23%。2009~2011年，沪深股票总市值分别为24.39、26.54、21.48万亿元，都少于2007年年底的水平，但是，2009~2011年，沪深股市流通市值分别为15.12、19.31、16.49万亿元，分别超过2007年的62.58%、107.63%、77.31%，流通市值占总市值的比重分别为61.99%、72.75%、76.76%。四是我国股市已具有大市场的国际地位。2011年，在沪深股市出现较大跌幅的情况下，我国沪深股票市值仍高达3.5万亿美元，仅次于美国居全球第二位，居新兴市场国家第一位。

另一方面，在我国沪深股市日益增大的同时，我国参与或进入股市的资金则表现出一系列“小”的特征。第一，从投资者结构来看，2011年年底，沪深投资者开户总数为19029万户，其中，个人投资者开户数为18972万户，占开户总数的99.7%，机构投资者开户数为57万户，占开户总数的0.3%。我国沪深股市还是一个以中小个人投资者为主的市场，个人投资者入市资金规模很小。第二，单只投资基金规模相对较“小”。截至2011年12月，我国基金总数为970只，平均每只基金发行份额为29亿元左右，目前最大的基金发行份额也就在300亿元左右。然而，我国上市的一些股票的股本规模却很大，如工商银行上市总股份高达3340亿股，总市值高达1.6万亿元。中国石油上市总股份1830亿股，总市值高达1.8万亿元。投资其5%的比例都需要800~900亿元的资金，而我国目前任何一只投资基金的规模都达不到这个水平。第三，投资基金总体规模相对较“小”。2007~2011年年底，我国包括封闭式、开放式、LOF、ETF在内的基金发行余额分别为1.99、2.37、2.66、2.66、2.8万亿份，分别与同期沪深股市流通市值之比为21.39%、52.43%、17.57%、13.77%、16.98%，2009年以来沪深股市这一比例明显低于2007~2008年。

12.5.3 对策：发展、壮大和稳定大资金投资者

大市场需要大资金，市场供需双方才能平衡发展。当大市场遭遇小资金的时候，市场就会缺乏稳定的、中坚的投资力量。小资金投资者就会畏大趋小、避大趋小，我国不同规模市场的差异化走势、大盘股整体估值严重偏低与小盘股估值相对偏高并存等，正是大市场与小资金矛盾的扭曲体现。怎样破解我国大市场与小资金的矛盾，既是我国股市发展的重大现实问题，也是我国股市发展的长效机制问题。

（1）引导大资金入市。无论从市场自身发展来看，还是从国民经济发展对股市的需求来看，我国股市都存在着继续做大的必然性。因此，我国股市迫切需要建立一支日益庞大的长期投资者、战略投资者队伍，引导、吸引大量的、长期的、稳定的资金，如商业保险资金、社会养老保险资金、企业年金等入市，是我国股市发展的必然需要和基本前提。事实上，我国大量的商业保险资金、社会养老保险资金、企业年金等大资金进入股市的前景巨大。截至2011年年底，我国保险公司可运用资金为5.3万亿元，按照入市比例25%计算，入市资金可达1.3万亿元左右。我国基本养老保险金结余1.92万亿元，按照入市比例30%计算，入市资金可达5000多亿元。另外，我国目前结余的企业年金超过3000亿元，这个数值在未来将有较大的“增大”空间。问题是，这些资金都属于“避险性”资金，只有当市场具有投资价值大、风险小的时候才能吸引它们大量入市。因此，引导大资金入市，关键在于规范上市公司运作，提高上市公司质量，增强上市公司盈利能力，强化上市公司分红派息，提升上市公司投资价值，增强市场稳定性，降低市场风险。

（2）培育大资金投资者。我国股市还是一个以中小投资者为主的市场，近几年来发展的基金投资者就规模而言也是“小”资金投资者。与大市场和大股本、大市值上市公司相适应，我国股市迫切需要培育一大批大资金投资者，比如，数百亿、上千亿元的投资基金，数千亿、上万亿元投资基金管理公司等。培育大资金投资者关键在于提高大资金投资者的投资能力和投资回报水平，只有大资金投资者的投资能力和投资回报水平提高了，其运作的资金不仅可以保值、增值从而规模变“大”，而且还可以引导新的社会资金进入，从而产生像滚雪球那样越滚越大的聚集投资资金的效果。反之，大资金投资者会变成小资金投资者并最终从市场消失。近年来，我国不少开放式基金规模越做越小的教训极为深刻，值得深刻反思。

（3）鼓励大股东长期持有股份。大股东投资者是股市“天然”的大资金投资

者。据统计，解禁前，沪深股市大股东持股比例一般高达60%以上，有的高达80%以上。解禁并通过一定时期的减持后，沪深股市大多数上市公司大股东持股比例仍在50%以上。让这些大股东长期持有解禁后的股份，不仅可以减少其减持对二级市场的压力，而且有利于巩固上市公司的治理结构，增强二级市场投资者持股的信心。可以说，大股东长期持有上市公司股份，本身就是股市稳定的中坚力量。鼓励大股东长期持股，首先，要构建大股东长期持股的市场机制，比如，把大股东长期持股与上市公司再融资优先考虑联系起来，把大股东长期持股后减持与税收优惠联系起来等。其次，是规范大股东减持行为。大股东在什么价位以上打算减持？在什么价位以下不考虑减持？在什么情况下（如重大信息披露后等）可以减持？在什么情况下（如重大信息披露前等）不能减持？……等等这些问题或这些问题的处理，不仅要有明确的制度规定或承诺，而且要有充分的、及时的信息披露，还要有系统的监管措施。

12.6 强化市场稳定机制，优化市场调节机制①

中国证监会前主席尚福林在谈到我国证券市场的问题时，将我国证券市场“缺乏有效的自我稳定机制和自我调节机制”作为突出问题提了出来。稳定是证券市场健康发展的基础。自我有效调节是衡量证券市场市场化程度的根本标志，也是减少或避免行政调控市场的必要前提。尚福林主席的讲话，实际上向我们提出了我国证券市场健康发展和市场化建设的一个重大课题。

12.6.1 缺乏有效的自我稳定与调节机制的市场表现

多年来，我国证券市场在发展迅速的同时，也表现出市场运行不稳定、市场调节经常失灵的情形。市场运行不稳定主要表现在以下几个方面：

第一，股价指数和个股价格波动剧烈。十多年来，深沪股市多次出现年度股价

① 来源于《证券时报》，2008年6月20日。

指数上涨超过 100%，年度跌幅超过 30%的波动，不止一次出现过 2~3 年内股价指数上涨超过几倍、跌幅超过 50%的波动，一些个股出现了连续十几个甚至几十个涨停板或跌停板的情况，有的个股出现了一年上涨十几倍或跌幅高达 90%的情况。

第二，市场交投极不稳定。十多年来，深沪股市既出现了年度总体换手率高达十倍的情况，也出现了年度总体换手率只有两三倍的情况。既出现了日交易量超过 4000 亿元的高纪录，也出现了交易量不足 10 亿元的低纪录。既出现了有的个股有时日换手率高达 80%的情况，也出现了有的个股有时日交易量不足百股的情况。

第三，市场融资功能表现大起大落。2007 年，深沪股市直接融资超过 7000 亿元。然而，深沪股市过去多年出现了年直接融资额不足 1000 亿元的情况。一些年份深沪股市还出现了连续几个月停止新股发行的情况。

市场调节方面的问题主要表现在以下两个方面：

一是市场缺乏有效的自我调节机制。十多年来，深沪股市经常表现出暴涨暴跌的市场运行态势，股票估值要么低于海外新兴市场甚至成熟市场的水平，要么高于海外成熟市场股票估值水平 2~3 倍，较少处于合理的投资区域。在极具投资价值的低点时，深沪股市往往缺乏市场反弹的力量；在极具投机风险的高点时，深沪股市往往缺乏市场自我调整的力量。

二是行政调节股市的迹象较为明显。由于深沪股市市场调节机制缺失，基于市场健康稳定发展的考虑，管理层在万不得已的时候采用了一些行政调控市场的手段。这种调控有时增加了我国股市运行“政策市”的色彩，但有时未必能达到调控目标。

12.6.2 缺乏有效的自我稳定与调节机制的主要成因

我国证券市场缺乏有效的自我稳定机制和自我调节机制的原因是多方面的：

（1）证券市场是一个高度市场化的市场，市场机制的形成需要一个较长的过程，市场机理需要反复磨合才能发挥作用。我国证券市场设立至今只有十几年，目前还处于“新兴+转轨”的阶段，市场机制的形成和作用机理的磨合都处在初级阶段，市场稳定与市场调节离有效性的要求还有较大的距离。

（2）市场运行环境的急剧变化，影响了市场稳定与调节机制作用的发挥。我国证券市场设立和运作十多年来，也是我国经济体制、经济增长方式、经济结构急剧变化的十几年。这些变化都对我国证券市场的运行产生了直接的或间接的、重大的或细微的、短期的或长期的影响，从而使得我国证券市场自身脆弱的稳定与调节机制更难以发挥作用。

（3）我国深沪股市上市公司的质量总体不高，影响了市场稳定和自身的有效调节。我国较多的上市公司是直接由国有企业改制上市的，其中，一些公司存在较为突出的公司治理问题。我国较多上市公司经营不稳定，公司业绩大起大落，分配方式和分红水平变化无常，对个股股价短期波动产生了很大的影响。

（4）一些市场参与者运作不规范，加剧了市场运行的不稳定性。一些上市公司存在着业绩造假、信息披露不规范的问题；一些大股东存在着控制上市公司和损害上市公司利益的问题；一些上市公司高管存在着内幕信息披露和违规买卖本公司股票的问题；一些市场主力投资者存在着操纵市场、利益输送的问题；一些证券公司的咨询机构或从业人员存在着信息不隔离的问题。这些问题的存在都影响了我国证券市场运行的稳定性和市场调节的有效性。

（5）市场缺乏稳定的、长期的投资力量。过去十多年，我国证券市场基本上是一个以中小投资者为主的“散户”市场，市场“羊群效应”明显，许多投资者追涨杀跌，快进快出。近年来，机构投资者发展迅速，其中，开放式基金的投资份额已占到深沪股市流通市值的30%左右。但是，我国开放式基金的申购者绝大多数仍是中小投资者，其资金来源主要为趋利性很强的储蓄资金。股市上涨时大量资金申购基金，入市资金大量增加推动了股市上涨；股市下跌时大量基金份额被赎回，大量资金抽离股市加剧了股市下跌。

（6）股改后限售期满股份减持增加了市场的不稳定性。过去我国股市是一个股权分置市场，未来我国股市是一个股份全流通市场，目前处于股权分置市场向股份全流通市场的过渡和转变之中，限售期满股份日益增加，其中，减持多少、什么时候减持，存在较大的不确定性，影响了投资者的预期。这种状况只有到了限售期满股份该减持已减持完了、不想减持的可能在未来相当长时间内也不会轻易减持的时候，才会形成新的市场平衡。

12.6.3 建立和完善有效的自我稳定与调节机制的基本思路

为促进我国证券市场健康发展，加快我国证券市场市场化建设，有必要强化我国证券市场的稳定机制，优化我国证券市场的调节机制。

（1）营造良好的市场运行环境。证券市场不是一个独立性市场，而是一个环境高度约束性市场，证券市场的稳定发展有赖于良好的市场运行环境的营造。市场运行环境从制度层面上讲，包括法制环境和政策环境；从经济层面上看，包括金融货币环境、财税环境、宏观经济运行环境；从社会层面上看，包括社会信用环境、职业道德环境和行为规范环境。所谓营造良好的市场环境，就应该动员、组织全社会的力量，使我国上述制度环境、经济环境、社会环境逐步地实现全面的优化。例如，提高制度的稳定性和连续性，提高宏观经济运行的稳定性，增强社会信用和守法意识，都有利于我国证券市场的健康、稳定发展。

（2）建立供需平衡的市场机制。市场供需在静态上和动态上的失衡是股市运行不稳定的重要原因之一。我国股市波动剧烈和频繁，既与我国股市缺乏足够的、长期的、稳定的投资资金有关，也与上市公司的融资需求变化很大有关。如何根据市场的有效投资需求平衡上市公司的融资需求，是建立股市供需平衡市场机制的立足点。随着公司直接融资需求的扩大、“大、小非”的减持，我国股市迫切需要建立一支日益庞大的长期投资队伍，引导更多的长期、稳定投资资金入市。与此同时，管理层要根据市场供需关系的变化，调整上市公司 IPO 的节奏，规范上市公司再融资的行为。

（3）提高上市公司质量。上市公司质量不高，是引发个股价格巨幅波动和投资风险的根源，有可能助长投资者的短期投资行为和实力投资者的市场操纵行为，从而增加市场的不稳定性。因此，提高上市公司质量是增强市场运行稳定性的微观基础。衡量上市公司质量不是简单的经营业绩指标，它还包括上市公司治理质量、规范运作质量、信息披露质量、资产状况质量等更为丰富的内涵。提高上市公司质量，就是要求上市公司治理优化，运作规范，信息披露充分体现真实性、全面性、及时性的要求，公司经营要有核心竞争力、成长性，公司在处理与大股东的关系中要确保中小投资者的权益不受损害，公司分配要与业绩挂钩并以派息为主。

（4）确保市场规范运作。证券市场是一个参与方众多、利益博弈剧烈的市场，任何一个方面的参与方的行为不规范，都可能影响市场运行的稳定性。加强市场制度建设以规范市场行为、增强市场各参与方的行为自律、严格市场监管控制或避免市场不规范行为发生，是增强市场稳定性的根本保障。海外成熟市场运作的经验表明，市场规范运作的程度既取决于市场制度优化和证监会、交易所及其他监管组织的监管，更取决于上市公司、证券公司等中介机构、投资者和其他参与方的行为自律。如何有效监管和完全自律，是确保市场规范运作的根本举措。

（5）规范限售期满股份减持行为。调查表明，股改后二级市场投资者最关心的是：在什么时候、有多少股份限售期满？已经限售期满的股份，减持了多少还有多少没有减持？没有减持的限售期满股份未来是否打算减持？其中打算减持的是那些股东？在什么价位以上打算减持？在什么价位以下不考虑减持？在什么情况下（如重大信息披露后等）可以减持？在什么情况下（如重大信息披露前等）不能减持？用什么方式减持？大量的限售期满股份减持后是否会影响上市公司的治理结构？是否会影响上市公司治理优化？如有影响大股东和上市公司如何应对？……等等这些问题或这些问题的处理，不仅要有明确的制度规定或承诺，而且要有充分的、及时的信息披露，还要有系统的监管措施。

（6）优化市场调控手段，合理控制市场波动范围。证券市场是一个波动的市场，适度波动是市场的活力所在，与市场稳定性的要求并不矛盾。然而，市场短期、中期、长期暴涨暴跌、大起大落，影响的不仅仅是市场的稳定性，还会影响市场的健康发展。多年来，我国建立了涨跌停板、停牌制度，强化了信息披露监管，控制了深沪市场个股和市场的短期波动幅度。但是，我国深沪市场的中期、长期的波动幅度仍然很大，波动频率仍然很高，市场运行的稳定性较差。如何合理控制市场波动范围，以降低市场风险，增强投资者的信心，引导投资者长期投资的理念，是强化我国证券市场稳定机制的现实需要。海外成熟市场运行的经验表明：尽管证券市场是一个高度市场化的市场，自身市场机制作用的发挥仍有失灵的时候，此时运用市场手段甚至行政手段调控市场可能都是必要的、有效的。在什么时候调控市场？用什么手段调控市场？如何确定市场调控的力度？如何判断市场调控的效果？是衡量市场调控能力的基本体现。

12.7 优化资本市场大、小额融资结构

所谓资本市场大、小额融资结构，是指上市公司不同融资规模的构成。由于大企业融资规模一般较大，中小企业融资规模一般较小，资本市场大、小额融资结构可表现为大企业与中小企业的融资结构。资本市场的融资资源通常是有限的，在融资资源有限和上市公司都具备融资条件的情况下，是把 100 亿元资金融给一个大型企业还是融给 20 家或 50 家符合条件的中小企业？或者在这 100 亿元融资额中，一家大企业和 20 家中小企业各配置多少融资额？这是资本市场大、小额融资结构如何优化的问题。

衡量资本市场大、小额融资结构优化的标准，不是大企业融资家数与中小企业融资家数的比例，也不是大企业融资额与中小企业融资额的比例，而是资本市场融资总体效益的最大化。从融资资源配置来讲，怎样才能实现资本市场融资总体效益的最大化？是一个莫衷一是的问题。但是，以下几个方面足以说明中小企业融资是有利于资本市场融资总体效益最大化的：

一是中小企业融资的社会效益相对较大。大企业大规模融资属于市场资源的集中配置，资源集中配置的受益主体可能是一个地区或一个行业的一个企业。一家大企业这种大规模融资产生的经济效益可能与几十家中小企业等量融资所产生的总体经济效益相当，或前者有可能超过后者。中小企业小规模融资属于市场资源的分散配置，资源分散配置的受益主体可能是多个地区或多个行业的几十家企业。在大企业与中小企业融资经济效益相当的情况下，多个地区、多个行业的几十家中小企业融资的社会效益肯定大于一个地区、一个行业的一个企业融资的社会效益。因为大企业大规模融资受益的是一个企业、一个地区、一个行业，等量的融资额融给几十家中小企业，受益的主体是多个地区、多个行业、几十家企业。把资金大规模融给一家大企业，激励的是个别地区、少数企业和少数企业家；把资金小规模分别融给几十家中小企业，激励的是多数地区、多数企业和多数企业家。

二是中小企业融资的边际效用相对较高。企业融资边际效用的高低由企业资金的短缺性、融资方式的替代性等决定。企业资金越短缺、融资方式越不可替代，其融资满足的边际效用越高；反之越低。中小企业资金短缺是一个普遍问题，中小企业融资难是一个世界性难题，中小企业融资需求难以满足并且融资方式替代性较差，因此，中小企业融资的边际效用相对较高。而大企业资金相对比较充裕，融资主要是基于“壮大式发展”的需要，没有这种融资对企业生存影响不大，并且大企业融资方式的替代性较好。因此，大企业融资的边际效用相对于中小企业要低。

三是中小企业融资的市场效益相对较好。主要表现在：大企业大规模融资给市场和投资者提供的是少数的、单一的投资机会，在市场低迷时，一只大盘股发行、上市还可能对市场造成较大冲击。而几十家中小企业小规模融资给市场和投资者提供了较多的、差异化的投资机会，在市场低迷时，多只小盘股集中发行、上市对市场冲击相对较小。因此，在融资资源一定的前提下，几十家中小企业融资的市场效益好于一家大企业融资的市场效益。

尽管在资本市场中，中小企业融资的社会效益、边际效用和市场效益优于大企业，但是我们并不认为中小企业融资可以替代大企业融资。我们只是想强调的是，在市场能够满足大企业几十亿或上百亿元融资需求的情况下，应该注重更多中小企业的融资需求，应该让更多中小企业发行上市。这是我们优化资本市场融资结构、促进融资总体效益最大化的关键所在。

12.8 抓住机遇，大力发展我国资本市场[①]

目前，我国资本市场面临着难得的发展机遇：股权分置改革基本完成之后，长期困扰我国资本市场发展的根本性制度问题基本得到解决，为我国资本市场长期健康、规范发展奠定了基础，上市公司、大股东、投资者等市场各方参与市场的积极性空前高涨。我国社会政治稳定、经济快速发展、人民币升值与流动性过剩、低利率并存等，都有利于直接或间接地增强股市的吸引力，从而有利于资本市场发展，我国股票市场迎来了前所未有的交投旺盛的局面。

2002～2005年，我国资本市场逢发行新股或上市公司再融资，投资者往往视为利空，市场往往作出调整的反应，我国资本市场发展因此多年受阻。2006年下半年以来，投资者对上市公司发行新股或再融资普遍持欢迎态度，市场对上市公司IPO或再融资普遍作出正面的反应。2006年5月我国资本市场恢复融资功能以来，先后有100多家上市公司通过深沪市场实现了IPO，深沪市场有数十家上市公司实现了再融资，累计融资金额超过3000亿元，比过去4年融资金额的总和还要多。可见，我国资本市场的融资功能已十分强劲，我国已具备扩大市场规模、壮大市场实力、增强市场能力的有利条件。

我们应当清醒地看到，尽管2006年以来我国资本市场规模在急剧扩大，但是我国的资本市场还是一个小规模的市场。与成熟市场国家或地区相比，我国资本市场的上市公司家数、股票市值的规模还比较少，社会资产证券化还很低，股票市值占GDP的比重还不高，资本市场在整个国民经济中的作用还不大。国民经济发展对我国资本市场发展还有着巨大的需求，我国资本市场发展还有着巨大的空间。

充分利用目前有利的市场环境，抓住目前难得的市场机遇，做优、做强、做大我国资本市场，意义十分重大。可以进一步发挥资本市场对国民经济发展的支持作用；可以显著提高我国资本市场的投融资功能，满足更多的企业上市需求和融资需

① 2007年报送的研究简报。

求，满足更多投资者的投资需求；可以平衡市场供求关系，缓和市场波动。

在目前市场需求旺盛的情况下，有效增加市场供给是现阶段我国发展资本市场的一条有效途径。按照供给层次，目前可以推进我国资本市场多层次全面发展。主板市场方面，应加快大型国有企业的改制上市和 H 股、红筹股回归；已上市的公司，具备整体上市、资产注入、定向增发条件的，应加快审批和市场运作节奏。中小企业板方面，我国上市资源极为丰富，市场承接能力很强，应加快发展壮大，必要时可实行分组与集中审批相结合、捆绑发行与集中上市相结合的方式，加快中小企业板发行上市进程。创业板方面，满足不同企业的融资需求和不同投资者的投资需求，是多层次资本市场建设的目标，也是海外成熟市场运作的成功经验。我国自2000 年提出设立创业板以来，社会各界对创业板市场的认识在很多方面已取得共识，管理层和交易所为此作了大量准备。更为主要的是，我国拥有大量的创业板上市资源，中小企业板的成功运作为创业板设立与运作积累了经验。因此，尽快推出创业板，不仅可以改变目前我国资本市场单一层次的状况，而且对于促进我国中小企业、民营企业、科技型企业、创新型企业的发展，引导民间实业投资、分散资本市场集中投资等，都具有现实意义。

发展资本市场，不是一个简单的市场扩容问题。在确保市场公开、公平、公正的原则下，全面提高上市公司质量，加强和优化市场监管，促进市场平稳运行，才是发展我国资本市场的本质要求。越是市场旺盛的时候，大股东、上市公司及其高管越要规范运作，证券公司、基金公司和其他市场参与方越要自律，投资者越要理性。只有这样，我国资本市场才能走上规范、持续、健康发展之路，我国资本市场才能在发展的进程中显示出更强的生命力。

（1）上半年以来，深沪股市出现大幅度上涨，绩差股更是普遍出现翻番的走势，深沪股市市盈率高达 40 倍，高于成熟市场一倍以上。市场交投极为活跃，有的股票换手率一天就高达 10%，市场投机气氛浓厚。基于控制市场风险、引导投资者的理性投资、促进市场健康发展的考虑，管理层采取了一些直接或间接针对股市的调控措施。其中，将交易印花税从 1‰恢复到过去的 3‰对市场短期走势影响较大，社会各界对此存在不同的看法。客观来讲，即使管理层不出台调整印花税的政策，市场也会产生自身调整的要求。如果说调整印花税助长了市场短期风险，不如说调整印花税更有利于降低市场长期的、更大的风险。

（2）证券市场是市场化运作程度很高的市场，从理论上来讲，管理层要力求减少对证券市场的调控；管理层万不得已要调控市场，也应采取市场化手段，避免使用行政化手段。然而，市场既有机制失灵的时候，也有非理性的时候。在市场机制失灵和非理性的时候，正常的市场监管可能无助于市场问题的解决，无助于市场风险的防范与控制。此时，管理层辅之一些调控性措施，抑制市场过度波动和投机，引导市场规范、健康、长期、稳定发展，既是市场监管的必要体现，也是市场发展的必然要求。即使是市场化运作程度很高的成熟市场，也有过政府在必要时调控股市的先例。

（3）股权分置改革基本完成之后，我国资本市场运作机制、市场结构和市场主体行为发生了一系列根本性变化。与此同时，随着我国资本市场的对外开放，我国资本市场运行环境也发生了重大变化。我国资本市场监管面临着一系列新情况、新问题，市场监管的形势更加复杂化，市场监管的任务更加繁重。为之需要有新的监管思路、新的监管方式、新的监管目标。一是在加强和优化上市公司监管的同时，要扩大监管范围，将大股东、上市公司高管和相关利益者纳入直接监管的视野；二是在加强和优化上市公司信息披露监管、内幕交易监管、市场操纵监管的同时，要扩大监管内容，将大股东、上市公司高管股票交易监管纳入监管的重点；三是在坚持依法监管、从严监管的同时，要创新监管方式，努力提高监管的针对性、及时性、有效性，进一步发挥监管对市场规范、健康发展的支持保障作用。

12.9 优化资本市场融资用途结构[①]

资源配置是资本市场的核心功能。资本市场资源配置有多种实现方式，融资是资本市场资源配置最集中、最有效的体现。从某个角度来讲，资本市场资源配置问题就是融资结构问题，优化资源配置就是优化融资结构。

资本市场融资结构有多种表现形式，如 IPO 融资与再融资结构、大小额融资结构、上市公司融资结构、行业融资结构、融资用途结构等。在这些融资结构中，最能体现资本市场资源配置是否优化的是融资用途结构。融资用途结构是指市场融资的用途构成。例如，银行类上市公司融资用于充实资本金和降低负债率，房地产类上市公司融资用于房地产项目开发，商业类上市公司融资用于建设营业场所，工业类上市公司融资用于建设厂房和购置安装生产设备等。资本市场这些不同用途的融

① 来源于《证券市场导报》，2009 年 11 月号卷首语。

资就形成了融资用途结构。

市场融资用途结构能否主动优化，与发行制度有关。在注册制发行制度下，市场机制发挥了资源配置的主要作用，融资结构是市场选择的结果。市场选择条件下形成的融资结构很难人为地优化，除非改变市场作用机制。在核准制发行制度下，行政机制发挥了资源配置的实际作用，融资结构是行政审批的结果。行政审批条件下形成的融资结构能主动优化。因此，我们讨论市场融资结构优化，主要是基于核准制发行制度这个前提条件。当然，主动优化市场融资结构不能违背市场机制的作用机理，而是对市场失灵的有益补充或纠正。我国目前实行核准制发行制度，监管机构在发挥市场机制配置资源的基础性作用的前提下，在优化市场融资结构方面是可为的。

一是实体经济融资优先。资本市场如同银行、保险业一样，是虚拟经济的重要组成部分，是虚拟经济赖以生存的前提和发展的基础。因此，资本市场融资的主要对象是实体经济的企业，而不是银行、证券、保险类上市公司。资本市场融资产品主要是上市公司的股票或债券，而不是权证、股指期货等衍生产品。如果资本市场长期出现银行、证券、保险类上市公司融资在总量上或结构比上超过实体经济企业，衍生产品融资超过股票、债券融资，就说明资本市场的资源配置有问题，就违背了发展资本市场的初衷。

二是产业优化升级融资优先。资本市场具有引导投资的功能。资本市场能否发挥支持国民经济发展的重大作用，主要看其资源配置能否体现国家产业政策和调控目标的要求。从资源优化配置来讲，资本市场融资要有利于产业结构调整、优化和产业升级，有利于国民经济瓶颈产业发展，有利于资源节约型、环境友好型产业发展。对于那些产能过剩项目、重复建设项目、浪费资源项目、破坏环境项目，即使其投资回报率可能较高，融资审批机构对这类项目的融资也要严加限制。对于那些与产业结构调整、优化、升级关系不大的项目，例如，房地产开发项目的融资，在市场融资资源有限的前提下也要严格控制。

三是技术创新融资优先。我国以投资拉动、资源消耗为主要特征的传统经济增长方式在创造长达30多年的高速增长后，出现了资源消耗过度、环境破坏严重等伴生性问题，并且随着投资市场趋向饱和而难以为继。我国迫切需要转变传统经济增长方式，形成新的经济增长方式。新的经济增长方式应体现可持续、节约资源、优化环境等要求，经济增长的推动力主要来自技术创新，创新型企业在新的经济增长方式中将发挥日益重要的作用。资本市场要优先考虑我国创新型企业的融资需要。建立有利于创新型企业发展的融资制度，提高创新型企业融资效率，满足更多创新型企业的融资要求，是优化我国资本市场融资用途结构的重要方面。

12.10 股份非全流通问题的扩展和转化[①]

中国证券市场在经历了十多年迅速发展之后，多年积累下来的深层次问题开始凸现和放大，并日益制约着中国证券市场的发展。在中国证券市场存在的所有问题中，最引人关注、最难以解决而又最迫切需要解决的问题即股份非全流通问题。所谓股份非全流通问题，是指中国沪深上市公司中有超过60%的国有股、法人股不能流通，只有40%的公众股可以流通，从而出现了世界证券史特有的股份非全流通现象。起初，在制度上设计国有股、法人股不能流通是基于确保上市公司国有或集体控股地位的需要，这与当时中国计划经济体制居主导地位相吻合。随着中国经济体制改革的深入和计划经济体制逐步为市场经济体制所取代，国有股、法人股不能流通现象越来越不适应市场经济体制和证券市场发展的要求，由此产生的一系列问题具有内容扩展性和性质转化性的特点，对中国证券市场的长期发展构成了巨大的制约瓶颈。

12.10.1 股份非全流通导致流通股价值严重高估

由于国有股、法人股不能在股票市场上公开流通，这类股票供需信息严重不对称，需要转让的难以找到理想的买主，有意受让的找不到合适的卖主，其流动性很差。国有股、法人股在总股本中规模较大，占比也较大，其稀有性相对流通股而言较差。国有股、法人股按规定只能在法人之间转受让，且交易数量标的较大，故其交易的便利性也较差。由于这些因素对国有股、法人股价格的影响，其协议转让价格一般都很低，大都是按略高于每股净资产的价格转让的，因此，中国上市公司的国有股、法人股的转让价值普遍被严重低估。

而影响中国上市公司流通股价格的因素正好和上述相反。一是流通股交易信息完全公开，开设证券账户的投资者可在全国任何一家开户的证券营业部即时买卖可流通的股票，股票的流动性很强；二是流通股在总股本中规模较小，占的比例较小，

---

① 来源于《中国金融》，2003年第20期，与林志平合作。

相对国有股、法人股而言，流通股具有稀有性；三是流通股按规定可在个人之间、个人与法人之间、法人与法人之间买卖，且交易数量标的最小可分割成100股，故其交易极为便利。受上述因素的影响，中国沪深上市公司流通股的市场交易价格相对国有股、法人股的转让价格要高得多。据统计，2002年中国沪深股市大幅下跌后流通股票平均市盈率仍高达30多倍，市净率高达4~5倍。而西方成熟证券市场股票的平均市盈率一般在十几倍，这就足以说明中国沪深上市公司流通股的价值被严重高估。值得重视的是，这种现象导致了流通股高溢价发行，流通股高溢价发行造成了流通股股东持股成本高企，流通股股东持股成本高企抑制了流通股价格向下调整的空间，反过来又进一步支撑流通股价值高估，从而促使中国沪深A股市场流通股价格和市盈率长期维持在很高的水平。

12.10.2 流通股价值高估导致流通股高溢价发行

由于获准发行上市的公司已度过高风险期，进入稳定成长期，不管是投资者基于投资回报的预期，还是公司创业者基于直接融资成本的考虑，股票溢价发行都是投融资双方能够共同接受的事项。正因为如此，海内外证券市场几乎所有的新股都采用溢价发行，很少有折价发行情况的出现。但是，新股发行价格成倍高于发行前每股净资产的高溢价发行，是一种不正常的股票发行定价方式，我国流通股高溢价发行就属于这种情况。由于流通股发行是依据市场价格定价的，因此，我国流通股高溢价发行是股份非全流通导致流通股价值严重高估的必然产物。

据统计，海外成熟证券市场股票发行市净率（发行价格与每股净资产的比率，市净率减1即为发行溢价率）平均1~3倍，不少仅按略高于每股净资产的价格发行。而我国沪深证券市场新股（流通股）发行市净率，在二级市场低迷期平均为3~5倍，在二级市场高涨期平均为6~8倍，不少公司流通股发行市净率高达10倍以上。例如，2001年4月23日在上交所发行的用友软件，流通股发行前每股净资产为1.118元，流通股发行价格为36.68元，发行市净率为32.8倍，发行溢价率高达31.8倍。

12.10.3 流通股高溢价发行导致流通股股东资产所有权转移

尽管中国沪深股市流通股发行价格数倍于非流通股，但同一公司的流通股和非流通股却是按照相同的股票面值计算股票资产价值的。结果，高溢价发行的流通股的资产价值被大量地摊薄，转移到非流通股中，非流通股的资产价值在高溢价发行流通股后大幅度提高。并且，这种流通股股东的资产价值转移给非流通股股东以及非流通股股东资产价值的提高，随着流通股发行数量的增加和溢价的提高，愈发严重。

以用友软件为例，发行前的2000年，用友软件净资产8384万元，折股7500万股，每股净资产1.118元。2001年4月23日用友软件以每股36.68元发行了2500万股，扣除发行费用筹集资金8.87亿元。流通股发行后，用友软件总股本增至10000万股，净资产增至9.71亿元，每股净资产平均为9.71元。其中，属于非流通股的净资产为7.28亿元，比流通股发行前增加了6.44亿元，增长了7.68倍。非流通股每股净资产增加了8.59元，也增长了7.68倍。非流通股净资产比流通股发行增加，表面上看是流通股高溢价发行分摊到非流通股头上的结果，实质上是流通股股东资产所有权无偿转移给非流通股股东的结果。

12.10.4 流通股股东资产所有权转移助长了非流通股股东争公司上市而不注重上市公司发展

以用友软件为例，因为发行上市，用友软件非流通股股东8384万元净资产就一夜之间变成了7.28亿元，实现了7.68倍的增值。这种资产增值可能是用友软件未来5年乃至10年仅靠经营业绩累加都难以实现的。因此，与公司发行上市对非流通股股东资产增值的影响相比，公司未来的经营业绩所实现的资产增值几乎可以忽略不计。于是，很多公司及其控股股东全力包装并推动公司上市，上市后促进公司发展的积极性就大为降低，有的非流通股股东还凭借控股地位掏空上市公司。结果，在中国沪深股市上市的公司中，出现了一大批上市后业绩随即大幅度滑坡甚至亏损的公司，给中国证券市场的发展带来了很大冲击。

12.10.5 流通股股东资产所有权转移导致其资产收益权转移

由于中国沪深上市公司是按股本分红派息的，单位流通股本与单位非流通股本享有相同的分红派息权，因此，与流通股股东资产所有权大量无偿转移给非流通股股东相适应，流通股股东资产收益权也大量无偿地向非流通股股东转移。

以用友软件为例，2001年，用友软件每10股派6元（含税）。按股本计算，用友软件7500万非流通股共获得4500万元收益，2500万流通股共获得1500万元收益。按用友软件流通股和非流通股实际每股净资产分摊上述收益，非流通股实际每股净资产1.118元，净资产收益率为53.67%；流通股实际每股净资产35.48元（扣除发行费用），净资产收益率为1.69%，用友软件流通股股东的净资产收益率只相当于非流通股股东净资产收益率的3.14%。换句话说，用友软件非流通股股东净资产收益率是流通股股东净资产收益率的31.75倍。

用友软件这种流通股和非流通股单位净资产收益率的巨大差别，完全是流通股股东资产所有权大量无偿转移给非流通股股东的必然结果。如果用友软件流通股股东的资产不向非流通股股东转移，2001年用友软件向股东分配的6000万元利润就应该在流通股股东8.87亿元净资产和非流通股股东0.8348亿元净资产中平均分配，流通股股东可分配5487万元，非流通股股东只能分配513万元。这意味着，因用友软件流通股股东资产所有权大量无偿转移给非流通股股东，流通股股东应获得的资产收益的72.66%被无偿转移给了非流通股股东，致使非流通股股东资产收益率高于流通股股东资产收益率的30.75倍。

12.11 降价增量：我国股票发行定价制度改革的方向①

在海外成熟证券市场，股票折价、平价、溢价发行都是可供选择的发行定价方式。为了鼓励或吸引投资者购买股票，拟发行股票的公司经常采取折价的方式发行股票，在市场低迷时期尤其如此。但就总体而言，海外证券市场股票发行也主要采用溢价方式，但一般不采用也很难采用高溢价发行的方式。据统计，海外成熟证券市场股票发行市净率（发行价格与每股净资产的比率）平均为1~3倍，不少仅按略高于发行前每股净资产的价格发行。在中国深沪股市，上市公司公开发行公众股（流通股），没有采用折价发行和平价发行的情况，完全采取溢价发行方式。据统计，1991年以来，深沪股市上市公司公开发行的公众股，发行市净率在二级市场低迷期平均为3~5倍，在二级市场高涨期平均为6~8倍，不少公司公众股发行市净率

① 来源于搜狐财经，2004年11月24日。

高达10倍以上。因此，深沪股市公开发行的公众股，在总体上表现为高溢价发行。高溢价发行股票让公司以极小的代价获得了巨额资金，制度化地实现了非流通股东“一夜暴富”，侵占了公众股东（流通股东）的资产所有权和资产收益权，加剧了股权分置和非流通股东对上市公司的股权控制，加重了公众股东的持股成本并造成流通股价格高估，导致流通股投资价值降低并加剧了股票市场风险。可以说，高溢价发行股票有百害而无一利，是我国证券市场发展的严重障碍。因此，改革我国的股票发行定价制度，已成为深沪股市健康、规范、稳定、发展迫切需要解决的重大课题。

我国股票发行定价制度的改革，从发展的角度来讲，要有利于中国证券市场健康规范、长期稳定发展从而有利于促进国民经济发展。从协调均衡市场各方面的关系来讲，要有利于协调均衡上市公司与投资者、上市公司发起人股东与公众股东的关系等市场参与各方的利益关系。从深沪股市的现实来考虑，要有利于从根本上解决高溢价发行流通股所产生的各方面的问题，促进深沪股市筹资功能最大化。因此，我国股票发行定价制度改革的原则可概括为“解决问题、均衡关系、促进发展”十二个字。根据这一原则，我国股票发行定价制度改革的方向可定为“降价增量”，即大幅度降低公众股的发行价格，大幅度提高公众股的发行数量。其中，“降价”是第一位的，是“增量”的前提；“增量”是第二位的，是“降价”的配套措施。“降价”的标准是要将公众股发行价格逐步降至海外成熟证券市场的发行价格水平，“增量”的标准是要将公众股发行数量逐步增至发起人股东无法通过发起人的持股比例绝对控制上市公司的程度。按照“降价增量”的思路，我国股票发行定价制度的改革可望取得以下8个方面的改革效果：

12.11.1 有利于在发行制度上切实保护中小投资者的权益

高溢价发行流通股严重地损害了中小投资者的资产所有权和收益权。以用友软件为例：其流通股东以每股36.68元认购了2500万股流通股，共出资9.17亿元。但摊薄后每股净资产为9.71元，较流通股东认购价格减少了26.97元，下降了73.5%，属于流通股东的净资产为2.43亿元，较流通股股东认购股票出资额减少了6.44亿元，缩水了72.6%。2001年用友软件每10股派6元（含税），按非流通股实际每股持股成本1.118元计算，非流通股东成本收益率为53.67%；按流通股实际持股成本35.48元（扣除发行费用）计算，流通股东成本收益率为1.69%，其应获得的资产收益的72.6%被非流通股东所侵占。一般来讲，流通股发行价格越高，流通股发行价格与非流通股折股价格的差价越大，损害中小投资者的资产所有权和收益权的情况就越严重。只有当流通股发行价格与非流通股折股价格接近时，流通股东的资产所有权才不会或较少被非流通股东所侵占，中小投资者的利益才有可能得到保护。因此，降低流通股发行价格，减少溢价发行流通股对中小投资者资产所有权和收益权的侵害，是保护中小投资者权益和吸引中小投资者投资深沪股市的根本举措。

12.11.2 有利于限制发起人股东通过公众股发行制度性“暴富”

高溢价发行流通股，可以实现发行股票的公司的发起人制度性“一夜暴富”。以用友软件为例：发行前的2000年，属于用友软件非流通股东的净资产只有8384万元，每股净资产仅为1.118元。流通股发行后，用友软件非流通股东8384万元净资产一夜之间就变成了7.28亿元，每股净资产一瞬间就增至9.71元，都实现了7.68倍的增值。这种靠高溢价发行流通股实现发起人资产的巨额增值，有违证券市场公正、公平的原则，严重损害了广大中小投资者的权益，助长了发起人主导上市公司全力推动公司发行上市和再融资的“圈钱”行为，降低了发起人促进上市公司发展的积极性。因此，降低流通股的发行价格，并根据公司的融资需求扩大流通股的发行规模，减少溢价发行造成流通股东资产所有权和收益权向发起人股东无偿转移，可以限制发起人股东通过公众股发行实现制度性“一夜暴富”，从而有利于恢复证券市场应有的公正、公平原则。

12.11.3 有利于限制大股东对上市公司的股权控制

高溢价发行在满足上市公司获得巨额资金的同时，只增加了较少比例的股本，发起人持股比例在上市后仍高达50%以上，许多上市公司并没有因上市而从根本上改变公司的股权结构和治理结构。以用友软件为例：2001年其流通股发行后，总股本为10000万股，非流通股和流通股分别为7500万股和2500万股；净资产为9.71亿元，非流通股东和流通股东分别出资0.8384亿元和8.87亿元（扣除发行费用）。结果是，出资91.3%的流通股东只拥有25%的股份，出资8.65%的非流通股东却拥有75%的股份，用友软件发行上市后，其公司的绝对控制权仍为非流通股东所有。按照《中华人民共和国公司法》的规定，只要这类上市公司的控股股东同意，在其他所有股东或流通股东的一致反对下，股东大会都可以作出合法的决议。只要代表控股股东的董事同意，在代表其他所有股东的董事的一致反对下，这类上市公司的董事会都可以作出合法决议。因此，这类上市公司的控股股东是可以合法操纵和左右股东大会的，代表控股股东的董事是可以合法操纵和左右董事会的，结果是控股股东或代表控股股东的董事完全控制了上市公司。这种状况完全是高溢价发行流通股造成的，并且在筹资额不变的前提下，流通股发行价越高，非流通股东对上市公司的股权控制程度越高，反之越低。例如，在筹资额不变的前提下，用友软件不是按每股 36.68 元发行 2500 万股，而是按每股 4.585 元发行 20000 万股，则出资 91.3% 的流通股东可拥有 72.7% 的股份，出资 8.65% 的非流通股东只能拥有 27.3% 的股份，用友软件发行上市后其公司的绝对控制权为流通股东所有，其公司治理结构因发行上市而发生根本性改变。

12.11.4 有利于股权分置问题的最终解决

中国证券市场出现了严重的股权分置问题：一是国有股、法人股不能流通，限制了国有股、法人股股东股价收益权的实现，制约了上市公司治理的优化；二是持股成本数倍高于国有股、法人股东的流通股东却和国有股、法人股东拥有相同的单位股本收益权，造成流通股东单位资产收益权远远低于国有股、法人股东的单位资产收益权。上述股权分置的问题都是高溢价发行流通股造成的，并且流通股发行价格越高，解决股权分置的难度越大。例如，用友软件流通股东持股成本是非流通股东持股成本的 32.8 倍，流通股东单位资产收益权只相当于非流通股东的单位资产收益权的 3.14%，用友软件的流通股东无论如何也不会接受其非流通股上市流通这个事实的。反之，如用友软件不是按每股 36.68 元发行 2500 万股，而是按每股 4.585 元发行 20000 万股，用友软件非流通股不是占总股本的 75% 而是占 27.3%，流通股东持股成本不是非流通股东持股成本的 32.8 倍而是 4.1 倍，流通股东单位资产收益权不是相当于非流通股东的单位资产收益权的 3.14% 而是 24.4%，用友软件的流通股东在一定的条件下是可以接受其非流通股上市流通的，并且较少比例非流通股上市流通对证券市场的冲击也不大。股份全流通、单位股本收益权与单位资产收益权趋向一致，是海外成熟证券市场的重要标志，也是中国证券市场解决股权分置问题的方向，其前提是降低公众股高溢价发行。

12.11.5 有利于提升股票市场的融资功能

筹资功能优化和最大化是衡量股票市场发展的基本标志。尽管深沪股市发展较快，但相对于市场融资需求和市场潜在的投资能力而言，深沪股市的融资功能发挥得还远远不够。从深沪股市的地位来看，中国深沪证券股市运作15年来，累计融资1万亿元左右，而中国企业和居民银行存款余额已高达20万亿元，其中，居民储蓄余额高达15万亿元，深沪股市融资额不到企业和居民银行存款余额的5%，不到居民银行储蓄余额的7%。2001年以来，深沪股市直接融资额占同期间接融资额的比例不到4%。从深沪股市融资状况来看，1991年以来已多次出现停止发行新股、停止配股的情况。已多次出现一旦市场发行节奏加快或发行股本增加，投资者就作出利空反应最后迫使管理层放慢发行节奏的现象，从而使许多上市公司不能按时筹集到企业发展所需要的资金。造成深沪股市融资功能不畅的原因是多方面的，但主要的、长期的因素则是流通股高溢价少规模发行。高溢价少规模发行流通股无助于上市公司股权结构和治理结构的优化，损害了中小投资者的权益，造成投资者的认购风险和券商的承销风险，并进而引发市场风险，从而减少了深沪股市的投资机会，增加了投资、投机风险。因此，只有降低发行价格，才有可能重新吸引投资者参与，才有可能重新激发深沪股市应有的融资功能。

12.11.6 有利于提高公众股的投资价值

深沪股市高溢价发行流通股造成流通股东持股成本和流通股价格居高不下，造成流通股东的资产所有权和收益权被大量无偿转移到了非流通股东头上，使单位流通股资产价值相对于流通股发行价格而言大幅度缩水，使流通股价格远远高于股票内含的资产价值，从而使流通股的投资价值大幅度降低。降低发行价格则有助于全面提高公众股的投资价值。以用友软件为例，流通股东资产所有权转移给非流通股东后，其流通股每股净资产为9.71元，如用友软件流通股价格为80元，市净率为8.24倍；如流通股东资产所有权不转移给非流通股东，则扣除发行费用后用友软件流通股每股净资产为35.48元，据此计算的市净率为2.25倍。用友软件发行前8384万元净资产在流通股发行后只能折股约230万股，流通股发行后的R公司总股本不是 10000 万股，而是 2730 万股。按照用友软件 2001 年实现净利润 7040 万元计算，当年其每股收益不是公布的 0.7 元，而是 2.58 元。如用友软件流通股价格为 80 元，其市盈率不是 114 倍，而是 31 倍。可见，高溢价发行流通股并且流通股东资产所有权和资产收益权被大量无偿转移给非流通股东后，其流通股已失去应有的投资价值。只有大幅度降低流通股的发行价格并通过发行更多的流通股抑制流通股的市场价格，大幅度缩小流通股东与非流通股东持股成本的差距，才有可能提高公众股的投资价值，深沪股市市盈率才有可能最终降至海外成熟市场的水平。

12.11.7 有利于降低股票市场风险

高溢价发行流通股产生了多方面的市场风险：一是认购风险。投资者按较高的发行价认购流通股，上市流通后即跌破发行价，引发了投资者认购流通股的风险，挫伤了投资者认购股票的积极性。2002 年以来，深沪股市新股上市或增发配股上市跌破发行价已屡见不鲜，投资者因认购高溢价发行的股票蒙受较大的损失。二是股票承销风险。在沪深股市，因流通股高溢价发行造成发不出去而由承销商包销的现象时常出现，加剧了券商的承销风险并由此引发券商的经营风险。例如，2004 年一些券商就因包上市公司高溢价发行的股票，不仅被迫成为上市公司的最大流通股股东，而且动用了数额巨大的资本金，还承受着包销的流通股跌破发行价的巨大损失。三是高溢价发行造成流通股东持股成本偏高，通过上市公司分红派息获取投资回报偏低，从而导致流通股价格居高不下，迫使流通股在二级市场只能在更高的价位空间炒作，这种水涨船高的效应使二级市场面临着极大的风险。使投资者只能短期投机，不能长期投资，增加了市场投机成分，从而抑制了证券市场的健康规范发展。降低发行价格有利于降低投资者的持股成本，降低投资者的认购风险和券商的承销风险。降低发行价格，扩大发行股本，有利于抑制流通股的市场价格，降低二级市场风险，从而有利于深沪股市长期健康发展。

12.11.8 有利于抑制市场操纵

市场操纵是证券市场健康规范发展的主要障碍。深沪股市运作 10 多年来，一直存在着市场操纵的现象，市场操作的股票无一例外地最初都是流通股本较少的中小盘股。例如，深交所上市的亿安科技、康达尔、湘火炬、合金股份和上交所上市的新疆屯河、徐工科技等曾经被市场操纵并最终崩盘的股票，最初都是流通股本较少的股票。与此相反，最初流通股本规模较大的大盘股，如上海石化、中国联通、南方航空、招商银行等，则很少成为市场操纵的主体。因此，高溢价、小股本发行流通股，增加了市场操纵的机会。相反，降低发行价格，扩大发行股本，提高流通股在总股本中的比重，则有利于抑制市场操纵，降低市场操纵引发的市场风险。

"降价增量"发行公众股可望取得上述多方面的、积极的、重大的改革效果，因此，它应成为我国股票发行定价制度改革的方向。

12.12 资本市场是把"双刃剑"①

怎样看待资本市场的投资与投机、收益与风险？怎样判断资本市场对国民经济发展的影响？如何认识资本市场的有与无？"资本市场是把双刃剑"，深交所前理事长陈东征的这一判断，可谓一语中的。

投资与投机。一方面，资本市场是一个投资乐园。资本市场有许多不同类别的投资产品，可以满足不同风险偏好投资者的投资需要，只要投资者熟悉投资产品、了解交易规划、洞察波动真谛、坚持理性投资、奉行价值投资、克服贪婪与恐惧、不为市场短期波动所动，资本市场的投资机会可谓无处不在、无时不有。另一方面，资本市场既是投机天堂，也是投机地狱。投机是资本市场的本质特征之一，一些投资者一定时期的投机行为和非理性行为，会进一步加剧资本市场的投机性。因此，资本市场有时会出现非理性的价格波动，一些投资价值归零或为负的交易产品可能表现出时间上的投机价值，一些所谓成长性股票的市场估值可能透支了未来许多年。投资者参与这些投机性产品的炒作，一旦踩错了节奏，就可能血本无归。

收益与风险。资本市场是一个价格频繁波动、大幅波动的市场，因而是一个高收益、高风险的市场。从收益上看，资本市场有时或经常出现股价涨幅一天高达10%、一个月超过50%、一年高达100%以上的现象，一些投资者因此可能获得巨大的投资收益，资本市场创造了许多纸上暴富的神话。然而，资本市场的高收益、高风险是不

① 来源于《证券市场导报》，2008年11号卷首语。

对称的，在一部分投资者获得巨额收益的同时，另一部分投资者可能出现了巨额亏损。一些投资者在某一时期可能赢利丰厚，在另一时期可能亏损巨大。较多投资者的投资风险，有可能转化为整个资本市场的系统性风险，甚至可能演变为全局性金融危机和经济危机，从而影响社会的稳定。

促进与阻碍。从长期来看，资本市场对国民经济发展的支持、服务与促进作用是无需质疑的。资本市场构建了直接的投融资平台，为众多的上市公司募集了大量的长期发展的资本金，为大量的投资者提供了丰富多彩的股权投资机会，实现了社会投融资需求的有机结合。资本市场形成了市场化的资源优化配置功能，为一部分具有产品、技术、市场优势的企业做优、做强、做大创造了有利的市场条件，促进了相关产业升级和结构优化。资本市场为创业资本提供了有效的退出机制，形成了巨大的市场示范和导向作用，有利于国家创新战略目标的实现。但是，有时资本市场的暴涨、暴跌也会影响国民经济的稳定发展，甚至加剧国民经济阶段性运行的虚假繁荣或衰退，有时政府还不得不动用其他资源来拯救资本市场的短期危机。2008年美国曾动用7000亿美元救市就是例证。

有与无。即使是成熟资本市场，也存在着许多数不清的问题。从宏观层面来看，资本市场危机可能导致金融危机甚至经济危机；从市场层面来看，内幕交易、市场操纵、利益输送、虚假陈述等影响市场“三公”原则的现象屡禁不止，在新兴市场表现得尤为明显；从投资者层面来看，总有较多的投资者出现了不同程度的投资亏损，其中，不少投资者的投资亏损就是由于其他市场主体违法违规行为所致。一些人由此对资本市场失去了信心，甚至怀疑资本市场存在的合理性。然而，一个国家特别是一个大国，没有资本市场风险更大：居民结余资金和企业融资仅仅依靠银行存贷会加剧银行风险，银行不对企业提供融资会加剧创业、创业企业和整个实体经济发展的风险。本国没有资本市场而别的国家有资本市场，本国会失去资产定价权，会导致本国上市资源外流的风险，甚至会引发本国经济安全的风险。

以上分析表明：资本市场是一个对立统一的矛盾体，对资本市场的看法要一分为二。只要看清弄明了“资本市场是把双刃剑”的双重特征和丰富内涵，我们就不难得出，资本市场不是一个可有可无的问题，而是一个如何规范、健康、稳定发展的问题。

12.13 2000点不应成为市场发展的压力[①]

在讨论中国股市时，一些人常用上证综合指数的走势来说明中国股市的走势，用上证综合指数的点位来说明中国股市的点位。例如，当2011年上证综合指数跌破2245点的时候，有人得出了中国股市“十年涨幅归零”的结论。当美国道·琼斯指数涨幅超过2008年金融危机前并创历史新高时，有人则对同期处于2000点左右的上证综合指数大做文章，说其点位只相当于2008年金融危机前最高点位的1/3。当美国经济仍处于金融危机后缓慢复苏阶段、美国GDP增长率只有2%左右而道·琼斯指数创新高时，有人则拿中国经济长期高速增长而上证综合指数近5年来屡创新低大加诟病，说中国股市不反映中国经济高速增长的运行状况。

或许囿于这些言论，管理层放慢或暂停了上市公司IPO和再融资。可是，上证综合指数的走势仍不尽人意，至今仍在2000点左右徘徊，市场的投融资功能严重受损。究竟怎样看待当前的中国股市，这已不是一个简单的对市场如何研判的问题，也不是单一的对市场如何认识的问题，而是涉及市场投资、市场监管、市场发展等重大前置性问题。

第一，目前上证综合指数2000点的指标意义和所代表的市场规模与2001年或2008年不具有可比性。

2001年6月上证综合指数最高2245点时，其对应的沪深股市上市公司为1160家，流通市值为1.5万亿元左右。而2013年上证综合指数2200多点时，所对应的沪深股市上市公司为2500多家，流通市值为18万多亿元，分别是2001年同类指标的2.24倍和12倍。2007年上证综合指数最高6124点时，其对应的沪深股市上市公司为1550家，流通市值为9万亿元左右。而2014年3月上证综合指数2000点时，其对应的上市公司家数和股票流通市值分别相当于2007年同类指标的1.64倍和2.1倍。

更为重要的是，目前沪深股市是一个全流通市场，流通市值占总市值的比重高达80%以上。而2001年和2007年，沪深股市还是一个以非流通股为主的市场，流通股占总市值的比重为30%左右，而非流通股占总市值的比重高达70%左右。一般来说，市值规模较小、流通市值比重偏低的市场，股价指数波动幅度大，涨跌较为

① 2014年报送的研究简报。

容易，但相应的股价指数代表性较差。市值规模较大、流通市值比重较高的市场，股价指数波动幅度相对较小，大涨大跌的可能性大为降低，但相应的股价指数代表性较好。2009 年以来，尽管上证综合指数在所谓的“箱底”运行，但是确是 20 多年来上证综合指数波动最为平稳的时期。既然目前的上证综合指数点位与非全流通市场的上证综合指数点位不具有真正意义上的可比性，那么就很难用过去上证综合指数的点位来判断目前上证综合指数点位的高低。

第二，用上证综合指数和点位来说明中国股市的走势和点位，与中国股市的目前的实际状况不尽相符。

一是中国股市已不是单一的主板市场，而是包括中小板、创业板在内的多层次市场。在所谓的上证综合指数“十年涨幅归零”的同时，中小板 2004 年 6 月开板，中小板指数从 1000 点最高涨至 2010 年的 7400 多点，至今仍有 4700 多点，中小板指数 10 年涨了近 4 倍，年均涨幅高达 20%，超过同期中国 GDP 的年均增长率。创业板 2009 年 10 月开板，创业板指数从 1000 点最高涨至 2014 年 2 月的 1500 多点，至今仍有 1400 多点，创业板指数 4 年多累计涨了 40% 以上。因此，10 年来，中国股市呈现出多样化的走势。同期，美国股市的走势也大致如此，在道·琼斯指数屡创新高时，纳斯达克指数至今的点位只相当于 2000 年最高点位的 80% 左右。

二是综合指数是一个平均指数，它掩盖了众多个股股价分化的事实。2008 年以来，沪深股市许多生物、医药、环保、信息行业的个股都走出了屡创新高的行情，不少个股股价已超过上证综合指数 6100 多点的价位，但这种不少个股股价创出新高的事实被上证综合指数的“平均性”掩盖了。

第三，尽管上证综合指数自 2009 年以来在所谓的“箱底”运行，但却是现阶段中国股市主板运行的正常反应。

首先，2007 年上证综合指数上升到 6000 点是市场运行到一个特定阶段的不正常反映。当时，许多大型国有上市公司的流通股本很少，当时的股价仅是这些“很少流通股本”的价值反映。而上证综合指数是按总股本计算的，它把“很多非流通股本”的价值视同“很少流通股本”的价值。因此，当时上证综合指数的点位包含很多“水份”，市盈率高达 50 多倍。而 2014 年上海股市总股本主要为流通股本，上证综合指数的点位主要体现的是“很多流通股本”的价值，在总体上几乎没有“水份”，市盈率仅为 10 倍左右。

其次，沪深股市主板市场集结了大量的传统行业、周期性行业的大型国有上市公司。这些上市公司在中国转变经济增长方式的过程中，业绩的周期性波动较为明显，从而压抑了主板指数的走势。从这个意义上讲，在中国经济增长方式未能有效转变之前，压抑中国主板指数走势的因素将继续存在并有可能进一步强化，中国主板指数的点位和走势可能正是中国经济运行状况的一种正常反应。

最后，中国主板市场已成为一个“大市场”，而投资于主板的资金主要还是“小资金”，中国股市目前存在着十分突出的“大市场”与“小资金”的矛盾，小资金已越来越难以支撑日益增大的市场发展的需求，最终只能以股价下跌、估值下降来强制市场低位“平衡”。在以中小投资者为主的投资者结构和以分散的小资金为主的资金结构未能得到改变之前，指望中国主板市场指数大幅度上升的可能性不大。

第四，我们应当历史地、客观地、辩证地、理性地看待和对待当前中国股市，对市场调控应避免“一刀切”，对具备较好发展条件和发展空间的市场，如中小板、创业板应顺其正常发展。对于我国多层次资本市场而言，上证综合指数2000点可能不是市场发展的压力，而是新阶段市场发展、结构优化的新契机。

以上分析表明，我们既不能用中国主板指数过去的高点位来判断现在的点位就一定是低点位，也不能用道·琼斯指数创新高来判断中国目前的股市就一定低迷，更不能用主板指数走势来说明整个中国股市的走势。

我们应当历史地、客观地、辩证地看待中国股市，理性地对待中国股市。我们并不否认多年来中国主板股市和许多个股缺乏投资“赚钱效应”，但是我们也应该看到同期中小板、创业板市场表现较为活跃，体现中国经济增长方式转变路径的生物、医药、环保、信息行业的个股较多具有较好的投资价值。

我们不能简单地把IPO、再融资看作市场扩容及其可能会对市场运行形成压力，同时也应看到IPO、再融资可能会为市场提供新的投资机会从而可能吸引新的投资资金进入市场。

对市场调控应避免“一刀切”，对具备较好发展条件和发展空间的市场，如中小板、创业板应顺其正常发展。只有这样我们才有可能不把2000点当作市场发展的压力，反而把它视为新阶段中国多层次资本市场发展与结构优化的新契机。

12.14 打造“三统一”的金融投资超市①

当代社会的一个显著特点就是流动性充裕，许多机构和个人拥有大量的“闲

① 来源于《证券市场导报》，2009年12月号卷首语。

置”资金。一些国家或地区一定时期的“闲置”资金数量巨大，大到远远超过实体经济的“现实”需要。如何用好这些资金，发挥其社会经济作用，实现其保值或增值，是这些资金持有者、各类金融机构和政府当局共同关心的重大课题。

银行、证券、保险、信托等各类金融机构为争夺这些巨额资金而展开激烈的竞争。它们一是扩大业务边界，抢占第三方业务资源；二是甘当配角，代理对方业务，争夺新的客户资源；三是不断创新金融产品，特别是创新兼银行、证券、保险于一身的综合性金融产品，扩大业务资源空间。于是，一些国家或地区形成了分别以银行、证券、保险、信托等金融机构为主导的金融超市。这些金融超市可向客户提供集银行、证券、保险于一体的一站式金融服务，在客观上起到了打破行业壁垒、方便客户、促进“闲置”资金利用的作用。

然而，这种各自为战、自成体系的金融超市，在金融投资产品设计和销售等环节出现了许多问题。一是银行、保险、信托等金融机构创新的许多金融投资产品都在场外市场交易，受场外市场规模小、信息不对称、监管缺失等因素的影响，市场交易效率一般都很低。二是银行、保险、信托等金融机构在创新或代理跨业务边界的金融投资产品时易受风险传导机制的影响，有可能“引火烧身”，损害自己和客户的利益。三是加剧金融行业的不当竞争。金融机构相互交叉开展业务，有相互合作的一面，但更多的是相互竞争，从对方的“大本营”抢夺业务或客户资源。其结果不但没有形成协同效应，反而是“几败俱伤”。四是市场分散、分割，必定会影响市场监管，造成不同市场监管标准不一致，进而出现市场监管的边界盲区。美国次贷危机问题主要出在场外市场，而场外市场恰恰是美国市场监管的薄弱区域。

如何解决这些问题，涉及金融投资超市运作、监管模式如何确定等重大问题。构建统一市场、统一平台、统一监管即“三统一”的金融投资超市，可能是解决目前金融投资超市运作、监管问题，促进金融市场稳定健康发展的最佳路径。

以现有证券市场为基础，构建统一金融投资产品超市。商品超市之所以迅速发展，并且越做越大、越强，根本原因就在于它提供了多而全的商品，能充分满足消费者多样化、选择性的需要。银行、保险、信托各自构建的投资超市由于规模小、产品相对单一，难以满足客户这些需要。并且由于其资源分散、相对封闭，做不大、做不强。因此，统一金融投资产品超市，是金融市场发展的需要，是方便投资者选择性投资的需要，是金融投资超市发展的必然选择。构建统一金融投资产品超市的基本路径是统分结合：即把股权类、固定收益类、资产证券化类、金融衍生品类、投资基金类、房地产投资信托基金类、集合理财类等金融投资产品的交易和信息披露等市场组织工作从银行、保险、信托等“行业性”金融机构中独立出来，置入公开证券市场，形成集中、统一的金融投资超市商品集群。银行、保险、信托等机构则专注于各自金融投资产品的设计和推广。

以证券交易所为基础，构建金融投资超市统一交易平台。统一交易平台是统一市场的运作基础，集中、统一的市场需要集中、统一的交易平台。在现有的金融投资超市交易平台中，证券交易所具有公开市场的技术、信息、运作、投资者群体和自律监管等优势，是集中、统一金融投资超市的最佳交易平台。打造集中、统一的金融投资超市，就是要构建以证券交易所为交易中心的金融投资超市。

以金融投资超市规范、健康发展为目标，构建统一监管架构。首先，统一产品市场、统一交易平台，既提出了集中、统一监管的必然要求，又为统一监管奠定了良好的市场基础。只有统一的市场才能实行集中、统一的监管，一个分散、分割的市场是不可能实行集中、统一监管的。其次，统一监管具有集中监管资源、统一监管标准、统一监管力度和协同监管、全方位监管等优势，是集中、统一的金融投资超市规范运作和健康发展的根本保障。

12.15 明确和重视最终投资者的市场主体地位

就资金来源而言，证券市场的投资者可分为中间投资者和最终投资者。利用自有资金直接投资于证券市场或将自有资金委托他人投资于证券市场，是为最终投资者，其主体是广大个人投资者，也包括自有资金的机构投资者。利用或主要利用他人的资金投资于证券市场属于中间投资者，如基金公司、集合理财的证券公司、受托理财的投资公司等。无论从最终投资者的作用来看，还是从证券市场发展与证券市场参与者的关系来看，最终投资者不仅是证券市场的主体，而且是证券市场主体中的主体。

（1）最终投资者是证券市场相关利益者利益来源的最终承担者。证券经纪机构、承销机构、咨询机构、交易所、登记结算机构和从事证券业务的会计、律师事务所等市场参与者的收入来源，一部分直接来源于投资者的交易佣金，一部分来源于上市公司支付的承销费、上市费、监管费、股份托管费，但最终都是来源于上市公司股东（投资者）的权益。国家通过证券市场获得的交易印花税、股息所得税也最终由投资者提供。可以说，投资者是证券市场参与各方的衣食父母，离开了投资者的直接或间接参与，证券市场参与各方就会失去或部分失去赖以生存的基础。

（2）最终投资者是证券市场风险最主要的承担者。证券市场是一个高风险市场，市场参与各方都面临或承担着现实的、潜在的风险，但是最终投资者承担的风险最大。直接投资者不管买卖证券亏盈，都得支付交易佣金和交易印花税，基金公司、集合理财的证券公司、受托理财的投资公司的投资风险也最终都是由最终投资者全部或部分承担的。表面上看，市场有关参与方都承担了证券市场的系统性风险和上市公司风险，但最终投资者仍是这类风险的主要承担者。

（3）最终投资者是证券市场直接融资的主导者。投融资最大化和最优化是衡量证券市场发展的两大标志。在市场条件一定的情况下，投融资最大化和最优化取决于两个条件：一是上市资源和上市公司的融资能力和盈利能力；二是投资者的投资能力和投资品种选择。尽管更多、更好的公司直接融资需求以及与融资需求相适应的公司盈利能力是证券市场融资最大化和最优化的基础，但这种需求必须要通过投资者的投资行为才能实现。在一定条件下，投资者可以主导整个证券市场直接融资的规模和单个上市公司的融资数量或融资价格。

（4）最终投资者是证券市场投资的主导力量。就投资资金来源而言，基金公司、集合理财的证券公司、受托理财的投资公司等，都是证券市场的中间投资者，其投资资金绝大多数都不是自有资金，而是来自个人或企业。因此，基金公司的发展、证券公司集合理财和投资公司受托理财业务的开展，在很大程度也取决于最终投资者的参与。多年来，管理层希望通过大力发展基金公司、扩大基金公司投资规模来稳定股市，效果并不理想。因为在市场持续下跌的情况下，基金公司的投资普遍亏损，受损害的最终还是资金提供者。面临购买基金或委托理财的亏损，最终投资者购买基金的积极性大为降低，而基于控制风险的考虑赎回基金投资的愿望有时更为强烈。因此，不管我国未来以基金公司为主体的机构投资者如何发展，以自有资金直接或间接投资证券市场的中小投资者仍是证券市场投资的主导力量。

（5）最终投资者是证券市场发展的最终推动者。在上市公司和投资者这两股证券市场发展基本力量之中，投资者是证券市场发展的最终推动者。离开了更多的投资者参与，不仅上市公司的融资会受阻，而且上市公司的股票价值也会低估。

综上所述，在证券市场的众多参与者中，投资者是证券市场的主体；在众多投资者中，最终投资者不仅是投资者的主体，而且是证券市场主体中的主体。

12.16 创业板异军突起的市场背景[①]

20 世纪 70 ~ 90 年代以来，较多国家和地区在主板市场运作几十年或上百年并获得了很大发展的同时，纷纷设立了有别于主板的创业板。创业板市场的异军突起，有着深刻的市场背景。

（1）资本市场分工，为创业板的兴起留下了发展空间。早期设立的市场经过几十年或一、二百年的发展，逐步演变为主板市场。其主要特征为：市场总体规模较大，一部分上市公司逐步演变为大型蓝筹股公司，市场服务的重点和据此形成的发行上市标准转向大中型成熟企业。与此相适应，中小企业、新型企业和处于成长期的企业等慢慢地淡出了主板市场关注的视野。这就为服务于上述企业的创业板留下了新的生存和发展空间。

（2）经济结构调整，要求相应的市场层次与服务体系。产业革命后，世界经济结构发生了 3 次大的变化：首先是从以农业为主发展到以工业为主；其次是以重化工业为主发展到以轻工业为主；最后是以工业为主发展到以服务业为主。在以轻工业为主和以服务业为主的经济结构调整过程中，出现了大量的中小企业。这些中小企业在带动区域经济发展、满足劳动就业等方面发挥着越来越重要的作用。为此，一些国家和地区采取了促进中小企业发展的战略，创业板作为与中小企业发展相适应的市场层次和服务体系就应运而生。

（3）经济增长方式转变，为创业板发展注入了新的活力。20 世纪 60 年代以来，以劳动密集型、粗放经营型、资源消耗型、环境污染型为特征的传统经济增长方式暴露出越来越多的问题，一些国家和地区开始了艰难的经济转型。在这种经济转型过程中，一大批以高科技开发、应用、推广、扩展为导向、以新的商业、管理、经营、成长、盈利模式为特征的新兴中小企业迅速崛起，极大地延伸了中小企业的空间，丰富了中小企业的内涵，扩大了中小企业的总体规模，提升了中小企业的质量，为以中小企业为服务对象的创业板注入了源源不断的活力。

（4）风险投资偏好，推动了创业板的发展。主板市场较多以传统经济为经营方

---

① 来源于《证券市场导报》，2008 年 7 月号卷首语。

向的大型上市公司，尽管经营和业绩较为稳定，但是成长性较差，投资者市场预期较为一致。一些具有风险偏好和较高收益预期的投资者对这类股票的投资失去了兴趣。而一些新兴企业，尽管它在总体上是一个高收益与高风险并存的企业群体，并且其中较多企业风险高于收益，但是其中少数企业可能成长性极好，投资这类企业可能收益极高，不仅足以弥补投资其他股票的风险，而且可能获得很高的净收益。一些具有风险偏好的投资者选择了风险投资，为创业板培育了大量的上市资源，推动了创业板的发展。另一些具有风险偏好的投资者则直接投资创业板上市股票，产生了推动创业板发展的大量市场需求。

（5）成功效应示范，加快了创业板的兴起。美国是一个创新型国家，创新为纳斯达克设立和成功运作奠定了良好的市场基础。同时，纳斯达克的设立和成功运作又促进了美国的创新。这种良性互动产生了很大的示范效应，一些经济转型艰难的国家和地区纷纷效仿美国，设立了创业板，从而直接导致了20世纪90年代世界创业板市场的繁荣发展。

（6）市场竞争策略，促进了创业板的设立。在全球经济一体化和资本市场国际化的今天，各个国家和地区的资本市场之间竞争日益加剧。一些交易所在优化自身治理、改进市场服务、推动或应对并购重组的同时，将争夺新的上市资源作为竞争的主要策略。一些国家和地区为应对这种市场竞争，将眼光瞄准了具有巨大发展前景和空间的新兴中小企业，设立了创业板。

12.17 创业板应关注“轻资产”企业上市①

“轻资产”是一个相对的概念。企业资产可分为有形资产和无形资产。盈利主要靠有形资产的企业属于“重资产”企业，如采矿企业、冶炼企业、纺织企业等。盈利主要靠无形资产的企业可视为“轻资产”企业。我国一些新兴行业的较多创新型企业，如互联网企业、文化传媒企业、新商业模式企业等，大都属于“轻资产”企业。这些“轻资产”企业，盈利主要靠技术、设计、策划、创造、创意、品牌、商业模式等，甚至主要靠创业企业家本人或专业团队，与公司有形资产诸如厂房、

① 来源于《证券市场导报》，2010年4月号卷首语。

办公室、大型设备等资产的多少关系不大。例如，我国《读者》杂志，核心工作人员只有十几人，一年的盈利高达几千万元；北京交通广播电台，核心工作人员只有几十人，一年的广告经营收入多达五六亿元；作为地方性报纸的《广州日报》，一年的广告经营收入超过20亿元。

随着我国文化消费水平、规模的提高和文化产业管理体制的改革，我国文化产业将会出现持续的大发展，大量的、成长性的文化传媒企业，例如，出版企业、演出企业、视频企业等将会大量应运而生。再如，我国拥有世界最多的中文语言人口和世界最多网民人口，我国的互联网业极有可能成为世界互联网业中最具成长性、最大规模、最大产业群的产业，由此可能催生许多不同商业模式、不同主营业务、不同盈利模式的互联网企业，如百度、腾讯、阿里巴巴、新浪等各具特色的互联网企业。这些企业都具有典型的创新型“轻资产”特征。

我们不难看到：一方面，我国一些创新型“轻资产”企业，如互联网企业、文化传媒企业、新商业模式企业等，大量到海外资本市场上市；另一方面，在我国中小企业板、创业板市场中，这些新兴行业的创新型“轻资产”上市公司却很少。形成这种状况的根本原因在于我国过去的发行上市制度注重有形资产评价，弱化无形资产评价。一些有形资产规模相对较小、无形资产比例相对较大的“轻资产”企业，不那么符合我国发行上市的最低有形资产要求，从而排除在中小企业板、创业板市场之外。海外资本市场如纽交所、纳斯达克等正是看中了这一点，乘空而入，它们根据企业的盈利模式、行业地位、成长性、专业团队的稳定性等灵活的发行上市评价标准，允许我国这些新兴行业的“轻资产”企业到它们那里发行上市，从而实现了上市公司发展与资本市场发展“双赢”的市场效果。而我国资本市场则多年遭受新兴行业上市资源严重流失之痛，这种状况直到2009年10月我国创业板市场推出才有所改变。

为进一步发挥资本市场对我国实现创新战略目标的支持服务作用，提升中小企业板、创业板在多层次资本市场体系中的作用和地位，我们有必要进一步改革发行上市制度，优化发行上市标准，提高发行上市审批的灵活性。对于那些新兴行业的创新型“轻资产”企业，只要它们在细分行业地位、市场份额、盈利规模、成长性、竞争力、公司治理等方面具有比较优势，并且技术、管理、经营团队相对稳定，可适当放宽这些企业有形资产的发行上市的最低数量要求，灵活地“核准”它们发行上市。可喜的是，我国创业板市场推出以来，已有多家创新型“轻资产”企业发行上市，并且受到市场投资者的欢迎，市场表现较好。可以预见，我国创业板有望成为我国创新型“轻资产”企业发行上市的“近水楼台”。

12.18 从宁波银行上市中小企业板说起[①]

宁波银行上市中小企业板创造了中小企业板的多个第一：资产、股本、发行规模最大，IPO 筹集资金最多。这引起了市场的广泛关注，也受到了一些人的疑虑：如此大的企业，适合在中小企业板发行上市吗？中小企业板发行上市的标准是否发生了变化？单个地或表面上看，提出这些问题似乎有一定的道理。但是，综合或深入地分析，对于宁波银行在中小企业板发行上市是不应该存疑虑的。

第一，中小企业是一个相对的概念，不是一个绝对的概念。企业可以按资产规模、股本规模、生产规模、销售规模、利润规模和行业地位分为大型、中型、小型企业。受经济集中度的影响，不同国家、地区、行业有关大、中、小型企业的划分标准是不一样的，某一个国家或地区的大型企业可能还不及另一个国家或地区的小型企业大，某一个行业的小型企业的资产、股本规模可能比另一个行业的大型企业还要大。上市中小企业板的宁波银行的资产、股本、发行规模大不大，不能绝对地看，应该相对地看。在我国商业银行中，无论从资产、股本、经营、盈利规模来看，还是从行业地位、影响力来看，宁波银行目前无论与工商银行、建设银行、中国银行、农业银行、交通银行等国家级商业银行相比，还是与招商银行、民生银行、浦发银行、华夏银行相比，都是一个规模较小的银行类企业。

第二，与中小企业划分标准相适应，中小企业板发行上市标准是相对的，不是绝对的。基于市场准入和控制风险的考虑，中小企业板发行上市标准确定了下限，但上限却是根据不同的行业灵活掌握的。对于准入较低或细分的行业，有关企业资产、股本规模的发行上市标准定得较低；对于准入较高的行业，有关企业资产、股本规模的发行上市标准定得较高。我国银行、保险、证券等金融类企业行业准入较高，很小的企业都有较高的资产、经营规模等行业准入要求。因此，宁波银行在中小企业板上市，并没有突破中小企业板现行的发行上市标准。同样，在现行的中小企业板发行上市标准下，具有相当于宁波银行资产、经营规模的保险公司、证券公司，只要它们在所属的行业是中小企业，仍然可以在中小企业板发行上市。

---

① 2010 年报送的研究简报。

第三，行业齐全的上市公司结构，是资本市场板块建设发展的基础。海外资本市场发展的经验表明，资本市场是分层次的，例如，分为主板、二板、三板等，以满足不同投融资主体的特殊需求。但是，海外资本市场板块却没有按行业设置的先例，不同层次的市场板块都面向所有的、法律允许的行业。主板面向的是成熟的、所有行业中较大规模的企业；二板面向的是所有行业中较小规模的企业或成长性企业；三板的发行上市条件比二板更低，但也没有行业限制。之所以不同层次的市场板块都面向所有的、法律允许的行业，是因为行业齐全的上市公司结构是所有不同层次的资本市场板块建设发展的共同基础，也是特定层次资本市场板块满足特定投融资主体需求的前提条件。如果某一个较低层次板块的市场不能容纳行业准入较高的企业发行上市，那它就不可能形成行业齐全的市场结构，就不可能满足某些特定投融资主体的特殊需求，该板块的建设发展将大打折扣。

12.19 发行制度改革后中小板首批新股发行上市情况分析①

首次公开募股（IOP）发行定价与市场接轨、交易所加大新股上市监管力度，对抑制新股爆炒具有积极意义。但是，桂林三金、万马电缆上市首日还是出现了程度不同的爆炒。主要体现在：一是上市价格相对偏高；二是换手率偏高；三是投资者存在着追涨买入新股的风险。

在新的市场条件下，仍出现新股爆炒的可能原因在于：中小盘股上市首日容易成为市场炒作的对象；市场运行较好的时期市场炒作较为容易；市场供不应求时有可能助长市场炒作；我国投资者构成以中小投资者为主，市场跟风和羊群效应明显；基于确保发行上市成功的考虑，上市公司、保荐人、分析师等对公司发行、上市正面宣传、评价的较多。

新股上市爆炒不是简单的发行制度、交易制度改革或交易监管就能解决的问题，防控新股上市爆炒需要齐抓共管，建议如下：一是利用有利的市场条件，增加新股发行；二是为抑制市场炒作，实行中小盘股批量上市；三是建立存量股份上市机制，允许一定比例的存量股份随新股一起上市；四是促进新上市公司的客观评价与宣传；

① 2009年报送的研究简报，与汪强合作。

五是加强市场监控，防控市场操纵，抑制市场跟风；六是加强和优化投资者教育。

在IPO停止发行8个多月后的2009年6月29日，我国IPO发行制度改革后发行的第一只新股——桂林三金发行新股，7月2日万马电缆发行新股。2009年7月10日，桂林三金、万马电缆同时在深交所中小板上市。现就这两只新股的发行、上市情况进行初步分析。

12.19.1 发行情况分析

桂林三金、万马电缆发行新股具有以下3个特点：

（1）发行股本较少。桂林三金发行4600万股，占总股本的10.13%；万马电缆发行5000万股，占总股本的25%。

（2）发行定价较高。桂林三金发行价为19.8元，发行市盈率为32倍；万马电缆发行价为11.5元，发行市盈率为30.67倍。而同期中小板市盈率平均为36倍左右。桂林三金、万马电缆发行市净率分别为11.57倍和5.75倍，分别高于或接近中小板市场的平均水平。从发行市盈率、市净率来看，桂林三金、万马电缆发行价格基本上与市场接轨，我国IPO发行市场化程度有了很大提高。

（3）市场申购踊跃。桂林三金网下、网上申购倍数分别高达165倍和584倍，网下配售比例为0.6%，网上中签率为0.17%；万马电缆网下、网上申购倍数分别高达189倍和750倍，网下配售比例为0.53%，网上中签率为0.13%。

12.19.2 桂林三金、万马电缆上市的相关市场背景及市场表现分析

（1）桂林三金、万马电缆上市的相关市场背景分析：

①为防止新股上市爆炒，深交所在新股上市前采取了一系列防控新股爆炒的措施并提示投资者购买新股的风险：一是发布上市首日风险控制新规定，完善首日停牌制度；二是发布市场监管报告，严防初期过度炒作；三是重点加强7种异常交易行为的监管；四是打击短线操纵，限制相关账户交易；五是提请稽查机构介入，打击违规交易；六是在主要报刊、网站刊登系列分析文章，提示投资者首日买新股的风险。市场人士普遍认为，这些措施都有利于抑制新股上市的首日爆炒。

②桂林三金、万马电缆是IPO发行制度改革后首批发行的新股，发行定价市场化程度提高，发行价格与市场水平较为接近，许多机构都预测其上市首日股价大幅

度上涨和爆炒的可能性较少。例如，桂林三金、万马电缆发行市盈率分别为 32 倍、30.67 倍，仅比同期中小板平均市盈率折价 20% 左右。因此，许多机构对桂林三金、万马电缆上市首日的价格定位都较为理性，例如，2009 年 7 月 10 日《中国证券报》刊登的有关机构对这两只新股上市首日的价格定位，桂林三金为 17.5 ~ 30 元，万马电缆为 11 ~ 18.4 元。具体见表 12 – 1。

表 12 – 1　　桂林三金、万马电缆上市首日股价预测表

预测机构	桂林三金上市首日价格（元）	预测架构	万马电缆上市首日价格（元）
中金公司	19.00 ~ 21.30	国泰君安	13.50 ~ 18.00
申银万国	17.70 ~ 19.20	中信建投	11.00 ~ 13.00
日信证券	25.00 ~ 30.00	安信证券	12.25 ~ 12.70
民族证券	17.50 ~ 20.40	方证证券	13.80 ~ 18.40
金证顾问	18.50 ~ 22.20	金证顾问	13.00 ~ 15.00

（2）桂林三金、万马电缆上市首日市场表现分析。2009 年 7 月 10 日，桂林三金、万马电缆上市。其上市首日的市场表现如下：

①开盘价定位较高。上市首日，桂林三金、万马电缆开盘价分别为 32.5 元和 22.50 元，比发行价分别上涨 64.14%、95.65%；开盘价对应的市盈率分别为 52.5 倍、60 倍，分别高于同期中小板平均市盈率 38 倍的 38.16% 和 57.89%。

②高开后股价继续上涨，在较短时间内达到 20% 的涨幅限制。7 月 10 日 9 点 44 分万马电缆股价涨至 27 元；9 点 49 分桂林三金股价涨至 39 元，先后达到了比开盘价上涨 20% 的限制。按照深交所的规定，万马电缆、桂林三金达到涨幅限制后随即被停牌 30 分钟。

③停牌 30 分钟后继续交易，桂林三金、万马电缆股价均未创出新高，但收盘价仍高于开盘价。桂林三金收盘价为 36.01 元，比开盘价、发行价分别上涨 10.8%、81.86%，收盘市盈率为 59.73 倍；万马电缆收盘价为 25.93 元，比开盘价、发行价分别上涨 15.24%、125.48%，收盘市盈率为 69.61 倍。

④交投活跃，换手率高。桂林三金上市首日成交 3018.69 万股，换手率高达 82.03%；万马电缆上市首日成交 3420.34 万股，换手率高达 85.51%。

（3）桂林三金、万马电缆上市次日市场表现分析

①大幅低开。桂林三金以跌停板 32.41 元开盘；万马电缆开盘价为 23.34 元，比上市首日收盘价跌 9.72%。

②交投继续活跃。上市次日，桂林三金成交 1602.87 万股，换手率为 43.56%；万马电缆成交 2145.08 万股，换手率为 53.63%。

③盘中走势出现分化。万马电缆低开高走，盘中曾创出 27.75 元、涨 7.02% 的新高，收盘报 25.42 元，比前一交易日跌 1.97%；桂林三金股价全日均低于前一交易日收盘价，收盘报 33.07 元，比前一交易日跌 8.81%。

12.19.3 桂林三金、万马电缆上市爆炒及原因分析

（1）桂林三金、万马电缆上市前，许多机构都预测其上市首日爆炒的可能性较少。然而，桂林三金、万马电缆上市首日还是出现了程度不同的爆炒。主要体现在：

①上市价格相对偏高。桂林三金上市首日、次日收盘价市盈率分别高达 59.73 倍、54.85 倍，高于同期中小板平均市盈率 40% 以上；万马电缆上市首日、次日收盘价市盈率分别高达 69.61 倍、68.24 倍，高于同期中小板平均市盈率 70% 以上。桂林三金、万马电缆上市首日开盘价、盘中价、收盘价都超出所有机构的价位预测。

②换手率偏高。桂林三金上市首日、次日换手率分别高达 82.03%、43.56%，两日合计换手率为可流通股的 1.25 倍；万马电缆上市首日、次日换手率分别高达 85.51%、53.63%，两日合计换手率为可流通股的 1.39 倍。

③投资者存在追涨买入新股的风险。上市次日，桂林三金以跌停板开盘，收盘较前一交易日跌 8.16%；万马电缆低开 9.72%，收盘较前一交易日跌 1.97%。因此，上市首日在较高价位买入桂林三金、万马电缆的投资者都承担了股价下跌的风险。

（2）在发行定价与市场接轨、交易所加大新股上市监管力度后，仍出现新股爆炒，可能原因在于：

①中小企业想象空间相对较大，中小盘股市场溢价相对较高，中小盘股股价炒作相对容易，中小盘股上市首日容易成为市场炒作的对象。此种情况可能会在创业板市场中重演。

②为降低发行上市风险，我国新股发行、上市一般都选择在市场运行较好的时期。此时市场炒作较为容易，炒作成功的可能性相对较大。

③在市场转好或走好的情况下，我国庞大的投资者群体的投资需求巨大，而一定时期或时点 IPO 发行上市公司家数、股份数量相对较少，市场供需失衡有可能助长市场炒作。

④我国投资者构成以中小投资者为主，市场跟风和羊群效应明显，一旦个股走势总体向上，会吸引跟风者参与。

⑤基于确保发行上市成功的考虑，上市公司、保荐人、分析师等对公司发行、上

市正面宣传、评价的较多，有可能强化投资者的投资意识，弱化投资者的风险意识。

⑥一级市场新股申购的投资者为了及时从二级市场高价套现，有可能利用各种可能的媒体或雇用证券分析师对新上市公司的投资价值进行渲染，从而有可能误导二级市场投资者。

12.19.4 几点建议

以上分析表明，新股上市爆炒不是简单的发行制度、交易制度改革或交易监管就能解决的问题，防控新股上市爆炒需要齐抓共管。现建议如下：

（1）利用有利的市场条件，增加新股发行量。发行制度改革不仅仅是发行定价市场化改革，还包括发行时机、发行数量市场化改革等，管理层和发行主体要充分考虑市场的有效需求，充分利用市场的有利条件，必要时或可能时增加IPO发行家数，扩大新股发行数量。

（2）为抑制市场炒作，实行中小盘股批量上市。既然中小盘股市场炒作的可能性较大，那么管理层和交易所就可以考虑营造抑制中小盘股炒作的市场条件，其中，重要的一环就是将已发行的多家中小盘股集中起来在同一天上市。

（3）建立存量股份上市机制，允许一定比例的存量股份随新股一起上市。全流通后，存量股份上市是早晚的事，存量股份上市在我国没有制度障碍。建立存量股份上市机制，对上市新股的股价可以起到市场化调节作用。但是，当新股上市价比发行价的涨幅低于20%时，存量股份则不应随新股上市交易。

（4）规范发行、上市公司的评价与宣传。上市公司、保荐人、分析师对发行、上市公司的评价与宣传，不能只是正面的，也不能主要是正面的，而是要全面、客观地宣传、评价上市公司，特别要揭示或提示上市公司可能存在的各种风险。上市公司、保荐人、分析师要坚决杜绝为了发行、上市而误导投资者行为的发生。

（5）加强市场监控，防范市场操纵，抑制市场跟风。交易所在这方面是有为的，也是可为的。交易所可以在交易制度层面和市场监控层面双管齐下。例如，交易所在中小盘新股上市首日可以限制机构投资者、大资金投资者买入，限制投资者大单买入、连续买入、高报价买入等。

（6）加强和优化投资者教育。投资者不知道风险在哪，风险教育对于“无知者无畏”的投资者来说，是没有效果的。有关方面为了加强和优化投资者风险教育，首先要做好投资者的投资知识教育、规则教育和专业教育。

附表 12-1　　桂林三金、万马电缆上市情况分析表

分析指标			桂林三金（002275）	万马电缆（002276）	家润多（002277）
总股本（亿股）			4.54	2.00	1.94
发行情况	发行日期		2009年6月29日	2009年7月2日	2009年7月8日
	新发行股本（万股）		4600	5000	5000
	发行价（元/股）		19.8	11.50	19.58
	发行市盈率（倍）		32.0	30.67	31.58
	发行市净率（倍）		11.57	5.75	5.89
	申购倍数（倍）	网下	165	189	244
		网上	584	750	396
	网下配售比例（%）		0.6	0.53	0.41
	网上中签率（%）		0.17	0.13	0.25
上市首日市场表现					
上市时间			2009年7月10日	2009年7月10日	2009年7月17日
首日上市流通股本（万股）			3680	4000	4000
开盘价（元/股）			32.50	22.50	40.00
第一次达到涨幅限制	时间		9:49	9:44	
	成交价格（元/股）		39.00	27.00	
	较开盘价涨幅（%）		20.00	20.00	
	较发行价涨幅（%）		96.97	134.35	
	成交量（千万股）		1.67557	1.74592	
	成交均价（元/股）		33.98	23.40	
	换手率（%）		45.53	43.65	
	市盈率（倍）		64.69	72.35	
恢复交易	时间		10:19	10:14	
	首笔成交价（元/股）		38.70	26.93	
	最高价（元/股）		38.95	26.95	
	最低价（元/股）		35.90	24.50	
全日	收盘价（元/股）		36.01	25.93	37.90
	最高价（元/股）		39.00	27.00	42.00
	最低价（元/股）		32.50	22.50	37.51
	较开盘价涨幅（%）		10.80	15.24	-5.25
	较发行价涨幅（%）		81.86	125.48	93.56
	振幅（%）		20.00	20.00	11.97
	成交量（千万股）		3.01869	3.42034	3107.88
	换手率（%）		82.03	85.51	77.70
	市盈率（倍）		59.73	69.61	61.23

续表

上市次日市场表现				
上市次日	开盘价（元/股）	32.41	23.34	
	最高价（元/股）	35.98	27.75	
	最低价（元/股）	32.41	23.34	
	收盘价（元/股）	33.07	25.42	
	成交量（万股）	1602.87	2145.08	
	换手率（%）	43.56	53.63	
	涨跌幅（%）	-8.16	-1.97	
	振幅（%）	9.91	17.01	

12.20 关于拓展中小企业上市资源行业空间的建议[①]

12.20.1 问题的提出

大量的、高质量的、源源不断的中小企业上市资源是中小企业板、创业板和多层次资本市场建设的基础。深交所在培育、拓展和挖掘中小企业上市资源方面卓有成效，有力地推动了中小企业板、创业板市场的发展以及多层次资本市场的建设。

但是，我们也不难看到：一方面，在中小企业板、创业板上市公司中，一些集约化、集中度和准入门槛较高的行业，如金融证券保险业、汽车制造业、钢铁和有色金属业、房地产业等，其上市公司很少；另一方面，这些行业中一些行业地位、影响力相对较低但资产、股本绝对规模较大的企业，因其行业、影响力相对较低，在行业内受不到"大企业"那样的重视；因其资产、股本规模绝对较大，不能成为中小企业金融支持体系的服务对象，成了"两不管"的企业。

我们同样不难看到：一方面，在我国中小企业板、创业板上市公司中，一些新

① 2011年报送的研究简报。

兴行业，如互联网业、文化传媒业、新材料、新能源业等，其上市公司也很少；另一方面，国内这些行业的优势企业纷纷到海外资本市场上市，我国存在着新兴行业上市资源严重外流的现象。

12.20.2 拓展中小企业上市资源行业空间的建议

在我国中小企业板、创业板中，集约化、集中度、准入门槛较高的行业和新兴行业上市公司较少，不是上市资源缺乏的问题，而是我们在中小企业划分标准和发行上市标准方面存在着一些认识上的误区和制度上的缺陷，进而对我国中小企业板、创业板健全上市公司行业结构产生了较大的负面影响。为建立齐全的、合理的中小企业板、创业板上市公司行业结构，我们有必要优化中小企业的划分标准和发行上市标准，调整市场推广与服务方向，积极拓展中小企业上市资源行业空间，扩大中小企业板、创业板上市资源。

（1）优化中小企业划分标准，拓展集中度、集约化和准入门槛较高行业的中小企业上市资源。中小企业板、创业板缺乏集中度、集约化、准入门槛较高行业的上市公司，根本原因在于有关方面习惯于按绝对标准而不是相对标准对大企业与中小企业进行划分，即按照企业的资产、股本、经营收入、净利润等绝对指标划分大企业与中小企业。这种根据企业绝对规模的大小划分大企业与中小企业的做法，对于集中度较低或分散度较高的行业，如农林牧副渔业、轻加工业来说，问题不大。对于准入门槛较高的行业，如银行、保险、证券等金融类企业，对于集约化、集中度较高的行业，如重化工业、房地产业企业等，问题就出来了。例如，一个资产规模过十亿甚至百亿的地方性商业银行，无论与中国工商银行、中国建设银行、中国银行、中国农业银行、交通银行等国家级商业银行相比，还是与招商银行、民生银行、浦发银行等区域性商业银行相比，都是一个行业地位较低、相对规模较小的银行类“中小”企业。但按照绝对规模划分，该地方性商业银行也成了大企业了。

实际上，中小企业是一个相对概念，不是一个绝对概念。一些集约化、集中度、准入门槛较高的行业，企业即使资产、股本、经营绝对规模较大，但只要其行业地位较低、影响力较少，同样属于中小企业。因此，对于这类行业，其大企业与中小企业划分的标准应是相对标准而不是绝对标准，即行业地位和影响力排名标准。只要行业地位、影响力排名居后，不管其资产、股本绝对规模有多大，都是该行业的中小企业。

按照这一标准，我国一些集约化、集中度和行业准入门槛较高的行业，还有大量的相对规模较少但绝对规模较大的中小企业，例如，中小商业银行、中小证券公司、中小保险公司、中小钢铁企业、中小有色金属企业、中小房地产企业、中小汽车制造企业等，它们理应成为中小企业板、创业板上市资源的一部分。此类相对意义上的中小企业上市资源在我国还很多。例如，我国全国性、区域性大型商业银行只有少数几家或十几家，而地方性中小商业银行在我国多达几百家，只要其中10%符合现行发行上市条件，我国中小企业板就会有几十家类似于“宁波银行”这样的中小商业银行的上市资源。可见，只要我们优化中小企业的评价标准，中小企业板在拓展集约化、集中度和准入门槛较高行业的上市资源方面空间极为广阔。更为主要的是，那些集约化、集中度和行业准入门槛较高行业中“两不管”的企业就会获得应有的金融服务支持，特别是资本市场融资服务支持，中小企业板对国民经济发展的支持服务作用将进一步凸现。

（2）优化中小企业发行上市标准，拓展新兴行业的中小企业上市资源。我国有较多新兴行业的创新企业，如互联网企业、文化传媒企业、新材料企业、新能源企业、新商业模式企业等到海外资本市场上市，而国内中小企业板、创业板这类上市公司却很少。根本原因在于我国的发行上市核准标准注重拟上市公司有形资产评价，淡化无形资产评价。一些新兴行业的企业，如互联网企业、文化传媒企业，由于有形资产相对较少，无形资产相对较大，很多属于“轻资产”企业，不符合我国发行上市审批的最低有形资产要求，从而排除在中小企业板、创业板上市公司之外。

然而，这些新兴行业的许多“轻资产”企业，盈利主要靠技术、创意、商业模式，甚至主要靠某些骨干员工或专业团队，与公司有形资产诸如厂房、办公室、大型设备等资产的多少关系不大。例如，我国《读者》杂志，核心工作人员只有十几人，一年的盈利高达几千万元；北京交通广播电台，核心工作人员只有几十人，一年的广告经营收入多达5、6亿元；作为地方性报纸的《广州日报》，一年的广告经营收入超过20亿元。随着我国文化消费水平、规模的提高，文化产业管理体制的改革，我国文化产业将会出现大的、持续的发展。大量的、成长性的文化传媒企业，例如，出版企业、演出企业、视频企业等，将会大量应运而生。再如，我国拥有世界最多的中文语言人口和世界最多网民人口，我国的互联网业极有可能成为世界互联网业中最具成长性、最大规模、最大产业群的产业，由此可能催生许多不同商业模式、不同主营业务、不同盈利模式的互联网企业。

但这些新兴行业的企业可能大都是“轻资产”企业，可能都不一定符合我国现行的中小企业板、创业板发行上市条件。海外资本市场如纽交所、纳斯达克等正是看中了这一点，它们根据企业的盈利模式、行业地位、成长性、专业团队的稳定性等灵活的发行上市评价标准，允许我国这些新兴行业的“轻资产”企业到它们那里发行上市，实现了上市公司发展与资本市场发展“双赢”的效果。而我国中小企业板、创业板市场则遭受新兴行业上市资源严重流失之痛。因此，为了拓展新兴产业的中小企业上市资源，我国有必要改革发行上市制度，增加发行上市审批制度的灵活性，对于那些新兴行业的“轻资产”企业，只要它们在细分行业的地位、市场份额、盈利规模、成长性、竞争力等方面具有比较优势，可适当放宽这些企业针对有形资产的发行上市的最低数量要求，灵活地“核准”它们发行上市。只要我国优化了发行上市标准，许多新兴产业中的较多新兴企业，都有望成为中小企业板、创业板市场中的上市资源。更为主要的是，可以进一步发挥中小企业板、创业板对我国实现创新战略目标的支持服务作用，提升中小企业板、创业板在多层次资本市场体系中的作用和地位。

12.21 海外成熟市场蓝筹股的基本特征[①]

蓝筹股一般是指公司规模较大、行业地位较高、经营业绩相对稳定的公司上市股票。在海外成熟市场，蓝筹股是理性投资者重点投资并长期持有的股票，它具有以下十个方面的特征：

（1）公司规模较大。蓝筹股一般是公司规模较大的股票，按美元计算，纽约交易所、纳斯达克、伦敦交易所、东京交易所、中国香港交易所等成熟市场的蓝筹个股，市值规模少则几十亿美元，多则上百亿美元，有的甚至超过千亿美元。蓝筹个股市值在一个市场总市值中的份额，少则1%以上，多则10%以上。一个市场全部蓝筹股的数量可能不到所在市场股票数量的10%，其市值可能超过所在市场市值规模的50%以上。

（2）行业地位较高。蓝筹股上市公司一般具有较高的行业地位，大都是所在国家或地区某一行业的龙头企业，所在行业排名一般在前十名。纽约交易所、纳斯达克上市的蓝筹股公司，不少还是世界性的超大企业，如埃克森石油、微软等。

---

① 来源于《证券时报》，2008年4月23日。

（3）公司运作较为规范。从内部来看，蓝筹股公司规模较大，经营和上市时间较长，具备了公司规范运作的较好基础；从外部来看，蓝筹股公司市场关注程度、社会和媒体监督程度较高，具有较强的公司规范运作的外在压力。受上述因素的共同影响，海外成熟市场较多蓝筹股公司的规范运作程度相对较高，信息披露的质量相对较好。

（4）公司业绩相对较好。海外成熟市场蓝筹股公司业绩（如每股收益、净资产收益率）大都较好，普遍高于所在市场上市公司的平均业绩水平。一旦某些股本、市值规模较大的公司其经营业绩下滑到市场平均水平以下，甚至出现亏损，市场也就不认为这些公司的股票为蓝筹股了。从这个意义上来讲，“大盘绩优股”往往是蓝筹股的代名词。

（5）公司经营相对稳定。除少数蓝筹股公司在某一时期受外部经营环境急剧恶化或内部控制问题而引起经营业绩大幅波动之外，大多数蓝筹股公司的经营基本上都能保持相对的、长期的稳定性，每年公布的营业收入、利润会都有所增长，但不会增长太高（如增长50%以上），或会有所下降，但不会下降太多（如下降50%以上）。

（6）股利分配以派息为主。海外成熟市场大多数蓝筹股公司十分注重股利分配，并把股利分配作为回报投资者的一种主要方式。在分配方式上，主要是派发现金利息，较少送股或转增股本。在它们看来，没有成长性支撑的送股或转增股本是上市公司在跟投资者玩“数字游戏”。在派发现金利息的多少上，海外成熟市场大多数蓝筹股公司派发现金息占每股收益的比例普遍较高，大都在50%以上，有的甚至超过70%。

（7）市盈率相对较低。海外成熟市场市盈率普遍较低，大都在15~25倍之间。但是，海外成熟市场的蓝筹股市盈率更低。研究表明：海外成熟市场普遍存在着蓝筹股折价的现象，即蓝筹股市盈率普遍低于市场平均水平，一般只相当于市场平均水平的70%左右。其中，钢铁、传统制造业蓝筹股的市盈率甚至低于市场平均水平的70%，不足10倍市盈率的钢铁、传统制造业类蓝筹股在海外成熟市场绝非个别现象。

（8）股价波动较为平稳。从市场表现来看，海外成熟市场蓝筹股股价的波动频率、波动幅度比市场平均水平要低得多。研究表明：在一个股价指数上涨的年份，蓝筹股的平均涨幅一般低于该市场股价指数的涨幅，但蓝筹股的几年累计涨幅有可能高于该市场股价指数的累计涨幅。在一个股价指数下跌的年份，蓝筹股的平均跌幅一般低于该市场股价指数的跌幅，但一般不会出现蓝筹股的几年累计跌幅低于该市场股价指数累计跌幅的情况。

（9）投资者以长期投资为主。由于海外成熟市场蓝筹股公司业绩、股价波动相对稳定，蓝筹股的短期投机性机会相对较少，短线投资或投机的盈利空间不大。而长期投资蓝筹股风险相对较少，盈利空间相对较大。因此，较多理性的个人投资者，特别是理性的机构投资者大都把蓝筹股作为长期投资的首选对象，一旦买入就长期持有，有的甚至持股多年不套现，根本不在乎蓝筹股短期波动可能获得的差价收益。

（10）稳定市场的作用明显。由于海外成熟市场蓝筹股家数较少而市值权重较大、市盈率较低并且投资风险相对较少、经营业绩相对稳定，凸现出其长期的投资价值，因此，大多数蓝筹股往往在市场环境恶化或市场出现系统性风险的时候，股价表现较为平稳，对缓和整个市场股价指数波动的贡献较大，有时超大盘蓝筹股的走势甚至对整个市场运行能发挥“定海神针”的作用。经验表明：海外成熟市场在某一市场调整阶段，蓝筹股走势趋于稳定了，市场剧烈震荡调整的格局也就基本结束了。

13

市场风险研评

13.1 直面全流通市场三大风险[①]

整体来看，股份全流通后我国资本市场的风险源和风险点增加了，风险传导机制变得更为复杂。从风险源来看，有些风险产生于全流通进程本身，有些产生于全流通制度安排，有些产生于全流通条件下市场主体新的利益动机和行为方式。从性质来看，有些风险是全流通直接生成的，有些是全流通间接带来的，有些则是我国股票市场固有的风险在全流通条件下的变形。从后果来看，有些风险会严重威胁市场安全和股权分置改革的成果，需要重点防范和控制，有些风险可以在今后市场发展过程中逐步消除。

根据“直接”“重要”的风险识别原则，全流通市场主要存在以下 3 个层面的

① 来源于《证券时报》，2007 年 4 月 20 日。

风险：

（1）从市场发展来看，限售期满股份上市流通压力是最直接、最大的风险。

第一，市场预期方面，巨额限售股份的存在较长时期内是影响市场预期的不确定因素。按照2006年12月31日的收盘价计算，深沪两市限售股份存量市值为6.88万亿元（不包括“新老划断”后新上市公司的限售股份），相当于同期深沪两市流通市值的2.7倍。这批限售股份在2005年6月到2020年8月期间分批解禁，其中，2007年解禁限售股份的市值为6677亿元，2008年为6394亿元。2009年更是高达4.36万亿元，相当于2006年年底深沪市场股票流通市值的174.4%、总市值的48.77%。无论从绝对规模还是从相对规模来看，限售股份的动向足以决定市场运行的基本格局。从我国股票市场发展的经验来看，形成稳定的市场预期对于市场发展至关重要，而限售股份进入二级市场上市流通的规模、方式目前都还存在一些不确定性因素，这将导致市场预期的不确定。

第二，市场资金供给方面，限售期满股份的现实抛售压力可能很大，将对二级市场形成直接冲击并分流二级市场资金。综合各方面因素来看，限售期满股份的抛售不会形成“水库泄洪”之势。但是，相对于海外全流通市场限售股份出售的情况和经验，以下3方面原因可能导致我国资本市场限售股份的现实抛售压力很大：一是原国有股、法人股基本上是按每股净资产或略高于每股净资产折股的，经过多年的分红派息，原国有股、法人股股东目前的持股成本已经很低，甚至可能为负。因此，在二级市场抛售这些限售期满的股份，可以获得巨大的超额收益。二是我国较多上市公司的素质一般，发展潜力不大，这些上市公司的股票缺少长期投资价值，限售股股东更倾向于在市场高涨时或股价高企时抛售股票。三是现阶段我国社会资产的证券化程度还很低，大量非上市企业的资产基本上是按资产净值定价的。按市场定价抛售可流通股票，再按净值定价重置非证券化资产，比继续持有上市公司的股份可以获得更多的收益。从目前已经出现的限售期满股份减持的情况来看，限售股份的现实抛售压力是存在的。

（2）从市场运行来看，股价异常波动是最大的风险。股权分置时代，相对于成熟市场，我国股票市场存在显著的股价异常波动现象。股份全流通后，导致我国股票市场暴涨暴跌的因素增加了，机制复杂了，影响范围扩大了。

第一，我国资本市场在短期面临股票市场定价基准演变的断层期。股份全流通解决了“股价分置”问题，但新的市场定价基准形成和定价机制的顺利运行需要一个市场学习和磨合的过程。在股权分置时期，我国A股市场长期存在的高市盈率现象在很大程度上是市场对“流通股含权”的反应。股份全流通后的初期阶段，市场在短期内仍然会延续“流通股含权”的习惯性思维，并有可能导致一、二级市场出现股票定价的全面高估。从“新老划断”后的IPO情况来看，20倍以上的发行市盈率已经被普遍接受，而中国人寿的发行市盈率更是创下了97倍的纪录。在二级市场，2007年1月A股市场的平均市盈率已经接近35倍。这样的市盈率偏高，蕴含着市场泡沫化的风险。

第二，股份全流通进程中存在助涨助跌效应，可能导致二级市场股价异常波动。一般情况下，限售股份的存在及其上市流通压力会收敛二级市场股价的波动，对“庄股”过度炒作也具有抑制作用。但是，在绝大多数可流通股份尚处于限售期时，更有可能放大二级市场股价的波动。

第三，国民经济运行的内生性风险源导致股价波动机制强化。随着限售期满股份不断上市流通以及因IPO提速带来的股票市场扩容，我国股票市场的总市值、流通市值将迅速增加，股票市场会通过各种渠道显著加强与货币市场、外汇市场、信贷市场的联动机制和联动效应。基于以上变化，一方面货币市场、外汇市场和信贷市场的变化会从资金的跨市场流动方面诱发股票市场发生系统性风险；另一方面，随着股票市场的国民经济晴雨表功能的加强，股票市场因此有可能成为国家实施宏观调控的一个备择的着力点，源于宏观调控的系统性风险发生的可能性增加。

第四，导致股价异常波动的境外输入型风险源开始显现。股份全流通消除了我国资本市场对外开放重要的制度性障碍，我国资本市场已逐步开始在一个相对开放的环境下运行，境外资金将大量流入国内股票市场。国际金融市场频繁发生的资本流动方向变化、汇率变动、利率变动对我国股票市场的影响有可能产生传导效应，从而诱发我国资本市场系统性风险的发生。

第五，非系统性风险源全面显性化，并会在个股层面导致股价波动加剧。股权分置对上市公司大股东存在“套牢”效应，在一定程度上可以抑制上市公司各种风险充分暴露。股份全流通后，随着股票自身所代表的上市公司控制权、收益权边界被清晰界定，各类非系统性风险源将显性化，并导致二级市场股价表现分化。

第六，市场微观结构潜在缺陷诱发股市暴涨暴跌的可能性上升。市场微观结构的潜在缺陷具备一定条件后，可以诱发股票市场发生系统性风险。1987年10月29日美国股票市场发生的“黑色星期一”已充分证实了这一点，迅速发展的市场微观结构理论也在理论上证明了这一点。股份全流通后，我国股票市场运行在各个层面已发生了显著变化，交易结构、交易方式日趋复杂，市场微观结构一些潜在的缺陷有可能暴露并诱发系统性风险。

（3）从市场行为来看，违法违规等不良市场行为存在集中爆发的风险。股份全流通使各类市场主体的市场行为动机、行为方式发生了重大变化，我国资本市场可能出现的不良市场行为多种多样，其中，需要重点防范的有以下几类：

第一，市场操纵。股份全流通可能使市场操纵行为出现以下变化：一是市场操纵主体多样化，大股东、上市公司及其高管、机构投资者都有可能直接或间接地操纵市场；二是市场操纵的动机多样化；三是市场操纵方式多样化；四是一些恶性市场操纵事件的出现已具备条件。

第二，内幕交易。股份全流通后大批上市公司将通过资产重组、资产注入、整体上市等方式提高公司质量，内幕信息在这个过程中将会密集生成，这在源头上为内幕交易大面积出现提供了条件。内幕交易将会出现以下变化：一是内幕交易主体增多；二是内幕信息来源增多；三是内幕交易的方式呈现多样化和隐蔽化；四是虚假陈述、操纵市场、非法关联交易等违规行为可能与内幕交易相伴发生。

第三，利润操纵和虚假信息披露的诱因增多。股权分置时代，上市公司的利润操纵和虚假信息披露更多地服务于配股和增发的需要；股份全流通后，这两类行为主要配合股价操纵。相对于配股和增发，操纵股价的诱因会长期经常性存在，这也会导致利润操纵和虚假信息披露更经常性地出现。

第四，大股东过度套现并可能诱发上市公司"内部人控制"等风险。对于绩差并且未来发展前景不好的公司来说，股价继续上涨的可能性较少，长期持有分享上市公司的分红更是"杯水车薪"，大股东通过二级市场及时套现获得超额收益可能远远超过未来公司分红派息的收益和未来出售股票的收益。在这种情况下，大股东有可能不惜放弃上市公司控制权而"过度套现"。与之对应，上市公司的公司治理问题将由传统上的"一股独大"转化为控制权"缺位"和突出的"内部人控制"风险。相对于欧美等国的成熟市场，我国股票市场在面对"内部人控制"方面缺乏监管经验，因此，有可能延伸出一系列新问题。

13.2 当前A股市场运行面临的十大风险①

2006年以来，受股权分置改革基本完成、国民经济高速增长、人民币升值、流

① 2007年10月报送的研究简报。

动性过剩、上市公司业绩大幅度提升、上市公司及其大股东“做多”，以及2007年召开“十七大”、2008年举办奥运会等多方面有利因素的影响，A股市场出现了持续的、大幅度的上涨。2007年9月，深证成份指数、上证综合指数分别突破18000点和5400点，分别比2005年年底上涨了5.38倍和3.65倍，其涨幅之高、涨速之快，为同期全球股市所仅有。但是，世界上没有只涨不跌的股市，A股市场在进入高位运行阶段的同时，市场内部风险已开始显性化，外部环境变化带来的风险也正在逐步积累。概括起来，当前A股市场运行面临十大风险：

（1）A股市场整体市盈率水平已进入历史高位，并显著高于海外成熟市场和新兴市场市盈率水平。至2007年8月底，上证综指、深成指成分股加权平均静态市盈率分别为59.25倍、58.4倍。按同样口径计算的沪深两市市盈率，1993～2006年均值分别为33.46倍、33.28倍，2000年的历史最高水平分别为59.14倍、59.25倍。当前，A股市场整体市盈率高于其过去15年均值70%以上，已超过历史最高水平。不仅如此，与海外市场比，当前A股市场平均市盈率水平高于海外成熟市场和新兴市场2倍以上。1993～2006年，美国标普500指数成份股加权平均市盈率均值为19.74倍，韩国综合指数成份股加权平均市盈率均值为15.91倍，中国香港恒生指数成分股加权平均市盈率均值为15.14倍，1997～2006年纳斯达克综合指数成分股加权平均市盈率均值为28.39倍。市盈率20倍左右是海外成熟市场市盈率波动的中枢。海外市场蓝筹股市盈率平均在15倍左右，而上证50指数和上证180指数成分股平均市盈率高达52.31倍、54.71倍。即使考虑到上市公司业绩增长对市盈率的影响，以2007年半年报业绩估算，当前上证综指和深成指成分股加权平均动态市盈率仍分别高达40.71倍、40.18倍，也高于海外成熟市场1倍左右。

（2）A股市场整体市净率水平创历史新高，大幅超过国际经验的“警戒线”。市净率是评判公司价值的重要基准，也是比市盈率更为直观的公司价值评判指标。从各国证券市场运行的历史经验来看，市场整体市净率水平不可能长期超过5倍。美国股市平均市净率在2000年泡沫期的峰值略高于5倍，日本东京证券交易所的平均市净率在1989年泡沫期的峰值是5.5倍。1991年台北综合指数达到12000点，其对应的市净率不过是4.5倍。目前美国、英国、韩国、日本、中国香港和中国台湾等市场的平均市净率稳定在1.5～3倍的区间内。2007年8月底，沪、深主板市净率均值分别为8.07倍、8.73倍，深市中小板市净率均值为12.03倍，这不仅远远超过5倍的“警戒线”水平，也打破了2000年A股市场自身创造的6.09倍的历史最高纪录。具体来看，沪市主板有463家公司、深市主板有275家公司、中小板有114家公司的市净率达到或超过了“警戒线”，分别占上市公司总数的58%、64%、

70%。这意味着A股市场大多数股票都“萝卜卖出了肉价钱”。

（3）上市公司业绩高增长难以持续，股票估值水平难以继续获得上市公司业绩高增长的支撑。2006年和2007年A股上市公司总体业绩出现了跳跃性高增长，但其高增长具有以下特点：（1）利润总额中投资收益、公允价值变动收益等临时性收益比重较高。如深市主板公司2007年上半年利润总额中，投资收益、公允价值变动损益和营业外收入分别占15.33%、1.35%和6.26%，合计高达23%。（2）业绩高增长没有相应的现金流增长匹配，质量不高。2007年上半年深市主板公司加权平均每股经营性现金流同比增幅仅为41.22%，大大低于同期加权平均每股收益83.53%的增幅，说明其业绩增长有点“虚”。（3）来自会计、税收政策变更的收益很难再现。据分析，2007年第二季度的利润增长中，近3成的公司业绩来自会计制度变更和税收政策变动带来的好处，这部分收益并非来自公司经营改善，对业绩的影响往往是一次性的。（4）股权激励和“大、小非”减持带来的“做多”冲动对业绩增长的放大作用渐趋“衰竭”。当前深沪上市公司业绩跳跃性增长一定程度上是股东和高管空前一致地“做多”上市公司的结果。业绩增长的来源和特点，一方面决定了业绩高增长本身无法持续，另一方面也意味着当前60倍的平均市盈率的计算仍然是保守的，如果以主营业务利润来计算，A股市场的平均市盈率水平已经超过了100倍。

（4）A股市场的投资者结构及其投资方式与海外资本市场有着很大差异，投资资金不稳定的风险总体上远远高于海外市场。具体表现在以下几个方面：①海外市场中，以养老金为代表的长期投资资金所占比重较大。2005年年底，共同基金的份额中有3.4万亿美元是养老基金，约占所投资市场市值的20%。而我国社保基金和企业年金的证券投资刚刚起步，所占市场份额非常小。②我国证券市场个人投资者所占比重远远超过海外市场。我国证券市场从一开始就是一个散户市场，散户大多追求短期资本利得，缺乏长期投资目标，通过共同基金进行投资尚未普及。2006“基民”收益超过股民后，这一现象开始有所转变，但是散户直接投资的比重仍然较高。③我国共同基金的稳定性远远低于海外市场。美国共同基金主要来源于401K和固定缴费计划等进行长期投资的资金。例如，共同基金的持有者中，63%是通过固定缴费计划账户来持有共同基金的，个人持有的共同基金份额中23%是以雇主发起的退休计划账户持有的。我国随着证券市场的发展，共同基金的规模迅速增加，当前我国证券投资基金的规模约占流通市值的30%，与美国共同基金的相对份额已基本相当。但我国基金投资人还很不成熟，基金投资者中采取定期定存等长期投资方式的比重较低，一旦市场出现走势逆转或系统性风险，“基民”可能会采取一致的、集中的、大规模的赎回行动。

（5）限售股即将进入解禁上市流通高峰期，包括国有股东在内的大非、小非减持有加速迹象。按 2007 年 8 月 31 日的收盘价格计算，2006～2020 年间的深沪两市存量限售股市值约为 8.33 万亿元，其中，2007 年年底解禁的限售股市值为 1.43 万亿元，2008 年和 2009 年是限售股份解禁的高峰期，这两年共有 5.3 万亿元市值的限售股可上市流通，占目前深沪 A 股流通市值 7.77 万亿元的 68%。无论从绝对规模还是相对规模来看，这批限售股份的动向足以决定今后 A 股市场的运行格局。原国有股、法人股基本上都是按照每股净资产或略高于每股净资产折股的，经过多年的分红派息，持股成本已经很低甚至为负。在目前市场高位运行情况下，限售股大规模减持的强烈冲动是客观存在的。2007 年 7 月有 2.61 亿股限售股减持，其中，国有股东减持 1961 万股，占同期减持总量的 7.52%，8 月共有 4.66 亿股限售股减持，其中，国有股东减持 1.33 亿股，占同期减持总量的 28.51%。以上数据表明，包括国有股东在内，对解禁限售股的减持已经在加速。

（6）市场加速扩容，在特定条件下有可能对二级市场运行形成较大压力。A 股市场扩容压力来自以下 4 方面：①新股发行节奏加快。2007 年 1～7 月，A 股市场已发行新股 52 只，共募集资金 1418.56 亿元。进入 7 月后，新股发行明显加速，7 月有 8 只新股首发，8 月有 21 只新股首发，远远超过上半年的新股发行速度。与此同时，新股发行审核效率也显著提高，7～8 月间中国证监会发审委审核的拟上市公司达 27 家，比 5 月、6 月间多出 20 家。②再融资提速。2007 年 7 月以来获准的上市公司增发预案达 25 宗，比 5 月、6 月间多出一倍。其中，中信证券以 74.91 元的价格募集资金 250 亿元，万科以 31.53 元的价格募集资金 100 亿元。海通证券也宣布了募资 260 亿元的定向增发计划。③红筹股回归再掀高潮。2007 年上半年，先后有重庆钢铁、中国远洋、中国平安、交通银行等公司回归发行 A 股。2007 年 9 月之后，H 股和红筹股回归步伐明显加快。建设银行、中海油服、中国神华先后获准发行 A 股，其中，建设银行募集资金高达 580 亿元，中国神华预计募集资金超过 700 亿元，先后刷新了 A 股 IPO 募集资金的纪录。④创业板的推出，也将分流部分资金。当前扩容对 A 股市场运行的影响仍然是正面的，但不排除特定情况下转化为负面影响的可能性。

（7）市场技术调整需求日益增强，但中小投资者承受正常市场波动风险的心理素质和能力难以经受考验。历时两年零三个月，上证综指从 2005 年 6 月 6 日的最低 998 点上涨到 2007 年 9 月 18 日的 5424 点，涨幅高达 443%，同期深成指从 2729.20 点上涨到 18316.42 点，涨幅高达 571%。相对于国外类似的“大牛市”：20 世纪 80

年代的日本股市泡沫中，日经指数从1984年7月23日最低的9703点到1989年12月29日最高的38957点，历时5年5个月，涨幅为301%。20世纪90年代的美国股市新经济泡沫中，纳斯达克指数从1996年7月16日最低的1053.4点到2000年3月10日最高的5048.6点，历时3年8个月，涨幅379%。无论是上涨幅度还是上涨速度，A股市场都远远超过海外市场泡沫时期的情况。更为重要的是，在A股市场大幅上涨的过程中，除2007年2月和6~7月间两次短暂的局部震荡外，市场呈现的是一种强势的单边上扬状态，市场的上涨动力在经历初期的价值回归和中期的价值发现后，后期已完全转化为资金推动的价格预期与博弈。在此市场格局下，一旦市场要素发生变化，投资者预期有所改变，市场技术调整的风险有可能一触而发。对于还没有"买者自负"意识且已经习惯了股市单边上扬的大批中小投资者，可能会在不能预期的市场技术调整中麻木不仁而承受很大的投资风险。

（8）宏观调控政策频繁出台，增加了A股市场运行的系统性风险。接近10%的经济增长率、低于3%的通货膨胀率是我国宏观经济运行传统上的控制目标。2007年7月CPI（消费者价格指数）同比上升5.6%，8月同比上升6.5%。通货膨胀形势显著恶化已经为中国宏观经济运行亮起了红灯，以控制通货膨胀为中心任务的新一轮宏观调控已经展开并将全面深化，这将会对A股市场运行产生多方面的冲击：①货币政策、财政政策开始双紧缩，加之我国企业利润有强烈的同周期性特点，上市公司的经营绩效有可能全面滑坡；②宏观调控政策的频繁出台，将会加剧股票市场中资金存量和流量的波动，也会不断改变投资者的市场预期，这将进一步诱发股票市场价格剧烈波动；③我国的通货膨胀与资产泡沫已经在一定程度上形成相互推动、相互加强的形势，"三价（物价和股价、房价）互动"加强有可能使三者同时失控，从而对实体经济的发展造成严重影响。如果这一现象为宏观管理当局所认可，A股市场有可能成为宏观调控措施的直接着力点，行政干预的可能性将上升；④汇改以来人民币对美元汇率累计升幅已有7.78%，随着汇改的深入和汇率政策调整，加之美元自身的调整，人民币对美元单边上扬的态势可能发生变化。如果国际资本流动方向发生突然变化，将会导致我国宏观经济政策组合作出重大调整，进而对A股市场将产生直接冲击。

（9）"流动性过剩"与"流动性短缺"的可能性并存，A股市场运行的外部环境有可能发生重大变化。我国出现"流动性过剩"的主要原因有两个：①货币供给方面，"双顺差"中的外汇流入、"投资热"中的银行贷款增加是导致货币供给增加的主要因素。过去4年，我国因购汇增加的基础货币为8.4万亿元。2002年以来商业银行贷款高速增长，其中，2006年新增贷款3.18万亿元，2007年上半年新增贷款 2.54 万亿元。随着货币供给量的增加，我国的广义货币 M2 与名义 GDP 之比不断提高，目前已经超过 160%，为世界之最。②从货币需求来看，因实际利率偏低而其他资产比较收益上升，国内居民持币动机弱化，开始“存款搬家”。

面对“流动性泛滥”，2007 年以来宏观管理当局采取了一系列措施：①央行连续 7 次调高存款准备金率，从年初的 9% 水平提高到 9 月 25 日起的 12.5%，累计从商业银行抽离资金 6000 亿元左右；②增加 3243 亿元央行票据，以货币乘数 2.5 倍计算，共收回 8110 亿元广义货币；③2007 年 8 月 29 日财政部发行了 6000 亿元特别国债，财政部已经宣布下一期 2000 亿元的特别国债，在 2007 年第四季度之前面向社会公开发行。此外，财政部还有 7500 亿元特别国债额度随时可能向社会发行。

一系列流动性收缩政策的出台，可能会出现以下两种情况：①政策达不到预期效果，流动性过剩继续，A 股和其他资产价格进一步泡沫化；②因经济运行环境变化或不当调控，“流动性过剩”可能迅速转变为“流动性短缺”，这对 A 股市场将会产生全面的、巨大的冲击。这并非危言耸听，2000 年以来出现了全球性流动性过剩，但是 2007 年 8 月美国“次贷危机”的严重性逐渐浮出水面后，全球金融市场几乎在一夜之间出现了“流动性短缺”，并导致美、欧、日中央银行紧急“注入流动性”。

（10）持续加息，将提高 A 股市场的投资机会成本，增加上市公司的融资成本。2007 年以来央行 5 次加息，一年期存款基准利率从年初 2.52% 升至当前的 3.87%，累计提高 53.57%（如考虑利息税的调整，累计提高 80%）。一年期贷款基准利率从 6.12% 提高到 7.29%。由于通货膨胀，现行存款利率仍为负值（-0.21%）。从目前政策动向来看，我国经济已进入并有可能继续在新一轮加息通道中运行，这将从多个方面影响到 A 股市场运行：①加息提高了二级市场资金的直接成本和机会成本，在一定程度上会影响 A 股市场资金供给；②加息和降低利息税，增加了银行存款的吸引力，可能会导致一部分资金从股市回流银行；③加息增加了上市公司间接融资成本，其带来企业的经营成本增加和生产规模的下降将会降低企业未来的利润增长；④国内的利率政策选择已受制于汇率政策，在美联储利率政策频繁变动的情况下，动态博弈下国内利率政策选择已不容易形成稳定预期，从而增加了 A 股市场运行的不确定性因素。

以上分析表明，A 股市场运行的十大风险已经生成，这些风险可以识别，但大多数不可测也难以控制。需要明确的是，尽管 A 股市场运行的风险源和风险种类都开始呈现多元化的格局，但是最终都会以市场估值过高这一结果集中表现出来，并最终以价值回归完成风险释放。如果 A 股估值水平进一步上升，以上风险还会被成倍放大，届时风险集中释放对市场运行和市场发展的破坏性将会更大。有鉴于此，我们认为有必要从以下3个方面入手加强A股市场运行的风险防范与控制：

第一，强化市场监管。规范整体上市、资产注入、并购重组行为，控制上市公司及其大股东不当“做多”行为，及时查处、严厉打击、有效控制内幕交易、市场操纵行为。

第二，加强投资者风险教育。加强市场风险揭示、风险提示，强化投资者风险教育，规范个股推荐、市场评论行为，适度控制新股民、新基民入市的节奏，弱化推动股票价格进一步上涨的直接动力，为化解风险留下必要的空间和时间。

第三，运用市场化手段，适时、有效调控市场。面对十大风险已经形成并且相生相克的错综复杂局面，管理层既不能回避问题的严重性，又不能使用过激的行政手段强行干预市场运行，而应该坚持全局观、科学发展观，着手制订系统的对策，以市场化手段为主，引导A股市场运行逐步实现“软着陆”。

13.3 提防开放式基金大规模集中赎回的风险[①]

截至2007年9月，我国开放式基金投资占深沪股市流通市值高达40%左右，开放式基金买卖股票对深沪股指的影响权重超过60%。开放式基金在深沪股市中占有较大份额表明，基金投资者（简称“基民”）大量申购基金导致开放式基金大规模增持股票，或基民大量赎回基金导致开放式基金大规模减持股票，都将对深沪股市总体波动产生很大影响。以下分析进一步表明，在一定条件下我国深沪股市发生开放式基金大规模集中赎回的可能性较大，一旦发生，引发的后果可能比较严重。证监会、交易所、基金公司在防范开放式基金大规模集中赎回的风险方面应有所准备。

13.3.1 开放式基金大规模集中赎回的可能性正在加大

开放式基金申购和赎回是一种正常的市场行为。在正常情况下，有的基民申购

① 2007年10月报送的研究签报。

基金而别的基民赎回基金，投资基金总规模变化较少。但在特殊情况下，会出现基民大量申购而较少赎回或大量赎回而较少申购的情况，即出现总体上基金大规模集中申购或赎回的情况。分析表明，深沪股市出现基金大规模集中赎回的可能性正在加大。

（1）深沪股市运行面临着较大的风险，可能诱发基民赎回多于申购。2007 年 10 月，深证成分股指数、上证综合指数分别升至 20000 点和 6000 点，在不到 2 年的时间分别上涨了 5 倍左右；深沪股市静态、动态市盈率分别高达 70 倍、40 多倍，高于成熟市场总体市盈率 1 倍甚至 2 倍以上；沪深主板、深市中小企业板市净率均值分别在 8 倍、12 倍以上，远远超过国际股市 5 倍的“警戒线”水平。因此，深沪股市出现了总体价值高估，投资风险较大，理性的基民有可能赎回基金以回避投资风险。

（2）市场运行环境在总体向好的同时，多了一些“利空”的因素，有可能导致一部分基民倾向于赎回。为应对消费品和资产价格上涨，国家及有关部门采取了一系列宏观调控或紧缩的措施，如持续多次提高准备金，多次提高银行存贷款利息，发行特别国债，提高购买第二套房首付和贷款利息，增加央行票据，启动特别存款等，这些措施对深沪市场资金供需关系、投资者投资行为、上市公司经营业绩等的不利影响正在加大，可能会强化部分基民的赎回动机。

（3）基民结构、盈利状况和行为动机的高度一致性，在一定条件下可能会加剧基民集中赎回的行为。我国投资基金只有少部分来源于社会保险、商业保险等稳定性、长期性投资资金，大部分都来源于中小投资者的储蓄资金（2007 年基金中报显示个人投资比例接近 90%），稳定性较差。基民申购基金大部分为 2006 年以来入市的资金，普遍盈利丰厚。中小投资者“羊群”效应明显，具体体现在基民身上就是申购或赎回行为一致性较高。因此，在一定的条件诱引下，我国出现基金集中赎回的可能性较高，赎回的规模可能较大。

（4）基金投资集中度高，投资品种和方式差异性少，强化了基民集中申购或赎回的动机。尽管我国自 2006 年以来基金公司、投资基金设立越来越多，规模越来越大，但是我国基金投资在品种上主要集中于股票，并且主要集中在所谓的“大盘蓝筹股”上，在方式上采取的是集中资金优势推高股价的方式，不同的基金公司和不同的投资基金在投资理念、投资方式、投资品种等方面趋同性较强，差异性较少。这种状况既可以在一定条件下引导基民大规模集中申购基金，也可能在另一些条件下导致基民大规模集中赎回基金。

13.3.2 开放式基金大规模集中赎回的风险可能较大

正常的基金赎回因有正常的基金申购对冲不会引发市场风险，但是集中的、大规模的基金赎回可能会引发较大的、较多的风险。

（1）基金公司面临的风险。我国基金公司自有资本金较少，投资比例较高，现金流余额较少，一旦出现基民大规模集中赎回，基金公司或单只投资基金现金流余额可能不足以面对赎回的压力，从而不得不被动地抛售所持有的股票。当不同的投资基金面对类似的情况且抛售股票较多时，就有可能导致所抛售股票价格暴跌，或受跌停板的限制根本就无法抛售股票从而不能应对基民大规模集中赎回的压力。此时，基金公司面临着较大的投资风险和基金赎回风险。2007 年 2 月 27 日深沪股市就出现过类似的情况。

（2）基民面临的风险。大规模的基金赎回对基民的风险主要体现在 3 个方面：一是减少投资收益或出现投资亏损；二是所投资金不能在约定的时间内赎回，面临着套现的风险；三是不赎回的基民因别的基民大规模集中赎回而跟着蒙受投资风险。

（3）市场面临的风险。大规模的基金赎回引发的市场风险在我国现阶段具有特殊性，主要体现在以下 4 个方面：

①我国基金的股票投资规模超过深沪流通市值 40% 以上，并且投资理念、投资方式、投资品种较为一致，应对基金大规模集中赎回的措施会趋于雷同。这样基金大规模集中赎回的风险就有可能转化为整个市场风险。

②基金大量集中持有所谓的“大盘蓝筹股”，这类股票在我国深沪股市总体中家数较少，但市值规模和占市场份额很大，其价格波动对股指影响很大。应对基金大规模集中赎回，基金公司可能会集中抛售这些“大盘蓝筹股”，即使抛售数量有限，也会引起股市总指数暴跌。

③从最终投资者来看，我国基民绝大多数都是中小投资者，他们和我国中小股票直接投资者的投资方式、投资理念没有本质区别。基民大规模集中赎回可能与中小股票直接投资者抛售股票的行为同时出现，这就可能导致更大的市场风险发生。

④基金大规模集中赎回可能是某一“利空”、市场“见顶”或市场正常的但却是深幅调整引起的，但反过来基金大规模集中赎回会加剧“利空”放大、市场暴跌，从而形成股市暴跌与基金大规模集中赎回互为因果、相互加剧的格局。

13.3.3 防范和控制基金大规模集中赎回风险的建议

防范和控制基金大规模集中赎回的风险，既是促进我国证券投资基金业发展、保护中小投资者利益的需要，也是促进我国证券市场健康发展的需要。为此，建议如下：

（1）优化投资者结构。我国开放式基金投资占市场的比例较高、基民以中小投资者为主、投资资金来源以不稳定的中小投资者储蓄资金为主，市场和基金公司应对基金大规模集中赎回风险的能力都较差。从长期来看，根本出路在于优化投资者结构：一是引导长期投资者和长期投资资金入市，如扩大社会保险资金、商业保险资金直接投资或委托基金公司投资；二是发展私募基金，扩大私募基金投资在市场的比例，形成与开放式基金有差别的、相互补充的市场投资格局；三是引导其他长期投资者和长期投资资金入市，增加 QFII 的 A 股投资规模。

（2）提高基金公司应对风险的能力。一是随着管理的投资基金规模的扩大，按照一定的比例相应提高基金公司自有资本金的规模。二是根据所投资股票总体估值水平的高低，适时调整投资比例：股票估值水平较高时降低投资比例，股票估值水平较低时提高投资比例。三是分散投资。主要是降低单只基金投资一只股票的比例、同一基金公司多只基金投资同一只股票的比例；与此同时，扩大固定收益类证券品种的投资比例。四是建立或完善基金公司风险保证金、备付金制度。

（3）加强投资基金监管。一是严格监管和控制基金公司、投资基金集中、交叉投资，分散投资风险，优化基金投资结构；二是严格惩治基金公司之间、投资基金之间、基金与其他投资者之间、基金与上市公司或大股东之间合谋操纵股价的行为；三是加强基金公司和投资基金信息披露监管，提高其投资的透明度。

（4）建立市场做空机制。没有做空机制，既可能强化市场做多，也可能在市场转势时导致基金大规模集中赎回。因此，市场应该有一定的做空机制和做空产品，基金公司在投资结构上应该有做多盈利产品和做空盈利产品。因此，在条件具备时推出适当地做空产品（如股指期货、认沽权证等），形成一定的做空机制，对抑制基民大规模集中赎回、控制其引发的风险将会产生一定的促进作用。

（5）加强基民的风险教育。一是引导基民根据市场而不仅仅是根据基金公司或投资基金以往的业绩来决定基金申购或赎回的行为；二是引导基民认识到“跟风”赎回并不一定是防范或控制投资风险的唯一办法；三是引导基民无论如何都不能将全部资金用于高风险的基金投资上。

13.4 世界股灾史[①]

中国全球化的步伐越来越快，面对全球的机会和风险，能否保证我们经济的继续走强，能否保证中国股市的牛市格局，已经成为很多人思考的课题。或许，来自其他国家地区股市的灾难事故更能让我们认清全球化的风险。事实上，股市的奇迹不是靠吹泡泡来形成的，大到一个国家的 GDP 增长，小至一个企业的市值增长，都需要有实际业绩作为坚强的后盾，背离基础的繁荣只能是昙花一现。

在欧美经济陷入衰退的忧虑情绪冲击下，股市波动愈演愈烈。2008 年 1 月 22 日，全球股市普遍遭遇“黑色星期一”，欧洲三大股指跌幅均超过 5%，创“9·11”以来最大跌幅。

1 月 28 日，中国香港、中国台湾及日本等地股市继续暴跌，上证综指重挫 354.69 点，创下历史最大单日跌幅，深沪两市仅 24 只个股上涨，933 只个股大面积跌停，市场哀鸿遍野。

13.4.1 股灾真的来了？

股灾是指股市内在矛盾积累到一定程度时，由于受某个偶然因素的影响，突然爆发的股价暴跌，表现为股票市值剧减，使注入股市的很大一部分资金化为乌有；从而引起社会经济巨大动荡，并造成巨大损失的异常现象。

股灾不同于一般的股市波动，也有别于一般的股市风险。它毁灭的不是一家证券公司和一家银行，而是影响一个国家乃至世界经济。股灾导致股市投资机会减少，促使资金外流，引发货币贬值，从多方面导致金融市场动荡，引发或加剧金融危机，加重经济衰退，工商企业倒闭破产，进而间接波及银行。

一次股灾给人类造成的经济损失，不亚于一次世界大战的经济损失。从 1720 年

---

① 来源于《商界评论》，2008 年 3 月 28 日。

世界第一次股灾发生算起，200多年来，几乎每一个拥有股市的国家和地区都发生过股灾，有的还不止一次。

13.4.2 法国密西西比股灾

1720年法国密西西比股灾和英国南海股灾，是自世界股市建立以来发生的最早的股灾。

这次股灾的直接原因是由市场过度投机，暴炒密西西比公司股票并最终导致股票暴跌引起的。

1710年，法国财政赤字接近1亿锂，国债已近30亿锂。而当年财政收入只有6900万锂，开支14700万锂，财政入不敷出，法国政府和各部门几乎陷入瘫痪。

为了摆脱国家财政危机，法国政府授权约翰·劳创办一家资本约600万锂的私人银行。1717年，法国政府准许以约翰·劳的私人银行发行的纸币纳税。次年，法国政府将约翰·劳的私人银行改为国家银行并授予它发行钞票的权力，且特许约翰·劳建立密西西比公司和包税总所。这样，法国的独家纸币发行权、北美贸易垄断权和代理间接税权以及与此相配合的3家垄断机构——国家银行、密西西比公司和包税所都控制在约翰·劳的手中。

1718年，密西西比公司以开发路易斯安那金矿为由，计划发行1亿锂，共20万股股票，每股发行价为500锂。约翰·劳采取各种促销方法营造社会购买的热烈气氛，并允许持有政府债券的人用债券购买股票。由于债券在市场上的价格还不及面值的一半，绝大多数债券持有人都迫切想用手中的债券去换购股票，于是出现了抢购风潮。

市场投机愈演愈烈，整个欧洲的资金都像潮水般涌入。1719年7月，密西西比公司股票每股达到5000锂，8月份上升到10000锂，10月份升至21000锂，最高涨至31000锂，涨幅为发行价的62倍，创造了世界股市当时以及以后相当长一段时间内暴涨的最高纪录。

1720年7月，投机狂潮终于接近尾声。许多股民开始为过高的股价担忧，赚了钱的人都想把股票换成纸币，市场上开始出现大量抛售密西西比公司股票的现象，股价迅速下跌。

为了支撑股价，约翰·劳不惜通过大批量发行纸币来吸收投资者卖出的股票，结果适得其反，密西西比公司股价一泻千里，创造了至今仍保持的跌幅——一次达

99%的世界股市最高纪录。抛售股票的狂潮迅速演变为挤兑狂潮，导致了法国银行的倒闭，无数纸币顷刻变成了废纸，法国经济随之陷入长期大萧条。

13.4.3 英国南海股灾

英国南海股灾，是继1720年法国密西西比股灾后世界股市历史上爆发的重大股灾，其影响比法国密西西比股灾更为深远。

1711年，英国南海公司成立，公司为了显示其雄厚的经济实力，不惜以巨资认购英国政府1000万英镑的债券，从而获得了政府和社会公众的信用。作为回报，英国政府保证对已转换债券支付6%的利息并免征间接税。此外，南海公司还获得了英国与美洲大陆东海岸之间的贸易特权和英国与美洲大陆西海岸的所有贸易权。

然而，南海公司毫无商品贸易和经营管理方面的经验，经营利润极微。为了改变这种状况，南海公司大量向政府官员行贿以加速官商化进程，英国公众和投机商也希望南海公司成为阻止大批资金流入法国密西西比公司，并与之抗衡，二者一拍即合。

1720年，南海公司决定对高达3100万英镑的全部国债提供资金以提高其声誉，此举不仅深受英国政府欢迎，也迎合了众多的投机者。1720年1月1日，南海股票指数大幅上涨。南海公司采取欺诈的手段制造公司的虚假繁荣，每股从130英镑上涨到300英镑。4月12日，南海公司以每股300英镑的价格发行新股；5月，南海公司又发行了每股400英镑的新股；6月15日，南海公司更是以现付10%的方式再次发行新股，此时，南海公司股价已升至800英镑。

1720年7月1日，南海股票指数升至950点，并摸高1050点，相对于首次发行价130英镑上涨了7.08倍。南海公司股票暴涨产生了巨大的示范效应。一些企业的发起人也开始创办公司并向股市投放大量新股，于是，大量新公司像“吹气泡”一样迅速出现。

1720年7月，英国政府为了保护南海公司的利益，维护其垄断地位，颁布了“禁止气泡公司法案”，中止了一些“气泡公司”股票上市，并解散了一部分公司。1720年8月，南海公司一些董事和高级职员认识到南海公司股价暴涨和公司毫无起色的经营业绩完全脱钩，于是便大量抛售持有的股票。投资者识破南海公司真相后，更疯狂地抛出所持股票，南海公司股票一路狂泻，跌幅达78.04%。

受其牵连，英格兰银行股票从9月1日的227点跌至10月14日的135点，整个英国股市完全崩溃，为数众多的银行倒闭，公司破产，在以后长达一个多世纪的时间里，英国市场上的股票几乎销声匿迹。

13.4.4 1929 年和 1987 年的世界性股灾

1929 年世界性股灾起源于美国。1920～1921 年，美国发生经济危机。之后，美国经济走出谷底，开始回升。1923 年，美国股市开始启动，稳步攀升到 1928 年。美国股票市值从 270 亿美元增至 480 亿美元，共增长 78%，年均增长 13%。这一期间，美国股市基本上处于慢牛走势之中，股市与美国经济持续增长大致吻合。

受股市繁荣的刺激，1929 年，美国著名经济学家欧文·费雪提出了一个著名的观点："股市已经达到像永久性高原那样的平稳时期。"美国到处充满着欢乐、祥和的情绪，这极大地激发了华尔街投机商的野心，他们将原先繁荣的股票交易演变成一种疯狂的投机活动。众多投资者纷纷进入股市，美国出现了空前的全民股票热。

在此情况下，美国股市扶摇直上，道·琼斯指数在 1929 年 9 月初摸高 452 点，比年初暴涨了 1 倍多，比 1921 年最低时上涨了 5.95 倍，股价远远超过了其实际价值，股市风险增大到一触即发的地步。

在美国股市暴涨的同时，持续增长 7 年的美国经济在 1929 年的下半年开始显露疲态，工业产量出现萎缩。1929 年 9 月 5 日，美国金融家罗杰·巴布森预言"一场市场崩溃迟早要来临"，当他的话在道·琼斯金融消息自动记录器上被引用的时候，市场真的发生了突然变化，昔日的股票指数狂涨已被大幅下挫所代替。

1929 年 10 月 21 日，黑色星期一，美国股市一开盘就像决堤的洪流急剧奔泻，纽约证券交易所当天共有 1600 万张以上的股票易手，是该交易所有史以来最大成交额。24 日，尽管美国总统发布了"经济形势平稳"的新闻讲话，但纽约股市仍被 1300 万股抛单压得直线下泄。28 日，面临崩溃的纽约股市来不及喘息，再次以空前的幅度狂跌，当天跌幅高达 12.82%，股票持有者急于抛股，已到了不计价格高低的地步。

到 1932 年 7 月，道·琼斯指数已跌至 58 点，相对于 1929 年 9 月最高点 452 点已下跌 89%，市值损失了 82.3%，著名的美国通用电气公司股票价格从 396 美元跌到最低只剩下 8 美元，美国股市步入长达 5 年的漫长熊市，不仅美国经济陷入瘫痪，而且引发了长达 4 年的世界性经济危机。直到 1954 年，在事过 25 年后，道·琼斯指数才重返 1929 年的峰位 452 点。

1987年世界性股灾也起源于美国。1980年，罗纳德·里根当选美国总统。1982年美国经济出现复苏，通货膨胀率下降，美国以至整个西方经济进入了一个持续的增长期。

在美国提高利率和美国经济持续增长的双重引导下，国际游资大量流入美国，促使股价大幅上升，道·琼斯指数从1982年的776.92点上升到1986年的1955.57点，1987年8月25日更是升至2722.40点，相对于1982年最低点上涨了2.5倍，整个西方国家的股市进入了前所未有的全面牛市之中。

美国经济虽然持续增长，但也存在不少隐患。1986年，美国财政赤字高达2210亿美元，外贸赤字高达1562亿美元，外债达2636亿美元，美国已沦为世界最大债务国。为了吸引外来资金，以弥补国内资金的不足，美国保持着较高的利率水平。

1987年10月19日，股灾突发，这一天，道·琼斯指数暴跌508.32点，跌幅达22.62%，市值在一天之中就损失了5000亿美元，超过了触发经济危机的1929年10月28日暴跌12.82%的记录。

美国股市暴跌触发了世界性股灾。1987年10月19日，伦敦《金融时报》指数下跌183.70点，日本日经指数10月19日跌620点，中国香港恒生指数10月19日跌420点，均创当时世界股市历史上日最高跌幅纪录。

整个西方股市陷入恐慌的暴跌之中。整个10月，股灾造成世界重要股市市值损失了17920亿美元，相当于第一次世界大战中直接和间接经济损失3380亿美元的5.30倍。

13.4.5 区域性股灾

1997年发生在东南亚的金融危机和股灾，是世界区域性股灾的典型例子。

1997年前，东南亚国家和地区是20年来世界经济增长最快的地区之一，这些国家和地区在经济快速增长的同时或之后，也出现了银行放贷过于松动，不良资产日益膨胀、外债加重、金融过分自由化等问题，这都为东南亚金融危机和股灾埋下了祸根。

1997年2月，由于泰国房地产市场呆滞以及泰国金融机构出现了严重的现金周转问题，泰铢汇率发生波动。5月，泰国投资者纷纷抛售泰铢买进美元，泰国央行为了稳定汇率，抛出40亿美元买进泰铢，但无济于事。7月2日，泰国政府被迫宣布泰铢与美元脱钩，实行浮动汇率制度，东南亚金融危机由此爆发，当天泰铢汇率下跌 20%。

受此牵连，菲律宾、印度尼西亚和马来西亚等国家货币也迅速贬值。除港元外，其他几乎所有的金融市场开放的国家和地区的货币都有不同程度的贬值。印尼盾贬值 70% 以上，泰铢贬值 50% 以上，韩元、马来西亚林吉特、菲律宾比索贬值30% ~ 40%，日元相对于 1997 年初贬值 17%。这些东南亚国家和地区股市下跌的程度也不亚于货币贬值的幅度。到 1997 年 12 月 31 日止，几乎所有东南亚国家和地区的股市都遭受了这次金融危机的重创，跌幅都在 20% ~60% 左右。

东南亚金融危机的进一步扩散，引起包括美国股市在内的全球其他股市的大幅下挫。11 月，日本先后有三洋证券公司、北海道拓殖银行、山一证券公司等破产或倒闭。

1998 年 1 月 12 日，在印度尼西亚从事巨额投资业务的香港百富勤投资公司宣告清盘；同日，中国香港恒生指数暴跌 773. 58 点，新加坡指数跌 102. 88 点，中国台湾加权指数跌 362 点，日经指数跌 330. 66 点。直到 1 月底，东南亚金融危机和股灾恶化的势头才得以初步止住。

从 1997 年 7 月到 1998 年 1 月，东南亚金融危机和股灾经历了 8 个多月。货币贬值引起的金融动荡是这次东南亚股灾爆发的直接导火线，股灾又加剧了货币进一步贬值，从而把东南亚金融危机推向深渊。

13. 4. 6 日本股灾

日本是世界上股灾发生次数最多、最频繁的国家之一。从第二次世界大战后到 1997 年，在近 50 年的时间里，日本先后发生了 7 次股灾，其中，20 世纪 80 年代以来就发生了 3 次股灾，最严重的要算 1991 ~1992 年的泡沫经济型股灾。

日本人把 1986 年 12 月开始的不同寻常的经济繁荣称为“平成景气”，经过这次繁荣，日本当时的人均 GNP 超过了美国、德国、法国和英国，日本的 GNP 占世界的比例也由 1970 年的 6. 4% 上升到 1990 年的 13. 7%，对外纯资产额在 1991 年达到 3830 亿美元，居世界首位。

在“经济繁荣”的支持下，1986 ~1987 年，日本股市几乎呈现单边上扬，日经指数从 1985 年 12 月的 13113 点上升到 1987 年 9 月的 26000 点，上涨了近 1 倍。1987 年 10 月爆发世界性股灾，日本不仅未能从美国股市崩溃中吸取教训，反而立即恢复元气。1988 年年底日经指数突破 30000 点，1989 年 12 月 19 日，日本日经指数再创新高，达到 38915 点，较 1985 年最低点上涨了 3 倍多，日本股票市值高达 630 兆日元，为当年 GNP 的 1.6 倍。

面对日本经济繁荣和股市狂涨，日本国民纷纷投身股市。然而，日本的经济繁荣却隐含着巨大的泡沫经济成分。20 世纪 80 年代初日本推行金融自由化政策并实施宽松的超低利率政策。在经济景气、收入增加的情况下，日本较多人将银行存款转投股市和房地产，并毫不犹豫地向银行借贷进行投机。银行为了扩大业务份额和市场占有率，积极推动人们进行土地、房产和股票投机，从而使土地、房产和股票价格大幅上扬，甚至到惊人的高度。

但是，泡沫经济是不可能持久的。1989 年，日本政府先后 5 次提高官方利率，日本股市开始出现高位大幅波动。1990 年，海湾战争爆发，完全依赖石油进口的日本陷入极度恐慌之中，股价大幅下挫。海湾战争结束后日本股市虽有反弹，但也无法改变从此一路狂泻的趋势，跌至 1992 年 8 月 18 日的 14304 点（2003 年 4 月最低跌至 7607 点），累计跌幅高达 63.24%，从此，日本经济陷入深度的经济危机之中，10 多年后仍无法复苏。

13.4.7 中国台湾股灾

中国台湾股市运作始于 1962 年。1985 年，台湾经济开始起飞，巨额游资在市场开放的前提下涌入台湾股市，台湾股价指数开始不断上升。随着股价的成倍上涨，台湾股票市盈率也不断上升，从 1986 年的 15.3 倍升至 1989 年的 92 倍。然而，脱离内在价值的高昂股价是没有根基的。1990 年 2 月后，随着资金外流、外贸萎缩和政治斗争不断，台湾股市开始狂泻，仅仅 8 个月，台湾加权股价指数就从 1990 年 2 月份的 12000 多点跌至 10 月初的 2485 点，跌幅高达 81.41%，居 20 世纪 90 年代以来世界股市跌幅之首。

13.4.8 中国香港股灾

中国香港股票交易始于 1866 年。20 世纪 50 年代末以来，香港以劳动密集型的成衣业和纺织业为主导，开始了工业化进程，取得了很大成就，对外贸易和海外运输也有了长足发展，由此带动了海外投资的涌入和金融业的发展。

随着香港经济的迅速发展，香港股市发展也极为迅速。但是，香港股市自 20 世纪 60 年代以来发展并非一帆风顺，而是在大起大落中表现出整体向上的趋势。迄今为止，香港股市先后发生了 3 次严重的股灾。

分别是 1973 ~ 1974 年的股灾、1982 年股灾和 1987 年股灾。这 3 次股灾都是由于股价的快速上扬背离了公司业绩的支持所导致，在外界诱因的刺激下，股价迅速下跌。

事实上，股市的奇迹不是靠吹泡泡来形成的，大到一个国家的 GDP 增长，小至一个企业的市值增长，都需要有实际业绩作为坚强的后盾，背离基础的繁荣只能是昙花一现。

13.5 世界各国股灾成因之我见①

纵观世界各国和地区发生的历次股灾，可以看出，几乎每次股灾的爆发都是众多因素共同作用的结果。在这众多因素中，既有市场因素，也有社会经济因素，但是，其基本因素主要有以下几个方面：

（1）市场违规是股灾的催化剂。市场违规，包括欺诈、内幕交易、操纵市场、提供和散布虚假信息、买空卖空、恶性透支等，在各个时期股市都有发生，它导致了世界多次重大股灾和无数次个股股灾。

1929 年美国股灾后，美国国会进行了调查，发现引起股市失控的一个重要原因，是许多上市公司和券商在股市交易和信息披露中存在欺诈和滥用职权行为。一个典型的例子就是利用“联合投资”的方式在成员之间买卖，造成交投活跃、股价上涨的表象，吸引不知内情的投资者盲目入市，为“联合投资”的成员在一定时期抛出股票并获利创造市场条件。这也为后来股灾的发生埋下了隐患。在现代股市，特别在新兴市场，市场违规导致股市暴涨并最终导致股市暴跌的事例仍不绝于耳。

市场违规之所以会造成股票暴跌引起股灾是因为：首先，市场违规的当事人为了获取暴利，大肆炒作使股票暴涨，这种暴涨构成了日后暴跌的前提；其次，市场违规从动机到目的都有违股市作为一个信用市场的本质特征，一旦投资者识破市场

---

① 来源于《证券时报》，2007 年 4 月 25 日。

违规的假象后，投资信心就会受到沉重打击。

（2）过度投机是股灾的必然成因。股市既是一个投资的市场，也是一个投机的市场。投机有适度投机和过度投机之分。适度投机是有利于股市发展的。过度投机则不同，容易导致股灾。

过度投机首先在行为上表现为盲目性和狂热性；其次，过度投机的目的在于追求投机暴利，这更容易导致股灾。由于过度投机性的股价狂涨在很大程度上是对公司业绩、社会经济变化的一种极为夸大和超前的反应，公司业绩的少量提高，利率的小幅下调，国民经济增长稍有加快，都会成为过度投机者大幅炒高股价的借口。伴随着这种过度投机性的股价狂涨，市盈率也会急剧升高。

例如，日本股灾前的 1987 年，东京股市平均市盈率高达 90 多倍。1990 年，印度尼西亚雅加达股市平均市盈率高达 80 倍。1990 年 9 月，中国台湾股市市盈率最高升至 92 倍。这时的上述股市在总体上已无任何投资价值。一旦股价上升无力、失去仅有的投机价值时，无法满足获取暴利的投机者就会采取大量抛售股票、减少损失的炒作思路。如果此时支撑股市发展的公司业绩和社会经济条件发生逆转，哪怕是小幅的，股市就会作出夸大的巨幅下跌，从而引发股灾。

（3）经济衰退是股灾的根源。股市波动受众多因素的影响，但对股市波动影响最大、最持久、最深刻的则是经济周期变化。股市上涨或下跌总有其经济基础，只不过是股市对经济周期运行容易作出夸大、超前的反应。

综合考察历次股灾发生的时机，除因欺诈引起股市狂涨并在欺诈披露后导致股市大跌从而引起股灾外，世界各个国家和地区的大多数股灾都是发生在经济周期从高涨到衰退转变的前后，股灾既是经济衰退的反应，更是加剧经济衰退的导火线。

1929 年美国股灾发生前，美国经济运行已显露疲态，这意味着自 1922 年以来持续 7 年的经济增长态势正发生逆转，结果爆发了股灾。1987 年美国股灾发生前，世界经济实力格局发生变化，美国经济实力有下降趋势，美国股市在 10 月 19 日出现狂跌。自 1990 年开始，日本经济动向指标逐月下降。到 1991 年，日本经济需求进一步萎缩，固定资产投资几乎陷入停顿状态。日本经济增长率由 1988 年的 6.2% 降至 1990 年的 4.8%，1991 年的 4.3%。于是，日本股市出现大跌，并最终导致一场股灾。1997 ~ 1998 年东南亚金融危机和股灾更是经济形势恶化的结果。

（4）追逐泡沫是股灾的前奏。追逐泡沫的历史可追溯到 1636 年的荷兰郁金香球茎的炒作狂潮。股市出现后，由于股票具有虚拟资本的本性和投机性的特点，股市经常成为追逐泡沫的一块沃土。

追逐泡沫导致的股市虚涨，是一种虚假的繁荣，这种虚涨不可能持久。首先，这种股价虚涨不是建立在公司业绩基础上的，它已远离了股票的投资价值。此时，股市出现暴跌是股市强制性、突出性自我调整和股价向价值回归的需要。其次，随着股价虚涨，市场供求关系必定会发生急剧变化。当股市虚涨需要的资金量日益增加到接近或超过资金供给量时，股价上涨就会失去需求的源泉。由于虚涨后的股价已远离公司价值，这种供求关系变化所引起的股价调整也可能是非理性的、大幅度的。最后，股价虚涨造成了股价与其他商品的比价极不合理，从而引起资金过多流入股市，使其他各业的正常生产经营受到影响，这反过来必会影响公司业绩，降低股票的投资价值，从而促使股价下跌。

（5）国际游资是股灾发生的助长剂。由于现代通信技术已把全球金融市场连在一起，使游资得以在各国之间迅速进出。此外，一些国家和地区金融、股市对外开放，实现了国际金融一体化和股市一体化，股市和汇市成为国际游资的首选目标和兴风作浪的主要场所。

20 世纪 80 年代，石油价格下调，西方各国金融市场利率也降至较低水平，国际金融市场上的闲置资本急剧膨胀。1987 年前后，仅石油美元和欧洲美元就多达 5000 亿。由于大量的国际游资流入美国，助长了股市狂涨，美国出现了长达 60 多个月的持续牛市。然而，当 1987 年美国出现巨额赤字的，这些游资纷纷撤资离场，造成股市暴跌。

20 世纪 90 年代，国际游资有增无减。据国际货币基金组织统计，当时至少有 7.2 万亿美元以银行短期存款或其他短期存放方式在全球资本市场流动。这一数额相当于全球每年生产总值的 20%。当前每天都有上万亿美元的游资在世界金融市场寻求归宿，其中，流入拉美、亚洲和非洲等发展中国家新兴市场的游资每年都以数百亿美元的速度递增。不管是 1994 年的墨西哥金融危机，还是 1997 年的东南亚金融危机，国际游资都有不可推卸的责任。

（6）监管乏力是股灾的纵容剂。世界各个国家和地区发生的股灾，都可以从市场监管上找到原因。

经历 1929 年世界性股灾之后，世界一些国家和地区开始认识到市场监管的重要性，纷纷通过立法和设立机构等建立市场监管制度、体系和手段。发达国家的股市基本上改变了市场监管无法可依的状况。但是，有法不依、执法不严的现象仍时有发生，这在很大程度上影响了股市监管的有效性。

1987 年世界性股灾发生之前，美国股市过度投机盛行，日本银行资金大量流入股市，为泡沫膨胀推波助澜，为股灾的发生积聚了破坏性能量。而后来发展起来的新兴市场，尽管借鉴了一些发达国家的经验，吸取了教训，高起点地建立市场监管制度体系，但是这些新兴市场仍无法避免违规、欺诈、内幕交易、操纵市场等有法不依的现象，更不能遏制过度投机、追逐泡沫现象的发生。特别当大量国际游资冲击市场时，市场监管更显得束手无策。1994 年墨西哥股灾和 1997 年东南亚股灾的演变过程，也是国际游资投机炒作的过程。只有中国香港成功打击了国际炒家动摇联系汇率的做法，其他国家纷纷发出了后悔莫及的感叹。

13.6 1929 年世界性股灾[①]

1929 年发生在美国的股灾，是美国也是世界有史以来发生的影响最大、波及范围最广、危害最深的股灾。此后，美国和全球进入了长达 10 年的经济大萧条。很多教科书因此把 1929 年美国股灾称为世界性股灾。

13.6.1 股市暴跌

1929 年美国股灾，始于 10 月 21 日，10 月 29 日成为最惨烈的一天。

10 月 21 日，人称“黑色星期一”，纽约股市一开盘就像溃堤的洪流急剧下泄，投资者纷纷抛出股票，最大抛售量高达 600 万股票，是美国股市有史以来最大的抛售量，以致纽约股市行情自动记录器到收盘 1 小时 40 分后才记录完最后一笔交易。

10 月 23 日，美国股市走势继续恶化，纽约时报指数下跌 31 点。

10 月 24 日，纽约一开市，投资者就纷纷抛售股票，股价就如决堤之水下泄。纽约股市全天换手 1289 多万股。纽约数家主要银行迅速组成“救市基金”，纽约证券交易所总裁理查德·韦尼亲自购入股票，希望力挽狂澜，但独木难支。

10 月 25 日，美国总统赫伯特·胡佛（Hebert Hoover）发表新闻讲话，说“美国的基本企业，即商品的生产与分配，是立足于健全和繁荣的基础之上的”，力图以此稳定市场情绪。然而，过了一个周末，一切挽救股市的努力都没有收到应有的市场效果。

---

① 2007 年报送的研究简报。

10月28日，史称“黑色星期一”，纽约时报指数暴跌49点，道·琼斯指数狂泻38.33点，日跌幅达13%。这一天，纽约股市已经没有人再出面救市。

10月29日，美国股市最惨烈的一天。早晨10点钟，纽交所刚刚开市，猛烈的抛单就铺天盖地而来，人人都在不计价格地抛售手中的股票，经纪人被投资者团团围住，交易大厅一片混乱。道·琼斯指数从最高点386点跌至298点，跌幅达22%。纽约时报指数下跌41点。当天收市，纽约股市创造了1641万股成交的历史最高纪录。有人将这一天形容为纽约交易所112年历史上“最糟糕的一天”。这就是史上最著名的“黑色星期二”。

11月，美国股市继续跌势不止，道·琼斯指数跌至198点，与10月21日前相比，累计跌幅高达48%。

1930年1~3月，美国股市出现大幅反弹，并于4月道·琼斯指数重新登上297点。此后又急转直下，从1930年5月到1932年11月，纽约股市连续出现了6次暴跌。

13.6.2 危机四起

1929年美国股灾对证券业、金融业乃至整个社会经济领域都产生了极其严重的破坏性。

至1932年7月，道·琼斯指数已跌至58点，相对于1929年9月最高点452点已跌去87%；股票市值也从1929年9月的897亿美元跌至1930年的156亿美元，市值损失了82.6%共741亿美元。美国钢铁公司的股价由每股262美元跌至21美元，跌幅达91.9%；著名的美国通用电气公司股票价格从396美元跌到最低只剩下8美元，跌幅高达97.9%。1929年美国股灾对市场的破坏是毁灭性的，投资者信心完全崩溃，人人谈股色变，视股市如虎穴，畏而远之。人们宁愿把资金投向利息2.5厘的债券，也不碰利息可达7厘的工业股票。这次股灾对美国投资者信心的打击，直到20年后才得以恢复，道·琼斯指数也在25年后才重返1929年的峰位。

1929年美国股灾严重地冲击了金融业。相当一部分银行长期贷款资金成为呆账。与此同时，客户又大量从银行提取存款，挤兑现象到处可见，许多银行纷纷倒闭破产。美国倒闭、破产的银行，从1929年的659家增至1931年的2294家，最高比例达银行总数的10.6%。到1933年，美国破产和行业整顿、改组的银行高达4004家，占美国银行总数的28.2%。

受1929年美国股市崩溃的影响，美国经济陷入瘫痪。美国私人投资由1929年的160亿美元减至1933年的3.4亿美元，美国经济因此失去发展的动力。需求减少导致生产下降，美国工业生产1933年比1929年下降了50%；农场总收入由1929年的120亿美元降至53亿美元，下降了55.84%；国民收入由1929年的878亿美元降至1933年的402亿美元，下降了54.21%。生产下降导致工人收入减少和失业增加。1929年，美国人均收入为681美元，1933年降至495美元，减少了27.31%；失业率从1929年的5%上升到1931年的25%。

由于美国在世界经济中占据着重要地位，其经济危机又引发了遍及整个资本主义国家的经济大萧条，英国、法国、德国等经济发达国家无一不陷入严重的经济衰退之中，5000万人失业，无数人流离失所，上千亿美元财富付诸东流，生产停滞，百业凋零。整个西方世界经济倒退了几十年，直到20多年后才得以恢复。

13.6.3 形成机理

1929年美国股灾的发生决不是偶然，而是市场过度投机、经济出现衰退、市场监管不力等因素共同作用的结果。

1928年和1929年，美国经济“持续繁荣”被过分渲染，新当选的美国总统胡佛扬言：“美国今天比任何地方的历史上的以往时期更接近于取得消灭贫困的最后胜利。”美国著名经济学家欧文·费雪（Owen Fisher）发表高调：“股市已经达到像永久性高原那样的平稳时期。”美国到处充满着欢乐、祥和的情绪，整个股市和投资者都沉浸在兴奋、狂热之中，美国出现了空前的全民股票热。从城市到农村，从街道巷尾到车站码头，无论是家庭团圆，还是朋友聚会，人们手中看的都是股市行情，见面谈的都是股市升跌。中小投资者盲目入市跟风，激发了市场投机者的野心，他们凭借资金、信息优势，把正常的股票交易演变成疯狂的投机活动。大量流金从银行流入股市，证券机构也大量透支给投机商炒股。一些投机商和上市公司相互勾结，私下传播内幕信息，公开则渲染公司的虚假繁荣。在此情况下，美国股市一反过去的慢牛走势，股价扶摇直上。道·琼斯指数在1929年9月初摸高452点，比年初暴涨了1倍多，比1921年最低时上涨了5.95倍。美国股价被炒高到极不现实的地步，远远超过了其实际价值，股市风险日益上升到一触即发的地步。

在美国股市暴涨的同时，持续增长7年的美国经济在1929年的下半年开始显露疲态，工业产量出现萎缩。1929年9月5日，美国金融家罗杰·巴布森（Rodger

Babson）预言“一场市场崩溃迟早要来临”，然而却遭到股评人士和投机商的诟病。但当罗杰·巴布森的话显示在道·琼斯金融消息自动记录器上的时候，市场真的发生了突然变化，昔日的股票指数狂涨已被大幅下挫所代替，整个9月，美国股价时起时落，“永久性高原那样的平稳时期”已经过去。

1929年美国股灾后，美国国会进行了调查，发现引起股市失控的一个重要原因，就是许多上市公司和券商在股市交易和信息披露中存在着欺诈和滥用职权行为。他们相互串通，从事内幕交易或违规操作，控制市场。一个典型的例子就是利用“联合投资”的方式在成员之间买卖，造成交投活跃、股价上涨的表象，吸引不知内情的投资者盲目入市，为“联合投资”的成员在一定时期抛出股票并获利创造市场条件。这也为后来股灾的发生埋下了隐患。

1929年美国股市已经有了一些监管措施，但面对股市出现的新情况和新问题，特别是面对全民炒股的热潮，已有的市场监管措施和手段显得苍白无力，既无法阻击股市狂涨，亦无法控制股市暴跌。

以上分析表明，过度投机、市场违规、监管不力等都有可能导致股灾的发生。因此，为了促进证券市场规范、健康、稳定发展，防范、控制和化解市场系统性风险，很有必要在优化市场制度建设、强化市场监管、引导市场理性投资等方面做文章。

13.6.4 善后措施

1929年股灾后，美国在应对经济危机、促进经济复苏、恢复市场信心的同时，加快了证券法规的修订，强化了市场监管。

1929年美国股灾后，美国国会成立了证券市场调查委员会。该委员会通过调查研究认为，证券法规不健全、市场监管不力是股市欺诈、内幕交易、操纵市场和过度投机的重要原因。于是，美国国会抓紧制订和实施了一整套证券法规，如1933年《证券法》、1934年《证券交易法》、1935年《公共事业持股公司法》、1939年《信托契约法》、1940年《投资公司法》等。这些证券法规后来又作了大量的修改、补充和完善，从而构成了一个完整的证券市场依法严格监管的体系，其主要内容包括：确定证券市场的公开原则，实行分业制，禁止从事证券操纵和欺诈活动，严厉制裁违法的个人和组织等。这些证券法规体系对于美国证券市场后来的健康发展起到了重要作用。

1929 年美国股灾后，美国国会调查研究后认为，这次经济危机的直接原因是大量银行倒闭破产，而银行倒闭破产的重要原因是银行大量从事高风险证券业务。因此，美国国会于 1933 年通过了《格拉斯—斯提格尔法案》，把商业银行业务与投资银行业务隔离开来。1956 年，美国通过了《银行持股公司法》，限制银行与非银行企业之间的联属关系。这对减少银行资金违规流入股市，限制商业银行直接从事证券业务，从而为实现银证分离奠定了基础。

但是，市场监管制度建设不是一劳永逸的。1987 年美国再次发生了大股灾，其形成与国际游资炒作有关。2008 年美国发生了次贷危机，其形成与放松市场创新监管有关。而国际游资炒作和市场创新是市场发展中出现的新情况，在这些“新情况”未能构成“新问题”之前，这些“新情况”也未能进入市场监管的“新视野”。因此，市场监管制度建设或改革滞后于市场的发展和变化，从而使“股灾”这类风险在美国一而再、再而三地发生，并且酿成大祸。如何根据市场发展和变化，修订证券市场监管制度，优化证券市场监管机制，是各个国家防范和控制市场风险面临的重大课题。

13.7　1987 年全球性股灾①

1987 年 10 月 19 日，美国股市爆发了历史上最大的一次性崩盘事件，道·琼斯指数一天之内暴跌 508.32 点，跌幅高达 22.6%，纽约股市一天损失 5000 亿美元。美国股市暴跌产生了巨大的“多米诺骨牌”效应，引发世界各国股市暴跌，形成了全球性股灾。

13.7.1　前奏

20 世纪 50 年代后期和整个 60 年代，美国经济持续稳定增长，通货膨胀率和失业率降至很低水平。1973～1975 年，以美元为中心的布雷顿森林体系瓦解，美国爆

① 2007 年报送的研究简报。

发了第二次世界大战以来较为严重的经济危机，致使通货膨胀率、失业率上升。1980 年，罗纳德·里根当选美国总统。1982 年美国经济出现复苏，通货膨胀率下降，美国以至整个西方经济进入了一个相对稳定的增长期。

到 20 世纪 80 年代，美国股市已经历了 50 年的牛市，股票市值从 1980 年的 2.5 万亿美元上升到 1986 年的近 6 万亿美元。道·琼斯指数从 1982 年的 776.92 点上升到 1987 年 8 月 25 日的 2722.40 点，相对于 1982 年最低点上涨了 2.5 倍。同期整个西方国家的股市也全面走牛。

与股市进入牛市相比，美国和发达国家的经济则出现了阴影。1986 年，美国财政赤字高达 2210 亿美元，外贸赤字 1562 亿美元，外债 2636 亿美元，美国已沦为世界最大债务国。为了吸引外来资金，以弥补国内资金不足，美国保持较高的利率水平。1987 年 10 月 15 日和 18 日，美国财政部长公开对西德提高央行重购回贷款利率表示不满，并扬言重新调整当年西方七国财政部长已达成的稳定汇率的协议。许多投资者和市场评论人士将此视为市场重大利空。

13.7.2 爆发

1987 年 10 月 19 日，星期一，华尔街笼罩在阴云之中。道·琼斯指数一开盘就跌去 67 个点。转眼间卖盘涌起，在蜂拥而至的抛盘打压下，交易所内一片恐慌。从 9:30 到 11:00，道·琼斯指数直线下泻。与此同时，芝加哥商品交易所大量抛售指数期货，进一步加剧了纽约股市的大量抛盘，而此时买盘却极少。开盘第一小时内，约占标准·普尔 500 指数指标股 30% 的 95 只蓝筹股竟然没有成交，卖家被迫一再降低股价以吸引买方。到 10:30，道·琼斯指数 30 只指标股中有 11 只还没有开盘交易。由于许多指标股没有交易，当时道·琼斯指数无法真实反映市场实际价格，整个市场处于无序状态。

由于股市与期市相互驱动，股指和期指跌幅越来越大，交易量猛增。从 11:00 到 11:50，纽约股市仅成交了 9300 万股。交易量不断被刷新，计算机交易系统处理速度减慢，道·琼斯指数和标准普尔 500 指数的准确数字根本无法计算。13:09，美国证券交易委员会主席大卫·路德发表讲话说："在关键时刻，虽然我们不知道这一关键时刻会在什么时候，我将与股票交易所讨论暂时关闭交易所。"这则消息引起了新的巨大恐慌，许多投资者迅速抛空倾销股票，道·琼斯指数狂泻，到下午 2 点已经下挫 250 点。此时，纽约股市卖盘已超过 4 亿股。在此期间，证券交易委员会出面澄清：他们没有讨论关闭交易所的事情。然而，为时已晚，灾难已无法遏止。14:05，受证券交易委员会澄清消息的影响，道·琼斯指数反弹350点，成功冲过2000点。但此次反弹延续时间很短。14:30左右，股指反弹受阻，新一轮暴跌开始，道·琼斯指数再次暴跌250点。直至16时收市，这次暴跌才被迫停止。

当天收盘时，道·琼斯指数由2246.72点跌至到1738.470点，暴跌508.32点，跌幅达22.6%，创下了纽约股市一天下跌幅度最高的纪录。纽约股市一天损失5030亿美元。

13.7.3 影响

1987年全球性股灾对美国和全球的股市、金融业和整个经济造成了巨大的破坏性。

首先，触发了世界性股灾。10月19日，伦敦金融时报指数下跌183.70点，跌10.8%，创伦敦股市历史上日最大跌幅。日本日经指数10月19日跌620点，跌幅为2.35%，10月20日再跌3800点，跌幅14.76%。澳大利亚股价指数10月19日跌3.74%，10月20日又跌24.90%。中国香港恒生指数10月19日跌420点，跌幅为11.2%。停市4天后，10月26日香港恒生指数再暴跌1121点，日跌幅高达33.33%，创世界股市历史上日最高跌幅纪录。此外，在10月19日或20日，法国、荷兰、比利时、新加坡、巴西、墨西哥股市相继暴跌。10月26日，美国股市再次暴跌，整个西方股市又一次陷入恐慌的跌幅之中。整个10月，股灾造成全球重要股市市值损失17920亿美元，相当于第一次世界大战中直接和间接经济损失3380亿美元的5.3倍。

其次，极大地影响了投资和消费。在美国，直接从事股票投资的人占全国人口的1/4。股市暴跌使原来依靠股票投资获取股息和投资差价来安排生活的人深受打击，大幅度削减购买力。短短一年之内，美国的私人消费开支减少约500亿美元，使5年多来以股市为推动力、以消费为主导的美国经济出现了转折点。股票暴跌给美国经济带来的威胁集中在投资领域。美国企业界需要依靠外国资本扩大投资，政府也需要利用外资来弥补财政亏空的计划严重受挫。

此外，消费、投资下降直接影响了美国经济，出现了大量的银行破产、工厂关门、企业裁员等现象，加剧了工人失业，许多人生活水平进一步下降，进而又引起新的社会问题。同时，受股价暴跌震动，股民的心理变得极为脆弱。因股市暴跌而不堪债务重压的人们，精神崩溃，自杀的消息不绝于耳。

13.7.4 成因

有关专家研究后认为，起源于美国的1987年全球性股灾爆发，原因是多方面的：

第一，基本面发生了变化。1986年，美国财政赤字、贸易赤字、外债创最高纪录，美元汇率下降，动摇了人们对美元和美国股市的信心。而美国为了吸引外来资金以弥补国内资金不足，提高或保持了较高利率，国券和其他债券利率相应提高。一些投资者将股市资金转移投资于债券。

第二，国际游资炒作导致股市暴涨暴跌。20世纪80年代，受石油价格下跌的影响，国际金融市场闲置资本急剧膨胀。1987年前后，仅石油美元和欧洲美元就多达5000亿，这些游资大量进入美国。据统计，1982～1986年外国资本流入美国总额为3037亿美元，其中，1986年就有1174亿美元。大量游资流入美国，助长了股市狂涨，美国出现了长达5年的持续牛市。然而，当1987年美国出现巨额财政赤字和外贸赤字不支持股市继续上涨时，这些游资纷纷撤资离场，越跌越抛，造成股市暴跌。可以说，国际游资对1987年美国股灾的形成和发生起到了火上浇油的作用。

第三，交易系统瘫痪加剧市场恐慌。1987年美国股灾发生前，纽约交易所交易系统从未处理过如此巨大的交易订单。当巨量交易订单涌进计算机系统时，计算机系统几乎无法及时处理，处理速度远远滞后于订单委托速度。由于计算机系统数据处理滞后，约有28%的指令未能执行系统撮合。直到收盘5个半小时后，媒体才把股市收盘价格信息报道出去。许多投资者直到两三天后才知道他们的股票没有卖出。

此外，现货市场和期货市场联动，股价暴跌带来了期货市场做空的巨大盈利机会，大机构投资者在两个市场上大量进行交易，加剧了这场股市灾难的严重程度。

13.7.5 应对

面对突如其来的股市灾难，美国政府、金融机构、上市公司纷纷采取积极的措施救市，许多国家和地区也加入救市行列。

一是稳定市场信心。纽约股市暴跌当天，美国白宫发表声明说：“国家经济运行状态良好，就业率处于最高水平上，生产不断增加，贸易收支也在不断改善。”10月19日晚上，美国总统里根立即召回在西德访问的财政部长贝克和在外地的美联储主席格林斯潘，严密关注事态发展，一起商讨对策。其他有关人士也纷纷发表讲话稳定市场情绪。

二是注入流动性。10月20日早上，银行纷纷停止对专业经纪商提供信用，而许多专业经纪商已陷入了流动性困境。在这个关键时刻，美国联储主席发表讲话，“为履行作为中央银行的职责，联邦储备系统为支持经济和金融体系正常运作，今天重申将保证金融体系的流动性。”这句话实际上是支持银行为股票交易商继续发放贷款：联邦储备委员会立即向银行系统注入资金已备必须。两家主要商业银行马上宣布降低优惠利率。银行家信托公司也表示在任何情况下都会保证客户的资金需要。随后，美国各大商业银行纷纷降低利率。采取这些措施之后，10月20日，道·琼斯指数上涨了102.27点，10月21日继续回升186.94点。

三是回购公司股份。股灾发生的那一周内，约有650家公司公开宣布要在公开市场上回购本公司的股票。10月20日纽约股市开市不久，G. A. F公司就回购700万美元股票，约占该公司21%的股份。然后又有4家公司回购了本公司股票，其中，华尔街一家著名公司宣布回购500万美元股票。接着，美国几家大公司相继效仿。上市公司这种大规模回购行动对稳定股市产生了积极作用。

在美国积极应对股灾的同时，世界许多国家和地区也加入了救市的行列。中国香港股市当即宣布停市4天，联邦德国宣布降低证券回购利率，西方七国集团会商向金融系统提供流动资金。

13.7.6 启示

第二次世界大战以来，美国日益成为世界经济、贸易、金融、军事超级大国，对世界其他国家具有重大影响。美国出现重大问题，容易转化成为世界性问题，1929年、1987年的美国股灾，2008年的美国次贷危机，都演变成了世界性金融危机乃至经济危机，世界许多国家都成为了美国爆发危机的受害者。这个问题可能会成为世界未来发展的一个重大问题。我们除了希望美国在处理国际、国内问题中承担相应的责任之外，更应在防范、隔离美国式风险扩散方面建立自己的防火墙。

在全球经济一体化、金融国际化、信息传送电子化的今天，不同市场的联动性、风险的迅速扩散和演变，值得我们高度重视和警惕。

市场开放是必然趋势，但这也为国际游资提供了市场炒作、快进快出的条件。而国际游资炒作与动向增加了市场的不确定性，市场管理者、有关参与者对此要有清醒的认识。

13.8 20世纪90年代日本股灾[①]

日本是世界上股灾发生次数最多、最频繁的国家之一，最严重的要数20世纪90年代发生的泡沫破裂型股灾，其导致的严重后果堪比1929年的美国经济大萧条。有的读物也把20世纪90年代日本股灾称为1990年日本股灾或1991～1992年日本股灾。

13.8.1 背景

日本人把1986年12月开始的不同寻常的经济繁荣称为“平成景气”。1986年起，日本由汽车、电子、集成电路等行业带动的新技术经济发展势头良好，国力日益增强。至20世纪80年代末，日本汽车已称霸全世界，日本的产业在西欧、拉美遍地开花，几乎所有的国家都臣服在日本强大的经济实力之下。经过这次繁荣，日本的GDP总量占世界的比例也由1970年的6.4%上升到1990年的13.7%，人均GDP超过了美国、德国、法国和英国，对外净资产额在1991年达到3830亿美元，居世界首位。

在“经济繁荣”的支持下，1986～1987年，日本股市几乎呈单边上扬，日经指数从1985年12月的13113点上升到1987年9月的26000点，上涨了近1倍。1987年10月爆发世界性股灾，日本股市率先探底反弹。1988年日本股市继续上涨，年底时日经指数已突破30000点。1989年日本日经指数再创新高，并在1989年12月19日达到38915点，相对1985年的最低点上涨了3倍多。1989年日本股票市值为当年GDP的1.6倍，而1985年它仅占日本GDP的60%。

然而，日本的经济繁荣却隐含着巨大的泡沫。20世纪80年代初，日本推行金

---

① 2007年报送的研究简报。

融自由化政策并实施宽松的超低利率政策。在经济景气、收入增加的情况下，日本较多人将银行存款转投股市和房地产，并毫不犹豫地向银行借贷进行投机。银行为了扩大业务份额和市场占有率，积极推动人们进行房地产和股票投机，从而使土地、房产和股票价格大幅上扬。20 世纪 80 年代后期，日本国内所有的经济主体都不同程度地为泡沫经济的膨胀火上浇油。但是，泡沫经济是不可能持久的。1989 年，日本政府先后 5 次提高官方利率，日本股市开始出现高位大幅波动。

13.8.2 发生

与 1929 年、1987 年美国股灾以某一日突然暴跌为特征不同，20 世纪 90 年代日本股灾是以较长时期累计跌幅巨大为特征。

1990 年，海湾战争爆发，完全依赖石油进口的日本陷入恐慌之中。日本股市出现大幅下跌，大批的股指沽空期权纷纷抛出。高盛公司从日本保险业手中买到的股指期权被转卖给丹麦，丹麦将其卖给权证购买者，并承诺在日经指数走低时支付收益给“日经指数认沽权证”的拥有者。该权证立刻在美国热卖，大量美国投资银行纷纷效仿，日本股市一反过去牛市走势反复下跌。1990 年日经 225 指数跌破 20000 点，跌幅达到 38%。海湾战争结束后，日本股市并没有出现像样的反弹，而是转入更猛的跌势。1992 年 4 月 1 日，日经指数跌破 17000 点的心理大关。1992 年 8 月 18 日，日经指数再创 14309 点新低，基本回到 1985 年的股指水平，累计跌幅高达 63.24%，创造了日本股市历史上最大的下跌幅度。

1993 年一季度，日经指数徘徊在 16000 ~ 17000 点之间，1994 年略有反弹，至 20000 点。1995 ~ 2000 年，日经指数基本上在 20000 点附近徘徊。2001 年后，日本股市又出现单边下跌，2003 年日经指数最低跌至 7607 点。之后，日本股市出现反弹，但 2008 年 10 月日经指数再创新低，跌破 7000 点，创下日本股市 26 年来的新低，相对于此前的峰值已跌去 80% 以上。时至今日，距日本 1990 年发生股灾已过去 20 多年，日经指数仍在 10000 点以下，处在 1989 年历史高点 1/4 的位置上。

13.8.3 后果

这次日本股灾持续时间之长，股指累计跌幅之大，引起日本长期的、严重的经济衰退，为世界股市所罕见。有专家研究认为，1990年开始的日本股灾，对日本的破坏性堪比20世纪30年代美国的经济大萧条。《金融战败》一书的作者吉川元忠认为，就财富损失的比例而言，日本1990年金融战败的后果几乎与第二次世界大战战败的后果相当。

1990年日本股灾直接导致日本深度金融危机。日本银行账呆、坏账迅速增加，据日本大藏省公布的数据就高达50万亿日元。日本金融机构盈利水平急剧下降，不良债务率呈明显的递增态势。银行坏账比率从1990年的不到1%上升至1999年的6.1%，2002年最高达8.4%。1992～1994年，日本有90家银行的信用评级被下调。1994年，日本有11家主要商业银行的税前利润下降超过90%。据日本早稻田大学统计，20世纪90年代日本共有182家金融机构倒闭，约占全部金融机构数量的20%。在倒闭的金融机构中，不乏曾经著名的山一证券、北海道拓殖银行等。

1990年日本股灾后，日本经济陷入长期的、严重的衰退困境。20世纪80年代日本经济发展迅速，是整个西方国家经济增长率最高的国家。1975～1990年，日本GDP年均增长4.1%，而美国同期仅为2.7%。1990年日本股灾后，日本经济陷入长期衰退，资金外流严重，国内投资锐减，经济增速明显放慢，并从高于西方其他国家演变到低于西方其他国家。例如，1990年、1991年、1992年和1993年，日本GDP年增长率依次为4.8%、4.3%、1.1%和-0.2%。与此相反，同期以美国为首的西方国家经济却出现了明显的回升。1990～2000年，日本GDP年均增长率仅为1.6%，而美国同期却高达3.1%。经济衰退导致企业负债大幅上升，破产企业数量攀升，失业率高居不下。时至今日，日本经济仍没有走出衰退的阴影，政府债台高筑，居民实际收入走低，消费能力下降。日本经济长期衰退还直接影响到日本政局的稳定，政府更迭如走马观花，反过来又导致日本经济进一步恶化。

13.8.4 原因

引发20世纪90年代日本股灾的原因是多方面的，但“广场协议”对汇率市场的干预，股市、房地产泡沫极度膨胀并最终破裂，是最直接的原因。

20世纪60年代开始，日本逐步成长为世界主要的出口大国。尽管70年代的石油危机使日本的贸易顺差有所下降，但自1981年起，日本贸易呈迅速增长的态势。1986年日本贸易顺差高达827亿美元，超过西德成为世界头号贸易顺差国。同期美国贸易逆差大幅增长，1987年达1712亿美元，是世界最大的贸易逆差国。在这种背景下，1985年9月22日，美国、日本、西德、法国和英国在美国纽约广场酒店签署协议，号称“广场协议”，决定联合干预外汇市场，诱导美元对主要货币的汇率有秩序地贬值，以解决美国贸易赤字问题。在这之后，以美国财政部长贝克为代表的美国当局和以弗日德·伯格斯藤为代表的金融专家们不断地对美元汇率进行口头干预，表示当时的美元汇率水平仍然偏高，还有下跌空间。在美国政府强硬态度的暗示下，美元对日元继续大幅度下跌，最低曾跌到1美元兑120日元。在不到3年的时间里，美元对日元贬值了50%，即日元对美元升值了1倍。纵观日本近30年来的经济发展，1985年的“广场协议”是一个转折点。广场协议后，受日元大幅升值的影响，一方面日本出口竞争力遭受重大打击，影响了日本出口导向型经济的发展；另一方面，引来大量的国际热钱，进一步推高了日本国内股市、房地产等资产价格，加剧了日本泡沫经济的形成。

20世纪80年代伊始到90年代初，追逐泡沫在日本愈演愈烈，不仅股市而且房地产都成为人们追逐泡沫的场所。人们把银行存款投入股市和房地产业，金融机构向各种皮包银行和房地产公司大量融资，后者则大肆参与股票和房地产炒作，从而推动股价、地价和房价一路狂涨，资产市场出现了严重的泡沫。1987年10月，美国发生股灾，美国向日本施加压力，让日本继续下调利率。日本将日元基准利率降至2.5%，大量廉价资本继续涌向日本股市和房地产，日本股价、房价继续暴涨。1987年，东京股市平均市盈率已高达90多倍。1989年12月，日本股票总市值为4万亿美元，接近全球资本市场总值的45%。日本通讯巨头NTT公司的股票市值，超过美国电话电报公司、IBM、埃克森、通用电气、通用汽车5家公司市值的总和，日本最大券商野村证券的股票市值，比美国所有券商股票市值的总和还要高。1990年，日本所有财产的总市值约为20万亿美元，相当于世界全部财富的20%。仅东京地区的房地产总值以美元计算，竟然超过了当时美国全国的房地产总值。暴涨后的股价、房价与其他商品比价极不合理，从而带动其他商品价格普遍上涨，使日本整个经济都产生了泡沫。可以说，1990年的日本股灾是在过度投机导致股市狂涨后无法再涨进而出现暴跌时发生的。

13.8.5 教训

20世纪90年代日本股灾的教训是极为深刻的，最主要的有两点：

一是泡沫经济最终都会破裂的。经济的泡沫成分越大，最终破裂的可能性越大，泡沫破裂对经济发展的危害越大。1990年日本股灾后，为什么日本经济20年来一蹶不振，无法复苏，就是股灾发生前经济的泡沫成份太大，股灾后股市跌幅太大从而对金融、经济等领域的冲击太大。因此，政府当局一定要通过经济和金融的手段来控制泡沫经济全面膨胀和局部过度膨胀。

二是奉行国家金融独立性，坚守国家金融主导权。在全球经济一体化、金融国际化的今天，一个国家的金融开放、资本市场开放都是势不可挡的。但是，金融国际化、金融开放并不等于要丧失本国金融的独立性，并不等于要让渡本国的金融主导权。恰恰相反，越是金融开放，越要保持本国金融的相对独立性，越要坚守本国金融的主导权。日本被迫签署和执行“广场协议”，让日元在短期内大幅度升值，以迎合美国人的需要，教训是极为深刻的。

13.9 1997年东南亚股灾[①]

1997年，泰国、马来西亚、印度尼西亚、新加坡、韩国、中国台湾和香港等东南亚国家和地区相继或轮番发生了以股市暴跌、货币大幅度贬值为主要特征的金融危机或股灾，并广泛波及俄罗斯、美国、欧洲和拉美市场。1997年东南亚股灾是一起典型的区域联动性股灾。

13.9.1 背景

1997年前，东南亚国家和地区是20年来世界经济增长最快的地区之一，先是韩国、新加坡、中国香港和台湾经济快速增长和持续发展，后是泰国、印度尼西亚、马来西亚、菲律宾等东盟国家的迅速崛起。东南亚经济迅速发展是许多因素共同促成的结果，其中，通过经济改革和金融创新，充分利用本地的优势，抓住世界经济结构和布局变化的机遇发展外向型经济，鼓励和吸引大量外国投资，并融入国际经济、金融一体化等，是这些国家和地区经济快速发展的重要原因。但是，这些国家

---

① 2007年报送的研究简报。

和地区在经济快速增长的同时或之后，也出现了银行放贷过于松动，不良资产日益膨胀、外债加重、金融过分自由化等问题。这都为1997年东南亚金融危机和股灾的爆发埋下了祸根。

13.9.2 爆发

从东南亚金融危机和股灾发生和演变的过程来看，可分为4个波段：

波段一：泰国泰铢暴贬触发。1997年2月，由于泰国房地产市场呆滞，累积了太多未偿还的房地产债务，泰国金融机构出现了严重的现金周转问题，泰铢汇率发生波动。5月，泰国出现投资者纷纷抛售泰铢买进美元的风波。泰国央行为了稳定汇率，抛出40亿美元买进泰铢，但无济于事。7月2日，泰国政府被迫宣布泰铢与美元脱钩，实行浮动汇率制度。东南亚金融危机由此爆发，当天泰铢汇率下跌20%。与泰国具有相同经济问题的菲律宾、印度尼西亚和马来西亚等国家迅速受到泰铢贬值的巨大冲击。7月11日，菲律宾宣布允许比索在更大范围内与美元兑换，当天比索贬值11.5%；同一天，马来西亚则通过提高银行利率阻止本币进一步贬值。7月14日，印度尼西亚宣布放弃维持其货币与美元比价的努力，印尼盾7月2日至14日贬值14%。

波段二：台币贬值，股市下跌。1997年，中国台湾外汇储备高达900亿美元，居当时世界第三位，且经济增长强劲，其经济背景与其他东南亚国家和地区的情况完全不同，所以第一波段的东南亚金融危机未对台湾形成冲击。但是，台湾当局为了构筑抵御危机冲击的堡垒，在10月17日采取了台币贬值的措施，台币贬值0.98元，创下了1美元兑换29.5台币元的近10年来的新低，当天台湾股市大幅下挫165.66点。10月22日，台币贬至30.45元兑1美元，台湾加权指数跌至7316.78点收市，下跌301.67点。东南亚金融危机的进一步扩散，不仅使东南亚金融危机原发地陷入进一步的动荡之中，而且引起包括美国股市在内的全球其他股市大幅下挫。10月27日，美国道·琼斯指数暴跌554.26点，成为美国股市历史上最大的日跌点数，暴跌迫使纽约证券交易所9年来首次使用暂停交易制度。受此影响，东南亚股市再续跌势。10月28日，日本日经指数下跌4.3%，新加坡海峡时报指数下跌7.6%，韩国首尔综合指数下跌6.6%，马来西亚吉隆坡综合指数下跌6.6%，泰国曼谷综合指数下跌6.3%。特别是中国香港恒生指数更是跌幅惊人，10月21日下跌765.33点，22日又跌1200点，28日再跌1400点，创香港股市历史上日最大下跌点数。这 3 次累计跌幅已超过 25%。

波段三：危机重点转到韩国和日本。1997 年 11 月，韩元汇价持续下挫，数家大企业资不抵债，陆续倒闭，与上半年比较，韩元兑美元汇价已下跌 30%。其中，11 月 20 日韩国汇市开市半小时，韩元就狂跌 10%，创下了 1139 韩元兑 1 美元的新低。与此同时，日本金融危机进一步恶化。11 月，日本先后有三洋证券公司、北海道拓殖银行、山一证券公司等破产或倒闭，日元兑美元跌破 130 元大关，较 1997 年年初下跌 17.03%。受韩国和日本金融危机的影响，东南亚国家和地区的汇市和股市再次大幅波动。

波段四：印度尼西亚货币再次巨幅贬值。1998 年 1 月，东南亚金融危机的重心又转移到印度尼西亚。1 月 8 日，印尼盾对美元的汇价暴跌 26%。1 月 12 日，在印度尼西亚从事巨额投资业务的香港百富勤投资公司宣告清盘；同日，中国香港恒生指数暴跌 773.58 点，新加坡指数跌 102.88 点，中国台湾加权指数跌 362 点，日经指数跌 330.66 点。1 月 15 日中国香港恒生指数暴跌 647.57 点，跌幅为 7.71%，周边市场的股市也应声下跌。直到 1 月底，东南亚金融危机和股灾恶化的势头才得以初步止住。

13.9.3 后果

从 1997 年 7 月到 1998 年 1 月，东南亚金融危机和股灾经历了 8 个多月。货币贬值引起金融动荡是这次东南亚股灾爆发的直接导火线，股灾又加剧了货币进一步贬值，从而把东南亚金融危机推向深渊。这次东南亚危机除港元之外，其他几乎所有金融市场开放的国家和地区的货币都不同程度地贬值。印尼盾贬值 70% 以上，泰铢贬值 50% 以上，韩元、马来西亚林吉特、菲律宾比索贬值 30% ~40%，日元较 1997 年初贬值 17%。这些东南亚国家和地区股市下跌的程度也不亚于货币贬值的幅度。到 1997 年 12 月 31 日止，几乎所有东南亚国家和地区的股市都遭受了这次金融危机的重创，跌幅都在 20% ~60% 左右，其中，曼谷 SET 指数跌 55.18%、吉隆坡综合指数跌 51.98%，首尔综合指数跌 42.21%，马尼拉 PES 综合指数跌 41.04%，雅加达 JSX 综合指数跌 36.98%，新加坡海峡时报指数跌 30.99%，东京日经 225 指数跌 21.19%，中国香港恒生指数跌 20.29%。1998 年 1 月，中国香港恒生指数、新加坡海峡时报指数又较 1997 年分别下跌了 20% 以上，其股灾的严重程度并不比韩国、泰国、印度尼西亚等重灾区轻多少。

13.9.4 原因

这些国家和地区在经济快速增长的同时或之后，也出现了银行放贷过于松动，不良资产日益膨胀、外债加重、金融过分自由化等问题。这些都为这次东南亚金融危机和股灾埋下了祸根。一旦这些国家或地区竞争力下降，对外出口增长放慢，业已存在的问题就会日益显性化和扩大化，就会使外国投资者丧失应有的信心。东南亚金融危机和股灾就是在这种情况下爆发的。

（1）汇率制度僵化。在1997年前美元对国际主要货币有较大升值的情况下，东南亚国家和地区的汇率未作调整从而出现高估现象，加剧了产品价格上涨和出口锐减。因此，这些国家和地区货币贬值势在必行。而货币贬值又导致了偿还外债的能力进一步下降，通胀压力加剧，从而促使股市下跌。

1997年在泰铢贬值后，外资撤离东南亚国家和地区高达400多亿美元。由于这些游资主要投资于墨西哥和东南亚的股市、汇市、债券，外资一旦撤离，无异于釜底抽薪，从而造成汇市、股市大幅下跌。包括索罗斯在内的国际投机者对此也不隐讳，承认参与了东南亚货币和股市的投机炒作。以美国避险基金为首的巨额国际游资在1997年10月动用巨资狙击香港港币，并减持港股，造成香港股市狂泻。因此，不管是1994年的墨西哥金融危机，还是1997年以来的东南亚金融危机，国际游资都有不可推卸的责任。

（2）1997～1998年东南亚金融危机和股灾更是经济形势恶化的结果。这次东南亚金融危机和股灾的重灾区是泰国、韩国、印度尼西亚。这些国家都存在着严重的经济问题：

第一，市场竞争优势下降。以出口为导向的劳动密集型工业发展的优势随着劳动力成本的提高和市场竞争的加剧正在下降。上述东南亚国家经济增长方式和经济结构未作适时有效的调整，致使竞争力下降，对外出口增长缓慢，造成经常项目赤字居高不下。1996年，泰国国际收支经常项目赤字为230亿美元，韩国高达237亿美元。1996年，国际收支经常项目赤字占GDP的比重，泰国为8.2%，印度尼西亚为5%，均达到或超过国际警戒线5%的水平。

第二，外债压力。经济增长过分依赖外资，大量引进外资并导致外债加重泰国外债1992年为200亿美元，1995年为659亿美元，1997年货币贬值前已达860亿美元。1997年，韩国外债更是超过1500亿美元。据统计，外债占GDP的比重，泰国为47%，印度尼西亚为48%。

第三，银行不良资产日益膨胀。银行贷款过分松动，房地产投资偏大，商品房空置率上升，银行呆账、坏账等不良资产日益膨胀。泰国金融机构出现了严重的现金周转问题，韩国数家大型企业资不抵债宣告破产，日本几家金融机构倒闭，印度尼西亚更是信用危机加剧。以上这些经济因素从各个方面打击了股市，股市下跌反过来又促使货币进一步贬值和金融危机的加剧，股市再次大幅下跌。

13.9.5 应对

1997年东南亚金融危机和股灾爆发后，遏制经济衰退和促进经济复苏的计划与行动更是史无前例。

首先，东盟各国协调行动，提出摆脱危机的办法，内容包括：从内部金融管理入手，采取一系列金融改革措施，加强金融机构监管，控制回报率低的贷款，规定房地产贷款不得超过银行业务总量的20%；限制商业银行与外国机构的外汇交易；扩大本国货币与美元的浮动范围；调整产业结构，放慢经济增长速度；与此同时，欢迎和接受国际金融机构贷款援助等。韩国政府则宣布调整经济发展指标，主动实行紧缩政策，压缩财政开支，降低发展速度等缓和金融危机的措施。

其次，国际金融机构有条件地对东南亚一些国家和地区给予经济援助。东南亚金融危机后，国际货币基金组织、世界银行、亚洲开发银行等分别向韩国、泰国、印度尼西亚贷款550亿美元、172亿美元和230亿美元，以支持这些国家摆脱困境。这种援助在实践中产生了一定的效果。

13.9.6 启示

（1）经济优化是避免股灾的基本保证。1997年东南亚一些国家和地区银行不良资产日益增多，经济增长方式未能实现由粗放型向集约型转变，经济结构不合理等，都是股灾或金融危机发生或加剧的重要原因。这是因为经济是股市发展的基础，股市是经济发展的体现。股市涨跌有可能夸大或缩小、超前或滞后于经济发展，但不可能完全背离和长期脱离经济发展这个根基。有效的经济运行机制，良好的经济发展态势和合理的经济结构，是不可能构成股市暴跌和股灾发生的动因的。即使受其他因素影响，股市在某个时期出现了大跌，只要经济不出问题，股市就会重新回到正常的运行态势上来。因此，为了股市的稳定发展，更为了经济本身的健康发展，任何一个国家和地区都应当建立有效的经济运行机制，保证良好的经济发展态势，建立合理的经济结构，以促进经济优化。

（2）金融和资本市场对外开放应极其慎重。随着国家之间货币的自由兑换，国际资本的跨国流动和现代信息传输技术的广泛应用，金融和资本市场对外开放已成为世界发展不可逆转的趋势。但是，金融和资本市场对外开放并非有利无弊。实践证明，不顾条件和不加限制的金融和资本市场对外开放有可能产生严重后果。1997年东南亚金融危机就足以说明：金融和资本市场对外开放搞得不好，就会带来灾难。这是因为金融和资本市场对外开放在引进外资、增强资源配置功能和提高收益率的同时，其市场运作的不确定因素和风险也大大增加了。正是由于这种相辅相成的关系，每一个国家和地区对于金融和资本市场对外开放都要采取极其慎重的态度。金融和资本市场对外开放的进程要与一个国家市场的经济发展水平、宏观经济调控能力、驾驭市场与防范金融风险的能力相适应。

13.10　2008 年全球股市暴跌的六大特征[①]

受美国次贷危机转化为全球性金融危机并进一步导致全球经济衰退的影响，2008 年全球股市出现了暴跌。根据 2008 年全球主要证券交易所的 81 个股价指数的分析，2008 年全球股市暴跌表现出以下六大特征：

（1）全球股市普遍性暴跌。2008 年，在全球主要证券交易所 81 个股价指数中，除突尼斯证交所 TUNINDEX 指数上涨 10.55% 之外，其他证券交易所 80 个股价指数全部下跌，平均跌幅高达 42.6%。其中，跌幅超过 70% 的有 6 个国家的证券交易所股价指数，它们分别是：冰岛 15 指数跌 94.43%，保加利亚 Sofix 指数跌 79.71%，乌克兰 PFTS 指数跌 74.33%，阿联酋迪拜 PFTS 指数跌 72.42%，加拿大标准普尔/TSX 风险综合指数跌 71.44%，罗马尼亚 BET 指数跌 70.47%。

（2）许多市场年跌幅创历史新高。1929 年美国经济大危机时全球股市暴跌，但

---

① 来源于《证券时报》，2009 年 1 月 8 日，与王晓津合作。

当时的证券交易所很少。1987 年出现全球性股灾，但包括道·琼斯等股价指数在年内跌幅都在 30% 左右。1997 年东南亚金融危机导致东南亚地区股市暴跌，但年跌幅普遍在 20% ~50% 之间。1992 年发生的日本股灾、1994 年发生的墨西哥股灾，多年累计跌幅都很大，但是年跌幅并不是很大。因此，从历史来看，2008 年全球性股市暴跌，许多市场股市都创出 1929 年以来年跌幅新高。

（3）不同市场跌幅差别很大。尽管 2008 年全球股市出现了普遍性暴跌，但不同国家或地区股市暴跌幅度仍表现出较大的差异性。跌幅超过 60% 的有 19 个国家或地区的股价指数，如俄罗斯 RTSI 指数跌 66.86%，中国上证综合指数跌 65.39%，英国 AIM 所有股指数跌 62.41%；跌幅不足 30% 的有 12 个国家或地区的股价指数，如委内瑞拉 CFG25 指数跌 7.85%，瑞士市场指数跌 27.85%，德国 DAX 指数跌 29.8% 等。

（4）危机中心市场跌幅少于较多危机波及的市场。2008 年全球股市暴跌主要是由美国次贷危机演变为金融危机引起的，美国是 2008 年金融危机的中心。然而，美国所有股价指数跌幅均相对较小。例如，2008 年美国道·琼斯指数跌 30.62%，S&P 500 指数跌 38.49%，纳斯达克综合指数跌 34.01%，均少于 2008 年全球股市平均跌幅。而在全球 81 个股价指数中，跌幅超过美国股价指数最大跌幅（38.49%）有 52 个，占同期全部股价指数个数的 64.2%。

（5）新兴市场跌幅大于成熟市场。2008 年，以发展中国家或地区股市为代表和以二板或创业板股市为代表的新兴市场股市平均跌幅为 47.31%，而以发达国家或地区主板为代表的成熟市场股市平均跌幅只有 43.94%。需要进一步说明的是，同一个国家的新兴市场与成熟市场股价指数跌幅也表现出明显的差异，例如，美国纳斯达克综合指数跌幅高于道·琼斯指数 3.39 个百分点，英国 AIM 所有股指数跌幅高于金融时报 100 指数跌幅 31.08 个百分点，加拿大多伦多证交所创业板标准普尔/TSX 风险综合指数跌幅高于多伦多综合指数 39.76 个百分点。

（6）中小型市场跌幅大于大型市场。美国纽约交易所市场、伦敦交易所市场、纳斯达克市场、东京交易所市场、中国香港联交所市场等是世界公认的大型股票市场，2008 年，这些市场股价指数跌幅都在 30% ~40% 之间，平均跌幅为 33.96%。而其他中小型市场股价指数平均跌幅则高达 43.17%，高于大型股票市场平均跌幅 9.21 个百分点。2008 年，中小型市场股价指数低于上述大型市场股价指数最大跌幅的只有 25 个股价指数，高于上述大型市场股价指数最小跌幅的高达 63 个股价指数。

附表 13-1　　2008 年全球主要股市涨跌幅情况表

国家或地区	证券交易所	股价指数	年底收盘（点）		2008 年涨跌幅	
			2007 年	2008 年	（%）	排名
冰岛	冰岛证交所	冰岛 15 指数	6318.02	352.16	-94.43	1
保加利亚	保加利亚证交所	Sofix 指数	1767.88	358.66	-79.71	2
乌克兰	乌克兰第一证交所	PFTS 指数	1174.02	301.42	-74.33	3
阿联酋	迪拜证交所	DFM 指数	5931.95	1636.29	-72.42	4
加拿大	多伦多证交所创业板	标准普尔/TSX 风险综合指数	2790.26	797.02	-71.44	5
罗马尼亚	布加勒斯特证交所	布加勒斯特 BET 指数	9825.38	2901.1	-70.47	6
塞尔维亚	贝尔格莱德证交所	贝尔格莱德指数	3794.26	1212.3	-68.05	7
斯洛文尼亚	斯洛文尼亚证券交易所	SBI 20 指数	11369.58	3682.11	-67.61	8
克罗地亚	萨格勒布证交所	克罗地亚 CROBEX 指数	5210.33	1715.6	-67.07	9
俄罗斯	RTS 证交所	RTSI 指数	1906.97	631.89	-66.86	10
爱尔兰	爱尔兰证交所	ISEQ Equity 指数	6950.92	2343.27	-66.29	11
越南	胡志明股票交易所	胡志明股票交易所指数	927.02	315.62	-65.95	12
希腊	雅典证交所	ASE 总指数	5178.83	1786.51	-65.50	13
中国	上海证交所	上证综合指数	5261.56	1820.81	-65.39	14
立陶宛	OMX	OMX 维尔纽斯指数	514.23	179.25	-65.14	15
爱沙尼亚	OMX	OMX 塔林指数	742.45	274.83	-62.98	16
英国	伦敦证交所 AIM	AIM 所有股指数	1049.10	394.32	-62.41	17
中国	深圳证交所	深圳综合指数	1447.02	553.3	-61.76	18
奥地利	维也纳证交所	ATX（指数）	4512.98	1750.83	-61.20	19
秘鲁	利马证交所	利马股价指数	17550.3	7048.66	-59.84	20
巴基斯坦	卡拉奇证交所	卡拉奇 100 指数	14075.83	5865.01	-58.33	21
中国台湾	台湾柜买市场	台湾柜台交易所指数	151.73	63.85	-57.92	22
沙特阿拉伯	沙特金融交易所	所有股指数	11038.66	4802.99	-56.49	23
拉脱维亚	OMX	OMX FIGA 指数	595.3	270.91	-54.49	24
中国	深圳证交所	中小板综合指数	5926.7	2730.11	-53.94	25
埃及	开罗和亚历山大证交所	HERMES 指数	927.34	427.18	-53.93	26
比利时	泛欧证交所	Bel 20 指数	4127.47	1908.64	-53.76	27
芬兰	OMX	OMX 赫尔辛基指数	11598.42	5403.52	-53.41	28
匈牙利	布达佩斯证交所	布达佩斯交易所指数	26235.63	12286.42	-53.17	29
韩国	韩交所科斯达克	科斯达克指数	704.23	332.05	-52.85	30
捷克	布拉格证交所	布拉格证交所指数	1815.1	858.2	-52.72	31
挪威	奥斯陆证交所	奥斯陆成份指数	569.97	270.2	-52.59	32

续表

国家或地区	证券交易所	股价指数	年底收盘（点）		2008 年涨跌幅	
			2007 年	2008 年	（%）	排名
中国香港	香港创业板	标普香港创业板指数	3108.96	1480.6	-52.38	33
荷兰	泛欧证交所	AEX 指数	515.77	245.94	-52.32	34
土耳其	伊斯坦布尔证交所	ISE 国家 100 指数	55781.57	26864.07	-51.84	35
葡萄牙	泛欧证交所	PSI 20 指数	13019.36	6341.34	-51.29	36
印度尼西亚	雅加达证交所	JSX 综合指数	2745.826	1355.41	-50.64	37
阿根廷	布宜诺斯艾利斯证交所	MERVAL 指数	2151.74	1079.66	-49.82	38
丹麦	OMX	OMX 哥本哈根指数	446.69	227.98	-48.96	39
菲律宾	菲律宾证交所	PSE 菲律宾交易所指数	3621.6	1872.85	-48.29	40
波兰	华沙证交所	WIG 20 指数	3456.05	1789.73	-48.21	41
以色列	特拉维夫证交所	TEL AVIV25 指数	1224.88	654.85	-46.54	42
尼日利亚	尼日利亚证券交易所	尼日利亚股票指数	57990.21	31182.44	-46.23	43
西班牙	马德里证交所	IBGM 指数	1720.77	975.97	-43.28	44
科威特	科威特交易所	科威特交易所加权指数	715	406.7	-43.12	45
印度	国家证交所	标普 CNX NIFTY 指数	5137.45	2959.15	-42.40	46
瑞典	OMX	OMX 成分指数	351.84	204.22	-41.96	47
意大利	意大利证交所	MIBTEL 指数	25985	15096	-41.90	48
新加坡	新加坡证交所	海峡时报指数	3003.63	1761.56	-41.35	49
韩国	韩国证交所	KOSPI 综合指数	1897.13	1124.47	-40.73	50
中国台湾	台湾证交所	台湾加权指数	7521.13	4591.22	-38.96	51
中国香港	香港联交所	恒生指数	23455.74	14387.48	-38.66	52
美国	美国三大证交所	S&P 500（指数）	1468.36	903.25	-38.49	53
新西兰	新西兰证交所	NZX 所有股指数	1094.22	684.81	-37.42	54
澳大利亚	澳大利亚证交所	All-Ords 普通指数	5828.9	3659.3	-37.22	55
马来西亚	马来西亚证交所	吉隆坡综合指数	1393.25	876.75	-37.07	56
日本	佳斯达克	日经佳斯达克指数	1730.66	1092.1	-36.90	57
巴西	圣保罗证交所	IBOVESPA 指数	59490	37550.31	-36.88	58
毛里求斯	毛里求斯股票交易所	毛里求斯股票交易所指数	1843.56	1182.75	-35.84	59
瑞士	苏黎世、巴塞尔和日内瓦证交所	瑞士市场指数	8484.46	5464.96	-35.59	60
肯尼亚	肯尼亚股票交易所	肯尼亚股票交易所指数	5444.83	3521.18	-35.33	61
马耳他	马耳他股票交易所	马耳他股票交易所指数	4937.75	3208.22	-35.03	62
日本	东京证交所	日经 225 指数	13592.47	8859.56	-34.82	63

续表

国家或地区	证券交易所	股价指数	年底收盘（点）		2008 年涨跌幅	
			2007 年	2008 年	（%）	排名
美国	纳斯达克	综合指数	2389.86	1577.03	-34.01	64
法国	泛欧交易所	CAC 40 指数	4869.79	3217.97	-33.92	65
加拿大	多伦多证交所	多伦多综合指数	13155.1	8987.7	-31.68	66
英国	伦敦证交所	金融时报 100 指数	6456.9	4434.17	-31.33	67
美国	纽约证交所	道·琼斯指数	12650.36	8776.39	-30.62	68
德国	法兰克福证交所	DAX 指数	6851.75	4810.2	-29.80	69
哥伦比亚	哥伦比亚证交所	一般指数	10694.18	7560.68	-29.30	70
卡塔尔	多哈证交所	DSM20 指数	9580.45	6886.12	-28.12	71
瑞士	瑞士证交所	瑞士市场指数	7670.44	5534.53	-27.85	72
约旦	安曼证交所	安曼证交所指数	3686.3	2758.44	-25.17	73
墨西哥	墨西哥证交所	IPC 指数	28793.64	22380.32	-22.27	74
南非	约翰内斯堡证交所	富时 JSE 所有成份指数	27317.14	21509.2	-21.26	75
智利	圣地亚哥证交所	IGPA 指数	14056.77	11324.09	-19.44	76
斯洛伐克	布拉迪斯拉发证交所	斯洛伐克指数	14.79	11.92	-19.41	77
博茨瓦纳	博茨瓦纳证交所	GABORONE 指数	8426.72	7035.5	-16.51	78
摩洛哥	卡萨布兰卡证交所	CFG25 指数	25631.18	22725.06	-11.34	79
委内瑞拉	加拉加斯证交所	IBC 指数	37903.65	34927.69	-7.85	80
突尼斯	突尼斯证交所	TUNINDEX 指数	2614.07	2889.97	10.55	81

14

市场监管研评

14.1 注册制的核心在于强化市场主体的责任[①]

十八届三中全会通过的《中共中央关于全面深化改革若干重大问题的决定》，明确提出要“推进股票发行注册制改革”。以此为标志，我国开启了股票发行由核准制向注册制改革的序幕。

股票发行注册制（以下简称“注册制”），是指股票发行申请人依法将与股票发行有关的一切信息和资料公开，制成股票发行注册文件，提交证券监管机构审查，证券监管机构只负责审查股票发行申请人提交的注册文件是否履行了信息披露义务的一种制度。注册制有下列特征：(1) 在注册制下，只要股票发行注册文件符合法定的形式要件，在申报后法定时间内未被证券监管机构拒绝注册，发行人发行股票

① 2015年中国资本市场高峰论坛演讲稿。

的权利便自动取得，证券监管机构不得予以拒绝。(2）在注册制下，证券监管机构只对发行人提交的注册文件进行形式审查，不进行实质判断。注册文件中拟发行股票是否有投资价值或有多大投资价值，完全由投资者自行判断，证券监管机构不承担审核责任。(3）在注册制下，证券监管机构的职责主要是保证股票发行信息公开并禁止信息滥用。只要股票发行人提供的信息完全、真实、及时、规范、公开，不存在虚假、误导或者遗漏，即使该股票没有任何投资价值，证券监管机构也不得干涉。(4）在注册制下，注册程序并不保证股票发行人注册文件陈述事实的准确性。如果投资者在投资注册股票时蒙受损失，且足以证明注册文件中有虚假或欠缺情形，投资者有损害赔偿请求权。如果虚假陈述等得以证明，股票发行人及其董事、经理人、承销商、控股股东、股票出售者及其他相关人员将承担法律责任。

核准制与注册制的共同点是对股票发行人都有信息披露的规范性、全面性、真实性、准确性、及时性、公开性的要求。区别主要在于：一是核准制除了信息披露要求外，还制定了一系列股票发行上市的准入或“门槛”条件，如行业属性、企业规模、经营业绩等。而注册制对股票发行人主要是信息披露的要求，没有实质性的发行“门槛”等条件要求。二是核准制主要依据信息披露要求和发行条件，对股票发行人是否符合信息披露要求和发行条件进行实质性审核，只有符合信息披露要求和发行条件的公司并经证券监管机构“行政”核准后才能发行。而注册制主要依据信息披露要求对股票发行人提交的注册文件进行形式审查，不对拟发行股票的公司经营现状和前景作实质性判断。

表面上看，注册制没有了实质性的发行条件要求和据此的实质审核与批准。实质上是注册制把股票发行信息披露真实性的实现交给了发行人，把股票发行风险交给了承销商，把股票发行合规要求的实现交给了中介机构，其核心是强化了各个市场主体的责任。注册制下，市场主体的责任主要体现在以下 6 个方面：

(1）发行有责。即发行上市者或上市公司有责。上市公司是股票发行上市的最大受益主体，也是股票发行上市最重要的责任主体。一旦出现发行上市违法违规情况，如欺诈发行上市、虚假信息披露等，保荐人、会计事务所、律师事务所等中介机构都要承担相应的责任，但是上市公司应承担更大的、更直接的责任。发行上市者有责，并不局限于上市公司本身，还包括上市公司董事、监事、经理人甚至大股东，特别是上市公司实现控制人，他们有可能是上市公司发行上市责任（直接责任或延伸责任）的部分或主要承担者。

(2）荐者有责。即为发行上市提供保荐服务的保荐人有责。保荐人是公司股票发行上市的第一把关者和综合把关者。由于保荐人经常兼任股票发行承销商，承销商为了获得更大承销利益和降低承销风险，有可能夸大承销股票价值或低估其投资风险，引诱投资者积极购买其保荐和承销的股票。有的保荐人甚至有可能帮助公司在股票发行上市方面“过度包装”或“弄虚作假”。因此，保荐人作为股票发行上市的中介机构，既是股票发行上市的最大中介受益者，也是股票发行上市的最重要的中介责任承担者。荐者有责，不仅包括保荐自然人，还包括保荐自然人所在的保荐机构。由于保荐自然人承担的责任能力有限。一旦发生重大保荐责任事故，保荐机构承担着股票发行保荐“兜底”的责任。

（3）审者有责。即为股票发行提供审计和资产评估的会计事务所有责。在股票发行中，会计师事务所应承担发行股票的公司资产、经营、业绩等公司财务状况审计和资产评估的责任，以此强化股票发行上市人财务信息披露的真实性、准确性和公信力。如果出现会计事务所审计或评估的专业判断错误，或会计事务所基于自身利益帮助股票发行人在资产评估或财务审计方面弄虚作假，会计事务应承担相应的责任。同样，审者有责既包括会计师、资产评估师等自然人，也包括其所在的事务所。并且，事务所要承担着重大审计或资产评估事故的“兜底”责任。

（4）证者有责。即为股票发行上市提供注册文件法律证明的律师事务所有责。在股票发行上市人提交和公开的注册文件中，一些公司制度性、资产有效性或变更合法性的文件都必须通过律师事务所证明，以确保发行上市人公开的注册文件具有完全意义上的合法合规性。如果注册文件中出现伪造法律文件或者法律文件不齐全，负责注册文件证明的律师和相应的律师事务所应承担相应的责任，其中，律师事务所要承担着重大法律证明事故的“兜底”责任。

（5）卖者有责。卖者是指公司股票发行前拥有公司股份并在上市后卖出所持股份的股东。这些股东在公司股票发行上市后有可能获得了增厚每股净资产、股票按市场价格高估值和公司发展等多重利益，是公司股票发行上市最主要、最终的受益者。更为重要的是，这些股东特别是大股东，具有知晓公司“内部消息”或影响公司发展进程的优势，他们有可能选择最佳时期或错开最差时期卖出所持股票。此时，他们应该对自己卖出股票的行为负责。例如，如果他们在公司重大“利好”之后、重大“利空”之前迅速卖出股票，或在公司业绩最好或股价最高时大量卖出股票，或通过内幕交易或合谋方式卖出股票，都应承担卖出股票的责任，并且证券监管机构和投资者可事后追究其责任。

（6）买者有责。买者是指申购公司公开发行股票的投资者和在二级市场上买入股票的投资者。在核准制下，公司发行股票要经过具有“政府机构”性质的证券监管机构“行政审批”后方可实施。基于对政府的信任，投资者对经过证券监管机构核准发行的股票，在投资时有可能降低风险预期，提高“政府公信溢价”。而在注册制下，证券监管机构只对公司的注册文件进行形式审查，不对公司进行实质审核，并且不承担审核责任。证券监管机构通过发行人股票注册已不能成为投资者免受损失的保护伞。因此，从长期来看，与核准制相比，注册制下股价估值可能更加市场化，股票市场投资风险可能更大，投资者可能要承担更多、更大的投资风险责任。当然，投资者在蒙受欺诈上市、虚假陈述、内幕交易、市场操纵等损失时，也可依法追究相关市场主体的责任。

14.2 构建上市公司价值导向型市值管理体系[①]

14.2.1 导言

2005 年我国股权分置改革后，深沪证券市场逐步演变成为股份全流通市场。股票流通价格与市值不仅与二级市场投资者有关，而且与上市公司及其大股东也有关。市值管理开始进入上市公司、大股东的视野，纳入证券监管机构的监管范围。2014 年 5 月 9 日，国务院颁布了《关于进一步促进资本市场健康发展的若干意见》，明确提出“鼓励上市公司建立市值管理制度”。中国上市公司市值管理进入常规化、规范化和制度化阶段。

14.2.2 概念：市值、市值管理与市值管理体系

（1）市值。是指上市公司资产的市场价值，即上市公司发行股份按市场价格计算出来的股票总价值。

（2）市值管理。是指以市值为对象和导向的管理，市值管理的必要性是由市值管理的作用决定的。市值管理是建立在价值管理基础上的，是价值管理的延伸。价值管理主要致力于价值创造，市值管理不仅致力于价值创造，还要致力于价值实现。

---

① 2015 年第九届中国上市公司市值管理高峰论坛演讲稿。

（3）市值管理体系。是指按照一体化、协调性的原则，将市值管理的各个方面整合在一个架构下的一个管理体系，它是上市公司管理体系的一个重要分支，也是上市公司管理有别于非上市公司管理的重要标志。

14.2.3 构建上市公司价值导向型市值管理体系的基本思路

上市公司市值管理是一个综合性、系统性工程，构建市值管理体系必须考虑多个方面的因素，必须满足各方面的需求，必须兼顾各方面的利益。构建我国上市公司价值导向型市值管理体系的基本思路是：

（1）以促进市值创造为出发点。没有市值就谈不上市值管理，市值创造是市值管理的出发点，只有通过公司上市，公司资产才能证券化，才会有公司股票市值。因此，市值创造是市值管理的第一要务。

（2）以公司内在价值为市值形成基础。市值是市场公允价值，这种公允价值的高低、波动受多种因素的影响，有时候远远高于公司的内在价值，有时候远远低于公司内在价值。上市公司市值管理一定要以公司的内在价值作为市值形成的基础。既不为短期公司高估值的市值规模所迷惑，更不能迎合市场、迎合主力推高股价，操纵股价，放大市值泡沫。

（3）以提升公司业绩为驱动力。影响市值波动的因素，从大的方面来讲，可分为两个方面：一是外在的市场因素。在公司基本面没有发生变化的情况下，公司市值可能随着市场整体估值水平高低的变化而成倍增加或大幅度减少。二是内在的公司因素。在市场整体估值水平没有发生大的变化的情况下，公司市值随着公司业绩的提升而相应增加或更大幅度增加。只有公司业绩提升驱动的公司市值增加才是持久的。受市场整体估值因素变化而增加的市值是不可持久的。上市公司市值管理的重点应放在做强、做优、做大上市公司这一层面上。

（4）以实现股东价值最大化为宗旨。市值既是上市公司资产价格的市场体现，更是公司股东利益的最直接体现。实现股东利益最大化是上市公司的基本宗旨。公司资产证券化是实现公司股东价值最大化的第一步，第二步则是实现资产证券化后的市值在公司业绩的支撑下增值，让投资者通过市值增加持续地分享上市公司发展的成果。

（5）以充分利用市值功能性作用为导向。市值除了资产证券化和股东价值市场化功能之外，还具有许多有利于上市公司发展的功能。如市值规模影响公司再融资规模，作为影响市值规模的股票价格影响再融资价格和再融资额。市值是公司基本面的综合反映，市值是公司可利用的重要金融工具，在授信、抵押、担保等方面具有重要的意义。因此，上市公司市值管理的重要作用之一，就是要充分利用市值各个方面的功能性作用，为公司发展创造多方面的有利条件。

（6）以符合证券市场监管要求为前提。操纵股价、内幕交易、合谋交易、利益输送、财务造假、不当送配等市场不当行为都会影响公司市值的波动，都是市场监管的重点。上市公司切不可利用这些行为从事市值管理。上市公司市值管理必须符合证券市场监管的要求。

14.2.4 上市公司市值管理体系的核心内容

上市公司市值管理的具体内容很多，其核心内容包括5个方面：

（1）市值形成。公司市值形成的方式主要有：上市、借壳、配股、增发、送配、并购、重组等。

（2）市值提升。提高公司经营能力、扩大经营规模、打造公司品牌、提升公司业绩、增强公司竞争力、提升公司成长性、提升公司持续发展能力、增强公司竞争力、优化公司治理、树立公司诚信等。

（3）市值实现。资产证券化、促进产业资本与金融资本良性互动、提高公司再融资能力、市值二级市场交易、一级市场投资者套现等。

（4）市值利用。授信、抵押、担保、绩效考核、股权激励、公司营销、形象宣传、股权置换等。

（5）市值关注。规模性、流动性、波动性、市盈率、市净率、市值市场与行业排名、市值分析等。

14.3 应高度重视高溢价发行股票问题的严重性[①]

股票发行定价一般有3种方式：一是折价发行即股票以低于面值的价格发行，二是平价发行即股票以等于面值的价格发行，三是溢价发行即股票以高于面值的价格发行。在实际工作中，拟发行股票的公司其新股发行前每股净资产往往高于股票面值。此时，拟发行股票的公司其股票发行价格低于、等于和高于公司其新股发行

① 搜狐财经，2004年11月24日。

前每股净资产的现象，也分别视为股票的折价发行、平价发行和溢价发行。高溢价发行则是股票溢价发行的一种，是指拟发行股票的公司其新股发行价格成倍高于股票面值或发行前每股净资产的现象。

在海外证券市场，股票折价、平价、溢价发行都是可供选择的发行定价方式。为了鼓励或吸引投资者购买股票，拟发行股票的公司经常采取折价的方式发行股票，在市场低迷时期尤其如此。但就总体而言，海外证券市场其股票发行也主要采用溢价方式，但一般不采用也很难采用高溢价发行的方式。据统计，海外成熟证券市场股票发行市净率（发行价格与每股净资产的比率，市净率减 1 即为发行溢价率）平均为 1 ~ 3 倍，不少仅按略高于每股净资产的价格发行。在中国沪深股市，上市公司公开发行流通股，没有采用折价发行和平价发行的现象，完全采取溢价发行方式。据统计，1991 年以来，深沪股市上市公司公开发行的流通股，其发行市净率在二级市场低迷期平均为 3 ~ 5 倍，在二级市场高涨期平均为 6 ~ 8 倍，不少公司流通股发行市净率高达 10 倍以上。因此，深沪股市公开发行的流通股，在总体上表现为高溢价发行。

高溢价发行股票有百害而无一利，是我国证券市场健康规范稳定发展的严重障碍，主要体现在以下十个方面：

（1）高溢价发行让公司以极小的代价获得了巨额资金。

以 R 公司为例：发行股票前的 2000 年，R 公司净资产 8384 万元，折股 7500 万股。2001 年 4 月 23 日 R 公司以每股 36.68 元发行了 2500 万股，扣除发行费用筹集资金 8.87 亿元。流通股发行后，R 公司总股本增至 10000 万股，净资产增至 9.71 亿元，比流通股发行前增长 10.58 倍，而总股本相应只增长了 33.33%，净资产增长是相应股本增长的 8.71 倍。

由于上市公司分红派息是以股本为基数，R 公司直接融资的主要成本——分红派息也只增加 33.33%，但其自有资本（净资产）却增加了 8.71 倍，R 公司发行流通股的代价相对于其筹资额而言是极少的，是微不足道的。因此，R 公司通过高溢价发行股票，只需增加少量股票和资本使用成本，即可获得巨额的自有资本金。这也是许多公司不惜通过包装、公关甚至弄虚作假争发行上市、争上市后再融资而不注重公司发展的重要原因。

（2）高溢价发行实现了非流通股东制度性“一夜暴富”。

以 R 公司为例：发行股票前的 2000 年，属于 R 公司非流通股东的净资产只有 8384 万元，每股净资产仅为 1.118 元。流通股发行后，R 公司非流通股东 8384 万元净资产一夜之间就变成了 7.28 亿元，每股净资产一瞬间就增至 9.71 元，都实现了

7.68 倍的增值。

这种非流通股东净资产相对于流通股发行前巨幅的迅速增加，表面上看是流通股高溢价发行分摊到非流通股头上的结果，实质上非流通股东通过高溢价发行股票严重侵占流通股东资产所有权的结果。这种非流通股东靠高溢价发行流通股实现资产巨额增值可能是 R 公司未来 5 年乃至 10 年仅靠经营业绩累加都难以实现的。因此，相对于公司发行上市对非流通股东资产增值来说，公司未来的经营业绩所实现的资产增值几乎可以忽略不计。

于是，很多公司及其控股股东全力推动公司上市，上市后促进公司发展的积极性就大为降低，有的非流通股股东还凭借其控股地位掏空上市公司。结果，在中国深沪股市上市公司中，出现了一大批上市后业绩随即大幅度滑坡甚至亏损的公司，给中国证券市场的健康稳定发展带来了很大冲击。

（3）高溢价发行侵占了流通股东的资产所有权。

以 R 公司为例：其流通股东以每股 36.68 元认购了 2500 万股流通股，共出资 9.17 亿元。由于流通股和非流通股是按照相同的股票面值计算股票资产价值的，流通股发行后扣除发行费用，R 公司流通股东与非流通股东每股净资产一样，均为 9.71 元，较流通股东认购价格减少了 26.97 元，下降了 73.5%，属于流通股东的净资产为 2.43 亿元，较流通股股东认购股票出资额减少了 6.44 亿元，缩水了 72.6%。

可见，高溢价发行股票对流通股东资产所有权的侵占是非常严重的。流通股发行价格越高，流通股发行价格与非流通股折股价格的差价越大，侵占流通股东资产所有权的情况就越严重。只有当流通股发行价格与非流通股折股价格接近时，流通股东的资产所有权才不会或较少被非流通股东侵占。

（4）高溢价发行侵害了流通股东资产收益权。

由于深沪股市上市公司是按股本分红派息的，单位流通股本与单位非流通股本享有相同的分红派息权，因此，与非流通股东侵占流通股东资产所有权相适应，流通股东的资产收益权也受到严重的侵害。

以 R 公司为例：2001 年，R 公司每 10 股派 6 元（含税）。按股本计算，R 公司 7500 万非流通股共获得 4500 万元收益，2500 万流通股共获得 1500 万元收益。按 R 公司流通股和非流通股实际持股成本分摊上述收益，非流通股实际每股持股成本 1.118 元，成本收益率为 53.67%；流通股实际持股成本 35.48 元（扣除发行费用），成本收益率为 1.69%，R 公司流通股东的成本收益率只相当于非流通股东成本收益率的 3.14%。

如果R公司流通股东的资产不向非流通股东转移，2001年R公司向股东分配的6000万元利润就应该在流通股东8.87亿元净资产和非流通股东0.8348亿元净资产中平均分配，流通股东可分配5487万元，非流通股东只能分配513万元。与按股本分配公司利润相比，R公司流通股东少获得收益3987万元，占应获得收益的72.66%；非流通股东多获得收益3987万元，比应获得收益增加了6.77倍。流通股东少获得资产收益和非流通股东多获得的资产收益完全相符。这意味着，因R公司流通股东资产所有权大量无偿转移给非流通股东，流通股东应获得资产收益的72.66%被无偿转移给了非流通股东，致使非流通股东资产收益率高于流通股东资产收益率30.75倍。

（5）高溢价发行加剧了非流通股东对上市公司的股权控制。

以R公司为例：2001年其流通股发行后，总股本为10000万股，非流通股和流通股分别为7500万股和2500万股；净资产为9.71亿元，其中，非流通股东出资8384万元，流通股东出资8.87亿元（扣除发行费用）。结果是，出资91.3%的流通股东只拥有25%的股份，出资8.65%的非流通股东却拥有75%的股份，R公司发行上市后，其公司的绝对控制权仍为非流通股东所有，R公司的公司治理结构并没有因发行上市而有根本性改变。

这种状况完全是高溢价发行流通股造成的，并且在筹资额不变的前提下，流通股发行价越高，非流通股东对上市公司的股权控制程度越高，反之越低。例如，在筹资额不变的前提下，R公司不是按每股36.68元发行2500万股，而是按每股4.585元发行20000万股，则出资91.3%的流通股东可拥有72.7%的股份，出资8.65%的非流通股东只能拥有27.3%的股份。R公司发行上市后其公司的绝对控制权为流通股东所有，其公司治理结构因发行上市而发生根本性改变。如R公司的非流通股东仍想在发行上市后控制股权，就要在降低流通股发行价格的前提下减少筹资额和流通股的发行数量，从而减少对流通股东资产所有权和收益权的侵占。

（6）高溢价加剧了股权分置。

中国证券市场出现了严重的股权分置问题。具体表现在两个方面：一是国有股、法人股不能流通，限制了国有股、法人股股东股价收益权的实现，制约了上市公司治理优化和资本运作；二是持股成本数倍于国有股、法人股东的流通股东却和国有股、法人股东拥有相同的单位股本收益权，造成流通股东单位资产收益权远远低于国有股、法人股等非流通股东的单位资产收益权。上述股权分置的问题都是高溢价发行流通股造成的，并且流通股发行价格越高，解决股权分置的难度就越大。

例如，R 公司流通股东持股成本是非流通股东持股成本的 32.8 倍，流通股东单位资产收益权只相当于非流通股东的单位资产收益权的 3.14%，R 公司的流通股东是无论如何也不会接受其非流通股上市流通这个事实的。反之，如 R 公司不是按每股 36.68 元发行 2500 万股，而是按每股 4.585 元发行 20000 万股，R 公司非流通股不是占总股本的 75% 而是占 27.3%，流通股东持股成本不是非流通股东持股成本的 32.8 倍而是 4.1 倍，流通股东单位资产收益权不是相当于非流通股东的单位资产收益权的 3.14% 而是 24.4%，R 公司的流通股东在一定条件下是可以接受其非流通股上市流通的，并且较少比例的非流通股上市流通对深沪股市的冲击也不大。

股份全流通和单位股本收益权与单位资产收益权趋向一致，是海外成熟证券市场的重要标志，也是中国证券市场解决股权分置问题的方向，其前提是降低流通股高溢价发行。

（7）高溢价发行加重了流通股东的持股成本。

股票发行价格构成了股票购买者的直接成本。在公司业绩一定的情况下，股票发行市盈率越高，股票购买者的持股成本就越高。在非流通股东折股价格一定的情况下，流通股发行价格与非流通股东折股价格差价越大，流通股东持股成本就越高。从上述两个方面来看，中国深沪股市流通股东的持股成本都是很高的。

以 R 公司为例：2001 年 4 月 23 日发行的 R 公司，流通股发行前的 2000 年每股净资产为 1.118 元，每股收益为 0.86 元。流通股发行价格为 36.68 元，按发行前总股本计算，发行市盈率高达 42.6 倍，按发行后总股本计算，摊薄的发行市盈率高达 64.5 倍。按发行前每股净资产计算，发行市净率为 32.8 倍，流通股东持股成本与非流通股东折股成本的差高达 35.562 元；按发行后每股净资产计算，发行市净率为 3.8 倍，流通股东持股成本与每股净资产的差价高达 26.97 元。因此，从多个方面来看，R 公司流通股东的持股成本都是很高的。

分析表明，这种流通股东很高的持股成本完全是 R 公司高溢价发行流通股的结果。例如，在其他条件不变的情况下，将 R 公司流通股发行价格由 36.68 元降至 9.17 元，按发行后总股本计算摊薄的发行市盈率就会降至 14.2 倍，按发行后每股净资产计算发行市净率就会降至 2.9 倍，流通股东的持股成本就会相应大幅度降低。

（8）高溢价发行造成流通股价格高企。

市盈率是衡量股票价格高低的重要指标。市盈率高，说明股票价格相对较高；市盈率低，说明股票价格相对较低。海外成熟证券市场市盈率平均一般在 10～20 倍左右，中国深沪股市平均市盈率在市场高涨时高达 60 倍以上，在市场调整时也在

30倍左右。因此，中国深沪股市流通股价格在总体上维持在很高或较高的水平，其根本原因仍是流通股高溢价发行。

从理论上讲，在利息一定的情况下，流通股价格是由公司业绩、市场供求关系、流通股本规模、流通股东持股成本等因素综合决定的。影响中国深沪股市流通股价格的因素在以下两个方面与海外成熟证券市场明显不同：一是高溢价发行流通股造成深沪股市流通股东持股成本偏高，抑制了流通股价格向下调整的空间；二是国有股、法人股不能流通，减少了总股本中流通股的规模，从而影响了市场供求关系，促使流通股价格居高不下。因此，如果说国有股、法人股不能流通在中国证券市场发展初期主要是制度因素造成的，那么目前则是流通股高溢价发行促成的。

于是，中国沪深证券市场国有股等不能流通、流通股高溢价发行和流通股价格水平之间形成了这样的链条关系：占总股本较大比例的国有股、法人股不能流通导致占总股本较少比例的流通股价格严重高估，流通股价格居高导致流通股高溢价发行，流通股高溢价发行造成流通股股东持股成本偏高，流通股股东持股成本偏高抑制了流通股价格向下调整的空间，反过来又进一步支撑流通股价格居高不下，从而促使中国沪深A股市场流通股价格和市盈率长期维持在很高水平，并进而抵制国有股、法人股上市流通。

（9）高溢价发行导致流通股投资价值降低。

衡量股票是否有投资价值具体有4个标志：一是股票价格的高低；二是单位股本内含的资产价值即每股净资产的多少；三是单位股本的收益即每股收益的高低；四是公司的成长性即每股净资产和每股收益的经营性增长情况。

中国深沪股市高溢价发行流通股导致流通股投资价值降低的机制是这样形成的：一方面，高溢价发行流通股造成流通股东持股成本和流通股价格居高不下，降低了流通股的投资价值；另一方面，高溢价发行流通股所新增的资产被大量无偿转移到了非流通股东头上，单位流通股资产价值相对于流通股发行价格而言大幅度缩水，从而使股票价格远远高于股票内含的资产价值，进一步降低了流通股的投资价值。

以R公司为例，如流通股东资产所有权不转移给非流通股东，则扣除发行费用后R公司流通股每股净资产为35.48元，如R公司流通股价格为80元，其市净率为2.25倍；R公司流通股东资产所有权转移给非流通股东后，其流通股每股净资产为9.71元，据此计算的市净率为8.24倍。此外，深沪股市的上市公司非流通股在流通股发行前基本上是将净资产按股票面值折成股份的，较少的资产折成了较多的非流通股份，而高溢价发行流通股是较多的资产折成较少的流通股份。其结果，是上市公司总股本基数较大，每股收益相应减少，从而使流通股更加了丧失投资价值。以R公司为例，如流通股东资产所有权和资产收益权不转移给非流通股东，则R公司发行前8384万元净资产在流通股发行后只能折股约230万股，流通股发行后的R公司总股本不是10000万股，而是2730万股。按照R公司2001年实现净利润7040万元计算，当年其每股收益不是公布的0.7元，而是2.58元。如R公司流通股价格为80元，其市盈率不是114倍，而是31倍。可见，高溢价发行流通股并且流通股东资产所有权和资产收益权被大量无偿转移给非流通股东后，其流通股已失去了应有的投资价值。

（10）高溢价发行加剧了股票市场风险。

高溢价发行流通股必定从多方面加剧了市场风险：

一是认购风险。投资者按较高的发行价认购流通股，上市流通后即跌破发行价，引发了投资者认购流通股的风险，挫伤了投资者认购股票的积极性。2002年以来，深沪股市新股上市或增发配股上市跌破发行价已屡见不鲜，投资者因认购高溢价发行的股票蒙受较大的损失。

二是股票承销风险。在中国沪深股市，因高溢价发行造成流通股发不出去而由承销商包销的现象时常出现，加剧了券商的承销风险，并由此引发了券商的经营风险。例如，2004年一些券商就因包销上市公司高溢价发行的股票，不仅被迫成了上市公司的最大流通股股东，而且动用了数额巨大的资本金，还承受着包销流通股跌破发行价的巨大损失。

三是上市公司筹资风险。中国深沪股市运作15年来，已多次出现停止发行新股、停止配股的情况。已多次出现一旦市场发行节奏加快或发行股本增加，市场就作出利空反应，最后迫使管理层放慢发行节奏的情况，从而使许多上市公司不能按时筹集到企业发展所需要的资金。

四是二级市场投资风险。高溢价发行造成流通股东持股成本偏高，通过上市公司分红派息获取投资回报偏低，从而导致流通股价格居高不下，迫使流通股在二级市场只能在更高的价位空间炒作，这种水涨船高的效应使二级市场面临着极大的风险，使投资者只能短期投机，不能长期投资，增加了市场投机成分，从而抑制了证券市场的健康、规范发展。

总之，流通股的高溢价发行所产生的问题是多方面的，后果是严重的。因此，改革我国的股票发行定价制度，降低深沪证券市场股票发行价格，已成为深沪证券市场发展迫切需要解决的重大课题。

14.4 规范上市公司再融资行为[①]

2008年和2009年，深沪市场环境和市场走势差异较大，但有一点是相同的，那就是上市公司的再融资行为。2008年第一季度，两家金融类上市公司先后提出1000多亿元和200多亿元的巨额再融资计划。这两宗巨额再融资计划至今都未能实现，但却在推出的当时引发了深沪股市大幅度下跌。无独有偶，2009年7～8月，一些银行、房地产类上市公司先后提出了100～200亿元的巨额再融资计划。这些巨额再融资计划能不能实现，目前还难以预料，但引发相关个股下跌并对深沪股市形成打压却是不争的事实。

上市公司根据自身的条件和需要，提出再融资计划，本来无可厚非。在可能的情况下，市场尽量、尽快满足上市公司的再融资要求，既是市场资源优化配置功能的体现，也是上市公司做优、做强、做大的需要，甚至有利于形成新的投资供给。但是，一些上市公司再融资只顾及自身的需要，不考虑市场的实现条件，不顾及再融资计划推出对股价甚至对整个市场的影响，结果，不仅未能实现再融资，反而对市场运行和公司形象造成较大的负面影响。

为什么会出现此类情况，这是因为上市公司再融资不是一种简单的公司行为，而是一种涉及面很广、影响面很大的市场行为。再融资作为一种市场行为，上市公司应主要考虑市场层面再融资的可行性，而不是公司层面再融资的必要性；应主要考虑市场层面再融资的实现条件，而不是公司层面再融资的主观条件。只有上市公司推出再融资计划不仅不影响市场运行和公司股价，反而为市场和投资者所欢迎，上市公司的再融资计划才能最终有效实现。

与公司IPO发行信息披露前基本不对投资者和市场产生影响不同，上市公司再融资从董事会提出预案、股东大会表决通过、中国证监会核准到市场发行，每一个环节都可能对个股股价甚至整个市场产生一定或重大的影响。因此，规范上市公司再融资行为，是提升市场投融资功能、优化市场投融资关系的需要，是维护市场稳定运行、保护投资者利益的需要。为规范上市公司再融资行为，证监会或上市公司

① 2009年报送的研究简报。

协会可出台上市公司再融资行为指引，证监会和交易所应强化上市公司再融资监管，具体可从以下5个方面入手：

一是规定上市公司再融资的基本条件。我国针对上市公司不同再融资方式的具体条件规定得较为详尽，但缺乏针对上市公司再融资基本条件的统一规定，从而使得上市公司不同再融资方式的具体条件规定差异较大。上市公司往往选择那些条件要求较为宽松、融资成本较低、融资额度较大、融资审批更为容易的再融资方式。这就在整体上降低了上市公司再融资的门槛，扩大了市场再融资的需求，增加了市场扩容的压力，同时也降低了上市公司再融资的实现程度。因此，管理层有必要在明确上市公司各种再融资方式具体条件的同时或之前，明确上市公司再融资的基本条件。所谓上市公司再融资的基本条件，是指上市公司不管选择何种再融资方式，都必须具备一些共同的条件，如上市公司业绩条件、规范运作条件、融资项目可行性条件等。上市公司再融资，只有在符合再融资基本条件并符合某种再融资方式的特定条件后，才能提出再融资计划。

二是规范上市公司再融资方式。目前，我国上市公司再融资方式有股权融资和债券融资，股权融资又分为配股、增发，增发又分为公开增发（面向二级市场投资者）和定向增发（面向特定投资者）等。上市公司再融资方式多样化，提高了上市公司选择的灵活性，但却增加了市场和投资者对上市公司再融资行为判断的难度。因此，管理层有必要规范上市公司各种再融资方式推出的具体条件，明确上市公司在具备多种再融资方式的条件时选择何种方式的具体要求，以提高市场和投资者对上市公司能否或是否再融资的判断力。

三是优化上市公司再融资需求。资本市场的融资资源永远都是有限的，即使在市场高涨时也是如此。上市公司再融资不能仅仅根据公司需求提出，而应该根据市场实现的可能性提出，包括融资数量、融资价格等。融资数量偏大、融资价格偏高都可能影响上市公司再融资目标的实现。

四是引导上市公司再融资推出时机。上市公司再融资时机非常重要。市场运行有高涨和低迷之分，市场高涨时公司再融资较为容易实现，市场低迷时公司再融资较难实现。上市公司推出再融资时要充分考虑市场的状况和实现条件，逆市场而动，不仅融资不成，可能还会对市场和投资者产生负面影响，有损公司形象。

五是强化上市公司再融资行为监管。强化上市公司再融资合规性和信息披露监管，严格上市公司再融资审批，严格打击上市公司弄虚作假的再融资行为。确保二级市场投资者特别是中小投资者在上市公司再融资决策中的话语权，上市公司所有再融资计划，都应在二级市场投资者表决通过后再由上市公司正式向管理层提出。

强化上市公司再融资行为监管，严格打击上市公司等市场主体利用上市公司再融资从事市场操纵、利益输送、内幕交易等违法违规行为。

14.5 提升上市公司诚信品牌价值①

诚信是诚实行为和信用交往的总称。自古以来，诚信就是人们推崇的高尚道德标准。随着市场经济的发展，诚信越来越具有重大的经济意义和巨大的市场价值。诚信是无纸化的通行证，诚信是无需担保的信用证，诚信是市场经济的灵魂，诚信是公司的核心竞争力，诚信是提升公司价值的源泉。

诚信是利益之源。诚信不单是一个道德问题，还是一个经济利益问题。而且利益是诚信的本质，诚信是利益的源泉，离开了诚信，利益将成为无源之水。

公开、公平、公正，是证券市场运作的至高原则，诚信既是体现证券市场“三公”原则的必然要求，更是构建证券市场“三公”原则的基石。可以说，诚信存则“三公”存，诚信亡则“三公”亡。

证券市场是一个信心市场，诚信是证券市场运行的本质要求。失信是证券市场的头号敌人。

信息不对称是不讲诚信的深层原因。要讲诚信，就要公开信息，建立社会信息识别和传递机制。只有完整、真实、及时地公开披露信息，人们在交往中才会权衡利弊，最终作出守信的选择。

上市公司与股东的关系，是一种委托—代理关系，也是一种契约关系。在上市公司与股东的委托—代理关系中，股东特别是中小投资者是处于信息劣势的委托方，上市公司及其高管是处于信息优势的代理方。上市公司对股东的诚信，是维系上市公司与股东委托—代理关系的根本前提，是巩固上市公司与股东委托—代理关系的坚实基础，是优化上市公司与股东委托—代理关系的基本途径。

上市公司诚信品牌是一个比商品品牌、公司品牌内涵更丰富、外延更宽广的品牌。一个知名的、具有溢价的商品品牌或公司品牌，首先是一个值得信赖的品牌。

塑造上市公司诚信品牌，除塑造值得信赖的商品品牌和公司品牌之外，还要塑

① 2012 年第六届中国上市公司市值管理高峰论坛演讲稿。

造与上市有关的市场诚信品牌。优化公司治理、规范公司运作、强化信息披露、有效回报股东、确保投资者权益，是上市公司塑造上市诚信品牌、提升公司诚信品牌价值的基本举措。

证监会把惩治失信、维护诚信作为上市公司监管的工作重点，严惩内幕交易、欺诈上市、利益输送、虚假披露等失信行为。

证监会把资本市场诚信建设作为一项基础性重要工作来抓，努力形成诚信制度健全、诚信记录全面、失信惩戒有力、信用服务配套的资本市场诚信体系，从整体上优化资本市场的诚信环境，提高资本市场的诚信水平。证监会有关市场诚信建设的重点是：建设统一、全面、权威的证券期货市场诚信信息平台，健全诚信监管的有效机制，完善资本市场的诚信制度体系，积极培育资本市场的信用服务市场，大力开展诚信宣传教育，优化资本市场的诚信环境。

为此，证监会拟出台《证券期货市场诚信监督管理办法)》。其主要内容有：建立诚信档案制度；推出诚信信息的公开和查询制度；以诚信档案为基础，以监管执法为依托，实施一系列诚信约束的措施和办法；明确中国证监会将与国务院其他部门、地方政府、司法机关、行业组织实行诚信信息共享，开展诚信监督合作，实现对失信行为的协同监管；公开市场主体诚信信息，强化对失信进行惩戒、约束，特别注重对信息主体合法权益的保护。

早在 2004 年，深交所就发布了《中小板上市公司诚信建设指引》，提出了上市公司 16 项诚信行为：

（1）上市公司及其控股股东、董事、监事、高级管理人员应当严格遵守《公司法》《证券法》等法律法规以及证监会、交易所关于上市公司及其控股股东、董事、监事、高级管理人员的各项规定。

（2）上市公司应当健全公司治理结构，保证股东大会、董事会和监事会规范运作。

（3）上市公司应当建立有效的内部控制机制，完善财务、会计和内部审计制度，提高风险控制能力。

（4）上市公司应当做到与其控股股东在人员、资产、财务、机构、业务方面的严格分开。

（5）上市公司应当建立完备的信息披露制度，在人员和组织上将信息披露责任落实到位，保证信息披露真实、及时、准确、完整，没有虚假记载、误导性陈述或重大遗漏。

（6）上市公司应当审慎使用募集资金，保证募集资金的使用与招股说明书或募集说明书的承诺相一致，不应随意改变募集资金的投向。

(7) 上市公司进行关联交易，应当遵循公正、公平的原则，按照有关规定履行关联交易决策程序并予以披露，不应以不正当的方式掩盖关联交易的实质，不得利用关联交易向关联方输送利益，也不得利用关联交易制造虚假利润。

(8) 控股股东应当严格依法行使出资人权利，履行法定的信息披露义务和告知义务，不应通过利润分配、关联交易、资产重组、内幕交易等形式谋取不当的利益，不应利用控股地位通过借款、担保等形式损害公司及中小股东利益。

(9) 董事、监事和高级管理人员在上市公司收购中，应当维护公司利益，恪尽职守，确保公司经营管理和信息披露的正常进行。

(10) 上市公司及其控股股东、董事、监事、高级管理人员应当严格遵守对投资者和监管部门作出的承诺。

(11) 上市公司应在每年年度报告披露后举行年度报告说明会，向投资者真实、准确地介绍公司的发展战略、生产经营、新产品和新技术开发、财务状况和经营业绩、投资项目等各方面的情况，并将说明会的文字资料放置于公司网站供投资者查阅。

(12) 上市公司除按照强制性规定披露信息之外，可以自愿披露所有可能对投资者决策产生影响的信息，并保证所有投资者有平等的机会获得信息。

(13) 上市公司可以采取相关措施加强投资者关系管理。

(14) 上市公司可以在章程中规定，在董事会成员中由单一股东或者具有关联关系的股东提名的董事人数不超过半数。

(15) 上市公司股东大会选举董事可采取累积投票制度，可选举一定比例的由中小股东提名的董事进入董事会，并可规定独立董事中至少有一名由中小股东提名的候选人担任。

(16) 上市公司应当为股东参加股东大会提供便利，可以采取现场表决、通讯表决及法律法规允许的其他表决形式，广泛地征求中小股东的意见。

14.6 高度重视和加强上市公司不当“做多”行为的监管[①]

股改和2006年市场反转以来，我国深沪市场上市公司或大股东“做多”上市

① 2007年报送的研究签报。

公司的现象较为普遍。从手段上看，有的是合规并具有实质性内容的，有的则是不当甚至违规并包含虚假成分的；从效应上看，有的是长期发挥作用的，有的仅仅具有短期“题材”炒作的意义。上市公司或大股东不当“做多”可能隐含增加股份、做高股价、未来高价套现的动机，进而可能导致市场或个股暴涨暴跌的风险。基于上市公司规范运作、资本市场平稳发展的考虑，应高度重视和加强上市公司或大股东不当“做多”行为的监管。

14.6.1 做多上市公司现象分析

股改后我国资本市场出现了大股东、上市公司及其高管积极“做多”上市公司的现象，主要表现在以下几个方面：

（1）整体上市。2000年以前上市的公司，大都是按计划额度发行上市的公司，发行额度较少，上市家数较多。为了不超过发行额度，许多企业只是分拆其中部分资产上市。股改以来，许多大股东基于增加上市股份或做优做强上市公司的考虑，在具备资产和资产整合的条件下，提出了整体上市的计划，即将集团公司的大部分资产按照一定的折股比例装进控股的上市公司，上市公司成了原集团公司的经营主体，原集团公司更多地体现为一个控股性公司。

（2）增资扩股。股改以来，在可能的条件下，较多上市公司提出了定向增发、配股的计划。一些大股东为适应或主导上市公司增资扩股的需要，采取了向上市公司大量注入资产的方式。

（3）资金清欠。过去，一些大股东凭借控股地位及其与上市公司关联交易的有利条件，长期占用或拖欠上市公司的资金。为了提高上市公司质量，管理层出台了限期清欠上市公司资金占用的措施，并将其与上市公司股改联系起来。一些大股东通过以资抵债、以股抵债、以债抵债等方式解决占用上市公司资金问题，取得了一定成效，这些上市公司基本面发生了积极变化。

（4）并购重组。主要方式有：一些大股东通过资产置换的方式重组绩差上市公司，一些有资产、资金实力的投资者通过借壳上市的方式，重组绩差上市公司，一些战略投资者则通过受让部分股权参与上市公司经营管理。

（5）做高业绩。20世纪90年代中后期，我国上市公司群体曾经出现过净资产收益率集中分布在10%的反常现象，其背后原因是当时配股和增发所要求的10%净资产收益率的标准。从已披露的上市公司2006年报或业绩预告来看，净利润增长超过 50% 的上市公司大量出现，这和“10% 现象”一样是反常的，不排除一些上市公司进行了做高业绩的可能性。例如，深发展就通过大幅度降低准备金计提的方式使 2006 年业绩出现超过 300% 的增长。如按 2005 年的计提标准，其 2006 年业绩增长不足 50%。

（6）高送转股本。从已公布的 2006 年上市公司分配预案来看，高比例送股或转增股本将创历史最高水平，较多上市公司提出了 10 送转 5 股以上的分配预案，其中，10 送转 10 股的也为数不少。例如，苏宁电器在 2006 年增发和中期 10 转增 10 股的基础上，2007 年初又提出 10 送转 10 股的分配预案。这一分配方案实施后，苏宁电器 2007 年的总股本将比 2006 年 5 月增长 4 倍以上，而同期业绩只增长 100%。

14.6.2 做多上市公司动机分析

股改后我国资本市场为什么会普遍出现大股东、上市公司及其高管“做多”上市公司的现象，可能与其行为动机有关。

（1）做优做强上市公司。股改消除了我国资本市场发展的根本性制度障碍，构建了上市公司不同股东之间相关的利益基础，为上市公司做优做强创造了有利的市场条件，上市公司及其高管、大股东做优做强上市公司的积极性空前高涨。这可能是上市公司及其大股东“做多”上市公司的动机之一。

（2）增持上市公司股份。股改后，原国有股、法人股可以有条件地上市流通，从而可以按市场价格估值，极大地提高了原国有股、法人股股东增持上市公司股份的积极性。大股东推动集团公司整体上市、上市公司增资扩股，在很大程度上是基于增持上市公司股份的考虑。

（3）增加上市公司控股比例。我国有一定数量的上市公司股权较为分散，大股东持股比例未能达到绝对控股或相对控股的要求，股改对价后进一步降低这些大股东的持股比例。与此同时，股改后我国资本市场市场化程度显著提高，上市公司并购的可能性大为提高。基于增加上市公司控股比例的考虑，一些大股东采取了积极推动上市公司增资扩股的策略，大量向上市公司注入资产或认购上市公司定向增发的股份。

（4）做高股价。不管是基于未来上市公司股份套现的需要，还是基于将上市公司股份作为抵押、担保标的的考虑，做高上市公司股价对大股东和拥有上市公司股份的高管都是极为有利的。上市公司及其大股东做高业绩、高送转股本等都可能包含着做高上市公司股价、未来高价套现的动机。

14.6.3 做多上市公司后果分析

上市公司大股东或上市公司积极“做多”，从效应上看，有的是长期发挥作用的，有的仅仅具有短期“题材”炒作的意义；从手段上看，有的是合规并具有实质性内容的，有的则是不当甚至违规并包含虚假成分的。不同的上市公司“做多”行为，其后果可能差别很大。

（1）合规的、长期发挥作用的“做多”可能产生提高上市公司质量、促进资本市场发展的效果。只要整体上市的资产、大股东以资增股的资产、置换重组上市公司的资产都是优质资产并且作价公平合理，只要上市公司高比例送转股本有足够的业绩支持和成长性支撑，这些“做多”上市公司的做法都是有利于提高上市公司质量从而有利于资本市场发展的。

（2）违规的、仅仅具有短期“题材”炒作意义的“做多”可能导致暴涨暴跌的风险。股权分置改革基本完成后，深沪市场在面临着日益增加的“小非”、“大非”上市流通压力的情况下，出现持续性、大幅上涨的局面，影响因素较多，既有国民经济快速增长、人民币升值、流动性过剩的因素，也有上市公司治理优化、业绩总体提升的因素，但不能说与大股东、上市公司及其高管积极“做多”上市公司没有关系。有的个股暴涨，主要是“做多”上市公司的市场反应。一旦这种“做多”上市公司的行为不能持续、效益不能凸现，并且出现“大非”现实的上市流通压力时，市场就可能出现暴跌的风险。

14.6.4 重视和强化上市公司“做多”监管的建议

为了规范上市公司运作，促进资本市场健康发展，管理层和作为市场一线监管者的交易所，应高度重视和强化上市公司“做多”的监管。主要建议如下：

（1）将“做多”上市公司纳入监管的重点。中国证监会及其派出机构、证券交易所等市场自律组织要对整体上市、定向增发、资产注入、资产重组、借壳上市和上市公司业绩大幅度提升的信息披露、分配方式等进行重点监管，确保上述上市公司或大股东行为合法合规，符合市场“三公”原则，有利于保护中小投资者的合法权益，避免违法、违规、有失市场公平的“做多”上市公司现象的发生。

（2）加强“做多”上市公司的分析研究。一是加强大股东、上市公司及其高管“做多”上市公司动机的分析研究，看其是有利于上市公司的长期发展、业绩提升和治理优化，还是基于增加股份、做高股价、高价套现的考虑；二是加强“做多”上市公司方式的分析研究，看其是否符合有关法律、法规的规定，是否体现市场“三公”原则；三是加强“做多”上市公司的效果研究，看其是长期发挥作用的，还是只具有短期“题材”炒作的意义；四是加强“做多”上市公司与股价表现的分析研究，看其是否存在操纵股价、内幕交易的可能性。

（3）制定或优化上市公司“做多”制度。2005～2006年股改前后，我国资本市场处于低迷状况，当时出台的较多制度带有部分激活市场的内容。目前市场已处于高度活跃期，那些具有激活市场的制度安排可能在现阶段会出现反面效果。因此，可适当调整有关上市公司“做多”的制度规定，如提高整体上市、定向增发、借壳上市的条件，规范上市公司的分配方式等。

（4）加强限售期满股份上市流通的监管。2009年是深沪市场限售期满股份可上市流通的高峰期，到时市场将面临着巨大的限售期满股份上市流通的压力，一些大股东、上市公司及其高管目前“做多”上市公司也是基于更多股份上市流通、更高股价套现考虑的。因此，加强限售期满股份上市流通的监管，可能会产生限制不当“做多”、控制暴涨暴跌风险的多重效果。加强限售期满股份上市流通的监管，重在限制股改后违规的大股东、上市公司的限售期满股份的上市流通，割断大股东、上市公司及其高管违规“做多”与大股东或上市公司高管高价套现的关系，提高其违规“做多”的市场成本。

14.7 关于建立上市公司现金分红评价体系的建议①

2008年10月9日，中国证监会发布了《关于修改上市公司现金分红若干规定的决定》，对上市公司现金分红作了明确的规定。例如，该决定规定了上市公司“最近3年以现金方式累计分配的利润不少于最近3年实现的年均可分配利润的

① 2009年2月报送的研究签报。

30%”。为了促进上市公司现金分红，加强上市公司现金分红监管，有必要建立上市公司现金分红评价机制。

由于不同上市公司上市时间长短不同、盈利及可供分配利润多少不同、总股本及股价不同，现金分红总量和每股现金分红数量是不能直接比较出不同上市公司现金分红水平高低的。因此，为了建立科学、客观、合理的上市公司现金分红评价机制，解决不同上市公司现金分红的可比性问题，有必要建立上市公司现金分红评价指标体系。现就该评价体系评价指标、指标意义、计算方法、评价标准等具体说明如下：

（1）现金分红条件率。即上市公司具备现金分红条件的年份与上市年份之比。其中，具备现金分红条件的年份一般是指公司上市后每股收益在0.001元以上的年份。该指标旨在评价上市公司现金分红条件的好坏。现金分红条件率最好为100%，说明公司上市后每年都具备现金分红的条件；最坏为零，说明公司上市后到评价年份为止都不具备现金分红的条件。

（2）现金分红频率。即上市公司实施现金分红的年份与具备现金分红条件的年份之比。其中，实施现金分红的年份是指上市公司一个会计年度至少现金分红一次的年份，一年现金分红两次即按一个现金分红年份计算。该指标旨在评价具备现金分红条件的公司上市后历年实施现金分红次数的情况。现金分红频率最好为100%，说明公司上市后具备现金分红条件的各个年份都进行了现金分红；最坏为零，说明公司上市后到评价年份为止具备现金分红条件的各个年份都没有现金分红。

（3）每股收益现金分红率。即每股现金分红数量与每股收益之比。其中，每股现金分红数量仅包括上市公司现金分红数量，不包括送股或转增股折现数量，也不包括作为特例的上市公司股改对价的派现数量。该指标旨在说明每股现金分红水平的相对高低。由于每股收益要扣除公积金、公益金和弥补前期亏损等后才能分红，因此，在正常情况下，上市公司每股收益现金分红率难以达到100%（利用以往的公积金分红或贷款分红等特殊情况除外）。中国证监会规定上市公司现金分红要达到可供分配利润的30%，可以此作为上市公司现金分红的标准，达到30%为达标，超过30%为超标，没有达到30%为不达标。

（4）现金股息率。即每股现金分红数量与除权前一日收盘价之比。该指标旨在说明一个会计年度内投资者通过上市公司现金分红的投资回报情况。如现金股息率达到同期一年期定期存款利率或同期国债利率，则说明上市公司现金分红达标，否则为现金分红不达标。

（5）股本现金分红率。可分为年度评价指标和长期评价指标：

①年度股本现金分红率。即上市公司年度现金分红数量与除权前总股本之比，

或一年内多次现金分红累计数量与年平均股本之比。该指标旨在考察年度上市公司股本现金分红水平的高低。

②股本累计现金分红率。即公司上市后累计现金分红数量与年平均股本之比。其中，年平均股本为上市后历年股本的平均数。该指标旨在长期考察上市公司现金分红水平的情况，上市时间越长，现金分红次数越多，每次现金分红率越高，则股本累计现金分红率越高，投资者因此获得的投资回报越多。股本累计现金分红率可用于评价同一时期上市的公司其现金分红情况，不同时期上市的公司其现金分红比较不适宜使用该指标。

③股本年平均现金分红率。即上市后累计现金分红数量与历年累计股本数量之比。该指标可比较不同时期上市的公司其股本现金分红情况。

（6）直接融资回报率。可分为年度评价指标和长期评价指标：

①直接融资总回报率。即公司上市后累计现金分红数量与累计直接融资数量之比。其中，累计直接融资数量仅包括股权融资、可转债融资数量，不包括公司债券融资数量。该指标旨在说明上市公司直接融资的使用效率。

②直接融资年平均回报率。即直接融资总回报率除以上市年份数。该指标可以比较不同时期上市公司直接融资回报率的情况。如年回报率超过中长期（如 3 年）贷款利率，则说明直接融资效率较好，反之较差。

（7）现金分红综合评价值。上述各指标可以从不同侧面对上市公司现金分红进行具体评价，但是各指标的数值表现在排名中并不具有同步性，因此，有必要在此基础上建立上市公司现金分红综合评价指标，即先对上市公司现金分红条件率、现金分红频率、每股收益现金分红率、现金股息率、股本年平均现金分红率和直接融资年平均回报率进行指标值排名，然后通过加权平均方法计算综合评价值，最后进行上市公司现金分红综合排名（见附表 14－1）。

附表 14－1　　　　上市公司现金分红评价指标体系一览表

序号	评价指标	计算方法	评价标准
1	现金分红条件率	上市公司具备现金分红条件的年份数/上市年份数	最好为 100%，最坏为零；排名前后
2	现金分红频率	上市公司实施现金分红的年份数/具备现金分红条件的年份数	最好为 100%，最坏为零；排名前后
3	每股收益现金分红率	每股现金分红数量/ 每股收益	达到 30% 为达标，超过 30% 为超标，没有达到 30% 为不达标；排名前后

续表

序号	评价指标		计算方法	评价标准
4	现金股息率		每股现金分红数量/除权前一日收盘价	现金股息率达到同期一年期定期存款利率，说明现金分红达标，否则不达标；排名前后
5	股本现金分红率	年度股本现金分红率	上市公司年度现金分红数量/除权前总股本	排名前后
6		股本累计现金分红率	公司上市后累计现金分红数量/年平均股本	同一时期上市的公司累计现金分红排名前后
7		股本年平均现金分红率	上市后累计现金分红数量/历年累计股本数量	排名前后
8	直接融资回报率	直接融资总回报率	公司上市后累计现金分红数量/累计直接融资数量	同一时期上市的公司直接融资总回报率排名前后
9		直接融资年平均回报率	直接融资总回报率/上市年份数	年回报率超过一年期贷款利率，说明直接融资效率较好，反之较差；排名前后
10	现金分红综合评价值		在现金分红条件率、现金分红频率、每股收益现金分红率、现金股息率、股本年平均现金分红率和直接融资年平均回报率指标值排名的基础上，通过加权平均方法计算现金分红综合评价值	排名前后

需要进一步说明的是：第一，在上述上市公司现金分红评价指标体系中，最核心的评价指标是现金分红频率、现金股息率、直接融资回报率和现金分红综合评价值；第二，建议上市公司现金分红评价由证券交易所组织，并由上市公司所在的证券交易所每年定期公开发布针对所有上市公司现金分红的评价结果，并设立相应奖项，以资鼓励；第三，为了进一步鼓励上市公司现金分红，管理层要将现金分红达到一定标准作为公司 IPO 的承诺条件和公司上市后再融资的先决条件。

14.8 我国基金管理制度缺陷及改进建议[①]

我国基金管理存在一些制度性缺陷，对基金业的发展从而对证券市场的稳定发展产生了较大的不利影响。为此，本节有针对性地提出了我国基金管理制度改革创新的建议，其核心是建立基金发行规模、投资盈亏与资本金挂钩的机制。

14.8.1 近年来我国基金业发展的有关情况

近年来，我国基金业发展很快，在培育机构投资者、优化投资者结构、吸引社会资金入市等方面发挥了重要作用。但是，在 2007 ~2008 年我国股市暴涨暴跌中，基金业的表现却不尽人意：

(1) 基金趋势化、同质化的投资行为，既推动了我国股市 2007 年的暴涨，也加剧了 2008 年我国股市的暴跌，基金业没有起到稳定市场的作用，违背了管理层大力发展基金业的初衷。

(2) 基金投资业绩稳定性差。2006 年、2007 年上半年，基金投资业绩普遍很好；但是，2007 年 11 月至 2008 年 9 月，基金投资出现巨额亏损，普遍亏损 40% 以上，一些投资基金亏损超过 60%，基民亏损惨重，基金公司理财能力、风险防范与控制能力受到基民和市场的普遍质疑。

(3) 在基金投资出现巨额亏损的情况下，基金公司按基金规模收取的管理费收入却大幅增长，遭到社会的强烈质疑，基金公司的公信力受到严重的损害，对基金业未来发展产生了很大的不利影响。

14.8.2 我国基金业存在问题的原因分析

我国基金业发展存在上述问题，主要原因在于我国基金管理存在一些制度性缺

---

① 2008 年 9 月 22 日上报研究签报。

陷，具体分析如下：

（1）管理费与基金规模挂钩，助长了基金公司片面追求发行规模和市值规模的行为。较多基金公司为了追求基金投资规模，不考虑投资能力大量发行基金，不考虑投资风险追涨杀跌，不仅未能起到稳定市场的作用，反而加剧了我国证券市场运行的不稳定。

（2）基金公司盈亏只与基金规模挂钩，不与投资盈亏挂钩，不利于基金公司控制风险，不利于形成基金公司和基金经理的激励约束机制，弱化了基金公司对基民应承担的责任，导致了基金投资巨额亏损与管理费收入大幅增加并存的反常现象的出现，从而损害了基金公司的行业声誉和持续发展的基民基础。

（3）基金发行规模与基金公司资本金脱节，降低了较大基金规模的基金公司的风险自我承担能力。一般来讲，在资本金一定和风险保证金计提标准一定的情况下，基金公司计提的风险保证金是有限的。基金发行规模与基金公司资本金脱节，意味着基金投资规模与基金公司风险保证金脱节。一旦较大基金规模的基金公司在熊市出现超过较少风险保证金以上的风险时，此类风险就会转化为系统性风险或社会风险。

（4）基金发行规模与基金公司资本金脱节，并与管理费收入挂钩，导致了证券市场无风险暴利点的出现，严重损害了我国证券市场的公平性原则。我国各基金公司资本金差别不大，基金发行规模差别却极大。在管理费收取比例一定的情况下，发行规模很大的基金公司收取的管理费很多。然而，基金公司的发行规模、投资规模与基金公司的管理费、运营费、人力成本费支出并不存在必然的等比例数量联系。因此，收取管理费很多的基金公司其资本金收益率必然很高，并且这种很高的收益率只与基金规模有关，与投资盈亏关系不大，是一种无风险的高额收益。这导致了我国证券市场特有的无风险暴利现象的出现，例如，2007 年一些基金公司基于每股收益的估值高达 100 元以上。这种现象与我国证券公司经纪业务收益与交易量挂钩、投行业务与市场状况从而与发行节奏及发行价格挂钩、投资者盈亏与市场走势挂钩、上市公司融资市盈率与市场状况挂钩等形成了巨大的反差，损害了市场的公平性。

14.8.3 我国基金管理制度改革创新的几点建议

为强化基金公司的投资责任、风险意识和风险责任，引导基金公司理性投资，优化基金投资激励与约束机制，促进基金业健康发展，发挥基金业对我国证券市场稳定发展的促进作用，保护基民的利益，有必要对我国基金管理的若干制度进行改革和创新。主要建议如下：

（1）为提高基金公司的风险承担能力，建立基金发行规模与基金公司资本金挂钩的制度。即按照基金公司资本金的一定倍数，如100～300倍确定基金公司的基金发行规模。资本金较多的基金公司，基金发行规模相对较大，反之较小；投资稳健、抗风险能力强的基金公司，基金发行倍数相对较高，反之较低。

（2）为增强市场的公平性，降低基金业无风险暴利，并为建立基金投资盈亏与基金公司业绩挂钩机制创造前提，适当调整基金管理费收取比例。例如，将当前基金公司按基金规模1.5%收取管理费降至0.5%～1%的水平。其中，基金规模较小的基金公司按0.75%～1%收取管理费，基金规模较大的基金公司按0.5%～0.75%收取管理费。

（3）为优化基金公司投资激励与约束机制，保护基民的利益，建立基金投资盈亏与基金公司业绩挂钩的制度。即按基金公司资本金占发行规模的比例分享投资收益或分担投资亏损。如某基金公司资本金3亿元，发行规模600亿元，年末投资市值规模900亿元，投资收益率平均为49.25%（900/603），基金公司分享投资收益1.4775亿元；如在资本金和发行规模不变的情况下，年末投资市值规模400亿元，投资亏损率平均为33.66%，基金公司分担投资亏损1.001亿元。

（4）为提高基金公司自我投资决策和风险自我控制能力，调整基金公司收费基数，放松基金公司投资比例的行政性管制。一是将管理费收取基数调整为投资规模而不是发行规模或净值规模，将投资盈亏分配基数确定为投资规模，这样可以避免出现基金公司收取非投资性管理费的情况；二是只确定基金公司投资上限比例（这样可以从外围控制基金公司的流动性风险），不确定投资下限比例（这样可以从内部强化基金公司面对股市系统性下跌风险的自我控制能力）。

（5）为应对基金公司的投资风险，建立或完善基金公司投资风险保证金、备付金制度。一是按照基金公司资本金一定的比例，如10%～20%计提基金公司投资风险保证金；按照基金公司收取的管理费、分享的投资收益的一定比例，如20%～30%计提投资风险备付金。具体计提标准根据基金公司投资的稳健性、抗风险能力和保证金、备付金节余情况区别确定。二是规范基金公司计提的投资风险保证金、备付金的使用。计提的投资风险保证金主要应对基金公司违法、违规性运作风险或保本式投资风险的应当支付；计提的投资风险备付金主要弥补分担的投资亏损，年末一次性计入基金投资净值，权益属于未赎回的基金持有者，以减少其同期的投资损失。

14.9 创业板市场“高叠高”现象分析[①]

准备已久、期待已久的创业板推出后，其市场表现如何？怎样看待创业板的市场表现？是社会各界共同关心的话题。本节以 2009 年 10 月 30 日至 2010 年 1 月底创业板第1 ~4 批上市的 50 家公司为样本，对其市场表现、成因、后果等进行分析。

分析表明，创业板市场存在着明显的“高叠高”现象，即在“发行高标准”“市场高预期”和“投资者高信赖”三高成因的共同影响下，创业板市场出现了“高发行价”“高市盈率”“高流动性”“高波动性”四高表现，由此导致或强化了创业板“市场高风险”“社会高关注”“运行高压力三高后果。

14.9.1 “四高”表现

（1）高发行价。创业板第 1 ~4 批上市的 50 家公司，发行价格普遍较高。其中，发行价最高的为世纪鼎利（88 元）；最低的为金亚科技（11.3 元），平均为 29.21 元。比同期沪市主板公司平均发行价高出 2 倍以上，比同期深市中小板公司平均发行价高出 50% 以上。具体见图 14－1。

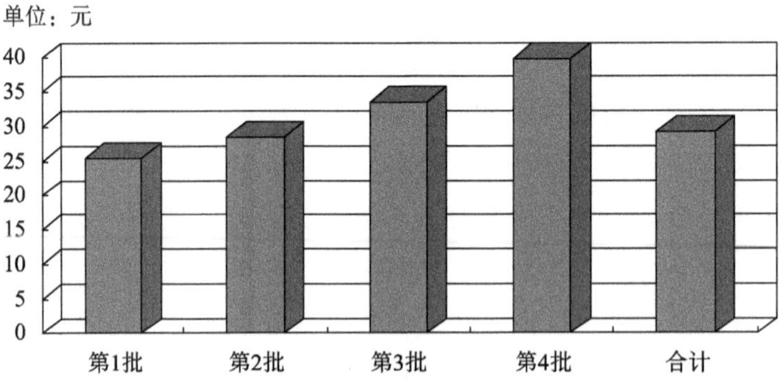

图 14－1 创业板上市公司发行价格示意图

① 2010 年报送的研究简报，与汪强合作。

(2) 高市盈率。受发行定价市场化改革等因素的影响，创业板第 1 ~4 批上市的 50 家公司，发行市盈率平均高达 66. 37 倍，上市首日收盘市盈率平均高达 107. 6 倍，2010 年 1 月底收盘市盈率平均高达 92. 5 倍（具体见表 14 -1），而同期沪市主板、深市、深市中小企业板平均市盈率分别为 26 倍、40 倍和 50 倍左右。创业板第 1 ~4 批上市的 50 家公司的上市市盈率相当于同期沪市主板的 3 倍以上、深市主板的 2 倍以上、中小企业板的 2 倍左右。

表 14 -1　　创业板 50 家上市公司发行、上市市盈率情况表

指标	上市公司家数	发行市盈率	上市首日收盘市盈率	2010 年 1 月底收盘市盈率
第 1 批	28	54. 30	109. 57	91. 98
第 2 批	8	83. 59	110. 36	99. 06
第 3 批	6	78. 11	94. 61	79. 08
第 4 批	8	82. 58	107. 72	97. 83
合计	50	66. 37	107. 60	92. 50

(3) 高流动性。创业板第 1 ~4 批上市的 50 家公司，上市首日平均换手率为 79. 23%。截至 2010 年 1 月，第 1 ~4 批累计换手率分别为 8. 71 倍、3. 65 倍、2. 58 倍和 1. 71 倍。而 2009 年全年，沪市主板换手率为 4. 12 倍，深市主板为 7. 52 倍，深市中小企业板为 10. 25 倍。创业板第 1 批 28 家公司上市 3 个月的累计换手率，分别是沪市主板、深市主板、深市中小板 2009 年全年换手率的 2. 11 倍、1. 16 倍和 0. 85 倍。尽管创业板第 3 ~4 批上市的公司上市首日换手率较第 1 ~2 批上市的公司有所降低，但是仍高达 60% 以上（具体见表 14 -1）。

(4) 高波动性。创业板第 1 ~4 批上市的 50 家公司，上市首日股价平均振幅为 49. 27%，其中，第 1 批 28 家公司上市首日股价振幅平均高达 78. 69%。截至 2010 年 1 月底，创业板第 1 ~4 批上市的 50 家公司股价平均总振幅为 70. 31%，其中，第 1 批高达 97. 9%。而 2009 年 10 月 30 日至 2010 年 1 月 31 日，上证综合指数振幅为 14. 98%（2923. 53 ~3361. 39 点），深证成份股指数振幅为 18. 42%（11903. 99 ~14096. 87 点），深证中小板指数振幅为 31. 85%（4755. 86 ~6270. 63 点）。创业板第 1 批 28 家公司股价总振幅分别是同期上证综合指数、深证成份股指数、中小板指数振幅的 6. 54 倍、5. 31 倍和 3. 07 倍。需要说明的是，与第 1 批相比，创业板第 2 ~4 批上市的公司上市首日股价振幅已明显减少，主要是受到发行价、发行市盈率进一步提高的影响。但上市首日至 2010 年 1 月 31 日，创业板第 2 ~4 批上市公司股价总振幅仍较大（具体见表 14 -3）。

表 14-2　　创业板 50 家上市公司上市股票流动性情况表

指标	上市首日换手率（%）	截至 2010 年 1 月末换手率（%）
第 1 批	88.88	871.34
第 2 批	72.24	365.78
第 3 批	66.24	258.08
第 4 批	62.21	171.23
合计	79.23	604.84

表 14-3　　创业板 50 家上市公司股票上市波动情况表

指标	上市首日振幅（%）	截至 2010 年 1 月末总振幅（%）
第 1 批	78.69	97.90
第 2 批	16.48	41.83
第 3 批	8.10	34.00
第 4 批	9.95	29.47
合计	49.27	70.31

14.9.2　“三高”成因

（1）发行高标准。中国证监会发布的《首次公开发行股票并在创业板上市管理暂行办法》（以下简称“暂行办法”）大幅降低了公司拟在创业板发行上市的财务标准。然而，创业板第 1~4 批上市的 50 家公司发行实际标准并不低。①“暂行办法”规定，创业板拟上市公司最近两年净利润累计不少于 1000 万元，且持续增长；或最近一年盈利且净利润不少于 500 万元。而实际上，创业板第 1~4 批上市的 50 家公司 2008 年实现的净利润平均为 4034.21 万元，几倍为“暂行办法”的规定（具体见表 14-4）。②“暂行办法”规定，创业板拟上市公司发行前净资产不少于 2000 万元，发行后总股本不少于 3000 万元。而实际上，创业板第 1~4 批上市的 50 家公司发行前总股本平均为 6976.38 万股，高于“暂行办法”规定的 1 倍以上（具体见表 14-4）。③“暂行办法”规定，创业板拟上市公司最近一年营业收入不少于 5000 万元，且最近两年营业收入增长率均不低于 30%。而实际上，创业板第 1~4 批上市的 50 家公司近一年营业收入和增长率也显著高于“暂行办法”的规定。由于创业板上市公司实际发行上市条件并不低，有的甚至超过主板的要求，这就为创业板高发行价、高发行市盈率和上市首日股价高开和市场炒作创造了前提条件。

④“暂行办法”强化了拟发行上市公司的成长性。实际审核通过的都是经营及业绩具有较好成长性的公司，这有利于较高市盈率公司股价未来“软着陆”。

表 14－4 创业板 50 家上市公司上市前股本、净利润与发行要求比较情况表

序号	要求		第 1～4 批实际	
1	发行后总股本	不少于 3000 万元	发行前总股本	平均为 6976.38 万股
2	最近两年净利润累计	不少于 1000 万元	2008 年净利润	平均为 4034.21 万元

（2）市场高预期。①创业板是一个高收益与高风险并存的市场，管理层基于确保创业板开板和运行成功的考虑，提高了公司发行上市的标准，强化了市场监管，在客观上起到了淡化创业板高风险预期、强化创业板高收益预期的作用。②纳斯达克是一个为新经济提供服务支持的市场，培育了一批像微软那样的高成长性公司，在世界范围内形成了较大的示范效应。我国试图建设一个类似于纳斯达克那样的创业板市场，市场因此对我国创业板形成了较高的预期。③我国正在实施国家创新战略，创业板上市的公司主要是创新企业。这些创新企业既是实施国家创新战略的具体体现，也是实施国家创新战略支持的重点，理应受到市场的重视。

（3）投资者高信赖。此次创业板启动恰逢发行制度改革，发行定价市场化程度显著提高。然而，在创业板公司高市盈率发行定价后，一级市场仍然申购非常踊跃，并进而促进了二级市场的定价。这与我国股票发行实行核准制增强了投资者信心很有关系。我国创业板公司发行上市，要经过会计事务所审计、律师事务所认证、保荐人保荐和证监会审核等环节。投资者对核准机构的信任，可能表现为民众对政府的信任。在许多中小投资者看来，中国证监会审核通过发行新股的公司运作是规范的，对新股上市的成长性、投资盈利性可能寄予厚望，由此助长了投资意识，淡化了风险意识。这种意识在上市公司、保荐人、分析师的正面宣传评价中得到进一步强化。从这个意义上来讲，创业板新股定价，还不是完全的市场化定价，包括了投资者对政府的信任因素。事实上，在一个新股发行上市行政化审批的市场监管架构中，其二级市场定价是不可能完全市场化的。

14.9.3 “三高”后果

（1）投资高风险。①在同期深沪股市涨跌幅较少的市场背景情况下，创业板上市股票呈现高开低走的整体走势，投资者追高风险很大。2009 年 10 月 30 日至 2010

年 1 月 29 日，上证综合指数涨 0.97% （2960.47 ~ 2989.29 点）；深证成份股指数跌 0.46% （12193.16 ~ 12137.2 点），深证中小板指数涨 17.2% （4833.86 ~ 5665.33 点）。而同期创业板第 1 ~ 4 批上市首日平均涨幅为 106.23%、45.21%、31.98% 和 22.97%，上市次日至 2010 年 1 月 29 日平均跌幅分别为 15.9%、10.81%、16.05% 和 10.56% （具体见表14 – 5）。②跌破开盘价的较多，跌破发行价的不少。截至 2010 年 2 月 5 日，创业板跌破上市首日开盘价的股票共42 只，占同期上市股票总数的 84%；截至 2010 年 2 月 5 日，跌破发行价的股票 8 只，占 16%。这说明这一时期的创业板二级市场投资风险较大。

（2）社会高关注。创业板启动前和开板后，一直受到社会各界的高度关注。这种高关注，既有可能强化市场对创业板的预期，更有可能加大创业板的运行压力。①从开始筹备到实际推出，我国创业板市场经历了十年的准备，可以说是十年磨一剑。十年来，社会各界对创业板进行了大量的讨论，各界对创业板的看法分歧较大。创业板一旦推出，必将引起社会各界的广泛关注。②创业板开板以来，在总体上表现出高发行价、高市盈率、高换手率、高波动性和资金巨额超募等独特的、超预期的市场特征，引起了社会各界更加广泛、更加强烈的关注。一些对创业板存在偏见的人士似乎从创业板的市场表现中找到了理由：创业板是高风险板，是少数人的创富板，是社会财富分配不公平板。一些赞同创业板推出的人士也似乎从创业板的市场表现中找到了理由：创业板丰富了市场层次，构建了新的投融资平台；创业板是创新支持板，是创业服务板，是社会财富创造板。

表 14 – 5　　　　创业板 50 家上市公司股票上市涨跌情况表

指标	上市首日涨跌幅（%）	上市第二日至 2010 年 1 月末涨跌幅（%）
第 1 批	106.23	–15.90
第 2 批	45.21	–10.81
第 3 批	31.98	–16.05
第 4 批	22.97	–10.56
合计	74.24	–14.25

（3）运行高压力。①创业板开板以来，在总体上表现出高发行价、高市盈率、高流动性、高波动性等市场高风险特征，创业板面临着高风险运行的压力。②创业板市场整体规模和上市公司个体规模都少，市场操纵较为容易；与此同时，创业板上市公司以创业企业、中小企业、民营企业、家族企业为主，而创业企业、中小企业经营风险较大，家族企业公司治理风险较大，民营企业高管道德风险较大。这些

都增加了创业板市场监管的难度，创业板面临着较大的市场监管压力。③创业板开板后相对独立的“四高”表现，对中小板产生了正面影响。2009 年 10 月 30 日至 2010 年 1 月 29 日，在上证综合指数涨 0.97%、深证成分股指数跌 0.46% 的情况下，深证中小板指数涨 17.2%。中小板的走势由过去主要与主板联动转变为与创业板联动。因此，深交所还面临着创业板市场运行风险传导的压力。

14.9.4 对创业板“高叠高”现象的两点认识

（1）创业板市场化问题。为确保创业板顺利推出和运作成功，管理层和交易所在创业板推出初期采取了一些非市场化的措施，如大幅度提高创业板发行上市的实际审核标准，创业板公司发行实行类似于“行政化”审批的核准制，核准在创业板发行上市的公司大都为与国家产业政策或国家创新战略高度关联的企业，强化了创业板投资者适当管理，对股价异动和投资者的异常投资行为进行适当干预等。但是，这些非市场化措施对创业板“高叠高”现象形成的影响则具有双重性：一方面，如果创业板市场准入是注册制而非核准制，创业板发行上市实际执行标准更接近“暂行办法”的规定而非显著高于“暂行办法”的规定，有可能降低市场对创业板的预期、投资者对管理层的信赖，从而有可能抑制创业板公司“高发行、上市价”、“高发行、上市市盈率”。因此，创业板“高价格”、“高市盈率”的“软着陆”，有赖于创业板运行更加市场化。但另一方面，创业板投资者适当管理和交易所对股价异动和投资者的异常投资行为进行适当干预等，是有利于抑制创业板“交易高流动性”、“股价高波动性”的，从而有利于控制“市场高风险”。因此，此类创业板市场运作的非市场化手段，在创业板运行初期非但不能弱化，反而有待进一步强化或优化。

（2）业板规模化问题。目前，我国创业板存在着“小规模”的问题。一方面，创业板公司规模小。尽管实际发行上市的创业板公司的规模显著大于“暂行办法”规定的规模，但仍属于“中小企业”规模公司。另一方面，创业板市场规模小。尽管在创业板推出初期，管理层和交易所采取了批量发行、上市的做法，但是，目前创业板上市的整体规模仍很小。截至 2010 年 2 月底，创业板上市公司家数只有 58 家，总股本、流通股本分别为 53 亿股和 11 亿股；流通市值大约在 500 亿元左右，比主板有的公司一家的规模还要少得多。受小规模公司的成长性可能大于大规模公司、小规模公司股价更容易波动、小规模公司或小规模市场股价更易于市场操纵等因素的共同影响，创业板推出初期更有可能形成“四高”现象，从而表现出市场运行的“高风险性”。因此，尽快扩大创业板市场规模，即尽快争取更多公司在创业板发行上市，适当增加一些“大股本”创业企业在创业板发行上市，就有利于降低创业板市场“高流动性”、“高波动性”和“高风险性”，缓解创业板市场运作的“高压力”。

附表 14-2　　创业板公司发行情况一览表

股票		发行前		发行			
代码	名称	总股本（万股）	2008 年净利润（万元）	发行价（元）	市净率（倍）	市盈率（倍）	发行后每股净资产（元）
300001	特锐德	10000.00	6119.22	23.80	3.35	52.76	7.10
300002	神州泰岳	9480.00	12054.80	58.00	3.48	68.80	16.66
300003	乐普医疗	36500.00	20136.81	29.00	6.89	59.56	4.21
300004	南风股份	7000.00	3054.68	22.89	3.28	71.53	6.98
300005	探路者	5000.00	2546.55	19.80	3.07	39.60	6.44
300006	莱美药业	6850.00	3288.67	16.50	3.01	47.83	5.49
300007	汉威电子	4400.00	2964.84	27.00	3.37	60.54	8.01
300008	上海佳豪	3780.00	3783.15	27.80	3.29	40.12	8.45
300009	安科生物	6300.00	3455.29	17.00	3.03	46.83	5.62
300010	立思辰	7865.00	3675.83	18.00	3.28	51.49	5.48
300011	鼎汉技术	3837.60	2293.22	37.00	11.46	42.05	3.23
300012	华测检测	6077.00	4437.18	25.78	3.16	59.95	8.15
300013	新宁物流	4500.00	2070.47	15.60	3.17	45.48	4.92
300014	亿纬锂能	6600.00	3102.24	18.00	3.08	54.56	5.84
300015	爱尔眼科	10000.00	6136.66	28.00	3.23	60.87	8.68
300016	北陆药业	5088.85	2605.36	17.86	2.92	37.16	6.12
300017	网宿科技	6771.43	3707.85	24.00	3.33	63.16	7.20
300018	中元华电	4865.00	4656.37	32.18	3.43	52.62	9.37
300019	硅宝科技	3800.00	2553.64	23.00	3.18	47.96	7.23
300020	银江股份	6000.00	3149.76	20.00	2.95	52.63	6.78
300021	大禹节水	5165.00	1960.71	14.00	2.67	53.85	5.24
300022	吉峰农机	6695.00	2762.60	17.75	3.18	57.26	5.58
300023	宝德股份	4500.00	1553.60	19.60	3.65	81.67	5.37
300024	机器人	4600.00	4266.66	39.80	2.79	62.90	14.26
300025	华星创业	3000.00	1743.93	19.66	3.28	45.18	6.00

续表

股票		发行前		发行			
代码	名称	总股本（万股）	2008 年净利润（万元）	发行价（元）	市净率（倍）	市盈率（倍）	发行后每股净资产（元）
300026	红日药业	3775.20	6438.58	60.00	14.81	49.18	17.31
300027	华谊兄弟	12600.00	6806.45	28.58	3.36	69.71	8.50
300028	金亚科技	11000.00	4010.36	11.30	2.61	45.20	4.33
第一批 28 家		7358.93	4476.27	25.43	4.01	54.30	7.45
300029	天龙光电	15000.00	5887.80	18.18	3.42	62.69	5.32
300030	阳普医疗	5540.00	2046.20	25.00	3.37	108.70	7.41
300031	宝通带业	3750.00	3033.84	38.00	3.23	62.30	11.75
300032	金龙机电	10700.00	2668.23	19.00	3.62	126.67	5.25
300033	同花顺	5040.00	3834.55	52.80	3.64	92.57	14.49
300034	钢研高纳	8777.12	3128.43	19.53	2.93	75.12	6.66
300035	中科电气	4600.00	4074.65	36.00	3.27	59.02	11.01
300036	超图软件	5600.00	2021.10	19.60	8.79	81.67	6.24
第二批 8 家		7375.89	3336.85	28.51	4.03	83.59	8.52
300037	新宙邦	8000.00	3161.88	28.99	3.48	111.50	8.34
300038	梅泰诺	6857.00	3955.16	26.00	3.37	61.90	7.72
300039	上海凯宝	8220.00	5765.46	38.00	3.77	82.61	10.07
300040	九洲电气	5145.00	3607.84	33.00	2.81	68.75	11.76
300041	回天胶业	4899.80	3534.77	36.40	3.15	67.41	11.56
300042	朗科科技	5000.00	3958.54	39.00	3.56	76.47	11.97
第三批 6 家		6353.63	3997.28	33.57	3.36	78.11	10.24
300043	星辉车模	3960.00	2538.35	43.98	3.63	91.49	12.11
300044	赛为智能	6000.00	2234.01	22.00	3.56	81.48	6.18
300045	华力创通	5000.00	2709.09	30.70	3.44	76.75	8.92
300046	台基股份	4420.00	3706.04	41.30	3.31	66.61	12.49
300047	天源迪科	7760.00	4195.60	30.00	3.29	78.95	9.12
300048	合康变频	9000.00	3832.98	34.16	3.49	58.58	9.80
300049	福瑞股份	5500.00	2581.70	28.98	3.36	82.80	8.63
300050	世纪鼎利	4000.00	3898.59	88.00	3.50	123.94	25.13
第四批 8 家		5705.00	3212.05	39.89	3.45	82.58	11.55
50 家平均		6976.38	4034.21	29.21	3.85	66.37	8.61

附表 14-3　　创业板公司上市及市场表现情况一览表

股票名称		上市市盈率（倍）		振幅（%）		换手率（%）		涨跌幅（%）	
代码	名称	上市首日	2010年1月29日	上市首日	截至2010年1月末	上市首日	截至2010年1月末	上市首日	上市第二日至2010年1月末
300001	特锐德	96.06	79.49	82.80	82.80	87.83	745.80	84.87	-17.25
300002	神州泰岳	107.90	118.50	71.86	71.86	89.48	623.09	77.41	9.83
300003	乐普医疗	127.83	86.94	53.57	118.05	87.84	590.75	118.62	-31.99
300004	南风股份	123.86	99.95	82.88	99.30	87.76	841.88	75.84	-19.30
300005	探路者	131.73	103.19	58.55	77.10	88.48	832.79	152.88	-21.67
300006	莱美药业	99.61	75.46	80.03	84.88	89.27	905.09	116.97	-24.25
300007	汉威电子	96.93	74.25	91.84	105.72	88.36	880.18	80.41	-23.40
300008	上海佳豪	67.69	58.99	84.95	84.95	86.73	824.62	82.77	-12.85
300009	安科生物	121.75	82.63	75.35	95.13	89.38	860.20	194.59	-32.13
300010	立思辰	96.54	77.66	89.73	89.73	87.94	932.39	87.50	-19.56
300011	鼎汉技术	154.61	161.30	64.67	64.67	89.72	813.04	86.51	4.33
300012	华测检测	84.55	72.52	78.95	83.54	90.49	847.62	77.97	-14.23
300013	新宁物流	93.31	76.68	79.96	86.94	89.99	1105.78	106.41	-17.83
300014	亿纬锂能	122.77	86.15	58.33	89.87	89.41	895.60	140.44	-29.83
300015	爱尔眼科	112.91	95.96	68.82	70.41	89.46	644.93	85.36	-15.01
300016	北陆药业	92.76	73.72	98.39	98.39	87.71	911.22	99.33	-20.53
300017	网宿科技	109.85	88.81	76.39	77.87	89.28	882.38	87.08	-19.15
300018	中元华电	79.15	56.84	81.52	109.33	90.08	811.96	76.20	-28.18
300019	硅宝科技	90.43	75.53	96.97	96.97	87.28	967.08	96.87	-16.48
300020	银江股份	92.45	87.60	96.29	96.29	88.25	971.45	82.00	-5.25
300021	大禹节水	113.78	110.87	102.33	165.12	90.79	1328.43	128.79	-2.56
300022	吉峰农机	114.20	161.07	81.75	238.60	90.31	1100.24	98.93	41.04
300023	宝德股份	139.34	120.46	106.64	106.64	87.86	1064.56	84.08	-13.55
300024	机器人	108.32	89.58	66.13	76.33	89.60	671.73	88.82	-17.30
300025	华星创业	103.22	89.66	67.64	67.64	89.82	880.84	128.89	-13.13
300026	红日药业	83.27	65.37	67.24	79.59	91.02	608.96	77.50	-21.49
300027	华谊兄弟	174.78	117.19	44.39	99.57	88.13	695.35	147.76	-32.95
300028	金亚科技	128.29	89.00	95.44	123.94	86.36	1159.46	209.73	-30.63
第一批28家		109.57	91.98	78.69	97.90	97.90	871.34	106.23	-15.90
300029	天龙光电	91.68	77.18	15.03	38.33	69.11	317.29	48.46	-15.82
300030	阳普医疗	122.92	97.25	17.99	50.89	68.84	290.91	35.96	-20.89
300031	宝通带业	94.85	75.48	16.67	39.63	81.89	376.25	51.45	-20.42
300032	金龙机电	150.28	126.00	17.09	41.72	74.91	352.75	47.89	-16.16

续表

股票名称		上市市盈率（倍）		振幅（%）		换手率（%）		涨跌幅（%）	
代码	名称	上市首日	2010年1月29日	上市首日	截至2010年1月末	上市首日	截至2010年1月末	上市首日	上市第二日至2010年1月末
300033	同花顺	123.34	141.67	12.20	29.69	71.89	434.90	33.30	14.86
300034	钢研高纳	107.44	111.05	20.00	47.63	70.72	449.57	46.13	3.36
300035	中科电气	72.90	58.80	13.74	42.18	70.82	286.71	34.17	-19.34
300036	超图软件	119.49	105.05	19.08	44.59	69.73	417.85	64.29	-12.08
第二批8家		110.36	99.06	16.48	41.83	41.83	365.78	45.21	-10.81
300037	新宙邦	142.13	114.04	18.16	36.39	77.92	276.59	44.88	-19.76
300038	梅泰诺	83.35	66.38	5.19	34.80	65.07	224.73	38.46	-20.36
300039	上海凯宝	86.46	80.18	5.75	25.43	61.22	212.54	19.68	-7.26
300040	九洲电气	80.62	69.24	4.57	37.69	60.98	308.93	26.91	-14.11
300041	回天胶业	86.62	71.16	4.12	27.29	67.26	240.85	27.45	-17.85
300042	朗科科技	88.51	73.49	10.78	42.43	65.00	284.83	34.49	-16.97
第三批6家		94.61	79.08	8.10	34.00	34.00	258.08	31.98	-16.05
300043	星辉车模	104.05	88.55	9.53	28.14	59.58	130.70	13.73	-14.89
300044	赛为智能	101.70	89.85	9.10	37.64	58.90	264.50	29.09	-11.65
300045	华力创通	96.43	80.13	15.38	41.01	59.21	160.58	27.00	-16.90
300046	台基股份	81.39	65.68	12.90	29.53	68.52	157.85	23.37	-19.29
300047	天源迪科	87.93	75.62	5.98	22.85	56.10	135.07	17.57	-14.01
300048	合康变频	132.37	145.27	7.09	28.51	68.52	225.93	23.77	9.74
300049	福瑞股份	98.29	86.19	9.79	26.71	54.19	123.32	18.32	-12.31
300050	世纪鼎利	159.61	151.37	9.84	21.36	72.66	171.90	30.94	-5.16
第四批8家		107.72	97.83	9.95	29.47	29.47	171.23	22.97	-10.56
50家平均		107.60	92.50	49.27	70.31	70.31	604.84	74.24	-14.25

注：（1）发行数据取自招股说明书，并与WIND数据进行了核对。

（2）平均数是指算术平均数。

（3）振幅 =（盘中最高价 - 盘中最低价）/盘中最低价 ×100%。

上市第二日至2010年1月末振幅 =（期间盘中最高价 - 期间盘中最低价）/期间盘中最低价 ×100%。

（4）上市首日涨跌幅 =（上市首日收盘价 - 发行价）/发行价 ×100%。

上市第二日至2010年1月末涨跌幅 =（2010年1月29日收盘价 - 上市首日收盘价）/上市首日收盘价 ×100%。

14.10 新股上市首日爆炒的可能原因分析及对策建议[①]

新股上市首日爆炒是指新股上市首日股价定位较高、涨幅较发行价或开盘价较大、换手率较高、上市首日后股价可能出现大幅度下跌、投资者上市首日追涨买入风险较大的一种现象。新股上市首日爆炒弊端很多，它扭曲了市场化定价机制，助长了一级市场巨额资金“打新股”获取无风险收益的现象，加大了二级市场的运行风险和投资者的投资风险。

多年来，我国深沪股市存在着一些新股上市首日爆炒的情况，具体见附表14-4。2009年6月发行制度改革后，新股发行定价市场化程度显著提高，新股发行折价率大为缩小，并且交易所加大了新股上市监管的力度，但是一些新股上市首日爆炒仍不同程度地存在。为什么会出现新股上市首日爆炒的情况？抑制新股上市首日爆炒有没有更好的办法。本节就这些问题展开一些分析研究。

14.10.1 新股上市首日爆炒的可能原因分析

新股上市首日爆炒的可能原因可以归纳为以下几个方面（具体见表14-6）：

（1）制度因素：

①T+1制度。新股上市首日，买进的股票当天不能卖出。在可流通股份一定的情况下，已经卖出的股份越多，则可供卖出的股份就越少。如果此时买入的数量较多，就会出现需大于求的情况，股价有可能出现大幅度上涨。2006年6月19日深交所中小板上市的“中工国际”就是在上市首日换手率超过60%后，下午1点多被大幅拉升。

②发行折价。基于降低上市公司发行风险和证券公司承销风险的考虑，上市公司新股一般都采取折价发行，这就为新股上市首日上涨奠定了“比价”基础。由于相关上市公司的股价可能差别较大，首日上市的新股其价格定位具体与哪些相关股

① 2010年报送的研究简报。

表 14－6

可能原因分析		对策建议
1. 制度因素	1.1 T+1 制度	1. 利用有利的市场条件，增加新股发行量。 2. 提高上市首日新股单笔买入的最低数量要求。 3. 建立存量股份上市机制，允许一定比例的存量股份随新股一起上市。 4. 规范发行、上市公司的评价与宣传。 5. 加强市场实时监控，防范市场操纵。 6. 优化和强化投资者教育。
	1.2 发行折价	
	1.3 单笔买入最低数量要求	
	1.4 单笔买卖订单差	
2. 上市公司因素	2.1 企业及股本规模	
	2.2 正面宣传评价	
	2.3 成长性预期	
3. 投资者因素	3.1 买方投资者跟风	
	3.2 卖方投资者诱多	
4. 市场因素	4.1 上市时机	
	4.2 供需关系	
	4.3 市场整体暴涨	
	4.4 股价联动	
5. 主体违规	5.1 市场操纵	
	5.2 内幕交易	
6. 其他因素	6.1 信任因素	
	6.2 上市家数安排	
	6.3 价位因素	

票进行“比价”存在着各种可能性，一种或多种偶然因素就可能促使新股上市首日由“上涨”演变成为“暴涨”。

③单笔买入最低数量要求。由于我国深沪股市单笔买入的最低数量为 100 股，这有可能为投资者创造了低成本、低风险跟风的有利市场条件。因为即使按 50 元/股的高价买入 100 股，成本也仅为 5000 元。该股日后跌至 20 元即跌幅高达 60% 时，该投资者也仅仅亏损 3000 元，承担的绝对风险并不大。

④单笔买卖订单差。为了提高新股申购中签率，管理层大幅度降低了中签新股认购基数，如一个中签号只能认购 1000 股或 500 股等。于是，新股上市首日单笔卖出订单可能就是 1000 股或 500 股，而单笔买入订单可能多达 1 万股或 10 万股。一旦某一时点较少笔数但较大买入订单显著超过较多笔数但较小卖出订单数量时，股价上涨的可能性就较大。

（2）上市公司因素：

①企业及股本规模。经验表明，上市公司及股本规模大小与新股上市首日炒作

有一定的关系。中小企业想象空间相对较大，中小盘股市场溢价相对较高，中小盘股股价炒作相对容易，因此，中小盘股上市首日容易成为市场炒作的对象。多年来，中小板新股上市首日爆炒多于主板、中小盘新股上市首日爆炒多于大盘股就是例证。创业板上市的新股股本规模可能更小，企业想象空间可能更大，一些新股上市首日爆炒可能会在创业板市场中重演。

②正面宣传评价。基于确保发行上市成功的考虑，上市公司、保荐人、分析师等对新股发行、上市正面宣传、评价的较多。这有可能强化投资者的投资意识，弱化投资者的风险意识。

③成长性预期。投资者买股票就是买预期。在部分投资者看来，新上市公司成长性预期可能好于“老”上市公司，投资者对成长性预期较好的上市公司可能给予较高的“估值”，部分投资者参与一些新股上市首日的炒作，可能就是基于这方面的考虑。

（3）投资者因素：

①买方投资者跟风。我国投资者构成以中小投资者为主，市场跟风和羊群效应明显，一旦个股走势总体向上，就会吸引跟风者的参与。单笔买入数量要求不高可能助长了一些投资者的跟风投资行为。

②卖方投资者诱多。一级市场新股申购的投资者为了及时从二级市场高价套现，就有可能利用各种可能的媒体或雇用证券分析师对新上市公司的投资价值进行渲染，从而有可能诱多二级市场投资者在新股上市首日高价买入新股。

（4）市场因素：

①上市时机。为降低发行上市发行风险，我国新股发行、上市一般都选择在市场运行较好的时期。此时市场炒作的市场环境较好，市场炒作成功的可能性相对较大。近几年来几只上市首日爆炒的新股，都出现在深沪股市阶段性上涨的时期，就能说明问题。

②供需关系。在市场转好或走好的情况下，我国庞大的投资者群体的投资需求巨大，而一定时期或时点新股上市只数、股份数量相对较少。这种市场供需失衡的状况，有可能助长新股上市首日的炒作。特别是市场恢复 IPO 发行、上市的初期，个别或少数几只上市的新股，更有可能成为市场炒作的对象。例如，2009 年 6 月 29 日，我国发行制度改革后首次上市的“桂林三金”、“万马电缆”，上市首日还是出现了程度不同的爆炒，盘中涨幅都触及涨幅限制而被临时停牌，而之后到 2009 年 8 月 28 日深交所中小板上市的 11 只新股则没有出现类似的情况。

③市场整体暴涨。新股上市当天，因重大系统性利好造成市场出现总体大幅度

上涨时，极有可能推动新股上市首日大幅度上涨。例如，2008 年 4 月 24 日，受股票印花税单边征收等重大利好的影响，深沪股市总体暴涨，许多股票开盘不久后即达到涨幅限制而无法买到。新股没有涨幅限制就可以买到，随后深圳中小板当天上市的“川润股份”、“水晶光电”成为市场炒作的对象，股价从开盘价的 13 元、20 元分别涨到最高的 37 元和 55.3 元。

④股价联动。受相关股票比价联动的影响，一只股票的定价和涨跌可能影响另一只相关股票的定价和涨跌。一是新股联动。同一天多只新股上市，一旦出现某一只新股暴涨，就有可能带动其他新股爆炒。二是“新”、“老”股联动。例如，新股上市首日，如果出现相关“老”股票涨停的情况，新股就可能成为市场炒作的对象。

（5）主体违规：

①市场操纵。新股上市首日成为市场操纵对象的可能性较大。由于深沪市场参与新股申购的投资者很多，新股申购中签率很低，新股上市前筹码极为分散。对于有投资价值的新股来说，上市首日是市场主力收集“筹码”的极好时机。一些具有资金优势或凭借信息优势的主力投资者有可能在上市首日不惜通过拉抬股价的方式大肆买入股票。

②内幕交易。一些新上市公司为了“感谢”公司上市的相关支持者或为了利益输送上的考虑，有可能把公司上市后有利于股价上涨的信息（如重大投资、重大并购、业绩高增长、高送配等）有选择性地提前透露给了相关人，相关人就有可能利用新股上市首日大量买入股票，因此，带动上市首日股价大幅度上涨。

（6）其他因素：

①信任因素。我国股票发行实行核准制。投资者对核准机构信任程度较高，对新股上市的成长性、投资盈利性可能寄予厚望，由此助长了投资意识，淡化了风险意识。这种意识在上市公司、保荐人、分析师的正面宣传评价中得到进一步强化。

②上市家数安排。某一天是单只新股上市还是多只新股上市更容易为市场所炒作，不能一概而论。由于可炒作的对象单一，股本规模较小，单只新股上市被炒作比多只新股上市被炒作的可能性要大。但是，同一天多只新股上市就有可能出现股价联动；同时，多只新股同时上市就有可能增加实时监控的难度，影响可能出现爆炒的过程控制。

③价位因素。业绩较差、发行价较低从而上市首日开盘价较低的新股有可能成为爆炒的对象。例如，2009 年 7 月 27 日上市的“四川成渝”，发行价 3.6 元，上市首日开盘价 7.6 元，开盘价相对于发行价上涨了 111.11%。与同期中小板新股上市

首日的市场表现比，“四川成渝”上市首日价位较低，但涨幅较高。可能由于价位较低，该股开盘不久后股价被迅速炒起，股价最高达到 15.25 元，比开盘价上涨了 100.07%。

14.10.2 对策建议

以上分析表明，新股上市爆炒不是简单的发行制度、交易制度改革或交易监管就能解决的问题，防控新股上市爆炒需要齐抓共管。现提出对策建议如下（具体见表 14-6）：

（1）利用有利的市场条件，增加新股发行量。发行制度改革不仅仅是发行定价市场化改革，还包括发行时机、发行数量市场化改革等，管理层和发行主体要充分考虑市场的有效需求，充分利用市场的有利条件，必要时或可能时增加 IPO 发行家数，扩大新股发行的数量。

（2）提高上市首日新股单笔买入的最低数量要求。提高跟风成本是抑制投资者跟风行为的有效办法，可将上市首日新股单笔买入的最低数量要求从 100 股提高到 1000 股。

（3）建立存量股份上市机制，允许一定比例的存量股份随新股一起上市。全流通后，存量股份上市是早晚的事，存量股份上市在我国没有制度障碍。建立存量股份上市机制，对上市新股股价就可以起到市场化调节的作用。但是，当新股上市价比发行价的涨幅低于 20% 时，存量股份则不随新股上市交易。

（4）规范发行、上市公司的评价与宣传。上市公司、保荐人、分析师对发行、上市公司的评价与宣传，不能只是正面的，也不能主要是正面的，而是要全面、客观地宣传、评价上市公司，特别要揭示或提示上市公司可能存在的各种风险。上市公司、保荐人、分析师要坚决杜绝为了发行、上市而误导投资者行为的发生。

（5）加强市场实时监控，防范市场操纵。交易所在这方面是有为的，也是可为的。交易所可以在交易制度层面和市场监控层面双管齐下。例如，交易所在中小盘新股上市首日可限制机构投资者、大资金投资者买入，限制投资者大单买入、连续买入、高报价买入等。

（6）优化和强化投资者教育。投资者不知道风险在哪，风险教育对于“无知者无畏”的投资者来说是没有效果的。有关方面为了优化和强化投资者风险教育，首先要做好投资者的投资知识教育、规则教育和专业教育。

附表 14－4　近几年深沪市场一些新股上市首日爆炒及股价波动情况表

公司简称		中工国际	拓邦电子	川润股份	水晶光电	四川成渝
股票代码		002051	002139	002272	002273	601107
上市时间		2006. 6. 19	2007. 6. 29	2008. 4. 24	2008. 4. 24	2009. 7. 27
发行价（元）		7. 40	10. 48	10. 44	15. 29	3. 60
开盘价（元）		17. 11	39. 00	13. 00	20. 00	7. 60
最高价（元）		50. 00	71. 00	37. 00	55. 30	15. 25
最低价（元）		15. 50	38. 50	13. 00	20. 00	7. 03
收盘价（元）		31. 97	60. 00	37. 00	50. 80	10. 90
涨幅（%）	收盘价较发行价	332. 02	472. 52	254. 41	232. 24	202. 78
	收盘价较开盘价	86. 85	53. 85	184. 61	154. 00	43. 42
	最高价较开盘价	192. 23	82. 05	184. 62	176. 50	100. 07
振幅（%）		222. 58	55. 84	184. 61	176. 50	116. 93
流通股（万股）		4800. 00	5082. 00	2530. 00	2171. 00	37500. 00
成交量（万股）		4514. 53	1185. 19	1642. 53	1200. 02	33116. 75
换手率（%）		94. 05	23. 32	64. 92	55. 27	88. 31
上市首日后连跌至最低价（元）		16. 98	35. 43	12. 90	17. 72	7. 95
跌停板次数		6	5	10	10	3
较上市首日跌幅（%）	最低价较最高价	－66. 04	－50. 10	－65. 13	－67. 96	－47. 87
	最低价较收盘价	－46. 88	－40. 95	－65. 13	－65. 12	－27. 06

14.11 机构投资者也需“受教育”[①]

2007 年以来，为保护投资者的利益，增强投资者防范和控制风险的意识，中国证监会、深沪证券交易所加大了证券市场投资者教育的力度。然而，一些机构投资者却认为，投资者教育的对象主要是中小投资者，而不是那些职业化、专业化、投资规模较大的机构投资者。本认为，中小投资者教育固然重要，但机构投资者的教育更为重要，只是中小投资者教育与机构投资者教育的内容要有所不同罢了。

① 来源于《证券时报》，2008 年 3 月 22 日。

14.11.1 中小投资者教育重点：知识教育和风险教育

我国证券市场中小投资者主要为个人投资者，具有以下几个特点：一是数量庞大。截至2007年年底，我国股票、基金个人投资者累计超过一亿人，其中，不乏没有收入来源的大学生、靠养老金生活的退休老人。二是以兼职投资为主。绝大多数的个人投资者都是“业余”投资者，既缺乏专门的投资时间，更缺乏专业的投资知识。许多中小投资者对股票合理估值的判断、影响股票价格走势的因素分析、股票市场的系统性风险和非系统性风险的认识等都缺乏专业知识支持。三是投资行为“羊群效应”明显。由于缺乏专业投资知识和专门投资时间，许多中小投资者往往偏信证券分析师对市场走势的判断及其所推荐的股票，殊不知较多证券分析师的股评并不准确，有的还隐含了配合机构投资者操纵市场的目的。许多中小投资者缺乏长期投资理念，往往由市场短期波动所驱动，追涨杀跌，频繁买卖，不仅错过了投资机会，而且增加了投资成本，承担了更多的投资风险。四是投资资金以自有结余资金为主。许多中小投资者的入市资金都是自己多年来节余的资金，有的甚至是家庭成员未来生存（如教育、医疗、养老等）必需的资金，其抗风险能力非常有限。

根据我国证券市场中小投资者的上述特点，中小投资者教育的重点在于：一是证券投资的知识教育。证券投资知识教育的目的在于增强中小投资者的投资理性，降低其盲目跟风的“羊群”投资行为，提高其自主投资的分析与决策能力。二是证券投资风险教育。主要包括：市场各类风险（如系统性风险、非系统性风险）的类型、表现及其形成的原因，各种可能出现的市场违法违规行为（如虚假信息披露、市场操纵、内幕交易、利益输送等）可能引发的市场风险，规避、防范和控制投资风险的各种有效办法和手段等。这类证券投资风险教育的目的在于增强中小投资者的风险识别能力，减少其不应当承担的投资风险，降低其可能承担的投资风险。

14.11.2 机构投资者教育重点：法制道德和社会责任教育

我国证券市场机构投资者主要包括公募基金投资者、私募基金投资者、社会和商业保险资金投资者、证券公司投资者和其他各类法人机构投资者，具有以下几个特点：一是相对于中小个人投资者来说，我国证券市场机构投资者数量虽少，但是单个机构投资者的投资规模普遍较大，小则几百万元，多则几个亿甚至十几个亿（元）。二是大都为专业化投资机构，其投资人具有较高的证券市场专业知识，对证券投资品种进行过专业化的研究，有足够的时间和精力始终关注和参与市场投资。三是从资金来源来看，机构投资者大都为中间投资者。基金公司的投资资金主要来源于广大的基金投资者，社会和商业保险机构投资者的投资资金主要来源于投保人；证券公司投资者的投资资金，一部分来源于委托理财者，另一部分属于自有资金但最终仍归证券公司的股东所有。四是在投资者结构中，机构投资者因其拥有证券投资专业优势、资金优势和其他资源优势，在市场中处于强势地位，一些投资行为甚至可以影响市场的波动，左右个股的走势。

根据我国证券市场机构投资者的特点，机构投资者教育的重点在于：一是法制教育。从我国证券市场十多年的发展历程来看，大的市场违法违规行为，如市场操纵、内幕交易、利益输送等，大都为机构投资者或隐性的机构投资者所为，他们为获取超额投资收益，蒙骗中小投资者，扰乱市场正常秩序，加剧市场波动，增加市场风险。因此，对机构投资者要加强法制教育，以提高其守法意识，规范其投资行为。二是职业道德教育。公平交易是证券市场的核心理念，也是证券投资参与者的最高行为准则。任何有违公平交易准则的动机和行为，都是不道德的。在我国证券市场投资者结构失衡的情况下，广大中小投资者由于投资知识、投资时间、投资精力的缺乏，投资资金规模较小，风险承担能力有限，在证券市场投资中一直处于弱势地位，根本无法与机构投资者进行平等博弈，更谈不上与机构投资者进行不平等的博弈。如果在此种情况下机构投资者还要将自己的超额收益建立在蒙骗、欺诈中小投资者的身上，伤害的不仅仅是中小投资者，还包括证券市场运作的机理，最终也会传导到机构投资者自己身上。因此，加强机构投资者职业道德教育，是确保市场公平交易的基础性工程。三是社会责任教育。加强机构投资者社会责任教育的必要性主要体现在两个方面：首先，与广大中小个人投资者相比，机构投资者作为市场的强势投资者，是管理层基于市场稳定发展的需要而支持发展起来的投资者，理应承担更多的稳定市场的责任。机构投资者凭借资金、信息、资源优势操纵市场或制造市场大的波动，都有违管理层发展机构投资者的初衷。其次，绝大多数机构投资者作为中间投资者，其所动用的投资资金并非完全自有，不当投资的风险主要由出资人承担。因此，机构投资者要像上市公司对股东负责一样对投资资金的最终出资人负责，降低出资人的投资风险，提高出资人的投资收益。

14.12 如何看待和对待证券投资咨询分析[①]

证券投资咨询分析，是指取得证券监管部门颁发的证券投资咨询资格的机构或个人，运用基本分析、技术分析等专业手段，针对投资者所作的证券市场环境、市场走势、市场演变、市场预测和市场投资机会的分析。在我国，证券投资咨询分析报告尤以个股走势判断、个股买卖建议为主，一般通过报刊、电视、广播、网络等媒体或讲座等公开渠道向不确定的公众投资者发布，或通过私下渠道向特定投资者提供。一些缺乏专业投资知识或入市经验的投资者，一些没有时间或能力关注市场、上市公司运作情况的投资者，一些没有能力和精力从事技术或市场分析的投资者，一些缺乏风险意识的投资者，往往喜欢听信证券投资咨询机构或个人的观点，甚至将证券投资咨询分析报告作为投资决策的唯一依据，许多投资者因此蒙受了很大的投资损失。如何正确看待和对待证券投资咨询的分析，是广大中小投资者必须正视的一个重大投资理念、投资策略和投资决策方式问题。

（1）证券咨询分析动机的多元性。证券投资咨询机构或个人发布的分析报告、表明的观点，可能存在着动机多元化的问题：①有的可能是为了表现其证券投资咨询专业能力、忠于职业操守、为广大中小投资者提供专业服务的考虑，此类投资咨询分析报告的水准可能比较高，结论可能比较客观，对投资者投资决策可能有部分参考价值。②有的可能是基于扩大证券投资咨询机构或个人知名度的考虑，在不同的媒体广泛发布内容相同的投资咨询分析报告，追求的是曝光率、上镜率、转载率，强调的市场轰动效应。此类投资咨询分析极富诱惑力和煽动性，是鼓动中小投资者盲目入市的强大工具，极有可能误导投资者甚至直接损害投资者的利益。③有的是基于“雇用”单位上市承销业务的需要，故意渲染上市公司的投资价值；或直接为“庄家”打压吸筹、拉高出货等市场操纵行为服务，蒙骗广大中小投资者。此类投资咨询分析对中小投资者危害极大。

（2）证券咨询分析依据的局限性。证券市场是一个信息市场，证券投资咨询分析的结论需要全面的、充分的依据作支撑。然而，受客观条件和专业能力的限制，

---

① 来源于《证券时报》，2008 年 7 月 16 日。

我国许多机构或个人的证券投资咨询分析存在着明显的依据局限性问题：①证券市场是一个众多因素影响的市场，并且各影响因素处在变化难测之中，市场走势存在着极大的不确定性，任何一个证券咨询机构或个人都不可能掌握所有的分析依据，证券投资咨询分析必然存在着分析依据的局限性；②一些证券投资咨询机构或个人在较少调研、缺乏原始或一手资料的情况下，大量使用二手的、衍生的资料甚至市场传闻作为证券投资咨询分析的依据，这些二手的、衍生的资料和市场传闻可能本身就是错误的，据此形成的分析结论肯定是错误的，根本不能作为证券投资咨询分析的依据；③一些证券投资咨询机构或个人经常利用局部的、片面的甚至单一的资料对整个市场或个股作出“以偏概全”的分析，分析结论缺乏说服力和可信度；④一些证券投资咨询机构或个人基于特定分析目的需要，有可能捏造事实依据，歪曲事实真相。

（3）证券咨询信息披露的选择性。一些证券投资咨询机构或个人在很大程度上承受着“雇用”机构和所评价的上市公司的双重压力。当投资者利益、投资咨询机构或个人自身利益、其所供职的证券公司利益之间发生冲突时，缺乏职业操守的投资咨询机构或个人往往牺牲中小投资者的利益。为此，我国一些证券咨询机构或个人存在着明显的选择性信息披露问题：①一些证券投资咨询机构或个人违背信息隔离制度的有关规定，将有价值的投资咨询报告或事先提供给“雇用”的证券公司或基金公司，或提前推荐给相关利益者购买然后再公开发布，为主力打压吸筹、拉高出货服务；或有可能在不同时段为不同级别的会员投资者提供相同的投资咨询报告。②一些证券投资咨询机构或个人为了优先考虑一些客户利益而不失损害公众投资者的利益，甚至有可能同时为不同的投资者提供分析结论截然不同的投资咨询报告。即使是有投资参考价值的证券咨询报告，如果不是同时、全面提供给所有的投资者，而是先后提供给不同的投资者，或提供的内容详细程度不同，那么对于后来得到该咨询报告的投资者和仅仅知道该咨询报告部分内容的投资者来说，不仅是毫无投资参考价值的，而且有可能是极为有害的。

（4）证券咨询分析结论的模糊性。准确预测证券市场或个股的走势是一件极为困难的事情。较多证券投资咨询机构或个人不是把主要精力放在证券市场、行业、上市公司的系统分析、综合分析、比较分析上，而是重点放在股价走势和买卖建议上。他们甚至比投资者更坚信这种预测的准确性极低，于是就翻来覆去地拿一些股评术语来糊弄投资者，或来源不明、闪烁其词，或模棱两可、左右逢源：如“低吸高抛”或“逢低吸纳、逢高出货”“牛市久盘必涨，熊市久盘必跌”“顺势而为”“久涨必跌、久跌必涨”等，这些听起来似乎没错，但关键是什么是“低”“高”？

什么是“牛市”“熊市”？什么是“势”“久”？却是不加界定、模糊不清、任其解释的。似乎未来市场或推荐个股涨了他也对，跌了他也对，并且可以不承担任何责任。

（5）证券咨询分析预测的准确性。我国较多证券投资咨询机构或个人的市场分析报告针对性差、质量不高、独立性不强、公正性不足；其所传递的信息或原始、重复的居多，或夸大其实，有的甚至含有虚假成分；其所表明的观点正面性居多，中立和负面性的观点相对较少，很少有专门的看空分析。这些因素进一步降低了证券投资咨询分析的准确性。中国证券网曾对“三大”证券报某一时期证券投资咨询人员发表的各种形式的股评和荐股文章进行过统计分析，并按荐股在有效期内的涨跌幅给出评分，实际情况是：①按所统计的股评人士（证券投资咨询人员，下同）人数计，304 人中 152 人得了负分，胜负各占 50%。由于股市不涨即跌，永远看涨或看跌都有 50% 的胜算概率，因此这类股评人士预测的准确性实际上总体为零。②按平均得分计，304 位股评人士总共得了 60.32 分（每人满分应为 100 分），平均得 0.1980 分，其股市预测的准确性总体归零。③按所荐股票的数量计算，在 43 个交易日中股评人士共推荐股票 4937 只（次），平均每只（次）得分为 0.0122 分，其股市预测总体上几乎无效。

（6）证券咨询分析应用的效果性。从证券投资咨询的应用效果来看，我国目前证券投资咨询的情况大致可概括为：广大中小投资者既对证券投资咨询信息存在较大程度的依赖性，又对其可信性持怀疑态度；许多证券分析人士既热衷于证券投资咨询这一影响力很大的行业，又为这一行业的公信力社会评价很低而沮丧。具体来讲：①较多低质量的投资咨询信息泛滥，个人投资者难辨真假，不但投资参考价值不大，反而混淆视听，增加了投资者决策成本和不确定性。②较多投资咨询机构或个人观点高度趋同，直接影响到市场资金的流向，容易成为市场助长助跌的影响因素。③众多夸张不实的评论信息造势性强、渲染性高，往往营造非理性普遍乐观或过度恐慌的舆论氛围，对股市波动推波助澜，影响了市场的稳定性。④较多个人投资者都曾有过盲从、听信劣质股评而上当受骗、蒙受亏损的经历。例如，在银广夏案件中，由于股评人士推荐而上套的投资者占到了 29%。⑤另据调查，投资者参照股评进行投资赚赔差不多的人占到 65.7%，赚钱者和赔钱者的比例分别为 16.7% 和 17.6%，基本上没有什么差别。

14.13 如何看待和对待专家学者的市场评论[①]

我国有一些经济、金融、证券类专家学者经常喜欢在股票市场低迷或高涨时、在股市大幅上涨或下跌时，通过报刊、电视、广播、网络等媒体或通过讲座、论坛、研讨会等场合发表股票市场评论。从内容来看，专家学者市场评论包括：某一股价指数点位情况下市场有无投资价值及投资风险大小，股市未来的走势及其上涨或下跌空间的分析，宏观经济走势对股市运行的有利或不利影响，货币、财政政策变化和宏观经济调控对股市运行的积极或负面影响，本币汇率变化、居民储蓄余额变化、银行贷款及社会投资规模变化、外贸出口变化、国际市场变化对股市各种影响的分析与判断等；此外，还有一些专家学者直接对管理层出台的市场政策或市场管理行为发表评论。从观点或立场来看，同一时期，不同的专家学者对股票市场的看法可能完全不同，无论是上证综合指数 2005 年跌破 1000 点，还是 2007 年上涨到 6000 点以上，都同时出现了大量的专家学者看空和看多股市的观点。

股票市场是一个差异性的市场，既然不同的投资者在股价指数和股票价格的任何点位上都有买进或卖出，那么不同的专家学者在股价指数和股票价格的任何点位上发表有关看空或看多的市场评论就是正常的。问题在于：投资者怎样洞察一些专家学者热衷于市场评论的动机，怎样看待专家学者市场评论的行为，怎样对待专家学者市场评论的观点，怎样处理自我投资决策与专家学者市场评论的关系。

第一，怎样洞察专家学者市场评论的动机。不同的专家学者热衷于市场评论，可能有以下几种不同的动机：一是专家学者的责任与良知的表现动机。一些专家学者长期从事经济、金融、证券研究，对市场运行的变化及未来演变的趋势有自己独到的研究和判断。一旦市场的走势与自己的判断相反，或别的专家学者发表了与自己判断相反的观点，一些专家学者出于良知和责任的驱使，就会发表在他看来有科学依据支持的、观点正确的市场评论。二是基于出名或扩大知名度的动机。股市评论的受众者之多、传播渠道之广，是所有其他市场都不可能比拟的。发表独特的、

① 来源于《证券时报》，2008 年 7 月 14 日。

新颖的股市评论，在一些专家学者看来可以“一夜成名”。三是经济利益动机。一些专家学者直接参与了股票投资，或受雇于某些大型投资机构。股市的走势可能与其投资决策相反，基于低位买进或高位卖出而获取更多投资收益的考虑，他们可能利用自己作为专家学者的影响力、权威性，发表完全不正确的但可以引诱广大中小投资者受骗上当的市场评论。动机不同，不同的专家学者发表市场评论的观点可能是完全不同的。只有专家学者基于责任与良知表现动机而发表的市场评论，对中小投资者认识市场和投资决策才可能有部分参考价值。

第二，怎样看待专家学者市场评论的行为。从合规性与否来看，专家学者市场评论大致可分为合规性市场评论与非合规性市场评论。从资格来看，只有高校、研究机构的“纯”专家学者才能发表市场评论，那些在党政机关（包括人大、政协等）工作的“官员型”专家学者、“市场利益型”专家学者是不宜发表市场评论的。从内容来看，专家学者发表市场评论的内容一般侧重于宏观经济分析、市场环境分析、市场影响因素分析、行业或区域发展分析。凡是涉及到股价指数走势的具体判断、个股买进或卖出，专家学者都不能发表具体的市场看法。发表此类市场看法的，只有获得中国证监会颁发的证券咨询从业资格的人员才有可能。从传播渠道来看，专家学者发表市场评论，必须符合国家言论传播的有关规定，不能通过非法的渠道和方式发表市场评论。广大投资者要对专家学者市场评论的合规性作出判断，尽量避免非合规性的专家学者市场评论对自己从事的市场分析、判断和投资决策的影响。

第三，怎样对待专家学者市场评论的观点。判断专家学者市场评论的观点对不对，对广大中小投资者来说是一件十分困难的事情。首先，必须认识到专家学者市场评论的局限性。“股市只有输家和赢家，没有专家”。即使是专家学者出于良知和责任所作的市场评论，也是有很大局限性的。因为股市是一个影响因素极多的市场，而专家学者仅仅是某一方面的专家，不可能对影响股市各个方面的全部因素作出科学的分析和判断，因而不可能对股市的走势作出完全到位的预测。其次，要提防和警惕动机不良的专家学者的误导性市场评论。一些热衷于股市评论的专家学者，有可能是“御用性”的专家学者，其发表的市场评论可能与自己的判断或目的完全相反。广大中小投资者对此要高度警惕，加强自身投资专业知识的学习，增强市场风险意识，提高对专家学者市场评论观点正确与否的判断力。

第四，怎样处理自我投资决策与专家学者市场评论的关系。首先，股票市场是一个信息市场，投资决策必须建立在掌握充分的、全面的信息基础上。投资者在投资决策前，了解上市公司信息、市场交易信息、市场环境信息，听一听证券咨询分析，看一看专家学者的市场评论，都是必要的。其次，对投资者来说，不要盲从专家学者的市场评论，而要正确对待专家学者的市场评论；不要完全顺从专家学者的市场观点，而要合理取舍专家学者的观点；对于同时出现的截然不同的专家学者观点，投资者要有自己独立思考的判断。总之，专家学者的市场评论不能作为投资者自我投资决策的依据，最多只能作为投资决策的部分参考。

15

市场关联研评

15.1 中国经济面临的八大机遇与挑战[①]

在经济全球化的今天，美国次贷危机演变为国际金融危机之后，对世界经济将产生广泛而深刻的影响。人们最关心的是，这次国际金融危机将对世界经济哪些地区、哪些方面产生更为重要的影响，影响程度有多深，影响时间有多长。对这些问题的科学分析、客观认识和准确判断，是各界应对国际金融危机、化解国际金融危机风险、走出国际金融危机困境、促进世界经济平稳发展的基本前提。在我国经济日益开放、经济运行机制日益市场化和国际化的今天，国际金融危机不可能不对我国产生影响，这种影响可能是直接或间接的，短期或长期的，表层或深层的，负面或正面的。对这些影响进行全面、系统、深入的分析研究，是我国当前和未来一定

① 来源于《中国证券报》，2008 年 11 月 7 日。

时期一项重大而现实的研究课题。本节所要研究的问题是：国际金融危机对我国哪些经济层面产生了更为重要的影响？分析表明，国际金融危机对我国海外投资、进出口、金融证券保险业、房地产业、旅游业、劳动就业、经济增长、经济地位等层面都产生了程度不同、后果不同的影响。

第一个层面，海外投资。一方面，国际金融危机发生后，海外资本市场出现暴跌，对我国较多海外间接投资都产生了很大的负面影响，如我国基金业的 QDII 投资、我国银行业的代理理财投资等，投资损失都很巨大。一些公司债投资甚至出现了血本无归的惨象，一些保本式债券投资尽管没有出现浮亏，但也隐含了预期套现性风险。我国海外直接投资的风险不可忽视，次贷危机爆发前高成本、高预期投资的项目，可能面临着资产价格缩水、投资收益下降、投资回收延长等一系列风险。另一方面，愈演愈烈的国际金融危机，使得海外许多股市大幅度缩水，资产价格大幅度下降，一些公司股票估值已达到历史低位；一些公司为了渡过目前难关，不惜贱卖公司资产或控股权；一些国家大幅度降低了外资进入的门槛，限制外资进入的制度性、技术性壁垒已不攻自破。这些也为我国相关企业、机构和个人创造了一系列海外直接或间接投资的潜在机会。这次国际金融危机未来延续时间越长，破坏程度越大，经济恢复越慢，我国海外投资的潜在机会可能越多。

第二个层面，进出口贸易。这次国际金融危机主要发生在发达国家和地区，而我国一般贸易进出口的目标地也主要在发达国家和地区，因此，这次国际金融危机对我国进出口将产生重大影响。就我国出口而言，金融危机导致美国等国家经济衰退、失业率上升、消费力下降，对我国消费类、资源类产品的出口将产生重大的负面影响，尤其对我国珠江三角洲、长江三角洲等沿海地区的出口导向型经济将会带来很大的冲击。一些出口导向型企业，既面临着出口货物资金回收困难的风险，更面临着出口订单下降的风险。我国一般性贸易出口收入、贸易顺差、外汇收入等一系列宏观经济指标都有可能发生重大变化。就我国进口而言，海外一些国家基于生产自救可能会出台一些有利于产品出口的政策，如减少出口关税、降低出口价格、放松技术封锁等。目前，较多大宗商品的价格如石油、铜、铁矿石等大幅度调整降低了我国进口相关商品的成本，这些都有利于我国相关商品的进口。我国应抓住这一难得的历史机遇，根据自身的需要和能力，扩大和延伸技术类、资源类、短缺类、价格优势类商品的进口。当然，扩大和延伸商品进口也有可能对国内相关产业、企业形成新的竞争压力。

第三个层面，金融证券保险业。首先，就其影响面而言，这次国际金融危机对我国金融业的影响主要表现在：一是利率联动、汇率波动及其金融机构经营的影响；

二是金融环境的变化对银行贷款业务可能产生重大影响；三是海外金融机构主体受金融危机的影响可能传导到其设置在我国的分支机构上来。其对我国证券业的影响主要体现在：一是股价波动及其对证券机构经营、业绩和对投资者投资收益的影响；二是股价波动对市场融资功能的影响及其对上市公司 IPO 和再融资的影响。其对我国保险业的影响主要表现为：一是利率波动对保险业经营及业绩的影响；二是资本市场波动对保险业投资收益的影响。其次，就其影响程度而言，我国金融证券保险业对外有所开放但尚不充分，我国金融证券保险业运作机制尚未完全与国际接轨，这就决定了这次国际金融危机对我国金融证券保险业会产生影响但程度相对有限。一方面，未来我国金融、证券市场仍会对国际金融动荡作出即时反应，在国际金融、证券市场没有稳定之前，我国金融、证券市场不可能走出反向的单边行情。另一方面，我国的经济增长方式、实体经济与虚拟经济的关系和西方发达国家存在明显的差别，影响我国金融、证券市场未来走势的主要因素仍是国内的市场环境和市场运行机制。最后，就其影响后果而言，最重要的是我国金融、证券市场未来的发展思路可能会吸取这次国际金融危机的深刻教训。我国仍会坚持金融改革、开放、创新的发展路径，但市场监管和风险防范会进一步加强，一些高风险金融产品的创新和推出可能会充分考虑有效监管、风险承受等因素。“改革开放创新促发展、发展以市场稳定规范运作为前提、创新与监管并重”等金融、证券市场发展理念会进一步得以强化。

第四个层面，房地产业。这次国际金融危机，从源头上看是房地产市场危机。我国房地产市场起步较晚，发展模式和运作机制受海外房地产市场的影响很大。因此，这次由房地产市场引发的金融危机对我国房地产业将会产生多方面的影响：首先，目前和未来一段时期，我国几个一线城市如北京、上海、广州、深圳和部分二线城市的房地产市场，有可能面临一些海外投资客抛售房产、抽离资金或减少房地产投资开发的情况。其次，如何吸取美国房地产市场危机的深刻教训问题。美国这次房地产市场危机的深刻教训是：一是以零首付或低首付向信用等级较差或收入较低的人提供买房贷款隐含了放贷的风险；二是以零首付或低首付的贷款方式大幅度降低了买房的门槛，人为地扩大了房地产市场需求，推动了房价的虚假上涨，为后来房价下跌创造了前提；三是美国 2003 年的低利率催生了次贷产品的创新，2007 年的高利率增加了按揭买房的成本，加剧了房价下跌。美国 2001 ~ 2007 年的利率政策和利率调整，对次贷危机的形成和演变负有一定的责任。基于这些深刻的教训，我国未来会进一步规范房地产市场的发展，进一步理顺房地产与金融业的关系，控制房地产人为虚假需求的扩大和房地产价格的暴涨，也会通过税收政策、政府供地数量与价格等手段控制房价暴跌，以避免房地产市场的剧烈波动引发金融业的系统性风险。

第五个层面，旅游业。国际金融危机对我国旅游业的影响是双重的：一方面，受金融危机影响较深的国家，基于发展本国经济、增加就业的需要，可能会出台促进本国旅游业发展的举措，减少对入境旅游人员的限制；降低旅游服务价格，提高旅游服务质量，以吸引更多境外游客。因此，我国居民出国旅游可能较以往会更加可行、便利和实惠，国内旅游业面临着一定程度的旅游人数分流的潜在压力。另一方面，受金融危机引发经济衰退、失业增加、收入减少的影响，海外入境我国旅游的人数可能会出现明显减少的情况，这对我国以涉外旅游为主的旅游地区、旅游酒店和其他旅游服务机构来说，可能面临着较大的经营压力。

第六个层面，劳动就业。主要体现在 3 个方面：一是受国际金融危机的影响，我国经济增长可能放缓，新增就业机会可能相对减少，而目前我国仍处于劳动就业人数增长期，新增劳动力人数较多。因此我国未来一定时期可能面临更大的就业压力。二是国际金融危机对我国一些来料加工、委托加工和较低技术含量的出口导向型企业可能产生很大的冲击，在这些企业就业的部分员工可能面临失业、重新找工作的问题。三是金融危机爆发后，对美国等金融业发达的国家和地区的金融从业人员的影响最为直接，他们一部分人可能面临着降薪的风险，另一部分人可能面临失业的风险。这些人当中肯定不乏高精尖专业人才，寻求新的出路是他们的现实选择，他们有可能流向受金融危机影响较少的国家和地区，中国、印度、俄罗斯、巴西等“金砖四国”有可能成为他们的首选，其中，我国大量的出国留学人员有可能会寻求国内的发展机会。因此，我国面临着引进海外高精尖金融人才的良好机遇。但是，海外大量的高精尖专业人才、出国留学人才在我国寻求发展机会，势必对我国金融业现有人才就业、金融类高等院校毕业生就业产生较大的冲击，我国金融业可能面临着更加严峻的人才竞争的态势。从长远来看，这种人才竞争对我国金融、证券、保险业的发展是非常有利的。

第七个层面，经济增长。国际金融危机对我国进出口及相关产业以及对我国金融、证券、保险、房地产、旅游业的影响最终都会在我国经济增长方面有所体现，美国等西方发达国家的经济持续衰退也会对我国经济持续高速增长产生负面影响，我国 GDP 在未来增速趋缓的可能性是存在的。但是，我们应该看到，我国目前经济增长基础、方式与西方发达国家显著不同。一是就经济增长基础而言，改革开放 30 年显著地提高了我国的综合国力，我国现有外汇储备 1.9 万亿美元，我国财政收入连续多年增长率高于同期 GDP 的增长率并且出现了较多的财政盈余，我国绝大多数居民奉行保守型消费模式，居民储蓄高达 20 万亿元人民币，这些雄厚的财力在应对未来可能不测时将会发挥巨大的调节作用。而我国这些经济增长基础恰恰是一些西方国家目前所不具有的。二是就经济增长方式而言，西方发达国家的经济是消费主导型经济，经济增长主要依靠消费需求拉动，消费能力下降对经济衰退的影响极为明显。我国至今仍是投资推动型经济，我国的铁路、公路、机场、港口、能源、城市基础实施、新农村建设等仍有巨大的投资空间，而且我国中央和地方政府在主导这类投资方面具有西方发达国家所不具有的宏观或区域性调控能力。一旦我国经济受国际金融危机影响较深而出现GDP增速下降较多时，我国就有可能进一步加大投资的力度，必要时有可能采取积极的财政金融政策，以确保我国经济在未来相当长的时期内保持较高速度的平稳增长。我国未来经济转型是必要的，但我国投资型经济增长方式仍有广阔的发展空间。

第八个层面，经济地位。也许，受国际金融危机的影响，我国未来经济增长的速度可能会放缓，例如，GDP从2007年的增长11%下降到2008年的10%以下，2009年甚至可能降至8%以上，这完全是有可能的。但是，我们有充分的理由相信，在国际金融危机爆发后，美国等西方发达国家经济衰退比我国经济增速趋缓要严重得多，其恢复经济的复杂程度、困难程度可能要比我国大得多，其恢复经济的时间可能要比我国长得多。因此，在未来几年我国经济增速趋缓的情况下，我国经济总量和发达国家的相对差距不是扩大而是缩小，我国的相对经济地位在国际社会中不是下降而是上升。具体而言，一些大宗商品的定价可能会考虑“中国企业谈判因素”，而不是过去那种我国“需求什么”、国际市场“炒什么”“涨什么”的格局。我国需求较多的一些商品，如汽车、大型设备和其他高科技产品，可能会在考虑我国消费者利益的前提下形成以争夺“中国市场份额”为出发点的市场竞争格局。与此同时，一些担心中国和平崛起进而影响本国利益的国家，也有可能会进一步采取各种可能的措施、手段，对我国经济发展和国际合作加以限制或影响。

15.2 中国应对金融危机的六大有利条件[①]

全球性金融危机对中国经济运行产生了一些影响，中国经济发展面临着新的困

① 来源于《中国证券报》，2008年12月1日。

难，存在着新的不确定因素。如何应对全球性金融危机？怎样走出全球性金融危机背景下的经济发展困境？是中国当前经济发展面临的一项十分紧迫、非常重要的全局性任务。应对全球性的金融危机，关键在于合理利用、充分发挥本国的各个方面有利条件。中国应对全球性金融危机具有以下六大有利条件：

第一，中国受金融危机的影响相对较小。主要体现在：一是对中国金融业影响相对较小。这次全球性金融危机对市场化程度和开放程度较高的西方经济国家影响巨大，其中，金融业出现了严重的、大面积的流动性危机，一些国家和地区不得不组织巨额资金“救市”。中国金融业对外有所开放但尚不充分，运作机制尚未完全与国际接轨，中国金融业与国际金融市场联动性较少，这就决定了全球性金融危机对中国金融业影响相对有限。目前，中国金融机构不但不存在流动性短缺的问题，反而具有很强的资金调配和运用能力。二是对中国实体经济影响相对较小。这次全球性金融危机在美国等西方经济国家正在演变为一场经济危机，一些国家和地区甚至出现了严重的经济衰退，经济增长率可能降至零甚至为负。中国还不是一个出口主导型国家，国际经济衰退对中国出口所形成的较大负面影响还不足以动摇中国经济发展和经济增长的根基。中国 GDP 增长率过去几年一直在 10% 左右，即使受国际经济衰退的影响，其 GDP 增速降低 2 个百分点，其 GDP 增长率仍在 8% 左右。因此，中国未来几年仍可保持较好的经济发展势头和较高的经济增长率。

第二，中国应对金融危机的经济基础较好。一是中国财政状况较好。中国财政收入连续多年增长率高于同期 GDP 增长率并且出现较多财政盈余，而美国 2002 年以来连续 7 年出现财政赤字。中国目前国债余额大约为 5 万多亿元，国家负债率在 20% 左右，中国具有较大的国债发行空间；而美国 2008 年国债余额超过 10 万亿美元，国家负债率高达 70% 以上，已超过国家负债率的警戒线，美国国债发行空间已经非常有限。因此，中国具有较强的财政调剂能力，具有实行积极财政政策的财政基础。二是中国外汇储备充足。中国现有外汇储备 1.9 万亿美元，而外债余额只有 4000 多亿美元。扣除外债，中国尚有 1.5 万亿美元可以动用的外汇余额，这对应对外资可能流出、保持本币稳定将发挥重要作用。三是企业资金链、居民投资资金链基本顺畅。尽管出口困难导致一些出口导向型企业经营困难或出现倒闭，股市和房地产调整导致一些个人投资者亏损较多，但是中国企业、居民资金链在总体上仍是基本顺畅的。截至 2008 年 10 月，中国企业存款余额累计超过 20 万亿元，居民储蓄累计高达 19 万亿元。如此巨额存款，既为中国金融机构提供了强大的资金运用空间，又为企业经营或居民消费创造了有利的资金条件。

第三，中国具有投资拉动经济的巨大空间。西方发达国家经过至少 100 多年的建设，几乎所有的基础建设都已经基本完成。加上这些国家人口零增长，人口因素对基础建设投资的推动作用不大。因此，目前西方发达国家的投资主要是升级型、技术改造型、功能恢复型投资，投资规模较小，投资对经济的拉动作用不大。而中国则不同，大规模的基础设施建设只有几十年，现有基础设施还不能满足中国经济发展和居民生活水平提高的需要，中国基础设施建设仍有巨大的投资空间。具体表现在：一是交通建设。如铁路、公路、机场、港口、桥梁建设等。最近中国政府提出的铁路、公路建设的投资规模就高达 4 万亿元。二是能源建设。包括石油、煤炭、电站、电网等项目建设。随着中国经济发展和居民消费水平的提高，能源需求和能源项目建设的投资空间还很大。三是城市基础设施建设。中国目前处于人口城市化和城市规模扩大化、功能完善化的进程中，城市基础设施建设的投资空间巨大。四是新农村建设。中国存在着明显的城乡差别，农村基础设施落后，不仅制约了农业生产、农村经济发展和农民生活质量的改善，而且影响了中国工业品消费市场的扩大和延伸，对整个国民经济的发展产生了不利影响。因此，新农村建设不仅是缩小中国城乡差别的需要，也是国民经济发展全局的需要。新农村建设是一个长期的、艰巨的任务，这方面的投资需求非常巨大。因此，从各个方面来看，中国通过投资扩大内需、拉动经济增长仍有广阔的空间。

第四，中国具有消费拉动经济的巨大前景。西方发达国家消费与经济增长的关系有两个重要特征：一是在投资需求空间有限的前提下，西方发达国家经济是一种消费主导型经济，经济增长主要依靠消费需求拉动，消费能力下降对经济衰退的影响极为明显；二是西方发达国家居民的消费已经达到一个较高水平，即使消费能力不下降，新增消费需求的空间不大，对经济增长的拉动有限。这就是西方发达国家经济增长长期保持在较低水平的根本原因。中国则不同，消费市场发展及其拉动经济增长的前景巨大。一是人口增长型消费。中国过去和未来一段时期，每年新增人口大约 700 万人左右，新增劳动力大约 800 万人左右。这些新增人口的消费，新增劳动力就业对消费能力的提高，都将有利于经济增长。二是城市化人口消费。中国经济持续快速发展的过程，也是中国人口快速城市化的过程。多年来，中国每年城市化人口大约在 1000 万左右。这些人口城市化后，其消费水平比在农村显著提高 1 倍以上，拉动经济的作用十分明显。三是城乡人口升级性消费。中国改革开放 30 年来，城乡居民的收入水平、消费能力显著提高，住房、汽车、服装、旅游、娱乐、休闲等升级性消费已成为越来越多家庭的重要消费内容。随着中国经济发展和居民收入水平的提高，中国居民升级性消费仍有巨大的市场空间，其对经济的拉动作用将更为凸显。四是中国居民稳健性消费透支未来较少，而西方发达国家居民超前性消费透支未来较多。金融危机对中国居民消费能力的损害相对较小，对西方发达国家居民消费能力的损害相对较大。

第五，中国具有较强的政府调控能力。西方发达国家是一个私有化、市场化程度都很高的国家，政府调控经济的能力非常有限。中国则不同，政府具有较强的宏观或区域性经济调控能力：一是中国国有经济成分相对较高，基于经济发展全局的考虑，政府可以在一定时期内增加国有企业投资、调控国有企业盈利和利润分配，促进国有企业在一定时期内承担更多的稳定国民经济发展的社会责任；二是中国经济运行的市场化程度相对较低，政府在一定时期内调控经济的能力比较强，特别是中国政府在集中和分配全国性财力、协调区域性经济发展、促进产业结构调整、引导社会投资方向等方面具有很强的调控能力和优势；三是中国巨大的投资需求有赖政府发挥规划、引导、协调的作用。中国许多政府主导型的投资项目并不是以直接盈利为目的的，但其社会效益巨大。此时，只有中央、地方政府投资或中央、地方政府共同参与投资才能推动相关投资项目的建设。因此，一旦中国经济受国际金融危机影响较深而出现 GDP 增速下降较多时，中国政府可能进一步加大投资的力度，采取更加积极的财政政策和宽松的金融政策，以确保国民经济在未来相当长的时期内平稳增长。

第六，中国具有经济地位变化的相应有利条件。经验表明，世界每一次重大经济动荡，都会引起各个国家或地区经济实力排名的变化。这次全球性金融危机其重灾区在西方发达国家，中国受灾程度相对较轻。中国未来的国际经济地位有望进一步提升，这对中国应对这次全球性金融危机是有利的：一是中国经济发展对世界经济发展的影响越来越大。中国已成为世界第三大经济体，中国经济增长或衰退、稳定或动荡，对世界经济运行将会产生越来越大的影响。中国需要世界，世界需要中国，具有同等重要的意义。一些国家或地区在处理同中国的关系时，在协调世界重大发展事务时，可能会越来越多地考虑“中国因素”，顾及中国的正当要求和利益。二是中国不仅是一个出口大国，也是一个进口大国，中国是一个经济发展前景巨大的市场。对于一些国家或国际经济巨头来说，开拓、扩大、延伸中国市场具有特别重要的意义，而考虑中国的正当利益也是他们进入中国、拓展中国市场、参与中国市场竞争的必要前提。

15.3 经济复苏需要突破“三大瓶颈”[①]

在世界各国的积极应对下，世界经济在全球性金融危机爆发一年后终于出现了复苏的迹象。但是，世界经济复苏却面临资源类产品价格、债务链、贸易壁垒等重大制约瓶颈。世界经济能否持续复苏并形成新一轮经济增长，关键在于能否突破这“三大瓶颈”的制约。

15.3.1 经济复苏面临“三大瓶颈”

资源类产品价格瓶颈。石油、有色金属、煤炭等大宗商品在2008年金融危机后出现了明显的下跌，其中，石油价格从金融危机前最高的140多美元/桶跌至金融危机后最低30多美元/桶，跌幅高达70%以上。目前，石油价格自2009年初探底以来，已反弹到80美元/桶，较最低已上涨了一倍以上，其他大宗商品特别是有色金属和煤炭价格都上涨幅度较大。目前这些大宗商品的价格基本上已达到历史较高水平，有的已接近2007年的高位。由于大宗商品影响面广，其高价格意味着世界经济复苏面临着较高的经济运行成本，这对遭受金融危机打击的绝大多数企业来说，无疑是走出困境的制约瓶颈。

债务链瓶颈。金融危机后，以美国为首的西方发达国家的金融机构普遍出现支付危机，在金融机构自身难保的前提下，金融机构和金融市场对实体经济的支持力度明显下降，例如，银行对企业的贷款减少、资本市场对企业直接融资下降等。与此同时，经济危机导致经济衰退，市场需求不旺，企业产品库存增加，从而导致企业资金周转缓慢和资金回笼减少等问题，加剧了企业之间“三角债”等债务链的形成。在金融危机、经济衰退的双重影响下，企业债务链通过外部环境改善和内部挖潜都难以解决，较多实体经济企业出现负债率升高、资金周转困难等问题，一些企业甚至不得不限产、停产甚至破产，比较典型的例子就是美国通用汽车巨头申请破

---

① 来源于《国有资产管理》，2010年第3期，与林志平合作。

产保护。目前，金融危机的相对缓解和经济有所复苏有利于企业纾缓债务链，提高资金运用能力。但是，目前还不具备从根本上解决企业债务链问题的外部条件，企业债务链问题仍将继续存在，它反过来又将在微观上影响企业经营，在宏观上影响经济复苏。

贸易壁垒瓶颈。金融危机后，世界经济特别是美国等西方发达国家经济出现了明显的衰退，一些国家在促进本国经济复苏效果不太明显的情况下，采取了贸易保护主义措施。例如，美国对中国出口到美国的轮胎征收惩罚性关税，欧盟对中国出口到欧盟的钢管征收惩罚性关税。在这些贸易保护主义措施下，世界经济、国际贸易一体化等有利于世界经济发展的机制面临着严重挑战。贸易保护主义限制了他国产品进口，必定会影响本国另一些产品的出口，最终对本国经济和他国经济的复苏都有害无益。

15.3.2 新一轮经济增长有赖突破“瓶颈”制约

以上分析表明，资源类产品价格、债务链、贸易壁垒等是世界经济复苏的重大制约瓶颈。只有突破这“三大瓶颈”的制约，才有可能走出经济困境，促进经济复苏，从而形成新一轮的经济增长。为此，可三管齐下。

一是要转变经济增长方式。经济刚刚复苏，大宗商品价格就迅速恢复到金融危机前的较高水平，这说明传统经济增长方式对资源类产品依赖性太强，现有资源不足以支持传统经济增长方式的持续增长。因此，无论是从目前促进经济复苏来看，还是从未来经济发展来看，都必须尽快转变经济增长方式，降低经济运行成本。新的经济增长方式应减少资源类产品的消耗，降低对资源的依赖性，缓解大宗商品供需失衡的矛盾。新的经济增长方式应体现可持续、节约资源、优化环境等要求；其经济增长的推动力主要来自消费驱动而非投资拉动；其经济增长的源泉主要来自技术创新、制度创新和商业模式创新，创新和创新企业在新的经济增长方式中将发挥日益重要的作用。因此，世界各国要加强产业结构调整、优化，促进产业升级，鼓励资源节约型、环境友好型、技术创新型产业发展，要限制产能过剩项目、重复建设项目、浪费资源项目、破坏环境项目的投资。

二是强化金融服务实体经济的力度。银行、证券、保险等金融机构和金融市场为实体经济服务，是金融业赖以生存的前提和发展的基础。这次全球性金融危机的重大教训之一就是金融为实体经济服务少了一些，为自身服务多了一些。金融市场交易的许多产品不是实体经济企业的股票、债券，而是股指期货、期权、权证等杠杆化程度很高的衍生产品。实体经济企业融资需求难以得到满足，虚拟经济领域则频频表现出“流动性”泛滥的迹象，从而放大了金融市场的风险。因此，世界各国要重新定位金融产业发展的目标，把基于实体经济需要、为实体经济服务、提升支持实体经济力度作为发展金融产业的根本出发点。目前，银行和资本市场要尽最大努力增加对可能率先复苏的实体经济企业的融资力度。特别是金融机构和金融市场要创新融资方式，优化融资手段，调整融资结构，提高融资效率，积极缓解实体经济企业特别是中小企业融资难的问题，促进企业债务链问题的纾缓或有效解决，为经济复苏创造有利的金融环境和金融条件。

三是消除国际贸易壁垒，充分发挥国际贸易“多赢”的作用。国际贸易的重大功能之一就是取长补短，贸易保护主义则正好相反。世界金融危机导致经济危机后，世界各国都面临着经济发展的重大困难。携手合作，共同应对，才是摆脱经济衰退、促进经济复苏的根本举措。单方面地限制进口或提高进口门槛，损害的不仅仅是出口国的利益，也损害了本国消费者的利益；保护的不是本国的相关工业，而是没有比较优势的落后产业。因此，越是在目前这种世界经济发展面临困境的时候，越要注重发挥国际贸易“多赢”的积极作用。美国是国际贸易的最大受益者，美国低端产业的转移和高端产业优势的形成都得益于国际贸易一体化，美国应成为也有必要成为遵守国际贸易公约的典范。国与国之间的贸易争端应依照国际公约，公平协商来解决，而不能采取单方面违约或单方面制裁的措施。

15.4 消费模式不变，增长方式难变[①]

促进我国经济增长方式的根本性转变，关键在于发挥消费作为我国经济增长“三套马车”领头马的作用，尽快促使我国居民保守消费模式向适度消费模式转变。然而，受我国社会保障覆盖面窄、社会保障力度不够等因素的影响，我国绝大多数居民自发形成了保守消费的模式，严重制约了消费拉动经济增长的作用。为发挥消费对我国经济增长的主要拉动、最终拉动作用，应尽快促使我国居民从保守消费模

---

① 来源于《上海证券报》，2009 年 6 月 29 日。

式向适度消费模式转变。

概括起来，世界上存在3种消费模式：

一是以美国居民为代表的超前消费模式，其显著特点是居民透支未来的收入，储蓄较少。在超前消费模式形成之初，对经济增长拉动作用十分明显。在超前消费模式形成之后并没有改变之前，其对经济增长新的拉动作用趋向于零。但是，一旦改变这种超前消费模式为适度消费或保守消费，对经济增长的负面影响就会很大。目前，在全球性金融危机的猛烈冲击下，美国许多居民被迫限制了超前消费，而这又加剧了美国实体经济的衰退。因此，超前消费不是一种可持续的消费模式。

二是以我国居民为代表的保守消费模式，显著特点是居民消费少于收入，居民储蓄余额较多。居民储蓄与居民当前消费表现出一种反向关系，储蓄越多，当前消费越有限。保守消费模式不仅影响了一个国家的最终消费能力从而不利于经济增长，而且使银行个人存款大幅度增加并构成了银行资金运用压力，在客观上刺激了投资扩张。

三是适度消费模式，它介于超前消费模式和保守消费模式之间，居民消费与收入大体平衡并有所节余。这是一种比较理想的消费模式，对经济增长和经济增长方式转变可产生多方面的积极作用。

我国居民保守消费模式并非“与生俱来”。在计划经济时代，我国居民收入水平很低，但是消费品更为短缺，大多数消费品都凭票供应，当时根本不存在居民保守消费的问题。我国居民保守消费模式是在市场化改革之后逐步形成的。一方面，市场化改革后，家庭、个人生存与发展风险急剧增加，强化了家庭、个人的保险意识；另一方面，市场化改革后，计划经济体制下形成的“福利性保障”格局被打破，而与市场经济体制相适应的社会保障体系建设相对滞后，难以满足居民的保障需要，更强化了居民“家庭保障”的行为。许多居民特别是中低收入居民为应对市场经济条件下生存与发展的现实或潜在风险，不得不紧缩常规性消费开支，尽可能地增加储蓄。20世纪80年代以来，我国居民储蓄大幅度、超常规增长，增长幅度远远超过同期GDP、居民收入增长幅度，就是我国居民保守消费模式的间接体现。

既然我国居民保守消费模式主要是由于社会保障方面的问题造成的，因此，变保守消费模式为适度消费模式，就要以强化社会保障为突破口。

首先，扩大社会保障范围。随着我国社会经济发展总体水平的提高和可供支配财力的增加，我国要逐步扩大社会保障覆盖面，最终实现全民社会保障的目标。第一步，将城市未纳入社会保障范围的人口全部纳入社会保障的范围；第二步，将农村无子女户、无子户、独生子女户、丧失劳动能力户的人口纳入社会保障的范围；第三步，将其他农村人口全部纳入社会保障的范围，并最终实现我国全民社会保障的目标。

其次，增加社会保障项目。目前，我国社会保障主要局限于失业、医疗和养老社会保障，教育、住房未纳入社会保障。随着教育、住房消费价格的大幅度上涨，我国许多居民用于教育、住房的开支巨大，有的甚至倾其所有都难以解决子女教育和购买住房的费用问题。许多中低收入者节约常规性消费开支以增加储蓄的目的，就是为了解决现实的或未来的子女教育问题和住房问题。因此，我国要将教育、住房纳入社会保障。如对城镇低收入户实行住房保障，提供廉租房、低价福利房等；如普及城乡12年制义务教育，大幅度降低居民普通教育的开支；如降低居民高等教育的费用开支并降低接受高等教育的投资风险，对城镇、农村低收入户子女上大学或职业学校，实行免学费并提供助学金的保障制度等等。

最后，提高社会保障力度。目前，我国现有的失业、医疗、养老等社会保障在总体上还处于"低保"水平，实际上只发挥了"补充保障"的作用，离"基本保障"的目标还有较大差距。因此，我国在扩大社会保障覆盖面、增加社会保障项目的同时，要逐步提高失业、医疗、养老、教育、住房等所有项目的社会保障力度，真正发挥社会保障的"基本保障"作用。只有这样，才能淡化个人、家庭保障的功能，才能免除或减轻居民的"后顾之忧"。

适度消费模式的建立，对经济增长和经济增长方式转变的促进作用所产生的积极、综合效应，比弥补强化社会保障所增加的开支要大得多。

15.5 应对金融危机要变消极之策为积极之举[①]

2008年9月以来，面对愈演愈烈的全球性金融危机，世界各个国家和地区正在寻求和采取一系列措施"救市"，以减少金融危机对本国经济发展的冲击。如降息、注资、减税等，这些"组合拳"对于应对金融危机发挥了一定的积极作用。但是，金融危机的负面效应仍在扩大和延伸之中。

① 来源于《证券时报》，2009年3月3日。

15.5.1 应对危机的消极之策

为应对危机，一些国家、地区、银行、企业、家庭和个人实施了消极的“自保”策略，以应对金融危机的进一步演变。

政府层面——贸易保护主义抬头。一是普遍提高进口关税，或以反倾销为由征收某类产品进口惩罚性关税，增加进口产品销售成本，人为地提高国内产品的价格优势，以保护国内缺乏竞争力产品的生产和销售；二是对国内生产或销售的产品给予财政补贴或减税，降低国内产品生产或销售成本，提高国内产品生产或销售的市场竞争力；三是以产品技术或质量为由，调整进口产品技术或质量标准，限制某类产品的进口；四是以扩大产品出口为目的，大幅度提高出口产品退税，增强出口产品的国际竞争力。

银行层面——信贷紧缩与提高流动性。一是为应对金融危机可能导致的不良资产，大幅度计提拨备金；二是为提高剩余储备水平，提高贷款标准或条件，降低或减少企业贷款；三是提高风险防范意识，主动减少银行间资金拆出。

企业层面——全面紧缩与裁员。一是为降低负债或改善流动性，减缓扩大生产或经营规模，压缩固定资产或技术改造方面的投资；二是尽量减少原材料库存，以减少流动资金占用；三是降价倾销库存产品，以加速流动资金回笼；四是大量裁员或降薪，以降低企业生产或经营成本；五是减少生产或经营规模，以提高企业危机经营时期的稳健性；六是大幅提高产品销售资金结算标准，以降低企业财务风险。

家庭层面——缩减消费与投资。一是大幅度减少弹性消费，对于可消费可不消费的暂缓消费，如汽车、旅游、高档商品、文化娱乐消费等；二是大幅度降低消费标准，尽可能购买价格低廉的替代品消费；三是大幅度降低风险性投资比例，把钱主要存入银行或购买国债，减少股票类投资或房地产投资等。

15.5.2 消极之策可能催化金融危机第二波

上述政府、银行、企业和家庭应对金融危机的消极之策有的是被迫的，有的是基于对金融危机进一步演变的恐慌。其结果可能在微观层面提高了应对金融危机的能力，但在宏观层面不仅不能有效缓解金融危机，还有可能加速金融危机的进一步扩散和延伸，甚至有可能催化金融危机第二波的形成。可以预料的是，金融危机第二波的最终形成与基本面继续恶化有关，但是与各方面应对金融危机信心不足、策略不当可能关系更大。

如果说这次金融危机的第一波是房价下跌引发次贷危机，导致一些金融机构倒闭，形成金融危机并导致经济衰退的话，那么，金融危机的第二波可能是在应对金融危机的消极之策的推动下，进一步加速实体经济的衰退，从而反过来对金融机构产生进一步的、重大的负面影响，从而使金融危机愈演愈烈，进而加速实体经济的衰退。

因此，我们要高度认识到政府、企业、家庭和个人层面应对金融危机的消极之策对金融危机进一步演变、延伸、扩大、深化的极大危害性。

15.5.3 当务之急在于变消极之策为积极之举

第二波金融危机是否会到来，何时到来，到来后会产生多大的冲击波，已不完全取决于现有金融危机的严重程度，关键在于我们如何应对。应对金融危机的策略适当、到位，金融危机第二波可能会避免，或推迟，或减缓。为此，政府、企业、家庭和个人在应对金融危机中，要变消极之策为积极之举。

第一，要树立信心。尽管这次金融危机的严重程度为1929年以来所仅有，其危害程度可能不亚于1929年的大萧条。但是，当今世界应对金融危机的手段、方式、能力与1929年已不可同日而语，对此我们应该要有足够的信心。只要世界各国和人们统一行动，众志成城，是可以尽快走出金融危机困境的。

第二，要有全局意识。这次金融危机是一次全球性金融危机，对各个国家、绝大多数企业、家庭和个人而言，都会产生程度不同的影响，独善其身几乎是不可能的。因此，各个层面的主体都要有全局意识，不能更多地考虑眼前利益、自身利益。各个国家要有全球意识，要站在全球经济一体化的高度提出并实施解决问题的方案；企业、家庭、个人要有国家意识、社会意识，配合、支持国家应对金融危机的积极之举。

第三，要尽力而为。历史经验表明，不管发生多么重大的危机，最终遭受毁灭性打击的总是极少数，绝大多数最终都能摆脱危机，走出困境。因此，尽管这次金融危机对许多国家、地区、企业、家庭、个人都产生了冲击，但是许多国家、地区、企业、家庭、个人还是有一定的应对金融危机的有利条件的，是可以根据自身的优势为应对金融危机作出一定贡献的。并且这种贡献是可以通过全局性缓解或化解金融危机而得到一定补偿或加倍补偿的。

第四，要化“危”为“机”。历史经验表明，任何一次大的危机都蕴含着巨大的机会，任何一次大的危机所导致的“底部”都可能是“历史大底”。有条件或实力的国家、企业、家庭和个人应该抓住“大危机”所带来的“大机会”，积极发展，调整结构，增加投资。这不仅可以纾缓全局性的金融危机，而且可以抢占下一轮经济发展、市场或投资扩张的先机。

第五，要另辟蹊径。历史经验表明，任何一次经济或金融危机都是对过去“结构性、机制性”经济的一次否定，都是过去经济“结构性、机制性”问题的集中爆发。国家、企业要从金融危机爆发中吸取教训，尽快调整经济结构，改革经济运行机制，创新经济增长方式，开辟新的经济发展路径。

15.6 资产价格“泡沫化”的后果研判①

本节将资产价格暴涨这一现象称之为资产价格“泡沫化”。不可置疑的是，资产价格泡沫化已在全球范围内蔓延：自2003年前后以来，以石油、金属为代表的大宗商品的价格成倍上涨；以纽约、香港为代表的成熟市场和以中国深沪为代表的新兴市场的股价指数连创历史新高，有的涨幅已经翻番。全球大中城市的房价连年暴涨，有的城市一年涨幅超过50%以上。

资产价格泡沫化形成的原因其实很简单：在人口越来越多的同时，越来越多的人其收入提高、储蓄增加，具备了提高生活质量和消费升级的条件，直接或间接消费或占用了更多的资源或资产。人口增长、生活质量提高与资源短缺的矛盾更加突出，推动了资产价格的上涨；发达国家或地区经济持续增长，发展中国家经济迅速发展，产生了大量的、新增的市场需求，拉动了资产价格的上涨；发达国家和部分发展中国家流动性过剩，加剧了资产价格泡沫化；经济全球一体化、国家或地区经济一体化，促进了各个国家或地区资产价格的联动性上涨。

可以预见，上述导致全球性资产价格泡沫化的因素在未来几年或更长的时期内

① 来源于《证券时报》，2007年8月18日。

不会发生重大改变，全球性资产价格泡沫化在未来几年或更长的时期内不会破灭，可能的情形是这种资产价格泡沫化会在高位调整或固化。在现实面前，人们关注的重点已由资产价格泡沫化是否会破灭转移到了资产价格泡沫化后果的研判和对策的研究上。

15.6.1 资产价格泡沫化的五大正面效应

资产价格泡沫化带来的不仅仅是负面后果，也会带来积极的或正面的效应，主要体现在以下5个方面：

第一，存量资产大幅度升值，凸现了巨大的财富效应。尚未开采的矿产、森林资源，可利用的土地，住房、厂房、写字楼等建筑物，贵金属制品、红木家私等收藏品，低价买入的股票或有价证券，在资产价格泡沫化后，其市场价值大幅度提升，少则50%以上，多则一两倍或更高。对于大量拥有上述资产的组织或个人来说，资产泡沫化带来了巨大的财富效应。这种财富效应，对国家来说可能比过去或未来几年的财政收入的总和还要多，对企业来说可能比过去或未来几年的经营收益的总和还要多，对家庭或个人来说可能比过去或未来几年的工资性收入的总和还要多。现实中，有的人实现了“一夜暴富”的神话。

第二，存量资产大幅度升值，提高了现有企业的竞争力。资产泡沫化后，所有新建企业、新开工项目的建设成本都将大幅度提高。也就是说，创建一个早几年建设的同样企业或项目，其重置成本可能成倍提高。这对原有企业来说，无疑比新建企业具有更大的成本竞争优势。例如，对于拥有巨大存量资产的国有企业或国有控股企业来说，资产泡沫化后，其成本竞争优势将日益凸现，市场竞争力将显著提高，其在国民经济中的地位将明显提升。可以说，我国的国有企业作为一个整体，可能成为我国资产泡沫化最大的受益者。

第三，资产价格泡沫化，推动了现有企业的并购重组。与其高价新建企业或项目，不如并购重组那些具有资产优势但经营较差的现有企业，这可能是资产泡沫化后较多实业投资者现实的、理性的选择。近年来，全球化的企业并购十分活跃。我国也不例外，较多投资者包括境外战略投资者不仅直接收购兼并我国经营亏损但资产状况较好的企业，而且通过资本市场收购兼并经营、资产状况都有优势的企业。这种基于降低成本、应对资产泡沫化的企业并购重组行为，对于盘活存量资产、减少重复建设、优化资源配置等都具有重要意义。

第四，资产价格泡沫化，促进了技术进步。这主要表现在两个方面：一是为了弥补资产泡沫化后新建企业或项目的成本劣势，较多企业加大了研发投入，促进了新技术的应用，以形成技术优势来提高企业的竞争力；二是资产泡沫化后，直接催生了国家、企业和研究机构对于再生资源、替代产品、节能产品等新产品、新技术的开发、应用和推广，从而促进了技术进步。

第五，资产价格泡沫化，强化了人们的节约意识。资产泡沫化后，购买和消费所有的资产类商品几乎都要支付更高的价格。在绝大多数民众购买力一定且并不宽裕的前提下，他们只能精打细算，能省的则省，能不用的则不用，能替代的则替代。可以预见，资产泡沫化将会强化人们的节约意识，促进我国节约型社会的建设。

15.6.2 资产价格泡沫化的九大负面后果

相对于资产价格泡沫化的正面效应，其负面后果更加突出，更加严重，更值得广泛关注。

第一，资产价格泡沫化，刺激了资源掠夺性开采。资产价格泡沫化后，原先不具有开采价值的资源已具有开采价值，原先具有开采价值的资源具备了暴利开发的条件。于是乎，争夺资源开采权，对资源进行掠夺性开采，已在全球蔓延，尤以发展中国家和经济欠发达地区为甚。这种资源掠夺性开采，不仅破坏了生态环境，而且加剧了未来的资源短缺。

第二，资产价格泡沫化，提高了新建企业或项目的重置成本。资产泡沫化后，新建同样一个企业或项目，其建设成本将比资产泡沫化前大幅度增加。从宏观来讲，这对发展中国家极其不利，因为发展中国家和发达国家比，基础设置差，需要建设的工程巨大，但新的建设成本比发达国家早先建设的同样项目要高出很多，因此，会延缓基础设置建设进程，从而使发展中国家在全球竞争格局中处于更加劣势的地位；从微观来讲，新建企业或项目重置成本的大幅度增加，在其技术优势不足以冲抵成本劣势的情况下，将会降低新建企业的竞争力，影响投资者新建企业的积极性和原有企业技术改造的积极性。

第三，资产价格泡沫化，可能抑制经济增长和经济发展的进程。资产价格泡沫化对经济增长和经济发展的抑制作用主要体现在两个方面：一是资产价格暴涨势必抑制市场需求，需求相对减少不利于经济增长和经济发展。例如，1979 年以石油价格暴涨为标志的石油危机当时就引起了全球性的经济衰退。二是资产价格暴涨提高了相关企业的营运成本，降低了相关企业的盈利能力，从而影响宏观经济增长和经济发展。

第四，资产价格泡沫化，将会刺激国家或地方保护，进而影响经济一体化进程。资源的地理分布和资产的经济分布向来是不均衡的，这既是经济一体化的前提条件，也是经济一体化的必然要求。然而，资产价格泡沫化后，具有资源优势和资产生产优势的国家或地区，基于本国或本地区利益保护的需要，有可能通过减少开采、紧缩生产、囤积存货等方式，维持或进一步提高资产价格。或者限制市场开放，垄断市场供给，使国家经济一体化或全球经济一体化受阻。

第五，资产价格泡沫化，可能危及国家经济安全。这主要表现在两个方面：一是具有资源、生产优势的国家有可能垄断市场、封锁市场，或有条件地开放市场，从而可能危及资源短缺的国家和地区的经济安全；二是发达国家有可能暂缓本国的资源开发，掠夺性开采他国的资源，或大量囤积资源类产品，从而加剧资源向发达国家的集中，使发达国家有了更大的资源类商品的定价权，这将对资源短缺或发展中国家的经济安全构成更大的威胁。

第六，资产价格泡沫化，加剧了两极分化。受资源条件、所有制、市场机制、分配制度和个人收入、投资、消费等众多因素的共同影响，现有社会财富在国家之间、地区之间和家庭之间的分布是极不均衡的，少数国家、地区和个人拥有社会更多的财富。资产价格泡沫化后，加剧了社会财富进一步向少数国家、地区和个人集中，国家之间、地区之间、家庭之间、个人之间的两极分化格局会更加严重。

第七，资产价格泡沫化，导致了“老青”收入倒挂。在资产价格泡沫化前拥有资产的人，在资产价格泡沫化后都实现了存量资产的大幅度升值。而资产价格泡沫化后就业或出生的人，因其没有资产，不仅不能享受早先资产价格泡沫化的财富效应，反而还得为资产价格泡沫化后高价消费“埋单”。例如，资产价格泡沫化后就业的人买不起高价房，不得不向资产价格泡沫化前低价买进房屋并在资产价格泡沫化后出租的人支付高额租金，年轻人的钱流进了中老年人的口袋，“老青”收入出现了倒挂。这种现象已经在日本出现，影响了作为社会生产力主体的年轻人的生活质量和劳动积极性。

第八，资产价格泡沫化，增加了社会不稳定因素。从静态来看，资产价格泡沫化，受益的只是拥有较多资产的少数人，受害的则是没有资产或较少资产的多数人；从动态来看，受益的只是资产价格暴涨过程中这一较短时期的少数人，受害的则是资产价格泡沫化后长期高位固化的多数人。资产价格导致少数人受益和多数人受害，进而有可能成为影响社会稳定的长期因素，国家基于维护社会稳定而支付的社会保障金有可能大幅度增加。

第九，资产价格泡沫化，增加了生活成本，有可能降低人们的生活质量。资产价格泡沫化不局限于住房、汽油、家私等资产类商品价格的暴涨，它还会直接或间接导致消费类商品价格的上涨，从而有可能诱发全面的通货膨胀。目前，这一征兆已在全球范围内的较多国家和地区出现，一些国家或地区已经进入了针对通胀的加息周期。在技术进步难以冲抵资产价格暴涨、居民收入增长不能超过通胀的情况下，较多的居民有可能在资产价格泡沫化的浪潮中，为应对生活成本的提高而不得不降低生活质量。

15.7 对新经济的新认识①

作为“新生产要素组合形成新生产力”的新经济，可谓博大精深。新技术、新制度，新产品、新服务，新企业、新产业、新区域，从不同的侧面诠释了新经济的丰富内涵。改革开放 30 年，是我国新经济迅速崛起、蓬勃发展的 30 年，新制度经济、新技术经济、新产业经济、新区域经济等“四大”新经济全面发展；新产业经济中的新服务、新媒体经济和新制度经济中的新商业模式经济等“三小”新经济更是发展迅速；作为新技术、新产业融合的新能源、新材料、电子信息、生物技术、航空航天、环境保护经济和新区域经济中的新农村经济等“七小”新经济已崭露头角，形成了我国经济新的增长点。下面对“四大”、“三小”新经济展开阐述：

新制度经济。主要体现在 3 个方面：一是先后出现的有计划的商品经济、社会主义市场经济是我国经济体制层面的新制度经济；二是个体经济、民营经济、混合经济、股份经济是我国所有制结构层面的新制度经济；三是外资企业、中外合资企业、中外合作企业、合伙制企业、股份制企业是我国经济组织层面的新制度经济。

新技术经济。在世界新技术的发展浪潮中，我国通过引进、消化、吸收、开发、应用并举的技术创新战略，推动了新技术经济的发展，其中，在半导体技术、电子

① 来源于《证券市场导报》，2008 年 10 月号卷首语。

信息技术、通信技术、生物技术、航空航天技术、环保技术等领域中取得了新技术经济发展的显著成效，为我国经济持续发展提供了强有力的技术支持。

新产业经济。技术创新推动了产业升级和新产业的兴起。近年来，以风能、太阳能、核能、生物能源为重点的新能源产业，以合成材料、生物材料、环保材料等新兴材料开发应用为主的新材料产业，以高科技综合开发应用为特征的航空航天产业，以电子技术开发应用为引擎的通讯信息产业，以应对资源环境问题而发展起来的资源环境保护产业，构成了我国新产业经济发展的重要组成部分。

新区域经济。改革开放以来，在制度、技术创新的双重推动下，我国先后或同时出现的特区、沿海开放区、经济开发区、高新技术区、综合试验区、新旅游区、新社区等新区域经济都获得了巨大发展。党和国家提出建设社会主义新农村的发展目标后，新农村经济有望成为我国新区域经济发展的重头戏。

新服务经济。新产业经济的重要分支。居民消费水平提高、消费结构升级，社会分工专业化和服务需求个性化，是新服务经济异军突起的社会基础。旅游、安全、保健、休闲、娱乐、培训、就业、救助、信息、咨询、出国、投资、理财、租赁、融资、评估、公证、法律、理赔、创投、技术、设计、策划、广告、公关等新服务市场需求的日益扩大和深化，为我国新服务经济创造了巨大的发展空间。

新媒体经济。新产业经济的重要分支。与传统的图书、报刊、电视、广播等媒体经济相比，我国近几年来迅速发展的互联网、户外媒体、移动媒体、互动式媒体、通讯化媒体和图书、报纸、刊物电子化媒体等新媒体经济更是表现出旺盛的生命力和巨大的发展前景。

新商业模式经济。新制度经济的重要分支。新商业模式既是制度创新的结果，更是企业提高核心竞争力的重要手段。改革开放以来，我国先后或同时出现了横向联合、纵向联合、连锁经营、公司+农户、资本+技术+管理、资本+资源、产供销+售后服务、循环经济、集约经济和公司集团化或专业化、精细化等各具特色的商业模式。这些商业模式在实践中不断改进和优化，形成了我国微观经济结构中的新商业模式经济。

需要指出的是，首先，新经济的出现和发展不是偶然的，它是技术、制度创新的结晶，是人类创业、资本趋利和市场竞争的结果，可能还是风险投资、资本市场支持的产物；其次，各类新经济存在着相互交织性，某些新区域、新产业或新企业可能是多种新经济的综合体；最后，新经济具有高技术、高附加值、高成长的一般特征。但是，新经济不是一成不变的，今天的新经济就有可能被明天的新经济所取代，因此，新经济还具有高风险性。

15.8 中小企业的边界弹性[①]

怎样确定大企业与中小企业的边界？大企业和中小企业的边界确定有无弹性？为什么不同时期、不同国家或地区大企业与中小企业边界划分的标准不一样？这些问题实际上都涉及中小企业划分的边界弹性问题。所谓中小企业的边界弹性，是指大企业与中小企业存在着一个弹性边界，具体表现为不同国家或地区、不同时期、不同行业、不同类型的中小企业，其边界的确定存在着较大的弹性空间。

地区弹性。受国家或地区之间经济集中度的影响，不同国家或地区大企业与中小企业边界的划分存在着很大的弹性，某一个国家或地区的大型企业可能还不及另一个国家或地区的小型企业大。例如，发达国家或地区确定大企业的下限即中小企业的上限可能定得较高，发展中国家或地区确定大企业的下限即中小企业的上限可能定得较低。

行业弹性。受不同行业集中度、准入门槛等因素的影响，不同行业大企业与中小企业划分的边界弹性也很大，某一行业的小型企业的资产、股本规模可能比另一行业的大型企业还要大。例如，对于准入门槛较高的行业，如银行、保险、证券等金融类企业，对于集约化程度较高的行业，如重化工业、房地产业企业等，其确定大企业的下限即中小企业的上限可能定得较高。对于集中度较低或分散度较高的行业，如农林牧副渔业，其确定大企业的下限即中小企业的上限可能定得较低。此外，行业地位、影响力也影响着企业规模的确定。例如，一个资产规模过百亿的地方性商业银行，无论与工商银行、建设银行、中国银行、农业银行、交通银行等国家级商业银行比，还是与招商银行、民生银行、浦发银行比，都是一个相对规模较小的银行类企业。

类型弹性。企业分为资金密集型、技术密集型、劳动密集型等不同类型企业，不同类型企业其大企业与中小企业划分的边界同样存在着较大弹性。例如，对于资金密集型企业，如金融企业、房地产企业等，上亿元资产、股本、盈利规模的企业可能都是中小企业；而对于劳动密集型企业，如加工企业、手工企业等，如此资产、

① 来源于《证券市场导报》，2010年3月号卷首语。

股本、盈利规模的企业可能都是大企业。同样，对于劳动密集型企业来说，几百、上千职工规模的企业可能都是中小企业；对于技术密集型企业来说，如此职工人数规模的企业可能是很大的企业。

时间弹性。即使是同一国家、同一行业或同一企业类型，其不同时期大企业与中小企业边界划分的标准也是不一样的。例如，同一个国家在工业化初期，炼钢能力在百万吨的钢铁企业，都可能确定为大型钢铁企业；而在工业集约化时期的现在，炼钢能力不足千万吨的钢铁企业，可能都被视为中小型钢铁企业。随着一个国家或地区经济总量的增加、经济集约化程度的提升，其中小企业的边界上限存在着向上拓展的可能性和必要性。一些去年还居于大企业行列的企业，来年就有可能划归到中小企业的行列。

与中小企业弹性边界相适应，中小企业板也存在着弹性边界。基于市场准入和控制风险的考虑，中小企业板发行上市标准确定了下限，但上限却是根据不同行业、不同类型灵活掌握的。对于准入较低或细分的行业，企业资产、股本规模的发行上市标准定得较低；对于准入较高的行业，企业资产、股本规模的发行上市标准定得较高。我国金融、重化、房地产企业，行业准入较高，很小的企业都有较大的资产、经营规模。因此，在现行中小企业板发行上市标准条件下，具有相当于宁波银行资产、经营规模的保险公司、证券公司，只要它们在所属行业中是中小企业，都可以或应该在中小企业板发行上市。并且，随着中小企业的边界上限向上拓展，中小企业板的上限边界也存在着向上拓展的可能性和必要性。

15.9 海外投资：路漫漫兮[①]

我国改革开放初期，百废待兴，资金短缺制约了整个经济的发展。敞开对外开放大门，提供各种优惠条件，尽可能多地引进外资，成了各级地方政府促进经济发展的主要手段。20 世纪 80 年代以来，我国日益成为世界上引进外资最多的国家之一。

时至今日，情况正在发生显著变化。在外资仍源源不断流进我国的同时，我国

① 来源于《证券市场导报》，2008 年 8 月号卷首语。

自有结余资金正在呈几何级数增长，外汇余额高达1.8万亿美元，企业和居民存款余额多达40万亿元人民币。流动性过剩已成为我国宏观经济和货币政策调控的主要对象。我国资金需要新的出口，于是，海外投资进入了我国政府、企业、居民、学界、媒体关注的视野。我国政府利用外汇余额购买了一些国家的国债；一些企业直接在海外投资办厂，或收购海外相关企业，或进行股权投资；一些基金公司有了QDII直接投资境外证券市场；一些居民通过不同的途径和方式，参与海外房地产、股票等投资。可以说，海外投资在我国方兴未艾。这是我国改革开放30年来一个标志性事件，也是我国综合国力、国际影响力提升的象征。

与国内投资相比，影响海外投资的法规体系、市场环境、市场机制等因素可能完全不同，海外投资需要考虑的因素很多，决策也要复杂得多。此外，我国作为世界最大的发展中国家和经济发展最快的国家之一，“中国因素”有可能被海外投资标的国家或地区所强化，从而有可能出现我国“想投什么”，海外事先“涨什么”；我国“投了什么”，海外事后“跌什么”的情况。因此，如何制定海外投资策略，如何确定海外投资标的，如何抓住海外投资时机，如何确定海外投资方式，如何防控海外投资风险，如何管理海外投资资产，是我国投资人海外投资决策和实施必须解决的基础性问题。否则，我国海外投资有可能要交昂贵的“学费”。从目前我国一些企业或机构已经从事的海外投资来看，交“学费”的事情已经发生。

在我国从资金短缺向资金充裕转变后，仍大量引进外资的现象中，不难得出一些对海外投资有启发性的理念。我国目前并不缺乏货币形态上的“资金”，而是缺乏与人才、技术、管理、商业模式和投资策略匹配的资本化的“资金”。与其说我国现在还在引进资金，不如说我国是在引进优秀的人才、先进的技术、科学的管理和具有优势的商业模式，资金在这里充当了“搭配”的角色，唱主角的是人才、技术、管理、商业模式和投资策略等。

借鉴我国引进外资的经验，我国海外直接投资一定要有人才、技术、管理、商业模式方面的配套，海外间接投资，一定要有人才、管理、投资策略、风险控制方面的配套。可以说，人才、技术、管理、商业模式和投资策略方面的优势，是海外投资的先决条件。一个缺乏这些优势的投资主体，即使有大量的闲散资金，海外也迫切需要这些资金并为之提供了所谓的林林总总的优惠条件，也不宜轻易进行投资海外。因为在国际经济一体化、金融一体化的今天，资金竞争和资金流动的背后，是人才、技术、管理、商业模式和投资策略的竞争。没有强有力的竞争优势，缺乏全面系统的投资策略，抓不住有利的投资时机，海外投资就可能面临的是诱惑，投入的是陷阱，支付的是学费，回报的是风险，留下的是教训。

15.10 华盛顿：世界金融的影响中心[1]

美联储前主席格林斯潘曾经说："如果你觉得听懂了我的话，那你一定是误解了我的意思"。尽管存在"误解"风险，世界金融市场仍然会认真倾听格林斯潘的话，并随时准备作出反应，因为这是来自华盛顿的声音。

华盛顿是世界上少有的一个仅以"政治中心"为主要职能的现代化城市。在这座城市，除了国会、白宫、最高法院这3个著名机构之外，还有国务院、财政部、商务部、国防部等20个联邦政府的"部"，美联储、SEC、商品期货交易委员会等60余个联邦政府下的"独立机构"，以及国际货币基金组织、世界银行等国际金融组织。它们鳞次栉比地分布在华盛顿市区，将华盛顿变成了一个巨大的办公大楼。

在这个办公大楼里，每年平均有100部左右的"法律"、4000部左右的"规章制度"、数不清的"政策"被生产出来。各种各样的政治"声音"，回荡在华盛顿的政治新闻圈，并以不同的新闻可信度等级通过媒体向全世界传播。美国金融市场和世界金融市场，日复一日地对来自华盛顿的政策和消息做出或快或慢、或恰当或过度、或全面或局部的反应。"反应"本身已经成为美国金融市场运行的主要内容，也是世界金融市场运行的重要内容。

美联储的货币政策决定了华尔街市场的血液供给量，定义了金融产品定价的机会成本，影响着世界金融市场流动性水平。美国国会在"安然"、"世通"事件后，以出人意料的效率生产出了"萨班斯法案"，使美国证券市场股权融资成本、上市公司持牌成本发生位移，并在一定程度上加速了美国两大交易所进军欧洲开辟"第二战场"的步伐。美国国务院的外交政策、五角大楼的军事动向，不时地驱动着包括原油期货在内的金融产品价格上蹿下跳。美国财政部长近来频繁造访中国，向中国人不辞辛劳地宣讲人民币汇率政策的华盛顿主张。美国农业部、联邦住房委员会公布定期报告时，伦敦金属交易所、上海期货交易所的基金属交易者，包括大连商品期货交易所在内的农产品期货交易者，都会神经紧张，担心数据不利于自己的空头或多头仓位。即使作为国际金融组织的IMF，当它出现在世界金融大舞台上时，

---

① 来源于《证券市场导报》，2008年5月号卷首语，与阙紫康合作。

往往也会带着华盛顿的意向，事实上IMF选址华盛顿本身就是为了便于与美国财政部“沟通”。每当金融市场陷入诸如“次债危机”这样的“市场失灵”的泥潭不能自拔时，人们的目光聚焦在华盛顿，期待着办公桌后面的决策者们能够妙手回春……

华盛顿能够确立这一地位，其背后的逻辑是清晰的：华尔街的经济规律不可能超越华盛顿的政治逻辑独自前行，美国金融市场的运行不可能逃脱美国的政府政策、政府管制信马由缰。当华尔街依托美国世界经济火车头地位、美元的国际影响力，以及各类金融机构的国际竞争力，获得了支配世界金融市场运行的主要权力时，华盛顿的影响力也就不再局限于不足10分钟行程的华尔街，不再局限于跨3个时区的美国本土，而是扩散到了横跨24个时区的全球金融市场。环顾风云变幻的世界金融市场、错综复杂的国际金融体系，华盛顿不是金融定价中心，不是金融交易中心，也不是金融创新中心，但它是一个过去60余年无人能望其项背并且在可见的未来无人能与其抗衡的世界金融影响中心。

15.11 阿伊战争与美国次贷危机[①]

怎样看到美国次贷危机形成的真正、深层次的原因，直接关系到各界将吸取什么样深刻教训的大问题。以下分析表明，房价下跌只是美国次贷危机爆发的导火线，深层次原因是美国发动的、至今尚未结束的、耗费巨大的阿富汗战争和伊拉克战争（简称阿伊战争）。阿伊战争增加了美国经济未来发展的不确定性，改变了美国人的预期，动摇了美国人的信心。

15.11.1 美国次贷创新的前提条件及房价变化

美国次贷产品的核心是一些金融机构以零首付或低首付的方式向信用品质较差或收入较低的人群提供按揭买房贷款，然后将其中一部分或大部分次贷产品通过再

① 来源于《证券时报》，2008年10月16日。

贷款或资产证券化等途径转移给别的金融机构或投资者。这是一种高风险的金融创新产品，一旦零首付或低首付按揭买房者因贷款利率提高和房价下跌而选择断供，次贷风险就会凸显和扩散。

但是，美国的金融创新师和金融机构的CEO，难道就没有认识到给信用品质较差或收入较低的人群贷款的风险吗？难道就没有意识到零首付或低首付的贷款方式可能面临的贷款利率提高和房价下跌的风险吗？这种情况可能存在。但是如果说美国参与次贷业务的所有金融机构都没有认识到次贷风险，可能与事实不符。大多数美国金融机构在创新和实施次贷产品时可能是基于某种前提条件的，例如，美国不会出现经济衰退、美国房价不会下跌、基准利率不会出现大幅度上升、贷款购房者有还款能力不会断供。只要这些前提条件成立，次贷产品是没有风险的。

问题在于，美国房价涨了之后下跌了。2002～2005年，受美国经济复苏、低利率和次级贷款大幅度降低了贷款买房门槛等因素的影响，同期美国房价出现了持续的上涨。2006年夏季之前美国房价平均比2001年上涨了50%以上。2006年夏季之后，受美国经济增速减缓、利率上升、失业率提高等因素的影响，美国房价开始出现下跌，到2007年美国房价平均比2006年夏季前最高跌20%以上。问题还在于：美国房价下跌后，零首付、低首付或无力支付房贷的按揭买房者因贷款利率提高和房价下跌选择了断供。

15.11.2 2004年以来美国GDP、利率、失业率等指标有所变化但变化不是十分明显

那么，是什么因素引起美国的房价下跌呢？首先我们来观察美国GDP、失业率、利率等与房价走势关联度较高的指标（具体见附表15－1）。

（1）GDP。2001～2007年，美国GDP实际增长率在0.8%～3.6%之间波动，其中，2001年最低，经济衰退明显。2002年美国经济开始复苏，2004年达到最好水平。但2004年美国GDP实际增长率仍为3.6%，没有恢复到2000年的水平。2005年之后，美国经济增速减缓，2007年GDP实际增长率只有2%。如果说2007年美国出现了经济增速减缓的话，那么2001年美国则出现了明显的经济衰退。2001年，美国GDP名义和实际增长率分别为3.2%和0.8%，依次低于2007年1.6个百分点和1.2个百分点。而且，2001年美国发生了“9·11”，美国股市出现了短暂的暴跌，但并没有引发全局性的金融危机。

（2）失业率。受2001年美国经济衰退及其之后复苏无力的影响，2001～2007年，美国失业率创出2000年失业率4%的新高，2003年达到最高的6%，2006年最低为4.6%，2007年提高到4.7%。失业率的提高有可能直接影响美国居民的总体收入水平和失业者贷款买房的供款能力。但是，2007年美国失业率仅比2000年高了0.7个百分点，也不是美国2001年以来最高的。2002～2005年美国失业率都超过了5%，2007年美国失业率反而居于2001年以来较低水平，比2006年也仅高出0.1个百分点。因此，2007年美国并不存在失业率升高影响居民收入或收入预期的严重问题。

（3）基准利率。2001～2007年，美国的基准利率调整幅度较大。按加权平均计算，美国的基准利率从2001年的3.88%降至2003年的1.13%，2004年又迅速提高到3.35%，2006年、2007年分别为4.97%、5.02%，这对贷款买房者形成了较大的供款压力。2007美国基准利率提高出乎许多美国人的预料：当年美国CPI为2.8%，低于2006年的水平，没有通胀压力；当年美国经济增速下降，本应降息促进经济增长。对这种反常现象的解释是：美国可能是为了抑制美元贬值，促进国债海外发行。尽管2007年美国基准利率达到2001年以来新高，也仅比2006年高出0.05个百分点，仍低于2000年的6.24%的高点。这说明美国2003年进入加息周期以来，对企业经营成本的增加从而对实体经济的负面影响相对有限，对按揭买房增加开支的影响也没有达到2000年的程度。而2000年美国出现了科技股泡沫的破裂，纳斯达克市场出现了暴跌，但并没有引发美国全局性的金融或经济危机。

以上分析表明：影响美国房价走势的几个常规性因素自2004以来有变化但变化不是十分明显，从事次贷业务的金融机构和监管者可能因此放松了警惕。

15.11.3 2001年以来美国变化最大的是财政状况和军费开支

问题在于：在其他经济指标变化并不明显的情况下，为什么美国房价会在2006年夏季后出现下跌呢？是否因为前期房价涨幅过大而必然调整呢？还是因为房价下跌有别的更深层次的原因？在这一点上，目前各界的看法很不一致。如果说2006年夏季美国开始的房价下跌主要是因为前期涨幅过大而必然调整的话，那么怎样看待同期大宗商品价格涨幅更大而2006年夏季没有出现明显回落的情况呢？因此，我更倾向于美国2006年夏季开始的房价下跌有更深层次的原因。下面笔者分析一下

2001～2007年美国的财政状况、军费开支和国债发行。

（1）财政状况。从财政收入来看，2007年美国（联邦，下同）财政收入为25682亿美元，比2000年增长了26.79%，低于同期美国GDP名义增长率14个百分点。其中，2001～2004年，美国财政收入连续4年低于2万亿美元，没有达到2000年的水平。2001～2007年，美国财政收入年均20910亿美元，仅高于2000年的3.23%。这说明美国这一时期财政收入未能实现与美国GDP的同步增长，其原因与美国布什政府实行的惠民减税政策有关。从财政盈亏来看。2001～2007年，美国只有2001年出现了财政盈余，其他年份都为财政赤字。扣除2001年的财政盈余，2001～2007年美国财政赤字累计高达15484亿美元。2000年美国财政盈余2362亿美元，2007年美国财政赤字1620亿美元，2007年与2000年相比美国财政盈亏差高达3982亿美元。这说明同期美国财政状况较差。

（2）军费开支。2007年美国军费开支为5490亿美元，比2000年的2950亿美元增加了2540亿美元，增长了86.1%。美国军费开支占财政收入的比例，2000年为14.56%，2007年上升到21.38%，高出2000年6.82个百分点。2001～2007年，美国军费累计开支30770亿美元，年均开支4817亿美元，比2000年增长了63.292%。与2000年比，2001～2007年美国累计多开支军费10120亿美元，占同期美国财政赤字累计数的65.36%。这说明同期美国财政赤字的巨额增加主要是应对美国的巨额军费开支。

（3）国债发行。2007年美国国债余额为89507亿美元，比2000年增加33220亿美元，增长了59.02%，比同期美国GDP名义增长率高出18.25个百分点，比同期美国财政收入增长率高出32.43个百分点。这说明同期美国存在着超额发行国债的突出情况。令人惊奇的是，2001～2007年，美国军费累计开支30770亿美元，占同期美国国债余额增加额的92.62%。这说明美国同期并没有现成的财力用于巨大的军费开支，美国军费开支主要依靠大量发行国债。同时这也说明，这一时期美国大量发行国债，并不是用于促进国内经济发展和改善民生。

15.11.4 阿伊战争可能是美国次贷危机发生的深层次原因

接下来的分析是，美国在这一时期何以出现如此大的军费开支。2001～2007年，美国常规性军费开支并没有增加多少，军费开支巨额增加的主要原因是2001年“9·11”后美国发动了阿伊战争。据统计，美国已用于这两次战争的费用合计高达

8500 亿美元，占同期多开支军费总数的 84%。

由于阿伊战争至今没有结束，仍需要巨额的军费开支，仍有赖于美国联邦大量发行国债，美国联邦财政状况仍然有可能继续恶化，并且这种战争对美国国内经济发展存在着无助性和有害性，增加了美国经济未来发展的不确定性，改变了美国人的预期，动摇了美国人的信心。因此，阿伊战争可能是美国房价下跌、次贷危机发生的深层次原因。由于美国发动的阿伊战争与“9·11”有关，可以说，美国目前发生的次贷危机并演变为全球性的金融危机，是“9·11”的后遗症。从这个意义来讲，“9·11”改变了美国，也正在影响着世界。

华尔街金融家们最大的错误可能在于：基于一系列前提条件的判断与假设创新一系列次级贷款一类的高风险金融产品，然后将观察的视野局限于 2004 年以来美国 GDP 实际增长率、失业率、CPI、基准利率等有所变化但变化并不十分明显的经济指标上，对美国发动的阿伊战争的长期性、耗费的巨大性、后果的滞后性、影响的广泛性和深远性等研究不够，对 2001 年以来美国财政状况、国债规模、军费开支等变化巨大及其形成的根本原因、可能产生的严重后果认识不足并且无动于衷。

附表 15－1　　美国 2000 年以来相关经济指标统计表

年份	GDP 增长率（%）		财政收入（亿美元）	财政盈余/赤字（亿美元）	国债余额			军费开支		失业率（%）	基准利率（%）	CPI（%）
	名义	实际			（亿美元）	年增加额（亿美元）	年增长率（%）	（亿美元）	占财政收入比（%）			
2000	5.9	3.7	20255	2362	56287	—	—	2950	14.56	4.0	6.24	3.4
2001	3.2	0.8	19914	1282	57699	1412	2.51	3060	15.37	4.7	3.88	2.8
2002	3.4	1.6	18534	－1578	61984	4285	7.43	3490	18.83	5.8	1.67	1.6
2003	4.7	2.5	17825	－3776	67600	5616	9.06	4050	22.72	6.0	1.13	2.3
2004	6.6	3.6	18803	－4127	73547	5947	8.80	4540	24.15	5.5	3.35	2.7
2005	6.3	2.9	21539	－3183	79053	5506	7.49	4940	22.94	5.1	3.22	3.4
2006	6.1	2.8	24073	－2482	84514	5461	6.91	5200	21.60	4.6	4.97	3.2
2007	4.8	2.0	25682	－1620	89507	4993	5.91	5490	21.38	4.7	5.02	2.8

资料来源：http：//www.gpo.gov（美国新闻署）；http：//www.nber.org（全美经济研究局；http：//www.cbo.gov（美国国会预算局）。

15.12 近年美国利率调整失误的教训与启示①

利率调整既受多种因素的影响，如一定时期物价水平、国际利率水平、宏观经济政策和特殊时期的利率管制等，又对房市、股市、债市、汇市、企业利润、资本国际流动和一系列其他宏观经济指标等产生广泛的影响。因此，一个国家一定时期的利率调整是一件十分复杂、非常重要的事情，稍有不慎，就有可能产生非常严重的后果。从美国次贷产品创新、次贷业务蔓延到次贷危机形成并演变为金融危机来看，2001~2007年美国利率调整失误负有重要责任。

15.12.1 2001~2007年美国利率调整的三大失误

根据利率调整幅度是否适当、利率水平是否合适、利率调整依据是否合理来判断，2001~2007年美国利率调整至少存在三大失误：

首先，利率调整幅度过大。一般情况下，利率调整幅度要与同期经济增长率、物价指数、失业率的变动情况基本吻合，要与社会各界的共同预期基本吻合，否则就难以发挥利率调节的杠杆作用。2001~2007年，美国基准利率波动区间为1.13~5.02，波动幅度为344.25%，而同期GDP名义增长率波动幅度为106.25%，CPI波动幅度为112.5%，美国基准利率波动幅度分别高于同期GDP名义增长率波动幅度、CPI波动幅度的2.24倍和2.32倍。在美国同期GDP增长率、CPI的波动相对平稳的情况下，美国基准利率大幅度调整可能出乎许多金融机构和按揭买房人的预期。

其次，利率水平偏高偏低。马克思认为，利息直接来源于利润，表现为借贷资本与职能资本共同瓜分剩余价值。因此，平均利润率是利率水平的基本决定因素，利息率总是在平均利润率和零之间上下波动。在现实社会中，一个国家基准利率水平一般不得高于GDP名义增长率，不得低于CPI。基准利率高于GDP名义增长率可能导致更多的产业资本创造的利润向金融资本转移，不利于实体经济的发展，最终

① 来源于《证券时报》，2008年11月17日。

可能反过来危及金融资本的安全。基准利率低于 CPI，意味着负利率，会刺激人们投资和消费，一方面会减少银行存款，另一方面会加剧 CPI 上涨。因此，在动态上保持适当的利率水平，是一个国家经济平稳发展的现实需要。然而，2001～2007 年美国的利率水平却时而偏高、时而偏低。2001 年和 2007 年，美国基准利率分别高于同期 GDP 名义增长率 0.68 个百分点和 0.22 个百分点，2003 年和 2005 年，美国基准利率分别低于同期 CPI 1.17 个百分点和 0.18 个百分点，只有 2002 年、2004 年和 2006 年美国的基准利率处于同期 GDP 名义增长率和 CPI 之间，占 2001～2007 年 7 个年份的 42.86%。

最后，利率反基本面调整。根据基本面变化调整利率从而促进基本面朝好的方向发展，是利率调整的基本要求。可是，2001～2007 年，美国则出现了两次反基本面调整利率的情况：一是 2003 年，美国 GDP 名义增长率和实际增长率分别比 2002 年增长了 1.3 个百分点和 0.9 个百分点，CPI 比 2002 年上涨了 0.7 个百分点。照理说，美国 2003 年应该是提高利率或保持利率不变。可是，2003 年美国进一步将基准利率降至 1.13%，为 2001～2007 年最低。二是 2005～2007 年，美国 GDP 名义增长率从 6.3% 分别降至 6.1% 和 4.8%，实际增长率从 2.9% 分别降至 2.8% 和 2%；CPI 从 3.4% 分别降至 3.2% 和 2.8%；失业率从 5.1% 分别降至 4.6% 和 4.7%。照理说，美国 2006 年、2007 年应该是降低利率或保持利率不变。可是，2006 年、2007 年美国则进一步提高了利率，使 2006 年、2007 年基准利率分别提高到 4.97% 和 5.02%，分别高于 2005 年 1.75 个百分点和 1.8 个百分点，其中，2007 年基准利率为 2001～2007 年中的最高。

15.12.2 美国利率调整失误对次贷危机形成负有重要责任

2001～2007 年美国利率调整失误，对美国次贷危机形成并演变为金融危机负有重要责任。

首先，2002～2003 年美国的低利率刺激了美国次贷产品创新和次贷业务蔓延。2002～2003 年，美国出现了较为严重的经济衰退。为刺激经济，增加投资，扩大消费需求，美国大幅度降低了基准利率。2002～2003 年，美国基准利率按加权平均计算分别为 1.67% 和 1.13%，实际利率分别为 0.07% 和 -1.17%，此时，居民把钱存在银行是无利可图的。与此同时，受美国经济衰退、消费能力下降的影响，美国房价相对较低，房屋具有一定的投资价值。于是，美国一些金融机构创新了“以零首付或低首付向信用等级较差或收入较低的人提供买房贷款”的次贷产品，以刺激更多的人买房。更多人买房，人为地扩大了房地产市场的需求，推动了房价的上涨。房价上涨不仅显示了买房的投资价值，掩盖了零首付或低首付的风险，而且进一步衬托了低利率持币的无利可图性。只要房价不跌，利率不升，次贷产品是没有风险的。于是，次贷业务在一些金融机构的大量供给和更多信用品质较差或收入较低的人的大量需求下，在美国迅速蔓延。可以说，没有2002年的低利率和2003年的实际负利率，美国的次贷产品创新可能缺乏金融基础，美国次贷业务蔓延可能缺乏社会基础。

其次，2006~2007年美国的高利率促进了美国次贷危机的形成。2006~2007年，美国基准利率分别为4.97%和5.02%，分别比2003年提高了3.84个百分点和3.89个百分点，实际利率分别提高到1.77%和2.22%，分别比2003年提高了2.94个百分点和3.39个百分点。2006~2007年美国的高利率产生了两个后果：一是大幅度提高了按揭买房者的成本。首付越低，按揭买房贷款时间越长，按揭买房的成本增加的越多。一旦按揭买房增加的成本超过房价上涨的幅度，对于零首付或低首付按揭并且已还贷不多的买房者，选择断供就是一种无奈的但却是现实的选择。因为按照美国的法律，按揭合同是一个有限责任合同，房价下跌使那些持有负资产的人倾向于放弃房产、违约不还贷款。二是高利率抑制了市场需求，加剧了房价下跌。一旦房价下跌到市面价值低于未支付贷款（本息和）时，买房者更有可能选择断供。2006年夏季之后美国房价开始出现下跌，2007年美国房价平均比2006年夏季前最高跌20%以上。美国房价下跌后，大量的零首付、低首付或无力支付房贷的按揭买房者因贷款利率提高和房价下跌选择了断供。于是，美国次贷危机就发生了。当然，2006年夏季以来美国房价下跌有较多因素影响，如房价大幅度上涨后的理性回归、美国2005年后经济增速趋缓、失业率上升和对未来经济走势不看好等因素都可能导致房价下跌。但是，2006~2007年美国基准利率显著提高肯定是重要原因之一。

15.12.3 基于美国利率调整失误的几点启示

美国利率调整失误及其产生的严重后果其教训是深刻的，启示是多方面的。

第一，利率水平的确定要均衡各方面的利益。利率水平的高低直接关心到储蓄人、银行和借款人的利益。一定时期过高或过低的利率水平都会引起各方利益的失衡，从而引发一系列经济问题和社会问题。2001～2007 年，美国基准利率要么高于同期 GDP 名义增长率，要么低于同期 CPI，既刺激了次贷产品的创新，又加剧了次贷危机的爆发。因为低利率损害了储蓄人、银行的利益，他们不得不把钱转向高风险的投资领域；高利率增加了借款人的资金使用成本，损害了借款人的利益，他们不得不减少借款，甚至被迫不还款，其结果是高风险投资产品的价格首当其冲，出资方深受其害。因此，如何确定存贷款利率水平、如何优化不同档次的存贷款利率差异，是一个国家或地区利率管理当局必须权衡的一个重大问题。

第二，利率调整要综合考虑各方面的因素，权衡利弊。在当代信用社会，影响利率调整的因素和利率调整的影响层面都极为复杂。除非发生重大事件不得不发挥利率的杠杆作用而特别调整利率外，正常情况下的利率调整都必须要综合考虑各方面的因素，都必须要权衡利率调整可能产生的各方面的后果。例如，在经济衰退、失业率上升时，为促进经济发展，创造更多就业机会，是可以降低利率的。但是，这种利率降低要充分考虑其对经济发展的作用有多大，可能会产生什么样的负面效应，在降低利率的同时是否还要采取别的配套措施甚至更有效的方法。在 CPI 上升到一定临界点时，是可以提高利率的。但是，利率提高幅度要多大，是否在提高利率的同时还要采取别的配套措施甚至更有效的方法，也是需要通盘考虑的。只有全面、综合、系统地考虑上述问题并作出适当的利率调整，才可能利大于弊。2001～2007 年，美国大幅度、频繁地调低或调高利率，有时脱离了或超越了基本面，不仅未能达到利率调整的目的，反而滋生了一系列问题，是值得有关方面认真反思的。

第三，要保持利率在动态上的相对稳定性。根据基本面和利率调整的利弊分析，及时调整利率是必要的和可行的。但是，保持利率在动态上的相对稳定性更是必要的。所谓保持利率在动态上的相对稳定性，就是一定时期利率调整后的波动幅度不宜过大，要与同期 GDP 增长率、CPI、失业率波动幅度基本相适应，要避免过高或过低利率的长时间运行。2001～2007 年，美国基准利率波动幅度远远超过同期 GDP 增长率、CPI、失业率的波动幅度（具体见图 15－1）。2002～2003 年美国较长时期的低利率刺激了次贷产品的创新，2006～2007 年美国较长时期的高利率损害了实体经济的发展，其后果都是严重的。

第四，利率调整要充分考虑负面效应的滞后性。实证表明，只有股市、债市、汇市等对利率调整很为敏感，实体经济对利率调整反应都较为滞后。认识到这一点很重要。有的国家或地区在利率调整的一定时期后看不到实体经济的积极反应，接着采取更大的同向的利率调整，结果矫枉过正，负面效应凸显。2002 年美国出现经

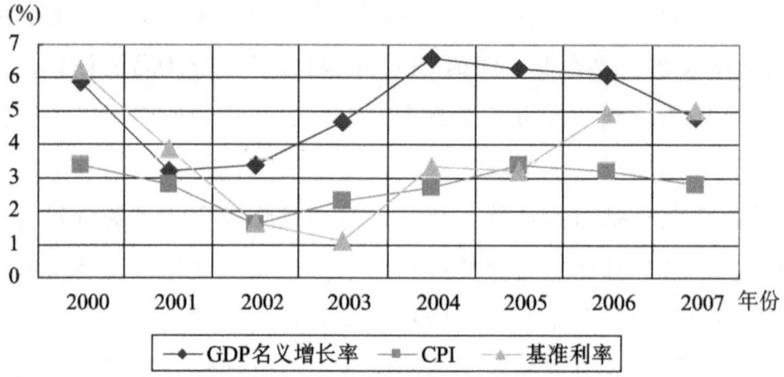

图 15-1　2001~2007 年美国 GDP 增长率、CPI 和基准利率波动情况图

济衰退，同期美国大幅度降低利率。2003 年美国经济有所复苏但不够理想，于是再次大幅度降息，从而为次贷产品创新和次贷业务蔓延创造了金融条件。2002~2003 年美国低利率的负面效应直到 2005 年之后才逐步显示出来。同样，2006~2007 美国高利率的负面效应直到 2007 下半年才显示出来，并在 2008 年集中爆发。因此，一个国家或地区利率调整一定要考虑未来可能出现什么问题。如果前次利率调整不适当，隐藏了未来的负面效应，下一次利率调整还必须考虑前次利率调整遗留下来的问题。例如，2002~2003 年美国低利率刺激了次贷产品创新和次贷业务蔓延，而未来的高利率是次贷业务的死敌。如果 2006~2007 年美国不出现高利率，美国的次贷危机爆发就可能推后，即使该危机爆发不可避免，其危害程度可能要比现在轻得多。

15.13　《公司治理与评级系统》推荐序[①]

理论和实践证明，公司治理是公司规范运作的基础，是公司发展的制度保证，是促进上市公司价值最大化和平衡市场参与各方利益的重要机制；同时，公司治理优化也是上市公司规范运作的结果。从这个角度来看，上市公司作为证券市场发展的基础，作为市场微观主体的重要组成部分，其公司治理的重要性无论怎样强调都

---

① 《公司治理与评级系统》系台湾叶银华、李存修、柯承恩著，肖立见、周晖审订，中国财政经济出版社 2004 年出版，本节系作者为该书在大陆出版撰写的推荐序。

不过分。然而，由于影响公司治理因素的多样性和复杂性，如何评价和衡量公司治理水平始终是理论界和实际界面临的共同难题。

国外对公司治理评级的研究始于20世纪70年代。1976年9月，英国学者穆勒（Robert K. Muller）在美国管理协会《管理评论》上发表“Are Directors Board Worthy? ——A Report Card for Board Members”，从能力、道德、代表性、独立性、准备程度、实践经验、发展潜力、任职经历、任职时间保证、任职资格、特殊服务能力等11个方面对董事人员的素质进行评价。1978年6月，英国学者麦斯温西（Edward Mcsweency）在《商业研究》上发表“A Score for Rating Management”，采用管理人员评价得分卡的方法，对包括CEO在内的公司高级管理人员的业绩进行评价。1990年12月，美国学者托马斯（Colin Clolsm Thomas）在《欧洲管理》上发表“Developing Directors”，对董事应具备的技能和素质作了全面研究。

20世纪90年代以来，有关公司治理评级的研究与实践日益深入，公司治理评级的内容从专题性向综合性发展。1997年，美国标准普尔公司提出一套公司治理评级指标，并对世界1500家大型企业的公司治理状况进行了评级。1998年，美国《商业周刊》推出了1997年全美25家最佳董事会和25家最差董事会排名。1999年，戴米诺公司（Demier）对欧洲上市公司的治理进行评级。2000年，里昂证券公司（亚洲）（Credit Lyonnais Securities Asia）对25个新兴市场国家的485家公司进行了公司治理评级。2000年，中国《财经》杂志运用海外公司评级的研究成果，并结合中国上市公司实际，评出了最佳董事会和最差董事会。

在总结以往公司治理评级研究成果的基础上，台湾辅仁大学叶银华教授和台湾大学李存修教授、柯承恩教授于2002年10月出版了《公司治理与评级系统》一书。该书基于公司治理和公司财务理论的最新进展，积极创新公司治理评级的研究方法，以台湾地区上市、上柜公司为样本并结合其治理的特点，通过实证研究筛选出对公司绩效与价值具有显著影响的因素，以此构建台湾地区的公司治理评级指标体系，并利用该公司治理评级指标体系对台湾地区的样本上市、上柜公司治理水平进行了综合评价。

本书分为11章，第1章和第2章阐述了公司治理的本质、重要性和公司治理机制，介绍了公司治理的主要原则，并以世界银行提出的公司治理构架为基础，论述了公司治理内部机制与外部机制所涵盖的范围、内容与功能。第2章作者引入了公司治理动态化的概念（即随着经济与企业环境的变化应重新审视公司治理机制的适用性），丰富了公司治理机制的内涵。第3章、第4章和第5章对里昂证券与标准普尔公司的调查（问卷）式公司治理评分系统、评分原则等分别进行了详细分析，并以里昂证券、标准普尔公司所采用的评价指标和哈佛大学拉波塔教授等学者的研究结果为基础，详细分析了影响公司治理水平的宏观因素和微观因素，并具体介绍了利用里昂证券与标准普尔公司的公司治理评分系统对东亚国家和地区企业的治理评级结果。第 6 章通过对台湾地区集成电路制造公司与新加坡开发银行控股公司的案例分析，加深了读者对公司治理及评级的理解。第 7 章阐述了公司治理评级系统的理论基础。基于台湾地区家族控股较为普遍的公司治理现状，本书引入了最终控制概念，确定了对公司价值有影响的股权结构董事会组成指标，以及可能影响公司价值的其他指标。第 8 章以最大股东正的诱因效果与负的侵占效果为理论基础，考虑超额关联交易与大股东介入股市对公司价值的影响，构建了当前台湾地区的公司治理评级系统，包括董（监）事组成、股权结构、管理形态、超额关联交易与大股东介入股市等 5 个方面 17 项二级指标。第 9 章在上述研究的基础上，整合会计信息、公司治理与总体经济敏感度指标，构建了一个比较完整的财务危机模型，从而揭示了公司治理水平对财务危机的预警作用。第 10 章从信息透明度的角度，研究了信息透明对公司治理水平的影响，并提出台湾地区企业在这个方面的缺点和改进意见。第 11 章对台湾地区的公司治理评级系统进行了整体评价，提出了公司治理关键成功因素，包括管理者诚信原则、股东行动主义与良好的政治监管等，并从完善外部治理机制和内部治理机制两个方面提出了提高台湾省公司治理水平的具体建议。

本书的主要特点是研究方法严谨，研究体系完整，注重继承性，突出计量性，强调应用性。虽然台湾地区企业所处的政治经济环境，公司治理历史、背景与现状均与内地企业存在着明显的差异，而且该书作者所提出的基于台湾省的公司治理评级系统未必完全适用内地的上市公司，但本书所采用的研究方法仍对中国内地优化上市公司治理具有相当的借鉴意义和重要的参考价值。

中国沪深证券市场仍处于新兴加转轨的时期，较多上市公司的规范运作和公司治理仍处于较低水平。为了夯实证券市场的微观基础，提高上市公司治理和规范运作水平，中国证监会自 2001 年以来，先后颁布《关于在上市公司建立独立董事制度的指导意见》、《中国上市公司治理准则》等文件，上市公司增加了公司治理信息披露的内容，沪深证券交易所强化了上市公司治理监管的力度。在这个过程中，公司治理评级作为衡量公司治理水平的重要工具，改善公司治理监管的重要手段，将发挥不可或缺的作用。因此，出版本书无疑将进一步推动内地公司治理评级的研究与实践。

15.14 《无形资产：管理、计量和呈报》中文版序言[①]

传统意义上的资产主要是指有形资产，有形资产理论无法解释等值有形资产在价值创造方面的巨大差异的全部原因。人们对无形资产的认识是随着实践的发展和现实的需要而不断提高的。20 世纪 60 年代中期之前，一些国家把商誉当作无形资产进行资产价值评估，后来，随着技术和贸易的发展，海外的理论工作者逐步将专利、专有技术、商标、版权、租赁权、特许权、土地使用权等纳入无形资产的研究范畴，知识产权则是研究的重点。到了 20 世纪 90 年代，随着知识经济的发展，人们对无形资产的理解进一步深化，一些学者开始将组织资本、人力资本也并入无形资产的研究范畴。至此，无形资产的内容已扩充为“为用于商品或劳务的生产或供应、出租给其他单位，或为管理目的而持有的、没有实物形态的可辨认非货币性资产”。[②]

目前，海外无形资产的理论研究已覆盖无形资产的内涵和外延、无形资产的作用机理、无形资产的评估和计量、无形资产的信息披露等领域。美国纽约大学巴鲁·列弗（Baruch Lev）教授所著的《无形资产：管理、计量和呈报》一书，根据知识经济的特点对无形资产最新的发展进行了系统的归纳总结，是近年来海外对无形资产研究的代表性成果之一。本书主体部分为 5 章，第 1 章主要研究了什么是无形资产、为什么要关注无形资产和谁应该关注无形资产这 3 个问题。其中，按照来源将无形资产划分为发明创造、组织资本和人力资本 3 个方面，丰富了无形资产的内涵。第 2 章把无形资产的价值驱动因素分为可升级性、收益递增规律和网络效应，把无形资产的价值转移因素分为部分独占、固有的风险和不可交易性，并在此基础上构建了一个包括价值驱动和价值转移的经济学框架，展开了对无形资产发挥作用机理的系统分析，在分析中突出了知识经济时代无形资产的新特点。第 3 章着重分

---

① 《无形资产——管理、计量和呈报》系美国纽约大学巴鲁·列弗（Baruch lev）著，中国劳动社会保障出版社 2003 年出版，本节系作者为该书在中国出版中文版撰写的序言。

② 这是《国际会计准则》（IAS）第 38 号对无形资产的定义。中国财政部在 2001 年 2 月发布的《企业会计准则——无形资产》对无形资产也有类似的定义：“企业为生产商品、提供劳务、出租给他人或为管理项目的而持有的没有实物形态的非货币性长期资产。”

析了无形资产对公司价值和公司发展的贡献，从而为第 2 章的理论分析提供了具有说服力的证据。第 4 章对无形资产信息披露不充分的原因和后果进行了分析，其中，对“无形资产的政治学”展开了深入的讨论。第 5 章提出了以价值链为核心构造无形资产信息系统，并提出了“价值链记分板”的概念，希望以此作为改进无形资产信息披露的工具。

本书始终贯彻着这样一个理念：无形资产对企业非常重要，应该正确计量和评估。虽然本书具有内容全面、分析深入、观点新颖等特点，但读者在阅读和理解本书时还应注意以下几点：第一，本书是以市场经济完全成熟、知识经济有较快发展的美国作为研究的制度环境的，中国的市场经济尚处于初级阶段，知识经济的特征体现得还不充分，因此，无形资产的表现形式、作用机理可能和本书所描述的有所差别；第二，本书引用的一些实证资料数据来自于 20 世纪 90 年代末，部分样本企业属于互联网企业，而那时正是新经济高涨的时候，互联网企业的价值被大大高估，因此，实证研究的结果可能会高估无形资产的作用；第三，本书所提及的会计准则是美国的会计准则或国际会计准则，而中国企业目前采用的主要是中华人民共和国财政部所颁布的企业会计准则，它们之间在无形资产定义及范围、无形资产确认标准、无形资产的计量、无形资产的后续支出、无形资产的推销、无形资产的信息披露规定等方面均有所不同。

我国对无形资产的研究始于 20 世纪 90 年代，与海外的研究相比，其无形资产的研究范围偏小，基本上没有把对组织资本和人力资本的研究纳入其中，而且在研究内容上偏重于对无形资产评估和计量的研究，而对无形资产的作用机理研究甚少。随着中国加入世界贸易组织和高新技术产业的迅速发展，无形资产的作用和地位正在日益上升，无形资产在经济发展中扮演着越来越重要的角色，它已经成为企业重要的价值源泉，企业拥有无形资产的数量和质量将直接影响到它们的核心竞争力，因此，更好地创造和管理无形资产已成为企业谋生存发展的重要手段和紧迫任务。

了解海外无形资产研究的最新成果对于改善中国企业的无形资产管理具有重要的意义。本书无论是研究视野、研究深度，还是研究方法，对于国内无形资产的理论研究都具有较强的借鉴意义，对于国内无形资产的管理都具有较大的参考价值，故乐为之序。

15.15 全球互联网上市公司概况分析[①]

为关注全球互联网发展的趋势，揭示互联网营运公司发展与资本市场的互动关系，本节对全球互联网上市公司的概况进行了分析，有关研究结果及启示如下：

15.15.1 全球互联网上市公司数量，主营业务和注册、营运、上市地分布情况

（1）全球有1552家互联网营运类上市公司，其中，场内市场827家，场外市场725家。场内市场2001～2007年新上市互联网公司418家，扣除同期退市的，2007年总计779家，比2001年增加364家，增长了87.7%，为同期各行业上市公司增长最快的。

（2）全球互联网上市公司主营业务集中在电子服务与市场、电子商务、互联网内容提供、互联网基础结构与应用、互联网安全系统、互联网经纪/金融/通讯服务、网页入口/ISP、网页寄存与制作等8个方面。

（3）全球互联网上市公司注册地、营运地、上市地主要集中于美国、日本、韩国、加拿大、澳大利亚、法国、英国、瑞典等8个国家。在这些国家注册、营运、上市的互联网上市公司分别为620家、612家和644家，分别占同期全球互联网上市公司总家数的75%、74%和78%。

（4）全球共有55个证交所拥有互联网上市公司，其中，NASDAQ、东京证交所、KOSDAQ、澳大利亚证交所、伦敦证交所、巴黎证交所、加拿大Venture市场、斯德哥尔摩证交所、日本新市场等9家交易所互联网上市公司共计570家，占68.9%。

① 2009年4月8日，深证综内字第0169号。本研究报告由肖立见、才静涵合作完成。

15.15.2　全球主要证券交易所上市的互联网公司营运和市场表现情况

（1）2007 年全球互联网上市公司总资产为 2754.524 亿美元，其中，NASDAQ、东京证交所、JASDAQ、巴黎证交所、KOSDAQ、纽约证交所、韩国证交所、意大利证交所、中国香港联交所等 9 个交易所占 88.8%（共 2445.8 亿美元）。

（2）2007 年全球互联网上市公司净利润为 106.064 亿美元，其中，NASDAQ、东京证交所、韩国证交所、中国香港联交所、巴黎证交所、JASDAQ、纽约证交所等 7 个交易所占 102.27%（共 108.5 亿美元）。

（3）2007 年全球互联网上市公司总市值为 6729.821 亿美元，其中，NASDAQ、东京证交所、中国香港联交所、韩国证交所、巴黎证交所、纽约证交所、KOSDAQ、JASDAQ、澳大利亚证交所等 9 个交易所占 95.2%（共 6408.9 亿美元）。

15.15.3　美国或在美国上市的互联网上市公司总体情况

（1）在美国注册、营运、上市的互联网上市公司分别高达 153 家、147 家和 170 家，分别占同期全球互联网上市公司总数的 18.5%、17.8% 和 20.6%。

（2）2007 年在 NASDAQ 上市的互联网公司家数、总资产、净利润、总市值分别高达 152 家、1526.8 亿美元、78.2 亿美元、4930.1 亿美元，分别占同期全球互联网上市公司同类指标的 18.38%、55.4%、73.73% 和 73.26%。NASDAQ 具有全球互联网上市公司的绝对优势。

15.15.4　全球互联网上市公司网页语言使用情况

（1）2007 年，在全球互联网上市公司提供网页语言信息中，分别有 539 家、151 家公司提供了英、日文网页信息，提供法、韩、中、德文网页信息的公司分别为 72 家、71 家、68 家和 43 家。

（2）2007 年，在全球市值前 20 名互联网上市公司中，提供单一语言和两种及以上网页信息的分别为 7 家和 13 家；提供英、中文网页信息的分别高达 17 家、12

家，提供法、德、日文网页信息的分别为 7 家、6 家和 3 家。这说明英、中文网页信息在全球市值前 20 名互联网上市公司中占有非常重要的地位。

（3）2007 年，营运总部在中国大陆的 23 家互联网上市公司中，提供单一中文网页信息的 4 家，提供中、英文网页信息的 17 家，提供中、英、日文和中、英、德、法文网页信息的各 1 家。因此，中国互联网上市公司网页信息以中、英文为主。

15.15.5 中国互联网上市公司总体情况

（1）2007 年，营运总部在中国大陆的互联网上市公司有 23 家，占同期全球互联网上市公司家数的 2.95%。但是，在中国大陆上市和注册的只有 1 家；其他 22 家注册地和上市地都在海外，其中，在开曼群岛、中国香港和美国注册的分别为 19 家、2 家和 1 家，在美国 NASDAQ、中国香港联交所、纽约交易所上市的分别为 16 家、5 家和 1 家。

（2）2007 年，中国海外上市的 22 家互联网公司总资产、净利润、总市值分别为 115.74 亿美元、11.7 亿美元、740.36 亿美元，分别占同期全球互联网上市公司同类指标的 4.2%、11% 和 11%。

（3）2008 年，中国海外上市的 22 家互联网公司股价平均跌幅为 26.8%，分别低于同期全球股市、全球市值前 20 名互联网上市公司股价的平均跌幅（42.6%、39.67%）15.8 个百分点和 12.87 个百分点。

15.15.6 基于全球互联网上市公司上述分析结果的启示

（1）互联网是没有国界的，但是以营运盈利为目的的互联网上市公司则高度集中在美国、日本、韩国、加拿大、澳大利亚、英国、法国等国家。这说明以美国为首的西方发达国家在开发、利用和争夺全球性互联网上市资源方面赢得了先机。

（2）世界文字性语言多达 200 多种，然而互联网上市公司主要使用英、日、法、韩、中、德文提供网页信息。这说明以开发英语为首和上述其他语言为主的网页语言信息已成为互联网上市公司争夺网民资源、扩大互联网营运市场的主要手段。

（3）中国互联网市场巨大，发展前景广阔。然而 2007 年在中国大陆注册和上市的互联网公司只有 1 家。这说明中国大陆资本市场在开发、利用互联网上市资源，支持互联网公司发展方面可能存在制度性缺陷。

15.16 资本市场与高校校办产业发展对接问题研究[①]

本节对高校校办产业的发展情况、高校上市发展情况进行了深入分析，对高校校办企业成功经验与失败教训进行了案例分析。在此基础上，从资本市场与高校校办产业发展两个角度分析了两者对接存在的问题，并提出相应的政策建议。

中国高校校办产业与上市情况的主要特点是：（1）高等院校是中国科技创新的生力军；（2）中国高校校办产业发展较快并已颇具规模；（3）“小而新”的科技和出版企业在高校校办企业中具有重要地位；（4）高校校办产业与资本市场对接不够理想。

中国高校校办产业与资本市场对接的体制机制问题主要有：行政化管理体制较普遍、校企不分现象较为突出、科技创新与持续经营管理角色冲突、激励机制不够完善、国有股划转社保基金的规定不尽合理。

高校是中国科技创新的重要主体，是中国发展战略性新兴产业的重要方面军。资本市场与高校校办产业的有效对接，关键在于相互“靠拢”。

（1）最为根本的是，要破除高校校办产业的体制机制性障碍，改革高校校办企业管理体制，规范校办企业运作管理。要促进各高校校办产业按照“产权清晰、权责明确、校企分开、管理科学”的框架完善体制，实现校企分开，授予校办企业相对独立的人财物权，完善公司治理，并按照公司制、规模化的要求整合校办产业资源，从根本上改变高校多头办企业、分散校办产业资源的状况。

（2）资本市场要根据高校校办企业的特点，为高校校办企业特别是科技型企业、文化创意型企业进入资本市场创造更好的条件。具体包括：注重发挥资本市场对高校校办企业并购重组的促进作用，增强对“小而新”公司的包容性，创新分拆上市制度，豁免高校校办企业上市10%股权划转。

---

① 2012年4月27日，深证综内字第0094号。本节由肖立见、汪强、李湛、王伟、戴益文合作完成。

16

访 谈 录

16.1 关于股份全流通的全方位对话①

股份全流通、国有股和法人股上市流通、股权分置问题的解决，这三个相互联系的问题，就性质而言是同一个问题。有关这个问题的研究讨论，从中国股票市场运作伊始试行的公众股上市流通而国有股、法人股不上市流通的制度安排就已开始。可以说，股份全流通这种在海外成熟证券市场根本不成为问题而在中国之所以成为问题的问题，是中国股票市场运作十多年来讨论持续时间最长、思路最多、争论最激烈、分歧最大、影响面最宽的问题。至今，管理层有关股份全流通问题的解决思路和前景尚不明朗，但是股份全流通问题及其引发的其他问题正在变得愈益严重，并已成为中国股票市场发展的最大制度性瓶颈。为此，搜狐网站财经频道主编王子

① 来源于搜狐财经，2005 年 3 月 16 日与王子恢合作。

恢先生与资深证券研究专家肖立见博士展开了一次有关中国股票市场股份全流通的对话，内容涉及中国股票市场股份全流通问题形成的根源、股份全流通问题的实质、解决股份全流通的必要性和可行性等方方面面的问题，提出了股票流通权成本、国有股等非流通股向公众股东还利、国有股和法人股缩股及缩股比例的确定、国有股和法人股上市流通的基本条件和方式等一系列新的观点和主张，对话紧密联系中国股票市场的现实，切中要害，不乏真知灼见。

王子恢：肖先生，我们并非第一次沟通。早在 2002 年，我们就中小企业融资难和创业板分步实施就有过一次交流。2004 年，作为创业板分步实施的第一步，中小企业板市场经国务院批准已在深交所设立，为中小企业发展建立了新的平台。今天，我想就我国证券市场发展的老大难问题，即股份全流通问题，与您进行具体的沟通。

肖立见：所谓股份全流通，是指上市公司的所有股份在一定的条件下都可以上市流通，而不像我国深沪股市那样，只有经过批准的上市公司公开发行的公众股和职工内部股才能上市流通，上市公司的国有股、法人股不能上市流通。

16.1.1 我国上市公司国有股、法人股不能流通的形成根源

王子恢：我国上市公司的国有股、法人股为什么一开始就被限制上市流通。

肖立见：1987 年 3 月 28 日，国务院发布的《关于加强股票债券管理的通知》明确规定："当前发行股票，主要限于在少数经过批准的集体所有制企业试行""为推动横向经济联合，以互相投资、合股、参股方式新建的企业，合作各方可以试行采用股票形式，但不得向社会发行股票，未经中国人民银行批准，其股票不得上市"。1990 年公布的《深圳市股票发行与交易管理暂行办法》第十四条和第四十六条规定："股票发行可分为公募发行和私募发行（由 5 名以上、49 名以下的发起人即法人全额认购），私募发行的股票只能在法人之间进行转让，不得上市交易"。当时，限制发起人股（即主要为国有股、法人股）上市流通的原因主要是：一是当时的经济体制主要体现为以公有制为主体的计划经济体制，强调维护国有经济的主导地位，限制国有企业发行股票和股份制企业的国有股、法人股上市流通就是基于维护国有经济主导地位的考虑；二是担心国有股、法人股上市流通会引起国有资产流失；三是限于当时政治、经济、意识形态和法律环境等各方面的条件，想买股票、敢买股票和有钱买股票的人都为少数，当时深沪股市的需求有限，在总股本中占主要比例的国有股、法人股上市流通存在着事实上的困难。

王子恢：1996～1998年，随着我国改革开放的深入，市场经济体制逐步取代了计划经济体制，人们对股票市场的认识发生了质的变化，参与股票交易的意识和能力空前高涨，深沪股市表现出旺盛的需求势头，深沪股市股价指数屡创新高。20世纪80年代和90年代初限制国有股、法人股上市流通的市场条件和市场环境已发生了重大变化，为什么此时还限制国有股、法人股上市流通，或者说不改变限制国有股、法人股上市流通的初衷。

肖立见：按道理说，此时确实具备了允许国有股、法人股上市流通的部分有利条件：一是市场规模较少，国有股、法人股总量不大，解决国有股、法人股上市流通问题相对较为容易；二是当时的市场需求极为旺盛，市场具备承接国有股、法人股上市流通的一定能力。但是，国有股、法人股上市流通是一个十分复杂的系统工程，涉及方方面面的利益关系，需要政策、法律、法规等方面的配套与支持。而当时我国管理层发展股票市场的主要目的不在于国有股、法人股上市流通，而在于让更多的国有企业发行股票上市，以促进国有企业改革，帮助国有企业解困。

王子恢：股票市场的基础性功能是资源优化配置，让深沪股市承担促进国有企业改革、帮助国有企业解困的作用是否背离了股票市场的本质功能。

肖立见：股票市场确实具有一定的促进上市的国有企业转变经营机制、优化治理结构的衍生功能，但是管理层让深沪股市承担帮助国有企业解困的任务，肯定背离了股票市场的本质功能，这在当时似乎又是不得不为之的权宜之计。我国国有企业发展就融资方式而言大体经历了3个阶段：一是1978年改革开放前，国有企业发展所需要的资金主要靠财政拨款。二是20世纪80年代和90年代初，国有企业发展所需要的资金在政策上主要靠银行贷款。由于国有企业在经营机制、治理结构方面存在的问题和承担社会职能造成负担过重，巨额的财政拨款和银行贷款注入国有企业难以产生效益，国有企业困难依旧。此外，基于控制国家财政风险和银行贷款风险的考虑，国家和银行向国有企业注入巨额的资金也难以为继。三是20世纪90年代中后期以来，我国管理层试图建立国有企业直接融资与间接融资并存，并续步过渡到部分国有企业以直接融资为主的方式，管理层希望股票市场在促进国有企业转变经营机制、优化治理结构的同时，为国有企业发展开辟新的直接融资途径，以帮助解决其资金困难并降低银行对国有企业贷款的风险，希望上市的国有企业经营机制转变和治理结构优化有利于提高其经营效益。我国股票市场十多年发展的事实表明，管理层试图通过深沪股市促进国有企业改革的目的未能较好地实现，不仅错过了解决国有股、法人股上市流通的较好时机，而且积累了国有股、法人股未能上市流通所带来的一系列问题，加剧了解决国有股、法人股上市流通的困难。

16.1.2 国有股、法人股上市流通的必要性

王子恢：我国深沪股市上市公司国有股、法人股未能流通已经十多年了，为什么一定要让国有股、法人股上市流通呢？

肖立见：一是上市流通是上市公司国有股、法人股应有的权利。同股、同权、同利是股票市场运作的基本准则，限制国有股、法人股上市流通实际上等于剥夺了国有股东和法人股东的股票流通权利，违背了股票市场的基本准则；二是上市公司所有股票在一定条件下都能流通是国际股票市场运作的惯例，我国深沪股市要对外开放，就必须与国际接轨；三是随着我国市场经济体制的建立，原来限制国有股、法人股流通的市场条件、市场环境已经发生了巨大变化，限制国有股、法人股流通已不符合我国现行的市场经济体制和市场机制的要求。更为主要的是，国有股、法人股不能流通带来了各方面严重的问题。

16.1.3 限制国有股、法人股上市流通问题的严重性

王子恢：国有股、法人股不能上市流通究竟带来了哪些问题，对我国证券市场发展的影响如何？

肖立见：在中国证券市场存在的所有问题中，最引人关注的、最难以解决的、最迫切需要解决的、最敏感的问题，非国有股、法人股不能流通问题莫属。国有股、法人股不能流通问题具有内容扩展性和性质转化性的特点，对中国证券市场长期发展构成了巨大的制约瓶颈。

（1）国有股、法人股不能流通，限制了国有股、法人股股东股价收益权的实现。理论上来讲，股票价格是由股票价值和供求关系决定的。在实际中，股票的流动性、稀有性和交易的便利性也对股票价格的形成具有重要影响。由于国有股、法人股不能在股票市场上公开流通，这类股票供需信息严重不对称，需要转让的难以找到理想的买主，有意受让的找不到合适的卖主，其流动性很差。由于国有股、法人股在总股本中规模较大，占的比例较大，其稀有性相对流通股而言较差。由于国有股、法人股按规定只能在法人之间转让，且交易数量标的较大，故其交易的便利性也较差。由于这些因素对国有股、法人股价格的影响，其协议转让价格一般都很

低，大都是按略高于每股净资产的价格转让，因此，中国上市公司的国有股、法人股的转让价值普遍被严重低估。上市公司的国有股、法人股不能流通，其股东的股价收益权就无法实现，这实际上等于剥夺了国有股、法人股股东的股价收益权。

（2）股份非全流通导致流通股价值严重高估。影响中国上市公司流通股价格的因素正好和上述相反。一是流通股交易信息完全公开，投资者可以在全国2000多个证券营业部中任何一家其开设证券账户的营业部即时买卖可流通的股票，股票的流动性很强；二是流通股在总股本中规模较小，占的比例较小，相对国有股、法人股而言，流通股具有稀有性；三是流通股按规定可在个人之间、个人与法人之间、法人与法人之间买卖，且交易数量标的可分割成最小100股，故其交易极为便利。受上述因素的影响，中国沪深股市上市公司流通股的市场交易价格相对于国有股、法人股的转让价格要高得多。据统计，2004年中国深沪股市大幅下跌后，流通股平均市盈率仍高达20多倍，市净率高达3～4倍。而西方成熟证券市场股票的平均市盈率一般在十几倍，这就足以说明中国深沪上市公司流通股的价值被严重高估。

（3）流通股价值高估导致流通股高溢价发行。由于流通股发行是依据市场价格定价的，因此，我国深沪股市流通股高溢价发行是股份非全流通导致流通股价值严重高估的必然产物。据统计，海外成熟证券市场股票发行市净率（发行价格与每股净资产的比率，市净率减1即为发行溢价率）平均1～3倍，不少仅按略高于每股净资产的价格发行。而我国沪深证券市场新股（流通股）发行市净率，在二级市场低迷期平均为3～5倍，在二级市场高涨期平均为6～8倍，不少公司流通股发行市净率高达10倍以上。

（4）流通股高溢价发行导致流通股东资产所有权和资产收益权转移。尽管中国沪深股市流通股发行价格数倍高于非流通股，但是同一公司的流通股和非流通股却是按照相同的股票面值计算股票资产价值的。结果，高溢价发行的流通股的资产价值被大量地摊薄并转移到非流通股中，非流通股的资产价值在高溢价发行流通股后大幅度提高。并且，这种流通股东的资产价值转移给非流通股东进而非流通股东资产价值提高，随着流通股发行数量的增加和发行溢价的提高愈益严重。由于中国沪深股市上市公司是按股本分红派息的，单位流通股本与单位非流通股本享有相同的分红派息权，因此，与流通股东资产所有权大量无偿转移给非流通股东相对应，流通股东资产收益权也大量无偿地转移给非流通股东。例如，2001年用友软件每10股派6元（含税），按股本计算用友软件7500万非流通股共获得4500万元收益，2500万流通股共获得1500万元收益。按用友软件流通股和非流通股实际每股持股成本分摊上述收益，非流通股实际每股持股成本1.118元，收益率为53.67%；流通股实际每股持股成本 35.48 元（扣除发行费用），收益率为 1.69%。用友软件这种流通股和非流通股单位持股成本收益率的巨大差别，完全是流通股东资产所有权大量无偿转移给非流通股东的必然结果。

（5）流通股东资产所有权和收益权的转移导致流通股投资价值降低和投资风险增大。以用友软件为例，如流通股东资产所有权不转移给非流通股东，则扣除发行费用后用友软件流通股每股净资产为 35.48 元，如用友软件流通股价格为 80 元，其市净率为 2.25 倍。用友软件流通股东资产所有权转移给非流通股东后，其流通股每股净资产为 9.71 元，据此计算的市净率为 8.24 倍。如流通股东资产所有权和资产收益权不转移给非流通股东，则用友软件发行前 8384 万元净资产在流通股发行后只能折股约 230 万股，流通股发行后用友软件的总股本不是 10000 万股，而是 2830 万股。按照用友软件 2001 年实现净利润 7040 万元计算，当年其每股收益不是公布的 0.7 元，而是 2.48 元。如用友软件流通股价格为 80 元，其市盈率不是 114 倍，而是 32 倍。可见，流通股东资产所有权和资产收益权被大量无偿地转移给非流通股东后，其流通股的投资价值大幅度降低，投资风险大幅度增加。

（6）流通股东资产所有权转移助长了非流通股东争公司上市而不注重上市公司发展。以用友软件为例，因公众股发行上市，用友软件非流通股东 8384 万元净资产一夜之间就变成了 7.28 亿元，实现了 7.68 倍的增值。这种资产增值可能是用友软件未来 5 年乃至 10 年仅靠经营业绩累加都难以实现的。因此，相对于公司发行上市对非流通股东资产增值来说，公司未来的经营业绩所实现的资产增值几乎可以忽略不计。于是，很多公司及其控股股东全力包装，推动公司上市，上市后促进公司发展的积极性就大为降低，有的非流通股股东还凭借控股地位掏空上市公司。结果，在中国沪深股市上市公司中，出现了一大批上市后业绩随即大幅度滑坡甚至亏损的公司，给中国证券市场的发展带来了很大冲击。

（7）国有股、法人股转受让困难，制约了上市公司治理优化和资本运作。由于国有股、法人股不能在股票市场上公开流通，这类股票供需信息严重不对称，需要转让的难以找到理想的买主，有意受让的找不到合适的卖主。因此，上市公司股东结构处于非意愿性超稳定状况，上市公司治理结构陷入僵化状况，上市公司高管人员结构缺乏合理流动的市场机制，上市公司意欲通过股权结构调整实现资产重组、并购受到严重制约。

（8）抑制了国有股、法人股股东增加股份投资的积极性，限制了上市公司再融资。由于国有股、法人股转让困难，转让价格低，国有股、法人股股东通过投资增持上市公司股份的可能性大为降低。多年来，中国上市公司增资扩股，国有股、法人股股东基本上都放弃了配股权，上市公司筹资主要面对占较少比例的流动股股东，这就大大限制了上市公司的再融资、资本扩张和经营发展。

上述分析表明，股份非全流通是引发中国证券市场许多问题的根源，只有国有股、法人股等非流通股最终可以上市流通，中国证券市场许多问题才有可能得到解决。然而，如果不能很好地处理国有股、法人股上市流通问题，就有可能引发比国有股、法人股目前未能上市流通更加严重的问题。因此，我们更加客观、更加全面、更加深刻地认识国有股、法人股非全流通问题，是积极、稳妥、有效解决中国证券市场上国有股、法人股流通问题的根本前提。

16.1.4 我国早期试行的国有股上市流通为何失败

王子恢：是否国有股、法人股上市流通，上述问题都可以解决？

肖立见：这要看如何解决国有股、法人股上市流通问题。早在2000年，就试行了按市场配股价配售国有股，这是我国分步解决国有股上市流通的第一次尝试，当时未能得到市场的认可，试行国有股配售的“黔轮胎”股价在国有股配售前就开始下跌，配售后进一步跌破配股价，其流通股投资者损失较大。2001年6月12日，国务院颁布《减持国有股筹集社会保障资金管理暂行办法》，深沪股市迅速下跌，在减持国有股筹集社会保障资金的过程中深沪股市继续下跌。截至2001年10月21日，上证综合指数下跌至1514点，调整幅度高达32%，股票市值缩水近6000亿元。基于保护流通股东利益和稳定股票市场的考虑，2001年10月22日，国务院宣布停止执行《减持国有股筹集社会保障资金管理暂行办法》第五条的规定，深沪股市随之出现大幅反弹。但是，深沪股市国有股、法人股上市流通问题并没有解决，国有股、法人股上市流通如同悬在深沪股市头上的利剑，深沪股市自2001年起陷入长期低迷，流通股东谈股份全流通色变。

王子恢：为什么过去试行的国有股上市流通会对流通股东产生如此大的伤害，会对深沪股市的发展产生如此大的负面影响？

肖立见：在股权分置即公众股上市流通和国有股、法人股未能上市流通并存的情况下，公众股上市流通其股东是付出了代价的，公众股为获得上市流通权是支付了成本的。国有股、法人股未能上市流通，尽管失去了流通权，但却从流通股东那里获得了巨额的转移资产和转移收益。2000年以来试行的国有股上市流通，国有股东不仅未能为获得股票流通权支付成本，而且也未能向流通股东偿还其股票未能流通时所获得的转移资产和转移收益。因此，国有股、法人股上市流通问题解决得不好，不仅国有股、法人股未能上市流通引发的问题依旧，而且还产生了进一步损害流通股东权益的问题，中国股票市场发展必将进一步受阻。

16.1.5 公众股东为获得股票流通权支付了昂贵的成本

王子恢：什么是股票流通权成本，它与公众股股东资产所有权和收益权有什么关系？

肖立见：所谓股票流通权成本，是指公众股东为取得股票流通权并换取国有股、法人股不流通，默认并购买上市公司高溢价发行的可流通的公众股，默认并无偿向国有股、法人股等非流通股东转移属于自己的资产所有权和收益权。被转移的公众股东的资产所有权和收益权就构成了公众股东的股票流通权成本，同时也构成了国有股、法人股等股东放弃国有股、法人股流通权的收益。

资产所有权转移成本是指公众股东认购高溢价发行的流通股并接受国有股、法人股、公众股按统一的股票面值平均计算单位股票资产价值所引起的股票流通权成本。由于这种资产所有权转移总是与认购的溢价发行的流通股数量有关，因此，相对于一定数量的流通股而言，资产所有权转移成本属于公众股东获得股票流通权的固定成本。由于高溢价发行的流通股的资产价值被大量摊薄，转移到非流通股中，非流通股的资产价值在高溢价发行流通股后大幅度提高。需要指出的是，只要是溢价发行，不管是上市公司首次发行流通股，还是再次增发流通股或配售流通股，都会引起公众股东资产所有权转移。这就不难解释上市公司每次再融资，尽管最终会大幅度提高原每股净资产的价值，但是中小流通股东仍普遍持不欢迎态度，致使上市公司实施再融资是流通股价格普遍下跌的共同原因。

资产收益权转移成本是由资产所有权转移所引起的股票流通权成本。由于沪深股市上市公司是按单位股本而不是按单位资产分配收益的，单位流通股本与单位非流通股本享有相同的分红派息权。在公众股东持股单位成本数倍高于国有股、法人股东的单位持股成本并且单位股本享有相同的分红派息的前提下，国有股、法人股的单位资产收益就会数倍高于公众股的单位资产收益。因此，与流通股东资产所有权大量无偿地转移给非流通股东相适应，流通股东资产收益权也大量无偿地向非流通股东转移。由于这种资产收益权转移总是与上市公司历年的收益分配有关，因此，相对于一定数量的流通股而言，资产收益权转移成本属于公众股东获得股票流通权的变动成本。资产收益权转移成本作为公众股东股票流通权成本受资产所有权转移的数量和上市公司收益分配的次数等因素的影响：不管是公众股东的资产总量，还是单位股本资产量，被转移给非流通股东的数量越多，其资产收益被转移的数量亦越多。只有当公众股东的资产不转移给非流通股东时，其资产收益权才不会被转移。在公众股东资产所有权转移给非流通股东一定的情况下，上市公司收益分配的次数越多，公众股东资产收益被转移的数量就越多。只有当上市公司没有盈利并不向股东分配时，公众股东的资产收益权才不会转移到非流通股东的头上。

王子恢：您能不能举例说明股票流通权成本是怎样形成的，股票流通权成本对流通股东意味着什么？

肖立见：下面以用友软件为例来说明股票流通权成本的形成。这是一个极端的例子，不具有普遍性，但是有利于加深人们对股票流通权成本形成的认识。

首先，我们来看公众股东获得股票流通权的资产所有权转移成本。发行前的2000年，用友软件净资产8384万元，折和法人股7500万股，每股净资产1.118元。2001年4月23日用友软件以每股36.68元发行了2500万公众股，扣除发行费用，筹集资金8.87亿元。如果把发行前用友软件每股净资产1.118元作为法人股东的持股成本，把用友软件公众股发行价格36.68元作为公众股东的持股成本，则意味着用友软件公众股东的持股成本高于法人股东持股成本31.8倍。公众股发行后，用友软件总股本增至10000万股，净资产增至9.71亿元，每股净资产平均为9.71元。其中，属于法人股东的净资产为7.28亿元，比公众股发行前增加了6.44亿元，增长了7.68倍；法人股每股净资产增加了8.59元，也增长了7.68倍。法人股净资产比公众股发行增加，表面上看是公众股高溢价发行分摊到法人股头上的结果，实质上是公众股东资产所有权无偿转移给法人股东的结果。因为公众股和法人股按照相同的股票面值计算股票资产价值后，属于公众股的净资产为2.43亿元，相对于公众股东认购股票出资额减少了6.44亿元，缩水了72.6%；公众股每股净资产相对于发行价减少了26.97元，下降了73.5%。

其次，我们来看公众股东获得股票流通权的资产收益权转移成本。2001年，用友软件每10股派6元（含税）。按股本计算，用友软件7500万法人股共获得4500万元收益，2500万公众股共获得1500万元收益。按用友软件公众股和法人股实际每股净资产分摊上述收益，法人股净资产收益率为53.67%，公众股净资产收益率为1.69%，用友软件公众股东的净资产收益率只相当于法人股东净资产收益率的3.14%。于是，2001年，用友软件股息分配出现了这样极不公正的现象：法人股东8348万元净资产获得了4500万元的收益，公众股东88700万元净资产只获得了

1500万元的收益，即拥有8.6%的净资产的法人股东获得了75%的收益，拥有91.4%的净资产的公众股东只获得了25%的收益。用友软件这种公众股和法人股单位净资产收益率的巨大差别，完全是公众股东资产所有权大量无偿转移给法人股东的必然结果。如果用友软件公众股东的资产不向法人股东转移，那么2001年用友软件向股东分配的6000万元利润就应该在公众股东8.87亿元净资产和法人股东0.8348亿元净资产中平均分配，公众股东可分配5487万元，法人股东只能分配513万元。与按股本分配公司收益相比，用友软件公众股东少获得收益3987万元，占应获得收益的72.66%，法人股东多获得收益3987万元，比应获得收益增加了6.77倍。这意味着，因用友软件公众股东资产所有权大量无偿转移给法人股东，公众股东应获得的资产收益的72.66%被无偿转移给了法人股东，致使法人股东资产收益率高于公众股东资产收益率30.75倍。

最后，我们来看公众股东获得流通权的总成本。公众股东为了获得用友软件2500万流通股，不仅一次性地向用友软件的法人股东转移了6.44亿元的资产所有权，而且还在2001年和2002年分别向法人股东转移了3987万元、5313万元的资产收益。即到2002年用友软件收益分配除权日为止，用友软件公众股东共向法人股东转移了7.37亿元的资产价值，平均每股转移了29.48元的资产，占其每股应有净资产和每股应分配收益之和的79.93%。这相当于其原资产价值的近80%的部分被转移给了法人股东，进而构成了用友软件公众股东2002年分配除权日前的股票流通权成本。用友软件公众股东支付股票流通权成本后，其现有资产价值在2002年分配除权日后只相当于其原资产价值的20%。随着用友软件日后收益分配次数的增多，其公众股东支付的股票流通权成本还会增加。用友软件公众股东支付的股票流通权成本构成了用友软件法人股东的收益。在用友软件公众股发行之前，其法人股资产价值为8384万元，每股净资产为1.118元。用友软件公众股发行后，其法人股资产价值增加了6.44亿元，每股净资产增加8.59元，都增长了7.68倍。2001年和2002年，用友软件法人股东共获得了1.05亿元的资产收益，相对按单位净资产分配收益多得了9300万元收益。用友软件公众股东减少的资产价值和收益与其法人股东增加的资产价值和收益完全相符。当然，用友软件法人股东获得如此巨额的收益也是要付出代价的，那就是放弃法人股的流通权和被动接受由此产生的法人股转让困难、转让价格被严重低估的事实。但是，相对于用友软件法人股东付出的法人股不能流通的代价，其获得的收益要高得多；相对于公众股东获得股票流通权的收益，其付出的代价实在是过于惨重。

16.1.6 向公众股东还利是国有股、法人股上市流通的根本前提

王子恢：根据您的分析，国有股、法人股不流通造成了公众股高溢价发行，高溢价发行公众股使公众股东为获得股票流通权向国有股、法人股等非流通股东支付了昂贵的成本，国有股、法人股等非流通股东在公司上市后到其股份上市流通前不仅获得了转移资产，迅速实现了资产的巨额增值，而且获得了超额的资产收益，因此，国有股、法人股就不是一个由未能流通到上市流通的简单问题，而是一个涉及公众股东权益的根本问题。

肖立见：非常正确。国有股、法人股一旦上市流通，因稀有性导致流通股价格高企的机制将丧失，原有公众股的价格将会总体下降，因此，将会进一步损害公众股东的利益。而国有股、法人股上市流通后的情况正好相反，原来不能流通时因信息不对称、交易便利性差等导致转让价格低的机制亦将丧失，国有股、法人股上市流通后的价格将会高于甚至数倍高于不能流通时的转让价格。国有股、法人股东在原来获得资产增值和超额收益后，将进一步获得股票上市流通的股价收益，而这些都是建立在公众股东资产转移、收益转移、股价损失的基础上的。因此，国有股、法人股不是一个简单的上市流通问题，而是一个公众股东权益如何保护的问题。而公众股东权益的有效保护直接关系到中国股票市场的发展，因而它是中国股票市场发展的重大问题。

王子恢：国有股、法人股不上市流通有问题，上市流通也遇到很多问题，管理层对此实际上面临着两难选择。那么，这个问题究竟怎样解决才好？

肖立见：第一，国有股、法人股是应该并终究要上市流通的，这一点不能质疑，不能往后拖；第二，国有股、法人股上市流通的原则必须建立在保护公众股东权益的基础上，必须有利于中国股票市场的健康、稳定发展。体现这一原则的唯一可行的办法就是国有股东、法人股东通过适当的途径和方式向公众股东还利，以换取国有股、法人股上市流通。

王子恢：为什么国有股、法人股上市流通一定要和国有股东、法人股东向公众股东还利联系在一起，并将国有股东、法人股东向公众股东还利提高到解决国有股、法人股上市流通唯一可行的高度呢？

肖立见：理由非常充分。第一，公众股东为了获得公众股上市流通权，高价认购了上市公司高溢价发行的可流通的公众股，支付了股票流通权成本，向国有股、

法人股等非流通股东转移了巨额的资产和收益，以换取国有股、法人股不上市流通。一旦国有股、法人股上市流通，国有股东、法人股东拥有了公众股东同样的上市流通权，公众股东向国有股东、法人股东转移资产和收益的基础就不复存在，公众股东就没有必要继续向国有股东、法人股东转移资产和收益。国有股东、法人股东从公众股东那里获得的转移资产和收益就有必要退还给公众股东。第二，国有股、法人股上市流通的价格必将高于场外转让价格，国有股东、法人股东因此将获得股价收益。与此同时，国有股、法人股上市流通必将导致原公众股流通价格总体下跌，公众股东因国有股、法人股上市流通将遭遇新的股价损失。只有国有股东、法人股东向公众股东还利才有可能弥补公众股东因国有股、法人股上市流通而蒙受的新的股价损失。

16.1.7 国有股、法人股缩股是向公众股还利最可行的方式

王子恢：怎样实现国有股东、法人股东向公众股东还利呢?

肖立见：从公众股东股票流通权成本形成的机理和公众股东向国有股东、法人股东转移资产和收益的方式来看，国有股东、法人股东向公众股东还利最简单、最有效、最可行的方式，要么是在公众股数量不变的前提下，按照一定的比例缩小国有股、法人股等非流通股的规模，即缩股；要么是在国有股、法人股等非流通股数量不变的前提下，按照一定的比例扩大公众股的规模，即扩股。无论是缩股还是扩股，其目的是一致的：都是为了相对降低国有股、法人股等非流通股单位股本的净资产和单位净资产的收益，相对提高原公众股单位股本的净资产和单位净资产的收益，从而缩小公众股东与国有股、法人股等非流通股东因股权分置而产生的巨大利益差别。

王子恢：现在许多上市公司通过多次送股、转增股或由于经营亏损等原因，每股净资产已降至一元多，如采用扩股方式，有可能使许多上市公司每股净资产降至单位股票面值以下，从而不符合《中华人民共和国证券法》的要求。而采用缩股的方式则不会出现这样的问题，我看还是采用缩股的方式好。问题在于按什么比例缩小国有股、法人股的规模。

肖立见：我非常赞同您的观点。至于按什么比例缩股，这要视上市公司公众股东股票流通权成本的高低而定。而公众股东股票流通权成本的高低受以下因素的影响：一是发行溢价的高低。发行溢价率越高，公众股东资产所有权的转移就越多，

公众股东获得股票流通权的成本就越高。只有当流通股的发行价格与非流通的原国有股、法人股的单位资产价值相同时，公众股东的资产所有权才不会转移到非流通股东头上，公众股东才不会支付股票流通权成本。因此，发行溢价高，国有股、法人股要按较高比例缩股；发行溢价低，国有股、法人股则按较低比例缩股。二是公众股发行数量及比例。在国有股、法人股等非流通股数量不变和公众股发行溢价率一定的前提下，公众股发行数量占总股本的比例越大，公众股东持有的单位流通股本转移的资产所有权越小，国有股、法人股就可按较低比例缩股；反之，公众股发行数量占总股本的比例越小，公众股东持有的单位流通股本转移的资产所有权越大，国有股、法人股就要按较高比例缩股。因此，国有股、法人股缩股基准比例应根据上述因素综合确定。

而国有股、法人股缩股实际比例的确定还必须考虑以下因素：一是公众股溢价发行与上市公司成长的关系。如果上市公司公众股发行后公司业绩增长足以支持公众股溢价发行，国有股、法人股就可按较低比例缩股，反之按较高比例缩股。二是体现股票市场价格与公司业绩关系的已流通的公众股动态平均市盈率。如果上市公司已流通的公众股动态平均市盈率较低，国有股、法人股就可按较低比例缩股，反之按较高比例缩股。三是国有股、法人股等控股股东与上市公司的关系。如国有股、法人股等控股股东规范运作，没有凭借控股权操纵上市公司和侵占上市公司利益等行为，国有股、法人股就可按较低比例缩股，反之按较高比例缩股。

王子恢：您这种缩股基准比例和实际比例确定的依据非常科学，理由非常充分，既维护了公众股东的应有权益，又兼顾了国有股、法人股等非流通股东的利益，而且具有促进上市公司和上市公司国有股、法人股等控股股东规范运作的激励作用，对不规范运作的上市公司和上市公司国有股、法人股等控股股东具有利益制衡和行为约束作用，从而有利于促进中国证券市场规范发展，因而是一个能够被方方面面接受的国有股、法人股上市流通的可行方案。问题在于：由谁和按什么机制来确定国有股、法人股的缩股比例。

肖立见：国有股、法人股缩股的原则由管理层确定，但国有股、法人股缩股实际比例则应由公众股东和国有股东、法人股东按照管理层出台的国有股、法人股缩股原则，通过相互沟通、协商的机制来确定。不管上市公司国有股、法人股等非流通股东总体持股比例多大，其与公众股东总体在这个问题上的表决权一律平等。由于深沪股市同一上市公司的公众股东众多，且极度分散。所有公众股东不可能集中在一起与国有股、法人股等非流通股东讨论国有股、法人股缩股比例问题，因此，有必要成立一个能够代表公众股东合法权益并兼顾国有股、法人股等非流通股东利益的机构，该机构的人员由证券公司、基金公司、会计师事务所、律师事务所、公正机构和公众股东代表等有关专业人士组成，代表公众股东负责与国有股、法人股等非流通股东或其代表沟通、协商国有股、法人股的缩股比例，并接受中国证监会等有关证券监督机构的监督。

16.1.8 缩股后的国有股、法人股上市流通的基本条件

王子恢：是否缩股后国有股、法人股就可以上市流通了？

肖立见：缩股是一回事，上市流通又是另一回事。缩股只是国有股、法人股上市流通的必要条件，但不是充分条件。基于中国证券市场健康、稳定发展的需要和市场承受力的考虑，缩股后的国有股、法人股上市流通还必须同时具备以下条件：第一，缩股后上市公司的业绩达到当时上市公司配股或增发等再融资的业绩条件和规范运作要求的，缩股后的国有股、法人股方可上市流通；第二，缩股后已流通的公众股过去 90 天的平均交易价格（有过派息、送股、转增股的按复权价格计算，下同）高于上市公司最近公众股发行价格的，缩股后的国有股、法人股方可上市流通；第三，国有股、法人股上市流通不至于导致当日及以后 10 个交易日股票交易价格跌破最近公众股发行价格，否则缩股后的国有股、法人股暂缓上市流通；第四，缩股后的国有股、法人股的股权为股份登记机构确认为本人所有后方可上市流通，已作为抵押、担保标的或被司法机构冻结的不能上市流通。

王子恢：我国深沪股市目前具备配股或增发等再融资的业绩条件的上市公司不过 1/3 左右，按照您提出的缩股后的国有股、法人股上市流通的条件，不是有很多上市公司的国有股、法人股还是不能流通，国有股、法人股上市流通的问题还是不能最终解决。

肖立见：第一，允许国有股、法人股上市流通，并不等于国有股、法人股都得上市流通。海外成熟证券市场所有股票都可以流通，但是，一方面管理层基于保护中小投资者利益的考虑，对大股东特别是控股股东的股票流通也是有条件的；另一方面，控股股东基于上市公司控股权和维护股价的考虑，也是经常将其持有的股份锁定而不是随意流通的。因此，在基本制度上允许国有股、法人股上市流通的同时，对国有股、法人股设置一定的上市流通的实现条件，既符合国际惯例，也可以减少国有股、法人股大批量上市流通对我国股票市场的冲击。第二，一些亏损的有可能退市的公司，其已经上市流通的公众股都有可能因公司退市而不能继续流通，岂能

让其未能上市的国有股、法人股流通？第三，很多业绩差的、亏损的、资不抵债的上市公司，即使国有股、法人股缩股也未必会提高单位公众股的价值，其公众股东因公司原因已经蒙受了较大的投资损失。限制这类上市公司国有股、法人股上市流通而将业绩好的上市公司的国有股、法人股优先安排上市流通，既是为了保护公众股东的利益，更是为了建立一种优胜劣汰的市场机制，这是股票市场资源优化配置的本质要求。

16.1.9 国有股、法人股上市流通应引入承销制度和市场定价机制

王子恢：有关上述国有股、法人股上市流通的补充条件非常必要，不仅可以维护市场稳定，最大限度地保护证券市场中小投资者的利益，而且可以避免国有股、法人股上市流通引发的其他一系列问题。但有一点我不好把握：即国有股、法人股上市流通是否会导致当日及以后 10 个交易日股票交易价格跌破最近公众股发行价格，如何准确预测，一旦跌破怎么办？

肖立见：这正是我要说明的国有股、法人股上市流通的一个极为重要的问题。由于缩股后可流通的国有股、法人股在大多数上市公司总股本中仍占有较大的比例，具有操纵股票市场价格的条件。因此，基于控制市场操纵和维护股价稳定的考虑，在国有股、法人股由非流通股向流通股转化的阶段，国有股东、法人股东不能直接向市场出售或买进股票，国有股、法人股上市应引入券商承销机制。具体做法是：一是所有获准上市的国有股、法人股都必须由证券公司承销；二是承销商通过与国有股东、法人股东协商，与（机构）投资者询价等方式确定获准上市的国有股、法人股的数量和价格，并面向社会公开；三是上市的国有股、法人股首先由承销商通过交易系统向原公众股东定向配售。原公众股东放弃定向配售的部分，由承销商面向基金公司、社保基金、保险公司等机构投资者配售，余下的由承销商包销；四是确定上市日期，并提前一个星期公布。

16.1.10 国有股、法人股上市流通可能产生的有待研究的新问题

王子恢：国有股、法人股上市实行券商承销，实际上引入了国有股、法人股市场定价机制，这无疑是协调、均衡公众股东与国有股东、法人股东的利益关系的有

效举措，也是证券市场公开、公平、公正运作原则的具体体现，不失为解决国有股、法人股上市流通问题的新思路和好方法。接下来的问题是：允许原上市公司国有股、法人股上市流通后，是否今后新上市公司就可按股份全流通的方式上市呢？

肖立见：发展方向肯定是这样，但是在原上市公司国有股、法人股上市流通问题没有基本解决之前，新上市公司的国有股、法人股亦不能全部、一次性上市流通。这是因为全流通的上市公司，其公众股发行必将总体上表现为低溢价发行的特点，股票的流通价格必将总体上表现为低市盈率水平。如果新上市公司按股份全流通的方式上市，由于比价效应，必将带动原公众股上市流通而国有股、法人股未能上市流通的上市公司流通股价格的重心向下，从而损害现有公众股东的利益。对于新上市公司，其公众股发行和原国有股、法人股上市流通的思路是：第一，通过降价增量的方式发行公众股，即一方面降低公众股发行溢价率和发行价格，减少公众股东资产所有权和资产收益权向国有股东、法人股东的转移；另一方面，提高公众股发行数量，降低国有股、法人股在上市公司总股本中的比重，促进新上市公司国有股、法人股暂不上市流通问题最小化。第二，设定新上市公司国有股、法人股上市流通3年禁售期。3年后，上市公司业绩和规范运作达到配股、增发等再融资条件，再允许国有股、法人股按有关规定上市流通。

王子恢：我认为您有关新上市公司公众股发行和原国有股、法人股上市流通的通盘考虑，在现有一千多家上市公司国有股、法人股上市流通问题没有基本解决之前，是一种平稳过渡的方式。现在，我想问的是：国有股、法人股缩股和上市流通还会带来那些新的问题？

肖立见：国有股、法人股缩股后的问题是：第一，原国有股、法人股总股本减少，在上市公司总股本中的比重下降，从而有可能引起上市公司控股权和公司治理结构发生变化；第二，原国有股、法人股资产总价值减少和单位股本资产价值增加，会影响国有股、法人股作为抵押、担保标的的价值，从而会影响相关利益者的利益；第三，深沪股市的总股本、股本结构、股本资产价值、市盈率、股价指数等都会发生重大变化，上市公司的财务指标也会发生重大变化。

国有股、法人股上市流通后的问题是：第一，可以上市流通的国有股、法人股的定价机制发生根本性的变化，其市场价值面临着重新评估；第二，国有股、法人股上市变现的收入的归属和使用问题随之凸现；第三，上市会使作为抵押、担保标的的国有股、法人股价值提高，相关利益者为此将产生新的利益之争；第四，国有股、法人股上市流通会使深沪股市投资者结构发生重大变化，进而有可能引发新的市场操纵问题，市场监管面临着新的挑战；第五，随着国有股、法人股上市流通，上市公司的股权结构会趋于分散并容易发生变化，上市公司超稳定的、高度集中的治理结构亦将随之发生变化。

王子恢：国有股、法人股上市流通产生的新问题可能还不止上述这些，仅上述这些问题就足够引起管理层、相关各方和学者的高度重视。我们期待肖博士在这方面继续进行深入的研究，为我国股份全流通这个困扰中国证券市场十多年的老大难问题的最终解决献计献策。

肖立见：个人的能力和智慧总是有限的，我有关我国股份全流通问题的解决思路和方式肯定是有局限的，但是我有志将这个问题继续研究下去，直至我国股份全流通问题的最终妥善解决。

16.2 七大瓶颈制约中国证券市场发展①

日前深交所人士撰文指出，股份非全流通、流通股高溢价发行、一股独大等七大问题已经成为中国证券市场发展的瓶颈。

在题为《中国证券市场发展的若干瓶颈问题》的文章中，肖立见博士认为正是由于瓶颈问题的存在，致使中国证券市场面临着前所未有的证券融资需求巨大与现实证券融资能力不足、证券投资需求巨大与现实证券投资能力不足的双重矛盾，巨大的、潜在的投融资需求资源难以通过深沪证券市场实现有效的最大化配置，严重制约了深沪证券市场的发展，及其在国民经济发展中作用的发挥和地位的提升。文章认为，股份非全流通、流通股高溢价发行、流通股东资产所有权和收益权被大量无偿转移、一股独大、内部人控制、中小企业上市门槛高、部分证券账户匿名制七大问题既是制约中国证券市场发展的瓶颈问题，又是引发中国证券市场其他一系列问题的源头。股市健康发展需要积极、稳妥、有效地解决上述问题。

① 来源于《深圳特区报》，2003 年 08 月 22 日。

16.3 金融危机不是A股暴跌主因[①]

深交所综合研究所副所长肖立见15日表示，由次贷危机引起的全球性金融危机并不是A股暴跌的主因，中国A股市场的暴跌是由中国市场运行自身的特点、机制所引起的。

他说，中国A股市场暴跌不是由美国次债风暴引起的，当美国股市下跌了一点点，中国A股已下跌50%以上。他认为，中国股市暴跌是由于中国这个市场运行本身的特点、机制所引起的。国际股市与中国A股市场虽有联动，但联动不是很大。总的来说，这次国际金融危机对我国金融证券保险业的影响有限。“千万不要把中国股市暴跌完全归结于次贷危机，这是两码事。”

他认为，在这次危机中，西方发达国家经济困难程度会比我国高很多。因为美国私有化太高，而我国市场化程度不很高，中国有一个最大特点就是可以集中力量办大事。因此，在未来几年我国经济增长趋缓的情况下，我国经济总量和发达国家差距是趋小。“我们算了一下，这次世界经济危机可能使中国与美国的差距在一夜之间缩短20年。”

肖立见认为，这次金融危机延续时间越长，破坏程度越大，经济恢复越困难，我国海外投资机会就越多。对于这一点，大家应该有一个高度认识。“怎样抓住这次危机可能产生的海外投资机会是我们需要关注的重点。”

16.4 上市公司持续价值成长的意义[②]

肖立见：首先感谢主办方给我提供这样一次发言的机会，我非常高兴与大家探

① 来源于《新华每日电讯》，2008年11月23日。
② 来源于网易财经，2007年06月29日。

讨上市公司价值成长的问题。上市公司价值成长这个问题可以说非常简单，因为每一个人都知道上市公司价值成长意味着什么。也可以说非常复杂，上市公司价值成长的外延、内涵、深度、广度涵盖着非常丰富的内容。

我今天不想就上市公司价值成长这样一个问题做广泛的论述，我只是想说明两点：第一，上市公司价值成长的意义是什么；第二，我们怎样评价上市公司的价值成长？

现在我讲第一个问题，上市公司价值成长的意义，可以概括为 8 个方面：

第一，它是衡量上市公司价值的重要标准。究竟怎样评价上市公司的价值，我想价值成长比有价值更重要。在国外成熟资本市场，有的股票市盈率只有两三倍，两三倍市盈率的公司可能每股净资产、每股收益都很高；有的股票市盈率高达四五十倍，而其当年的盈利可能很低，但是投资者却给予 30 倍、50 倍的股票估值，这里面的差别说到底就是价值成长的差别，也就是说上市公司的未来可能大不一样，这就是我说的上市公司价值成长是衡量上市公司价值的重要标准的原因。

第二，上市公司价值成长是衡量上市公司及其高管行为目标的核心指标。我们怎样评价上市公司及其高管的行为目标？主要看这个公司的成长性。如果这个公司的成长性越好，价值增长越快，这个公司和高管的行为目标就越能体现。不管是管理层、大股东还是投资者对上市公司及其高管的行动目标的评价，更多地看重的是公司价值的成长性。

第三，上市公司价值成长是上市公司高管社会价值和自身价值的主要体现。上市公司高管的价值，一个是自身的价值，通过上市公司的价值成长来实现自己的价值，包括能力、管理水平、自身收益。另一个它是社会价值。为什么这么说呢？因为上市公司是一个公众公司，不是个人公司，上市公司的价值成长影响着投资者的利益、资本市场的发展，体现了上市公司高管的社会价值。

第四，上市公司的价值成长是上市公司做优、做强、做大的前提。我们知道，上市公司可以通过资本市场直接融资，也可能通过银行贷款间接融资，但是直接融资对上市公司的作用是不一样的，因为贷款既要还本也要付息。因此，你要想从资本市场筹集更多的资金，就需要具备一些条件。其中，价值成长是一个最根本的条件。上市公司融资不仅需要考虑当年和过去 3 年的财务指标，还要考虑资金投向可能产生的价值，因此，一个上市公司要做优，做强，做大，必须要有良好的价值成长。深交所上市的万科在这方面表现得很突出，它原来是一个很小的公司，现在做成在国内很大的上市公司，其中，通过资本市场募集资金来充实自身的发展，作用不少。如果它没有自身的价值成长，就不可能从资本市场筹集那么多资金，做到这么大。

第五，上市公司的价值成长是上市公司员工生存和职业发展的基础。我们知道，只有让上市公司价值成长了，才能够长期发展，很多企业生命周期大概就是3～5年，有的公司在三五年之内就自生自灭了，但是有的公司则可以成为百年老店，这两种结局对员工的影响却大不一样。因此，上市公司价值成长，直接关系到员工的生存和发展。只有公司做强、做大了，员工才能获得更多的职业发展机会，生存才能更有保障，上市公司高管也不例外。上市公司的价值成长了，高管本身也可以获得更大的发展。众所周知，一个很大公司的董事长和一个很小公司的董事长，含义是大不相同的。

第六，上市公司的价值成长是投资者投资决策的基本依据。我们知道投资者凭什么要买你这支股票，当然投资者可能考虑因素比较多，例如，小道消息、股票走势、技术图形，但是真正的理性投资者特别是机构投资者，更多的是依据上市公司的价值成长来决策自己的投资行为。这一点非常重要。在大盘长期涨幅一定的情况下，有的股票涨的很好，有的不涨，有的还跌了。这是因为不同的上市公司持续的价值成长不一样。

第七，上市公司的价值成长是回报股东最有效的方式。上市公司从股民手中拿到的钱，是不要还本付息的，可以长期使用。目前，我国资本市场对上市公司股利分配的规定是有弹性的，上市公司可以按每股收益的一半派息，甚至可以不派息。投资者可能关心上市公司的派息，但是他并不关心拿到手上的是每股一毛钱，还是五分钱，他更多关心的是上市公司的价值是否在增长，是否持久。只有当上市公司保持长期的价值成长势头，投资者获得的回报才是最多的。这种回报对投资者是间接的，但却是实实在在的、有效的，也是投资者最乐意接受的。

第八，这也是我作为交易所一名员工最关心的一个问题，就是上市公司价值成长的意义还是资本市场健康、稳定发展的基础。资本市场的基石是什么，是上市公司。从世界范围来讲，有一些证券交易所相继倒闭了，有的证券交易所被别的合并了，这里面有很多原因，其中，一个最重要的原因就是上市公司的质量问题，上市公司的价值成长问题，很多证券交易所的上市公司上市一两年就亏损了，倒闭了，退市了。投资者利益受损，资本市场的发展受阻。这样的公司多了，交易所就可能关闭。当交易所都没有了，你这个公司还能上市吗？因此，我们说资本市场的发展与上市公司存在着相互依存、相互促进的关系，上市公司的价值成长得越好，资本市场就越能获得稳定发展。反过来，更多的上市公司出现亏损，在几年之后就不行了，或者说它缺乏价值成长性，这个资本市场根本就不可能长期、健康、稳定发展。

最近一年来，中国资本市场发展的状态与上市公司的价值成长存在着较大的关系。因此，从资本市场健康发展来考虑，我们认为上市公司的价值成长是至关重要的，没有上市公司的价值成长就没有资本市场的健康发展。

有关上市公司的价值成长问题，我从以上 8 个方面做了一个简单的概括，可能有的人关心的是这方面的问题，有的人关心的是那个方面的问题，如果全面考虑，上市公司价值成长的意义就有上述 8 个方面，甚至更多。

我谈的第二个问题是上市公司价值成长的评价问题。上市公司的价值成长如此重要，我们怎么样看待上市公司的价值，怎么评价上市公司的价值成长。我认为上市公司价值成长的评价指标可以分为 3 个类型：第一类是基础指标，这一类有两个：一个是公司治理，一个是规范运作。公司治理优化了，运作规范了，并不等于一定会有价值成长，但反过来没有上市公司治理结构的优化，没有上市公司的规范运作，就不可能有上市公司的价值成长。

第二类是内在评价指标，主要有 3 个：第一个是经营优势，不同上市公司的经营优势可能表现不同，有的更多地体现为产品优势，有的表现为市场优势，有的表现为技术优势。总之每一个上市公司至少要具有上述一两个优势。第二个是盈利能力。上市公司其经营目标是什么，就是为了挣钱，首先必须要有盈利。投入一个亿，一定要有几百万、上千万的盈利。一般来说，盈利能力越强，上市公司就越有成长价值。因此，投资者把上市公司的盈利作为公司价值成长的重要评价指标之一。第三是融资能力。没有融资能力，我想上市公司价值成长也是有问题的，有的上市公司业绩不错，但是融资能力比较差，不能从资本市场募集较多资金，因此，它总是小企业，做不强，做不大。而很好的上市公司都是通过资本市场募集了较多的资金。如果你上市很多年了，只是 IPO 时从市场募集了一点资金，没有再融资，公司的价值成长就有问题，从长期来看就更有问题。

第三类是外延指标。外延指标可以有更多的指标来反映，但是本书只想强调两点：第一，股本扩张能力。公司上市的时候是 8 亿股几年后还是 8 亿股，其价值成长在那呢？因此，作为上市公司价值成长评价指标，应当包括股本的适度扩张，上市公司再融资可以促进股本扩张，送转增股本也是一种股本扩张方式，作为有价值成长的上市公司，其股本在一个时期内，例如，两三年或三五年应该有一定程度的扩张。当然，上市公司股本扩张要有业绩支撑，要与公司经营规模扩张相适应。第二，股价长期走势强于大盘。上市公司股价是价值成长的外在表现，上市公司股票定价是一种市场行为，股价表现怎样与上市公司的价值成长联系在一起。某一天、某一个时段甚至某一年的股价走势都不能说明它与上市公司内在价值存在必然的联系。但从长期来看，这种关系是必然的。例如，大盘涨了50%，有价值成长的公司股票可能涨得更多一些，大盘跌了30%，有价值成长的公司股票可能跌得更少一点。从5年、10年来看更是如此，有的上市公司股票上市十几年后可能涨了10倍甚至100倍，有的公司上市十几年后可能涨得很少。同样都是上市公司，股价走势差别很大。因此，从外延来看，把股价长期走势强于大盘作为衡量上市公司价值成长的外延指标，是有市场基础的。

关于上市公司价值成长的评价指标还有很多。我想从通俗易懂的角度来考虑，上述评价指标可以说明一些问题。

16.5 完善法律制度，共筑市场繁荣①

2006年，股权分置改革基本宣告结束，蓝筹股市场开始成型，证券市场呈现出欣欣向荣的景象，如何引领全流通后的证券市场走向成熟成为新的课题。本报特邀深圳证券交易所研究所副所长肖立见和上海证券交易所研究中心主任胡汝银，共话资本市场从繁荣走向成熟之际的制度建设方略。

记者：近年来，中国资本市场在法律、制度方面取得了哪些关键进展，这些制度改进对于资本市场的未来发展具有怎样的意义？

肖立见：近年来，我国资本市场的法制建设取得了重大进展。修订的《公司法》《证券法》为解决影响我国资本市场发展的制度性障碍和结构性矛盾提供了法律依据；特别是2005年进行的股权分置改革，扫除了我国资本市场发展的根本性制度障碍。与之相适应，我国证券发行、上市、监管制度等也进行了一系列改革。

胡汝银：2006年中国证券市场至少在5个方面取得了巨大进步。第一，股权分置改革接近终点；第二，《公司法》《证券法》和《刑法》的修订为证券市场制度建设提供了更好的法制基础；第三，中国金融期货交易所成立以及股指期货即将推出；第四，大蓝筹公司的回归和A+H同步上市，以及IPO、再融资的重新开闸；第五，是市场化取向的监管基调出现。这五大积极变化给市场带来了良好的发展机遇。

---

① 来源于《证券时报》，2006年12月26日。

记者：应该如何界定成熟资本市场所具有的特征，尤其在制度方面的特征？我们的资本市场制度环境距离这一阶段还有多大的差距？主要体现在哪些方面？

肖立见：从制度层面考量，成熟资本市场的制度安排具有法制性、系统性、规范性、稳定性、协同性、透明性、公正性等特征。按照这一标准衡量我国资本市场制度环境，还有较大差距。主要体现在以下几个方面：一是我国资本市场制度安排的法制性较差，大量的资本市场运作、监管制度都是行政性规章；二是由于我国资本市场处于转轨过程中，制度安排稳定性较差，经常发生较大变化，影响上市公司和投资者的预期；三是我国资本市场制度安排协同性较差，不同部门有关资本市场的规章制度存在着一些方面的冲突和一定程度的冲突；四是我国资本市场制度安排的公正性还有待提高，在遏制大股东损害上市公司利益、惩治内幕交易、打击市场操纵等方面的制度安排力度还不够，在保护投资者特别是中小投资者权益方面的制度安排力度还有待强化。

胡汝银：中国证券市场还没有进入成熟阶段，对于市场中的 3 种约束——法律约束、市场约束和行政约束来讲，行政约束过度，市场化程度严重不足，中国证券市场还远不是一个自由、法治、高效、结构完善、具有足够国际竞争力的市场。成熟市场的制度性标志或支柱有两个：一是市场自由，二是法治秩序。我们的市场仍旧不具备这两大制度要素。

记者：针对内幕交易、市场操纵，在制度建设方面应该做哪些改进，确保市场规范运作，提升公信力？

肖立见：一是要进一步细化并科学界定内幕交易、市场操纵的各种具体行为方式，提高监管者对内幕交易、市场操纵的认识和判断能力；二是要提高惩治内幕交易、打击市场操纵的量法标准，大幅度提高内幕交易、市场操纵的违法、违规成本，使之对内幕交易者、市场操纵者产生巨大的震慑力；三是要进一步规范、优化上市公司信息披露制度，提高上市公司信息披露的全面性、准确性、透明性、及时性，减少内幕交易发生的概率；四是要进一步规范、优化基金公司等机构投资者和其他大额投资者的交易信息披露制度，防范和化解市场操纵风险；五是要在制度上强化证券交易所的监管职责，进一步发挥证券交易所的一线监管作用。

胡汝银：要使证券市场逐步走向成熟，其基础不是由政府越俎代庖，而是让市场参与者自主决策，同时对自己的不当行为完全承担经济与法律后果。政府和监管者应该是市场中的“交通警察”，而不是“驾驶员教练”。必须实质性地改变国家的金融监管制度结构和国家的金融监管思路，实现监管和市场运作机制的合理化、专业化和政商分离。

记者：怎样从制度层面控制上市公司大股东、管理层为了自身利益操纵利润、会计造假、内幕交易等。

肖立见：首先，要建立和完善遏制大股东或管理层操纵利润、会计造假、内幕交易的制度，具体包括上市公司治理制度、信息披露制度和大股东、管理层行为规范制度等。其次，要建立上市公司大股东或管理层操纵利润、会计造假、内幕交易与获取个人利益最大化的隔离墙制度。例如，我们在制度上可以规定，凡是上市公司大股东或管理层有操纵利润、会计造假、内幕交易行为的，上市公司不得再融资，大股东、管理层所持股份继续限售不得流通，已经流通的超额收益如数追缴并处以较高罚款。参与上市公司大股东或管理层内幕交易的投资者所获得的超额收益如数追缴，并处以较高的罚款，甚至可以限制其证券市场投资的资格。

记者：如何借鉴海外成熟市场的经验，优化制度环境，提升我国资本市场的效率？

肖立见：目前，我国资本市场在总体上还是一个较少层次、较少产品的市场，不利于资本市场的发展，下一个最重大的课题就是多层次资本市场建设。在这一方面，海外成熟市场有成功的经验可以借鉴。在制度层面上，需要解决以下几个问题：一是在市场组织制度上，要作出构建我国多层次资本市场体系的制度安排，利用证券交易所的已有优势，积极发展主板市场，做强做大中小企业板市场，加快推出创业板市场，稳步建立全国性场外交易市场；二是在市场运作制度方面，要创新市场投融资制度，满足更多企业的上市需求、融资需求和更多投资者的投资需求，提高我国资本市场的总体效率；三是在监管制度方面，要根据不同企业、不同投资者的特点，制定相应的、分类的、针对性强的市场监管制度，目标就是要提高我国资本市场的监管水平，增强不同层次资本市场发展的协同性，促进我国资本市场规范、健康、稳定发展。

胡汝银：第一，在市场创新过程中，监管必须便利创新，同时，政府管理层要允许市场在创新过程中的“试错”行为，金融创新需要有以激励为基础的市场创新机制。第二，国家应推动证券业借鉴和学习工商业改革开放的经验。必须先给国内企业和证券交易所松绑，它们才能真正与国外对手有力地展开竞争。第三，管理层在制定法律和监管规则时，必须进行成本收益分析和评估，要向发达国家借鉴经验，向业内外专家进行深入咨询，充分保证监管的效率和有效性。第四，要加强法治秩序建设，尤其是加大执法力度。

16.6 诚信品牌是企业第一资源[①]

由中国上市公司市值管理研究中心、清华大学中国金融研究中心和新浪网联合主办的“第六届中国上市公司市值管理高峰论坛”在北京隆重召开，本届论坛的主题是“资本市场品牌与股东价值管理”。下面是深交所综合研究所主任研究员肖立见的发言：

诚信是无纸化的通行证，诚信是无需担保的信用证，诚信是市场经济的灵魂，诚信是公司的核心竞争力，诚信是提升公司价值的源泉。因此，诚信会从各个方面直接地、间接地体现上市公司的价值，“诚信”是第一资源，但它不只是一个道德问题，还是经济利益问题。利益是诚信的本质，诚信是利益的源泉。

上市公司与股东的关系，是一种委托—代理关系，也是一种契约关系。在上市公司与股东的委托—代理关系中，股东特别是中小投资者是处于信息劣势的委托方，上市公司及其高管是处于信息优势的代理方。

上市公司对股东的诚信，是维系上市公司与股东委托—代理关系的根本前提，是巩固上市公司与股东委托—代理关系的坚实基础，是优化上市公司与股东委托—代理关系的基本途径。

上市公司诚信品牌是一个比商品品牌、公司品牌内涵更丰富、外延更宽广的品牌。一个知名的商品品牌和公司品牌，它首先是一个值得信赖的品牌。我们应知道，塑造上市公司“诚信”品牌除塑造值得信赖的商品品牌和公司品牌之外，还要塑造与上市有关的市场诚信品牌。

优化公司治理，规范公司运作，强化信息披露，有效回报股东，确保投资者权益，可以说这些方面是上市公司塑造诚信品牌，体现公司诚信品牌价值的基本举措和基本要求。证监会非常重视上市公司诚信品牌的建设，把惩治失信、维护诚信作为上市公司监管的工作重点，严惩内幕交易、欺诈上市、利益输送、财务造假、虚假披露等失信行为。证监会把资本市场“诚信”建设作为一项基础性的重要工作来做，努力形成诚信制度健全、诚信制度全面、自身经济有力、服务配套的资本市场经济体系，从总体上，优化资本市场的诚信环境，提高资本市场的诚信水平。

---

① 来源于新浪财经，2012 年 5 月 26 日。

16.7 发展潜力的评价决不是可有可无的[①]

“发展潜力的评价决不是可有可无的，其意义具有多重性，其作用具有叠加性”。

上市公司的发展潜力，是其核心竞争力的体现，是其发展壮大的源泉。因此，与其说中证·亚商评选活动是在评选中国最具发展潜力的上市公司，不如说是在推崇上市公司的发展，倡导上市公司的成长，强调上市公司的潜力，注重上市公司的未来。

上市公司的发展潜力是一种内在的、预期的东西，准确揭示和表现其发展潜力是非常困难的。因此，评选中国最具发展潜力的上市公司具有挑战性和冒险性，但相对于这项工作的意义来说，不仅是值得的，而且是可推崇的。

16.8 稳定股价是上市公司应尽的责任[②]

深交所综合研究所副所长肖立见昨日在本报和南方基金主办的“2007 年度中国上市公司价值百强”颁奖典礼上发表演讲时指出，投资者是上市公司风险的直接和最终承担者，稳定股价、降低上市公司的股价风险，是上市公司对投资者应尽的责任。

肖立见说，证券市场是一个波动的市场，股价稳定是相对的而不是绝对的。在上市公司运作、信息披露完全规范的情况下，公司可以不对股价的市场波动负责。但是，当公司股价大幅上涨远远超过股票内在投资价值的时候，公司有向投资者提示投资风险的责任。当公司股价大幅下跌远远低于股票内在投资价值的时候，有条件的公司还有回购股份、稳定股价的责任。当然，公司稳定股价的责任，最根本的措施还是确保上市公司发展的持续性、成长性和竞争力。

肖立见说，公司上市获得了资本市场的直接融资支持，为公司做优、做强、做

① 来源于新浪财经，2003 年 8 月 13 日。

② 本文是证券时报报记者郑晓波针对肖立见的发言，撰写的新闻稿。

大创造了更好的社会条件。但世界没有免费的“午餐”，一切所得都要付出相应的“代价”。公司上市的“代价”就是公司应承担相应的上市责任。

除了对股价不合理波动承担责任外，在肖立见看来，上市公司的上市责任还包括承担信息披露、治理优化、规范运作、持续发展、公司盈利、回报股东、利益均衡、接受监督、澄清事实等9个方面的责任。

对于上市公司应承担的回报股东责任，肖立见指出，目前许多上市公司在分红派息方面非常随意：有的公司多年几乎不分红派息；有的公司分红派息的数量只占公司实现利润的很少一部分；有的公司较少派息，以送股为主，玩“数字”游戏。这些都是公司对股东不负责任的做法。

肖立见说，所谓上市公司回报股东的责任，最核心的就是要将可供分配利润的大部分以现金方式直接分配给投资者。“这是衡量上市公司上市责任最有效的体现。如果连通过派息回报股东的责任都不能或不愿承担，投资者很难相信上市公司能够或者愿意承担其他责任。”

对于上市公司需承担的澄清事实的责任，肖立见也发表了自己的看法。他说，市场上总有一些人基于一定的目的，曲解或任意解读上市公司公开披露的信息内容，此时，上市公司就有必要承担澄清事实真相的责任。如果“市场传言”是由于上市公司信息披露不规范或选择性信息披露引起的，上市公司还必须承担其他相关的责任。

此外，对于公司需承担的利益均衡的责任，他指出，在上市公司众多相关利益者中，中小投资者处于最弱势的地位。因此，在相关利益者发生利益冲突时，不少公司往往以牺牲中小投资者的利益为代价，利益均衡变成利益失衡。

在他看来，所谓上市公司的利益均衡责任，就是在兼顾各相关者利益的同时，实现公司利益最大化、股东利益最大化并确保广大中小投资者的应得利益不受侵犯。

16.9 现金分红是上市公司责任最有效的体现[①]

深交所综合研究所副所长肖立见昨日在北京举行的“2008中国投资者关系年

① 来源于《证券时报》，2008年12月1日。

会”上指出，在衡量上市公司上市责任标准中，最核心的就是上市公司回报股东的责任，最有效的体现就是上市公司要将可供分配利润的大部分以现金方式直接分配给投资者。

肖立见指出，上市企业可以通过承担上市责任赢得投资者心中的美誉形象，而现金分红是上市公司上市责任的最有效的体现。

针对目前国内中小投资者监管上市公司缺位的情况，肖立见认为，应该更多地发挥管理者监管、社会监督和媒体监督的作用。上市公司应当承担接受监督的责任——在接受股东监督的同时，还必须接受管理层监督、社会监督和媒体监督，并及时对这些监督做出正面的、积极的回应。这样才可以形成有力、有效的全方位的监督机制，才能弥补广大中小投资者监督缺位所产生的一些问题。

16.10 抑制内幕交易，促进上市公司规范操作[①]

深圳交易所肖立见表示，在上市公司与投资者的关系建设中，监管层应该注意建立充分、透明的信息披露制度，确保上市公司信息披露的稳定性、准确性和及时性。并以此来抑制大股东损害上市公司利益以及内幕交易，促进大股东在上市公司规范操作。此外，还可以考虑建立集中诉讼制度，保护中小投资者的合法权益。

肖立见指出，在股改之后，很多上市公司的高管都直接持有本公司的股票，上市公司的高管既是投资者，也是公司的管理者。由于地位不对等和信息不对称，有可能出现内幕交易、市场操纵等损失上市公司利益的行为。在利益冲突的情况下，怎么样维护中小投资者的利益，确保公司利益最大化？肖立见表示，作为监管方，应该对上市公司进行直接监管，对上市公司高管的不当行为予以限制，抑制上市公司内幕操纵、违规买卖公司的股票，使得上市公司做好、做优、做强，同时更好地发挥大股东在上市公司规范操作的作用。

肖立见认为，在上市公司与投资者的关系当中，最重要的就是信息披露。监管部门必须建立充分、透明的信息披露机制，确保上市公司信息披露的稳定性、准确性、及时性。肖立见认为可以通过强化上市公司大股东、高管的信息披露监管，来

① 来源于《中国证券报》，2007 年 8 月 13 日。

增强投资者对上市公司的知情度。因为上市公司信息披露能让投资者了解到更多，使其决策正确地确定，而不是建立在跟风和小道消息方面。很多中小股东集中在一起，对上市公司大股东的行为能产生抑制作用。

肖立见还表示，可以通过建立集中诉讼制度，保护中小投资者的合法权益。在我们的市场中，中小投资者资金数量很小，如果我们建立了集中诉讼制度，使中小投资者能集中起来，就可以保护他们的合法权益。

"只要我们给予投资者充分的话语权、权益保护，对于巩固、优化上市公司与投资者的关系，将会发挥更重要的作用，而监管方的作用就是这个。"肖立见说。

16.11 应对再融资必要性进行审核①

深交所综合研究所副所长肖立见表示，为规范上市公司再融资行为，证监会或上市公司协会可以出台上市公司再融资行为指引，证监会和交易所则应强化上市公司再融资监管。

肖立见认为，可以从规定再融资的基本条件、优化再融资需求和强化再融资行为监管几个方面加强。目前，我国对上市公司不同再融资方式的具体条件规定得较为详尽，但是缺乏对上市公司再融资基本条件的统一规定，从而使得上市公司不同再融资方式的具体条件规定差异较大。上市公司往往选择那些条件要求较为宽松、融资成本较低、融资额度较大、融资审批更为容易的再融资方式。这就在整体上降低了上市公司再融资的门槛。因此，管理层有必要在明确上市公司各种再融资方式具体条件的同时或之前，明确上市公司再融资的基本条件。所谓上市公司再融资的基本条件，是指上市公司不管选择何种再融资方式，都必须具备一些共同的条件，如上市公司业绩条件、规范运作条件、融资项目可行性条件等。

对于强化上市公司再融资行为监管，则需要强化上市公司再融资合规性和信息披露监管，严格打击弄虚作假的再融资行为；确保二级市场投资者特别是中小投资者在上市公司再融资决策中的话语权；强化上市公司再融资行为监管，严格打击上市公司等市场主体利用上市公司再融资从事市场操纵、利益输送、内幕交易等违法违规行为。

① 来源于《经济参考报》，2009年9月30日。

附录：

作者研究概况

职业生涯是人生重要的阶段之一，经商的、从政的、任教的、演唱的、书法的、弹奏的、竞技的、务农的、做工的等等，都具有各自的人生特点。作者工作40多年来，做研究工作的时间超过30年。可以说，研究是作者人生中最主要的职业生涯。作者的学位、职业头衔或社会职务也更多地烙上了“研究”的印记，如博士、教授、研究员、研究生导师、教研室主任、研究所（副）所长、研究中心（副）主任，学术期刊编委、编辑部主任、（副）主编，学会、研究会、协会等学术团体（常务）理事、（副）秘书长、（副）会长，国家自然基金管理学部专家评议委员、国家博士后基金专家评审委员等。

一、研究起点

1979年，作者在高中毕业5年后考入湖南财经学院计划统计专业。作者做研究工作始于1982年。当时，作者是湖南财经学院二年级的学生。暑假回家看到一个新现象，农村家庭联产承包责任制后，农村劳动者一改过去那种出工不出力的劳动状况，劳动主动性、积极性空前高涨，劳动效率大为提高。在人多地少、经营方式单一和城乡割据的情况下，家乡出现了大量的、间隙性的农村劳动力剩余的情况。作者就此在家乡做了一个比较深入的、多点式的调查，写出了《家庭联产承包制后农村剩余劳动力状况》的调查报告。1982 年 9 月，作者就读的湖南财经学院团委、学生会组织学生社会调查报告有奖征文，作者提交了调查报告，结果获得了优秀调查报告奖。该报告获奖后被湖南财经学院一位教授《农业经济学》课程的姚纪辉老师看到后，他主动找到作者，说该调查报告选题很有现实意义，但要提升该文章的价值还有待理论论证。姚老师向作者提供了他本人收集的相关理论和案例等文献资料，要作者在调查报告的基础上改写一篇解决农村剩余劳动力问题的学术论文。

作者根据老师的要求和提供的资料，写了一篇“解决农村剩余劳动力的途径”的论文交给姚老师。姚老师看完后提出了修改意见，并再次给作者提供了新的文献资料。大概反复了 5 个回合，作者撰写的《解决农村剩余劳动力的途径》论文终于获得了姚老师的认可。姚老师将该文章推荐给《湖南财经学院学报》编辑部。《湖南财经学院学报》1982 年第 2 期发表了作者的这篇论文。中国人民大学报刊资料复印社《农业经济》1982 年第 14 期以第 2 篇的位置全文转载了作者的这篇文章。在大学三年级的时候，作者写的调查报告获奖，写的论文发表并被中国人民大学全文转载，增强了作者研究的自信心和积极性。

1983 年 7 月，作者从湖南财经学院计划统计专业毕业并留校任教。这为其从事研究工作创造了便利条件并提供了现实需求。之后，尽管作者经历过多次工作单位、工作岗位、工作性质、工作节点的变化，但作者似乎总是与研究有缘，走上了一条以研究为主的职业道路。研究为工作添彩，工作为研究开源，是作者长期职业生涯的重要特点。

二、研 究 体 系

在长达 30 多年的研究工作中，作者因工作需要涉足了较多的研究领域，形成了比较宽广又相互关联的研究体系。按内容大致可分为统计研究、人口研究、劳动力与人力资源研究、证券金融研究和其他研究 5 个方面。

（一）统计研究

作者从事统计研究主要集中在1983～1993年。在这段时期，作者作为大学统计学教师，既从事统计教学又从事统计研究，共发表了20多篇统计研究方面的论文，代表作有《论社会统计学的研究对象和内容体系》（《财经理论与实践》，1992年第3期）、《关于我国居民生活水平的测定》（《统计研究》，1992年第4期）、《我国人口控制综合效果核算》（《统计研究》，1993年第3期）等，主编了《工业企业统计分析理论与方法》（学苑出版社1990年版）。主要学术成就有：构建了社会统计学理论、方法与内容体系，在国内率先提出了科技进步统计指标体系，创新了人口控制效果评估的方法和居民生活水平测定方法，对生产劳动和非生产劳动划分有着独特的见解。

（二）人口研究

1991年，作者考上西南财经大学著名人口学家吴忠观教授的博士研究生，其研究重点开始从统计研究转向人口研究。但是，作者的统计研究为其人口研究奠定了研究方法基础。1993年，作者调入广州暨南大学经济学院从事教学和研究工作，并任人口研究室主任。1991～1997年，是作者从事人口研究的重要时期。在这段时期，作者承担并主持了广东省高教厅课题《广东市场经济条件下人口控制研究》（1994年下达）、国家教委课题《农村计划生育三结合研究》（1997年下达）、广东省九五社科基金重点课题《广东控制人口增长与提高人口素质研究》（1997年下达），共发表了20多篇人口研究论文，代表作主要有《我国人口问题成因的系统分析》（《软科学》，1992年第3期）、《我国人口增长与经济增长的矛盾》（《经济研究资料》，1993年第1期）、《关于计划生育投资经济效果评估的几个问题》（《人口与计划生育》，1993年第2期）、《人口与资源、环境、经济、社会的可持续发展》（《暨南学刊》，1997年第4期）。出版了专著《中国人口控制数量、经济效果研究》（西南财经大学出版社1997年版）、与张俊良合著了《转变时期中国人口与社会经济发展》（西南财经大学出版社2005年版）。

作者的人口研究论文《我国人口控制综合效果核算》获1994年四川省人民政

府颁发的哲学社会科学成果三等奖，专著《中国人口控制数量、经济效果研究》获广东省高教厅哲学社会科学成果三等奖，分析报告《广东人口与经济关系评析》获1997年国务院人口抽样调查办公室颁发的全国优秀人口统计分析报告一等奖。特别是承担了有关部门下达的课题《控制人口与保障就业、节约资源、保护环境的关系》（1995年），其研究成果为中央有关部门采纳，成为草拟中央领导人讲话稿（《正确处理社会主义现代化建设中的若干重大关系》）的基础材料之一。主要学术成就有：创新中国计划生育效果评估方法并评估出1971～1991年历年中国计划生育少生多少人；提出了人口与资源、环境、经济、社会的可持续发展的分析研究框架，深化了控制人口增长与提高人口素质的关系研究，对中国农村早婚早育、多生超生、重男轻女等现象进行了系统深入的分析。

（三）劳动力与人力资源研究

作者的研究始于劳动力研究，后来与统计研究、人口研究交织在一起。2001～2006年，作者任深圳证券交易所人力资源部负责人，主持了一系列人事制度改革与人力资源管理的研究工作。可以说，劳动力与人力资源管理是作者研究时间跨度最长、研究成果较为突出的方面。1996年，作者主持申报的《国有企业隐性失业公开化研究》获国家社科基金会资助。这是作者成功申报的第一个国家社科基金课题。从作者1982年发表第一篇劳动力研究论文起，到2013年作者主持完成《中国养老金融框架性研究——基于中国人口老龄化、养老保障的视角》，30多年来，作者先后发表了30多篇劳动力与人力资源研究的论文，代表作有《我国劳动力市场的培育与发展》（《经济体制改革》，1993年第2期）、《我国社会保障制度改革若干问题的探讨》（《金融体制改革》，1993年第1期）、《国有企业隐性失业公开化途径探讨》（《理论与改革》，1998年第3期）、《漫谈绩效考核》（《深交所》，2002年11月号）、《岗位层级的评估因素》（《企业改革与管理》，2003年第6期）、《打造职业化四维成功空间》（《深交所》，2004年8月号）、《漫谈人力资源过程管理》《深交所》，2004年11月号）等，出版了专著《我不想失业——国有企业隐性失业公开化透视》（广东经济出版社1998年版）。

作者的劳动研究论文《论生产劳动与非生产劳动划分的基本界限》获1991年湖南财经学院优秀科研成果奖，与他人合作研究的课题成果《湖南省城镇劳动力就业宏观管理研究》获1993年湖南财经学院优秀科研成果奖。作者1993年发表的论文《我国劳动力市场的培育与发展》，被列入2011年中国经济理论创新奖候选理论——社会主义劳动力市场理论主要文献之一。主要学术贡献有：较早地提出中国要建立劳动力市场（1993年）和社会保障体系（1993年），对20世纪90年代中国国有企业隐性失业及其公开化进行了全面、系统、深入的研究，对大型企业人力资源利用、绩效考核、薪酬激励、行政职务与专业职务序列构建、员工专业化与职业化发展等进行了大量的创新和实践。

（四）证券金融研究

1997年，作者被公开招聘到深交所综合研究所从事专业的证券研究工作。除2002～2006年作者任深交所人力资源部负责人之外，1997年至今，作者在深交所综合研究所、深交所公司治理研究中心从事研究工作超过14年。在此期间，作者主持申报的国家自然科学基金课题《中国证券市场现状分析》获得批准，独立或主持完成中国证监会、深交所课题10多项，发表文章100多篇。1999年3月2日和3月3日，《中国证券报》用两个整版连载了作者的研究报告《为高科技企业插上腾飞的翅膀——深交所高新技术上市公司研究（上、下）》。2008年11月8日，《上海证券报》发表文章《深交所肖立见：金融危机不是A股暴跌主因》。2008年11月23日，《新华每日电讯》以《专家：金融危机不是A股暴跌主因》为题转载了《上海证券报》发表的这篇文章。2007年4月26日，作者应国务院邀请，参加了“国务院资本市场专家座谈会”。该座谈会由时任国务院常务副秘书长张平主持，参加会议的专家除作者之外，还有巴曙松、吴晓求、林义相等6人。2010年，中央电视台为纪念中国资本市场成立20周年组织制作大型电视专题片《大市·中国》，作者应邀为其提供专业支持。2013年，作者主持完成的《中国养老金融框架性研究——基于中国人口老龄化、养老保障的视角》研究报告，提出的有关社会养老保障改革与建立养老金融的建议，与2013年11月十八届三中全会通过的《中共中央全面深化改革若干重大问题决定》有关社会保障改革的措施在内容和提法上基本一致。

在此期间，作者参与了多部证券类书籍的撰写。参著的《证券知识读本》（主编为周正庆），由中国金融出版社1999年出版；任常务副主编的《中华人民共和国证券法务实全书》（主编为李飞），由中国言实出版社1999年1月出版；任副主编的《中国证券（1843～2000）》（主编为刘鸿儒），由九州出版社2001年出版；参著的《诊断与治疗：揭示中国的股票市场》（主编为成思危），由经济科学出版社

2003 年出版；任副主编的《中国资本市场投资词典》（主编为张新文），由中国财政经济出版社 2015 年出版。

作者从事证券金融研究的学术成就主要有：对 20 世纪 80 年代中国股市起源和发展进行了全面总结，对转轨时期中国股市进行了多方面的深入研究，提出了 A 股大市场与小资金的矛盾及其解决思路，提出 2008 年金融危机后中美差距将缩短 20 年的观点。

（五）其他研究

除了上述研究之外，作者还在宏观经济、区域经济、房地产研究等领域取得了一系列研究成果。

1. 宏观经济研究。代表作有《当前宏观经济运行研判》（《南方日报》，1997 年 2 月 12 日）、《中国经济面临八大机遇与挑战》（《中国证券报》，2008 年 11 月 17 日）、《消费模式不变，增长方式难变》（《上海证券报》，2009 年 6 月 29 日）、《中国应对金融危机六大有利条件》（《中国证券报》，2008 年 12 月 1 日）、《应对金融危机要变消极之策为积极之举》（《证券时报》，2009 年 3 月 3 日）等。

2. 区域经济研究。代表作主要有《中国西部开发的政策倾斜》（《经济改革》，1996 年第 5 期）、《中国西部开发的模式选择》（《理论与改革》，1996 年第 8 期）、《长江三角洲与珠江三角洲经济区差异分析及其启示》（《南方经济》，1996 年第 5 期）、《广州东南部重化工业总体布局研究》（《经济与发展》，1996 年第 2 期）、《建设各具特色的城市群》（《广州日报》，1995 年 11 月 14 日等。与他人合作的《社会主义市场经济在广东的成功实践》（《人民日报》，1995 年 2 月 14 日），获 1996 年全国精神文明建设"五个一工程"入选作品奖。

3. 海外研究。代表作主要有《世界股灾史》（《商界评论》，2008 年第 3 期）、《世界各国股灾成因之我见》（《证券时报》，2007 年 4 月 25 日）、《阿伊战争与美国次贷危机》（《证券时报》，2008 年 10 月 16 日）、《美国近年利率调整失误的教训与启示》（《证券时报》，2008 年 11 月 17 日）、《2008 年全球股市暴跌的六大特征》（《证券时报》，2009 年 1 月 8 日）、《海外成熟市场蓝筹股十大特征》（《证券时报》，2008 年 4 月 23 日）等。

4. 社会研究。1989 年，作者撰写了《社会统计学》，作为湖南财经学院本科生和研究生教材。作者公开发表的社会研究论文有 10 多篇，如《我国城乡居民收入、消费和生活水平比较研究》(《江西社会科学》，1992 年第 5 期)、《我国城乡居民生活水平比较研究》(《湖南社会科学》，1992 年第 1 期)、《社会泡沫透视》(《深交所》，2005 年 5 月号) 等。

5. 房地产研究。作者对房地产偏重于房地产投资研究，认为房地产具有消费功能和投资功能，消费功能多、消费价值大的商品房，具有较大的投资价值和升值空间。代表作有《拷问楼市五大怪现状》(《民营经济报》，2006 年 4 月 7 日)、《买房的决策为什么这么难》(《深交所》，2011 年 7 月号) 等。

三、研 究 特 色

在长达 30 多年的研究生涯中，作者逐步形成了自己的研究特色，主要体现在以下 7 个方面：

(1) 根植宽厚研究视野。从研究成果来看，作者的研究领域涉及统计、人口、劳动力与人力资源、金融证券、宏观经济、区域经济、房地产投资、社会和海外等多个领域。作者研究领域宽广，与其研究或工作重点多次发生重大转变有关，也与其经历丰富、视野开阔有关。从个人经历来讲，作者先后有过农村、城镇两种户籍，先后当过民办教师和公办教师、小学教师和大学教师两类教师，先后攻读了统计学、人口学两个专业，先后获得了经济学、法学两个学位，深刻体验过体力、脑力两种劳动方式，先后在教育和实务两个领域工作过，先后担当研究卖方和研究买方两种角色。从所处的社会环境来讲，作者先后经历了 20 世纪和 21 世纪两个世纪，先后生活在农村、城市两个天地，先后见证了“文化大革命”和“改革开放”两种政治生态，先后感受了计划经济和市场经济两种体制，接触过社会底层和社会顶层两个阶层，与不同的人口群体多方面交往过，先后在长沙、成都、广州、深圳、北京、上海等城市学习、工作和生活过，多次到欧美国家学习考察过，深刻感受过封闭社会到开放社会、传统社会到现代社会、农业社会到工业社会、工业社会到信息社会等社会形态的重大变化，深度体验到珠算和计算机之间的巨大反差和互联网、大数据等技术手段的巨大进步，切身经历过中国社会、经济制度的巨大变迁，强烈感受到工作、生活环境条件的巨大变化，这对其宽厚研究视野的形成产生了积极的、深刻的影响。

(2) 立足现实需求选题。一方面，不管是作者在高校工作时自由选题，还是在实际工作部门应邀做课题，习惯于基于现实、从需要出发，从分析问题、解决问题入手，研究的是现实性、时效性、紧迫性强的课题；另一方面，其研究提出的建议、措施十分注重权衡利弊、分清主次、切中要害，讲究可行。不提现实中做不到的政策建议，不提弊大于利的研究对策。

（3）坚持创新驱动研究。在作者看来，创新是研究的源泉，创新是研究的动力，创新是研究的“底线”。作者从不做抄抄写写、资料整理、文献综述等为目的的研究，从不效仿别人的研究方法或利用别人的“二手”数据做研究。其研究要么方法创新，要么“素材”创新，其追求的研究目标是：既方法创新又素材出新。

（4）崇尚理论联系实际。研究课题来源于现实，但研究不能局限于现实，而应超越现实，这就需要理论支持或理论铺垫。反过来，理论研究也不能脱离现实，不着边际，不接地气。因此，作者研究非常注重理论与实际的结合，从实际出发，上升到理论，再回到实际中去，使研究成果有理、有据、有节。

（5）擅长定性、定量分析融合。一方面，长期的统计学学习与教学，为作者奠定了较好的定量分析方法基础。另一方面，基于现实研究的课题，需要对现实情况进行系统性梳理，适当的图表化表达方式是反映现实情况的最直观、简明、有效的方式之一。因此，定量分析在作者的研究和研究成果表达中占据重要地位。但是，事情区分的标志是质而不是量，定量分析应服从并服务于定性分析，是定性分析的必要补充和延伸。根据定性分析的需要，选择和应用适当的定量分析方法，是作者研究的主要特色之一。

（6）注重复杂问题简单化研究。凡是需要研究的问题，一般都是疑难杂症问题，解决起来比较复杂，否则也就没有多大研究价值。作者对这类问题的研究采取的是复杂问题简单化的研究方式和研究思路，不是故弄玄虚、小题大做，而是举重若轻，深入浅出，化难为易。即使是专业性特别强的研究，也往往采用“外行”能看得懂、理解透的语言或比喻表现出来。

（7）善于准确、简明、精炼表达。作者撰写的研究报告具有准确、简明和精炼的特点。作者坚持用最准确的文字和语言表达研究内容，杜绝在研究报告中出现模棱两可、可能有多种解读的表达方式。作者坚持写短小精悍的文章。对于综合性强、容量大、内容多的研究报告，作者往往采取“提纲挈领的内容提要、一个综合性的主报告、多个各有侧重的子报告”的组合式表达方式。想了解研究结论的，看内容提要就够了；想了解研究报告的主要内容，看主报告就够了；要进一步了解研究报告的论证思路和依据，可再看子报告。可以说，作者是根据不同受众的不同需要来表现研究成果的，而不是自娱自乐、自我表现的表达方式。

后　　记

做研究的人有一个特点，心里总是装着世界，向着未来，朝着目标，惦着课题，想着问题，心里经常很静，但是很难停得下来。一转眼30多年过去了，我总是在想还要研究什么、怎样研究、达到什么样的研究目标、如何提升研究成果的价值等问题。至于已经研究了什么、取得了哪些研究成果、发表了多少文章、社会反响如何等，则无暇顾及。

然而，不止一次有人向我提起，说在哪里看到我的一篇论文，或说已经读过我很多文章，或说我的一篇什么文章的社会反响如何，或说我的哪篇文章的观点已被有关部门采纳，等等。可能说者无心，听多了我就有意了。一年前，我利用一个搬迁办公室需要整理文档的机会，把自己撰写的研究报告、发表文章的报刊杂志和编著的书汇总了一下。汇总结果是几大摞子，让我惊讶不已。我突然萌生了整理已发表文章文档的想法，并为此还找出很多必要性的“理由”来。

整理这些文档，既是一件身体力行的繁琐事，也是一件重温过去的快乐事。首先，我将发表的文章列了一个目录清单；然后，对发表文章按照学科大类进行分类，再在大类的基础上进行二级分类或不同组合分类。随着文档整理的深入，我越来越有“成就感”了。因为我发现自己已经发表了很多文章，涉足了较多研究领域，产生了较多社会反响，感觉到大学毕业30多年没有虚度，没有荒废，没有落伍，没有无为，没有埋没。

在发表的研究报告和发表的文章中，金融证券类最多，总计100多篇。本书以“中国资本市场：发展路径与风险管控”为主题收录了10篇研究报告和80篇评论性文章。研究报告构成本书上篇的主要内容，包括

《中国20世纪80年代股份经济的兴起》《股权分置改革的回顾与总结》《中国股份全流通市场风险控制研究》《限售股东持股成本与减持收益分析》《2006～2008年深市A股投资者盈亏分析》《A股二级市场投资者投资收益总体分析》《股市市盈率中外比较研究》《中国证券投资咨询问题研究》《中国养老金融框架性研究》和《海外股灾若干问题研究》等，这些研究报告曾以公开或内部方式予以发布并报送有关领导和部门阅示。80篇评论性文章构成本书下篇的主要内容。这些评论性文章按来源主要分为3类：一是《经济参考报》《中国经济时报》《新华每日电讯》《中国证券报》等全国性报刊发表的文章；二是向有关机构或部门报送的研究签报和研究简报；三是为有关刊物撰写的卷首语、为有关书籍出版撰写的序言等。其内容涉及资本市场运行、资本市场发展、资本市场风险、资本市场监管等多个方面，主要以中国资本市场研究为主，也包括海外资本市场研究的内容。本书收集的大多数文章是自己撰写的，也包括记者根据我在研讨会或论坛演讲的内容而形成的部分新闻稿、采访稿等，个别重要的访谈录也收录其中。

出版本书主要基于3点考虑：一是收录的研究报告或文章具有一定的保存价值。在收录的研究报告和文章中，有的对策建议已融入中国资本市场发展与监管的政策、法规体系之中，有的研究结论已被后来出现的情况所证实，有的观点看法至今仍具有“学术价值”，有的文章内容则具有特殊的“史料价值”。二是收录的文章具有一定的整合价值。我发表的大量文章，分散在不同年份、不同报刊杂志，给人一种“只见树木、不见森林”的感觉。把相关文章整合在一起出版，既有利于弥补单个文章“专而不全”的不足，又可以从浩瀚的信息海洋中找出具有共同标识的成分，增强这些文章在总体上的系统性、综合性的效果，提升收录文章的整合价值。三是收录的文章对于研究中国资本市场现实性、前瞻性问题具有一定的借鉴意义。中国资本市场仍处于“新兴＋转轨”阶段，其发展有赖于大量问题的研究解决。本书收录的文章，大都是问题导向型、对策建议型文章，其研究思路、研究方法也许对资本市场新问题的新研究有一定的借鉴意义。需要说明的是，为了忠于原创，本书收集的文章都是“原汁原味”的，没有进行“二次创作”。哪怕其中有的观点已经过时，有的看法有失偏颇，也按“原样”收录，这是因为这些文章已成为历史，事后的修改意味着对历史的篡改。

我能取得这么多金融证券类研究成果，首先要归功于深交所这个最好的研究平台。深交所为研究人员创造了国内最好的研究条件、研究环境，至少包括6个方面：一是深交所作为证券市场一线组织者和监管者，产生了大量的现实研究需求，使研究能“有的放矢”，为有价值的研究成果的推广、应用创造了“直通车”的条件；二是证券交易所与中国证监会及驻地证监局、上市公司、证券公司、基金公司、登记结算公司等业务关系密切，深交所的研究人员到这些机构调研一般不会被“拒之门外”；三是深交所作为证券市场信息的集散地，拥有得天独厚的、不断更新的证券市场数据库、上市公司数据库，这是实证研究、动态研究、跟踪研究的重要基础；四是证券市场是一个市场化程度最高的市场，证券交易所具有较高的业务起点、技术起点和研究需求起点，可以说深交所研究人员是站在巨人的肩膀上搞研究；五是证券交易所处于证券市场的中心，其研究人员的研究成果容易受到社会关注和重视，可以说深交所的研究人员拥有更大、更好的“研究、表现舞台”；六是深交所通过薪酬定级、研究成果奖励等方式为研究人员提供了较高的薪酬，让研究人员生活没有“后顾之忧”，有利于研究人员集中时间、精力做学问。相对于深交所提供如此多、这么好的研究条件，我不是觉得自己研究成果很多，反而深感自己研究能力有限，研究水平不高，研究分量不足，研究深度不够。

需要特别指出的是，尽管深交所为研究人员提供了非常好的研究条件，但是深交所并不影响研究人员基于严谨、客观与中立的视角研究相关问题，因此，本书所有研究结论或研究观点与深交所无涉，而仅代表作者个人的观点。

本书收录的文章，有少量的是我与有关专家学者合作研究的成果。他们是林志平教授、何基报博士、冯巍博士、张瑞彬博士、阙紫康博士、蔡奕博士、吴林祥博士、陈斌博士、王霞博士、陈炜博士、蒋学跃博士、王晓津博士、台冰博士、徐洪涛博士、舒细麟博士、徐亮博士、才静涵博士、佘坚博士、张晓凌博士、刘钊博士、汪强博士、李湛博士、王伟博士、黄少军博士、陈建瑜博士、叶国瑜先生、戴益文先生。在此向他们表示衷心的感谢。

我感到特别荣幸的是，中国证监会前主席周正庆先生欣然为本书作序。周主席是中国证券市场发展与监管的卓越开拓者、组织者和领导者，对中国和世界证券市场有独到的研究和深刻的理解。周主席为本书作序，对我既是鼓励，更是鞭策。借本书出版的机会，我向周主席表示崇高的敬意和深情的谢意！

我还要特别感谢我的父亲肖家银、母亲张光龙。我出生在一个坡多、田少、地贫、水缺等自然环境较差的山村和教育、医疗、卫生、交通等社会条件更差的农村，父母睿智聪慧、勤劳节俭、安分守己、任劳任怨，但却大辈子过度劳累、饱经风霜、深陷贫困、忍受饥寒。而我和弟弟长大成人后都考上了博士研究生，有了和父母完全不同的人生经历、人生体验，这完全归功于父母对我们的全身心付出、远见识引导、高负债培养和大智慧教育，当然也得益于社会发展、时代进步。

在本书的出版过程中，中国财政经济出版社的郑保华主任、付克华博士，《证券市场导报》编辑部俎耀华先生等给予了大量的帮助和支持，在此向他们表示由衷的感谢。

肖立见于牛家岭

2016年6月29日

作者简介

肖立见，1994年毕业于西南财经大学，获法学博士学位。历任暨南大学人口研究所（中心）主任、《南方人口》副主编、深交所公司治理研究中心筹备组副组长、深交所综合研究所常务副所长、《证券市场导报》编辑部主任、深交所综合研究所主任研究员、西南财经大学兼职教授、深交所博士后工作站博士后指导专家、国家自然科学基金会管理科学部评议专家委员、全国博士后科学基金会评审专家委员等学术性职务。

先后主持国家社科规划基金课题《国有企业隐性失业公开化研究》（1995年）、国家自然科学基金课题《中国证券市场现状实证分析》（2000年）等国家重点课题的研究。在《中国金融》、《统计研究》、《人口与计划生育》等全国性重点学术期刊和《经济参考报》、《中国经济时报》、《新华社每日电讯》、《中国证券报》等全国性重要报刊发表文章200多篇，出版各类著作十多本。

研究成果曾获全国“五个一工程奖”和四川省人民政府、广东省人民政府、中国证监会的奖励。曾应邀参加“国务院资本市场专家座谈会”，应邀为中央电视台拍摄资本市场成立20周年专题片《大市·中国》提供专业指导。

主要编著书目

1. 主编:《工业企业统计分析理论与方法》，学苑出版社 1990 年版。

2. 参著:《社会主义市场经济研究》(主编陶武先)，四川人民出版社 1993 年版。

3. 专著:《中国人口控制数量、经济效果研究》，西南财经大学出版社 1994 年版。

4. 分主编:《人口科学词典》(主编 吴忠观)，西南财经大学出版社 1997 年出版。

5. 专著:《我不想失业——国有企业隐性失业公开化透视》，广东经济出版社 1998 年版。

6. 参著:《证券知识读本》(主编周正庆)，中国金融出版社 1998 年版。

7. 常务副主编:《中华人民共和国证券法实务全书》(主编李飞)，中国言实出版社 1999 年版。

8. 副主编:《中国证券〈1843 ~ 2000〉》(主编刘鸿儒)，九州出版社 2001 年版。

9. 参著:《诊断与治疗: 揭示中国的股票市场》(主编成思危)，经济科学出版社 2003 年版。

10. 合著:《转变时期中国人口与社会经济发展》(合著者张俊良)，西南财经大学出版社 2005 年版。

11. 副主编:《中国资本市场投资词典》(主编张新文)，中国财政经济出版社 2015 年版。